교원임용시험대비

배지윤 의

개정2판

아테나
유아교육과정

유아교육 **총론편**

우리교과서

이 책은 유아교육 전공자들과 공립유치원 교사의 꿈을 키우는 수많은 수험생 여러분을 위해 만든 교원 임용시험 대비서입니다.

'놀이를 통한 유아의 전인발달'이라는 큰 목표를 달성하기 위해서는 유치원에서 분명하고 민감하며 세심한 교사의 자율적인 놀이지원이 있어야 합니다. 따라서 유치원 교사는 유아들의 다양한 발달 특성뿐 아니라 누리과정의 철학적 · 심리적 · 사회적 배경을 알고 이에 맞는 교육 목표와 내용, 교수-학습 방법 및 평가 계획을 수립할 수 있어야 합니다. 그리고 이것은 교원 임용시험의 핵심이자 강조하는 주요 내용이 됩니다.

이 책은 유아교육 전공자들이 전공 내용을 확인할 때, 그리고 임용시험을 준비하는 수험생들이 한정된 기간 동안 최신 임용시험의 전 영역을 확인하고 효율적으로 시험을 준비하는 데 좋은 지침이 되어 줄 것입니다.

개정된 아테나 유아교육과정 총론 편의 개정 방향은 다음과 같습니다.
첫째, 그동안 개정된 대학 이론서에 담겨 있는 이론 내용을 포함시켰습니다.
둘째, 최신 기출 경향에 맞춰 중요 용어에 대한 정의를 간결하게 수록하였습니다.
셋째, 설명을 가능한 한 풍부하게 추가하여 내용을 더욱 쉽게 이해할 수 있도록 도왔습니다.
넷째, 이전 상담심리학의 내용을 발달심리학과 부모교육으로 통합시켜 좀 더 용이하게 내용을 파악할 수 있게 했습니다.

필자가 강의에서 만나는 수험생들은 겉으로 보기에는 각양각색이지만 유아를 사랑하고 교사라는 직업에서 참된 의의를 찾으려는 희망과 열정을 공통적으로 가지고 있었습니다. 모쪼록 이 책이 유아교육 전공자들과 임용시험 수험생들로 하여금 유아를 사랑하고 교육적으로 유능한 교사가 되어 미래 사회의 주인공인 유아를 행복하게 키우는 데 작지만 강한 씨앗의 역할을 할 수 있기를 바랍니다.

추운 겨울, 개인 일정으로 바쁜 와중에도 기꺼이 개정 작업을 도움을 주신 오세미, 민지용선생님과 출판사 관계자 여러분께 진심으로 감사의 인사를 드립니다.

유아교육 연구소 **배지윤** 씀

01 『배지윤의 아테나 유아교육과정』은 유아교육 총론편 과 유아교육 각론편 으로 구성되어 있습니다. 유아교육 총론편 은 유아교육 사상사 및 프로그램, 발달심리학, 부모교육과 상담, 놀이지도, 유아 평가, 교사론의 내용으로 구성되어 있습니다. 유아교육 각론편 은 유아 동작 교육, 유아 건강 교육, 유아 언어 교육, 유아 사회 교육, 유아 음악 교육, 유아 미술 교육, 유아 수학 교육, 유아 과학 교육, 유아교육과정으로 구성되어 있으며 관련된 각 영역의 장학자료를 포함시켰습니다. 유아교육 총론편 과 유아교육 각론편 의 내용은 유치원 임용시험의 전체 출제 영역에 해당합니다.

02 유아교육 총론편 은 총 6개 Part, 유아교육 각론편 은 총 9개의 Part로 구성되어 있으며, 각각의 Part가 기출문제에 근거한 최신 이론의 내용을 담고 있어 별도의 이론서를 확인해야 하는 부담을 줄였습니다.

03 각 Part의 첫 부분에 기출문제로 범위 알기 코너를 두어 중요 기출문제와 정답 및 해설을 수록했습니다. 각 Part의 내용을 학습하기 전에 기출문제를 확인하면서 중요 학습 목표를 확인하고, 내용 학습 후 다시 기출문제 학습을 하도록 하기 위함입니다. 따라서 기출문제로 범위 알기 의 문제 순서는 연도별이 아니라 영역별 이론 내용 순서로 구성됩니다.

04 각 Part의 요약 및 해설은 가능한 한 추상적인 설명을 지양하고 구체적으로 설명했습니다. 또 내용 이해를 돕는 차원에서 적절한 예를 많이 수록하여 실제에 적용할 수 있도록 했습니다.

05 주요 내용마다 A Plus⁺를 제시하여 주요 참고 사항을 요약·제시하였고, 학습 내용을 심화시킬 수 있도록 하였습니다. 각 페이지 양 옆에는 여백을 두었고, 이 여백에는 참고사항을 수록했는데, 학습자 스스로 학습하면서 다른 내용을 추가하는 공간으로 활용한다면 시험 전까지 다른 수험생에게는 없는 단권화된 '나만의 종합 이론서'가 될 수 있을 것입니다.

차례

part 3 **부모교육과 상담**

part 4 · **놀이지도**

part 6 ● **교사론**

PART 1

유아교육 사상사 및 프로그램

1 〈보기〉는 유아교육에 영향을 준 교육 사상가에 대한 설명이다. ㉠~㉢을 바르게 짝지은 것은? `2009기출`

> 보기
>
> • (㉠)은(는) 신성의 개념에서 출발하여 신, 인간, 자연이 하나 되는 통일의 원리를 교육 사상으로 삼았으며, 유아를 위해 놀잇감을 고안·제작하여 교육적 경험을 할 수 있도록 하였다.
>
> • (㉡)은(는) 자연의 법칙과 질서에 따르는 '합자연의 원리'를 교육의 근본 원리로 삼았으며, 교육의 단계를 유아기를 위한 어머니 무릎 학교, 아동기를 위한 모국어 학교, 소년기를 위한 라틴어 학교, 청년기를 위한 대학으로 구분하였다.
>
> • (㉢)은(는) 지·덕·체의 조화로운 발달을 통한 전인적인 성장을 강조하였고 사물을 인식하는 수단으로 수(數)·형(形)·언어(言語)를, 중요한 교육방법으로 직관의 원리, 노작교육의 원리 등을 제시하였다.

	㉠	㉡	㉢
①	루소 (J. J. Rousseau)	페스탈로치 (J. H. Pestalozzi)	프뢰벨 (F. Froebel)
②	루소 (J. J. Rousseau)	프뢰벨 (F. Froebel)	페스탈로치 (J. H. Pestalozzi)
③	몬테소리 (M. Montessori)	코메니우스 (J. A. Comenius)	로크 (J. Locke)
④	프뢰벨 (F. Froebel)	로크 (J. Locke)	코메니우스 (J. A. Comenius)
⑤	프뢰벨 (F. Froebel)	코메니우스 (J. A. Comenius)	페스탈로치 (J. H. Pestalozzi)

`정답` ⑤

`해설`

• **페스탈로치의 교육방법**

① 조화의 원리 : 인간이 갖고 있는 선천적 기능은 지적(head), 도덕적(heart), 기능적(hand)인 것이며, 그중에서도 도덕적 기능을 중심으로 하는 조화로운 발전이 교육의 이상이라고 하였다.

② 직관의 원리 : 모든 지식을 구성하는 가장 기본적인 요소는 수(數), 형(形), 어(語)이므로 교수는 이 요소를 밝히고 분석하는 데에서 시작해야 한다. (직관 : 판단·추론 등을 개재시키지 않고, 대상을 직접적으로 인식하는 일)

③ 자기활동(자발성)의 원리

④ 생활 공동체의 원리(가정 → 사회 → 인류)

⑤ 단계적 방법의 원리

2 빈칸에 알맞은 교육철학자를 쓰시오. [3점] `2008기출`

> 가. (①)은(는) 대표적인 저서인 『인간 오성론(An Essay Concerning Human Understanding)』에서 인간의 본성을 과학적으로 규명하고자 하였다. 그의 기본 가정은 인간의 본성이 출생 때는 백지 상태와 같다는 것이다.
>
> 나. (②)은(는) 자연주의 사상가로, 인간의 재능과 독창성의 회복을 강조하고, 성악설을 부정하며 인간의 본성은 선하다는 성선설을 주장하였다. 대표적인 저서로는 『사회계약론』을 들 수 있다.
>
> 다. (③)은(는) 인지학(Anthroposophie)의 창시자로, 인간의 발달에 대해 '탄생'이라는 용어를 사용하였으며, 인간은 의지, 감정, 사고 발달의 3단계를 거쳐 자유로운 인간이 된다고 하였다. 발도르프 유치원은 이 철학자의 사상에 기초하고 있다.

• ① : _____
• ② : _____
• ③ : _____

`정답`

• ① : 로크

• ② : 루소

• ③ : 슈타이너

3 다음은 유아교육에서 경험의 교육적 의미를 체계화하는 데 영향을 준 사상가들의 관점이다. ㉠~㉢에 들어갈 사상가를 바르게 짝지은 것은? 2010기출

> - (㉠)은(는) "교육은 자연이나 사물 또는 인간의 소산이다. 우리의 능력과 기관들의 내적인 성장은 자연의 교육이다."라고 하여 자연 속에서의 경험을 통한 교육을 주장하였다.
>
> - (㉡)은(는) "만약 우리가 어린이들의 마음 속에서 사물에 대한 참되고 확실한 지식이 자라게 되기를 원한다면 실제적인 관찰과 감각적 지각에 의하여 모든 사물들을 배울 수 있도록 그들에게 특별한 관심을 기울여야 한다."라고 하여 지식은 먼저 감각에서 시작하여 기억으로 가기 때문에 감각교육이 모든 학습의 기초가 된다고 보았다.
>
> - (㉢)은(는) "경험이라는 것은 능동적 요소와 수동적 요소의 특수한 결합으로 이루어졌다는 점에 착안하면 ……(중략)…… 능동적 측면에서 볼 때 경험은 해보는 것을 말한다. 해보는 것으로서의 경험은 변화를 가져온다."라고 하여 실제적인 경험과 직접 활동하는 가운데 탐구하고 실험하면서 학습하는 것을 중요시하였다.

	㉠	㉡	㉢
①	루소 (J. J. Rousseau)	코메니우스 (J. A. Comenius)	듀이 (J. Dewey)
②	프뢰벨 (F. Froebel)	루소 (J. J. Rousseau)	코메니우스 (J. A. Comenius)
③	루소 (J. J. Rousseau)	로크 (J. Locke)	듀이 (J. Dewey)
④	로크 (J. Locke)	몬테소리 (M. Montessori)	코메니우스 (J. A. Comenius)
⑤	로크 (J. Locke)	루소 (J. J. Rousseau)	페스탈로치 (J. H. Pestalozzi)

정답 ①

4 다음은 교육사상가에 대한 설명이다. 물음에 답하시오.

[5점] 2014기출

> 페스탈로치(J. Pestalozzi)는 "자녀들은 인간 본성의 모든 능력을 부여받았으나 아직 미해결로 남아 있습니다. 그것은 자녀들의 (㉠)이(가) 어떻게 사용되어야 할 것인가에 대한 물음입니다. 자녀들이 부여받은 정신적 능력이 발현되기 위해서는 교육을 받아야 합니다. ……(중략)…… 그러면 어떤 방법으로 교육을 받아야 할까요? 인간의 (㉠)의 모든 능력이 조화롭게 결합이 되면 이 숭고한 사업이 성공할 것입니다. ……(중략)…… 실물교육이나 노작교육처럼 아동의 직접 경험 또는 직접 체험을 (㉡)을(를) 통해 가르쳐야 합니다."라고 하였다. 외적 (㉡)은(는) 감각기관을 통해 외계의 인상을 받아들이는 것을 말하며, 내적 (㉡)은(는) 자신의 마음의 눈으로 세계의 본질을 체험하는 것을 말한다.
>
> 프뢰벨(F. Froebel)은 "만물에는 영원불멸의 법칙이 살아 지배한다. 모든 것을 지배하고 있는 이 영원불멸의 법칙은 필연적으로 모든 사물에 퍼져 있고, 강하고, 생동적이고 내재적인 영원한 (㉢)에 기초하고 있다. ……(중략)…… 학교 본연의 임무는 만물에 항상 존재하는 (㉢)에 중요한 가치를 두는 것임을 잊지 말아야 한다. 아동은 자기자신의 (㉢)이(가) 있는 자아를 다양성을 통해 표현하고 또 다양한 자아도 다양하게 표현한다."라고 하였다.
>
> 듀이(J. Dewey)는 "경험의 (㉣) 원리는 모든 경험에 대해 보편적으로 적용될 수 있는 것으로 지금 우리가 하고 있는 경험은 어느 정도 그리고 어떤 식으로든지 앞으로 올 경험의 객관적인 조건들을 구성하게 됩니다. 나아가 지금하고 있는 경험이 앞으로 경험하게 될 외부적인 조건들을 구성하는 데 영향을 미칩니다. ……(중략)……

(ⓜ)(이)라는 말은 경험의 의미를 이해하는 데 필요한 두 번째 원리입니다. 여기에는 경험 속에서 함께 작용하는 두 가지 요소, 즉 객관적이고 외적인 요소와 주관적이고 내적인 요소가 함께 작용하고 있다는 것을 의미합니다."라고 하였다.

1) ㉠에 들어갈 인간본성의 능력을 나타내는 것 3가지를 쓰고, ㉡에 들어갈 용어 1가지를 쓰시오. [2점]
- ㉠ : _____, _____, _____
- ㉡ : _____

2) ㉢에 들어갈 용어 1가지를 쓰시오. [1점]
- ㉢ : _____

3) ㉣과 ⓜ에 들어갈 용어를 각각 1가지씩 쓰시오. [2점]
- ㉣ : _____
- ⓜ : _____

정답
1) • ㉠ : 인지적 능력(머리), 도덕적 능력(가슴), 기능적 능력(손)
   • ㉡ : 직관
2) • ㉢ : 통일성
3) • ㉣ : 연속성
   • ⓜ : 상호작용

5 다음은 유아교육에 영향을 미친 인물에 관한 교사들의 대화 중 일부이다. 물음에 답하시오. [5점] **2019기출**

하 교사 : 유치원 교사를 하면서 항상 생각하는 건데, 지금의 유아교육이 있기까지는 참으로 많은 사상가의 공헌이 있었어요.

서 교사 : 대표적으로 17세기 최고의 교육자이면서 감각교육을 중시했던 (㉠)이/가 있죠. (㉠)은/는 인간의 발달 단계에 따른 교육제도를 언급했으며, (㉠)의 교육사상은 이후 아동 중심 교육을 내세웠던 여러 사상가에게 많은 영향을 미쳤어요.

차 교사 : (㉠)의 영향을 받은 사상가로 루소(J. Rousseau)와 (㉡)이/가 있는데, (㉡)은/는 자연스러운 교육방법을 지향한 루소의 교육사상을 실천하려고 노력했죠.

하 교사 : 3H의 조화로운 발달을 강조한 (㉡)의 교육사상은 직접적이고 경험적인 교육방법을 주장했다는 점에서 높이 평가받고 있어요. 특히 유아기에 도덕적 능력의 계발을 중심으로 지적, 도덕적, 기능적 영역의 조화를 강조한 점은 현대에도 시사하는 바가 크죠.

서 교사 : 프랑스의 사상가인 오베르랑(J. Oberlin)은 유아 보호에 중점을 둔 학교를 설립했어요. 이 학교는 종교와 도덕 교육을 중시했으며 질서와 노동을 강조했어요.

차 교사 : 19세기 영국의 (㉢)도 자신이 경영하는 공장에 유아 학교를 세우고 노동자 계층의 유아를 가르치는 데 심혈을 기울였어요. (㉢)은/는 유아기 습관이 평생의 성격에 커다란 영향을 미친다고 생각하고 습관 형성을 강조했어요.

하 교사 : (㉢)이/가 세운 유아 학교는 (㉣)의 일부로서 이후 유아 학교의 중요한 기초가 되었어요.
⋯⋯(하략)⋯⋯

1) ㉠에 들어갈 사상가가 쓴 저서 중 학교교육을 다음과 같이 4단계로 구분하여 제시한 저서의 이름을 쓰시오. [1점]

단계	대상	학교
1단계	0~6세	어머니 무릎 학교
2단계	7~12세	모국어 학교
3단계	13~18세	라틴어 학교
4단계	19~24세	대학 등

• _____

2) ㉡이 주장한 교육원리 중 손발의 노동을 통한 도덕성 함양과 정신의 단련을 강조한 원리를 쓰시오. [1점]

• _____

3) 다음 ⓐ와 ⓑ에 해당하는 말을 각각 쓰시오. [1점]

> ㉡의 영향을 받은 사상가 중 (ⓐ)은/는 유아의 본성을 신성으로 간주하고, 신의 뜻과 우주의 진리를 깨닫는 수단으로 이상적인 놀잇감인 (ⓑ)을/를 고안하였다.

• ⓐ : _____
• ⓑ : _____

4) ㉢에 들어갈 인물의 이름을 쓰고, ㉢에 해당하는 인물이 설립한 ㉣의 이름을 쓰시오. [2점]

• ㉢ : _____
• ㉣ : _____

정답

1) • 대교수학
2) • 노작의 원리
3) • ⓐ : 프뢰벨　　• ⓑ : 은물
4) • ㉢ : 오웬　　• ㉣ : 성격형성학원

6 다음은 교육 사상가들에 대한 설명이다. 물음에 답하시오.
[5점] **2013기출**

> (㉠)은(는) "성숙(maturation)은 개체의 전성장의 형태와 그 변화정도를 결정하는 성장의 내적 요소에 해당한다. ……(중략)…… 성숙은 외적 환경 및 내적 환경에 반응하는 유기체의 제반 발달적 분화를 포함한다는 의미에서 성장(growth)보다 훨씬 더 종합적, 포괄적 개념이라 할 수 있다."라고 하였으며 아동개인의 발달을 평가하는 데 사용할 수 있는 표준행동목록(발달일정표)을 고안하였다.
>
> (㉡)은(는) "어렸을 때의 생활이 그렇듯이 심한 것은 마치 일생의 어린 싹이 차고 아린 서리를 맞는 것입니다. 아무 것도보다도 두렵고 슬픈 일입니다. ……(중략)…… 부인은 아이를 때리지 마라. 아이를 때리는 것은 한울(하늘)을 때리는 것이니 한울(하늘)이 싫어하고 기운을 상하게 하는 것이다."라고 하여 아동존중사상을 주장하였다.
>
> (㉢)은(는) "은물의 형태와 자료는 어린이의 통찰력을 기르고자 하는 우주 법칙에 의해, 그리고 은물이 의도하고자 하는 아동발달의 조건에 의해 결정된다."라고 하여 놀이의 중요성을 강조하였다.

1) ㉠의 사상가는 '유아에게 무엇을 가르치기 위해서는 유아가 성숙할 때까지 기다려야 한다'는 (①) 개념을 제시하였다. ㉠의 사상가와 ①에 들어가는 용어를 쓰시오. [2점]

• ㉠ : _____
• ① : _____

2) ㉡의 사상가를 쓰고, 이 사람이 아동교육운동을 전개하는 데 있어 주된 배경이 된 우리나라의 사상을 쓰시오. [2점]

• ㉡ : _____

• 사상 : _____

3) ㉢의 사상가는 구멍 뚫기, 바느질하기, 색칠하기, 콩 끼우기 등 10여 종의 활동을 고안하였으며, 이를 사용하여 유아의 내면세계를 표현하도록 하였다. 이 활동을 포괄적으로 지칭하는 명칭을 쓰시오. [1점]

• _____

정답
1) • ㉠ : 게젤   • ① : 준비도
2) • ㉡ : 방정환   • 사상 : 천도교 사상(인내천 사상)
3) • 작업

7 다음은 자율장학연구회 소모임에서 유치원 교사들이 나눈 대화 내용이다. 물음에 답하시오. [2017기출 일부]

> 홍 교사 : 유아는 단계적으로 발달하면서 감각을 통해 모든 것을 받아들이잖아요. "감각에 의하지 않고 지성을 따르는 것은 하나도 없다."라고 한 (㉠)의 주장은 유아교육의 중요성을 잘 드러내 주는 것 같아요. 그 사상가는 유아들을 위한 세계 최초의 그림책도 만들었지요.
>
> 김 교사 : ㉡ 몬테소리(M. Montessori)를 포함하여 여러 교육자는 유아를 위한 다양한 교구를 만들었죠. 저도 그런 교구를 보면 가지고 놀고 싶다니까요.
>
> 최 교사 : 사람은 자연의 일부이기 때문에 교구를 활용할 때도 자연의 순서에 따라 서두르지 말고, 쉬운 것에서 어려운 것으로, 연령에 적합한 내용과 방법으로 교육해야 한다고 생각해요.
>
> ……(하략)……

1) ① ㉠에 들어갈 사상가의 이름을 쓰고, ② 홍 교사와 최 교사의 대화에서 공통적으로 나타나는 ㉠ 사상가의 교육원리 1가지를 쓰시오. [2점]

• ① : _____

• ② : _____

2) 다음은 ㉡에 관련된 내용이다. ⓐ~ⓔ 중 틀린 내용 1가지를 찾아 기호를 쓰고, 이를 바르게 고쳐 쓰시오. [1점]

> ⓐ 교구를 통한 감각 훈련과 언어지도 및 기본 생활습관 훈련을 철저하게 실시하였다.
> ⓑ 교사는 유아가 교구와 상호작용하는 동안 호기심을 유발하도록 질문한다.
> ⓒ 유아는 스스로 성장할 수 있는 내적 생명력을 지니고 있다.
> ⓓ 유아 스스로 특정 과제를 숙달하고자 강하게 집중하는 현상이 나타난다.
> ⓔ 교구는 사용법이 정해져 있어 정해진 방법으로만 활용해야 한다.

• _____

정답
1) • ① : 코메니우스
   • ② : 합자연의 원리
2) • ⓑ가 부적절하다. 유아가 교구와 상호작용을 하는 동안 교사는 관찰자의 역할을 해야 한다. 관찰을 통해 유아에게 적절한 환경을 준비해 주고 교구 사용의 정확한 시범을 보여 주어야 한다.

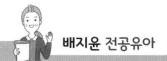

8 다음은 예비 유아 교사들의 대화 내용이다. 물음에 답하시오.
[5점] 2015기출

> 학생 A : 얘들아, 교육철학에 따라 유치원 교육이 다른 거 같아.
>
> 학생 B : 맞아. 최초의 유치원(Kindergarten)에서는 (㉠)와(과) 작업(occupation)을 활용해서 교육했지.
>
> 학생 C : 몬테소리(M. Montessori)도 일상생활 교구, 감각 교구, 언어 교구, 문화 교구, 수학 교구를 개발했어. 이 교구는 ㉡ 유아 스스로 자신의 실수나 오류를 발견할 수 있도록 고안되어서, 교사가 잘못을 수정해 주지 않아도 정정이 가능하대.
>
> 학생 A : 난 듀이(J. Dewey)에 관심이 많아. 듀이는 유아들이 생활 속에서 관심을 갖는 내용을 선정해서 운영하는 교육과정을 강조했어.
>
> 학생 B : 나도 듀이의 교육철학이 기억나. 교육은 생활이고, 성장이며, 계속적인 (㉢)의 재구성이고, 사회적 과정이라고 했잖아. 그래서 듀이는 생활 중심, (㉢) 중심, (㉣) 중심, 아동 중심, 활동 중심을 강조하는 교육철학자야.
>
> 학생 C : 그래. 유아들이 생활 속에서 겪을 수 있는 비슷한 것끼리 모아서 쌓기, 언어, 역할, 과학, 음률 등으로 교실을 구분해 (㉣) 영역으로 배치하는 것도 듀이의 영향을 받은 거야.

1) ① 최초의 유치원에서 사용한 교구인 ㉠에 해당하는 용어 1가지를 쓰고, ② 이를 고안한 학자의 이름을 쓰시오. [2점]

   • ① 용어 : _____

   • ② 학자 : _____

2) ㉡을 설명하는 용어 1가지를 쓰시오. [1점]

   • _____

3) ㉢과 ㉣에 들어갈 용어를 각각 1가지 쓰시오. [2점]

   • ㉢ : _____

   • ㉣ : _____

정답

1) • ① 용어 : 은물

   • ② 학자 : 프뢰벨

2) • 자동교육

3) • ㉢ : 경험   • ㉣ : 흥미

1장 철학과 교육

① 철학의 영역

(1) 존재론

① 진리의 본질을 탐구하는 것으로 사물의 본질을 이해하려는 시도이다.

② 인간의 삶에서 진리의 본질이 '변화하는 것인가?'(실용론), '변화하지 않는 것인가?'(관념론, 실재론)'라는 문제를 다루며, 또한 존재의 근원이 '하나인가?'(일원론), '다양한가?'(다원론)' 등의 문제를 다룬다.

(2) 인식론

① 지식의 구성, 즉 진리나 지식의 성질과 기원, 범위 등에 대해 연구한다.

② 인식론적 절대주의와 인식론적 상대주의

ㄱ 인식론적 절대주의 : 지식은 불변하고 영원하며 보편적 진리가 존재한다. 예 수학

ㄴ 인식론적 상대주의 : 보편적 진리는 없고 사물의 진리란 개별 인간에 따라 달리 인식되는 그 자체이다. 예 프로타고라스의 '인간은 만물의 척도'

(3) 가치론

① 인간 삶의 영역에서 가치의 정의와 위계를 결정하는 철학이다. 예 윤리학, 미학

② 가치판단 기준을 개별 인간 내부에 두는 주관적 가치론과 개별 인간과 분리된 객관적 기준에 둔다는 객관적 가치론으로 나뉜다.

② 전통 철학의 교육관

(1) 관념론(idealism)

① 플라톤이 중심이 된 관념론은 세상에 존재하는 진리의 근원이 관념에 있다는 입장이다.

② 형태가 변하거나 구성요소가 바뀌는 것은 진리라고 볼 수 없다.

③ 정신은 물질에 선행하는 근본적인 것이며, 물질은 정신의 부산물이다.

④ 외적 세계는 이 관념의 그림자에 불과하며 신뢰할 만한 것이 못 된다.

⑤ 관념론의 교육

ㄱ 교육내용 : 철학, 신학, 문학, 예술을 배우며 영원한 진리를 발견할 수 있다.

ㄴ 교육방법 : 주입식 교육보다는 학습자 스스로의 내적 사색을 통하여 지식을 회상하고 통찰해야 한다. 예 소크라테스의 대화법, 상기법, 산파법 등

ⓒ 교사의 역할 : 이상 세계에 대한 지식을 학생들보다 더 가지고 있는 존재로 절대적인 진리에 더 가까운 사람들이므로 학생을 존중하며 지식을 전수하고 모범을 보여야 한다.

(2) 실재론(realism)

① '실재'란 우리의 의식이나 입장을 떠나 객관적으로 존재하는 사물을 의미한다.

② 실재주의는 아리스토텔레스가 주장한 철학으로, 진리가 존재하는 실재에 있다는 것을 강조한다.

③ 실재론의 핵심 원리

ⓒ 인간, 사회, 자연현상 등 보편적인 구조가 있는 것과 같이 사물도 그러한 보편적인 특징이 있다.

ⓒ '안다'라는 것은 사물에 대한 지식이며, 인식 또는 앎이란 사람의 마음과 그의 외적 세계와의 상호작용에 의해 이루어진다.

ⓒ 사물들에 대한 지식, 사물들을 지배하는 법칙, 그들 간의 상호관계성은 인간 행위에 대한 가장 신뢰할 만한 지침을 제공한다.

④ 실재론의 교육

ⓒ 교육내용 : 실재하는 사물을 개념별로 체계화하고 유사성에 기초하여 범주화해야 한다. 예 이론적 지식(순수예술, 교양교육), 실천적 지식(응용예술, 직업교육)

ⓒ 교육방법 : 체계화되고 조직화된 지식을 가르치는 것이 실재를 이해하는 가장 효율적인 방법이라고 생각했고, 감각기관을 통하여 관찰하는 경험적 귀납법을 중요시했다. 예 실물교수법, 직관교육, 시청각교육, 노작교육 등

ⓒ 교사의 역할 : 교사는 교과 체계를 분명히 알고 있어야 하며 학생들의 가능성을 인정하면서 모범적인 습관을 갖추게 해야 한다.

ⓒ 학교의 역할 : 변화하는 사회를 선도하기보다는 실재에 대한 관찰 및 학습을 강조한다.

(3) 경험론(empiricism)

① 17세기 영국에서 시작된 철학사조로, 인간의 인식은 감각적 경험에 근거해서만 성립한다는 것이다.

② 진리는 감각적 경험에 의해 얻어진 잠정적 진리이며, 새로운 경험을 통해 확보된 인식의 법칙은 새로운 진리로 인식될 수 있다.

③ 경험론의 핵심 원리
    ㉠ 경험론의 연구방법은 인간의 인식을 최대한 배제하고 실험과 관찰을 통해 어떠한 사건의 원인을 밝히고 공통의 법칙을 발견하는 것이다.
    ㉡ 프랜시스 베이컨(Francis Bacon) : 귀납적 연구방법을 통해 실제 생활과 관련된 자연의 법칙을 아는 것이 곧 힘이다.
    ㉢ 존 로크(John Locke) : 사람은 태어날 때 백지의 상태로 태어나며 후천적 경험이 그 사람의 삶을 구성하는 원리이다.

④ 경험론의 교육
    ㉠ 교육목적 : 교육의 목적은 경험의 재구성이다.
    ㉡ 교육내용 : 학습자의 필요와 흥미, 의문에서 생겨나는 것으로 교육내용을 구성해야 한다.
    ㉢ 교육방법 : 학생들이 흥미를 가지는 일상적인 경험을 통하여 지식의 토대를 누적하고 경험을 축적해 나가야 한다.
    ㉣ 교사의 역할 : 기존 지식을 숙지시키는 역할이 아닌, 학습자보다 많은 경험을 가지고 있는 안내자로서 학습자와 동일한 교육적 경험을 공유하고 필요한 것은 조언한다.
    ㉤ 학교의 역할 : 미래의 삶에 대한 준비 기관이 아니라 현재의 당면한 문제에 대한 관심과 요구를 해결하는 기관이며, 학습자가 살아갈 사회를 경험하는 민주적인 삶과 학습의 장이다.

A Plus⁺   자연주의

1. 정의
① 원래 타고난 것을 존중하자는 주의이다.
② 자연에는 아름다운 질서가 있으며, 이 질서에 따라 사는 것이 가장 올바르고 행복한 삶이다.

2. 자연주의 관련 철학자 및 이론가들
① 코메니우스 : 감각적 자연성이 중요하며, 자연의 법칙에 맞게 교육해야 한다.
② 루소 : 사회체제에 의해 억압된 인간성을 자연으로 돌아감으로써 다시 찾자고 주장했다.
③ 스펜서 : 교육이란 지상에서의 행복한 삶에 대비하는 일이다.
④ 몬테소리 : 아동의 자발적 발달은 완전한 자유를 통해서 이루어진다.
⑤ 타고르 : 아동은 자유로운 환경과 자연의 직접적인 접촉 속에서 양육되어야 한다.
⑥ 니일 : 아동은 자유로운 환경에서 자연적으로 성장한다.

3. 자연주의의 교육원리
① 교육의 목적은 자연 질서의 한 부분인 자연과 인간본성에 의존해야 한다.
② 자연은 감각경험을 통해 이해할 수 있으며, 감각은 실재에 대한 지식의 근본이다.
③ 교사는 아동에게 교과를 가르치기보다 아동의 발달수준에 맞는 관심을 포착하고 촉구해야 한다.
④ 교육의 과정은 부모와 교사의 보호를 받는 자연적 성장의 과정이 되어야 한다.

4. 자연주의에 근거한 교육과정

① 교육은 아동을 위한 유쾌한 활동이어야 하며, 아동의 자발적인 자기활동을 보장해야 한다.

② 삶의 보존과 즐거움을 위해 지식의 습득은 교육의 중요한 부분이 되어야 한다.

③ 정신과 신체를 모두 고려한 균형 있는 교육이 이루어져야 한다.

④ 교수방법은 귀납적이어야 한다.

3 교육철학

(1) 교육철학의 정의

① 교육철학은 교육활동의 정당성 및 가치 판단에 대한 준거를 제공하는 것이다.

② 교육 의미(기준 제시)의 분석(피터스 Peters)

    ㉠ 규범적 기준 : 교육목표와 관련된 것으로, 인간을 인간답게 하고자 하는 교육은 가치 지향성을 가져야 한다.

    ㉡ 인지적 기준 : 교육내용과 관련된 것으로, 지적 이해와 안목을 높일 수 있는 내용이 선정되어야 한다.

    ㉢ 과정적 기준 : 교육방법과 관련된 것으로, 교육방법은 도덕적으로 온당해야 한다.

(2) 교육철학의 기능

① 분석적 기능 : 교육 관련 이론 혹은 용어의 개념과 논리적 근거를 밝히는 것이다.

② 평가적 기능 : 교육 관련 상황에 대한 가치 판단의 평가준거로 활용하는 것이다.

③ 사변적 기능 : 다양한 교육 문제나 문제 상황에 대해 다양한 사고의 관점을 제공하고 해결점과 제언을 준다.[1]

④ 종합적 기능 : 교육에 관한 다양한 이론이나 관점을 한 가지 관점에 치우치지 않고 종합적으로 이해하게 한다.

(3) 현대 교육철학의 기초

① 진보주의(progressivism) : 실용주의 철학[2]에 근거를 둔 것으로, 경험 중심, 생활 중심, 능동적 아동관 등을 표방하며 교육을 통한 계속적인 성장을 교육목표로 설정했다.

② 본질주의(essentialism) : 실재론(realism)과 관념론(idealism)을 절충한 것으로, 세상에는 변하지 않는 기본적 질서가 있다고 보고 학교는 인류의 문화유산 중에서 가장 소중한 본질적인 사상과 핵심을 모든 학생에게 가르쳐야 한다고 보았다.

③ 항존주의(Perennialism) : 절대적 · 보편적 진리를 담고 있는 고전을 바탕으로 현대문화와 현대교육을 재건하고자 했다. 교육은 현상계의 변화 이면에 내재한 영원한 진리를 찾아 학습자를 진리에 적응시키는 것이다.

[1] **사변(思辨)** : ① 생각으로 사물의 옳고 그름을 가려냄. ② 〈철학〉 경험에 의하지 않고 순수한 논리적 사고만으로 현실 또는 사물을 인식하려는 일. 직관적 인식이나 지적 직관을 가리키는 경우도 있다.

[2] **실용주의** : 객관적 지식은 존재할 수 없고 과학의 절대성은 비판의 대상이 된다. 하나의 지식은 다른 지식을 이해하거나 설명하기 위한 도구이며, 모든 지식은 상호보완적이다.

④ 재건주의(reconstructionism) : 진보, 본질, 항존주의를 비판하면서 교육의 목적을 사회적 자아실현(social self realization)에 두고, 민주적 사회를 재건하고 현대문명의 위기를 극복하고자 했다.

■ 현대 교육철학의 비교 ■

구분	진보주의	본질주의	항존주의	재건주의
교육목적	경험의 재구성	문화유산의 전수	항구적 지식의 훈련과 이상적 인간 형성	사회 재건
교육내용	삶의 경험, 문제 해결	역사, 과학, 외국어, 3R	고전 중심의 위대한 교과	사회과학
교육적 의미	아동중심 교육관의 확립	교사의 수업 주도권 인정, 본질적 지식구조 인정	문화유산에 내재된 항구적 진리의 재발견	교육의 사회적 역할 강조

4 아동관과 유아교육

(1) 전성설

① 유아를 성인의 축소판으로 바라보는 관점으로, 유아와 성인은 능력과 역할에서 다르지 않고 신체적 크기만 다르다고 본다.
② 아동기의 특성에 대해 무시하며 성인의 입장에서 유아를 부속물로 여기고 능력이나 자질이 없는 존재로 본다.
③ 기독교 사상에 근거한 원죄설에 연결되어 인간은 본성적으로 악하기 때문에 강력한 훈련과 교육을 가해야 한다고 보았다.

(2) 백지설

① 로크(John Locke)가 주장한 것으로, 유아는 태어날 때 선하고 악한 존재가 아닌 무(無)의 백지 상태라는 것이다.
② 환경결정론 : 유아의 정신은 주위 환경의 영향을 받아 형성된다는 것이다.

(3) 성선설

① 인간의 성품은 본래부터 선한 것이라고 바라보는 관점이다.
② 선한 존재
　㉠ 맹자(孟子) : 사욕에 치우치지 않는 인간 본연의 순수한 의욕의 선(善)으로, 이는 자연과의 조화를 이뤄내기 위한 인간의 마음이다.

ⓒ **루소**(Rousseau) : 사악과 악덕이 없는 자연 그대로의 상태로, 다른 사람 위에 군림하거나 자신을 다른 사람과 비교하지 않는 자유로운 존재를 말한다.[3]

(4) 능동적 아동관

① 유아는 흥미와 호기심을 바탕으로 스스로 발달할 수 있는 존재이며, 내적 흥미와 호기심은 외부와의 접촉을 통해 더욱 잘 발달하게 된다.

② 유아는 환경과 적극적으로 상호작용하며 내적 능력을 발달시키는 존재이다.

③ 성인과 질적으로 다른 존재로, 발달의 내용이나 과정은 성인과 다른 양상을 띤다.

④ 인격적 존재로서의 아동관

ⓐ 아동중심적 관점의 연장선상에서 나타난 아동관으로, 자기 발달의 권리를 가진 존재이자 인격체로서 유아의 가치를 인정하는 관점이다.

ⓑ 개인으로서 능력이나 가치를 실현할 수 있는 권리가 있음을 인정하는 것이며 성인 지향적인 사회에서 유아의 입장과 태도, 역할 및 삶을 존중하고자 하는 관점이다.

ⓒ **유아의 권리** : 인격체로서 존중받을 권리, 놀 권리, 교육받을 권리, 균등한 기회를 보장받을 권리를 의미한다.

■ 아동관의 정리 ■

수직적 아동관	수평적 아동관
• 성인 지향적인 아동관으로 성인은 유아의 보호자로서 돌보며 가르침을 제공해야 한다고 보는 입장이다. • 유아를 하나의 성인 혹은 성인 역할을 감당할 수 있는 존재로 인식하며 성인 입장을 강조하고 유아의 인권이나 역할 및 가치 등은 존중하지 않는다.	• 유아는 개인으로서 능력과 자질이 있으며 또한 인권을 가지고 있고 가치를 실현할 수 있는 존재임을 인식하는 관점으로 성인과 유아가 동등한 입장에서 상호작용한다고 본다. • 유아를 능동적이고 적극적인 존재로 바라보며, 성인과 유아의 삶 자체가 질적으로 다르다는 관점이다.

3) 루소는 선(善)의 상태란 행복과 연결된 것으로 보았다. 불행이란 자신의 욕망과 욕망을 충족시키는 능력이 균형을 이루지 못할 때 생기는 것이고, 행복이란 반대로 자신의 능력과 욕망이 서로 일치하는 상태라고 했다.

A Plus⁺ 아동관의 변화에 영향을 미친 이론들

1. 발달예정설
① 유아의 능력은 시간에 따라 자연스럽게 펼쳐진다는 관점이다.
② 성숙론에서는 태어날 때 가지고 태어난 내적 기제(mechanism)는 보편타당한 순서로 시간의 흐름에 따라 전개되며, 여기에는 결정적 시기와 개인차가 있다고 보았다.

2. 프로이트의 이론
① 어린 시절의 경험이 인간 정신 구조의 작용에 중요한 역할을 하며 유아는 욕구를 지닌 발달하는 존재이다.
② 무의식으로 잠재된 것들은 어느 순간 다시 나타나 문제를 일으킬 수 있으며 이러한 과정에서 중요하게 작용하는 사람은 부모이다.

3. 현대의 발달심리학
① **피아제(Piaget)** : 유아의 인지발달은 성인과 질적으로 다른 모습을 지닌다고 주장하면서 유아는 능동적이고 적극적으로 환경과 상호작용을 하며 스스로 인지발달을 주도한다.
② **비고츠키(Vygotsky)** : 인지적 능력의 변화는 사회적 상호작용을 통해 이루어지며, 유아는 능동적이고 적극적으로 주위와 상호작용한다.
③ 유아는 독립적이고 잠재된 능력을 지니고 있으며 그러한 능력을 발휘할 수 있는 환경이 주어진다면 스스로 발달할 수 있는 존재이다.

(5) 아동중심

① 아동중심은 원(圓)의 중앙에 유아가 있다는 말로 유아가 중심 역할을 한다는 것을 의미한다.
② 아동중심은 유아가 선택하고 추진하며 이의 책임이 유아에게 있음을 말한다.
③ **버만(Burman)의 정의**
　㉠ **준비도** : 유아 내면의 동기, 흥미, 호기심이 시간의 흐름에 따라 준비되는 것을 말한다.
　㉡ **자유선택** : 자유선택은 의사결정과 주도성, 흥미와 호기심의 표현 등을 내포한다. 자유선택에는 환경적 제약과 타인의 존중이라는 제한점도 있다.
　㉢ **유아의 필요** : 외적 필요는 부족에 대한 보충이고, 내적 필요는 내부의 발달이나 흥미에서 나온다.
　㉣ **놀이** : 피아제는 인지적 동화작용이라고 설명했고 비고츠키는 사회적 상호작용의 장이라고 했다.
　㉤ **스스로에 의한 발견** : 발견을 통해 유아는 스스로의 지식을 구성할 수 있다. 다양한 환경 속에서 차이를 발견하고 변화를 추구해야 한다.

2 장 고대의 유아교육

1 소크라테스

(1) 생애(Socrates, B.C. 479~399)

① 최초의 아테네 출신 소피스트[4]였다.
② 청년들에게 진리와 공동체의 이익이 무엇인지를 깨우치게 하기 위해 가르쳤다.
③ 청년들을 타락시켜 국가를 위태롭게 한다는 죄목으로 처형당했다.

(2) 교육사상 및 방법

① **지덕합일설** : '덕은 지식이다'라고 주장하며 교육의 출발점으로 도덕적 삶을 강조했다.
② **교육의 목적** : 교육의 목적은 도덕적 인간을 형성하는 것이었다.
③ **문답법** : 교사가 질문을 던짐으로써 학생으로 하여금 스스로 생각해 보고 진리를 탐색하게 하는 방법이다. 오늘날의 토의법, 질문법, 탐구학습 및 발견학습 등에 큰 영향을 미쳤다.
　㉠ **반문법** : 계속적인 질문을 통해 고정관념을 깨뜨리고 스스로의 무지를 깨우치게 하는 방법이다.
　㉡ **산파법** : 무지를 자각한 학생에게 다시 적절한 질문을 함으로써 스스로 진리에 도달하도록 유도하는 방법이다.

2 플라톤

(1) 생애(Platon, B.C. 428~348)

① 아테네의 명문 귀족으로서 소크라테스와의 만남을 계기로 일생 동안 청년들을 가르치는 일에 종사하였다.
② 일생 동안 학문의 주제는 '어떻게 사는 것이 올바르게 사는 것이며, 어떠한 국가가 이상적인 국가인가?'였다.

(2) 교육사상

① 이상주의자였던 플라톤은 궁극적 실재는 물질보다는 관념으로서만 이해 가능하고 표현 가능하다고 믿었다.
② 우리가 발견할 수 없는 선·미·진의 절대적 가치가 존재하며, 이것을 관념의 원리로 설명하고자 했다.

그리스의 소피스트 : 당시 대부분의 소피스트들은 아테네에 모여든 외국인들로서 청년들에게 수업료를 받고 지식을 가르친 직업교사였다.

③ **여성교육** : 여성교육을 주장하여 여성교육에 있어서의 최초의 옹호자가 되었다.

④ **4육론** : 지육, 덕육, 체육, 미육의 4육론을 강조했다.

⑤ **이데아**(Idea)

ⓐ 절대적인 존재로서 사람의 감각기관이나 경험을 초월하여 존재하는 것이며, 비공간적·무시간적이고, 변치 않는 어떤 것, 사고만이 접근할 수 있는 것이다.

ⓑ 현상적인 사물은 이데아로 구성되는 실재의 '그림자'에 불과하며 일시적인 것이므로 이데아는 경험이나 감각에 선행한다.[5]

ⓒ 이데아에서 위계의 최상에 속하는 것은 선·미·진이며, 그 밑에 있는 것은 지혜, 절제 또는 중용, 용기와 경건이고, 이에 대한 지식을 얻게 하는 능력을 지성이라고 하였다.

ⓓ 이데아에 이르는 과정을 '환상 → 믿음 → 사고 → 지식·지성 → 선의 이데아'로 설명했다.

5) '둥글다'는 관념은 둥근 공이나 둥근 사과에서 얻어지는 것이 아니라, 그것과 독립하여 그것에 앞서 존재하는 관념이다. 둥근 공이나 둥근 사과는 일시적으로 있다가 없어지지만 '둥글다'는 관념은 영원히 남아 있는 이데아이다.

A Plus⁺ **플라톤의 동굴의 비유**

햇빛이 들어오는 지하 ① 동굴 속에 살고 있는 인간들을 상상해 보라. 동굴의 입구에는 태양이 빛나고 있어 밝지만, 동굴의 길이 때문에 햇빛이 동굴 안쪽에는 들어오지 못한다. 입구에서 조금 안쪽에는 불이 활활 타오르고 있다. 동굴 끝 가까이 묶여 있는 죄수들은 어려서부터 목과 다리에 족쇄를 차고 있고, 뒤를 돌아보지 못한 채 단지 동굴의 끝 벽만 볼 수 있었으므로 그림자를 실물이라고 생각한다. 그런데 그들 중 하나가 결박에서 풀려나서 뒤쪽에서 타고 있는 모닥불을 바라보도록 강요받자, 그는 눈이 부셔서 고통스러워하며 보다 진실한 것을 제대로 보지 못한다.

또한 ② 누군가가 그를 험하고 가파른 ③ 오르막길을 통해서 동굴 밖으로 억지로 끌고 나가자, 그는 더욱 고통스러워한다. 처음에는 눈이 부셔서 어느 하나도 제대로 볼 수 없지만, 익숙해지면서 차츰 실물들을 보게 된다. 마지막으로 그는 하늘의 ④ 태양을 보고 나서, 그것이 계절을 가져다주며 모든 것의 원인이 된다는 것을 알게 된다. 더불어 그는 자신이 살던 곳의 동료들을 떠올리면서 자신은 그 모든 변화로 인해서 행복하지만, 그들은 불쌍하다고 생각하게 된다. 그래서 그는 동굴로 내려가서 결박된 자들을 풀어 주어 위로 이끌고 가려고 한다.

선의 형상(form)을 바라본 사람이 다시 동굴 속으로 들어가는 장면은 플라톤의 의도가 교육을 염두에 두고 있음을 알 수 있다. 거짓, 편견, 무지, 오류로부터 영원한 진리에로 안내하려는 것은 곧 교육의 과업인 것이다. 이 비유에서 동굴 안에 묶여 있는 죄수는 환영(illusion)을, 동굴 안에서 자유로운 죄수는 믿음(belief)을, 그림자를 보는 것은 사고(thinking)를, 동굴 밖에서 실재를 보는 것은 지식(knowledge)을 의미하며, 태양을 보는 것은 선의 형상을 보는 것을 뜻한다.

① 인간은 자기 자신에게만 책임을 돌리기 어려운 무지와 오류의 가능성 속에 살고 있다.

② '누군가'의 핵심적인 활동은 학습자의 영혼이 올바른 방향으로 전환하도록 이끄는 것이다.

③ 오르막길은 세계를 감각적으로 경험하는 상태에서 지성적 인식의 상태로 상승하는 것을 상징한다.

④ 태양은 학습과 탐구를 통해 최종적으로 그리고 각고의 노력 끝에 보게 되는 선의 이데아를 상징한다.

(3) 「국가론」의 3계급론[6]

① 통치계급 : 생애적으로 이성이 탁월한 인물로서, 국가를 통치하는 임무에 적당한 통솔력을 갖춘 계급이다. 이들은 지혜의 덕목을 가지고 나라를 통치해야 한다.

② 군인계급 : 용기와 인내심의 정신이 풍부한 자들로서, 용기의 덕목을 가지고 병사가 되어 국가를 방위하는 데 적합하다.

③ 노동계급 : 사람의 행동이 감정에 지배되는 종류로서 이들은 노동에 적합하며, 절제의 덕목을 지키며 생산자로서 국가를 유지하는 일을 맡는다.

(4) 철인 양성을 위한 교육 단계

① 무릎 학교기(0~6세) : 가정교육의 단계로 신화와 동화, 서사가 주된 교육내용이 된다.

② 1도야기(7~14세) : 국가 주도의 학교에서 놀이, 유희, 음악, 체육, 문예 교육을 한다.

③ 2도야기(15~20세) : 1도야기 중 우수한 자를 선발하여 문법, 문학, 음악, 체육, 군사훈련을 한다.

④ 3도야기(21~30세) : 철인으로 키울 후보자를 대상으로 산수, 기하, 천문 교육을 한다. 교육의 목표는 이데아의 파악이다.

⑤ 4도야기(31~35세) : 3도야기에서 선택된 자들을 대상으로 절대적 진리의 관조, 변증법을 교육한다. 통치계급이 되기 위한 준비기간이다.

⑥ 5도야기(36~50세) : 15년간 국가의 정치에 실제 참여하여 정치, 군사적 실천에 관한 경험을 누적시킨다.

⑦ 50세 이후 : 지도자로서 활동할 수 있다.

(5) 플라톤 사상의 유아교육적 의미[7]

① 조기교육의 중요성 : 성인 행동 모방이 주된 교육방법이다.

② 유희의 중요성 : 음악과 체육 중심의 유아교육 내용을 주장했다. 유희에 몰두할 때 유아의 인품이 나타나므로 성인은 이를 관찰하여 지도하는 데에 유용하게 활용해야 한다.

③ 통합적 교육 : 체육과 음악은 상호 균형을 이뤄야 한다.

④ 서사 교육의 중요성 : 6세 유아들은 동화와 신화를 기반으로 한 서사 교육이 중요하다. 다양한 우화와 서사 속에 등장하는 다양한 인물들의 사고나 행동, 삶을 대하는 태도 · 가치 · 성향 등은 발달 초기 단계의 유아에게 다양한 삶의 모델을 제공할 수 있다.

⑤ 각 발달 단계에 따라 교육내용을 달리해야 한다고 보았다.

6) 플라톤은 인간의 영혼은 '이성(reason)', '기개(spirit)', '욕구(appetite)'로 구성되는데, 이성은 '지혜', 기개는 '용기', 욕구는 '절제'가 그 필수 덕목이라고 하면서 이 세 가지 덕목의 조화를 중요시했다.

7) 플라톤은 사유재산의 소유를 금하고 아동은 태어나는 순간부터 남녀 모두 공동탁아소에서 양육되어야 한다고 주장했다.

3 아리스토텔레스

(1) 생애(Aristoteles, B.C. 384~322)

① 마케도니아 인접 출신이며 어릴 때는 의사인 부친에게 의술을 견습했으나 부친 사망 후 18세 때 플라톤의 아카데미에 들어와 플라톤이 죽을 때까지 20년간이나 머물렀다.

② 마케도니아 왕 필리포스의 초청으로 왕자 알렉산더의 가정교사로 부임했고, 알렉산더 가 왕이 되자 다시 아테네로 돌아와 자신의 학교를 세우고 연구와 강의, 저술에 몰두 했다.

③ 알렉산더 대왕 사망 후 아테네에서 반마케도니아 운동이 일어나 아테네에서 도망쳤으 나 칼키스에서 병사했다.

(2) 교육사상

① 실재주의(realism)

ⓐ 외계는 정신 또는 관념의 그림자나 환상이 아니라 실제로 구체적으로 존재하는 것 이다.

ⓑ 우리는 다른 사물과 같이 많은 사물들 속에 실재하는 존재로서 세상에 있다.

② 감각적 경험 중시 : 플라톤에게 감각적 경험은 일종의 장애물이며 믿을 수 없는 것인 반 면, 아리스토텔레스에게 그것은 모든 지식의 기본이 된다.

(3) 삼육론

① 신체교육 : 좋은 신체적 조건을 갖추어 신체로 하여금 영혼의 명령을 잘 수행하도록 한다.

② 인격교육 : 이성보다 욕망이 더 먼저 나타나므로 이성보다 먼저 습관을 훈련해야 하며, 욕망의 만족이나 좌절에 따라 쾌락과 고통의 노예가 되는 일이 없어야 한다.

③ 지력교육 : 이성은 인간을 인간답게 만들며, 인간을 신적인 경지로 끌어올리는 적극적 인 활동도 한다.

(4) 교육원리와 방법

① 교육의 기본 구조는 교육의 3체인 자연(phusis), 습관(etos), 이성(logos)이며, 인간은 이 세 가지 것들을 통해 선하고 귀하게 된다.

② 개인의 행복을 최고 목적으로 하는 개인의 완성(중용의 덕)이 교육의 목적이라고 하면서, 귀납적 방법을 이용한 객관적이고 과학적인 방법과 경험적인 관찰과 탐구를 강조하 였다.

4 고대 로마의 교육(B.C. 753~A.D. 476)

(1) 로마시대의 유아교육

① 공화정 시기의 유아교육(B.C. 509~B.C. 27)

㉠ 가정교육 중심 : 아버지는 자녀교육에 절대적 권한을 가졌다.

㉡ 형식적 교육제도 : 공화정 후기부터 가정교육을 보조하는 초보적인 학교 형태인 루두스(ludus)가 설립되었다.

㉢ 그리스 문화 중심의 교육 : 귀족 자녀를 중심으로 한 그리스 문화 중심의 교육이 있었다.

② 제정시대의 유아교육(B.C. 27~A.D. 476)

㉠ 양친 중심 교육에서 그리스식 학교교육으로 전환되었다.

㉡ 언어 숙달을 중요한 교육목적으로 설정했다. 철학가, 정치가, 군인, 법률가의 소양을 모두 갖춘 웅변가의 양성이 요구되었다.

(2) 로마시대의 유아교육 사상가

① 키케로(Marcus Tullius Cicero)

㉠ 신생아는 맨 처음 손발과 감각을 훈련하고, 서는 것과 함께 손을 활용하고 주변 사물에 호기심을 가지기 시작한다.

㉡ 사고와 학습을 시작하며 주변 사물과 사람의 이름에 흥미를 가진다.

㉢ 또래집단과 경쟁하고 승패에 따라 희비가 교차된다.

㉣ 『웅변론(De Oratore)』 : 본능적 덕을 유지하고 발견하기 위해 인문 교양을 지닌 웅변가를 양성해야 한다.

② 쿠인틸리아누스(Marcus Fabius Quintilianus)

㉠ 타고난 능력은 충동적 행동, 수동적 인지, 추론이며, 세 가지 능력의 발전은 개인별로 차이가 심하다.

㉡ 가정교육을 통한 유아의 조기교육을 강조하고 체벌을 반대했다.

㉢ 교사는 지나친 엄격함이나 관대함을 벗어나 중용적 태도를 가져야 한다. 지나친 비난과 과도한 칭찬은 바람직하지 않다.

㉣ 직접적 지식의 교육보다 인간적인 유대를 강화하는 교수법으로 임해야 한다.

3장 중세의 유아교육

1 중세의 시대적 배경

(1) 중세 초기

① 중세는 4~5세기에서 14세기 정도까지로 흔히 서로마제국 멸망에서부터 르네상스 운동이 일어나기 이전의 시기를 말한다.

② 기독교 문화가 일어나고 게르만족이 기독교를 받아들여 교황권이 구축되었으며 봉건제도와 장원제도를 바탕으로 하는 봉건국가가 형성되었다.

③ 교회는 사회의 윤리적 지침을 제공해 주었고, 장원제도가 경제적 근거를, 기사제도가 정치적 통솔의 근거를 제공해 주었다.

(2) 중세 말기

① 중세가 거의 끝날 무렵에 성지순례를 빌미로 하는 십자군전쟁이 일어났는데 이로 인해 교황권 및 성직자와 귀족의 권한이 약화되었다.

② 자본을 축적한 상공업 종사자들에 의해 새로운 시민계급이 형성되기도 하였다.

2 중세의 교육사상

(1) 아동관

① 성악설 : 본성적으로 악한 아동을 순종하고 복종하게 하기 위한 최적의 교육방법은 신체적 처벌이라고 여겼다.

② 성인의 축소물(전성설) : 어린이의 복장은 어른들의 것과 동일하였고, 어릴 때부터 어른의 활동에 참가해야 하는 등 아동기의 본성에 대한 성인들의 특별한 인식이 부족했으며 아동이라는 단어도 없었다.

③ 중세 말기 : 아동도 영혼이 있는 존재이며 아동의 생명을 빼앗는 행위는 죄악이라는 관점이 나타났다.

(2) 교육사상

① 기독교 중심 사상으로 신학을 바탕으로 한 종교 교육제도, 수도원의 금욕주의 교육 등이 나타났다.

② 교육목적은 기독교적 교리에 의한 신념, 희망, 자비, 겸손한 삶을 준비하는 것이었다.

③ 교부 철학과 스콜라 철학
  ㉠ 교부 철학 : 기독교 신학 형성시대에 교회의 교부(교리의 정립과 교회의 발전에 이바지한 사람)들이 논의한 철학으로 기독교를 철학적으로 해명하고 교리문제에 대한 신학적 체계화를 연구하였다.
  ㉡ 스콜라 철학 : 수도원에서 승려가 교수에게서 받은 교육이 기원이며 신학을 옹호하기 위한 방편으로 나온 철학적 움직임이다. 기독교 교리의 우위성을 확보하고 신앙의 정당성을 입증하기 위한 학문적 움직임으로 근대 대학의 형성 및 발전에도 영향을 미쳤다.

③ 중세 교육의 실제

(1) 시대를 반영한 교육

① 기독교 교육 : 수도원 교육으로 문답학교와 사원학교가 있었다.
② 세속 교육 : 도제 교육을 비롯해 공업의 발달로 협동조합이 형성되면서 라틴어 학교나 시민학교 등이 나타났다.
③ 기사 교육 : 봉건제도를 유지하는 데 필수인 충성된 기사를 양성하는 것이 주된 목적이었다.

(2) 대학의 발달

① 국가나 교회와 무관한 교육이었고 순수한 학문단체나 조합의 성격을 띠었다.
② 지적 활동의 중심으로서 언론의 자유를 누렸으며 문예부흥운동의 선구자적 역할을 담당했다.

(3) 시민교육의 발달

① 십자군원정으로 산업경제 체제가 변화되었고 도시가 발달했다.
② 이전에는 서민계급이었던 신흥세력이 나타나 승려나 귀족계급과 맞서는 제3세력이 되었다.
③ 신흥세력은 조합을 형성하여 라틴 중학교와 직업학교라는 조합학교(guild school)를 만들어 교육했다.
④ 도시 일반시민의 자제를 위한 교육기관으로 시민학교도 나타났으며 도제 교육제도가 비형식적 교육의 형태로 직업교육을 담당하였다.

4 르네상스시대(14~15세기)

(1) 시대적 배경

① 르네상스는 '재생, 부활'의 뜻을 지닌 말로 기독교적 복음주의와 내세주의의 제약에서 벗어나 인간 본연으로의 복귀 운동이다.

② 르네상스의 의미는 인간성 회복 운동으로 인간 본위의 인간 중심 문화를 이룩하려는 것이었으며, 인간의 선천적인 모든 능력을 최대한 발전시키고자 하는 인문주의(humanism)를 발전시켰다.

(2) 인문주의의 유아교육

① 인문주의의 교육목적은 인간계발이며 이를 위해 유아기부터의 교육을 강조했다.

② 아동에 대한 애정과 이해를 강조했고, 중세의 강압적 양육법은 활기와 자발성의 성향을 억누르는 것이라고 하면서 아동 심신의 건강한 발달을 중시했다.

A Plus⁺ 종교개혁기(16~17세기)

1. 종교개혁의 의의

근대사회는 르네상스 이후 종교개혁을 거치면서 나타난 합리주의, 실학주의, 계몽주의의 시대이다.

2. 마틴 루터(Martin Luther)

① 종교개혁 : 교회의 부패에 대한 도덕적·종교적 혁신운동으로 면죄부 판매에 대한 루터의 95개조 항의문이 시발점이 되어 일어났다.

② 교육의 국가 책임론 : 루터는 교육의 중요성을 종교적 입장에서뿐만 아니라 세속적 입장에서도 강조하고, 교육운영의 주체를 교회가 아니라 국가로 봄으로써 교육의 국가 책임론을 확립시켰다.

③ 보통교육 : 생산업에 종사하는 시민계급이 중심이 되어 이루어진 종교개혁은 신학보다 이성, 자율성, 주관성, 체험 등을 통한 교회의 반성을 촉구하면서 일반인의 교양을 함양하고자 하는 보통교육을 낳았다.

④ 종교개혁기의 유아교육 : 성악설의 관점에 근거하여 유아를 바라보던 관점과 달리 체벌 금지나 사랑으로 교육하기 등의 주장이 나타났고, 남녀평등 교육을 강조하기도 했다.

4장 실학주의와 유아교육

1 실학주의(17세기)

(1) 실용적 지식 존중

① 17세기 자연과학의 발달과 경험철학의 영향으로 사실과 자연과학을 중시하며 관념보다 사물, 고전문학보다 자연과학적인 사물 교과를 중시하는 교육이 강조되었다.

② 실용성과 실천성을 교육의 궁극적인 목표로 삼아 구체적 사물과 실용적 지식을 존중했다.

③ 이전의 신학과 고전어 및 고전 중심의 교육과정에서 자연과학, 외국어, 모국어 등의 교육과정으로 중점이 옮겨졌다.

④ 교육방법 : 암기나 기억보다 이해와 감각 경험을 요구했고 시청각 교수법을 중시했다.

(2) 실학주의의 유형

① 인문적 실학주의 : 그리스와 로마의 고전을 연구하여 실생활에 사용하고자 했다.

② 사회적 실학주의 : 사회생활의 경험을 중시하여 사교나 여행을 강조했고, 사회생활에 필요한 도덕적인 품성 형성과 개인이 가진 신념을 실천하는 지식과 행동의 합일을 지향했다.

③ 감각적 실학주의

ㄱ 17세기 경험론에 의한 사회의 분위기와 자연과학을 육성하고자 하는 것으로 인해 나타났다.

ㄴ 자연과학의 지식을 배워 인간생활을 향상시키고자 했다.

ㄷ 실물 표본, 그림 등의 감각적 직관과 구체적 사물을 교재로 교육하려고 했다.

ㄹ 특정 개념을 획득하는 과정으로 사물을 통한 이해와 모국어의 사용, 귀납적인 사고 방법을 강조했다.

ㅁ 대표적 학자 : 코메니우스

2 코메니우스

(1) 코메니우스(Johann Amos Comenius, 1592~1670)의 생애

① 17세기 최고의 교육자 : 실학주의를 크게 일으킨 교육자로서 '근대교육의 아버지'라고 불린다.

② 체코슬로바키아의 하층 중간계급인 제분업자의 가정에서 태어났으나 12세 되던 해에 가족을 모두 잃고 친척집을 전전하다가 16세가 되어서야 라틴어 학교에 입학하여 정규 교육을 받았다.

③ 1611년에는 헤르본 대학에서 신학과 철학을, 1613년에는 하이델베르크 대학에서 신학과 라틴어, 철학을 공부했다.

④ 24세인 1616년 보헤미아 형제교단의 목사가 되었으니 30년 전쟁 중 아내를 잃고 29세 때 신교도라는 이유로 추방당해 도피와 은둔 생활을 시작했다.

⑤ 30년 전쟁으로 폴란드, 영국, 스웨덴 등을 전전하다가 1670년 암스테르담에서 생애를 마칠 때까지 교육을 비롯한 다방면의 연구와 저술 활동을 했다.

(2) 교육관[8]

① 범지학(凡知學) : 범교육(凡敎育)을 내포하는 것으로 '모든 사람에게 모든 것을 모든 방법으로'라는 의미이다. 사물의 지적 측면, 감각적 측면, 영적 측면을 하나의 전체로 파악하고자 했다.

② 자연과학과 리얼리즘의 사상을 도입한 교육론과 공립적 집단교육 사상을 강조했다.

③ 아동관 : 유아는 합리성을 가진 피조물, 가소성을 지닌 존재이다.

④ 유아교육의 목적

  ㉠ 지식 교육 : 자연에서 나타나는 하나님의 활동을 이해하는 것이다.

  ㉡ 도덕성 교육 : 인간 상호관계의 조화를 추구하는 것이다.

  ㉢ 신앙 교육 : 하나님과 인격적 관계를 형성하는 것이다.

⑤ 교육은 인간의 합리성과 감각기관에 의한 관계를 통해 이루어져야 한다.

⑥ 조기교육의 강조 : 다 자란 다음에는 변화시킬 수 없는 것처럼 성인이 되면 이미 형성된 것을 버리거나 바꾸기 어렵다.

⑦ 부모교육의 강조 : 유아의 습관 형성에 부모의 역할은 절대적이다.

(3) 『대교수학』(1632)에 나타난 교육사상

① 학교 제도 : 연령과 발달에 맞는 공교육의 틀을 제시했다.

  ㉠ 어머니의 무릎 학교(유아기) : 건강의 양호, 일상의 언어, 도덕과 신앙의 기초, 자연계의 사실과 진리를 배운다.

  ㉡ 모국어 학교(아동기) : 모든 아동들에게 모국어 교육을 시킬 것을 주장했고, 모국어 다음으로 종교, 산수, 역사, 지리, 미술, 물리를 가르치도록 했다.

  ㉢ 라틴어 학교(소년기) : 고대에서 수집한 지식을 이해하고 판단하도록 소년을 훈련시키는 것으로서 모국어, 라틴어, 그리스어, 히브리어를 가르쳤으며 교육과정에 자유7학과(문법, 수사학, 변증법, 산수, 기하, 천문학, 음악)와 물리학, 지리학, 역사학, 도덕, 종교를 두었다.

8) 코메니우스 교육사상이 현대 유아교육에 미친 영향

코메니우스	현대 교육
조기교육	적기성, 기초성, 누적성
실물 교육	현장견학, 관찰학습
감각적 놀이 중시	놀이 중심
가정·부모 역할 중시	가정 역할 중시

   ⓔ 대학 및 외국여행(청년기) : 대학은 자기의 전공분야인 신학, 철학, 법학, 의학뿐만 아니라 모든 방면에 지식을 제공하도록 했으며, 특히 여행과 고전을 중시했다.
 ② 범교육 : 모든 아동들은 학교에 다녀야 한다.
  ㉠ 모든 아동은 모든 인간적인 것으로 가르침을 받아야 한다.
  ㉡ 모든 아동은 모든 덕행에서 겸손과 일치, 상호 섬김의 준비를 위해 교육되어야 한다.

■ 코메니우스의 학교 제도 ■

단계	대상	연령	학교명
제1단계	유아기	1~6세	어머니의 무릎 학교
제2단계	아동기	7~12세	모국어 학교
제3단계	소년기	13~18세	라틴어 학교
제4단계	청년기	19~24세	대학 및 외국여행

(4) 『유아학교(The school infancy)』[9](1633)에 나타난 유아교육 사상
 ① 6세 미만 유아를 위한 교육내용
  ㉠ 경건(piety) : 아기 때부터 신을 경외하도록 가르치는 것이다.
  ㉡ 도덕(morals) : 유아에게 좋은 본보기를 보이고 잘못했을 때 분명히 느끼도록 가르쳐야 한다. 나쁜 버릇은 엄하게 하고, 간단한 심부름으로 책임감을 기르며 좋은 예법으로 겸손하고 정중하게 대하는 태도를 기른다.
  ㉢ 건전한 학습(sound learning)
   ⓐ 사물에 대해 알기 : 유아의 주변에 있는 사물이나 사건을 생활하는 동안 알게 하는 것이다.
   ⓑ 행하면서 배우기(learning by doing) : 생활하는 중에 아는 것을 활용하여 활동하는 것이다. 예 아는 것에 대하여 이야기 나누기, 셈 해보기, 문제 풀기, 몸 움직여 활동하기
   ⓒ 말하면서 배우기(learning by speech) : 유아는 말하면서 배울 수 있으므로 유아가 성장하고 지식이 증가하면 보는 것, 하는 것마다 말로 표현하는 습관을 길러 주어야 한다.
    • 어린아이가 아기말을 쓰는 경우 그대로 두지만, 언어가 발달하면 아기말을 계속 쓰게 해서는 안 된다.
    • 게임을 통해서 글자, 음절을 분명하게 가르친다.
    • 보는 것, 하는 것마다 말로 표현하는 습관을 길러 준다.
    • 몸짓이나 행동을 수반하면서 지식을 가르친다.
    • 아동이 자라면 시, 동시, 노래 등을 들려준다.
  ㉣ 건강(health) : 어머니가 중요하게 생각해야 할 내용으로 의식주 모두에 해당한다. 유아들이 늘 기쁜 마음을 갖도록 한다.

9) 『유아학교』: 0세에서 6세까지의 교육은 어머니에 의해 가정에서 이루어져야 한다고 하면서 『유아학교』라는 지침서를 저술했다. 여러 단계의 교육을 담당하는 교사와 어머니들을 위한 교육 안내서이다.

② 시청각 교수법의 활용 : 아기를 안았을 때 "저기 봐! 말이 있네, 새가 있네, 고양이가 있네." 하며 사물을 보는 동시에 말을 해 준다.

③ 어머니의 역할

　　㉠ 유아를 교육할 때의 원칙 : 고정된 양식에 따라 유아를 가르치지 않는다. 즉, 융통성을 가지고 개별 유아에게 알맞게 교육한다.

　　㉡ 사물은 간단한 것에서부터 복잡한 것으로, 쉬운 것에서부터 어려운 것으로, 친숙한 것에서부터 친숙하지 않은 것으로 제시해야 한다.

(5) 교육방법

① 합자연의 교육 원리 : 다음과 같은 자연적 순서에 따라 교육과정이 진행된다면 학습이 쉽게 될 것이다.

　　㉠ 마음의 순수성을 잃기 전에 일찍 학습이 시작될 때

　　㉡ 마음에 무엇을 받아들일 준비가 되어 있을 때

　　㉢ 교육과정이 일반적인 것에서 구체적인 것으로 진행될 때

　　㉣ 모든 경우에서 진행을 서두르지 않을 때

　　㉤ 학생들에게 너무 많은 과목으로 지나친 부담을 주지 않을 때

　　㉥ 학습내용이 쉬운 것에서 어려운 것으로 진행될 때

　　㉦ 아동의 본성에 흠이 가지 않도록 연령에 적합한 내용과 방법을 사용할 때

　　㉧ 모든 것을 감각기관의 매체를 통해 가르칠 때

　　㉨ 학습된 것을 계속적으로 사용하도록 할 때

　　㉩ 모든 학습이 같은 방법에 따라 일관성 있게 가르쳐질 때

② 감각과 직관 교육의 원리

　　㉠ 실물을 통한 감각교육은 모든 교육의 기초이며 학습은 감각을 통해 가장 잘 성취된다.

　　㉡ 외부 감각에 의해 새겨진 사물의 상(像)을 내부 감각으로 표현하는 습관을 들여야 하며, 이를 통해 정신 기능이 작용하고 정확한 사고를 하게 되어 대상을 비교하고 인지하는 능력을 가지게 된다.

　　㉢ 『세계도회』(1658)

　　　　ⓐ 어린이를 위해 최초로 삽화를 넣은 책으로, 라틴어 학습 초보자를 위해 고안되었다.

　　　　ⓑ 근대적 의미의 최초의 시청각 교재 : 자세한 설명을 피하고 모든 주제를 조그마한 그림으로 설명했다.

　　　　ⓒ 실존하는 물질, 도구와 실생활, 근면·용기·인간성·종교의 4가지 주제와 150가지 하위 주제로 되어 있다.

③ 모범과 훈육의 원리 : 유아들의 생활과 도덕, 신앙교육을 강조하는 방법이다. 교사는 모범을 보이며 연습과 훈련으로 훈육하되, 애정을 가지고 행해야 한다.

■ 코메니우스의 주요 저작 ■

저서명	특징
『대교수학』(1632)	• 조직적으로 논술된 세계 최초의 교육학 저서로서 자연의 법칙에 따른 교육방법 등을 제시했다.
『세계도회』(1658)	• 어린이를 위해 그림을 사용한 라틴어 학습 교재로, 최초의 시청각적 교재로 불린다.
『유아학교』(1633)	• 여러 단계의 교육을 담당하는 교사와 어머니들을 위한 안내서이다. • 유아의 놀이를 중요한 교육내용으로 간주하면서 감각적 직관과 시청각 교육을 강조했다. • 가족을 공공 교육제도의 중요한 요소로 등장시켰다는 점에서 그 의의가 크다.

5장 계몽주의 시대의 유아교육

1 계몽주의(18세기)

(1) 계몽이란

① 종교적 · 국가적 속박을 벗어나려는 시민들의 정신운동으로 합리적 · 이성적 지성과 개인의 자유의지를 강조했다.

② 모든 전통의 구속에서 벗어나 자유롭고 선입견에 구애됨 없이 사고방식 · 학문 · 종교 · 도덕 등 모든 것에 대한 비판적 · 합리적인 태도를 보급시켜 일반 민중의 질서 수준을 높이는 것을 말한다.

③ 개인의 자연적 이성을 존중하며, 인성론에서도 인간의 본성은 악하다는 중세적 세계관의 입장을 배격했다.

(2) 계몽주의의 특징과 사상가

① **구습 타파 · 개성 존중** : 합리주의적 이성과 지성을 존중하고, 전통보다 개인의 행복을 추구하고 개성을 존중하며 개인의 자유 의지를 강조하는 개인주의적 경향을 보였다.

② **자연주의적 성격** : 인간은 본래 평등하며 자연적인 인권과 주권을 가지고 있으며, 자연의 질서에 순응하는 존재이다.

③ **실증적 · 과학적 탐구** : 종교적 신비적 세계관을 배격하고 실질과 이성의 판단을 중요하게 생각했다.

④ **교육내용** : 과학적 · 합리적인 것만을 중요시했고, 철학, 과학, 정치, 경제, 미술, 문학 등의 교과목을 배우도록 했다.

⑤ **교육방법** : 감각을 통한 학습을 강조했다.

⑥ **대표적 인물**
   ㉠ 로크 : 백지설을 주장했다.
   ㉡ 루소 : 성선설과 자연주의 교육을 주장했다.

2 로크

(1) 생애(John Locke, 1632~1704)

① 1632년 영국의 남서부 서머셋에서 법률학자의 아들로 태어난 로크는 철학자, 정치학자, 경제학자, 의사이면서 또한 교육철학자였다.

② 청교도였던 부친은 유아 때는 무척 엄격했으나 성장함에 따라 친구와 같은 관계로 자녀 교육에 주의를 기울였는데, 이러한 태도가 로크의 체험 속에 승화되어 후에 그의 교육론의 근간을 이루게 되었다.

(2) 교육이론

① 백지설 : 인간은 태어날 때 선하거나 악하지도 않은 아무것도 없는 백지 상태라는 관점이다.

   ⊙ 조기교육의 강조 : 인간의 의식은 백지와 같고, 깨끗하게 닦인 칠판과 같으므로 이 백지 위에 새겨져 가는 아동의 경험 하나하나는 그의 인간 형성에 중요한 요소가 된다.

   ⓒ 경험주의(empiricism)와 관련 : 교육은 경험을 통한 학습이며 성인이나 사물, 환경에 대한 감각적 인상이 지식이나 마음의 기초를 이룬다.

② 신사 양성과 습관 형성 : 신사 양성은 『교육에 관한 의견』에서 밝히고 있는 로크의 교육목표이다. 신사가 되기 위해 가장 필요한 것은 도덕적인 도야와 자기통제이며 이를 위한 습관 형성이 요구된다.

③ 환경의 영향 : 인간의 환경적 요인에 기본 초점을 맞추고 교육을 위해 좋은 조건의 환경을 마련해야 한다고 주장했다.

(3) 교육내용[10]

① 체육론 : 로크는 '건전한 정신은 건강한 신체로부터 나온다(A sound mind in a sound body)'라는 로마의 시를 인용하여 건강을 통한 교육의 중요성을 강조했다.

② 덕육론 : 자신의 욕망을 억제하고 이성에 따라 행동하는 정신을 기르는 것이다. 이를 위해 실제 · 실천을 통한 학습과 작업, 유희 등을 강조했다.

③ 지육론

   ⊙ 감각적 경험을 통한 지식의 축적이다. 인간은 오관에 의한 감각적 작용으로 외적 지식을 형성하며, 의식적인 반성작용(reflection)을 통해 내적 지식을 형성하므로 책보다 경험을 제공하는 것이 더 좋다.[11]

   ⓒ 지육의 목적은 신사에게 필요한 교양을 쌓는 데에 있다고 하면서 형식도야설[12]을 주장했다.

   ⓒ 지육을 위해서는 읽기, 쓰기, 모국어, 외국어 등을 가장 먼저 습득해야 한다.

④ 심의론 : 아동의 마음은 출생 시에 백지와 같으며, 사물에 대해 말로 설명하는 것보다 그림과 같은 시각적인 교재를 사용하는 것이 자연스러운 방법이라고 주장했다.

---

10) 『교육에 관한 의견』: 신사는 지 · 덕 · 체의 조화로운 발달을 통해 이루어진다.

11) 『인간 오성론』: 출생 때의 인간의 상태는 백지나 비어 있는 판자와 같다고 가정하면서 감각을 통해 사물들이 내부세계로 수용되어 관념이 형성되나 그 자체가 지식은 아니라고 주장했다.

12) 형식도야설(Formal discipline theory) : 로크가 주장한 것으로 기억, 추리, 상상 등과 같은 기본적 정신기능을 개발하는 데 적합한 교과의 학습을 통해 모든 사물의 학습에 전이될 수 있는 일반적 정신 능력과 정신 태도를 습득하는 교육을 말한다. 형식도야설에서의 교육은 정신을 도야하고 훈련하는 과정을 뜻한다. 예 수학을 배우면 수학 자체의 내용을 배우는 것이 중요한 것이 아니라 수학을 배우는 과정을 통하여 추리력, 상상력 등이 발달되어 이것이 다른 문제 사태에 전이된다는 것이다.

(4) 교육방법

① **감각적 훈련** : 오관의 감각적 훈련을 통한 학습이 중요하다.

② **습관 형성을 통한 학습** : 유아가 훌륭한 습관을 형성할 수 있도록 가정에서부터 주의를 기울일 것을 강조했다.

③ **칭찬과 존중을 통한 학습** : 체벌이 아닌 칭찬과 존중을 통한 학습이다. 칭찬과 존중은 유아들에게 습관을 효과적으로 형성하게 한다.

④ **수치심 사용** : 부끄러움이나 수치심에 의한 학습이다. 유아가 나쁜 행동을 했을 때 꾸짖기보다는 그것이 나빴다고 스스로 깨닫고 뉘우치는 방법을 사용하는 것이 좋다.

⑤ **학교교육보다 가정교육을 중시** : 가정은 교육의 참다운 실천 장소로서 인간 발달의 기본적인 틀은 가정교육을 통해 거의 결정되며, 신체발달과 정신건강, 지적인 발달, 정서발달의 기초는 가정교육을 통해 이루어진다.

⑥ **모범이 될 만한 인물** : 어린이의 주변에는 성실, 친절, 근면, 명석, 자제심이 있는 인물들이 있어야 하고, 어린이는 그 인물을 존중하고 감화를 받아야 한다.

⑦ **구체물에 의한 경험** : 이미 만들어진 물건이 아닌 주변에 있는 돌이나 종이 등으로 사물을 직접 만들어 보게 하는 것이 필요하다.

(5) 로크의 교육사적 의의

① 체육에서는 단련주의, 덕육에서는 명예를 존중하였고, 지육에서는 조기교육을 강조했다.

② 강제적인 주입식 교육을 배제하고, 아동의 호기심을 중시하며 학습의 오락화를 역설했다.

③ 어린이들의 순수한 놀이를 통한 교육적 지도의 필요성을 강조했고 아동의 개별적 경험을 중시하는 교육, 심신의 조화로운 발달에 기여하는 교육의 길을 열었다.

④ 로크의 교육이론은 관념이란 생득적인 것이 아니고 감각경험에서 생긴다는 현대의 경험론과 연결된다. 또한 주변 인물 영향론은 관찰학습 이론을 설명해 준다.

⑤ 로크의 경험론은 18세기 교육에 큰 영향을 끼쳤으며, 특히 루소에게 많은 영향을 주었다.

3 루소

(1) 생애(Jean Jacques Rousseau, 1712~1778)

① 18세기 계몽사상의 대표적인 인물로 1712년 스위스 제네바에서 태어났다.

② 10세 때 고아가 되어 자연 풍광이 아름다운 지역의 목사에게 의탁되었는데, 후일 자연을 찬미하고 인간의 본성을 선이라고 보는 그의 사상적 태동은 바로 이곳 생활에서 시작되었다고 보인다.

③ 한때 악우들과 사귀었지만 바랑 부인의 친절과 권유로 1754년 가톨릭으로 개종하고 신학교에 들어가 음악 지식을 배워 악보를 베껴 쓰는 직업을 갖게 되기도 했다.

④ 주요 저작으로는 『사회계약론(The Social Contract)』(1762)[13], 교육서인 『에밀(Emile)』(1762) 등이 있다.

⑤ 프랑스 정부는 『에밀』이 기성 종교를 비판하고 자연종교를 제창하고 있다는 이유로 이를 금서로 규정하고 체포령을 내렸다. 루소는 스위스, 독일, 영국 등을 전전하면서 『참회록』을 집필하다가 1770년 파리로 돌아와 『참회록』을 탈고했다.

(2) 인간관과 아동관

① 선성(善性)을 지닌 존재 : 인간은 근원적인 사악이나 악덕이 전혀 없는 선한 상태로 태어나지만 인간의 손에 의해 타락한다. 따라서 자연성을 가지고 태어난 유아가 사회의 악(惡)에 오염되지 않고 가능한 한 자연적으로 발달하게 해야 한다.

② 자연적 발달 성향을 지닌 존재
  ㉠ 유아는 어린나무와 같다. 따라서 식물이 내적 힘을 가지고 계속 성장해 나가듯이 유아도 내면적인 힘인 내적 발달의 성향을 바탕으로 성장해 나간다.
  ㉡ 유아에 따라 내적 흥미나 욕구가 생기는 시기는 각각 다르기 때문에 발달에 적합한 나름대로의 시기가 있다.

(3) 교육사상

① 루소의 사상은 인간 본래의 기본적인 미덕인 자유 · 평등 · 박애가 실현될 수 있는 사회를 건설하는 데 있다.

② 자연주의 교육
  ㉠ 교육목적은 사회 속의 자연인을 형성하는 것인데, 자연인으로서의 시민은 단지 자유로운 개인은 아니다.
  ㉡ 자연인으로서의 시민 : 자주적이며 사회의 정의에 충실하고 공동의 복지를 위해 자기를 억제할 줄 아는 사람, 자연적인 자유가 아니라 사회적인 자유를, 나아가 도덕적 자유를 체득한 인간을 말한다.
  ㉢ '자연으로 돌아가라'라는 명제는 타락한 상태로부터 인간 본래의 자연스러움을 간직하는 인간으로 회복하기 위해 노력하라는 것이다.
  ㉣ 아동은 본래부터 선하고(성선설), 성인의 축소판이 아니다.

(4) 『에밀』에 나타난 교육사상[14]

① 『에밀』에 나타난 교육사상은 성선설에 기초하여 '인간의 자연적 본성을 따르는 교육'이라 할 수 있다.

② 합자연의 원리 : 내적 발달 단계에 근거한 교육은 자연의 원리를 따르는 것이다. 여러 가지 교육의 조화는 자연에 의한 교육이 핵심이 되고 다른 두 교육은 이 자연의 원리를 존중하면서 이루어져야 한다. 이것은 곧 사물, 환경 및 인간의 교육을 자연의 교육에 일치시킴을 의미한다.

13) 『사회계약론』 : 인간의 불평등이 잘못된 계약 때문이라고 주장하며 올바른 계약을 통해 자유를 되찾을 수 있다고 했다.

14) 루소의 교육내용 및 방법
  ① 합자연의 원리
  ② 실제적 감각 교육
  ③ 실물 관찰을 통한 교육
  ④ 소극적 교육
  ⑤ 흥미 위주의 자발성의 원리

㉠ 자연에 의한 교육 : 인간 내부의 천성으로 갖추어진 각 기관과 능력이 자연스럽게 내면적으로 발달함을 의미한다.

　　　㉡ 사물에 의한 교육 : 외부 세계의 사물과 접촉하여 감각과 경험을 통해 획득되는 경험 교육을 의미한다.

　　　㉢ 인간에 의한 교육 : 인간에 의한 능력과 기관의 내부적인 발달을 어떻게 활용하는가를 가르치는 교육이다. 자연, 사물, 그리고 인간에 의한 교육이 잘 조화되어 동일한 도달점, 동일한 목적에 일치할 때만 참된 인간 교육이 가능하다.

　　③ 자연적 본성을 따르는 교육은 인간과 동물과의 차이, 성별의 차이, 연령별 차이, 개인별 차이를 고려하여 이루어져야 한다.

　　④ 루소의 교육원리는 자연인을 위한 교육, 소극적 교육, 연령별 차이에 따른 교육, 아동중심 교육으로 나누어 볼 수 있다.

(5) 자연인을 위한 교육

　　① 만물은 창조주의 손에서 나올 때는 모두 선하지만 인간의 손에서 선한 것들이 변질된다고 생각했다.

　　② 루소가 추구하는 궁극적 인간은 '자연인'이며, 교육의 큰 목표는 '사람이 되는 일'이다.

　　③ 자연인이란 사회 상태에서의 자연인으로, 그 본성인 선을 지키면서 이상적인 사회 건설을 목표로 한다.

　　④ 인간 공동의 천직은 사람다운 사람이 되는 것이며 그것 없이는 어떤 직업이든지 의미가 없다.

　　⑤ 자연의 질서에 따르면 인간은 모두 평등할 수 있기 때문에 자연적 인간이 시민적 인간보다 더 위대하다.

(6) 소극적 교육

　　① 교육이란 성인사회의 사고나 도덕을 아동들에게 주입시키는 '적극적인 교육'이 아니라 악덕의 침입을 막는 일이고 진리를 가르치기에 앞서 편견을 막는 '소극적 교육'이어야 한다.

　　② 소극적 교육은 아동을 방임하라는 것이 아니라 어린이의 자연스러운 발달을 보장하라는 것인데, 이를 위해서는 바람직한 환경 속에서 어린이의 자유로운 활동을 존중해야 한다고 하였다.

　　③ '자연인'의 육성을 목표로 한 교육으로서 이는 스스로 보고 느끼며, 또 자신의 이성으로 판단하여 행동하는 인간을 육성·실현시킬 수 있다.

(7) 연령별 차이에 따른 교육[15]

　　① 발달 단계에 따른 교육 : 전 교육기간을 네 시기로 구분하여 각각의 연령대가 고유한 특징을 가지고 있다고 보고 그에 맞는 교육방안이 필요하다고 했다.

15) 『에밀』은 모두 5부로 구성되어 있다. 제1부에서 제4부까지는 주인공 '에밀'의 성장과정을 연령대에 따라 구분한 '연령별 교육'에 관한 것이다. 마지막 제5부는 '에밀'의 배우자가 될 '소피'의 교육, 즉 여성교육을 다룬 것으로서 교육에서 고려해야 할 '성별의 차이'에 관한 것이다.

② 아동의 정신발달에는 자연적으로 주어진 단계가 있으며 아동은 학습하는 과정에서 능동적인 주체이므로 교사나 교육과정이 아닌 아동이 교육의 중심이 되어야 한다고 주장했다.

③ 아동이 이해할 수 없는 내용을 가르치는 일은 교육적으로 무의미하고 아동의 정상적인 정신발달을 저해하기 때문에 아동의 사고 특성을 이해하는 것이 무엇보다 중요하다.[16]

④ 『에밀』의 구성

　㉠ 유아기(1~5세)

　　ⓐ 신체적 발육에 중점을 두고 주위의 나쁜 영향으로부터 유아를 보호하는 것은 어머니 책임이다.

　　ⓑ 출생과 동시에 교육이 시작되는 것이므로 유아를 유모나 가정교사에게 맡기지 말고 단순한 농가의 생활과 자연스러운 아동의 양육으로 돌아가야 한다.[17]

　㉡ 아동기(6~12세)

　　ⓐ 오른손과 왼손을 구별할 줄 몰라도 건전한 감각만 가지고 있으면 곧 이성(理性)의 꽃이 필 것이므로 암송을 통한 독서교육은 별 의미가 없다.

　　ⓑ 12세까지의 교육은 소극적 교육으로 자연성이 자유롭게 발휘되지 않으면 안 된다.

　　ⓒ 아동기의 교육은 언어의 습득과 오관의 감각 훈련이 주목적이어야 하고 사물은 경험을 통해 배우게 해야 한다.

　　ⓓ 일체의 학습은 놀이를 통하여 저절로 이루어지는 것이어야 한다.

　㉢ 소년기(13~15세)

　　ⓐ 지적 도야기로 이성(異性)에 눈을 뜨게 되고 호기심을 갖게 되며, 사물에 대한 판단과 비판력이 생기게 되므로 지적 교수가 가능하다.

　　ⓑ 천문학, 물리, 지리 등의 자연과학 이외에 수공을 중시해서 가르치며 과학은 교사가 가르치기보다 아동 자신이 발견하게 해야 한다.

　　ⓒ 자기의 능력으로 자기 생활을 유지ㆍ개척하는 인간이 되는 것을 바라고 '농부와 같이 일하고 철인과 같이 생각하는 인간'이 되어야 한다고 주장했다.

　㉣ 청년기(16~25세)

　　ⓐ 20세까지의 청년기는 역사학이나 종교학이 주내용이 된 사회생활의 교육시기로, 자기애에서 정욕이 발생하고 도덕생활을 시작한다.

　　ⓑ 20세부터의 청년은 문학작품과 연극을 통하여 원만한 사회적 관계를 맺는 데 필요한 처신 방법을 배운다.

　　ⓒ 이상적인 여성을 만나고 여행으로 세상 견문을 넓히며 결혼을 함으로써 교육의 전 과정이 끝난다.

　㉤ 여성교육

　　ⓐ 체육은 여자의 건강과 아름다움을 위해 필요하며 예술(음악, 무용)은 남자에게 매력적으로 보이게 하기 위해 필요하다.

　　ⓑ 바느질, 자수 등 가사 훈련을 하고, 유순하고 충실하며 근면ㆍ온화한 동반자가 되도록 유년기부터 종교적 학습과 도덕 교육을 해야 한다.

16) 루소는 『에밀』에서 읽기를 원하는 욕구가 자연스럽게 일어날 때 읽기를 가르치라고 했다.

17) **가정교육의 중요성** : 루소는 가정에서의 양육과 교육에 대한 부모의 역할을 강조하면서 부모는 자연적인 최초의 교사이자 영원한 교사라고 했다.

(8) 아동중심 교육

① 오랜 전통이 되어 버린 교사중심의 방법을 비판하고 아동중심의 교육을 주장했다.

② 아동 본위의 주관적 자연주의, 즉 교육의 기초를 아동에 두고, 아동을 중심으로 교육해야 된다는 것을 기본으로 한다.

③ 아동에게 자연 전개의 이론을 적용해서 성인들의 명령이나 지시에 순종하게 하기보다는 아동의 바람직하지 못한 행위에 대해서는 사물에 대한 제한을 체험시키는 것이 가장 유효하다고 하였다.

④ 실학적 단련주의에 기초하여 실물을 통한 교육을 주장했다.

⑤ '무엇을 어떻게 학습할 것인가'라는 교육내용과 방법의 결정권은 교사가 아닌 아동에게 있다.

⑥ 가능한 한 어린이를 최소한의 말과 책을 통해, 최대한 어린이 자신의 활동과 관찰을 통해 교육해야 한다고 주장하며 당시의 언어중심적 학교교육을 비판했다.

(9) 습관론

① 식물은 재배를 통해 만들어지고 인간은 교육을 통해 만들어진다.

② 노동의 필요성을 어려서부터 몸에 익히도록 해야 한다고 주장하면서 습관 형성과 노작 및 연습에 의한 능력 개발과 정신적·육체적 성장을 강조했다.

③ 어린 시기 교육의 중요한 조건은 어린이 주변에 울타리를 만들어 외부의 영향으로부터 보호해야 한다는 것이다.

A Plus⁺ 오베르랑의 편물학교

1. 오베르랑(1740~1826)

프랑스 동부에서 태어나 27세 때 목사로 부임한 마을에서 30년 전쟁 후에 황폐화된 것을 재건하기 위해 여러 가지 경제적, 사회적, 교육적 개혁을 추진하였다.

2. 편물학교(1770)

1700년 이후에 나타나기 시작한 '모친학교'와 비슷한 시설로, 3세 이상의 취학 전 어린이와 수업시간 이외의 아동들을 대상으로 한 학교였다. 독일의 프뢰벨에 의해 1840년에 설립된 유치원보다 70년이나 앞선 시설로서 어떤 의미에서는 최초의 유치원이라 불리고 있다.

1 시대적 배경

(1) 신인문주의란

① 19세기의 신인문주의는 18세기 계몽사조의 지나친 기계적 합리주의 · 공리주의 · 개인주의에 대항하여 나타난 것이며, 인간의 정의적인 면을 강조하는 낭만주의로 인간성의 조화로운 형성을 추구하는 운동이다.

② 계몽주의 정신은 오성(悟性)이 만능하다고 믿고, 실리 · 실용을 가치 결정의 기준으로 삼았으며 인간을 너무나 직업적 · 기계적으로 보았으나 신인문주의는 인간성의 미적 · 조화적 형성을 이상으로 추구하려고 하였다.

③ 인문주의와의 차이점

   ㉠ 인문주의가 주로 로마의 고전을 중시한 데 반해 신인문주의는 그리스의 고전을 보다 중시하며 그리스 문화 · 미술에 나타난 인간성을 존중하였다.

   ㉡ 인문주의는 언어를 중시하고 고대어를 그대로 사용하는 것을 중요시했으나, 신인문주의는 고대어뿐만 아니라 고대의 문화, 윤리, 예술 등에 흥미를 가짐으로써 그들의 세계관과 인간관, 그리고 사상을 표현하고자 하였다.

(2) 신인문주의 교육사상의 특징

① 그리스 정신을 본받아 인간의 지(知) · 정(情) · 의(意) 제 영역의 조화로운 발달을 꾀하는 것을 목적으로 한다.

② 개성을 존중하면서도 사회성과 역사성을 중시하여 국가주의를 지향하는 등 두 가지 중요한 가치가 공존할 수 있는 철학 체계를 가지고 있다.

③ 신인문주의 교육의 방향을 이론화하고 실천에 옮긴 교육개혁가로는 페스탈로치, 프뢰벨, 헤르바르트 등이 있다.

2 페스탈로치

(1) 생애(Johann Heinrich Pestalozzi, 1746~1827)

① 스위스의 취리히에서 태어났으며 아버지는 의사였고 할아버지는 근교 교회의 신교 목사였다.

② 당초 목사가 되려는 생각을 버리고 변혁이 요청되던 당시의 정치적 · 사회적 실정에 맞추어 사회 개혁에 뜻을 두고 방향을 바꾸었다.

③ 1765년 루소가 제네바로 망명해 오자 스위스 정부는 추방령을 내렸고, 이 조치에 반대하여 지식인들과 학생들이 시위를 벌이자 정부는 군대를 동원해 이들을 진압했는데, 페스탈로치도 이 사건과 관련되어 투옥되었고 이후 농촌으로 들어가 결혼하였다.

④ 노이호프 시대

    ㉠ 결혼 후 1774년 노이호프에서 농장을 시작했으나 실패하고 1774년 빈민학교를 열어 노작교육을 통한 인간교육에 힘썼으나 운영의 어려움으로 1780년 문을 닫았다.

    ㉡ 노이호프의 빈민학교 실패 후 약 18년 동안 교육활동을 하지 않고 칩거하면서 저술 작업을 계속했다.

    ㉢ 주요 저작

        ⓐ 『은둔자의 황혼』(1780) : 자신의 실천하지 못한 교육적 이상을 담았다.

        ⓑ 『린하르트와 게르트루트 1권-4권』(1781~1787) : 악의 추방과 가난의 근절을 주제로 한 저작이다.

        ⓒ 『인류의 발전에 있어서 자연의 길에 관한 나의 탐구』(1797) : 인간의 상태를 자연적 상태, 사회적 상태, 도덕적 상태로 구별하고 교육의 궁극적 목표를 도덕적 인간의 형성으로 제시한 대표적 철학서이다.

⑤ 슈탄츠 시대

    ㉠ 1798년 정부로부터 프랑스군의 침입으로 생긴 많은 고아를 돌봐 달라는 요청을 받고 슈탄츠로 가서 고아들을 모아 그들과 함께 기거하면서 교육에 힘썼으나 6개월 만에 고아원이 프랑스군의 야전병원으로 몰수되어 문을 닫았다.

    ㉡ 6개월의 짧은 기간이었지만 『은둔자의 황혼』에서 보여 주었던 평등적 인간관계와 노작교육에 입각하여 성심성의껏 고아를 교육한 결과 도덕성이 전혀 없던 고아들은 점차 변화되어 인간의 무한한 가능성을 보여 주었다.

    ㉢ 여기서 보여 준 그의 교육활동은 도덕교육의 가능성에 크게 기여하였고, 이를 친구에게 보내는 편지의 형식으로 된 『슈탄츠 고아원 서한』에 기록하여 출판하였다.

⑥ 부르크도르프 시대

    ㉠ 1799년 부르크도르프에 교사로 부임하여 학급 내에서 학생의 자유를 최대한 보장하면서 학습동기와 자발성을 이끌어 내는 교육방법과 모든 영역 교과를 단순화 · 계열화하는 실험을 하였다.

    ㉡ 이때의 교육실천은 『게르트루트는 어떻게 그녀의 자녀를 가르치는가』 속에 잘 그려져 있으며, 이때의 제자들은 후에 훌륭한 교사가 되어 제 나름대로 페스탈로치 방식의 학교를 세워 유럽 교육계에서 이름을 떨쳤다.

    ㉢ 1800년 부르크도르프의 고성(古城)을 대여받아 학교를 시작했으며, 이곳에 교사 양성을 위한 사범학교도 부설하였다.

⑦ 이페르텐 시대

    ㉠ 1804년 이페르텐에 세운 학교에서 그 후 21년간 교육에 전념할 수 있었고 유럽 각국에서 그의 새로운 교육이론과 방법을 배우려고 모여들었다.

ⓒ '빈민대중을 교육을 통해 구원하고자 하는 꿈'과는 달리 학원에는 부유층 자녀들이 많이 몰려들어 페스탈로치는 자신의 순수한 이념에 맞는 빈민학교를 또다시 열었으나 다시 이곳도 유명해져서 1년 만에 이 학원을 이페르텐 학원에 병합시켰다.

ⓒ 1825년 노이호프로 다시 돌아가 거기서 2년간 더 살면서 자서전격인 『백조의 노래』를 쓰고, 『운명』이 완성될 무렵인 1827년 82세를 일기로 세상을 떠났다.

(2) 인간관과 아동관

① 페스탈로치는 『은둔자의 황혼』에서 인간은 누구나 본성은 다 평등하다고 주장했다.

② 인간성 안에는 동물적 · 사회적 · 도덕적인 세 층의 상태가 있다고 보았다.

　ⓒ **동물적 상태** : 인간의 충동과 이기적인 본능을 나타내며, 동물과 다르지 않은 상태이다.

　ⓒ **사회적 상태** : 인간의 이기심으로 인해 야기되는 탐욕, 권력, 억압의 상태를 조직이나 법률, 관습 능으로 통제하는 상태이다.

　ⓒ **도덕적 상태** : 개인의 내면에서 나타나는 욕구에 의해 개인의 행위를 결정하는 것으로, 새로운 탄생이며 이로써 독립된 자아의 행위를 할 수 있게 된다.

③ 인간은 동물적 욕구의 충족, 사회적 관계의 충족에 만족하지 못하고 자기 내면의 순화를 갈구하는 도덕적 진리를 내면에 간직하고 있다고 보았다.

④ 인간교육이란 동물적 · 사회적 상태를 거쳐 자신의 내면적 순화를 추구하기 위한 선천적 · 내면적 소질의 조화로운 발달이다.

⑤ 교육이란 신이 준 인간의 도덕적 · 신체적 · 지적인 능력을 조화롭게 성장하도록 도와주는 일이라고 보았다.

⑥ 아동은 성인의 축소판이 아니라, 성인의 세계가 있듯이 아동에게는 아동 고유의 세계가 있는 것으로 보았으며, 아동의 내면에는 인간성의 모든 능력이 아직 피지 않은 꽃봉오리로서 내재하고 있다고 보았다.

(3) 유아교육 사상

① 페스탈로치는 교육의 목적을 인간개혁과 사회개혁에 두었으며, 교육의 본질적 수단으로 인간을 도야하고, 도야된 인간을 통해 인간을 개혁하며, 개혁된 인간을 통해 곧 사회개혁이 이루어진다고 보았다.

② **교육의 목적**

　ⓒ 신이 각자에게 부여한 능력의 계발

　ⓒ 여러 능력의 조화로운 계발에 의한 인격도야

　ⓒ 각자가 신이 맡긴 몫을 하면서 개성을 실현하는 일

　ⓒ 사회의 바람직한 일꾼이 되는 일

　ⓒ 궁극적으로 인류의 완성을 추구하며 믿음, 소망, 사랑을 실천하는 일

③ 교육이란 개인적 차원에서는 인간의 행복에 기여하는 것이며, 사회적인 차원에서는 개인을 사회의 유용한 성원으로 만들어 가는 일이다.

④ 페스탈로치의 유아교육 사상은 프뢰벨과 오웬에게 계승되어, 유치원(Kindergarten)과 유아학교(Infant School)의 창설에 영향을 주었다.

(4) 유아교육의 원리

① 조화와 균형의 원리

　㉠ 인간이 갖고 있는 선천적 기능은 지적(head) · 도덕적(heart) · 기능적(hand)인 것으로, 그중에서도 도덕적 기능을 중심으로 하는 세 능력(3H)의 조화로운 발전을 교육의 이상으로 하였다.

　㉡ 인간성의 조화로운 발달

　　ⓐ 지적 · 도덕적 · 기능적 능력은 상호의존적이기 때문에 발달 순서를 계열화할 수는 없으나 도덕적인 목표가 지적인 목적보다 더 궁극적인 것이며, 이 조화로운 교육을 위해 자유, 흥미와 존중, 공부, 신체적 활동, 그리고 사랑이 조화되어야 한다.

　　ⓑ 사회적 원리

　　　• 인간성의 발현은 단순히 자연성의 발현이 아니라 사회 맥락 속에서 발달한다.

　　　• 교육은 사회 개혁의 수단이고 사회 개혁에 교육은 힘을 발휘하며 이의 중심에 가정이 있다.

　　　• 가정은 인류의 보편적 관계를 실천할 수 있으며 참다운 행복을 누릴 수 있는 곳이다.

② 합자연의 원리

　㉠ 마치 정원사가 그 기술을 자연의 힘과 법칙에서 배우면서 식물을 키워 가듯이 교사는 어린이의 내부 세계와 그 발전 과정, 어린이의 주위를 둘러싸고 있는 자연의 성질과 발전 법칙을 잘 이해함으로써 어린이를 키워 가야 한다.

　㉡ '합자연의 교육'이라는 교육원리는 페스탈로치에게 최고의 원리이며, 여기에서 조화의 원리, 직관의 원리, 자발성의 원리, 노작교육의 원리, 사회화의 원리 등이 도출된다.

③ 가정교육론

　㉠ 인간형성의 기초는 가정교육에 있으며, 가정생활에서 양친과 아동들의 애정이 넘치는 생활이야말로 인간교육에서 가장 탁월한 자연의 교육이라고 보았다.

　㉡ 『린하르트와 게르트루트』(1787)

　　ⓐ 가정에는 질서가 있어야 한다. 도덕적인 질서는 물론 생활의 질서가 있어야 한다.

　　ⓑ 자연도 순서가 있으므로 유아의 발달 단계를 고려하여 가르쳐야 한다.

　　ⓒ 유아는 수동적 존재가 아니라 스스로 사고하는 주체가 되도록 유의한다.

　　ⓓ 유아의 욕구와 흥미, 감정을 중시하고 인식에 기초를 두어 인간성의 조화와 통일이 이루어지도록 한다.

　　ⓔ 가정은 인간형성, 종교, 도덕교육의 터전이며 이것의 원천은 어머니의 모성애이다.

　　ⓕ 가정에서는 언어보다 실물로 가르쳐야 한다.

④ 부모교육론

    ⊙ 부모는 유아가 성장하면서 자기통제와 자기희생, 협동, 만족지연 등의 능력을 습득할 수 있게 하고 탐색과 모험을 즐기도록 격려해야 한다.

    ⓛ 어머니는 가장 훌륭한 교사이고 가정은 가장 좋은 교육의 장이다.

    ⓒ 자녀들이 부모에게 순종하며 가족을 본받고 겸손하도록 가르쳐야 한다. 아버지는 매를 들어야 하고 어머니는 자신의 몸으로 유아를 감싸야 한다.

(5) 교육내용과 교육방법

① 자기활동의 원리

    ⊙ 교육은 유아의 내면에 있는 자연의 힘을 발전시키는 것이다.

    ⓛ 교사는 발달이 자연적 · 조화적으로 되도록 모든 조건을 제공해 주어 유아의 선천적 능력의 표출을 도와야 한다.

    ⓒ 개인차 중시 : 유아를 개별적으로 돌보아 주는 것이 본질적인 교육방법이라는 입장이며, 이는 개인 모두의 능력과 환경을 존중해서 교육하는 개성존중의 정신과 개인차에 입각한 교육방법의 원리가 된다.

    ⓔ 자기활동의 원리는 개성존중 · 인간존중 · 아동존중의 휴머니즘과 자유정신의 발로이다.

② 직관의 원리

    ⊙ 페스탈로치는 직관을 모든 인식의 절대적인 기초로 생각하고 교육의 본질을 직관에서 찾았다.

    ⓛ 직관 : 사물을 보고 냄새 맡고 만지는 것과 같이 감각기관을 통해 사물의 형태나 모양, 색, 분위기 등을 인식하는 것으로 인식활동 최초의 단계이다.

        ⓐ 외적 직관은 감각기관을 통해 외부 인상을 받아들이는 것이고, 내적 직관은 마음의 눈으로 세상의 본질을 체험하는 것이다.

        ⓑ 단순한 암기보다 그림을 그리거나 글을 쓰고, 노래하고, 모형을 만들고, 현장학습을 하는 등과 같이 감각적 경험을 통해 스스로 느끼는 것이 중요하며, 이는 교실에서 언어에 근거한 교육보다 더 효과가 있다.[18]

    ⓒ 직관은 사물에 대한 구체적인 경험을 통해 더욱 명백하게 발달시킬 수 있다. 모든 사물은 수(數), 형(形), 어(語)로 되어 있으며, 사물의 이러한 요소를 밝히는 것이 교육의 출발점이다.[19]

    ⓔ 사물을 직관함으로써 감각적인 인상에서 추상적 사고력의 계발까지 도야해 간다고 보았으며, 아동이 구체적인 경험을 할 때 더욱 명백한 직관을 발달시킬 수 있다고 보았다.

③ 노작교육의 원리

    ⊙ 페스탈로치는 노작(勞作)을 교육의 기초로 삼았다. 교육은 지식만으로 이루어지는 것이 아니라 생활을 영위하면서도 이루어진다고 보았다.

18) 페스탈로치는 사물을 직접 접하고 만져 보며 느껴 보는 감각 및 실물교육을 강조했다.

19) 얼마나 많은 사물이 움직이는지(수), 사물의 모양, 윤곽은 어떠한지(형), 그것은 무엇이라 불리는지(언어)를 통해 사물을 이해하고자 했다.

ⓛ 일상생활에서의 직관적인 경험을 통해서 배울 수 있고, 손을 사용하여 구체적인 행동을 하면서 지극히 고상한 정신적인 교양이 형성될 수 있다. 구체적으로 가까운 주변 생활에서 시작하여 점차 범위를 확대해 나가는 것이며, 쉽고 간단한 것에서부터 점차 복잡한 것으로 나아가는 것이다.

ⓒ 노작은 일하지 않으면 살아갈 수 없다는 관점에서 출발하였고, 노작교육은 생활의 필요와 경제적 및 인간 형성의 측면과 결부되어 있다.

ⓔ 근면한 노동을 통해 협동과 도덕성을 기를 수 있으며, 이로써 사회가 변화할 수 있으므로 노동을 인간 형성의 원리로 간주했다. 따라서 학습과 노동을 결부시켜 읽기, 쓰기, 셈하기 및 다양한 지식을 노작교육에 포함시켰다.

④ 조화의 원리
  ㉠ 인간에게는 선천적으로 계발할 수 있는 기본적인 인간성의 능력이 있으며 이러한 능력을 두루 발전시켜 다방면에 걸친 성숙하고 원만한 인격을 형성하게 해야 한다.
  ㉡ 삼육론
    ⓐ 지력 도야(head) : 지성과 사물에 대한 인식력의 도야로 오관을 통해 사물을 감각적으로 인식하고 직관을 중요시하며 경험에 의해 지력을 연마한다.
    ⓑ 도덕적 도야(heart) : 도덕적 인간성 계발을 목표로 도덕, 종교, 시민적 교양의 교육을 포함하여 심정력 도야에 의해 사랑, 감사, 순종, 신앙으로 인간의 정서를 순화하고 인간 의지를 강화해서 좋은 품성의 도덕적 인간을 형성한다.
    ⓒ 기술력 도야(hand) : 기술력의 발전을 목표로 하며 기술 도야, 신체 도야, 직업 도야, 예술 도야를 총괄하는 개념으로 연습과 훈련으로 도야된다.

⑤ 단계적 방법의 원리
  ㉠ 자기발전은 자연의 질서와 같이 일정한 단계를 거쳐서 이루어지므로 교육은 이러한 단계에 따라서 이루어져야 한다.
  ㉡ 모든 교수는 근본적인 기초 요소에서 출발하여 연속적으로 다른 요소로 넘어가고, 끝으로 이를 정리·종합하는 3단계 과정을 거치는 것이 필요하다. 이것은 쉬운 것을 바탕으로 점차 덧붙여 나가는 방법이다.

⑥ 생활공동체의 원리
  ㉠ 가정과 가정에서의 어머니의 역할과 가족 간 상호작용을 통한 자녀의 애정과 신뢰감을 형성하는 인간관계를 강조했다.[20]
  ㉡ 어머니와 자녀의 애정과 신뢰감을 통해 사회 시민으로서의 자질이 높아지고 시민으로서의 자각정신도 강화되고 나아가 인류의 복지에 이바지하는 정신으로까지 발전할 수 있다고 생각했다.

20) 페스탈로치의 부모교육서 :
『게르트루트는 어떻게 그녀의 자녀를 가르치는가』(1801)

3 오웬

(1) 생애(Robert Owen, 1771~1858)

① 어린 시절 여러 가지 고용살이를 통해 쓰라린 경험을 한 후 16세 때 당시 산업혁명의 중심지였던 맨체스터로 갔으며, 3년 후인 19세 때 이미 독립하여 공장 경영주가 되었고, 20세 때에는 공원 500명을 거느린 대공장의 지배인이 되었다.

② 『신사회관』: 오랜 공장 경영 경험을 토대로 산업혁명이 가져다 준 여러 가지 사회악—인간성의 황폐와 사회의 혼란—을 회상하고 10년간의 경험과 사색을 정리하여 『신사회관』(1813)[21]이라는 책을 출판했다.

③ 성격형성학원과 공장법 : 『신사회관』의 사상을 바탕으로 1816년 자신이 경영하는 방직공장 내에 '성격형성학원'을 창설하고 아동 노동의 참상을 개선하기 위해 공장법 제정 운동을 추진한 결과 1819년에 '공장법' 제정을 이끌어 냈다.

④ 유아학교 : '성격형성학원'의 일부로서 1816년 6세 이하의 유아를 교육시키기 위한 '유아학교'를 개설하고 '항상 합리적으로 생각하고 행동하는 심신이 모두 안정된 인간'을 형성하는 것을 목표로 교육을 시작했다.

(2) 교육사상과 교육원리

① 사회의 계층구조가 가진 불합리한 점을 교육을 통해서 바꾸려고 했다. 노동자 계층은 열악한 환경에 있고 이들의 자녀들은 적절한 보호와 교육을 받을 수 없어 사회적 문제를 낳는다.

② 게으름과 빈곤과 죄악과 벌 등은 무지의 필연적 결과라고 보았으며 사람들은 합리적으로 훈련되면 합리적인 사람이 될 것이라 믿었다.

③ 오웬은 로크의 백지설을 받아들였고, 페스탈로치와 루소의 영향을 받아 교육에서 환경의 중요성을 역설하고 교육을 사회개혁의 수단으로 삼고자 했다.

④ 공장주나 사업가는 고용인들을 생산수단으로 간주해서는 안 되며 적절한 노동시간에 대한 충분한 대가와 생활조건들을 제공해 주어야 할 책임이 있다고 생각했다.

⑤ 『The new moral world』(1836)에 나타난 교육이론의 기초

㉠ 인간은 형성되어 가는 존재이며, 출생 후부터 죽을 때까지 계속 외부 환경의 영향을 받는다.

㉡ 유아들은 외적인 환경의 영향과 그 질적 수준에 따라 아주 우수한 아이가 될 수도 있고 아주 열등한 아이가 될 수도 있다.

21) 『신사회관』(1813) : ① 기계에 의한 공장의 노동시간을 1일 12시간으로 할 것 ② 12세까지는 노동시간을 6시간 이내로 제한할 것 ③ 위의 연한 이후에라도 남녀 모두 읽기와 쓰기를 잘 할 수 있고 산수의 법칙을 터득할 때까지, 그리고 특히 여아는 거기에다 평소에 입는 옷을 바느질할 수 있을 때까지 고용을 해서는 안 되도록 정할 것

(3) 성격형성학원과 유아학교

① 성격형성학원(Institution for the Formation of Character, 1816)

ⓐ 주간학교에서는 주로 10세 이하의 아동들이 읽기와 쓰기 등을 배웠고, 야간학교에서는 10세 이상의 아동들이 일하고 난 후 공부했다.

ⓑ 주간학교는 어린 유아들을 위한 유아학교와 좀 더 높은 연령의 유아들을 위한 학교로 구분되었다.

② 유아학교(infant school)

ⓐ 성격형성학원의 일부로 2세부터 5세에 이르는 유아들을 대상으로 약 1시간 30분 정도 이루어졌다.

ⓑ 옥외놀이를 격려했으며 2~4세, 4~6세, 6세 이상으로 나누어 지도했다.

ⓒ 2~3세 유아들에게는 좋은 습관, 상호협동과 친절, 인내심 등의 기본성향을 마련해 주는 것이 가장 중요하며, 읽고 쓰기만 지도하는 것은 바람직하지 못하다.

ⓓ 건강과 행복감의 경험은 교육과 함께 주어져야 하기 때문에 지식 교육과 함께 무용, 노래 부르기, 악기연주 등이 함께 지도되었다.

ⓔ 유아학교의 방은 동물 · 정원 · 나무 등의 그림과 지도들로 장식함으로써 어린이들의 호기심을 유발하도록 했다.

(4) 유아교육관

① 조기교육을 강조했다.

② 벌보다는 친절과 즐거움으로 가르쳐야 한다.

③ 유아들은 실물, 모델, 그림을 사용하여 대화로 가르쳐야 한다.

④ 실물교육을 강조했다. 이에 따라 교실을 광물이나 조개껍데기 등과 같은 자연물로 꾸몄다.

⑤ 교육의 근본은 기계적인 암기의 교수체제보다 유아들이 가지는 즐거움에 있다.

(5) 아동을 위한 교육에 미친 영향

① 8세 미만 어린이의 고용을 금지하고 부모들에게는 어린이들이 10세가 될 때까지 그들의 건강과 교육에 대해 배려하도록 했다.

② 5~10세까지 읽고, 쓰고, 셈하는 능력을 위한 교육을 받아야 하며 이것은 무료로 제공되어야 한다.

③ 1824년 런던 유아학교협회가 형성되었고, 1834년 정부 차원에서의 교육위원회가 구성되면서 새로운 사립학교가 유행했으며 유아교사들을 위한 훈련도 활발해졌다.

④ 놀이를 통한 학습의 개념은 1824년대 초부터 잘 수용되었으며, 영아반과 유아반을 구분하여 지도하는 것이 바람직하다는 생각이 지배적이게 되었고, 유아반과 초등학교의 연계적인 설치도 구상되었다.

7장 낭만주의와 유아교육

1 시대적 배경

(1) 낭만주의(romanticism)란

① 18세기 말~19세기 초에 걸쳐 나타난 정신으로 오늘날에 이르기까지 예술, 문학, 철학, 교육 등에 영향을 미쳤다.

② 모든 것을 합리적이고 기계적으로 생각하는 계몽주의와 형식적이고 인습적인 고전주의에 대한 반발로 일어난 사조로 어린이와 같은 부드러움, 신비로운 생각을 통해 사고의 해방을 추구하고자 하는 주관적이고 혁신적인 정신운동이다.

(2) 낭만주의 교육사상의 특징

① 형식에 갇혀 있는 고전적인 삶과 사회적 관습에 의한 억눌림, 현실을 멀리한 사변적 인식, 내면을 상실한 피상화된 인간 존재에 반항하여 새롭고 직접적인 본성과 생동감을 찾고자 했다.

② 인간의 도야, 혹은 도야된 인간을 기르고자 했으며 이는 내부로부터 주어진 법칙에 따라 자연적으로 성장한다.

③ 프뢰벨은 인간은 본래 선하므로 모든 소질을 조화롭게 발전시켜야 하며 어떤 특수한 소질만을 조장하거나 억압하지 않아야 한다고 했다.

2 프뢰벨

(1) 생애(F.W. Fröbel, 1782~1852)

① 유치원의 창시자로서 유아교육의 가치를 형이상학적 차원에서 이론화한 프뢰벨은 독일 튀링겐에서 목사의 아들로 태어났다.

② 출생 후 9개월 만에 어머니가 병사하고 4세에 아버지가 재혼함으로써 부모의 애정을 충분히 받지 못하고 숲속에서 자연을 벗 삼아 성장했다.

③ 1797년, 16세 때 아버지의 뜻에 따라 튀링겐 산림에서 2년간 산림관으로 갖추어야 할 임업, 사정, 기하학, 측량술 등을 배우면서 자연의 신비와 우주의 법칙을 예감하기 시작했다.

④ 1799년 예나대학에 입학하여 철학, 수학, 식물학, 물리, 화학 등을 공부하면서 체득한 낭만주의적 사상체계는 이후 유치원 창설 및 『어머니의 노래와 사랑의 노래』의 저술에 영향을 주었다.

⑤ 1805년 23세의 나이에 프랑크푸르트에 있는 페스탈로치 학교의 교사가 되면서 교직이 자신의 천직임을 깨달았다.

⑥ 1816년 35세가 되던 해 형의 사망으로 인해 세 명의 조카를 돌보기 위하여 튀링겐 그리스하임으로 돌아와 5명의 아동을 대상으로 '보편적 독일교육기관'이라는 이름하에 자신의 교육원리에 따라 아이들을 가르치기 시작했다.

⑦ 1837년 '자기교수와 자유교육으로 인도하는 직관교수교육소'라는 이름의 유아교육기관을 세우고, 장난감을 이용한 놀이를 통하여 유아를 교육한다는 자신의 교육원리를 실천해 나갔다.

⑧ 1839년 '유아교육 지도사 강습소'를 개설하였으며, 수강생들의 교육실습을 위하여 6세 이하의 유아들을 가르치는 '유아작업소'를 병설했다.

⑨ 1840년 '유아작업소'의 이름을 '유치원(Kindergarten)'으로 바꾸었고, 1840년 6월 28일 '일반독일유치원'의 창립식을 가졌는데, 이날은 세계 최초로 유치원이 창설된 날로 기록되었다.

⑩ 이후 독일 각지를 순회하면서 유아교육의 중요성을 알리며 저술에 몰두하다가 1852년 70세를 일기로 세상을 떠났다.

(2) 교육사상의 특징[22]

① **통일의 법칙** : 통일성은 신과 인간과 자연과의 불가분의 관계를 말한다.

   ㉠ 루소가 자연성을 강조한다면 페스달로지는 인간성을, 프뢰벨은 신성을 상소한다. 신은 우주를 지배하는 영원한 법칙의 주체라고 했다.

   ㉡ '나'라는 존재는 부분이며 동시에 전체적인 존재이며, 만물은 모두 부분적 전체[23]라고 하였다.

   ㉢ 자연계는 커다란 유기체이며 개개의 자연현상은 내적으로 결합된 하나의 유기체이고 하나의 영원한 법칙이 작용하며, 이 법칙을 인식하게 하는 통일자는 '신'이다.

   ㉣ 만물의 본질은 신이며, 만물의 직분·사명은 단지 그 본질인 자기 내부의 '신성'을 외부에 표현하는 것이다.

   ㉤ 만물에 신의 본성이 깃들어 있으므로 신성(神性)을 전개하는 것이 교육의 주된 임무이다.

> **A Plus⁺** 「**인간의 교육**」 (프뢰벨)
>
> 만물에는 영원불멸의 법칙이 살아 지배한다. … 모든 것을 지배하고 있는 이 영원불멸의 법칙은 필연적으로 모든 사물에 퍼져 있고, 강하고, 생동적이고 내재적인 영원한 통일성에 기초하고 있다. … 이 통일성은 신이다. 만물은 신성한 통일성의 상징인 신으로부터 왔다. 또 만물은 신성한 통일성을 상징하는 신 한 분 앞에 그 근원을 갖고 있다. 신은 만물의 유일한 근원이다. 만물 안에는 조화로운 신의 신성이 존재하고 지배한다.

---

22) 프뢰벨의 교육사상은 신비주의적 경향을 띠고 있으며, 인간 발달에 관한 이론은 상징적이고 형이상학적이다.

23) **부분적 전체** : 꽃봉오리가 전체성을 가지면서 수목에 붙어 있는 것처럼 인간은 인류의 부분적 전체이다.

② 만유재신론 : 모든 만물에는 신이 존재하므로 만물은 신성을 내포하며 신이 만든 법칙을 통해 형성된다.

③ 노작

    ㉠ 활동 성향을 가진 인간이 자기 자신을 밖으로 표현하는 창조적이고 자발적인 활동이며, 인간 생명의 움직임과 연속적인 발전 과정이다.[24]

    ㉡ 인간의 본질, 특히 신성의 표현을 목적으로 하는 것으로, 노작은 직업에 대한 준비가 아니라 직관과 관계된 인간 형성의 원리이다. 따라서 인간은 노작을 통해 의식을 발전시킨다.

④ 아동관

    ㉠ 프뢰벨은 인간 내부로부터의 조화로운 성장을 강조했고, 유아는 자신의 내부에 개별적인 성향을 지닌 존재로 인식되어야 한다고 주장하면서 바람직한 교육은 인간의 잠재 능력과 소질을 올바른 양육으로 자극하고 발전시키는 것이라고 했다.

    ㉡ 인간은 자신의 내부에서, 자연과 주변 사람들과, 신과의 조화를 유지하도록 노력해야 하며, 교육은 이러한 조화가 잘 유지될 수 있게 하는 개화과정으로 보았다.

    ㉢ 프뢰벨은 유아를 창조적이고 생산적인 존재로 여기며 유아는 생명이라는 큰 나무의 씨앗처럼 창조적인 활동에 의해 발달한다고 보았다. 따라서 교사는 유아의 능력을 발전시키는 보조적인 역할을 수행해야 한다.

(3) 교육의 원리

① 통일성의 원리

    ㉠ 신, 인간, 자연의 통일을 의미하며 인간의 마음에 신의 마음이 들어 있고, 자연 속에 신의 섭리가 내재되어 있음을 보여 주는 원리이다.

    ㉡ 유아의 성장은 신성의 발현이며 신성은 자유로운 교육, 자발적인 자기활동, 노작활동 등에 의해서 실현된다.

② 자기활동의 원리

    ㉠ 신성을 본성으로 하는 인간은 태어나면서부터 활동, 표현, 창조 등의 행동을 보여 주는데, 이러한 행동은 흥미로부터 생기는 것이며 인간 내부에 존재하는 자기활동의 표현이다.

    ㉡ 교육이란 인간의 내부에 들어 있는 자기활동의 표현을 도와주는 것이다.

③ 놀이원리

    ㉠ 유아의 신성은 놀이를 통해 나타나며 놀이는 유아의 내적 자아발달의 법칙을 발현하는 수단이며 그 자체가 교육이다.

    ㉡ 프뢰벨의 유치원 교육과정에서 놀이는 유아의 창조력을 길러 주고 이상적인 발달을 펼치는 데 중요하게 활용되었다.

    ㉢ 체계적인 놀이교육 : 1세부터 6세의 아동들은 자발적이고 자유로운 놀이를 하며, 체계적으로 놀이교육을 받으면서 언어, 지성, 사회성, 전체적 능력 등 자신의 인간적인 기본 능력을 발달시킨다.

24) 노작교육에 대한 입장
  ① **공리주의 · 실용주의** : 직업에 대한 직접 준비의 길
  ② **페스탈로치** : 직관과 독자적인 관련을 갖고 있는 인간 형성의 원리

④ 연속적 발달의 원리 : 성장에는 각 단계가 끊임없는 연속과 계속이 있으며 단절이나 비약은 없다.

⑤ 노작 원리

   ㉠ 놀이처럼 인간의 신성을 표현하는 창조적·자발적 활동이며, 노작 그 자체가 활동의 목적이다.

   ㉡ 인간 내부에 숨어 있는 신성은 노작을 통해 표현되므로 노작교육은 인간을 교육하는 것이고 생명을 발전시키는 하나의 과정이다.

⑥ 인본주의 원리

   ㉠ 가정은 공동체 의식 형성의 장으로, 조화로운 가정생활에서 인간은 안정과 풍요를 느낄 수 있으며 유아는 여러 가지를 학습한다.

   ㉡ 부모와의 조화로운 관계를 통해 유아들은 보편타당한 선에 이를 수 있고, 다른 사람들과 더불어 살 수 있는 공동체 의식을 가지게 되어 타인과 통일성을 이룬다.

(4) 교육내용의 삼위일체

① 심정적인 것 : 종교

② 인식적인 것 : 자연

③ 표현적인 것

   ㉠ 수학(오성) : 자연과 인간 사이에 매개적인 위치에 있으므로 이해에 관계되며 '오성'(인간의 인식 능력)을 요구한다.

   ㉡ 언어(이성) : 지각되고 인지된 내면적인 것을 '표현'하는 데 관계가 있고 이성을 요구한다.

   ㉢ 예술(심성) : 인간의 내면, 인간 그 자체의 표현이다.

(5) 유아교육 방법

① 발달 순응적 교육방법

   ㉠ 루소의 '소극적 교육'의 개념을 발전시킨 것으로 내적 활동 충동을 통한 조화로운 발달을 강조하는 것이며, 자연법칙에 따른 교육방법을 의미한다.

   ㉡ 교육·교수·교훈은 본래적·실질적으로 그 근본 특징에서 필연적으로 발달 순응적이어야 하며, 결코 명령적·규정적 간섭이어서는 안 된다.

   ㉢ 프뢰벨은 무리하게 성인 중심으로 아동의 본성을 꺾으면서 부자연스러운 성품을 지닌 인간으로 성장하는 것을 방지하고, 유아가 아름답게 '개화'하여 전인적인 조화를 갖고 발달할 수 있도록 해야 한다고 강조했다.

   ㉣ 교육은 기본적으로 '발달 순응적'이어야 하지만 필요한 주의와 보호는 첨가할 필요가 있다는 조건을 제시함으로써 '명령적 교육'의 필요성도 어느 정도 인정했다.

   ㉤ 프뢰벨의 발달 순응적 교육이란 단순히 수동적인 태도를 취하는 것이 아니라, 끊임없이 유아에 대한 주의와 보호를 하면서 필요한 때는 곧바로 적극적이고 능동적인 작용을 할 수 있는 태세를 갖추고 있는 것을 뜻한다.

② 활동중심적 교육방법
　　㉠ 활동중심적 교육방법은 놀이와 노작을 통한 교육방법이며 놀이를 위해 놀잇감을 제
　　　공해야 한다.
　　㉡ 은물은 '신이 유아들을 사랑하여 주신 은혜로운 선물'이라는 의미로 1837년에 형이
　　　상학적 상징물을 바탕으로 고안되어 제작됐다.
　　㉢ 인간의 정신은 혼란한 세계에 있기 때문에 신체 동작인 노작을 통해 내적인 것을 계
　　　발하고 이를 바탕으로 정신의 본질을 계발해야 한다.

(6) 프뢰벨의 유치원 교육과정[25]

① 유치원 교육과정의 특징
　　㉠ 유희 : 유아의 발달 단계를 고려하여 변화되어야 하며, 놀이생활과 조화로운 모습을
　　　보일 필요가 있다.
　　㉡ 율동과 게임 : 신체활동은 내면적인 정신세계를 외현적으로 표출할 수 있게 하여 자
　　　기 내면의 통일성을 발달시킬 수 있다.
　　㉢ 자연 가꾸기 : 전체와 부분의 관계, 만물의 신적인 요소, 신과 자연, 인간과의 관계를
　　　이해할 수 있는 기회가 된다.
　　㉣ 어머니와 유아들의 관계 : 어머니는 유아와 놀이하고 대화하며 유아가 신체를 튼튼히
　　　하도록 조절해야 한다.
　　㉤ 『인간의 교육』 : 학교의 기초 단계 수업에 대한 것으로, 이 저서에서 프뢰벨은 어린이
　　　의 영혼에 대한, 특히 어린이의 발달에 대한 심오한 이해를 바탕으로 교육과 수업에
　　　관한 포괄적이고 철학적인 해석을 제시했다.

② 유치원 교육과정의 세부내용
　　㉠ 놀이 : 당시에는 놀이를 시간 낭비라고 보았지만 프뢰벨은 놀이를 통해 현실적인 사
　　　회관계의 이해, 내면의 활동 충동과 교양 충동의 발전, 독립과 상부상조의 관념 인
　　　식, 창의성과 활동 성향에 대한 동기 부여 등이 가능하다고 보았다.
　　㉡ 은물 : '신이 주신 선물'의 의미로, 프뢰벨이 고안해 낸 놀잇감이다.
　　　ⓐ 은물의 의의 : 은물을 가지고 놀면서 유아의 활동은 연속적으로 발전할 수 있으며
　　　　인식능력과 의지도 훈련할 수 있다.
　　　ⓑ 은물은 모두 형체, 면, 선, 점의 네 가지 영역으로 나누었으며, 재구조라는 종합
　　　　영역을 추가했다.
　　　ⓒ 은물은 3차원 세계(형체), 2차원 세계(면), 1차원 세계(선) 순으로 감각을 통해 세계
　　　　를 관찰하는 정신구조에 바탕을 두어 배열되어 있고, 마지막으로 이념의 세계(점)
　　　　는 통일점에 해당한다.
　　　ⓓ 은물에서는 제1은물에서 제10은물이 분석적 순서로 진행되지만 작업은 점에서
　　　　입체로 전진해 나간다.

25) 프뢰벨의 교육방법에는 발달
　　순응적 교육방법과 지시적이
　　고 명령적인 교육방법이 공존
　　한다.

ⓔ 은물은 단순한 것에서 복잡한 것으로, 구체적인 것에서 추상적인 것으로, 가벼운 것에서 무거운 것으로, 잘 알려진 것에서 덜 알려진 것으로 나아간다.

ⓕ 은물의 구성체계

제1은물 (형체)	• 직경 6cm의 털실로 짠 여섯 개의 작은 공(빨강, 노랑, 파랑, 오렌지, 초록, 보라)이다. • 공은 모든 자연물의 형상이 갖는 기본적인 조건인 면, 선, 점을 그 자체 속에 포함하고 있다. • 공에 끈을 매어 흔들면 공은 유아에게 다가오다가 놓치면 다시 멀어져 가기도 하는데 유아는 이를 통해 자기와 대상의 근원적 양극성, 합일과 분리의 반복 등 깊은 생명의 경험을 갖게 된다.
제2은물 (형체)	• 나무로 만든 직경 6cm의 공, 높이 6cm의 원통, 한 변의 길이가 6cm인 정육면체로 되어 있다. • 공, 원통, 정육면체의 삼위일체는 건축술의 또 다른 삼위일체, 즉 받침(정육면체), 기둥줄기(원통), 기둥머리(공)를 갖춘 기둥을 나타낸다. • 제2은물에서 각 은물은 독립된 완전한 것이기도 하지만 따로 떨어져 있는 것도 아니고 하나로 통일되어 있어 프뢰벨이 말하는 '부분적 전체'를 표현하고 있다.
제3은물 (형체)	• 나무로 만든 한 변의 길이가 3cm인 작은 정육면체 8개로 되어 있다. • 제3은물은 프뢰벨의 놀이정신을 규정하는 신비한 수학적 규칙성과 아름다움을 보여 준다. • 놀이를 시작하기 전에는 이전의 정육면체 형태로 책상 위에 놓아 두어서 유아들이 전체를 직관할 수 있도록 한다. • 수학적 법칙성과 주변의 사물을 구성해 보면서 생활의 형식을 알게 되고, 별 무늬, 풍차 무늬 등을 통해 미의 형식을, 그리고 단순한 수학적 연관을 통해 인식 형식을 깨닫게 된다.
제4은물 (형체)	• 제4은물부터는 보다 풍부한 수단을 이용하여 제3은물에서 보여 주었던 도식을 생활의 형식, 미의 형식, 인식의 형식에 따라 반복한다. • 각 변의 길이가 1.5cm, 3cm, 6cm인 직육면체 8개로 되어 있다.
제5은물 (형체)	• 한 변의 길이가 3cm인 정육면체 21개, 이 정육면체를 2등분한 삼각주 6개, 다시 이 삼각주를 2등분한 삼각주 12개로 되어 있다.
제6은물 (형체)	• 제4은물과 똑같은 직육면체 18개, 이 직육면체를 2등분한 높이 6cm, 길이와 폭이 다 같이 1.5cm인 기둥 6개, 높이가 1.5cm, 길이와 폭이 3cm인 받침 12개로 되어 있다.
제7은물 (면)	• 나무로 만든 각종 사각형과 삼각형으로, 지금까지의 형태에서 면으로 발달시킨 것이다.
제8은물 (선)	• 길이가 다양하며, 금속이나 나무로 만든 가느다란 막대로 되어 있다.
제9은물 (점)	• 콩, 작은 돌조각, 조개껍질, 그 밖에 여러 가지 종자, 두꺼운 종이로 만든 작은 조각으로 되어 있다.
제10은물 (재구조)	• 부드러운 완두콩, 초로 만든 구형, 보릿대, 가는 죽대로 되어 있으며, 이들을 조립해서 면이나 형체를 종합한다.

③ 작업
- ㉠ 프뢰벨은 은물 이외에 11종의 작업을 고안했는데, 이것은 교과서나 인쇄물을 주입식으로 가르쳤던 프뢰벨 이전의 유아지도를 생각해 볼 때 획기적인 일이었다.
- ㉡ 작업 품목은 적목 등 불변의 모양을 갖춘 사물과 달리, 자유롭게 변형하여 작업을 통해 아동 내면의 세계를 표현하도록 했다.
- ㉢ 사물을 조립하거나 분해해서 만물의 법칙적인 지식을 배양하는 것을 목적으로 하고 있다.
- ㉣ 작업의 구성

점	제1작업	구멍뚫기
선	제2작업	바느질하기
	제3작업	그리기
면	제4작업	색칠하기
	제5작업	종이말이 잇기
	제6작업	매트 짜기
	제7작업	종이접기
	제8작업	오리기, 찢어 붙이기, 음영그림 만들기
형체	제9작업	콩으로 만들기
	제10작업	상자 만들기
	제11작업	찰흙놀이

④ 노래와 게임
- ㉠ 프뢰벨은 유아가 놀잇감으로 놀이하면서 자신의 힘을 발달시킬 수 있는 연령층보다 더 앞선 중요한 시기가 있음을 알게 되었다.
- ㉡ 어린 유아는 놀잇감보다 자신의 팔과 다리를 가지고 놀이하거나 음성을 실험하는데, 이러한 단순한 놀이가 유아에게 기쁨을 준다는 것을 깨달았다.
- ㉢ 프뢰벨은 지금까지 전혀 주의를 얻지 못했던 이러한 단순한 놀이에서 의식적인 인간교육이 행해져야 한다고 보았다.
- ㉣ 『어머니의 노래와 사랑의 노래』: 프뢰벨의 부모교육서이다. 50종류의 동시, 게임, 노래, 격언, 손유희, 율동들의 방법과 준비 시의 유의점이 실려 있으며 노랫말이 소개되어 있다.

⑤ 정원활동
- ㉠ 프뢰벨의 교육 프로그램의 한 형태로, 이상적인 정원은 각 유아를 위해 꾸며 놓은 작은 터와, 꽃과 채소를 위해 배려된 구역이 있는 평범한 곳이다.
- ㉡ 정원활동을 통해 유아는 '볼 수 없는 힘'이 작용한다는 것을 관찰할 수 있고 또한 전체와 부분의 관계를 배우게 되며, 책임감을 갖게 될 것이라고 기대했다.

(7) 현대교육에 미친 영향

① 유아교육을 유아가 자연과의 합일을 이루어 나가는 하나의 과정으로 보았다.

② 유아들을 위한 교육기관인 유치원을 창설하여 오늘날 유아교육의 기틀을 마련했다.

③ 놀이와 흥미, 활동 등은 유아교육의 중요한 교육과정임을 제시했다.

④ 교사교육을 중요하게 취급했다.

⑤ 유아교육에서의 부모역할을 강조했다.

8장 근현대의 유아교육

1 슈타이너

(1) 생애(Rudolf Steiner, 1861~1925)

① 슈타이너는 오스트리아와 헝가리 경계에 위치한 크랄예벡에서 태어나 철도 공무원이 었던 아버지를 따라 이사를 자주 다니면서 기차역들의 기계적인 환경 속에서 기계문명 에 관심을 가지게 되었고, 아름다운 자연 환경 속에서 자연의 신비를 느낄 수 있었다.

② 1902년부터 슈타이너는 정신과학적 연구방법을 사용하여 자신의 고유한 연구결과들 을 집대성했고, 그것을 인간의 참된 본질을 의식하도록 이끌어 준다는 의미로 '인지학 (anthroposophie)'이라고 불렀다.

③ 1913년 인지학회를 창설하고 스위스 바젤 근교에 예술 활동의 다양한 방법을 위한 공 간인 괴테아눔을 세웠다.

④ 괴테아눔을 건설하던 시기에 그의 부인 마리와 함께 소리의 질과 어조의 질이 몸짓을 통해 표현되는 새로운 움직임의 예술인 '오이리트미(eurythmie)'를 창조해 냈다.

⑤ 1919년, 슈투트가르트에 있는 '발도르프–아스토리아 담배공장'에서의 사회 · 교육에 관 한 강연이 계기가 되어 '자유 발도르프 학교'라는 공장 사원들의 자녀교육을 위한 학교 가 설립되었고, 슈타이너가 교육적 지도를 맡게 되었다.

⑥ 슈투트가르트에는 발도르프 교사 양성을 위한 최초의 학교도 생겨났으며 1925년 슈타 이너의 사망 이후에도 그의 교육사상에 따라 설립 · 운영되는 자유 발도르프 학교는 전 세계적으로 30여 국가에 713개 학교가 있고, 자유 발도르프 유치원은 현재 1,200여 개 이상이 있다.

(2) 슈타이너 인지학

① '인지학(anthroposophy)'은 인간 본성의 본질을 파악하기 위한 노력이다.

② 인지학은 '인간'과 '지혜'를 합성한 말로 '인간에 대한 지혜'란 뜻이며, 인간과 세계의 본 질을 인간이 직관할 수 있도록 인간의 인식능력을 발달시키는 것이다.

③ 인지학에서 인간은 정신적인 본질이 탄생하여 육체화되어 가는 삶의 한 과정에 있는 인격체이다.

(3) 인지학적 인간관과 아동관

① 슈타이너의 인지학 : 신지학과는 반대로 인간을 우주세계와 현세계의 중심으로 이해한다.

② 육체, 영혼, 정신의 삼원 구조 : 육체(Leib)를 통해 감각 세계에, 영혼(Seele)을 통해 인식, 감 정, 의지의 영혼 세계에, 정신(Geist)을 통해 현상을 이해한다. 즉, 정신 작용에 의해 육

체와 영혼이 서로 연결되고, 육체와 영혼과 정신이 조화롭게 통합되어 하나의 전체로 작용될 때 참다운 의미의 인간이 가능하다.

③ 생명력과 인간에 대한 직관적 관찰을 통해 인간의 생애를 7년 주기로 나누었고, 육체화는 7년을 주기로 다소 불연속적인 과정을 거쳐 일생 동안 이루어진다.

(4) 인지학적 발달론

① 슈타이너가 제시한 인간 본질의 네 가지 구성체
  ㉠ 물리적 신체 : 인간은 자연세계에 존재하는 무기질과 광물질로 구성되어 있다.
  ㉡ 에테르체(생명체) : 물리적 신체와 그 안에 있는 기관들에 형태를 부여하고 작용하게 한다. 생명체는 물질체의 붕괴를 막고 생명 보존, 성장과 재생 및 번식을 책임진다. 예 인간, 동물, 식물
  ㉢ 아스트랄체(감정체) : 인간의 의식과 내적 체험, 즉 고통, 욕구, 충동, 탐욕, 열정을 담고 있는 것으로서 '감정'에 해당되는 것이다. 아동은 감정체의 탄생으로 육체, 영혼, 정신이 더욱 정교해지며 이성과 판단력 및 추상적 사고를 발달시킨다. 예 인간, 동물
  ㉣ 자아체 : '나'를 인식하고 독립성 및 자기의식을 갖도록 하는 영역으로 인간 본질의 하위 구성체를 연결하고 통제하며, 기억을 관장한다. 예 인간만의 독특한 특성

② 에테르체(생명체)가 없으면 물질체는 썩게 되고, 아스트랄체(감정체)가 없으면 에테르체는 무의식 상태가 되며, 자아체가 없으면 아스트랄체는 망각 상태가 된다.

③ 발달 단계론 : 슈타이너는 네 가지의 인간 본질은 단계적으로 탄생해 약 7년 주기로 지속된다고 주장했다.

단계	특징
1단계	• 출생~7세의 시기로 물리적 신체의 탄생기이다. • 감각을 통해 외부 세계와 접촉하고 감각의 직접 체험을 통해 외부 인상을 받아들인다. • 유아들은 말이나 개념이 아닌 오감의 반응이나 몸에 의한 모방에 의해 세상을 배운다.
2단계	• 7~14세의 시기로 생명체가 바깥으로 나와 작용한다. • 유아는 자신의 성향, 습관, 성격, 의식 등을 형성하고 발달시킨다. • 기억력이 조금씩 성장하여 상징을 창조하고 형상화하게 되므로 교사는 상상력을 자극하는 교육을 해야 한다. • 교사는 애정있는 권위를 통해 유아들이 교사와 친밀감을 느끼게 하고 내적 확신감과 안정감을 경험하게 하여 삶에서 자신의 자아를 실현하게 해야 한다.
3단계	• 14~21세의 시기로 감정체가 발달한다. • 이성의 판단력과 감수성의 발달로 이성적이고 추상적이며 개념적인 사고력이 발달한다. • 학교는 수업을 심층적으로 하여 학문적 생활태도의 시초를 닦는 데 기여해야 한다.
4단계	• 21세 이후의 시기로 '나'라는 의식인 '자아'가 나타나면서 독립적이고 자율적인 사회의 구성원으로서 스스로 책임질 수 있게 된다. • 자아는 에테르체와 아스트랄체의 충동을 지시하고 통제한다.

(5) 슈타이너의 기질론과 교육

① 슈타이너는 인간의 기질의 특성을 고려해 각 개인의 기질 유형에 적합한 교육이 실시되어야 한다고 주장했다.

② 일반적으로 사람들은 이 다양한 기질들을 모두 가지고 있지만 균등하게 가지고 있는 것은 아니다.

유형	특성	적합한 교육방법
다혈질	아스트랄체(감정체)가 지배적인 경우이며 사회적 성공에 대한 열망과 표현력이 강하지만 우유부단하고 낙천적이어서 가볍게 보이기도 하며 자유로운 느낌을 준다. 충동적이고 행동의 침착성이 결여되어 있으며 약속을 잘 잊어버리기도 한다.	몰입할 수 있는 관심거리를 발견할 수 있도록 도와주어야 하고 진지함과 인내를 가지고 관심을 기울일 수 있도록 도와주어야 한다. 에너지를 소모시키기 위해 적절한 운동을 하는 것도 좋다.
담즙질	화를 잘 내고 성격이 급하며 사고의 개념화를 잘 하고 다소 공격적이며 의지가 강하다. 모험을 좋아하고 목표의식이 있으며 성공에 대한 욕구가 강하기 때문에 이를 저지당하면 성급하게 화를 내고 참지 못한다.	진정한 권위에 대한 존경을 보이도록 지도해야 한다. 유아에게 은밀하게 어려움을 제공하고, 이를 극복하기 위해 자신의 에너지를 사용하도록 해야 한다. 내면적 침착성을 가지고 인생의 어려움에 대해 이해하고 받아들일 수 있도록 지도한다.
우울질	물질체가 지배적이며 걱정과 불안감이 심하고 사소한 일에도 신경을 쓰고 조용하고 생각을 깊게 한다. 의지가 강하고 진실에 충실한 완벽주의자이다.	타인의 경험을 알게 하고 자신의 일로 인해 힘들지 않도록 격려하며, 내적인 힘을 통해 고통과 불쾌한 일들을 다루는 방법과 자신의 일에서 벗어날 수 있는 경험을 제공해 준다.
점액질	에테르체가 내적 안정감을 유지하는 것과 관련이 있다. 조용하고 인내심이 강하고 수동적이며 화를 잘 견디고 침착하나 다소 게으른 인상을 준다. 냉정하고 무관심할 때도 있다.	이들이 냉담이나 무관심에 빠지지 않도록 다른 유아들과 사회적 접촉을 가질 수 있도록 도와야 한다. 외부 세계를 의식하고 자각하여 의사소통을 할 수 있는 환경과 분위기가 될 수 있도록 도와야 한다.

(6) 교육원리와 방법

① 모방의 원리

  ㉠ 발도르프 교육학에서 생각하는 7세까지의 유아학습의 기본형태는 '본보기와 모방'으로, 교사나 어른의 본보기를 매우 중요하게 여겼다.

  ㉡ **모방** : 유아가 시범적인 행동을 따라하는 것이 아닌, 성인과 유아의 내적인 유대관계 속에서 성인의 행위와 존재를 몸으로 느낌으로써 영향을 받는 것을 말한다.

  ㉢ 성인은 유아에게 필요한 교육적 환경을 제공함으로써 유아의 모방능력을 향상시킬 필요가 있다.

  ㉣ 성인은 의미 있는 행동을 실천하여 본보기를 보이고 유아의 감각기관을 자극하는 교육환경을 조성하는 것이 필요하다.

② 기질을 고려한 교육

　㉠ 유아의 교육은 '타고난 것'으로부터 이루어져야 한다.

　㉡ 학급을 운영할 때는 다른 기질의 유아들을 무작위로 섞어 놓는 것보다 같은 기질의 유아끼리 집단을 구성하게 하고, 기질에 따라 교사의 교육적 처방과 대응을 달리 해야 한다.

　㉢ 현재의 집단에 불만이 있는 유아에게는 가고 싶은 집단으로 가도록 안내하고 그 집단의 역할을 해 보도록 격려하여 균형을 유지하도록 한다.

③ 감각을 통한 교육

　㉠ 12개의 감각

　　ⓐ 외적 감각 : 사고에 의해 속하는 자아감각 · 사고감각 · 언어감각 · 청각 등이다.

　　ⓑ 내적 감각 : 의지에 속하는 균형감각 · 운동감각 · 생활감각 · 행위감각 등이다.

　　ⓒ 내외적 감각 : 감정에 속하는 온도감각 · 시각 · 미각 · 후각 등이다.

　㉡ 이러한 감각들이 나타나려면 풍부한 자극을 제공하는 환경과 놀잇감이 필요하다.

　㉢ 나무, 양털 등의 자연물질들, 상상력에 창조적 활동 공간을 주는 단순한 형태, 무늬가 없는 선명한 색상 등이 풍부한 감각을 제공해 주는 장난감이 된다.

④ 리듬을 통한 질서의 원리

　㉠ 리듬은 연중 혹은 주중 리듬활동 시간뿐 아니라 매일 장려되고 조장되는데, 이러한 리듬은 유아에게 규칙성과 심리적 안정감을 제공하고 생동감을 불어넣어 유아에게 공간 · 시간 · 영혼 질서를 형성하게 한다.[26]

　㉡ 수업활동은 이러한 내적, 외적 움직임으로서의 리듬으로 구성되어 유아들에게 편안함을 주어야 한다.

　㉢ 교사는 라이겐과 같은 리듬이 있는 놀이를 제공하고 리듬적인 생활습관을 형성하도록 유도해야 한다.

　㉣ 들숨과 날숨이 반복되는 하루 일과 형성 : 날숨(자유놀이) → 들숨(라이겐) → 날숨(산책) → 들숨(이야기 들려주기)

　㉤ 에포크(epoch) 수업(주기집중수업)

　　ⓐ 동일한 과목을 매일 2시간씩 3주에서 5주에 걸쳐 집중적으로 공부하는 슈타이너 교육의 독특한 수업방식이다.

　　ⓑ 어떤 교과를 주요 수업으로 정하고 이 과목을 매일 오전 첫 수업으로 해서 약 100분 동안 공부한다.

　　ⓒ 깊이 있는 정신적 몰두를 요하는 학습 영역들이 일반 학교처럼 매시간 바뀌지 않고 에포크라 불리는 3~4주 기간의 리듬에 따라 바뀐다.

　　ⓓ 에포크 수업은 대개 언어(외국어)와 예술 교과목을 제외한 수학, 역사, 지리, 과학 등 주요 과목 전체에 걸쳐 행해진다.

26)

공간의 질서	정리정돈에 의해 정리된 공간은 유아에게 활동에 몰입할 수 있는 여유를 준다.
시간의 질서	시간을 질서 있게 운영하는 것으로, 하루 일과뿐 아니라 일주일, 한 달, 일 년의 주기로 규칙성을 가지고 운영되어야 한다.
영혼의 질서	영혼의 질서는 외부 세계를 받아들이는 데 긍정적 역할을 한다.

(7) 환경 구성

① 발도르프 학교에는 각이 없고, 지붕도 교실도 복도도 모두 곡선 구조로 하여 자연을 반영하고자 했으며, 상상력에 기반한 창의성과 감성교육을 중요하게 여겼다.

② 유아의 상상력을 발달시키기 위해 완벽하게 만들어진 놀잇감을 주지 않는다. **예** 나뭇가지, 나무토막, 눈 · 코 · 입이 없이 단순하게 만들어진 인형 제공

③ 동화는 가급적 그림 없는 동화를 선택해 들려주며, 인형극도 인물의 성격을 얼굴 생김새가 아닌 인형 옷의 색깔을 가지고 상징적으로 표현하여 아동에게 상상의 여지를 남겨 둔다.

(8) 발도르프 유치원의 교육내용

① **자유놀이와 동아리 활동** : 자유놀이 시간에는 유아들이 다양한 예술 활동을 할 수 있는 기회를 가지며, 동아리 활동 시간에는 노래, 손가락 놀이, 이미지 게임 등이 이루어진다.

② **놀잇감과 상상력 발달** : 놀잇감은 대부분 교사에 의해 만들어지는데 바느질, 조각, 매듭, 등 나무 바구니 짜기 등으로 이루어진다. **예** 나무로 만든 블록이나 그릇, 나무로 만든 탈것, 조개껍질이나 돌, 나뭇가지를 이용하여 만든 장난감, 찰흙으로 빚은 그릇, 천연염료로 염색한 천 등

③ **예술작업과 노작교육**

    ㉠ 교사와의 예술작업을 통해 유아는 인간 생활에 필요한 문화적 행위와 조형과정을 직 · 간접적으로 체험하며 노동의 가치, 물건 제조과정, 만든 물건의 소중함, 자연과 더불어 사는 즐거움 등을 배운다. **예** 인형 만들기, 수놓기, 조각, 바느질, 놀잇감 만들기, 음식 만들기, 특별한 날 준비하기 등

    ㉡ 노작교육에 중요한 의미를 부여하여 음악, 미술 시간뿐 아니라 수공 수업시간의 뜨개질, 바느질, 수예 활동 등 손과 손가락을 민첩하게 하는 놀이나 작업이 많이 이루어진다.

④ **오이리트미(Eurythmie)** : 슈타이너가 '혼이 있는 신체의 배양'을 위해서 창조한 예술로서, 소리와 음색에 익숙해져 이를 몸짓으로 형상화하는 '볼 수 있는 언어'이며, '볼 수 있는 노래'이다.

⑤ **라이겐(Reigen) 감각교육** : 라이겐은 시나 동화, 노래를 신체적인 움직임으로 표현하는 것으로 TV, 비디오 등 기계에 둘러싸여 신체감각이 마비되어 가는 영유아에게 신체동작감각을 충분히 경험할 수 있게 한다.

(9) 교수-학습방법과 교사의 역할

① 발도르프 유치원은 혼합연령 집단으로 학급을 구성한다.

② 교사는 직접적인 교수보다는 교사의 본보기를 통해 유아 내부의 모방행동과 모방학습을 자극하고 유아들의 개성을 존중한다.

③ 기본적인 교사의 의무는 유아들에게 모방하기에 적합한 본보기를 제공해 주는 것이다.

④ 모든 활동은 남녀의 구별 없이 뜨개질, 바느질, 음식 만들기 등과 같은 전통적으로 여성의 일이라고 생각하는 활동을 함으로써 삶에 대한 균형 있는 기회를 갖게 한다.

⑤ 발도르프 학교에서는 1~8학년까지의 8년 내내 같은 담임교사가 그 학급을 이끌어 간다. 교육의 연속성과 학생과 가정과의 밀접한 협력을 이끌어 내기 위해서이다.[27]

27) 발도르프 학교는 3~5세 유아를 위한 유치원, 1~8학년까지의 학교, 9~13학년(담임 없음)까지의 학교로 구성된다.

2 몬테소리

(1) 생애(Maria Montessori, 1870~1952)

① 이탈리아 역사상 최초의 여의사이기도 한 몬테소리는 정신지체아의 정신적 결함은 의학적인 문제라기보다는 교육학적인 문제라고 확신하고 정신지체아를 치료의 대상이 아닌 교육의 대상으로 보았다.

② 이타르(J. Itard), 세갱(E. Seguin)의 영향

　㉠ 배울 수 있는 준비가 되어 있지 않은 상태에서 어떤 것을 가르치려는 시도는 단지 아동들에게 좌절감만을 느끼게 할 뿐이다.

　㉡ 아동들을 관찰하고 그들의 자연적인 성향과 자발적인 흥미에 주의를 기울인 후에 아동들의 자연적인 성향이나 흥미에 적합한 학습방법을 익히게 한다면 자발적인 학습이 이루어질 수 있다.

③ 몬테소리의 주장이 인정을 받아 국립특수아동학교가 설립되었고, 1899~1901년까지 정신지체아들에게 적용된 그의 교육방법은 큰 성공을 거두었다.

④ 정신지체아들에게 효과적인 방법이 정상아들에게는 더욱 효과적일 것으로 믿고, 다시 로마 대학에 들어가 철학, 심리학 및 루소, 페스탈로치, 프뢰벨의 교육사상을 연구했다.

⑤ 몬테소리가 36세 되던 1907년, 로마 건축협회 회원들의 어린이들에 대한 교육과 보육 의뢰를 받아 '어린이집'이라고 명명된 시설에서 2세에서 7세 어린이 50~60명을 교육하게 되었다.

⑥ 과학적인 교육학의 합리적인 원칙들을 통해 아동의 발달수준과 능력을 고려하여 신체발달, 언어발달, 실제생활에 대한 훈련 모두 체계적인 감각훈련에 기초를 두고 교육한 결과 어린이집에서의 교육은 대성공을 거두었다.

(2) 아동관

① 몬테소리는 루소의 교육사상의 영향으로 유아를 능동적인 존재로 인정하고, 유아 개개인의 개인차와 자발적 활동을 존중했다.

② 외부환경의 영향은 유아들에게 2차적인 것이며, 발달을 이끌어 가는 힘의 원동력은 유아의 내부에 있다.

③ 유아는 끊임없이 자신을 창조해 가는 무한한 잠재능력을 지닌 자유로운 존재이며, 스스로 자신의 잠재력을 전개해 나가는 존재이다.

④ 유아는 주변 환경으로부터 지속적으로 정보를 수집하며 독자적으로 탐색하고 학습하는 존재로 보았는데, 즉, 아동은 환경과 상호작용하는 가운데 사건·사물 등을 통해 그 구체적인 의미를 파악한다는 것이다.

⑤ 유아의 흥미와 관심에 따라 학습이 이루어지며 그 성장과 속도에는 개인차가 있다는 것을 강조한 몬테소리는 교육을 간섭이 아닌 조장하는 일로, 교사를 관찰과 도움을 제공하는 사람으로 생각했다.

(3) 교육사상과 교육원리

① 민감기(sensitive period)

　ㄱ 정의 : '민감기'란 성장과정에서 좀 더 민감하게 외부환경과의 상호작용을 통해 특정한 능력을 좀 더 수월하게 습득할 수 있는 시기를 의미한다.

　ㄴ 알, 모충, 번데기, 성충을 거쳐서 성장하는 곤충처럼, 민감기는 단계에 따라 나타나며 민감기가 형성되면 어떤 행동을 하려는 강한 흥미를 지니며 반복적인 행동을 통해 습득하게 된다.

　ㄷ 연령별 민감기[28]

질서에 대한 민감기	1～2세까지 지속되는 것으로, 사물이 있어야 할 곳에 없으면 짜증을 내며, 할 수 있으면 제자리에 그 물건을 갖다 놓는 등 질서에 민감하다.
오관에 대한 민감기	2개월～2세에 나타나는 것으로, 손과 혀를 사용하여 환경을 탐구하려는 현상이며, 이를 바탕으로 언어발달이 이루어진다.
걷기에 대한 민감기	18개월에서 3세에 나타나는 것으로, 유아는 걷게 되면서 독립적인 존재로 나아가며 자아의 힘을 발달시켜 성장하게 된다.
세부에 대한 민감기	2세～3세 사이에 나타나는 것으로, 작은 사물에 대한 흥미를 갖게 된다.
사회생활에 대한 민감기	2세 반～6세에 나타나는 것으로, 사회생활에 관심과 공동의식을 갖고 타인의 권리를 이해하는 등의 현상이 보인다.
언어에 대한 민감기	6개월～3세, 3세～6세의 시기로, 유아들은 무의식적으로 언어를 흡수하며, 약 3세부터 5, 6세 사이의 아동은 의식적으로도 새로운 단어나 문법 형태를 배우며 즐거워한다.
쓰기에 대한 민감기	3세 반～5세의 시기로, 쓰기는 읽기보다 먼저 나타난다.

　ㄹ 각 유아마다 민감기가 나타나는 시기가 다르며 연령에 따라 나타나는 행동의 특성도 다르다.

　ㅁ 민감성은 특정 능력을 획득한 후에는 소멸되는 일시적 기질이므로, 교사는 각 유아의 민감기의 행동 특성을 잘 관찰하여 최적의 발달이 이루어질 수 있도록 도와주어야 한다.

28) 이외의 다양한 민감기가 있고, 각 민감기에 대한 연령은 교재마다 다르게 제시되어 있으므로 유연하게 볼 필요가 있다.

② 흡수정신(absorbent mind)

㉠ 유아의 내부에 존재하는 자발적인 정신이자 환경으로부터 스스로 배우는 정신이며 무의식적이고 자발적으로 자신도 모르는 사이에 환경으로부터 많은 인상을 받아들여 직접 경험하고자 하는 유아의 특성이다.

㉡ 무의식적 단계(0~3세) : 보기 · 듣기 · 맛보기 · 냄새 맡기 · 만지기 등을 위한 감각이 발달하면서 모든 것을 흡수하는 시기이다(무의식적 흡수정신).

㉢ 의식적 단계(3~6세) : 계획적으로 환경과 상호작용을 하여 좋아하는 것을 직접적으로 경험하고자 하는 의지가 나타나며 좋아하는 활동을 선택하여 집중하려는 의지가 더 강하게 나타나는 시기이다(의식적 흡수정신).

㉣ 흡수정신을 통해 유아는 환경에서 여러 가지 인상을 습득하고 환경과의 경험을 통해 성장하고 발달하며, 이로 인해 본래 내재해 있는 정상성을 찾고 천성이 왜곡되지 않는 상태로 발달하는 정신을 형성한다.

③ 준비된 환경(prepared environment)

㉠ 교사의 세밀한 관찰을 통해 유아의 발달 단계와 필요에 맞는 교구가 준비되어 있는 교육환경을 말한다.

㉡ 잘 준비된 환경 속에서 교구와 개인적으로 상호작용한다는 것은 한편으로는 유아에게 자유를 허용하되 제한된 자유를 제공하는 것을 의미한다.

㉢ 유아들은 스스로 환경을 선택해서 활동할 때 놀라운 집중력을 보인다.

㉣ 각 유아가 스스로 자신에게 맞는 교구를 선택하여 자신의 속도에 맞추어 학습을 진행시키므로 집단 활동보다는 개별 유아에게 맞는 체계적으로 준비된 환경이 강조된다.

㉤ 준비된 환경의 목적

ⓐ 성장과정에 있는 유아를 가능한 한 성인으로부터 독립할 수 있도록 하여 아동의 정신을 자유롭게 해 준다.

ⓑ 교구와의 상호작용을 통해 자기 스스로 문제를 해결하고, 스스로 실수와 오류를 발견하고 수정 · 조정해 나가는 과정이 중요하다.

④ 자동교육(auto education)

㉠ 준비된 환경 속에서 유아가 스스로 선택한 교구와 상호작용함으로써 내면적인 정신 능력이 능동적이고 자연스럽게 발전하게 되는 것이다.

㉡ 자동교육은 몬테소리 교구가 자신이 활동하면서 잘못된 점을 스스로 수정할 수 있게 고안되어 있기 때문에 가능한 것이다.

㉢ 교사에게 배우기보다는 자기수정적 교구를 통해 활동하다 보면 오류가 무엇인지 스스로 깨닫게 되어 이를 수정하면서 학습이 이루어진다. 예 크기의 순서에 따라 구멍에 원통을 맞추는 교구는 올바른 구멍에 넣지 않을 경우 맞지 않거나 개수가 남게 되어 유아가 잘못을 스스로 알고 조정하게 된다.

㉣ 몬테소리의 자동교육은 교사가 유아를 가르쳐야 한다는 전통적인 방법에서 탈피하여 유아의 자율성을 향상시키고, 자발적인 학습을 위한 가능성을 제시했다는 점에서 중요하다.

⑤ 정상화

  ㉠ 몬테소리는 교육의 목적을 '정상화'라고 했다. 정상화는 유아의 육체적 · 정신적 에너지
    가 상호작용하며 내면적 안정을 갖춘 조화로운 상태를 말한다.

  ㉡ 유아가 준비된 환경 속에서 작업에 진정한 흥미를 가지고 집중력을 발휘하여 몰입하게
    되면 유아는 마음의 안정과 만족을 느끼며, 가지고 있는 본연의 모습을 전개해 나간다.

  ㉢ 교사는 정상화를 조장하기 위해 간섭보다는 환경 속에서 유아가 활동을 선택하여 집중
    할 수 있도록 환경을 체계적으로 정비하고 유아의 민감성, 흡수정신이 나타나도록 도와
    주어야 한다.

  ㉣ 정상화의 단계

     ⓐ 유아가 무엇을 해야 할지 모르는 단계이다. 유아는 다른 유아를 관찰하거나 혹은 다
       른 유아가 작업하고 있는 교구를 빼앗는 모습을 보이기도 한다.

     ⓑ 유아가 일시적으로 교구를 선택하지만 교사가 제시한 방법대로만 사용하는 단계이다.
       교구 선택의 빈도가 높고 선택한 활동에 대해 집중하여 반복하는 모습을 보인다.

     ⓒ 흥미를 가지고 교구를 스스로 선택하고 반복하여 집중하는 단계이다. 이 단계에서
       유아는 선택한 교구를 원래의 활동방법으로만 활용하지 않고 다른 방법을 창안하거
       나 응용하여 반복적으로 보여 준다. 따라서 선택하는 교구의 수는 적지만 집중 시간
       은 길어진다.

  ㉤ 유아의 정상화를 위하여 준비된 환경, 아동을 방해하지 않는 소극적 교사, 과학적인 교
    구들이 중요하게 여겨진다.

⑥ 자기활동의 원리

  ㉠ 자기활동의 원리는 유아가 능동적 학습자임을 강조한다.

  ㉡ 유아에게 충분한 자유를 주고 그들의 흥미대로 활동하도록 하면 본래 유아의 내면에 있
    는 가능성이 가장 바람직하고 적절한 방향으로 성장 · 발달해 나갈 것이다.

  ㉢ 유아는 능동적인 존재이며 준비된 환경 속에서 자기수정적인 특성을 지닌 교구와의 상
    호작용을 통해 스스로 오류를 수정하면서 성장하고 발전해 나간다.

(4) 교육내용

① 일상생활 훈련

  ㉠ 일상생활 훈련의 목적 : 실제 생활에서 경험하는 활동으로, 유아가 단순히 흉내 내는 것
    이 아니라 실제 생활환경에서 활동하면서 일상생활에 적응을 더 잘하도록 도와주는 것
    이다.

  ㉡ 주요 활동

기본 운동과 관련된 활동	일상생활을 위해 기본이 되는 활동이다. 예 선 위를 걷기, 균형 유지하기 등
개인과 관련된 활동	자신을 보호하기 위해 스스로 할 수 있는 활동이다. 예 손 씻기, 옷 입고 벗기 등

환경과 관련된 활동	자신들의 환경을 통제하도록 배우는 활동이다. 예 물 따르기, 물건 옮기기, 청소하기 등
사회적 관계에 관련된 활동	사회적 상황에서 행동을 선택하고 인식하기 위한 활동이다. 예 적절한 사회적 반응 학습 등

ⓒ 감각을 교육하기 전에 일상생활의 훈련을 하는 것은 유아가 심신 양면으로 자립하여 자신의 자유스러운 의지에 따라 자발적인 행동이 이루어지도록 하는 기본적인 태도를 기르기 위함이다.

② 감각교육

ⓒ 감각교육의 목적 : 유아의 감각 발달을 효과적으로 돕고, 현재 생활 및 미래에 적응하기 위해서 필요한 능력과 수단을 몸에 익히도록 하는 것이다.

ⓒ 유아는 감각기관이 정상적으로 발달되어야만 정신발달이 신체발달과 조화를 이루고 원만한 인격이 형성된다.

ⓒ 일상생활의 연습을 토대로 하며, 산수교육이나 언어교육, 그리고 문화교육으로 발전하기 위한 기초가 된다.

ⓔ 오감의 발달에 도움을 주도록 고안된 총 16가지의 교구를 사용한다. 이는 단순감각(시각·촉각·후각·청각·미각)과 복합감각(중력감각·온도감각·형태지식감각)을 훈련하도록 되어 있다. 예 갈색 계단, 빨간 막대, 기하도형과 카드, 기하 입체, 촉각판, 중량판, 비밀 주머니, 소리통, 미각병, 후각통, 음감 벨 등

ⓜ 몬테소리는 감각훈련이 지적 발달에 선행되어야 한다는 자신의 주장에 따라 교육 실천 내용을 배열하고 교구 자체를 교육과정화하여 구체적인 교육목표를 설정했다.[29]

ⓑ 교육목표에 따라 먼저 제시되어야 할 교구와 나중에 제시되어야 할 교구가 순서화되어 있다.

ⓢ 몬테소리 교구의 네 가지 특성

ⓐ 자동교육이 되도록 고안되어 있다.

ⓑ 심미감을 갖게 하는 매력을 가지고 있다.

ⓒ 교구 자체의 특성에 흥미를 갖게 하여 작업에 능동적으로 참여할 기회를 제공한다.

ⓓ 교구의 수는 양적으로 제한된다.

③ 수학교육

ⓒ 수학교육의 목적 : 사고력을 필요로 하는 경험의 기회를 제공하고 사고의 가능성을 기르는 것이다.

ⓒ 수 개념의 파악, 정확성, 통일성, 서열, 양, 차이들에 대한 개념을 기른다.

④ 언어교육

ⓒ 언어교육의 목적 : 풍부한 언어를 습득하도록 돕고 의사소통을 할 때 언어를 효과적으로 사용할 수 있는 구체적인 기술 발달을 도와주는 것이다.

ⓒ 쓰기 우선 : 4세 유아들은 쓰기를 배울 준비가 되어 있고, 글자를 쓰는 것은 읽는 것보다

29) 유아는 자신이 모든 감각을 이용하여 미세한 차이를 인식할 수 있는 능력을 발달시키게 되며, 시각적 변별력과 관찰력, 그리고 사고능력이 증진된다. 감각교육은 읽기와 쓰기의 민감기가 나타났을 때를 위한 준비의 목적도 있다.

덜 추상적인 것으로 보았기 때문에 읽기보다 쓰기 활동을 강조했으며, 이를 위해 근육을 조절하도록 발달시키는 등 쓰기를 위한 준비활동을 제공했다.

ⓒ 음성언어 : 자유로운 대화를 통한 지속적인 자기표현을 강조했다.

ⓔ 어휘 확장을 위해 노래 부르기, 계절에 대해 말하기, 질문하기 게임, 보고 말하기, 경험에 대해 이야기하기 등을 했고, 쓰기 발달을 위한 종이글자, 알파벳, 언어카드 등의 교구를 활용했다.

⑤ 문화교육

ㄱ 문화교육의 목적 : 사회 속의 인간으로 살아가는 데 필요한 여러 가지를 이해하는 것이다.

ㄴ 지리, 생물, 역사, 과학, 미술, 음악, 종교 등의 많은 영역을 포함하며, 일, 습관, 행동 등의 문화적 요인들로 구성된다.

ㄷ 문화적 요인과 환경에 따라 생활 현상이나 삶의 모습이 다르다는 것을 이해하게 된다.

(5) 교육방법

① 자동교육

ㄱ 몬테소리 교구는 활동에 흥미를 주고 유아가 개별적으로 학습할 수 있도록 난이도와 순서 등이 체계적으로 되어 있다.

ㄴ 몬테소리 교구의 특징

개념의 고립화	교구의 목적에 쉽게 집중하고 이해할 수 있도록 교구의 성질을 모양, 크기, 색, 무게 등 한 가지 감각만으로 고립시켜 놓은 것이다.
오류의 정정	자기수정적 교구를 이용하여 오류를 스스로 정정할 수 있다.
자동교육	교사의 개입 없이 스스로 학습할 수 있다.

② 개별교육 : 유아의 발달 속도나 단계에 맞는 교육활동이 이루어져야 한다는 것이며, 개별교육은 자기활동의 원리로 이어진다.

③ 3단계 교수법

1단계	명칭과 대상을 일치시키는 것으로 대상의 특징이나 이름을 제시하고 이야기해 준다.
2단계	1단계에서 얻어진 사물에 대한 개념이 구체적인 인상으로 연결되도록 대상을 지적하고 인지하게 한다.
3단계	대상의 명칭을 기억시키고 발음하게 하여 유아 스스로 사물의 명칭을 기억하고 언어화하게 한다.

(6) 교사의 역할

① 관찰자 : 교사는 유아의 교구 선택이나 집중 정도, 사용 방법 등에 대해 세심하게 관찰해야 한다.

② 환경준비자 : 세심한 관찰에 근거하여 유아의 민감기를 포착하여 적절한 환경을 준비하고 배려해야 한다. 교사는 유아를 교구와 연결시켜 주고, 교구와 자료를 질서감 있게 정리하여 유아가 이를 배울 수 있게 해야 한다.

③ 보호자 : 유아가 즐거움과 편안함을 가지고 활동해 나갈 수 있게 하는 것이다. 유아에게 교구 사용 후 정리하게 하고, 다른 유아의 교구를 빼앗지 못하게 하는 등 유아의 활동을 보호하고 질서감 있게 유지해야 한다.

④ 안내자[30]

  ㉠ 유아가 환경과 상호작용을 시작할 때까지는 시범을 보이는 등 적극적으로 개입하되, 상호작용이 시작된 뒤에는 소극적으로 개입한다.

  ㉡ 새로운 교구를 분명하고 간단하게 제시해 주고는 한발 물러서서 유아의 행동을 관찰한다. 유아의 작업을 존중하고 도중에 중단시키거나 질문을 하여 방해되는 일이 없도록 한다.

  ㉢ 교사를 찾는 유아에게는 옆에 있음을 느끼게 하고, 교사를 부담스럽게 의식하고 있는 유아에게는 없는 것처럼 유아의 시야에서 모습을 감춘다.

(7) 몬테소리 프로그램의 환경 구성

① 자유로움

  ㉠ 몬테소리가 뜻하는 자유로움은 모든 아동이 거칠거나 무례한 행동을 하지 않고 의미 있고 지적이며 자발적으로 생활하고 활동하는 상황이다. 이를 위해 교사는 아동이 활동을 선택할 수 있는 자유를 보장해야 한다.

  ㉡ 대인관계에서도 자유를 주어야 하기 때문에 아동이 다른 사람과 문제를 겪을 때 성인이 나서서 중재하지 말고 아동이 스스로 해결하도록 해야 한다고 상소했다.

② 구조와 질서

  ㉠ 교실 환경은 자연에 존재하는 기본적인 구조와 질서가 반영되어 아동이 그것을 내재화하고, 거기에 바탕을 두고 정신적인 질서와 지적 능력을 구축할 수 있어야 한다.

  ㉡ 교사가 교구를 아동의 관심에 따라 분류하고 난이도에 따라 정리해 놓으면, 아동은 스스로 교구를 가져와 사용하고 스스로 제자리에 가져다 놓을 수 있게 된다.

③ 현실과 자연에 대한 이해

  ㉠ 아동이 세상과 자신을 탐색하고 인생에 대해 통찰력 있는 이해를 하는 데 필요한 의지와 안전에 대한 믿음을 형성하려면, 현실에 대한 한계를 인식할 수 있어야 한다.

  ㉡ 교실에는 냉장고, 조리대, 전화, 유리컵, 다리미, 날카로운 칼 등을 실제 물건으로 비치하여 사용해 보도록 한다.

  ㉢ 자연에 대한 강조를 반영하여 교실과 바깥에 아동이 돌볼 수 있는 식물과 동물을 기르며, 돋보기나 현미경을 갖추고 아동이 스스로 다양한 실험을 진행할 수 있도록 한다.

④ 아름다움

  ㉠ 교구는 아동이 환경에 대해 긍정적으로 반응하도록 미적인 측면을 갖추고 있어야 하며, 환경은 전체적으로 조화를 이루어야 한다.

  ㉡ 교실 안은 밝은색으로 조화롭게 구성되어야 하며, 분위기는 편안하고 따뜻해야 한다.

30) 안내자의 역할은 촉진자, 자극자를 포함한다. 교사는 유아가 한계에 부딪혔을 때 도와주는 시기를 결정해야 하므로 관찰자로서의 역할과 더불어 이루어진다.

⑤ 공동체 의식

　　㉠ 아동이 교실 환경에 대해 주인의식과 책임감을 갖고 교실의 질서를 유지하고 관리하도록 해야 한다.

　　㉡ 몬테소리 프로그램은 혼합 연령반으로 구성되어 자연스럽게 연상의 아동이 어린 아동을 돕게 된다. 아동은 옆 교실을 자유롭게 왕래할 수 있으며, 이를 통해 어린 아동은 자신이 더 성장했을 때의 모습을 볼 수 있고, 나이가 더 많은 아동은 자신의 반보다 단순하고 쉬운 환경을 다시 접할 필요가 있을 때 그 필요를 충족시킬 수 있다.

3 　듀이

(1) 생애(John Dewey, 1859~1952)

① 미국 철학자 중 유아교육에 가장 영향력이 큰 듀이는 1896년에 자신의 교육이론을 적용하기 위해 소규모 초등학교를 대학 부속학교로 설립하고 4~14세까지의 어린이들을 교육했다.[31]

② 듀이는 유아교육에 대한 프뢰벨의 교육방법 일면을 비판했으나 교육에 대한 프뢰벨의 기본정신을 존중했으며, 프뢰벨 교육방법의 기본적인 의도와 철학을 수용하고 계승하고자 했다.

③ 프뢰벨이 부각시켰던 아동기에 대한 존중, 놀이의 본질적 중요성을 인정했으며, 보다 자유로운 아동중심 활동, 생활중심 활동의 필요성을 강조하였다.

④ 1904년 시카고 대학을 사임하고 컬럼비아 대학으로 옮겨 1930년 퇴직할 때까지 자신의 독자적인 철학을 발달시켜 프래그머티즘(pragmatism)[32]을 바탕으로 도구주의적 실용주의 교육학을 구성하고 진보주의 교육사상을 체계화했다.

⑤ 코메니우스의 직관교육과 실물교육, 루소의 자연주의 교육관, 페스탈로치, 프뢰벨 등의 사상에 영향을 받았다.

⑥ 듀이는 진보주의 교육관을 형성하여 미국의 교육개혁운동에 영향을 미쳤고, 이로 인해 1918년 진보주의교육협회(Progressive Education Association, PEA)가 창설되고 신교육 운동이 나타났다.

⑦ 1920년대 중반 중국과 소련 여행, 그리고 1920년대 후반 경제공황에 대한 경험에 의해 교육을 통해 사회를 개조하고자 하는 입장을 더 강조하게 되었다.

(2) 듀이의 교육관

① 교육이란 경험의 재구성으로 이를 통해 성장하는 것이며 이때 성장은 생활과 연결되어 있다.

② '교육은 곧 성장'이며 성장을 위한 기본 조건은 미성숙이다. 미성숙이란 결여나 결핍이 아니라 잠재적인 성장 가능성, 즉 가소성을 의미한다.

31) **실험학교, 듀이스쿨** : '듀이스쿨'로 인해 교육의 이론과 실천이 서로 긴밀히 연계되었고 일체성을 갖게 되었다.

32) **프래그머티즘**(pragmatism) : 실용주의 교육은 생명을 사회적으로 지속시켜 주는 활동 자체이므로 지역사회와 밀접한 관련을 맺어야 하며, 사회에 적응하고 사회를 개혁하며 살아가는 삶의 방식을 배우는 곳이어야 한다. 교육의 과정은 계속적인 경험의 재구성 과정이다. 즉, 교육은 현재뿐만 아니라 미래에 올 경험을 예견하여 의미를 이해 · 통제하는 능력을 기르는 평생 과정이다.

③ 교육은 다가올 미래에 대한 준비가 아니라 현재의 생활, 즉 유아가 가지고 있는 흥미나 필요로 하는 것을 가르치는 것이다.

④ 성인이 자신의 관심 대상에 흥미를 가지듯 흥미는 인간 삶에 있어서 필수적인 요소이다.

⑤ 유아의 정서와 잠재적 능력을 존중하고 유아의 행복과 자유를 존중하며, 유아를 환경에 능동적으로 반응하는 존재로 이해할 것을 주장했다.

⑥ 교육의 주체는 학습자이며, 학습자의 자발적 활동과 능동적 참여가 교육의 기본조건이다. 즉, 생활 그 자체를 교육목적으로 보고, 생활과 직결되는 내용을 교과로 구성해야 한다고 주장했다.

⑦ 교육이란 생활의 과정인 동시에 유아가 체험하는 '경험의 끊임없는 개조'이며, 교육을 하고 교육을 받는 그 과정은 상호 간의 경험을 개조하고 경험을 다시 쌓아 올리는 계속적인 성장·발달의 과정이다.

⑧ 경험의 성립 과정은 경험의 주체인 유아와 경험의 객체로서의 대상이 되는 환경이나 사물과의 끊임없는 상호작용에서 이루어진다.

⑨ 『나의 교육학적 신조(My Pedagogic Creed)』(1897)

  ㉠ 유아는 개인적 능력과 관심을 가진 '개인적 존재'일 뿐만 아니라 환경과 능동적으로 상호작용하는 '사회적 존재'이다.

  ㉡ 듀이는 교육의 의의를 생활의 필요, 사회의 기능, 지도[33], 성장, 그리고 경험의 개조로 해석했다.

  ㉢ 교육은 국민생활에 필요한 것이어야 하며, 유아의 교육적 성장을 통해 사회가 존속되어야 한다.

  ㉣ 지도를 받는 유아의 활동적 경향이 교육목적에서 이탈하지 않고 일정하게 연속되는 길을 가도록 이끌어 주어야 한다.

(3) 아동관

① 프뢰벨의 영향을 받아 유아를 스스로 성장·발달하는 힘을 내재하고 있는 하나의 유기적 통일체로 보았다.

② 듀이는 유아의 본성이 선천적으로 이미 결정되어 있거나 외부 환경의 자극이나 영향을 수용함으로써 피동적으로 형성된다는 입장을 부정하고, 대신 인간성이나 본성은 경험에 따른 산물이며, 경험은 생활을 통해 형성된다고 보았다.

③ 의존성과 가소성을 가진 미성숙한 존재

  ㉠ 의존성 : 사회적 관점에서 다른 동물에 비해 열등한 상태로 태어나므로 다른 사람과 사회적 상호작용을 할 수밖에 없다는 것이다.

  ㉡ 가소성 : 유전과 환경이 발달에 미치는 영향 중에서 환경적 경험에 의해 발달이 촉진될 수 있는 가능성을 의미한다. 가소성은 정상적인 발달이 바람직한 환경적 경험에 의해 촉진되는 과정과 바람직하지 못한 환경으로 인해 발달이 위축되고 억제된 상태로부터 환경이 정상화되면서 정상적으로 회복되는 과정을 모두 포함한다.

33) '통제(control)'란 외부의 힘에 의해 아동의 반항을 제어하는 것을 뜻하며 '가이던스(guidance)'는 개개 아동의 자연적 능력을 서로 조력한다는 뜻이다. 또한 듀이가 사용한 '지도(direction)'는 양자의 중간에 위치하는 개념으로 아동의 활동적 경향이 목적에서 이탈하지 않고 일정하고 연속적인 진로를 따르도록 이끌어 주려는 뜻이 있다.

ⓒ 미성숙 : 성장을 위한 기본 조건이며, 적극적인 의미에서 성장을 위해 가장 중요한 힘이다.

④ 외부의 강압에 의한 교육이 되지 않도록 교사는 교육내용이나 교육방법을 아동의 자발적인 흥미나 노력과 연결시키기 위해 노력해야 한다.

(4) 교육원리

① 듀이와 프뢰벨

ⓐ 듀이는 루소와 프뢰벨에 이어 아동중심 교육방법을 주장했으나, 프뢰벨의 이상주의적 측면과 교육과정에 대해서는 비판하는 입장을 보였다.

ⓑ 듀이는 놀이가 학습에 기여하는 것으로 보았지만 프뢰벨 교육과정의 핵심 요소인 상징성, 계획적인 놀이, 통합, 모방보다는 경험을 아동의 발달과 흥미에 맞게 재구성한 유아교육과정을 제안했다.

② 놀이에 대한 입장

ⓐ 유아의 자연성의 발로이며, 유아의 의식과 활동을 보다 높은 수준으로 자극하는 것이다.

ⓑ 프뢰벨 유치원처럼 유아교사의 행동을 모방하거나 지시대로 움직이는 계획적인 활동은 놀이가 아니다.

ⓒ 유아의 발달수준에 맞는 놀이를 제공함으로써 궁극적으로 문제 해결력을 길러 주어야 한다.

③ 학교교육의 세 가지 원리(『학교와 사회(School and Society)』)

ⓐ 학교의 제일의 임무는 협력적이며 상호 협조적인 생활양식에 따라 아동을 훈련하고, 그들의 마음속에 서로 공존해야 한다는 의식을 길러 주며, 유아들이 서로 도와 협동하는 정신을 가지고 직접 행동으로 옮길 수 있도록 조정해 주는 일이다.

ⓑ 모든 교육활동에서 제일의 근원은 유아가 가지고 있는 여러 가지 본능적 · 충동적 태도이므로 유아의 놀이나 게임, 사물의 흉내 내기 등 언뜻 보아 무의미한 것과 같은 활동의 의미가 교육적인 측면에서 재해석되어야 한다.

ⓒ 유아의 개인적인 경향이나 활동은 유아들이 서로 협력하는 생활양식을 유지하는 데 사용되어야 하며, 이후 다른 사람과의 협동이나 사회구성원으로서의 임무 수행 및 도덕적 생활양식의 실현에 밑거름이 될 것이다.

(5) 듀이의 경험과 교육

① 경험은 '해 보는 것(경험의 능동적 측면)'과 '당하는 것(경험의 수동적 측면)'의 결합으로 이루어진다. 경험의 가치는 경험의 능동적 측면과 수동적 측면이 긴밀하게 연결되어 있음을 파악하는 데 있다.

② '시행착오적 경험'에 내재되어 있던 사고가 경험의 능동과 수동 사이의 세밀한 관계를 파악하는 수준에 이르게 될 때, 그 경험은 '반성적 경험'이 되어 질적으로 발전한다.

③ 경험의 원리

    ㉠ **상호작용의 원리** : 경험은 인간 유기체와 환경 간의 상호작용이다.

    ㉡ **연속성**(계속성)**의 원리**

        ⓐ 경험은 시작과 발전, 종결로 이루어진 하나의 활동이다. 성장은 하나의 경험의 종결
이 또 다른 경험의 시작으로 이어지는 연속성을 요청한다. 한 개인의 기존 경험으로
해결이 불가능한 문제 사태에 직면했을 때 새로운 경험은 다시 시작된다.

        ⓑ 과거의 경험은 현재의 경험에 영향을 주고 현재의 경험은 다시 미래의 경험에 영향
을 준다.

    ㉢ 학습자의 교과는 놀이나 일의 형태에서 지리와 역사의 형태를 거쳐 과학 또는 논리의
형태로 발달한다.

        ⓐ **놀이나 일의 형태** : 최초의 지식이 목적을 달성하기 위해 뭔가를 하는 것인 만큼 교육
과정의 초기 단계는 몸과 손을 움직여서 실제로 일을 해 보는 놀이나 일로 구성되어
야 한다. **예** 사물을 상대로 하는 활동, 의사소통 활동

        ⓑ **지리와 역사의 형태** : 놀이나 일에서처럼 구체적인 활동을 통해서는 직접적인 교섭이
이루어질 수 없지만, 언어적 상호작용인 의사소통을 통하여 공간적으로(지리), 그리
고 시간적으로(역사) 학생의 경험을 확대시켜 주는 교과지식을 말한다.

        ⓒ **과학 또는 논리의 형태** : 논리적인 체계를 따라 조직된 지식이다.

    ㉣ 놀이와 일, 역사와 지리, 과학적이고 논리적인 지식이라는 학습자의 교과는 학생의 경
험을 계속적으로 재조직해 나가는 과정에서 사고 방법의 소재로 활용된다는 전에서 연
속성을 갖는다.

(6) 교육목적

① **바람직한 교육목적** : 학생이 현재 가지고 있는 경험을 조사해서 그것을 다룰 잠정적 계획을
세운 다음, 그 계획을 끊임없이 염두에 두되 새로운 조건이 발생함에 따라 수정되어 나가
는 실험적인 목적이며, 그것은 행동을 통해 검증되면서 끊임없이 성장한다.

② **유치원 교육목적에 주는 시사점**

    ㉠ 유치원 교육의 목표는 유아의 활동과 요구에 내재된 것이어야 하므로, 교육의 목적도
외부에서 부과되기보다 유아의 활동 안에서 찾아야 한다.

    ㉡ 교육목적에는 유아의 욕구와 흥미, 발달수준이 고려되어야 한다.

    ㉢ 교육목적은 유아의 자발성 존중을 기준으로 다양한 삶의 양태를 경험하고 생활에 조력
이 되는 방향으로 설정되어야 한다.

    ㉣ 듀이의 교육목적을 실현할 유아교육은 유아를 능동적으로 자극하고 흥미와 습관을 잘
파악하여 학습 장면을 제공하는 것이다.

    ㉤ 유치원 교육의 목적은 지적인 측면에 대한 고려가 있어야 한다.

(7) 교육내용과 방법

① 교육내용 선정과 조직
   ㉠ 교육내용은 삶의 경험이고 교육은 '경험의 계속적인 재구성'이기에 교육내용은 경험을 벗어날 수 없다.
   ㉡ 경험은 사고가 개입되어야 하며, 유아의 개별적 경험과 관계되고 교과 혹은 교육과정과 연속성을 가질 때 학습으로서 효과를 가진다.
   ㉢ 교육에서의 경험은 교육의 목적이자 내용이며 방법이고 또한 과정이며 결과를 모두 포괄한다.
   ㉣ 개인과 사회, 내부로부터의 발달과 외부로부터의 형성, 흥미와 도야, 유아와 교과, 경험과 지식을 통합하려 했다.
   ㉤ 교육내용 선정의 원칙
      ⓐ 교육내용의 출발점은 유아 자신이어야 하시만, 이는 교과 혹은 지식과 연결될 때 가치가 있다.
      ⓑ 교육내용으로서 경험은 중요하나 지적인 요소가 개입되어야만 교육효과를 가져온다.
      ⓒ 교육이란 사고하는 것을 배우는 것이다.
      ⓓ 교육의 내용은 개별 유아가 접하는 사회, 문화, 인지 등이 모두 고려되어야 하며, 교육내용의 조직과 운영은 교육과정과 교육결과의 산출을 모두 포함하여 통합적으로 이루어져야 한다.
   ㉥ 교육내용 선정과 조직 원리 : 교육의 출발점은 유아의 생활과 밀접한 현재 경험으로부터 시작하되 능동적 학습이 일어나 나선형이 되도록 조직해야 한다.

② 교수–학습방법
   ㉠ 유아의 선한 본성에 따라야 한다. 이는 루소의 자연주의 교육관에서 유래한 것으로, 유아의 본성에 대한 신뢰와 본성에 내재한 성장의 가소성을 인정하는 것이다.
   ㉡ 선한 본성이 발현되는 것이 유아의 흥미이므로 유아의 흥미를 존중하고 자발적인 자기표현을 중시해야 한다.
   ㉢ 교육목적, 내용, 방법은 분리되지 않고 통합되어야 한다.
   ㉣ 교사와 유아가 능동적으로 상호작용할수록 교육의 효율성은 높다.
   ㉤ 개별화 방법을 찾아야 한다.

③ 교사의 역할
   ㉠ 관찰자 : 유아의 전인적 발달을 위해 유아의 흥미, 현재 수준과 발달 단계를 관찰하고, 관찰 결과에 따라 수준별 및 상황별로 교육과정을 운영해야 한다고 주장한다.
   ㉡ 매개자 : 유아가 새로운 세계를 탐구하도록 교사는 유아가 직면하는 대상과 사건을 유아의 인지구조와 연결하여 새로운 사고를 이끌어 내는 매개체 역할을 담당해야 한다.
   ㉢ 조력자 및 안내자 : 유아가 직면할 새로운 상황과 그 상황에서 구성되는 새로운 경험을 예측하는 것이 교사에게 필요하며, 이를 통해 유아 스스로 경험을 재구성할 수 있도록 도와주고 안내하는 역할을 담당해야 한다.

ⓔ 평가자 : '유아에게 능동적인 활동을 초래했는가?', '유아가 새로운 경험에 직면하여 흥미와 적극적 요구를 개진했는가?'처럼 유아가 자신의 경험을 재구성하는 것에 도움을 주었는지 여부를 평가해야 한다.

④ 평가

   ⓐ 평가는 교육의 효율성을 알아보는 활동으로, 교육이 실시되는 도중과 마친 후 유아 학습의 진보 정도를 밝히는 작업으로 보았다.

   ⓑ 듀이는 외적으로 가치를 재는 것이 중요하지 않다는 입장으로 평가의 중요성을 강조하지 않았다.

(8) 듀이의 사상이 한국 유아교육에 미친 영향

① 미국 선교사들은 당시 진보적 색채가 강조된 교육방법을 소개했으며, 1920년부터 자발성, 흥미, 생활중심, 아동중심, 놀이중심, 경험중심, 활동중심, 개별화 교육, 자유선택활동 등의 용어를 가진 아동중심 교육관을 소개했다.

② 유치원 교육에 대한 듀이의 아동중심 철학은 1932년 한국 유치원 교육에 많은 공헌을 한 미국인 선교사 브라운 리가 번역한 '활동에 기초한 아동교육법'이라는 교육과정을 통해 우리나라에 소개되었다.

③ 진보주의 교육사상이 국가수준 유치원 교육과정에 미친 영향

   ⓐ 우리나라의 교육과정은 아동중심, 흥미중심, 생활중심, 활동중심이라는 듀이의 기본이념에 기초하여 구성되었다.

   ⓑ 유아를 교육의 중심으로 보고 학습에서 유아의 경험과 흥미를 중시했다.

   ⓒ 유아의 생활경험과 흥미를 학습에서 중요시했다.

   ⓓ 유치원 일과 중의 하나로 자유선택활동 시간을 운영하는 등 유아의 흥미에 따른 선택의 기회를 중요시했다.

나의 교육학적 신조(My Pedagogic Creed, 1897)

- John Dewey -

제1조 교육이라는 것

1. 나는 이것을 믿는다. 즉, 모든 교육은 개인이 종족의 의식에 참여함으로써 이루어진다. 이 과정은 거의 출생 시부터 무의식적으로 시작하여, 그 후 계속적으로 개인의 힘을 가다듬고 의식을 채우며 습관을 형성하고 아이디어를 훈련하며 감정과 정서를 일깨워 준다. 이 무의식적 교육을 통하여 개인은 인간이 애써 모아 놓은 지적, 도덕적 자원을 점차로 공유하게 된다. 그는 문명이라는 합자 유산의 상속자가 된다. 이 세상의 가장 체계적이고 전문적인 교육이라 하더라도 이 일반적인 과정에서 벗어나서는 안 된다. 제도화된 교육이 할 수 있는 일은 오직 그 과정을 특정한 방향으로 조직하고 세분하는 것뿐이다.

2. 단 하나의 참된 교육은, 아동이 그 안에서 살고 있는 사회적 상황의 요구에 의하여 그의 힘을 자극하는 데서 나온다. 이 요구를 통하여 아동은 한 단위체의 구성원으로서 행동하도록, 원래 자기가 가지고 있던 좁은 행위와 정서에서 벗어나서 그가 속해 있는 집단의 복지라는 관점에서 자신을 파악하도록 자극을 받는다. 자기 자신의 활동에 대한 다른 사람들의 반응을 통하여 그는 존재를 사회적인 관점에서 파악하게 된다. 다른 사람들이 가지고 있는 가치는 아동을 거쳐 다시 그들에게서 반사되어 들어간다. 예컨대 아동의 본능적인 웅얼거림에 대한 다른 사람의 반응을 통하여 아동은 그 웅얼거리는 소리의 의미를 알게 된다. 즉, 그 웅얼거림이 분명한 언어로 변형되는 것이다. 이와 같이 하여, 아동은 오늘날 언어에 요약되어 있는 풍부한 아이디어와 정서의 종합체에 입문된다.

3. 이 교육적 과정에는 심리학적 측면과 사회학적인 측면이라는 두 개의 측면이 있으며, 그중의 어느 것 하나라도 다른 것에 종속되거나 도외시되면 나쁜 결과가 따라온다. 이 두 가지 중에서, 심리학적 측면은 교육적 과정의 기초를 이룬다. 아동 자신의 본능과 힘은 모든 교육의 자료이며 출발점이 된다. 만약 교육자의 노력이 아동의 독립적, 자발적인 노력으로 이루어지는 활동과 연관을 맺지 못한다면, 교육은 외부로부터의 강압으로 전락하고 만다. 그것이 모종의 외적 결과를 가져온다 하더라도 그것을 진정한 의미에서 교육이라고 부를 수는 없다. 그러므로 아동 개인의 심리적 구조와 활동에 관한 통찰이 없이는 교육적 과정은 우발적이고 임의적인 것이 될 것이다. 어쩌다가 아동의 활동과 들어맞으면 결과를 보고, 그렇지 않으면 아동의 본성과 마찰이 생기거나 그것을 와해 또는 금지시키는 결과를 가져온다.

4. 사회적 조건에 관한 지식, 현재의 문명 상태에 관한 지식은 아동이 가지고 있는 힘을 올바르게 해석하는 데에 필요하다. 아동은 그 자신의 본능과 성향을 가지고 있지만, 우리가 그것을 사회적 맥락에 비추어 해석할 수 있기 전에는 그것이 가지고 있는 의미를 알 수가 없다. 그러기 위해서는 아동의 본능과 방향을 과거의 사회에 다시 투입하여 그것을 이전의 인류 활동의 유산으로 해석할 수 있어야 한다. 우리는 또한 그것을 미래에 투영하여

그것이 가지고 올 성과 또는 그것이 이룩해야 할 목적이 무엇인가를 예상할 수 있어야 한다. 바로 앞에서 사용한 예를 가지고 설명하자면, 아동의 웅얼거리는 소리에서 앞으로의 사회적 교류와 대화의 가능성과 잠재력을 보는 능력, 이것이 곧 아동의 본능을 올바르게 다룰 수 있도록 한다.

5. 교육의 심리학적 측면과 사회적 측면은 서로 유기적으로 관련되어 있으며, 이런 의미에서의 교육은 양자 사이의 타협이나 그중의 하나가 다른 하나를 지배하는 것으로 규정되어서는 안 된다. 오늘날 사람들은 교육을 심리학적 관점에서 정의하는 것은 공허하고 형식적이라는 말을 하고 있다. 다시 말하면, 그러한 정의는 온갖 정신능력의 개발에 관해서는 언급하면서도 그 능력이 어디에 쓰이는가에 관해서는 말해 주지 않는다는 것이다. 또한 교육은 개인을 문명에 적응시키는 일이라는 식의 사회적 관점에서의 정의는 교육을 외적, 강제적 과정으로 취급하여 개인의 자유를 사전에 정해 놓은 사회적, 정치적 상황에 종속시키는 결과를 가져온다고 사람들은 말한다.

6. 교육의 두 측면은 서로 대립된 것으로 따로따로 떼어 놓고 보면, 위의 두 가지 반론은 모두 타당하다. 힘이라는 것이 참으로 어떤 것인지 알려면 그 힘의 목적, 용도, 기능을 알아야 하며, 그렇게 하자면 개인을 사회적 관계 속에서 활동하는 존재로 파악하지 않으면 안 될 것이다. 그러나 또 한편 현재의 사회적 조건하에서 아동으로 하여금 적응할 수 있도록 하는 유일한 방도는 아동이 가지고 있는 모든 힘을 완전하게 발휘할 수 있도록 해 주는 것이다. 민주주의와 현대 산업사회의 도래로 말미암아, 지금부터 20년 뒤의 문명이 어떻게 될지 정확하게 예측할 수 있는 사람은 아무도 없다. 따라서 아동을 모종의 엄밀하게 규정된 상황에 준비시켜 준다는 것도 있을 수 없다. 아동에게 앞으로의 삶을 위한 준비를 시켜 준다는 것은 아동으로 하여금 스스로를 통제할 수 있도록 하는 것, 다시 말하면, 그의 모든 능력을 언제 어디서나 충분히 활용할 수 있도록 그를 훈련시킨다는 뜻이다. 그의 눈과 귀와 손은 언제라도 사용할 수 있는 도구가 되어야 하며, 그의 판단은 그것이 적용될 상황을 파악할 수 있어야 하며, 그의 실행능력은 경제적으로 효율적으로 작용할 수 있도록 훈련되어야 한다. 이런 식의 적응에 도달하려면 개인 자신의 능력과 취향과 관심에 대한 항구적인 존중이 있어야 한다. 즉 교육은 늘 심리학적인 고찰에 비추어 점검되어야 하는 것이다.

7. 요약컨대, 내가 믿는 바로는 교육을 받는 개인은 사회적 개인이며, 사회는 개인의 유기적인 통합체이다. 아동에서 사회적 요인을 빼어 버리면 남는 것은 추상적 존재뿐이다. 사회에서 개인적 요인을 빼어 버리면 남는 것은 무기력하고 생명 없는 덩어리뿐이다. 그러므로 교육은 아동의 능력과 관심과 습관에 대한 심리학적 통찰로 시작해야 한다. 교육의 모든 고비를 통제하는 것은 바로 그와 동일한 고려에 의해서이다. 아동의 능력과 관심과 습관은 끊임없이 다시 해석되지 않으면 안 된다. 매 단계에서 우리는 그것들이 무엇을 의미하는지 알아야 하는 것이다. 우리는 그것들을 사회적 맥락에 비추어, 다시 말하면 그것들이 사회에 어떤 봉사를 할 수 있는가 하는 관점에서 해석하지 않으면 안 된다.

8. 나는 이것을 믿는다. 즉 학교는 다른 무엇이기 이전에 하나의 사회적 기관이다. 교육이 사회적 과정인 만큼, 학교는 당연히 사회생활의 한 형태가 되어야 한다. 이러한 의미에서의 학교는 아동으로 하여금 인류가 물려받은 자원을 공유하고 자기 자신의 힘을 사회적 목적에 사용하도록 양육하는 데에 가장 효과적인 모든 사회기관들이 집결된 곳이다.

9. 그러므로 교육은 삶의 과정 그 자체이며, 앞으로의 삶을 위한 준비가 아니다.

10. 학교는 삶의 전형적인 모습을 나타내어야 한다. 이 삶은 아동이 가정에서, 이웃에서, 놀이터에서 살고 있는 삶, 그것과 다름없이 실감과 생기를 가진 것이어야 한다.

11. 삶의 여러 형식들, 그 자체로서 살 가치가 있는 삶의 형식들을 통하여 이루어지는 교육이 아니라면, 그것은 언제나 진정한 실재의 대용물일 뿐이며, 족쇄를 채우고 목을 조르는 일이 되고 만다.

12. 사회관계로서의 학교는 현재의 사회생활을 단순화하여야 한다. 학교는, 말하자면, 사회생활을 태아(胎兒)의 형태로 축소하여야 한다. 현재의 삶은 너무 복잡하여 아동이 직접 접촉하면 혼란과 산만에 빠지게 된다. 현재 진행 중인 수많은 활동에 압도당하여 아동은 질서 정연하게 반응하는 자신의 힘을 잃어버리거나, 그렇지 않으면 다양한 활동에 자극되어 자기 자신의 힘을 때 이르게 발휘하려 들다가 지나치게 전문화된 길로 빠지거나 와해되어 버린다.

13. 이와 같이 단순화된 사회생활로서의 학교는 가정생활을 출발로 하여 거기서 점차 성장해 나오는 모습을 띠어야 한다. 학교의 생활은 아동이 가정에서 이미 익숙해 있는 활동들을 취하여 그것을 계속시켜 나가야 한다.

14. 학교는 가정에서의 활동을 아동에게 보여 주어서 아동이 점차로 그 활동의 의미를 알게 되도록, 그리하여 그 활동과 관련해서 자신의 역할을 수행할 수 있도록 하는 방식으로 그것을 재현해 주어야 한다.

15. 이것은 아동의 성장에 연속성을 부여하는 유일한 방법이요, 아동이 가지고 있는 과거 경험 배경에 학교교육이 새로운 아이디어를 부여하는 유일한 방법이며, 이 점에서 그것이 심리학적 필수조건이다.

16. 이것은 또한 사회적 필수조건이기도 하다. 왜냐하면 가정은 이때까지 아동이 양육되고 도덕적 훈련을 받은 사회생활의 형태이며, 여기에 비하여 학교는 가정생활과 밀접하게 결부되어 있는 아동의 가치관을 심화, 확대시키는 것을 임무로 삼기 때문이다.

17. 현재의 교육이 실패하는 가장 큰 원인은 학교가 사회생활의 한 형태라는 이 근본적 원리를 무시한다는 데에 있다. 현재의 교육에서는 학교를 학생들에게 정보를 제공해 주는

곳, 공부를 가르쳐 주는 곳, 습관을 형성해 주는 곳으로 생각한다. 학교에서 습득되는 이런 것들의 가치는 주로 먼 장래에 있는 것으로 생각된다. 아동은 장차 다른 어떤 것을 하기 위하여 이런 것들을 배워야 한다고 생각된다. 요컨대 그것은 단순한 준비인 것이다. 그 결과로, 이런 것들은 아동의 현재의 생활경험의 일부가 되지 못하고 따라서 진정한 교육이 되지 못한다.

18. 도덕교육은 이와 같이 학교를 사회생활의 한 양식으로 보는 관점을 중심으로 하여 전개된다. 가장 훌륭하고 가장 깊은 도덕적 훈련은 바로 일과 사고가 단일체를 이루는 사태 속에서 다른 사람들과 관계를 맺음으로써 이루어진다. 현재의 교육체제가 이 단일체를 파괴하거나 도외시하는 한, 진정하고 본격적인 도덕 훈련은 어렵거나 불가능하다.

19. 아동이 일의 자극과 지침을 받는 것은 지역사회의 생활을 통해서이다.

20. 현재의 상황에서 그 자극과 지침이 지나칠 정도로 교사에게서 나오는 것은, 학교가 사회생활의 한 형식이라는 것을 망각하고 있기 때문이다.

21. 학교에서의 교사의 위치와 역할도 이와 동일한 기초에 입각하여 해석해야 한다. 학교에서 교사는 아동에게 관념을 주입하고 습관을 형성하는 사람이 아니라 지역사회의 한 구성원으로서 아동에게 미쳐야 할 영향을 단정하고 아동이 이 영향에 올바르게 반응하도록 도와주는 사람이다.

22. 학교에서의 훈육은 학교생활 전체에서 나와야 하며, 직접 교사에게서 나와서는 안 된다.

23. 교사의 일은 단순히 그가 가지고 있는 보다 풍부한 경험과 보다 성숙된 지혜로 생활의 훈육이 아동에게 이떤 방식으로 이루어져야 하는가를 결정하는 데에 있다.

24. 아동의 성숙이나 진급에 관한 모든 문제도 위와 동일한 기준에 비추어 결정해야 한다. 시험의 용도는 오직 아동이 사회생활을 해 나가는 데에 얼마나 적합한가를 사정(査定)하고, 아동이 어떤 점에서 가장 유용한 봉사를 할 수 있으며 어떤 점에서 가장 도움을 필요로 하는가를 시사(示唆)받는 데 있다.

제3조 교육의 내용

25. 나는 이것을 믿는다. 즉, 아동의 사회생활은 그의 모든 훈련 또는 성장을 집중시키고 관련짓는 기초이다. 사회생활은 아동에게 무의식적 단일체가 되며 그의 모든 노력과 그의 모든 성취에 배경을 이룬다.

26. 학교 교육과정의 내용은 사회생활의 원시적, 무의식적 단일성을 출발점으로 하여 거기서 점차 분화된 형태를 나타내어야 한다.

27. 이 사회생활과의 훈련을 떠나서 읽기, 쓰기, 지리 등등 여러 개의 세분된 교과들을 너무 갑자기 아동에게 제시하는 것은 아동의 천성에 역행하는 것이요, 교과에서 생길 수 있는 최선의 이론적 결과를 얻기 어렵게 만든다.

28. 학교 교과들을 서로 관련짓는 진정한 구심점은 과학도 아니요, 문학도, 역사도, 지리도 아니며, 오직 아동 자신의 사회적 활동이다.

29. 과학 또는 소위 '자연 공부'가 교육을 통합하는 구심점이 될 수 없는 것은, 인간 활동과의 관련을 떠난 자연 그 자체는 단일체가 아니기 때문이다. 자연 그 자체는 공간과 시간에 흩어져 있는 수많은 다양한 물체들일 뿐이며, 이러한 자연을 그 자체로서 공부의 구심점으로 삼으려고 하는 것은 집중이 아닌 분산의 원리를 따르는 것이다.

30. 문학은 사회적 경험을 되받아서 표현하고 해석하는 것이며, 따라서 그것은 그러한 경험에 앞서는 것이 아니라 그것을 뒤따르는 것이다. 그러므로 문학은 통합된 교과를 요약하는 수단은 될지 모르나, 교과종합의 기초가 될 수 없다.

31. 다시 역사의 교육적 가치는 사회생활과 사회적 성장의 여러 면모를 제시하는 데에 있다. 사회생활과 관련 없는 단순한 역사로 취급되면, 그것은 먼 과거로 내던져져서 생기 없고 무기력한 것이 되고 만다. 인간의 사회생활과 진보의 기억으로 취급되면, 그것은 풍부한 의미를 지니게 된다. 그러나 내가 믿는 바로는 역사를 이런 관점에서 취급하려면 아동에게 사회생활을 직접 제시하는 일이 병행되지 않으면 안 된다.

32. 교육의 제1차적인 기초는 인류의 문명을 이룩하는 데에 작용한 것과 동일한 방향의 일반적인 건설적 능력이 아동에게도 작용하고 있다는 사실에 있다.

33. 아동으로 하여금 그가 물려받은 사회적 유산을 의식하도록 하는 오직 한 가지 방법은 오늘날의 문명을 이룩한 활동의 근본적인 유형들을 아동이 직접 수행할 수 있도록 기회와 능력을 부여해 주는 것이다.

34. 교과를 서로 관련짓는 구심점은 이른바 표현활동 또는 구성활동이다.

35. 학교에서 요리, 바느질, 수공 훈련 등이 차지하는 위치는 이 기준에 비추어 판단해야 한다.

36. 이런 것들은 많은 다른 교과 위에, 그런 교과의 지적 부담을 완화하기 위하여 도입될 것도 아니요, 그런 교과와는 별도의 추가적인 성취를 위한 특별교과도 아니다. 내가 믿기로는 교과의 유형으로 말하면, 그런 활동들은 사회적 활동의 근본적 형식이며, 아동이 보다 형식적인 교과에 들어갈 때 일단 그런 구성활동을 통하여 들어가는 것이 가능하고 또 바람직하다.

37. 과학 공부의 교육적 결과는 과학이 현재의 사회생활을 가능하게 한 자료와 과정을 드러내어 준다는 데에 있다.

38. 현재 과학교육의 가장 곤란한 문제점은 학습자료를 순전히 객관적인 형태로 제시하거나, 아동이 이미 경험한 것과는 별개의 전혀 새로운 종류의 경험으로 취급한다는 데에 있다. 사실상, 과학은 우리가 이미 한 경험을 해석하고 통제하는 능력이며, 그 가치 또한 여기에 있다. 교과로서의 과학은 새로운 교과로서 가르칠 것이 아니라 이전에 이미 들어 있었던 요인들을 드러내어 보여 주는 것으로서 그리고 그 경험을 더 쉽게 더 효과적으로 조정하는 도구를 제공하는 것으로서 가르쳐야 한다.

39. 현재 우리는 문학과 언어에서 사회적 요소를 빼내어 버림으로써 그 교과가 가지고 있는 가치를 많이 잃어버리고 있다. 교육학 책에서 언어는 거의 언제나 단순히 생각을 표현하는 수단으로 취급되어 있다. 물론 언어는 논리적 도구이지만, 그것은 근본적으로 또 일차적으로 사회적 도구이다. 언어는 사고유통의 방안이요, 한 개인이 다른 사람들의 생각과 느낌을 공유하는 도구이다. 단순히 개인적 정보를 얻는 방법으로, 또는 이때까지 배운 것을 남에게 떠벌리는 수단으로 취급한다면, 언어는 그것이 가지고 있는 사회적 동기와 목적을 잃어버린다.

40. 그러므로 이상적인 학교 교육과정에는 교과를 일렬로 나열한다는 것은 있을 수 없다. 만약 교육이 삶이라면, 모든 삶은 처음부터 과학적 측면, 예술과 문화의 측면, 그리고 의식유통의 측면을 가지고 있다. 그러므로 어떤 학년에 적당한 교과는 단순히 읽기와 쓰기라든지, 다음 학년에 가서는 읽기와 문학, 과학 등을 가르쳐도 좋다고 말하는 것은 옳지 않다. 그러므로 교과를 배우는 데에 있어서 진보는 일렬로 늘어선 교과를 배워 나가는 것이 아니라, 경험에 대한 새로운 태도(態度), 새로운 관심이 발달해 가는 과정이다.

41. 교육은 경험의 연속적인 재구성으로 파악해야 한다. 교육의 과정과 목적은 하나요, 서로 다른 것이 아니다.

42. 교육의 바깥에 교육의 표적과 기준을 제시하는 목적을 설정하는 것은 교육의 과정이 지니고 있는 의미의 대부분을 박탈하고, 우리로 하여금 외적인 가짜 자극에 의존하여 아동을 대하도록 한다.

제4조 교육방법의 성격

43. 나는 이것을 믿는다. 즉 교육방법의 문제는 궁극적으로 아동의 힘과 관심의 발달이 이루어지는 순서에 관한 문제로 귀착된다. 학습자료를 제시하고 취급하는 법칙은 아동 자신의 본성에 쓰여 있다. 그렇기 때문에 나는 이하에 적힌 명제들이 교육을 해 나가는 정신을 결정하는 데에 최고의 중요성을 가진다고 믿는다.

44. 아동의 본성의 발달과정에서 능동적 측면이 수동적 측면에 선행하며, 외적 표현이 의식적 인상에 선행하며, 근육의 발달이 감각의 발달에 선행하며, 운동기능이 의식적 감각

기능에 선행한다. 내가 믿기로는 의식은 운동 또는 활동에 그 근본을 두고 있으며, 의식적 상태는 행동을 통하여 그 모습을 드러낸다.

45. 학교 공부에서 시간과 정력을 낭비하는 대부분의 원인은 위의 원리를 도외시하는 데에 있다. 아동은 수동적으로 받아들이고 흡수하는 태도를 취하도록 강요된다. 이 상황은 곧 아동으로 하여금 그의 본성의 법칙을 따르지 못하도록 하는 상황이며, 여기서 생기는 결과는 마찰과 낭비이다.

46. 아이디어 또한 행동에서 나오며 행동을 더 잘 통제하기 위하여 사용된다. 추리력과 판단력을 발달시키려고 하면서 행동의 수단을 선택하고 배열하는 문제를 전연 고려하지 않는 것이 오늘날 교육방법의 근본적인 오류이다. 그 결과로 우리는 아동에게 임의적이고 무의미한 상징을 제시한다. 상징은 지적 발달에 필요 불가결하지만, 여기서 상징의 위치는 노력을 절약하는 도구가 된다는 것이다. 상징 그 자체만을 제시하면, 그것을 외부에서 강제로 부과(賦課)된 무의미하고 임의적인 아이디어의 덩어리에 지나지 않는다.

47. 심상은 수업의 중요한 보조수단이다. 아동이 그에게 제시된 교과에서 무엇인가를 얻는 것이 있다면, 그것은 바로 그 교과에 관련하여 아동 자신이 형성하는 심상이다.

48. 현재 아동이 학습을 할 수 있도록 기울이고 있는 노력의 십 분의 구를 아동이 올바른 심상을 형성하도록 하는 데에 할애한다면, 가르치는 일은 엄청나게 촉진될 것이다.

49. 현재 수업을 준비하여 자료를 제시하는 데에 들이고 있는 시간과 노력을 보다 현명하고 유익하게 쓰는 방법은 그것을 아동의 심상형성 능력의 훈련에 쓰는 것이다. 교사는 아동이 경험에서 접하게 되는 여러 가지 교과내용에 관하여 명확하고 선명한 심상을 계속적으로 형성, 확대해 나가도록 돌보아 주어야 한다.

50. 관심은 힘이 성장해 간다는 신호요, 징후이다. 내가 믿기로, 관심이 있다는 것은 능력이 생기기 시작한다는 것을 나타낸다. 따라서 아동의 관심에 관한 부단하고 세밀한 관찰은 교육자에게 무엇보다도 중요하다.

51. 아동에게서 관찰되는 관심은 그가 현재 도달해 있는 발달의 정도를 나타낸다고 보아야 한다.

52. 아동의 관심은 또한 아동이 지금 막 들어가려고 하는 발달의 단계를 예고(豫告)해 준다.

53. 아동기에 일반적으로 나타나는 관심에 대한 계속적이고 동정적인 관찰을 통해서만 성인은 아동의 삶에 들어갈 수 있다. 그때 비로소 성인은 아동이 그 삶에서 무슨 일을 할 태세가 되어 있으며 아동이 가장 기꺼이, 가장 보람있게 다룰 수 있는 자료가 어떤 것인지를 알 수 있다.

54. 아동의 관심을 간질여서도 안 되고 억압해서도 안 된다. 아동의 관심을 억압하는 것은 아동을 성인으로 바꿔치기 하는 것이요, 그렇게 함으로써 지적 호기심과 민첩성을 약화

시키고, 자발성을 억압하며 관심을 짓밟아 버리는 것이다. 아동의 관심을 간질이는 것은 순간적으로 지나가는 것을 영원한 것으로 착각하는 것이다. 관심이라는 것은 언제나 밑에 숨어 있는 힘의 외적 표식이다. 중요한 것은 이 밑에 숨어 있는 힘을 알아내는 것이다. 아동의 관심을 간질이는 것은 표면의 밑을 파고들어갈 수 없기 때문에 나타나는 현상이며, 여기서 생기는 어김없는 결과는 진정한 관심을 일시적인 기분이나 변덕으로 대치하는 것이다.

55. 정서는 행동의 반사이다.

56. 정보에 상응하는 활동과 관련짓지 않고 정보를 자극 또는 유발하려고 하는 것은 건전하지 못한 병적인 정신상태를 초래한다.

57. 만약 우리가 선과 진과 미에 대하여 올바른 행동과 사고의 습관을 길러 줄 수만 있다면, 정서문제는 대체로 보아 저절로 해결된다.

58. 생기 없이 명청한 것, 형식주의와 전열답습(前烈踏襲) 등 다음으로 우리의 교육을 위협하는 폐단으로서 감상주의만큼 큰 것이 없다.

59. 이 감상주의는 감정을 행동으로부터 분리하려고 하는 데서 필연적으로 따라오는 결과이다.

제5조 학교와 사회진보

60. 나는 이것을 믿는다. 즉 교육은 사회의 진보와 개혁의 근본적인 방법이다.

61. 단순히 법률을 제정한다든지 형벌로 위협한다든지, 기능적인 또는 외적인 제도를 바꾸는 것에 의존하는 일체의 개혁은 순간적이고 비효과적이다.

62. 교육은 사회적 의식을 공유하게 되는 과정을 조정하는 일이며, 이 사회적 의식을 기초로 하여 개인의 활동을 조절하는 것이야말로 유일하게 확실한 사회재건의 방법이다.

63. 이러한 생각은 개인주의적 이상과 사회주의적 이상을 동시에 존중한다. 개인의 인격형성을 올바른 삶의 단 하나의 진정한 기초로 인정한다는 점에서 보면 그것은 개인을 존중하는 것이다. 이 올바른 인격이 단순히 개인의 훈시나 모범이나 권유로 형성되는 것이 아니라, 제도적 공동체적 삶의 형식이 개인에게 끼치는 영향으로 말미암아 형성된다는 것, 그리고 사회적 유기체가 그 하나의 기관인 학교를 통하여 윤리적 결과를 결정한다는 사실을 인정한다는 점에서 보면 그것은 사회를 존중하는 것이다.

64. 이상적인 학교에서는 개인의 이상과 제도의 이상이 혼연일체가 되어 있다.

65. 그러므로 교육에 대한 의무는 지역사회가 져야 할 최고의 도덕적 의무이다. 법률과 형벌에 의하여 사회적 선동과 시론(試論)에 의하여 사회가 그 자체를 조정하고 형성해 가는 과정은 다분히 비체계적이고 우연적인 것이다. 그러나 교육을 통하여 사회는 그 자체의 목적을 설정하고, 그 자체의 수단과 자원을 조직하고 그렇게 함으로써 그것이 나아가고자 하는 방향으로 확고하고, 또 경제적으로 그 자체를 가다듬어 나갈 수 있다.

66. 사회가 일단 이 방향으로의 가능성과 그 가능성을 실현하는 데에 따르는 임무를 인정하면 교육자가 시간과 주의와 금전의 자원을 자기 마음대로 처분한다는 것은 상상할 수 없게 된다.

67. 학교가 사회의 진보와 개혁의 가장 중요하고도 효과적인 도구임을 역설하여, 사회 전체가 학교라는 곳에서 하는 일이 무엇인지 깨닫게 되고 교육자가 그 일을 적절하게 수행하는 데 충분한 정비를 갖추도록 할 필요성을 느끼도록 하는 것, 이것은 교육에 관심이 있는 모든 사람의 과업이다.

68. 이런 의미에서의 교육은 과학과 예술이 인간경험으로 생각할 수 있는 가장 완전하고 긴밀한 관계로 결합된 모든 형태로 나타난다.

69. 그리하여 인간의 힘에 적절한 형체를 부여하고 그것을 사회에 유용하도록 적응시키는 예술이 최고의 예술이요, 그것이 가지고 있는 유용성을 살리는 사람이 가장 훌륭한 예술가이다. 이 일을 위해서는 인간으로서 할 수 있는 최선의 통찰과 동정심과 요령(要領)과 실행력이 필요하다.

70. 심리학적 연구의 발달로 개인 심리의 구조와 성장의 법칙에 대한 통찰이 증가함에 따라, 그리고 사회과학의 발달로 개인들의 올바른 조직체에 대한 지식이 증가함에 따라 이제 우리는 모든 과학적 자원을 교육의 목적에 활용할 수 있게 되었다.

71. 이와 같이 과학과 예술이 손을 잡을 때 인간 행동의 가장 엄숙한 동기가 생겨나며, 인간 행위의 가장 순수한 원천이 솟아나며, 인간의 본성이 할 수 있는 원천이 솟아나며, 인간의 본성이 할 수 있는 최선의 봉사가 보장된다.

72. 교사는 단순히 개인들을 훈련시키는 일을 하는 사람이 아니라, 올바른 사회생활을 형성하는 일을 하는 사람이다.

73. 교사는 누구나 그 직분의 중요성을 깨달아야 한다. 그는 적절한 사회질서를 유지하고 올바른 사회의 성장을 도모하는 특별한 일을 담당한 사회적 공복(公僕)이다.

74. 이리하여 교사는 언제나 신의 참 예언자요, 진정한 신의 왕국으로의 안내자이다.

4 니일

(1) 생애(Alexander Sutherland Neil, 1883~1973)

① 교사인 부모 밑에서 엄격한 교육을 받고 자랐다.

② 교사가 된 후 몇 군데 학교를 전임하면서 학교의 엄격한 교육 실태를 보고 교육이 아이들을 얼마나 해치는가를 절감하고 진정한 교육이 무엇인가를 모색하기 시작했다.

③ 스코틀랜드의 그레트나 그린학교의 교장으로 초빙을 받고 부임하여 그동안 구상해 온 새로운 교육을 실천에 옮기고 『교사의 수기(A Dominie's Log)』를 써서 선각적인 사람들로부터 환영을 받았지만 반대에도 부딪혔다.

④ 여러 학교를 경험하다가, 1924년 영국의 도오셋(Dorset)의 라임 레지스(Lyme Regis)에 집 한 채를 빌려 학교를 시작했는데 이 집은 언덕 위에 서 있어 썸머힐(Summerhill : 여름동산)이라고 불렸다.

⑤ 1945년 딸을 낳은 후 만 5세 이하 어린이에 대한 교육도 실제 관찰을 토대로 생각할 수 있게 되었으며, 이로써 니일의 교육사상이 한층 폭넓고 충실하게 되었다.

⑥ 니일은 세계 10여 개국 언어로 번역된 19권의 저서와 썸머힐학교라는 50여 년에 걸친 교육실험의 위대한 업적을 남긴 인물로 유명해졌다.

(2) 니일의 교육사상

① 시대적 배경

ㄱ 19세기부터 20세기 초에 걸쳐 전통적 교육의 탈피를 주장한 진보적, 실용적 교육운동은 1957년 소련의 스푸트니크 발사로 비판받았다.

ㄴ 2차 세계대전 이후 고도의 물질문명에서 비롯된 인간생활의 편의와 풍요, 그리고 무한번영의 기대는 1960년대를 고비로 무너졌고, 1970년대의 석유파동 및 경제적 혼란, 공해, 전쟁, 테러 등은 인류의 미래에 대해 불안감을 주었다.

ㄷ 니일은 "어린이들에 대한 철저한 자유에 입각한 교육이야말로 증오와 공포에 찬 오늘날의 병든 세계를 구하는 유일한 길이다."라고 주장하면서 자유에 입각한 교육이 세계를 구하는 길이라는 명제를 내세웠다.

(3) 아동관

① 루소의 자연주의적 인간관과 같은 맥락에서, 인간은 선(善)하게 태어난다는 믿음과 자연스러운 발전을 해치지 않으면 좋은 인간이 된다고 생각했다.

② 어린이에게 이기심을 억제하도록 강요하지 않으면 후에 가서는 자연히 이타심으로 발전하게 되고, 억지로 이기심을 없애도록 강요하면 이타주의는 결코 생겨나지 않을 것이다.

③ 어린이는 본래 호기심이 많으며 성인의 간섭 없이 스스로 탐구적 활동에 몰두할 수 있다.

④ 인간의 행동은 의식보다는 무의식에 지배받으며, 무의식은 본능에 해당하는 비인격적 무의식과 환경으로부터 형성된 인격적 무의식이 있다. 이 인격적 무의식이 유아의 자연적 욕구가 아니라 강요받을 때 갈등을 일으켜 문제행동을 하게 한다.

⑤ 자유란 남의 자유를 침해하지 않는 범위에서 하고 싶은 것을 할 수 있고, 또 하도록 내버려 두는 것이라고 주장하면서 방종이 아닌 범위에서 개인적 자유를 누려야 한다.

(4) 교육실천

① **교육목적** : 학업 성적보다는 행복, 성실, 조화, 사회성 등을 목표로 했다.

② **교육내용**

　㉠ 수업은 주로 오전 중에만 있으며, 수업 시간표는 교사들을 위한 것으로 어린이들은 들어가고 싶은 시간을 골라 수업을 받는다.

　㉡ 오후에는 자유시간이어서 각자 자기가 하고 싶은 일을 하는데, 주로 손으로 만드는 일을 한다.

　㉢ 밤에는 영화관람, 댄스, 연극공연이 있으며 토요일 밤에는 전교자치회가 열리는 가장 중요한 날로 회의가 끝나면 주로 댄스(감정 및 무의식적 충동의 발산)를 한다.

　㉣ 어린이에게 자신감을 갖도록 하기 위해 자체적으로 각본을 써서 연극을 자주 하고 바깥에서의 야생적이고 자유로운 놀이도 많이 한다.

　㉤ 어려서 놀이에 대한 욕구를 충족시키고 발산시키면 성인이 되어 힘들고 따분한 일이라도 기꺼이 부딪쳐 열심히 일하게 된다.

③ **교육방법**

　㉠ 학과목의 교수법은 일반 학교와 다르지 않다.

　㉡ **전교자치회** : 학교의 모든 규칙과 위반 행위에 대한 제재가 민주적인 투표에 의해 결정되며 니일은 이를 매우 중요한 것으로 생각했다.

　㉢ **개인 지도** : 자유롭게 이야기하는 형식으로, 정신적인 장애로 괴로움을 받고 있는 어린이에 한하여 실시한다.

9장

우리나라의 보육 · 교육사상 및 철학

1 우리나라의 아동관 및 보육 · 교육사상

(1) 성리학의 아동관

① 성리학자들은 아동의 인격을 손상시키는 심한 체벌을 경계하며, 아동을 위한 문자교육은 아동의 경험세계와 밀접하게 연결되어야 한다(예 최세진의 『훈몽자회』)고 보았다.

② 성리학의 긍정적인 아동 인식은 신분제도에 따라 아동의 존재 가치가 다르게 인식되었기 때문에 양반계급에서만 제한적으로 가능한 것이었다.

③ 성리학의 아동관 : 아동은 신체적 · 정신적으로 성인보다 미숙하다고 여기며, 아동의 성장 발달은 후천적으로 이루어지므로 가정에서의 조기교육(예 이이의 『격몽요결』)을 강조했다.

④ 실학자 이덕무는 『사소절(士小節)』을 집필, 자녀교육의 중요성을 강조했다.

(2) 동학의 아동관

① 인간은 누구나 '한울님(天)'을 모신 평등한 존재로 인식되며 교육을 통하여 인간이 돌아가야 할 가장 이상적인 상태를 아동의 마음으로 보았다.

② 아동에 대한 체벌은 어떠한 경우에도 금했으며 아동이 지닌 인간존엄성을 인식하기 시작한 점에서 동학의 아동관을 근대적인 아동관의 출발점으로 본다.

③ 아동의 성장 발달은 후천적으로 이루어지므로 노력 여하에 따라 성취될 수 있다고 생각했다.

(3) 방정환(1899~1931)의 아동관 및 교육사상

① 방정환의 아동관

  ㉠ 천도교를 접한 방정환은 아동의 본성이 본래 선하다는 성선적(性善的) 아동관 또는 아동을 천사로 보는 천사주의(天使主義) 아동관을 배경으로 하고 있다.

  ㉡ 아동을 그 나름대로의 개성과 인격을 지닌 독립된 인격체로 보아 어린이에게 존댓말 쓰기 운동을 펼치기도 했다.

  ㉢ 아동은 환경을 능동적으로 개척할 수 있으며 개별 아동만이 갖는 환경과의 고유한 경험을 통해 나름대로 독특하게 성장할 수 있는 존재로 보았다.

② '천도교 소년회'라는 단체를 조직하고 다양한 신문화운동을 전개해 나가면서 본격적으로 '어린이'라는 용어를 쓰기 시작했다.

③ 제1회 '어린이날(1923년 5월 1일)'을 제정했으며, 1923년 순수 아동잡지인 『어린이』를 창간하고 아동문제연구회인 '색동회'를 창립해 최초로 아동운동을 실천했다.

(4) 유아교육적 의의

① 어린이는 한울(하늘)이다. 이는 '사람이 곧 한울'이라는 동학과 천도교 사상에 영향을 받은 것이다.

② 어린이의 세계는 성인의 세계와 다르다. 어린이의 세계를 인정하고 이해하여야 하며, 모든 것을 그들의 입장에서 생각해야 한다.

③ 존댓말을 써야 한다. 어린이를 독립된 한 인격체로 대해야 한다.

④ 기쁨 속에서 자라게 하고, 자유롭게 활동하게 해야 한다.

⑤ 동화, 동요 등을 들려주어 상상력을 키우고 심성을 부드럽고 곱게 해야 한다.

⑥ 그림을 마음대로 그리게 해서 어린이가 본 대로 느낀 대로 솔직하게 표현하게 해야 한다.

⑦ 건전한 소년단체 활동을 하게 하고, 우리 민족과 문화를 생각하게 해야 한다.

■ 소파 방정환의 영유아 교육방법(차호일, 1988) ■

특성	설명
자발성과 흥미를 통한 교육	성인이 아동을 위해 할 수 있는 일은 아동이 요구하는 것을 주고, 성장을 돕고 보호해 주는 것일 뿐 강제로 교육을 행해서는 안 된다. 아동은 동화를 통해 흥미를 가지고 자연스럽게 도덕교육이 이루어질 수 있도록 하였다.
견학을 통한 교육	견학을 통한 교육은 실생활을 통한 교육방법, 감각을 통한 교육방법, 직관에 의한 교육방법의 원리를 강조하는 교육방법으로 방정환의 교육이 실생활 중심의 교육이었음을 나타낸다.
놀이를 통한 교육	방정환은 어린이가 제일 기쁨을 얻을 때는 자유로운 활동을 할 때라고 보았다. 이러한 활동은 육체뿐 아니라 정신의 활동도 포함한다고 보기 때문에 놀이는 아동생활의 전부이며, 정신과 육체를 성장하게 하는 교육이다. 이미 아동교육에서 놀이의 중요성을 인식하고 있었다.
칭찬과 대화를 통한 교육	동학의 '사인여천(事人如天)'과 천도교의 '인내천(人乃天)' 사상은 방정환의 사상적 토대였다. 따라서 아동의 체벌에 반대하며, 이는 곧 칭찬과 대화를 통한 교육방법으로 나타나고 있다.
발달수준에 알맞은 교육	방정환은 아동을 교육할 때 아동의 수준에 알맞게 쉽게 교육할 것을 당부하고 있다. 아동의 발달수준에 맞는 교육만이 아동중심 교육이며, 아동중심 교육만이 아동에게 기쁨과 흥미와 이해를 줄 수 있다는 사실을 알고 있었다.

2 우리나라의 영유아 보육 · 교육기관

(1) 우리나라 영유아 보육의 역사

① 삼국시대 : 대부분 유교와 불교의 가르침에 준한 가정 중심의 교육이 이루어졌다.

② 고려시대 : 큰 변화는 없었으나 7, 8세 아동을 위한 향교라는 지방학교와 평민 소년을 위한 서당(형식적인 유아교육기관)이 소수 존재했던 것으로 추측된다.

③ 조선시대 : 대부분 비형식적인 가정교육에서 아동의 교육이 시작되었고, 아동이 6, 7세가 되면 고려시대부터 이어온 서당에 보내졌다.

④ 1921년 우리나라 최초의 보육서비스로 서울의 태화기독교사회관에 보육 프로그램이 개설되었다.

⑤ 본격적인 보육시설로는 1926년에 설치 · 운영된 부산의 공생탁아소와 대구탁아소가 있었다.

⑥ 1939년 전국에 11개소의 탁아소가 있었는데, 이 시기의 탁아소는 특히 극빈 자녀를 위한 구빈적 성격을 띤 보육서비스로서의 성격이 있었다.

(2) 광복 이전 우리나라 유치원의 역사

① 부산유치원(1897) : 우리나라 최초의 유치원이다. 우리나라에 거주하는 일본인 자녀를 위해 설립되었다.

② 나남유치원(1909) : 한국 어린이를 위한 최초의 유치원이다. 함경북도 정토종 포교위원이 설립하였으며 교사는 일본인이었다.

③ 경성유치원(1913) : 서울 인사동에 백인기에 의해 설립되었으며 교사와 유아 모두 한국인이었으나 친일파 자녀를 일본인화하려는 목적으로 설립되었다.

④ 이화유치원(1914) : 미국인 선교사 브라운 리에 의해 이화학당 부설기관으로 설립되었다. 순수한 한국 어린이 교육을 위해 설립되었다. 우리나라 최초의 유치원 교사 양성 기관인 이화유치원 사범과가 개설(1915)되었다.

⑤ 중앙유치원(1916) : 한국 어린이에게 민족정신을 심어 주기 위한 애국적 동기로 설립된 유치원이다. 33인 중 1인인 박희도가 설립하였다.

⑥ '조선교육령' 공포(1922) : 우리나라 최초로 유치원에 관한 법적 규정이 포함되었다.

10 장 뱅크 스트리트 프로그램 (Bank Street Program)

1 뱅크 스트리트 프로그램의 배경 및 이론적 기초

(1) 뱅크 스트리트 프로그램의 배경

① 1917년 뉴욕시의 교육실험국은 연구의 목적으로 발달적 상호작용 접근법에 기초를 둔 실험학교를 설립하였고, 이 실험학교에서 경험 중심의 교육과정을 아동들에게 제공했다.

② 1950년 교육실험국은 뱅크 스트리트 교육대학으로 변경되었고, 지속적으로 아동발달 지식과 교육과정을 통합하는 프로그램을 발전시켜서 발달적 상호작용 접근법을 보급했다.

③ 1965년부터 1968년까지 뱅크 스트리트 교육대학은 뉴욕시의 저소득층 가정을 위한 유아와 가족 지원 센터를 후원했다.

(2) 뱅크 스트리트 프로그램의 이론적 기초

① 듀이의 진보주의 교육이론의 영향

㉠ 아동의 발달에 인지적 · 신체적 · 사회적 · 정서적 · 미적 영역, 즉 전인 아동(whole child)의 개념을 강조했다.

㉡ 진보주의와 정신건강 : 뱅크 스트리트 프로그램의 핵심 개념으로, 학교는 아동의 정신 건강을 위해 창조적이고 즐거운 작업을 할 기회를 제공해 주어야 하며, 경쟁심보다 는 협동심을 강조해야 한다. 또한 단편적인 학습보다는 호기심을 불러일으킬 수 있 는 학습을 제공해 주어야 하며 아동의 개별성을 존중해 각각의 개인적인 특성을 살 려 주고 민주주의 사회의 가치를 길러 주어야 한다.

㉢ 아동중심의 교육 : 아동이 성장하면서 능력을 최대한으로 발휘할 수 있는 환경을 창 조하기 위하여 교사 및 전문가를 교육시켰다.

② 에릭슨의 심리사회적 발달 이론의 영향 : 에릭슨의 심리사회적 발달 이론의 영향으로 유아 기 동안 건전한 인성 발달을 이루기 위해서는 타인에 대한 신뢰감 기르기, 자신의 존재 가치 의식하기, 자율성과 주도성 형성하기 등이 필요하다고 보았다.

③ 피아제의 인지발달 이론의 영향 : 어린 아동은 처음에는 감각 · 신체적 운동 및 사물의 조 작을 통해 경험을 해야 하며 사람 · 사물과의 경험과 그에 대한 해석을 통해 아동 스스 로 지식을 구성해 나간다는 피아제의 인지발달 이론 및 구성주의의 영향을 받았다.

④ 비고츠키의 사회적 구성주의 이론의 영향 : 아동의 문제 해결과 경험에 대한 해석에 미치 는 사회적 상호작용의 영향을 인식했다.

(3) 뱅크 스트리트 프로그램의 교육목적

① 아동의 잠재능력을 향상시키고 개성의 발달을 돕는다.
② 다른 사람과 상호작용을 하고, 의사소통을 하며 소속감을 발달시키도록 돕는다.
③ 창의성을 촉진하고, 이 세상이 상호 연결되어 있다는 본질을 인식하도록 도움으로써 인생에 대한 보다 넓은 시각을 갖도록 한다.

(4) 뱅크 스트리트 프로그램의 교육원리

① 아동의 인지적 발달은 역동적인 개념으로 환경과의 상호작용, 타인과의 상호작용 같은 다양한 경험을 통해서 이루어진다.
② 환경을 적극적으로 탐색하는 것은 인간의 기본 본능으로, 아동은 사회적 · 물리적 환경과 적극적인 상호작용을 하며 실험과 탐구를 통해 세상에 대한 이해를 구축해야 한다.
③ 발달에 있어서 아동의 독특하고 유능한 자아상과 독립적인 존재의 중요성을 강조한다.

2 뱅크 스트리트 프로그램의 교육과정

(1) 교육내용

① 아동관 : 아동은 적극적인 학습자로서 관심 있는 일에 더욱 몰입하고 환경과 상호작용하면서 배워 나간다.
② 학교 : 경험을 통해 아동이 이미 알고 있는 것을 더욱 완전하게 이해할 수 있도록 도와주는 곳이다.
③ 현장학습 : 현장학습을 통해 아동은 직접 경험을 하여 심화 학습이 이루어지고 개념을 구체화시키며 적극적으로 탐색활동을 시도한다.
④ 통합교육 : 통합된 교과과정에서는 사람, 아이디어, 그리고 기술이 서로 연결되어 있어 지식을 좀 더 깊은 수준으로 이해할 수 있도록 해 준다.
⑤ 사회교육의 강조 : 사람과 환경 간의 관계, 세상과 지역, 현대와 과거의 모든 것을 포함하는 사회교육을 강조하고 민주적인 생활의 경험, 사회적 환경에 대한 질문과 문제 해결, 다양한 상호작용의 기회가 제공된다.
⑥ 언어 역할 강조 : 아동에게는 책과 그림이 광범위하게 제공되고, 교사는 말하기 · 쓰기뿐 아니라 읽기를 의사소통의 수단으로 가르친다.
⑦ 수학과 과학 : 실생활에 기반을 두고 구체적인 자료 및 교구와 상호작용하면서 사고하는 방법과 문제 해결 능력을 기른다.

(2) 교수–학습방법과 교사의 역할

① 학습의 안내자 및 촉진자 역할 : 아동의 개인적 관심사와 경험을 객관적이고 질서 있는 영역의 세계와 연결시켜 주는 역할을 하고 유아가 새로운 것을 발견할 수 있도록 충분한 시간을 제공해 주어야 한다.

② 발달적 상호작용 프로그램 제공 : 교사는 생태학적 체제의 상호작용과 발달에 대한 지식을 가지고 있으면서 각 아동의 개성을 이해해야 하고, 교과과정 내용에 대해서도 깊이 있게 이해하고 있어야 한다. 아동의 의미 있는 질문에 답하고 아동이 어떤 경험을 해야 하는지, 그리고 이용할 수 있는 자원이 무엇인지 알기 위해서이다.[34]

3 뱅크 스트리트 유아교육의 사례

(1) 아동학교

① 아동학교(SFC : School For Children)는 뱅크 스트리트 교육대학의 발달적 상호작용 접근방법의 학습과 교수법을 보여 주는 대표적 기관이다.

② 유능한 전인아동을 교육시키는 것을 강조하며 동시에 학습자, 교사, 또래의 역할을 할 수 있는 아동의 통합성을 강조하고 격려한다.

③ 아동학교의 철학 : 생활 경험을 중시하고 구성주의를 배경으로 운영되며, 아동이 학습의 주도자가 되도록 한다.

(2) 유아학교

① 유아학교(Lower School)는 세 단계로 나누어진 아동학교 중에서 3~6세의 아동들이 다니는 곳이다.

② 교육내용 : 사회, 발현적 문어, 수학과 과학, 미술, 음악 및 율동, 외국어, 체육을 배우고 도서관 등을 운영한다.

---

34) • **발달적** : 연령 및 발달 특성의 인식과 강조를 의미한다.
• **상호작용** : 유아와 환경(성인, 또래, 자료)과의 상호작용과 인지적 측면과 정의적 측면 간의 상호작용을 뜻한다.

A Plus⁺ **영유아 프로그램의 기초 이론 (1) 성숙이론과 학습이론**

1. 성숙이론

(1) 이론적 배경

다윈(C. Darwin)의 진화론, 헤켈(E. Haeckel)의 발생반복 이론, 아동 발달에 있어 유전적 요인을 중요시한 홀(S. Hall)의 이론을 배경으로 한다.

(2) 대표적 성숙 이론가

① 게젤(Gesell) : 아동발달의 기본 원리로 발달방향의 원리, 상호교류의 원리, 기능적 비대칭의 원리, 자기규제의 원리를 제시했다.

② 몬테소리(Montessori) : 민감기, 흡수정신, 준비된 환경, 자동교육, 정상화를 교육원리로 삼았다.

(3) 성숙이론의 적용

① 학습 준비도와 연령 규준 : 학습하는 데 필요한 성숙이 이루어지기 전에 학습을 강요하지 않는다.

② 교사의 역할 : 아동의 성장 단계를 파악하고 돕는 것이다.

2. 학습이론

(1) 이론적 배경

로크(Locke), 손다이크(Thorndike), 파블로프(Pavlov)의 고전적 조건형성 이론, 왓슨(Watson)의 행동주의 이론을 배경으로 한다.

(2) 대표적 학습 이론가

① 스키너(Skinner) : 강화와 처벌의 역할을 강조하는 조작적 조건형성 이론을 주장했다.

② 반두라(Bandura) : 아동의 행동은 다른 사람의 행동을 관찰하고 주의를 기울이며 기억하고 인지적으로 재현하고 모방함으로써 발달한다는 사회학습 이론을 주장했다.

(3) 학습이론의 적용

① 모델링 : 유아의 모방 대상인 성인이나 교사의 모델링이 매우 중요하다.

② 과제분석과 세심한 계획 : 아동의 발달을 이끌어 내고 아동의 행동에서 강화해 줄 순간을 기다린다. 또한 아동에게 어떤 조직적인 기술을 가르치고자 할 때는 그 기술을 세분화해서 순서를 정한 뒤 하나씩 가르쳐 나가고 단계마다 보상한다.

③ 교사의 역할 : 관찰자, 계획자, 가르치는 자, 평가자, 강화자, 행동의 모델, 부모 상담가 등 다양한 역할을 한다.

11 장 디스타 프로그램(DISTAR Program)

1 디스타 프로그램의 배경 및 이론적 기초

(1) 디스타 프로그램의 배경

① 1960년대 빈곤의 악순환에 대한 사회적 관심에 따라 빈곤한 환경의 아동에게 보상교육[35]을 실시해야 한다는 필요성에서 디스타(DISTAR) 프로그램이 개발되었다.

② 아동이 속한 가정의 사회 · 경제적 지위 차이가 인지적 차이를 가져오고 그러한 차이가 학력의 차이를 가져와서 빈곤이 대물림된다는 사실이 알려졌다.

③ 빈곤의 대물림 : 빈곤한 가정에서 태어나 성장한 아동들은 어려서부터 학습준비가 부족해 읽기와 셈하기를 제대로 하지 못하고, 결국 대학입학이 어려워 전문직에 진출하지 못하며 육체노동자가 되어 빈곤지역을 떠날 수 없다는 것이다.

④ 빈곤지역 아동의 학습준비를 위해 베라이터(C. Bereiter)와 엥글만(S. Engelmann)은 행동주의 이론을 토대로 하여 '베라이터–엥글만 프로그램'이라는 교수방법을 처음으로 개발하였고, 1967년부터 1995년 사이에 미국 연방정부로부터 재정지원을 받아 진행되었던 최대 규모의 보상교육인 '프로젝트 팔로 스루(Project Follow Through)'와 맞물려 그 효과를 인정받았다.

⑤ 미국의 원더랜드 차터스쿨(Wonderland Charter School)에서는 인지적 능력을 강화하는 직접적 교수–학습 활동뿐만 아니라, 주제탐구활동과 비슷한 주제접근법도 보완해서 사용하고 있으며, 음악, 미술, 극놀이를 통해 유아들이 감정과 생각을 표현할 수 있도록 하고 있다.

(2) 디스타 프로그램의 이론적 기초

① 디스타(DISTAR) 프로그램의 'DI'는 'Direct Instruction'의 축약형으로서 직접적 교수를 뜻한다.

② 직접적 교수를 실시하는 교사들은 아동들이 지식을 스스로 발견하도록 놔두기보다는 세부지침에 따라 아동들이 알아야 할 것을 가르친다.

③ 수업을 통해 학생들을 훈련시키며, 보상 및 강화를 통해 아동이 바람직한 행동을 학습하게 할 수 있다는 '행동주의 이론'에 기초하여 잘한 것에 대해서는 보상하고 잘못한 것에 대해서는 즉시 교정하는 방법을 사용한다.

④ 아동 중심 및 구성주의 교육자들로부터 비판은 받고 있지만 미국에서 저소득층 아동들의 학교 학습에 도움을 주는 교육 프로그램으로서 디스타 프로그램은 그 가치를 인정받고 있다.

35) **보상교육** : 교육의 기회균등을 위하여 사회적 · 경제적 · 문화적으로 혜택을 받지 못한 학생을 대상으로 실시하는 정책적 교육

② 디스타 프로그램의 교육목표 및 원리

(1) 디스타 프로그램의 교육목표

① 저소득층 유아가 취학 후 학습을 성공적으로 수행하여 다른 아동들과의 경쟁에서 뒤쳐지지 않도록 하기 위해 필요한 기술을 획득하도록 하는 것이다.

② 베라이터와 엥글만에 의하면 유아교육기관은 학교학습에 필요한 기초를 형성하는 곳이며, 유아교육은 유아의 전반적인 발달을 도모하기보다는 학문적인 기초를 형성해 주어야 한다고 보았다.

③ 디스타 프로그램에서는 세부적인 교과과정과 달성해야 할 목표가 선정되어 있다.

(2) 디스타 프로그램의 기본 원리

① 디스타 프로그램은 '제대로 가르치면 모든 아동들은 배울 수 있다'라는 기본 신념에서 구성된 교사중심의 학교개혁 모델이다.

② 교사는 인위적인 강화를 통해 학습이 이루어지도록 하다가 점차 아동의 자발적인 학습을 유도한다.

③ 학생들이 가능한 한 빨리 배울 수 있도록 직접적인 교수방법을 통해 학문적 기초형성을 수립할 수 있게 도와주는 수업내용으로 구성되어 있다.

④ 교육의 내용을 가르치기 쉬운 여러 하위기술들로 나누고, 아동들이 복합적인 기술을 전략적으로 익힘에 따라 자신의 능력에 대한 자신감을 키우도록 했다.

⑤ 아동은 디스타 프로그램을 통한 학습 진행 속도에 따라 재편성되고, 교과과정을 바탕으로 한 평기를 자주 받음으로씨 자신의 실력에 맞는 그룹에 소속되어 보충 교육을 받는다.[36]

(3) 교수–학습방법과 교사의 역할

① **계획자 및 관리자** : 교사는 학습에 있어서 매우 주도적이고 관리적 역할을 하면서 아동이 배워야 할 기술들을 언제 어떠한 순서로 가르칠 것인지 세밀하게 계획을 세우고 문서화한다.

② **강화 제공자** : 아동의 학습결과가 극대화될 수 있도록 언어적 반응을 곧바로 해 주어야 하며, 아동이 학습을 잘해 냈을 경우에는 바로 보상을 해 주고, 잘못한 일에 대해서는 즉시 수정해 주어야 한다.

③ **평가자** : 아동들의 학습결과와 현재 수준, 학습의 효과를 자주 평가해서 비슷한 수준의 아동들끼리 집단을 구성한다.

④ **환경 구성** : 지나치게 풍부한 환경은 유아들의 개념학습에 오히려 부적당하다고 보고 새로운 개념이나 학습을 소개하기 위해 꼭 필요한 교구만 제시한다.

36) **프로그램 학습** : 행동주의에 기반을 두고 특별한 형태로 짜여진 교재에 의해서 학습자료를 제시하고, 학생에게 개별학습을 시켜서 특정한 학습목표까지 무리 없이 확실하게 도달시키기 위한 학습방법

12장 하이스코프 프로그램 (High/Scope Program)

1 하이스코프 프로그램의 배경 및 이론적 기초

(1) 하이스코프 프로그램의 배경

① 1960년대 하이스코프(High/Scope) 프로그램은 저소득층 유아의 취학 준비를 지원하기 위해 개발된 인지지향적 교육과정[37]으로 시작되었다.

② 1962년 와이카트(David P. Weikart)와 그의 동료들은 저소득층 3~4세 유아의 초등학교 취학 준비를 위한 프로그램을 개발했고, 페리 유아원(Perry Preschool)에서 처음 실시되었다.

③ 세계적으로 약 1000여 개의 유아 보육 · 교육기관에서 하이스코프 프로그램을 채택하고 있다(1993년 기준).

> 37) **인지지향적 교육과정** : 신체적 발달, 사회성 발달, 정서적 발달보다 인지발달에 중점을 두고 문제 해결 능력과 창의적 사고 능력을 강조하는 교육과정이다. 그러나 오늘날에는 전인 발달을 돕기 위한 노력을 하는 것을 목적으로 한다.

(2) 하이스코프 프로그램의 이론적 기초

① 피아제(Piaget)의 인지발달 이론에 기초하며 구성주의적 성격을 띠고 있다.

② 아동관 : 유아는 능동적 학습자로서 다른 사람과의 상호작용 및 사물에 대한 직접적 경험을 하고, 이러한 경험에 대한 논리적 사고를 통해 스스로 지식을 구축해 나가는 능력을 가진 존재이다.

③ 교사의 역할 : 유아를 관찰함으로써 유아가 지식을 만들어 가는 과정을 이해하고 이러한 경험을 해 볼 수 있는 환경을 제공해 주며, 이에 대한 유아의 논리적 사고를 도와주는 것이다.

2 하이스코프 프로그램의 교육목표 및 원리

(1) 하이스코프 프로그램의 교육목표

① 유아는 사람, 물질(교구), 사건, 아이디어에 능동적으로 참여함으로써 배운다.

② 독립성, 책임감, 자신감을 길러서 학교생활과 인생에 대해 준비한다.

③ 자신이 하는 활동의 많은 부분을 계획하고 수행하며 자신이 행한 것과 배운 것에 관해 다른 사람과 이야기하는 것을 배운다.

④ 중요한 학업적 · 사회적 · 신체적 지식과 기술을 획득한다.

(2) 하이스코프 프로그램의 기본 원리

① **능동적 학습**(active learning) : 학생들이 사람과 사물, 사건과 아이디어의 직접적인 경험을 갖는 것을 의미한다. 아동의 관심과 선택을 중요하게 생각하며 세상과 주변 사람들과의 직접적인 상호작용을 통해 자기 자신의 지식을 구성하도록 돕는다.

② **주요 경험**(key experiences) : 영유아를 위한 58가지의 '발달상의 주요 경험'과 주요 경험을 촉진하기 위한 실제적 책략을 규정해 놓고 있다. 주요 경험은 교육목표 대신 사용하는 것으로, 10개의 범주로 분류되어 있고 연령에 따라 영아용과 유아용으로 구분되어 있다.

③ **계획-실행-평가**(plan-do-review)의 과정

　㉠ **계획** : 5~10분간 소집단으로 자신이 작업시간에 할 활동과 교구 등을 선택하고 계획한다.

　㉡ **실행** : 45~60분의 작업시간 동안 영유아들은 계획한 것을 수행하면서 탐구하고, 의문을 제기하고, 답을 찾거나 문제를 해결하며 친구나 성인들과 상호작용을 한다.

　㉢ **평가** : 5~10분간 아동들은 자신이 무엇을 하였고, 무엇을 배웠는지 교사와 다른 아동들과 함께 회상하는 시간을 갖는다.

3 하이스코프 프로그램의 교육과정

(1) 교육내용

① 하이스코프 프로그램은 영유아에게 발달상으로 중요한 기술이나 능력이 있다고 보고, 이러한 기술 및 능력을 기를 수 있는 활동들을 주요 경험으로 조직화하였다.

② 주요 경험의 범주

　㉠ **영아** : 자기 인식, 사회적 관계, 창의적 표상, 동작, 음률, 의사소통 및 언어, 사물 탐색, 수, 공간, 시간

　㉡ **유아** : 창의적 표상, 언어 및 문해, 주도성 및 사회적 관계, 동작, 음률, 분류, 서열화, 수, 공간, 시간

③ 주요 경험은 교사가 개별 유아를 관찰할 때 사용하는 기본 틀을 제공해 준다.

④ 교사는 주요 경험을 토대로 영유아의 활동을 지지하고 확장시켜 주며 그 결과, 영유아는 발달에 적합한 경험에 지속적으로 참여할 수 있게 된다.

(2) 교수-학습방법과 교사의 역할

① **능동적 학습자 역할** : 아동의 활동에 감독자나 관리자가 아니라 파트너로서 참여함을 뜻한다. 교사와 아동은 둘 다 화자이자 청자이며, 리더이자 추종자이다.

② 상호작용자로서의 역할

ㄱ 교사는 유아의 이야기를 주의 깊게 듣고 유아의 활동을 확장시킴으로써 유아가 자신의 발달수준에 적합한 과제를 수행할 수 있도록 격려한다.

ㄴ "무슨 일이 일어났니?", "어떻게 만들었니?" 등 개방형 질문을 사용하여 자유롭고 풍부한 대화가 가능하도록 도와주며 유아 간의 언어적 상호작용을 촉진시킨다.

③ 환경조성자로서의 역할

ㄱ 흥미 영역을 구성하고 일상적 절차를 개발하며 유아 스스로 활동하는 학습환경을 조성한다.

ㄴ 매일의 일과 계획 및 평가시간에 다양한 주요 경험 활동을 진행한다.

ㄷ 단순히 유아의 행동을 관찰하기보다는 적극적인 방식으로 상호작용을 이끌어 나간다.

Ⓐ Plus⁺ 영유아 프로그램의 기초 이론 (2) 구성주의 이론

1. 이론적 배경

듀이(Dewey)의 진보주의는 피아제(Piaget)의 인지발달 이론이 등장하면서 구성주의로 발전되었고, 1960년에서 1970년대에 유아교육과정을 개념화하고 이해하는 데 가장 핵심적인 이론이 되었다.

2. 구성주의 이론의 기본적 전제

① 구성주의에서는 지식을 자신의 경험을 기초로 아는 것을 구성해 나간다는 가정에서 출발한다. 지식을 절대적인 것, 인식자와 분리된 것, 외적 실체와 일치하는 것으로 보는 전통적 지식이론과는 다르다.

② 피아제의 인지발달론에서 '안다'라는 것은 지식이나 사실을 습득하거나 과제를 수행하는 것이 아니라, 성장하는 아동들이 환경과 교류하면서 개별 사실 간의 관계를 스스로 파악하고 구성함으로써 계속해서 창조되는 것을 의미한다.

③ 구성주의는 개인이 현실을 살아가고 이해하는 데 본인에게 의미 있고 적합하고 타당한 것이면 그것이 지식이므로 지식을 구성해 나가는 과정에 관심을 둔다.

④ 구성주의 교육과정은 유아가 적극적이고 자율적인 지식의 형성자로서 자신의 생각과 지식, 능력을 적극 발휘할 수 있도록 하는 동시에, 유아가 책임감 있게 자신의 학습을 관리하고 목표와 방향을 설정해 나갈 수 있도록 한다.

3. 대표적 구성주의 이론가

① **피아제** : '인지적 구성주의'라고 불리며 환경과의 상호작용을 통한 인지적 비평형의 경험이 지식발달에 핵심적 역할을 한다고 보았다.

② **비고츠키**(Vygotsky) : '사회문화적 구성주의'라고 불리며 지식은 사회적 맥락 속에 존재하므로 성인이나 유능한 또래와의 사회적 상호작용이 지식 발달에 핵심적인 역할을 한다고 보았다.

4. 카미-드브리스 프로그램

① **프로그램 목표** : 피아제의 인지발달 이론에 근거하여 개발된 구성주의 프로그램의 한 가지이다. 유아의 전인적 발달과 지적·도덕적 자율성을 교육목표로 한다. 또한 창조적·발명적·탐구적 인간을 육성할 것, 기존 지식을 그대로 수용하는 것이 아니라 비판적이고 분석적인 태도를 지닌 인간을 양성하는 것을 목표로 한다.

② **프로그램 내용** : 유아와 주변 환경과의 상호작용을 통한 유아의 전인적 발달을 지향하기 위해 일상생활과 아동발달, 피아제 이론이 암시하는 활동 등을 계획했다.

③ **교육방법** : 지식의 종류에 따라 교육을 수행하는 방법이 달라진다. 물건치우기, 퍼즐놀이, 가루놀이, 거울놀이 등을 한다.

  ⓐ **물리적 지식** : 사물의 움직임이나 변화와 관련된 지식으로, 구체적 사물과 직접적인 상호작용을 통해 사물의 특성을 이해함으로써 스스로 지식을 구성한다. 이는 논리·수학적 지식의 기초를 형성해 가는 지식이 된다.

  ⓑ **논리·수학적 지식** : 대상물 사이에 나타난 관계가 조직화된 것으로, 사물, 사건, 자료 간의 관계의 추리를 통해 만들어지는 아동의 내재화된 지식이다.

  ⓒ **사회적 지식** : 지식의 근원이 사람들에게 있는 것으로, 관습이나 사회적 약속 등 사회적으로 합의된 임의의 지식이다.

④ **교사의 역할** : 가르친다기보다는 아동이 사고를 형성하도록 도와주는 역할을 한다. 탐구할 수 있는 환경과 지식의 유형에 적합한 활동들을 안내하고 스스로 지식을 구성할 수 있도록 돕는다.

13장 프로젝트 접근법(Project Approach)

1 프로젝트 접근법의 배경 및 이론적 기초

(1) 프로젝트 접근법의 배경

① 프로젝트 접근법(Project Approach)은 1886년 듀이(John Dewey)의 실험학교에서 비롯되었다.

② 듀이는 서로 분절된 교과목 중심의 교육이 갖는 문제점을 극복하고자 지식과 경험의 통합을 시도했으며, 아동의 주도적인 활동의 중요성을 강조하면서 프로젝트 형식의 교육과정을 시도했다.

③ 킬패트릭(W. H. Kilpatrick)은 1919년 콜롬비아 대학교에서 '프로젝트법(The Project Method)'이라는 논문을 발표하면서 듀이의 프로젝트에 의한 학습활동들을 구체적으로 체계화하여 이론으로 정립했다.

④ 1950년대 소련의 인공위성 스푸트닉호 발사를 계기로 미국에서는 아동에게 학문중심의 교육을 해야 한다는 주장이 대두되어 프로젝트에 의한 교수법은 잠시 쇠퇴하였다.

⑤ 1960년대 후반 인간중심 교육에 대한 요구가 강조되면서 새로운 대안으로 프로젝트 접근법이 큰 관심을 받게 되었고, 1980년대 캐츠(Katz)와 차드(Chard)에 의해 재조명되었다.

⑥ 1987년 미국유아교육협회(NAEYC)에서 발표한 '발달에 적합한 실제'에서는 아동의 흥미와 관심에 따라 아동이 주도적으로 활동하는 프로젝트 학습이 아동의 발달수준에 가장 민감하게 반응할 수 있는 교육방법임을 시사하였다.

(2) 프로젝트 접근법의 이론적 기초

① 듀이(경험을 통한 아동중심 교육과 통합교육)
  ㉠ 아동을 능동적으로 활동을 수행할 수 있는 존재로 보고, 경험중심, 흥미중심, 아동중심, 생활중심의 교육을 강조했다.
  ㉡ 분절된 교과목을 가르치는 것이 아니라 아동이 흥미 있는 활동을 하면서 그 과정에서 필요한 교과목을 도입하는 통합교육을 주장했다.

② 피아제(새로운 지식에 대한 인지적 구성주의)
  ㉠ 아동은 성인과는 다른 나름의 논리와 이해를 지니고 인지적 갈등에 직면했을 때 능동적으로 새로운 지식을 구성해 나가는 존재이므로 아동의 직접 경험을 통한 능동적 학습이 중요하다고 하였다.
  ㉡ 피아제는 성인교사의 역할을 과소평가한 반면, 프로젝트 접근법에서는 또래끼리의 상호작용, 영유아–교사 간의 상호작용을 중요하게 여기며 또래들 간의 상호작용을 촉진하기 위해 교사가 적절한 시점에 개입하여 인지적 갈등상황을 조장하기도 한다.

③ 비고츠키(사회문화적 학습과정) : 학습은 사회적 맥락에서 이루어지며 학습자가 다른 사람과의 사회적 상호작용을 통해서 인지발달이 자극받을 때 근접발달영역에서의 이동이 가능하다고 보고 공동협력학습의 과정을 중시했다.[38]

38) 근접발달영역의 개념은 독립적인 성인 혹은 보다 유능한 또래와의 협동적 상호작용 및 공동협력이 아동의 발달에 가져올 수 있는 긍정적인 효과를 지적하여 프로젝트 접근법의 교수과정에서 교사의 역할을 규정하는 데 중요한 이론적 기초를 형성했다.

2 프로젝트 접근법의 교육목표 및 원리

(1) 프로젝트 접근법의 교육목표

① 지식획득 : 지식은 사실이나 문화적 관점, 도식, 사건 스크립트, 범주와 속성, 원인과 결과의 관계, 부분과 전체의 관계 등을 포함한다.

② 기술습득 : 말하기, 읽기, 쓰기, 수 세기 등의 기본 학업기술과 관찰 및 자료 다루기 등의 과학적 기술, 협동과 토의, 논쟁 및 협상, 팀워크 등의 사회적 기술, 주고받기, 감사하기 등의 대인관계 기술이 여기에 포함된다.

③ 성향계발 : 성향이란, 마음의 습관 또는 반복되는 행동의 유형이다. '효과적인 학습자'가 되기 위한 성향은 궁금증을 갖는 것, 예측하는 것, 설명하는 것, 도전하고 시도하는 것, 끈기를 가지는 것, 반성하는 것, 개방성 등이다.

④ 정서발달 : 영유아가 주관적 감정을 느끼고 적절히 다룰 수 있도록 정서를 발달시킨다. 특히 활동을 수행하는 과정에서 집단에 대한 소속감과 유대감을 느끼고 자신을 능력 있는 존재로 여기며 자신감을 갖게 한다.

(2) 프로젝트 접근법의 원리

① 아동중심 교육

㉠ 개별 아동 혹은 집단의 아동들은 자신의 관심과 흥미에 따라 원하는 주제를 자유롭게 선택하고, 준비된 환경 속에서 자신이 선택한 주제를 깊이 있게 탐구한다.

㉡ 아동의 개별성을 존중하면서 아동의 발달특성에 민감하게 반응한다. 동일한 주제로 프로젝트 접근법이 진행되더라도 이를 수행하는 영유아의 발달수준에 따라 활동의 수준과 프로그램의 내용 및 지속기간이 달라진다.

② 통합된 경험 제공 : 프로젝트 활동을 진행하는 동안 아동은 과목마다 분리된 것을 경험하는 것이 아니라 한 가지 주제 아래 신체·언어·수학·과학·음률·미술 영역 등이 의미 있게 연관된 활동들을 수행하며, 발달의 전 영역에 걸쳐 균형 잡힌 통합교육을 경험하게 된다.

③ 시·공간의 제약이 없는 연속적 학습

㉠ 프로젝트 접근법에서 아동은 자신의 호기심과 흥미가 충족될 때까지 시간의 제한 없이 활동을 지속한다.

㉡ 아동은 특정 주제에 대해 관심을 가지고 활동에 몰입하는 동안 새로운 정보를 획득하게 되고 이는 새로운 흥미로 이어져 지속적인 심화학습을 가능하게 한다.

© 프로젝트를 통한 학습은 실생활과 밀접하게 관련되어 있어 가정과 학교 및 학교 외부 등 아동이 존재하는 모든 공간에서 연속성을 가지고 이루어진다.

④ 공동체적 삶의 경험 제공 : 교사, 또래, 학부모, 지역사회와 긴밀한 상호 관계를 맺고 같은 주제를 가지고 서로 상호작용함으로써 공동체적 삶의 경험을 제공한다.

⑤ 아동의 흥미와 욕구에 따른 발현적 교육 : 개별 활동의 세부적인 계획안을 구성하지 않고 매일의 활동 속에서 아동이 제시하는 새로운 아이디어 및 흥미와 욕구를 반영하여 유동적으로 변경될 수 있는 목표를 세우고 융통성 있게 운영한다.

3 프로젝트 접근법의 교육내용

(1) 준비 단계

① 주제 선정

　ⓐ 어떤 주제를 선정하는가에 따라 교육과정의 성격이나 방향이 결정되므로 주제의 선정은 매우 중요하다.

　ⓑ 주로 영유아의 관심이나 흥미에 따라 제안되지만, 교사가 의도적으로 영유아의 흥미를 유발시킬 수 있는 장치를 통해 제안하기도 한다.

② 예비주제망 구성하기 : 주제가 선정되면 교사는 그동안의 경험과 관찰에 근거하여 영유아들이 그 주제에 대해 무엇을 경험하고 무엇을 얼마나 알고 있는지를 생각하며, 교사 자신이 알고 있는 지식을 기초로 주제에 대한 여러 가지 생각이나 아이디어 등을 포함해 예비주제망을 구성한다.

(2) 도입 단계

① 경험 나누기 및 표현하기

　ⓐ 주제가 정해지면 교사는 영유아들과 주제에 대해 경험한 이야기를 나누며, 영유아에게 자신의 경험을 말로 표현하는 것 이외에 다른 어떤 방법으로 표현할 수 있을지를 생각하여 표현해 보게 한다. 예 그리기, 쓰기, 구성하기, 극화하기 등

　ⓑ 영유아에게 자신의 경험을 다양하게 표상하도록 하는 것은 영유아가 과거의 경험을 재구성하고 자신이 가진 지식을 정리하는 데 도움이 된다.

② 교사와 유아의 공동주제망 완성하기

　ⓐ 교사와 영유아가 함께 주제망을 완성시킴으로써 유아는 자신이 존중받고 있다는 느낌을 갖게 되고 주제에 대해 책임 있게 참여할 수 있는 동기부여가 된다.

　ⓑ 완성된 주제망은 프로젝트 접근법이 진행되는 동안 수정 또는 추가되며, 학습내용에 대한 안내 역할을 하게 된다.

③ 질문목록 구성하기

　ⓐ 영유아들은 경험을 나누고 다양한 방법으로 표상하고, 주제망을 작성하고, 주제에 대해 영유아들이 알고 싶어 하는 것들을 모아 질문목록을 구성한다.

ⓛ 질문목록 구성하기는 이후의 활동 전개에 있어 강한 동기부여가 되므로 주제를 선정하고 주제망을 완성하기까지 유아들의 적극적인 관심을 이끌어 내려는 노력이 매우 중요하다.

(3) 전개 단계

① 현장견학 활동

ⓐ 현장견학 준비 단계 : 현장에서 무엇을 보고자 하며, 무엇을 조사할 것이며, 무엇을 물어볼 것인지 등을 미리 생각하고 토의하며 표상한다.

ⓑ 현장견학 활동 단계 : 주제와 관련이 깊은 대상이나 현상들을 직접 확인하고, 자신이 많은 관심을 가지고 있는 부분을 기록하도록 한다.

ⓒ 현장견학 사후활동 단계 : 현장견학을 마치고 돌아온 결과에 대해 이야기 나누기를 하고 현장에서 무엇을 보고 듣고 왔는지를 그리기, 쓰기, 점토 만들기 등의 다양한 방법으로 표현해 본다.

② 전문가와의 면담

ⓐ 현재 영유아들이 탐구하고 있는 주제와 관련하여 직접적인 경험이 풍부한 사람을 교실에 초빙하여 영유아가 궁금해하는 것에 대한 답을 듣고 주제와 관련된 다양한 이야기를 함께 나눈다.

ⓑ 전문가를 초빙하여 새롭게 알게 된 사실을 재확인하기 위해 그림 그리기, 감사편지 쓰기 등의 활동을 실행힐 수 있다.

(4) 마무리 단계

① 종결 행사 준비

ⓐ 마무리 시기에 교사는 유아들과 함께 그동안 진행해 온 프로젝트의 결과를 어떤 형식을 통해 다른 사람들과 공유할 것인가를 협의하여 행사 준비를 위한 활동을 계획하고 역할을 분담한다.

ⓑ 대체로 전시회 및 발표회 등의 행사를 준비하게 되며, 행사의 홍보를 위해 포스터를 제작하거나 가족에게 초대장을 만들어 보낸다.

② 전시회 및 발표회

ⓐ 프로젝트의 활동 결과물을 교실, 복도, 현관 등에 전시하며, 각 전시영역별로 유아들을 배치하여 전시내용을 자세하게 설명해 줄 수 있도록 한다.

ⓑ 동극이나 노래, 춤 등의 발표회는 미리 공고된 일정에 맞추어 진행한다.

③ 프로젝트 활동 결과를 전시하고 발표하는 경험을 통해 프로젝트 수행과정에서 얻은 다양한 정보들을 내면화하고, 타인과 정보를 서로 공유하는 데 의미를 부여한다.

④ 마무리 시기는 유아가 프로젝트 주제에 대해 흥미를 잃어 가고 있고 새로운 주제에 관심을 보이거나 주제와 관련된 내용이 거의 다루어졌다는 판단이 섰을 때 결정하도록 한다.

A Plus⁺ **프로젝트 접근법의 사례 - '식료품 가게' 프로젝트**

① **사전 준비 및 계획 단계** : 교사는 브레인스토밍으로 예비주제망을 구성한 후 부모들에게 통신문을 보내는 등 프로젝트의 자원이 될 수 있는 모든 자료를 수집한다.

② **제1단계** : 식료품 가게를 주제로 한 동화를 읽고 유아들과 이야기 나누기, 그리기, 구조물 만들기 등을 통해 경험을 공유한다. 그리고 식료품 가게에 대해 이미 알고 있는 것에 기초하여 질문을 만들고 목록을 만들어서 게시한다. 현장학습을 가기 위해 다른 교사들뿐만 아니라 친구들에게도 질문하는 연습이나 노트에 기록하는 연습도 한다.

③ **제2단계** : 식료품 가게로 현장학습을 나간다. 유치원으로 돌아와서 현장 노트에 다 적지 못한 것을 마저 적고, 그림도 더 그려 넣으며, 작업이 좀 더 필요한 그림들을 마무리한다. 쇼핑 카트를 만들고 그것을 개선시키기 위해 재구성을 반복하는 등 식료품 가게에서 본 몇 가지 기계를 만든다.

④ **제3단계** : 식료품 가게를 주제로 역할놀이를 한다. 유아들은 분류 기술과 공간 설치하기, 꾸미기, 쓰기 등 협동을 하게 된다. 돈을 세고 상품을 재진열하기도 하며 서로 공유하고 협동하며 귀기울이는 것의 중요성도 알게 된다.

⑤ **마무리 단계** : 식료품 가게에 부모님을 초대하고 싶어 하는 유아들의 바람에 따라 부모님을 초대해 발표회를 가진다. 교사는 그동안 프로젝트를 진행하면서 찍어 두었던 사진과 질문목록, 유아의 작품 등을 전시하여 부모님이 볼 수 있도록 한다.

4 프로젝트 접근법의 의의

(1) 전통적 교육방식과의 차이점

전통적 접근법	프로젝트 접근법
교사가 주제 선정	유아와 교사가 주제 선정
계획된 교육과정의 일정에 따라 새로운 활동이 시작되고 종결	유아의 호기심과 흥미가 충족될 때까지 계속적으로 심화학습 가능
개별적 학습	상호 협동 및 가족, 이웃, 지역사회로의 협조적 관계로 확장

(2) 영유아 발달에 미치는 교육적 가치

① 유아 자신의 주도적인 참여 속에 이루어지므로 학습에 대한 내적 동기화가 이루어진다.

② 또래, 가족, 이웃, 지역사회 구성원과의 의미 있는 상호 협동의 기회가 많이 제공되기 때문에 사회성 및 협동심을 기를 수 있으며, 타인의 정서를 잘 이해할 수 있다.

③ 활동과정에서 제공되는 끊임없는 선택과 결정의 과정을 통해 의사결정 능력과 언어적 표현 능력을 기를 수 있다.

(3) 프로젝트 접근법 현장 적용에 따른 문제점과 해결방안

① 유아의 개별적 특성에 대한 배려 부족 : 교사 1명으로는 프로젝트 활동에 관심을 가지지 않는 개별 유아까지 배려할 수 없다. 따라서 교사 수를 증원하여 다른 교사 1명이 프로젝트 활동에 참여하지 않는 유아와 상호작용할 수 있도록 해야 한다.

② 다양한 물적·인적 지원체제의 부족 : 교사 대 아동의 비율이 높고 활동공간, 학습자원 등이 부족하며, 현장견학 및 전문가와의 면담활동이 잘 이루어지지 않는다. 국가적 차원에서의 충분한 재정적 지원과 지역사회와의 유대관계가 필요하다.

③ 지속적인 교사교육의 어려움 : 프로젝트 접근법에 대한 연수나 워크숍 등의 교육 기회가 부족하다. 따라서 프로젝트를 진행하고 있는 다른 기관 교사들과 연합교육을 실시하도록 한다.

A Plus⁺ 영유아 프로그램의 기초 이론 (3) 문화맥락주의 이론

1. 이론적 배경

비고츠키(Vygotsky)의 사회적 상호작용주의, 브론펜브레너(Bronfenbrenner)의 생태학적 체계이론을 배경으로 하고 있다. 이들은 피아제의 접근법으로는 설명되지 않는 서로 다른 문화맥락에서 자란 아동들의 발달을 비교하는 비교문화발달 연구를 수행했다.

2. 문화맥락주의 이론의 기본적 전제

문화는 아동의 발달에 영향을 미치며, 아동은 문화로부터 사고과정이나 사고수단을 습득한다는 전제를 가지고 있다. 이들은 사회적 맥락 속에서 일어나는 성인이나 유능한 또래와의 사회적 상호작용이 인지발달을 일으키는 기제라고 보았다. 로고프(Rogoff, 1990)는 아동의 인지발달을 '사고의 도제과정'에 비유했다.

3. 대표적 문화맥락주의 이론가

① 비고츠키 : 사회적 맥락의 수준을 다음과 같이 구분했다. 첫째는 '즉각적인 상호작용 수준'으로, 아동이 상호작용하는 사람들이다. 둘째는 '구조적 수준'으로, 가정이나 학교처럼 아동에게 영향을 주는 사회적 구조이다. 셋째는 '전반적인 문화나 사회적 수준'으로, 아동이 속한 문화가 가지고 있는 언어와 수 체계, 과학과 기술의 활용 등이 여기에 포함된다. 인간의 정신은 인간의 역사나 계통발생, 그리고 한 사람의 개인적 역사다. 아동들은 언어를 도구로 문화 속에서 사회적 상호작용을 통해 풍부한 지식의 체계를 자기 것으로 내면화한다.

② 브론펜브레너 : 아동의 발달에 영향을 미치는 환경을 미시체계, 중간체계, 외체계, 거시체계, 시간체계의 5개의 환경체계로 구분했다.

4. 문화맥락주의 이론의 적용

브론펜브레너는 아동과 직접 상호작용하는 대상뿐 아니라 그러한 대상 간의 관계도 발달에 중요한 영향을 미칠 수 있다고 주장하면서 유아교육기관과 부모 연계의 중요성을 시사했다.

14장 레지오 에밀리아 접근법 (Reggio Emilia Approach)

1 레지오 에밀리아 접근법의 배경 및 이론적 기초

(1) 레지오 에밀리아 접근법의 배경

① 레지오 에밀리아 접근법의 시작은 제2차 세계대전 직후 이탈리아 북부 레지오 로마냐 지역에 거주하는 부모들이 유아기 자녀를 보육·교육하기 위해 학교를 설립한 것에서 비롯되었다.

② **로리스 말라구치**(Loris Malaguzzi, 1920~1994) : 레지오 에밀리아 접근법을 확립하고 학교를 설립하는 데 주도적 역할을 했다. 그는 '어린이는 100가지 언어와 생각, 100가지 놀이하는 방법과 말하는 법을 알고 있지만 세상 사람들이 그중에 99가지는 훔쳐간다'고 했다.

③ 1967년에는 부모가 운영하던 모든 유아학교가 레지오 에밀리아 시 당국의 관리 체제로 통합되었고 말라구치가 원장으로 취임하게 되었다.

④ 오늘날 레지오 에밀리아 시립 유아교육 체제는 4개월~3세를 위한 영유아센터와 3~6세 유아를 위한 유아학교로 운영되고 있다.

(2) 레지오 에밀리아 접근법의 이론적 기초

① 피아제의 영향

ㄱ 아동은 과학자들과 동일한 내재적 논리원칙을 사용하여 스스로 탐구하고 새로운 것을 배우는 과정에서 창의성이 발휘된다.

ㄴ 가르치는 것은 단순한 지식의 전달이 아니라 아동이 스스로 학습할 수 있는 조건을 제공하는 것이어야 한다.

ㄷ 레지오 에밀리아 학교에서는 아동이 사물을 변형시키고 자신의 사고와 아이디어를 상징적 표상을 이용하여 표현할 수 있는 기회를 갖도록 다양한 교재를 구비하며, 교육적인 자극을 제공하는 환경으로 구성되어 있다.

② 비고츠키의 영향[39] : 말라구치는 아동발달에 있어서 성인과의 상호작용을 중요시하며, 레지오 에밀리아에서는 사회 및 문화집단에 견고하게 자리 잡고 있는 아동을 이상적으로 보고 있다.

③ 진보주의 : 레지오 에밀리아 접근법은 아동의 흥미, 잠재력, 그리고 경험에 의해 교육내용을 결정하는 발현적 교육과정의 특성을 가진다.

④ 다중지능이론 : 레지오 에밀리아에서는 프로젝트 학습을 통해 유아들의 서로 다른 잠재능력이 충분히 신장될 수 있게 하며 심화학습을 위해 다양한 표상매체를 활용한다.

39) **비고츠키 이론의 중요 개념**
① 아동은 능동적으로 지식을 구성한다.
② 발달이 이루어진 후에 학습이 가능하다기보다는 학습에 의해 발달이 촉진된다.
③ 학습은 사회맥락으로부터 분리될 수 없다.
④ 지적 발달에서 언어는 중심적인 역할을 하며 이것은 상징적 사고의 전달과 같은 고도의 정신기능이 언어를 통해서 가능하기 때문이다.

2 레지오 에밀리아 접근법의 교육목표 및 원리

(1) 레지오 에밀리아 접근법의 교육목표

① 아동관 : 아동은 잠재력, 유연성, 개방성, 성장욕구, 호기심을 가지고 있으며, 다른 사람들과 관계를 맺고 의사소통하려는 욕구가 있다.

② 레지오 에밀리아 접근법은 교육과정의 목표를 정해 놓지 않는다는 점에서 다른 일반적인 교육과정과 구분된다.

③ 교사는 미리 교육목표를 수립하고 이끌어 가기보다는, 아동의 관심에 의해 시작된 프로젝트가 진행되는 과정에서 아동이 원할 때 언제든지 필요한 자원을 제공하는 역할을 한다.

(2) 레지오 에밀리아 접근법의 기본 원리

① 발현적 교육과정 : 레지오 에밀리아 접근법은 아동의 흥미, 잠재력 그리고 경험에 의해 교육내용이 결정되는 발현적 교육과정의 원리를 가진다.

② 협력 : 인간은 또래, 성인, 사물, 상징과의 상호작용을 통해 자신을 형성하는 존재라고 보는 사회적 구성주의 모델을 바탕으로 소집단 활동을 중요시한다.

③ 표상 발달 : 레지오 에밀리아 접근법에서는 시각적 예술 작업을 포함한 상징적 표상 활동(언어, 움직임, 그림, 건축, 조각, 그림자놀이, 콜라주, 극놀이, 음악 등)을 인지ㆍ언어ㆍ사회성 발달을 위한 도구로 본다.

④ 환경의 중요성

ㄱ 환경을 이루는 모든 요소는 아동의 학습에 중요한 영향을 끼치므로 제3의 교사로 기능한다. 환경은 아동이 능동적으로 학습해 나가는 과정에서 필요한 것을 갖추고 아동의 학습을 지원하는 역할을 한다.

ㄴ 레지오 에밀리아 학교의 환경을 구성하는 모든 사물은 아동과 성인들에게 영향을 미치고 이들에 의해 영향을 받는 것이므로 환경은 그 안에 있는 사람들의 아이디어, 가치관, 태도, 문화가 반영되어야 한다.

⑤ 교사 : 아동의 학습활동을 지원해 주는 파트너이다. 교사는 아동의 발달과 학습과정을 계속 관찰ㆍ기록ㆍ분석함으로써 아동의 교육활동을 보다 효율적으로 이끌어 가기 위한 연구를 수행한다.

⑥ 기록 : 기록은 교육과정을 지원하며 교사-아동 간, 교사-교사 간, 교사-부모 간 상호적인 학습과정이기도 하다.

㉠ 기록의 목적

ⓐ 기록은 학교의 모든 측면에 관한 계획과정의 필수적인 부분으로서 학급 운영의 일부분으로 완전히 통합되어 있는 기본적 의사소통 행동이다.

ⓑ 부모나 기타 방문자는 기록을 읽음으로써 학급에서의 경험과 교육 프로그램의 바탕이 되는 이론이나 철학에 관해 알 수 있다.[40]

㉡ 기록의 형식 : 기록은 아동발달과정이나 경험을 담은 사진이나 서면상의 기록 등 다양한 형식을 취한다.

㉢ 기록과정

ⓐ 기록은 관찰하고, 관찰 내용에 대해 생각하고, 관찰 내용을 이론에 연결시키며 다른 사람들에게 전달하는 것을 모두 포함하는 과정이다.

ⓑ 관찰된 내용은 동료 교사들과의 논의를 통해 아동 행동이나 사고를 심도 있게 이해하는 바탕이 된다.

(3) 교육내용과 활동

① 놀이활동

㉠ 사회극놀이와 구성놀이 및 신체활동에 참여할 기회를 많이 가진다.

㉡ 교사는 놀이하는 아동을 사진으로 찍거나 비디오로 녹화할 준비가 되어 있어야 한다. 그리고 아동의 대화(사고, 감정, 이해, 애정 등)를 주의 깊게 들으며 그 내용을 다른 교사나 부모와 공유한다.

② 주제 탐구

㉠ 레지오 에밀리아 접근법에서 가장 특징적인 측면은 특정 주제에 대해 교사와 아동이 함께 탐구해 가는 프로젝트이다.

㉡ 프로젝트와 관련되는 질문이나 제안은 아동으로부터 시작되는 경우가 많지만 교사도 자신이 관찰한 것이나 아동에게 제안한 것에 기초해서 프로젝트를 시작하기도 한다.

㉢ 미국의 프로젝트 접근법 및 발현적 교육과정과 구분되는 특징

ⓐ 표현의 중요성을 강조한다. 특히 언어적 표현 외에도 다양한 의사소통 방식을 강조한다.

ⓑ 교사들은 아동의 호기심과 질문에 기초하여 교육목표를 수립한다.

ⓒ 기록은 학습과정이며 학습의 결과물이다. 학교의 벽에는 아동의 학교생활에서 산출된 다양한 결과물이 전시된다.

③ 민주시민 교육

㉠ 레지오 에밀리아 접근법의 교육과정은 지적 자극이 되는 프로젝트 수행뿐만 아니라 아동이 학급이라는 공동체와 학교문화에 참여하고 지역사회 공동체에 참여하는 것을 중요하게 여긴다.

40) 이를 통해 부모는 자녀의 학교생활과 연관된 경험을 제공할 수 있고, 학교에 기여할 수 있는 방법을 알 수도 있다.

ⓒ 아동은 다른 사람들과의 관계 형성 및 유지뿐 아니라 관계 자체의 중요성도 배운다. 따라서 자신의 가족에 대한 이야기를 할 수 있는 시간을 마련하여 아동들이 서로 관련되어 있음을 느끼도록 하고 협력의 중요성을 끊임없이 학습한다.

(4) 교수-학습방법과 교사의 역할

① 교사의 역할

ㄱ 기록화와 연구 : 기록은 교육과정 계획 및 평가, 부모와의 상호작용 등에 사용된다.

ㄴ 제3의 교사인 환경조성 : 상호작용과 의사소통을 지지하는 환경의 역할을 이해하고, 그러한 환경을 조성하기 위해 노력한다.

ㄷ 지식구성을 위한 협력 : 의미 있는 학습 경험을 위해 아동에 대해 다른 교사들과 협력과 협상을 한다.

ㄹ 부모와의 협력 : 부모가 아동의 학습 경험을 알고 부모의 역할을 이해한다면 학교에 참여하는 다양한 방법에 대해 인식하게 된다.

ㅁ 의사소통 : 협력과 기록을 중시하는 레지오 에밀리아 접근법에서는 교사-유아, 유아-유아, 교사-교사, 교사-부모의 의사소통을 중요시한다.

ㅂ 아동지지 : 교사는 아동을 유능한 존재로 보고 아동이 지식을 구성해 나가는 과정에서 협력자의 역할을 한다.

ㅅ 사회적 관계지지 : 아동이 사회적 집단에서 지식을 공동으로 구성할 수 있는 기회를 제공한다.

ㅇ 교사와 아동 간의 이해교류 : 서로 상충되며 혼동되기도 하는 다양한 관점을 경험할 기회가 풍부한 사회문화적 맥락을 제공하기 위해 교사는 환경에 장애물을 만들어 놓으며, 아동이 다른 사람들의 관점에 도전하고자 하는 자연스러운 성향을 발휘하도록 도와준다.

② 페다고지스타(pedagogista, 교육조정자) : 교육조정자는 4~5개 학교에 배정되어 6세 미만 아동을 위한 시립 교육 프로그램의 운영이 질적 수준을 유지하도록 관리하며, 교육 시스템의 행정적, 기술적, 교육적, 사회적, 정치적 영역을 통합하는 역할을 한다. 즉, 교육조정자의 역할은 교육 시스템을 운영하는 데 관여하고 있는 모든 기관과 담당자들 간의 조정과 협력을 이루는 것이다.

③ 아틀리에리스타(atelierista, 미술전담교사)

ㄱ 레지오 에밀리아 학교에는 모두 아틀리에(atelier)가 있어서 아동은 이곳에서 미술전담교사와 함께 미술작업을 한다.

ㄴ 아틀리에 : 아동이 100가지 언어로 표현할 수 있도록 다양한 재료들을 제공하고 시각적 예술을 경험할 수 있도록 돕는 공간으로서 부모나 교사가 아동이 학습하는 과정을 볼 수 있는 장소이기도 하다.

④ 요리사와 청소부 : 요리사와 청소부는 레지오 에밀리아 학교에서 교사와 같은 지위를 가지며 아동의 교육적 경험의 한 부분이 된다. 레지오 에밀리아 학교에서는 주방이 현관 앞에 위치하여 요리사는 학교의 인상을 결정하는 중요한 역할을 한다.

(5) 환경 구성

① 레지오 에밀리아 접근법은 아동이 공동활동, 의사소통, 협동, 갈등을 통해 다른 아동과 함께 지식을 구성해 간다고 보기 때문에 학교라는 공간은 아동 간의 만남, 상호작용, 교환이 촉진되도록 조성된다.

② 피아자(piazza) : 3세, 4세, 5세 아동을 위한 교실 등 실내공간은 공동 공간인 피아자(중앙의 광장 같은 역할을 하는 공간)를 향해 개방되어 있다.

③ 교실 : 각 교실은 2~3부분으로 나누어져 아동의 소집단 활동에 도움을 주며 소집단 간 의사소통의 기회를 제공한다.

④ 아틀리에 : 아틀리에에서의 작업은 레지오 에밀리아 교육 프로그램 전체에 통합되는 것으로 본다. 교실마다 다시 작은 아틀리에를 두어 반별 활동도 가능하도록 했다.

⑤ 교실 이외의 공간 : 교실 이외에도 주방, 식당, 화장실, 목욕실도 아동의 호기심을 자극할 뿐 아니라 기능적·효율적으로 쾌적하게 배치되어 있다. 예 화장실의 여러 가지 모양의 거울

(6) 부모 및 지역사회와의 연계

① 부모 및 지역사회의 참여 : 부모가 아동교육에 대한 책임감을 항상 느끼도록 부모에게 언제든 기관을 개방하고 활발한 상호작용을 통해 적극적으로 학교운영에 참여하도록 한다.

② 부모참여의 형태 : 부모회, 운영위원회, 행사 도우미, 교구 제작 및 정원 가꾸기 등의 형태로 유아교육기관에 참여한다.

15장 프로젝트 스펙트럼 접근법
(Project Spectrum Approach)

1 프로젝트 스펙트럼 접근법의 배경 및 이론적 기초

(1) 프로젝트 스펙트럼 접근법의 배경

① 프로젝트 스펙트럼(Project Spectrum)은 가드너(Gardner)와 펠드만(Feldman)이 아동의 개별적이고 지적인 강점들을 구체화하기 위한 노력의 일환으로 개발한 교육과정이자 평가 프로그램으로, 먼저 유아원에서부터 시작되었다.

② 영유아 보육 · 교육현장에서 대안적 평가도구, 교육과정 참여 활동, 중재 프로그램의 구성요소 등 다양한 방식으로 활용될 수 있으며, 아동의 발달 및 강점 이해, 학습에 적합한 분위기 조성에 중요한 변화를 가져올 수 있는 이론적 개념틀을 제공해 준다.

(2) 프로젝트 스펙트럼 접근법의 이론적 기초

① 다중지능이론(가드너 Gardner)

ㄱ 1983년 가드너의 『마음의 틀(Frames of mind)』이라는 저서를 통해 소개되었다.

ㄴ 9개 지능 영역 : 대인관계, 개인이해, 공간, 신체운동, 음악, 언어, 논리 · 수학, 자연탐구, 실존적 지능이다.

ㄷ 지능의 독립성과 동등성

ⓐ **지능의 독립성** : 9가지 영역의 독특한 지능이 있으며, 각 지능은 비교적 독립적이다.

ⓑ **지능의 동등성** : 일반적으로 9가지 영역에서의 지능은 비교적 동등하며, 명석함의 기준으로 언어와 논리 · 수학 지능이 강조되는 것은 문화적 영향일 뿐이다.

② 영역별 발달 이론(펠드만 Feldman)

ㄱ 인지발달의 보편성을 주장한 피아제의 이론은 보편적 인지발달 영역만 설명하고 있으나, 모든 개인과 집단 구성원에게서는 보편적으로 발달되지 않는 수많은 활동 영역이 존재한다.[41]

ㄴ 광범위한 인지적 변화는 보편적인 영역에서부터 독특한 영역을 모두 포함하는 발달적 연속체로서 설명할 수 있다.[42]

ㄷ 발달적 연속체 : 발달적 연속체란, 모든 인간이 정상적 환경에서 획득하는 기본적인 발달 영역을 의미하는 보편적인 것(예 대상영속성)에서부터 시작하여, 범문화적인 것(예 언어), 문화적인 것(예 읽기 · 쓰기 · 셈하기), 훈련에 근거한 것(예 체스나 비행술), 색다른 것(예 흉부외과 수술), 독특한 것(예 창조적 행위)에 이르기까지의 범위를 모두 포괄하는 것이다.

41) 보편적이지 않은 영역의 발달을 성취하기 위해서는 교육이나 기술과 같은 외적 지지와 개인적 노력이 필요하다.

42) '피아노 치기'와 '경제이론 알기'의 두 활동 모두 어느 정도의 수준에 도달하기 위해서 추상적 사고를 필요로 한다는 점에서는 보편적이나, 모든 사람들이 그것을 완벽하게 수행할 수 없다는 점에서는 특수하다.

2 프로젝트 스펙트럼 접근법의 교육목표 및 환경

(1) 프로젝트 스펙트럼의 교육목표

① 개별 유아의 강점과 흥미를 찾아 개발하고 다양한 지능 영역을 보완하고 향상시킨다.

② 모든 지능 영역을 성공적으로 발달시키는 전인교육의 접근법이다.

③ 다중지능이론에 기초한 교육은 9가지 지능 영역에 기초한 내용으로 구성된다.

(2) 환경 구성

① 다중지능이론을 기초로 한 교실에서는 여러 가지 지능을 발달시키기 위해 다양하고 풍부한 자료를 유아에게 제공한다.

② 유아들이 특별한 활동을 수행하거나 독립적으로 한 영역을 탐구하도록 하기 위해 물리적인 자극을 줄 수 있는 흥미센터가 마련된다.

③ 플로우(Flow) 상태 : 자신의 즐거운 활동에 온전히 빠져 있는 정신의 상태로 프로젝트 스펙트럼 프로그램의 모든 교실은 유아들의 플로우(Flow) 경험을 자극하도록 준비되고, 따로 플로우실을 설치해 운영하기도 한다.

3 프로젝트 스펙트럼 접근법의 교수-학습방법과 교사의 역할

(1) 프로젝트 스펙트럼 접근법의 교수-학습방법

① 흥미센터를 중심으로 주제중심·통합 교육과정을 운영한다.

② 다중지능이론에 기초한 교수-학습방법은 여러 가지 형태의 지능에 대한 이론과 유아의 학습에 대한 다양한 방법을 기초로 하기 때문에 다양한 교수법을 통합할 수 있다.

③ '유아 중심 소집단 활동', '교사 주도적 소집단 활동', '유아 중심적 대집단 활동', '교사 주도적 대집단 활동' 등을 균형있게 운영한다.

(2) 교사의 역할

① 평가 전문가 : 유아 개개인의 능력과 관심사를 최대한 포괄적으로 정확하게 파악한다.

② 유치원과 유아교육과정의 중개인 : 개별 유아에 적합한 학습방법을 제공해 준다.

③ 유치원과 지역공동체의 중개인 : 유아의 강점 개발을 위해 유치원에서 제공하기 힘든 것을 지역공동체가 제공하도록 하는 것이다.

④ 촉진자 : 다양한 흥미센터를 효율적으로 운영하면서 아동 중심적으로 아동의 자율성을 촉진시키는 역할을 수행한다.

 **MEMO**

PART 2

발달심리학

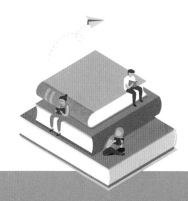

1 다음에 제시된 그래프를 통해 알 수 있는 발달의 원리를 각각 쓰시오. [4점] 2007기출

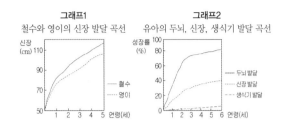

그래프1
철수와 영이의 신장 발달 곡선

그래프2
유아의 두뇌, 신장, 생식기 발달 곡선

1) 그래프 1에 나타난 원리(2점) : _____

2) 그래프 2에 나타난 원리(2점) : _____

정답
1) 그래프 1에 나타난 원리 : 발달에는 개인 간 차이가 있다.
2) 그래프 2에 나타난 원리 : 발달에는 개인 내 차이가 있다.

2 ㉠의 사상가는 '유아에게 무엇을 가르치기 위해서는 유아가 성숙할 때까지 기다려야 한다.'는 (①)개념을 제시하였다. ㉠의 사상가와 ①에 들어가는 용어를 쓰시오. [2점] 2013기출

(㉠)은(는) "성숙(maturation)은 개체의 전 성장의 형태와 그 변화 정도를 결정하는 성장의 내적 요소에 해당한다. ……(중략)…… 성숙은 외적 환경 및 내적 환경에 반응하는 유기체의 제반 발달적 분화를 포함한다는 의미에서 성장(growth)보다 훨씬 더 종합적, 포괄적 개념이라 할 수 있다."라고 하였으며 아동 개인의 발달을 평가하는 데 사용할 수 있는 표준행동목록(발달일정표)을 고안하였다.

• ㉠ : _____
• ① : _____

정답
• ㉠ : 게젤
• ① : 준비도

3 다음은 부적절한 행동을 보이는 영진이의 사례이다. 영진이에 대한 교사의 지도 방법 중 스키너(B. F. Skinner) 이론에 기초한 행동수정(behavior modification)의 원리에 부합되는 것을 〈보기〉에서 모두 고른 것은?

2008기출

영진이는 유치원에서 친구들의 장난감을 뺏고 자신이 좋아하는 장난감은 아무도 만지지 못하게 한다. 다른 친구가 가지고 있는 장난감을 보면 한 손에 장난감을 쥐고 있으면서도 친구의 것을 빼앗는다. 친구가 꼭 쥐고 놓아주지 않으면 친구의 손을 물어버린다. 사인펜과 같은 공동물건도 함께 사용하지 않고 혼자만 독차지하려다 친구들과 자주 싸움이 나곤 한다. 수업시간에는 선생님의 관심을 끌려고 소리를 지르기도 하고 자동차를 앞뒤로 밀면서 교실을 돌아다닌다.

보기
ㄱ. 영진이로 하여금 자신의 화난 감정을 그림으로 그리거나 말로 표현하게 한다.
ㄴ. 영진이가 유치원의 공동물건을 친구들과 사이좋게 나누어 쓰면 칭찬해 준다.
ㄷ. 교사의 관심을 끌기 위한 영진이의 부적절한 행동에 대해 관심을 보이지 않거나 무시함으로써 소거시킨다.
ㄹ. 분노의 감정을 해소할 수 있는 찰흙, 펀치백 등을 제공하여 영진이가 자신의 감정을 적절히 표현할 수 있도록 한다.
ㅁ. 영진이가 친구 장난감을 자꾸 빼앗아 혼자서만 사용하려고 할 때에는 일정기간 그 장난감을 가지고 놀지 못하도록 하는 벌을 준다.

① ㄴ, ㄷ   ② ㄴ, ㅁ   ③ ㄱ, ㄷ, ㅁ
④ ㄴ, ㄷ, ㅁ   ⑤ ㄱ, ㄴ, ㄹ, ㅁ

정답 ④

4 (나)는 유아들과 함께 한 이야기 나누기 활동이다. 물음에 답하시오. 2017기출 일부

(나)

박 교사는 유아들에게 그림 자료를 보여 주며 그림에서 보이는 상황에 대해 이야기를 한다.

… (중략) …

박 교사 : 그럼 토돌이의 기분은 어떨까?
영　희 : 토돌이는 장난감을 혼자만 가지고 놀고 싶었는데 토순이가 와서 화가 났어요.
박 교사 : 그래서 토돌이가 화가 났구나. 화가 나면 밀쳐도 될까?
유아들 : 그러면 안 돼요. 나빠요.
박 교사 : 그럼 토돌이가 토순이를 밀치지 않으려면 어떻게 해야 할까? [A]
진　희 : 참아요.
박 교사 : 그래, 진희 말대로 참을 수도 있구나. 숨을 한번 크게 쉬어 보는 건 어떨까?
준　영 : 우리 엄마가 셋까지 세어 보래요.
영　민 : 맞아. 하나, 둘, 셋!

박 교사 : 친구가 장난감을 가지고 놀지 못하게 하면 너희들은 기분이 어떻겠니?
유아들 : 속상해요. 나도 가지고 놀고 싶어요.
박 교사 : 그런데 너희들이 가지고 놀고 싶어 하는 장난감이 하나밖에 없을 때는 어떻게 해야 할까?
민　수 : 기다려요
박 교사 : 그래, 민수가 말한 것처럼 기다리면 되겠구나. 그럼 ㉠ 토돌이가 장난감을 가지고 노는 동안 토순이는 다른 장난감을 가지고 놀면 어떨까?
유아들 : 좋아요.
박 교사 : 그럼 기다리지 않으면 어떻게 될까?
유아들 : 싸워요. 사이좋게 놀지 못해요.
박 교사 : 그럼 친구들과 사이좋게 지내려면 어떻게 해야 할까?
유아들 : ㉡ 친구들과 장난감을 나눠 써요.

1) (나)의 [A]에서 박 교사의 질문 중 골만(D. Goleman)의 5가지 정서지능 구성요소인 ① 자기 조절의 방법을 제시하는 질문 1가지를 찾아 쓰고, ② ㉠에 해당하는 구성요소 1가지를 쓰시오. [2점]
　• ① : ＿＿＿＿＿＿＿＿＿
　• ② : ＿＿＿＿＿＿＿＿＿

2) (나)에서 박 교사는 유아를 위한 친사회적 행동 지도법 중 하나를 활용하여 ㉡과 같은 결과를 얻었다. ① 다음의 ⓐ에 들어갈 말을 쓰고, ② ⓑ에 들어갈 내용을 쓰시오. [2점]

지도법	(ⓐ) 추론 방법
특 징	(ⓑ)

- ① : _____
- ② : _____

정답
1) • ① : 숨을 한번 크게 쉬어 보는 건 어떨까?
 • ② : 자기 동기화
참고 골만의 정서 지능의 구성요소(p.199 참고)
2) • ① : 친사회적 도덕 / 도덕적 / 귀납적
 • ② : 교사가 '친구와 나눠 써야 한다'라고 직접 설명하는
 것이 아니라 유아의 사고를 자극하여 스스로 친사회
 적 행동을 생각할 수 있도록 유도하는 것이다.
참고 추론 관련 친사회적 행동 지도법(p.212 참고)

---

5 다음의 (가)는 인간행동의 학습과정을 보여 주고 있다.
유아들의 친사회적 행동(prosocial behavior)을 기르
기 위한 교사의 지도방법 중 (가)를 제시한 학자의 관
점에 부합되는 것을 〈보기〉에서 모두 고른 것은?

2011기출

(가)

보기
ㄱ. 친구들에게 양보하는 행동을 한 유아를 다
 른 유아들 앞에서 칭찬해 준다.
ㄴ. 다른 사람에게 양보하고 협력하는 행동의
 모범을 교사가 유아들에게 직접 보여 준다.
ㄷ. 동화 속 등장인물을 통하여 남을 돕고 타인을
 존중하는 이타적 행동의 모델을 제공한다.
ㄹ. 모래놀이를 통해 유아가 자신의 부정적 감
 정을 해소할 수 있는 기회를 제공하여 친구
 와의 갈등이 쌓이지 않도록 한다.

ㅁ. 일상생활에서 직면하는 다양한 사회적 갈등
 이 발생했을 때 유아 스스로 원인과 해결방
 법을 생각해 보도록 한다.

① ㄱ, ㄴ　　　② ㄴ, ㄷ　　　③ ㄱ, ㄴ, ㄷ
④ ㄱ, ㄷ, ㄹ　　⑤ ㄴ, ㄷ, ㄹ, ㅁ

정답 ③
해설
• **사회학습이론**(관찰학습의 과정)
① 주의집중 단계 : 관찰자가 모델의 행동에 주의를 기울인다.
② 파지 단계 : 기억한다.
③ 재생 단계 : 관찰된 것이 수행으로 번역된다.
④ 동기화 단계 : 강화에 의해 행동을 형성하고 유지한다.

---

6 피아제(J. Piaget)의 전조작기 사고 특성 중 유아가 자
신의 입장에서만 사물을 생각하며 다른 사람의 입장에
서 이해하지 못하는 것은 '자기중심성'에 해당한다. 그
리고 ⓒ에서처럼 자신이 지각하는 한 가지 요소에만
주의를 집중하고 그 외 다른 요소들을 고려하지 못하
는 것은 '(　　　)'에 해당된다. 괄호 안에 들어갈 알맞은
말을 쓰시오.　　　　　　　　　　[1점] **2013기출 일부**

ⓒ 평소 곤충을 좋아하는 민수가 벌이 위험하
다는 것을 알면서도 벌을 발견하고 잡으려다 쏘
였다. 이 바람에 경황이 없어 아이들이 모래놀
이도구를 안전하게 사용하는지를 관찰하지 못했
으므로 내일 다시 관찰해야겠다.

• _____

정답 • 중심화

7 유아 발달 및 학습에 대한 비고츠키(L. S. Vygotsky) 이론의 설명으로 적절하지 않은 것은? `2009기출`

① 실제적 발달수준(actual developmental level)은 유아 스스로의 힘으로 문제를 해결할 수 있는 수준을 말한다.

② 문화마다 유아의 사고와 행동 발달이 다양하게 나타남을 인식하고 사회 문화적 맥락의 중요성과 특수성을 강조하였다.

③ 비계설정(scaffolding)은 사회적 중재(social mediation)를 의미하며, 문제를 해결할 수 있도록 적절한 도움을 제공하는 것을 말한다.

④ 잠재적 발달수준(potential developmental level)은 성인이나 유능한 또래로부터 도움을 받아 문제를 해결할 수 있는 수준을 말한다.

⑤ 유아는 쉬운 과제일수록 혼잣말을 더 많이 하는데 그 이유는 문제 해결 과정에서 자신의 행동과 사고를 통제하는 데 언어가 중요한 역할을 하기 때문이다.

`정답` ⑤

8 유치원 교육과정의 사회 생활 영역과 관련되는 브론펜브레너(U. Bronfenbrenner)의 생태학적 이론(ecological theory)에 대한 설명으로 잘못된 것은? `2009기출`

① 중간체계(mesosystem)는 유치원, 이웃, 동네 등 유아에게 2차적이고 간접적인 환경으로서, 유아와 상호작용을 한다.

② 미시체계(microsystem)는 유아를 둘러싸고 있는 부모, 가족, 친구 등 직접적인 환경으로서, 유아와 영향을 주고받는다.

③ 시체계(chronosystem)는 개인의 전 생애에 걸친 변화와 사회 역사적인 환경의 변화이며, 유아의 발달과 행동에 영향을 미친다.

④ 유아를 둘러싸고 있는 직접적 환경으로부터 문화적 환경에 이르기까지 인간 발달에 영향을 미치는 환경 체계의 범위를 설명하고 있다.

⑤ 거시체계(macrosystem)는 미시체계, 중간체계, 외부체계(exosystem)에 포함된 모든 요소 외에 문화, 관습, 법 등 사회 문화적 환경을 포함한다.

`정답` ①

9 다음 사례는 하늘유치원 만 5세반 박 교사가 자유선택활동 시간에 관찰한 내용의 일부이다. 물음에 답하시오.

[5점] `2013기출`

> 자유선택활동 시간에 역할놀이 영역에서 남아인 지훈이와 여아인 다빈이가 같이 놀이를 하고 있다.
>
> ...... (중략) ......
>
> 지훈이가 놀잇감 속에서 여성용 머플러와 가발, 여성용 구두를 꺼내든다. 그리고 가발과 머플러를 머리 위에 뒤집어쓰고 구두를 신고는 거울 앞에 선다. 지훈이가 거울에 비친 자기의 모습을 바라보더니 요리하는 엄마 흉내를 낸다.
>
> 이것을 본 다빈이가 "야, 넌 왜 남자가 엄마처럼 하고 있냐? ㉠ 가발 쓰고 구두 신는다고 남자가 엄마가 되냐? 그리고 ㉡ 밥은 여자만 하는 거야."라고 말한다. 그러자 지훈이는 재빨리 가발과 머플러, 구두를 바구니에 던져 넣고는 쌓기 영역으로 가서 다른 남아들과 집짓기 놀이를 한다. 집짓기 놀이 중 지훈이가 무거운 블록을 들고 와 집을 짓자 남아들이 "야! 지훈이는 아빠같이 힘이 세고 집도 잘 짓네."라고 하며 좋아한다. 그 말을 듣고

지훈이는 블록을 많이 들고 와서 더 열심히 집짓기에 참여한다. 집을 다 지은 후, 남아들이 ⓒ"집은 우리 남자들만 짓는 거야."라는 말을 한다.

1) 반두라(A. Bandura)의 (①)이론에서는 모델이 보이는 행동을 관찰하고 모델의 행동을 따라하는 모방과 ② 정적 강화가 인간의 사회성 발달에 있어 필수적이라고 본다. ①이 무엇인지 쓰고, 위 사례에서 ②의 예를 1가지 찾아 쓰시오. [2점]

• ① : _____

• ②의 예 : _____

2) 성역할 개념 발달에 대한 콜버그(L. Kohlberg)의 견해에 비추어 볼 때, 다빈이가 보인 ㉠과 같은 반응은 다빈이가 (①)단계에 이르렀음을 보여 준다. ①을 쓰고, 그 의미를 설명하시오. [2점]

• ① : _____

• ①의 의미 : _____

3) ⓒ과 ⓒ은 유아들의 성역할에 대한 고정관념을 보여 준다. 이에 박 교사는 (①) 교육의 필요성을 느끼게 되어 누리과정에서 그 근거를 찾아 '우리 가족이 하는 일'이라는 활동을 계획하였다. 범교육과정적 주제 중 하나인 ①을 쓰시오. [1점]

• ① : _____

정답
1) • ① : 사회(인지)학습 이론
   • ②의 예 : 지훈이가 무거운 블록을 들고 와 집을 짓자 남아들이 "야! 지훈이는 아빠같이 힘이 세고 집도 잘 짓네."라고 하며 좋아한다.
2) • ① : 성항상성
   • ①의 의미 : 옷이나 머리 모양과는 상관 없이 성은 변하지 않는다는 것을 인식하는 것이다.
3) • ① : 양성평등
해설 성 역할 개념의 발달(p.192 참고)

10 다음은 아동의 사회적 조망수용 능력의 발달수준을 판단해 볼 수 있는 예문이다. 이 예문을 들려주고 "이때 철수는 어떻게 할까? 철수 아빠는 그 결정에 대해 어떻게 생각하실까?"라는 질문을 했을 때 나타날 수 있는 아동의 반응을 셀만(R. L. Selman)이 제시한 발달수준에 따라 〈보기〉에서 낮은 수준부터 골라 순서대로 나열한 것은?

2011기출

철수는 동네에서 나무타기를 가장 잘한다. 어느 날 나무에 올라갔다가 떨어졌으나 다치지는 않았다. 마침 아빠는 철수가 떨어지는 것을 보시고 화를 내시며 앞으로 나무에 올라가지 말라고 하셨고 철수도 올라가지 않겠다고 약속했다. 그 후 철수는 친구를 우연히 만났는데 그 친구의 새끼고양이가 나무에 걸려서 내려오지도 못하고 자칫 잘못하다간 떨어질 지경이었다. 고양이를 나무에서 데리고 내려올 수 있는 사람은 철수뿐이었으나 철수는 아빠와의 약속 때문에 주저하며 머뭇거렸다.

보기

ㄱ. "철수는 나무에 올라가 고양이를 데리고 내려와요. 철수가 고양이를 구하면 아빠는 좋아하실 거예요. 왜냐하면 아빠도 고양이를 좋아하거든요."라고 대답한다.

ㄴ. "철수는 나무에 올라가 고양이를 데리고 내려와요. 아빠는 철수가 왜 올라갔는지 모른다면 화내실지도 몰라요. 그런데 고양이가 다칠지도 몰라서 철수가 구했다고 하면 잘했다고 하실 거예요."라고 대답한다.

ㄷ. "철수는 나무에 올라가 고양이를 데리고 내려와요. 아빠는 고양이가 다칠지도 몰라서 철수가 나무에 올라가게 된 것은 이해하실 거예요. 그래도 아빠는 철수가 다칠까 봐 걱정이 되어 야단치실 거예요."라고 대답한다.

① ㄱ → ㄴ → ㄷ   ② ㄱ → ㄷ → ㄴ

③ ㄴ → ㄱ → ㄷ   ④ ㄴ → ㄷ → ㄱ

⑤ ㄷ → ㄴ → ㄱ

③ 유아 B는 유아 A보다 상위인지 능력이 더 발달되어 있을 가능성이 높다.

④ 유아 A는 철수의 생각이나 믿음이 실제와 다를 수 있다는 것을 이해한다.

⑤ 유아 B는 자기가 알게 된 정보를 이용하여 철수의 행동을 자기중심적으로 설명한다.

[정답] ③
[해설] 마음 이론 (p.207 참고)

11 다음은 유아의 '마음 이론(theory of mind)' 발달을 측정하는 과제이고, (가)는 이 과제의 질문에 대한 유아 A와 유아 B의 반응이다. 두 유아의 '마음 이론' 발달의 특징을 기술한 것으로 적절하지 않은 것은? [2012기출]

 ㉠ 철수는 찬장 X에 초콜릿을 넣어 두고 놀러 나간다.

 ㉡ 철수가 나간 사이에 어머니가 들어와 초콜릿을 찬장 Y로 옮겨 놓고 나간다.

 ㉢ 철수가 돌아온다.

유아 A와 유아 B에게 위의 ㉠~㉢ 장면을 보여 주고 설명한 후, "철수는 초콜릿을 찾기 위해 어디로 갔을까?"라고 묻는다.

(가) • 유아 A : 철수는 찬장 X로 가요.
　　 • 유아 B : 철수는 찬장 Y로 가요.

① 유아 A는 유아 B보다 철수의 관점을 더 잘 읽을 수 있다.

② 유아 A는 유아 B보다 마음 이론이 더 잘 발달되어 있을 수 있다.

12 다음은 자유선택활동 시간에 일어난 상황이다. 물음에 답하시오. [5점] [2015기출 B.3]

자유선택활동 시간에 역할놀이 영역에서 프라이팬으로 요리하며 놀고 있는 세희 옆으로 지영이가 다가갔다.

지영 : ㉠ (세희의 몸을 세게 밀치며) 나 이거 필요해.

세희 : (다시 프라이팬을 빼앗으며) 내 거야.

지영 : 안 돼.

세희 : ㉡ (지영이의 어깨를 세게 밀친다.)

교사 : 세희야, 왜 그랬니?

세희 : ㉢ 지영이가 미워서 아프라고 그랬어요.

교사 : 지영아, ㉣ 네가 프라이팬을 빼앗을 때 세희 기분이 어땠을까?

지영 : 몰라요. (큰 소리로) 나도 프라이팬이 필요하다고요.

교사 : 세희야, 지영이가 프라이팬을 빼앗을 때 기분이 어땠니?

세희 : 슬프고 화가 났어요.

교사 : 지영아, ㉤ 네가 프라이팬을 빼앗을 때 세희가 슬프고 화가 났대. 너희 둘 다 프라이팬을 가지고 놀고 싶은 거구나. 그럼 서로 싸우지 않고 놀 수 있는 방법이 뭐가 있을까?

세희 : 지영이랑 같이 가지고 놀아요.

지영 : 아니에요. 세희가 먼저 놀고 그다음
에 내가 가지고 놀게요.

교사 : 지영이는 왜 지금 세희랑 같이 안 놀
고, 나중에 놀려고 하니?

지영 : 난 혼자서 요리사 놀이를 하고 싶은
데 지금 놀면 세희랑 같이 프라이팬
을 나눠 써야 되잖아요. 그런데 나
중에 놀면 프라이팬을 혼자 가지고,
마음껏 놀 수 있으니까요.
……(생략)……

ⓗ

1) 아래의 A와 B에 해당하는 공격성 유형을 각각 1가
지씩 쓰고, 각 유형의 연령에 따른 변화를 설명하
시오. [3점]

> 하트업(W. W. Hartup)에 의하면 유아들에
> 게 나타나는 공격성은 위 사례의 ㉠처럼 자신
> 의 이익을 위해 타인에게 헤를 가히는 (A)
> 공격성과, ㉡과 ㉢처럼 타인을 해치려는 의도
> 를 가지고 행하는 (B)공격성이 있다.

• ① A : _____

• ② B : _____

• ③ 연령에 따른 변화 : _____

2) ㉣, ㉤에 해당하는 메이어(J. D. Mayer), 카루소
(D. R. Caruso)와 살로베이(P. Salovey)의 정서
지능 관련 용어 1가지를 쓰시오. [1점]

• _____

3) ㉥에서 지영이에게 나타나는 것으로, 미셸(W.
Mischel)과 에브슨(E. B. Ebbesen)의 실험을 통해
밝혀진 정서 규제 관련 용어 1가지를 쓰시오. [1점]

• _____

정답

1) • ① A : 도구적 공격성
   • ② B : 적대적 공격성
   • ③ 연령에 따른 변화 : 연령이 증가함에 따라 도구적 공격
     성은 감소하고 적대적 공격성은 증가한다.

2) • ㉣ ㉤ : 정서인식

3) • ㉥ : 만족지연 능력

참고

1. 정서지능

(1) **정서지능** : 정서지능의 개념은 1997년 처음으로 예일대학
교 살로베이(Peter Salovey)와 메이어(John Mayer) 교
수가 제시하였으며, 이후 카루소(David R. Caruso) 박사
와 함께 정서지능 진단툴 및 교육과정을 개발했다.

(2) **정서지능의 영역**

정서 인식	자신과 타인의 정서를 정확히 읽어내는 능력이다.
정서 활용	정서와 사고를 통합하여 인지 활동을 촉진하도록 활용하는 능력이다.
정서 이해	다양한 정서의 특성, 정서의 복잡한 관계와 변화 과정 등을 잘 이해하는 능력이다.
정서 조절	정서가 사회적 행동에 미치는 영향을 이해하고 부정적 정서와 스트레스에 효과적으로 대처하고 자신이 원하는 정서로 전환시키는 능력이다.

2. 만족지연 능력

'만족지연 능력'이란, 보다 크고 장기적인 목표달성을 위해
순간의 충동적인 욕구나 행동을 자제하며 즐거움과 만족을 지
연시키는 선택을 하고, 바람직한 보상을 기다리며 그 지연에
따른 좌절을 자발적으로 인내할 수 있는 자기통제능력이다.

'스탠퍼드 마시멜로 실험'은 스탠퍼드 대학의 심리학자 월
터 미셸(Walter Mischel)이 1970년에 실시한 실험이다. 만 4
세아에게 마시멜로 1개를 주면서 15분간 먹지 않으면 상으로 1
개를 더 주겠다는 제안을 하고 살펴본 결과 약 30%의 유아가
15분을 기다려 마시멜로 2개를 먹었다. 14년 후 실험에 참여했
던 아이들을 추적해 보았더니 만족지연 유아와 그러지 못했던
유아들 사이의 대학 수학 능력 평가 점수의 차이는 무려 210점
이었으며 지연 시간이 가장 짧았던 유아들은 커서 정학 처분
받는 빈도도 높았다는 사실을 알게 되었다.

이후 포사다(Posada)는 이 '스탠퍼드 마시멜로 실험'에 근
거해 '만족의 지연'을 성공적 비결로 내세운 「마시멜로 이야기」
라는 자기계발서를 써서 주목을 받았다.

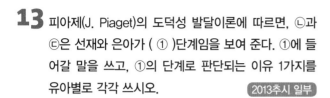

13 피아제(J. Piaget)의 도덕성 발달이론에 따르면, ⓛ과 ⓔ은 선재와 은아가 (ⓐ)단계임을 보여 준다. ⓐ에 들어갈 말을 쓰고, ⓐ의 단계로 판단되는 이유 1가지를 유아별로 각각 쓰시오. 　2013추시 일부

　　5명의 유아들이 역할놀이를 하고 있다. 선재는 옷가게 주인 역할을 하고 동수, 주호, 은아, 세희는 손님 역할을 한다.

주호 : (옷걸이에 걸린 옷 2벌을 일부러 떨어뜨리며) 재밌네.

동수 : (바닥에 떨어진 옷을 걸어 주려고 도와주다가 실수로 옷 4벌이 떨어지자) 어떡하지…….

선재 : (화를 내며) 내가 걸어 놓은 옷들이 모두 떨어졌잖아.

동수 : (다시 옷을 걸며) 도와주려다가 그런 거야.

선재 : ⓛ 너 때문에 엉망 됐어. 주호는 2벌만 떨어뜨렸는데 너는 4벌이나 떨어뜨렸으니까 네가 더 나빠!

　　　　…… (중략) ……

희영 : 얘들아, 나도 끼워줘. 나도 손님 역할 하고 싶어.

은아 : ⓔ 안 돼! 선생님이 역할놀이 영역은 5명만 들어올 수 있다고 했어! 너까지 들어오면 6명이라 절대 안 돼.

• ⓐ : ＿＿＿＿＿＿＿＿＿＿＿＿

• 선재의 이유 : ＿＿＿＿＿＿＿＿
＿＿＿＿＿＿＿＿＿＿＿＿＿＿＿＿

• 은아의 이유 : ＿＿＿＿＿＿＿＿
＿＿＿＿＿＿＿＿＿＿＿＿＿＿＿＿

정답

• ⓐ : 타율적 도덕성

• 선재의 이유 : 행위의 의도가 아닌 결과로서 판단했기 때문이다.

• 은아의 이유 : 규칙은 절대적이며 변경할 수 없다고 생각했기 때문이다.

해설 피아제의 도덕성 발달 단계(p.217 참고)

---

14 콜버그(L. Kohlberg)에 의하면 도덕성 발달은 Ⅲ수준 6단계로 전개된다. 도덕성 발달의 I수준에 해당되는 것을 〈보기〉에서 모두 고른 것은? 　2010기출

보기

ㄱ. 숙현이는 벌을 받을까 봐 친구를 괴롭히거나 장난감 빼앗는 행동을 하지 않는다.

ㄴ. 미연이는 엄마, 아빠로부터 착한 아이라는 인정을 받기 위해 아픈 동생을 잘 돌보아 준다.

ㄷ. 영수는 교통 법규를 법이라서 지켜야 한다고 생각하기 때문에 사람이 없어도 신호등의 규칙을 지켜 건넌다.

ㄹ. 영민이는 장난감을 둘러싼 다툼에서 자기가 좋아하는 장난감이기 때문에 친구에게 양보하지 않아도 괜찮다고 주장한다.

---

① ㄱ, ㄴ　　　② ㄱ, ㄹ　　　③ ㄴ, ㄷ

④ ㄷ, ㄹ　　　⑤ ㄱ, ㄴ, ㄹ

정답 ②

해설 콜버그의 도덕성 발달 단계(p.218 참고)

1장 아동발달의 개념 및 연구법

1 발달의 개념

(1) 인간발달과 교육

① 발달심리학 : 인간의 발달을 탐구하는 학문으로서 연령이 증가하면서 어떠한 변화가 일어나는지, 왜 그와 같은 변화가 일어나는지, 그리고 발달의 변화에서 개인차의 원인이 무엇인지를 알고자 한다.

② 발달(development) : 정자와 난자가 만나 수정이 되어 인간의 생명이 시작되는 순간에서부터 죽음에 이르기까지의 전 생애 동안 연령의 증가와 함께 나타나는 모든 변화를 가리키며 성숙과 학습[1]의 상호작용에 의해서 일어난다.

③ 발달과업(development tasks) : 개인의 일생 중 각 시기에 성취해야만 할 일을 의미한다. 발달과업은 계열성을 지니며 한 단계를 완수한 후 다음 단계로 진행된다.

④ 인간발달의 과정에서의 유전 및 환경

　㉠ 성숙에 의한 행동의 발생 : 대개 동물의 본능적인 행동은 어떤 특정한 성숙의 시점에서 나타나게 된다. 예 로렌츠의 각인현상

　㉡ 초기 학습에 의한 행동의 발생 : 그동안 초기 경험과 장차의 학습능력이 구체적으로 관련되어 있다는 증거들이 계속 축적되어 왔는데, 이러한 증거들은 초기 학습이 장차의 학습에 영향을 미칠 뿐만 아니라 어떤 것들은 초기에 반드시 학습되어야 한다는 것을 시사해 준다.

　㉢ 상호작용설 : 인간의 발달은 자연적인 성숙과 사회적 환경 및 초기 학습에 의해 영향을 받는데, 이 중 어느 것이 우세하다고 할 수는 없으며, 인간발달에는 이 두 측면이 모두 작용하고 있다고 보아야 한다.

⑤ 발달의 연속성과 비연속성

　㉠ 발달의 연속성 : 발달의 연속성을 주장하는 입장은 인간이 발달한다는 것은 인간의 능력이나 기술이 그 양과 복잡성에서 증가하는 것을 의미하는 것으로 본다.

　㉡ 발달의 비연속성 : 발달의 불연속성을 주장하는 입장에서는 인간의 발달은 특정시기에 급격하게 이루어지며, 이후의 단계는 이전과는 완전히 질적으로 다른 수준의 발달 특성을 나타낸다고 본다.

1) 성장 · 성숙 · 학습
- 성장(growth) : 신체적으로 나타나는 양적인 변화 예 키, 체중
- 성숙(maturation) : 연습이나 학습 등 외적 환경조건과는 무관한 신체 및 심리 구조의 질적 변화
- 학습(learning) : 환경적 자극인 경험이나 연습 또는 훈련에 의해서 이루어지는 변화

(2) 맥코넬(McConel)의 발달의 일반 원리

① **발달의 상관성** : 발달은 유전적 요인인 성숙과 환경적 요인인 학습과의 상호작용의 결과이다.

② **발달의 분화통합성** : 발달은 전체적이고 미분화된 기관, 또는 기능에서 부분적이고 특수적인 기능으로 분화되며, 또한 부분적인 기관이나 기능은 전체로 종합되어 하나의 새로운 체제로 통합된다.

③ **발달의 순서성** : '머리에서 아래쪽', '중심에서 말초', '전체에서 특수활동' 등으로 발달에는 순서가 있으며, 그 순서는 일정하다.

④ **발달의 주기성** : 두뇌 발달, 인지 발달, 생식기 발달의 시기가 각각 다른 것처럼 발달과 성장은 모든 부분이 같은 속도로 진행되지 않는다. 또한 일정한 기간 동안 특정한 기관이나 기능이 급격히 변화하는 때가 있는데 이를 '발달의 결정적 시기'라고 한다.

⑤ **발달의 연속성**(점진성) : 발달은 비약적인 것이 아니라 연속적이고 점차적인 것이다.

⑥ **발달의 개별성** : 발달에는 개인차가 존재하고, 개인 간 차이뿐만 아니라 개인 내 차이도 있다.

(3) 결정적 시기(critical period)

① 결정적 시기에 관한 학자들의 견해[2]

㉠ 로렌츠(Lorenz)

ⓐ **결정적 시기** : 어떤 특별한 심리적 특성이나 행동의 획득이 가장 용이하게 이루어지는 특정한 시기이다. 이 시기가 지나면 지속적인 자극을 제시하여도 특정한 심리적 특성이나 행동의 출현이 매우 어렵기 때문에 이 시기를 결정적 시기라고 한다.

ⓑ 로렌츠는 새끼 오리의 각인(imprinting) 현상[3]에 대한 연구에 의해 결정적 시기가 있음을 입증했다.

㉡ 에릭슨(Erikson)

ⓐ 환경 조건이나 경험 내용에 의해 다른 시기보다 쉽게 자극받고 촉진되는 시기이다.

ⓑ 유해한 환경 자극에 의해 발달이 지체되거나 방해받기 쉬운 시기이다.

② 결정적 시기의 개념은 행동변화의 시기, 즉 가소성[4](환경자극에 의한 행동변화의 가능성)의 시기에 관한 문제이다.

③ 발달과정 중 특정 시기에 겪게 되는 경험은 이후의 심리적 · 생리적 발달에 불가소적 영향을 미친다.

④ 적절한 환경자극이 주어질 때 발달은 자연스럽게 진행되고 그렇지 않으면 지체된다.

---

2) **결정적 시기와 민감기** : 최근에는 한번 형성되면 변화가 불가능하다는 의미를 내포하는 '결정적 시기'라는 용어보다 환경적 자극에 의해 다른 시기보다 좀 더 발달을 민감하게 이끌 수 있는 발달의 '민감기(sensitive period)'라는 용어를 사용하는 경향이 있다.

3) **각인현상** : 동물의 갓 태어난 새끼가 처음 본 움직이는 물체를 따라다니는 현상이다.

4) **가소성** : 유전과 환경이 발달에 미치는 영향 중에서 환경적 경험에 의해 발달이 촉진되거나 위축되고 억제된 상태로부터 다시 정상적으로 회복하는 과정을 모두 포함한다. 따라서 인간의 전 생애 중에서 유아기와 아동기는 많은 발달적 가소성을 갖는 시기라고 할 수 있다.

(4) 인간발달의 기제

적기성	• 특정한 발달영역은 그것이 우세하게 나타나는 결정적 시기가 있다. • 결정적 시기를 놓치면 특정 발달영역에 장애를 가져올 수 있다.
기초성	• 어릴 때의 경험일수록 나중의 발달에 초석이 된다. • 초기의 영양결핍은 후기의 영양결핍보다도 발달장애에 더 큰 영향을 준다. • 블룸 : 초기의 환경적 결손이 지능발달에 더 큰 영향을 미친다.
누적성	• 초기 발달의 장애나 수월성은 연령이 증가함에 따라 누적된다. • 인간발달의 빈익빈, 부익부 현상이다.
불가역성	• 나중에 잘한 것이 이전의 잘못한 것을 보충하는 데에는 한계가 있다. • 신장은 체중보다도 불가역성이 더 강하다.

2 아동발달 연구법

(1) 유아발달 연구목적

① **기술** : 유아의 발달적 특성과 변화를 있는 그대로 정확하게 기술(description)하기 위해서이다.

② **설명** : 유아발달 현상들을 자세하게 설명(explanation)하기 위해서이다. 관찰된 발달적 특성과 변화들이 왜 나타나는 것인지, 이것들이 어떠한 의미를 가지는지 분석하고 설명할 필요가 있다.

③ **예측** : 유아발달을 예측(prediction)하는 것이다. 예를 들어 유아의 인지발달 양상이 자세히 관찰되고 어떠한 요인들이 이러한 변화에 관여하는지 설명할 수 있다면 유아익 인지적 발달의 진행을 미리 예측할 수 있다.

④ **통제 및 적용** : 유아발달에 영향을 미치는 요인들을 통제(control)하고 유아발달에 대한 지식을 실제 양육과 실제에 적용(application)하는 것이다. 예를 들어 교사는 해체 가정의 유아가 정서적 혼란을 겪을 것임을 예측하여 이를 최소화하기 위해 개입하게 된다.

(2) 연구과정

① **문제의 제기 및 가설 설정** : 공격성 등의 문제 행동이나 보편적이지 않은 발달 양상이 왜 특정 아이들에게 나타나는지 문제를 제기한다.

② **중요 변인들 발견 · 연구 방법 결정** : 다양한 개인적 요인과 환경적 요인을 발견하기 위해 관찰법, 실험연구법, 질문지법 등의 방법을 사용하여 측정한다.

③ **가설의 검증** : 두 번째에서 결정된 연구방법에 의해 얻은 데이터 통계 분석에 의해 가설이 검증된다.

④ **가설의 채택 또는 기각** : 가설이 채택되면 새로운 연구문제를 제기하여 첫 단계부터 다시 시작할 수 있으며, 만약 가설이 기각되면 새로운 변인을 찾고 적절한 연구방법을 새롭게 고안한다.

(3) 연구요소

① 이론 : 어떤 현상에 대한 이치를 논리적으로 일반화한 체계이다. 이를 통해 어떤 현상을 설명하고 미래에 나타날 수 있는 변화 등을 예측할 수 있다. **예** 피아제의 인지발달 이론

② 개념 : 특정한 사물이나 현상에 대한 일반적인 관념이나 지식을 말한다. 추상적인 개념일 경우, 연구자들은 관찰 또는 측정이 가능한 속성으로 바꾸어 조작적으로 정의하고 연구를 진행한다. **예** 공격성의 조작적 정의 : 큰 소리내기, 밀기, 때리기, 뺏기

③ 변인(변수) : 어떠한 둘 이상의 수치 또는 값을 부여할 수 있는 연구대상의 속성을 가리킨다.

　ⓐ 유목변인은 성별이나 인종 등 유한한 값을 가지고 있는 것이고, 연속변인은 체중, 지능 등과 같이 일정한 범위 내에서 무한한 값을 가질 수 있는 변인이다.

　ⓑ 독립변인과 종속변인

독립변인	종속변인의 값을 예측하기 위하여 연구자가 조작하는 변인으로 실험결과에 영향을 미치는 요소이며 조작변인과 통제변인으로 나뉜다.	
	조작변인	가설을 검증시키기 위하여 의도적으로 변화시키는 변인이다.
	통제변인	실험하는 동안 일정하게 유지시켜야 하는 변인이다.
	변인통제	조작변인은 변화시키고, 나머지 통제변인들을 일정하게 유지시키는 것이다.
종속변인	독립변인에 의해 영향을 받는 변인이다.	

④ 가설 : 어떤 사실을 설명하기 위해 설정한 가정으로 두 개 이상의 변인들 사이의 관계를 추상적 또는 가정적 서술문의 형식으로 제시한다. **예** 교사 지도 모래놀이(조작변인)를 많이 하면 친사회적 행동 빈도(종속변인)가 높아질 것이다.

(4) 자료수집 방법

① 관찰법

　ⓐ 자연 관찰법 : 자연상황 또는 일상상황에서 아동의 자발적인 행동을 관찰하는 것이다. **예** 공격성, 협동심 등

　ⓑ 구조적 관찰법 : 관찰하고자 하는 행동이 일어날 수 있는 상황을 만들어서(그 상황이 인위적인 상황이라는 것을 아동이 인지하지 못하는 상황에서) 행동을 관찰하는 것이다. **예** 모든 아기와 어머니에게 똑같은 상황하에서 상호작용하게 함으로써 상황에 따라 달라지는 변인을 통제한다.

② 조사 연구법(자기 보고법)

　ⓐ 특정 주제에 관하여 질문하고 이에 대한 아동들의 대답을 얻는 방법이다.

　ⓑ 종류 : 질문지법, 면접법

　ⓒ 장점 : 특정 주제에 관하여 직접 정보를 얻을 수 있고 집단으로 실시할 수도 있어 비교적 편리하다.

　ⓓ 단점 : 아동들의 대답이 망각이나 반응의 편향성으로 인해 부정확한 결과가 나올 수 있기 때문에 항상 타당한 것은 아니다.[5]

5) 조사 연구법은 과거의 사건을 물었을 때 아동이 정확하게 기억하지 못할 수 도 있고, 사회적으로 수용될 수 있는 대답을 하려는 반응 편향성의 영향으로 부정확한 결과가 나올 수 있다. 이러한 한계점을 고려하여 사용했을 때 조사 연구법은 아동발달연구의 유용한 방법이 될 수 있다.

③ 표준화 검사법

㉠ 표준화된 검사지를 통하여 피검자로 하여금 응답하도록 하여 자료를 수집하는 방법이며, 검사의 절차 및 채점방법이 객관적이고 표준적이어서 신뢰도와 타당도가 높다.

㉡ 지능검사, 성격검사, 적성검사, 창의성검사, 자아개념검사 등으로 다양하게 나뉠 수 있다.

④ 과제를 통한 행동 측정법

㉠ 아동의 행동을 직접 관찰할 수 없을 때 특정 과제를 제시하여 수행하는 행동을 측정하는 것이다.

㉡ 숫자폭 과제 : 일련의 숫자를 차례대로 들려준 후 아동에게 들었던 숫자를 순서대로 말하도록 하는 것이다.

㉢ 정서 구별 과제 : 여러 정서를 표현한 얼굴 표정을 보여 주고 표정들의 차이를 구별하는 능력을 측정하는 것이다.

(5) 일반적인 연구설계

① 상관설계

㉠ 주어진 현상에 대한 조작 및 통제 없이 자연조건 그대로의 두 변인들을 측정하여 그 두 변인이 관계되어 있는지를 알아보는 것이다.

㉡ 상관설계의 예 : 운동을 잘하는 아동이 친구가 많다는 가설이 맞는지 알아보기를 원한다면, 아동의 운동 능력을 측정한 후 친구 수를 조사하여 운동 능력에 따라 친구 수가 증가하는지를 분석해 볼 수 있다.

㉢ 한계 : 두 변인 간 관계의 관계성은 알 수 있지만 변인들 간의 원인과 결과, 즉 인과관계에 대해서는 답을 주지 못하며, 두 변인 간의 인과관계를 알고자 한다면 상관설계가 아닌 실험설계를 적용해야만 한다.

② 실험설계

㉠ 의도적으로 조작하는 독립변인에 따른 종속변인의 변화를 관찰함으로써 이루어지는 것으로, 가설을 검증하여 인과관계를 밝히려는 연구이다.

㉡ 만들어 제시되는 변인들을 독립변인이라 하고, 이 변인과 관계가 있는 행동변인을 종속변인이라고 한다.

㉢ 실험집단과 통제집단[6]

실험집단	실험연구에서 실험처치를 받는 집단이다. 예 모래놀이를 자주함
통제집단	실험연구에서 새로운 처치의 성과 및 효과를 비교하기 위해 아무런 처치를 하지 않거나 전통적인 프로그램의 처치를 받은 집단이다. 예 모래놀이를 전혀 하지 않음

6) 예는 '모래놀이가 유아의 또래 유능성에 미치는 효과'에 대한 예시이다.

ⓔ 실험설계의 예 : 아동들을 무작위로 두 집단(실험집단, 통제집단)으로 나누고 실험집단에만 특정 행동에 영향을 미치리라 생각되는 독립변인(폭력적 장면의 비디오를 보여 줌)을 처치한 후 두 집단 모두를 대상으로 종속변인(폭력성의 빈도)을 측정하는 것이다.

ⓜ 한계 : 실험은 무작위 할당과 처치를 포함하고 실험실에서 이루어지므로, 그 결과를 일반화시킬 수 없다는 문제점을 내포하고 있다.

③ 사례연구설계

ⓐ 장기간에 걸쳐 개인의 환경과 적응, 발달, 발달적 문제 등을 다양한 방법으로 조사하여 풍부한 자료를 수집하여 이를 분석하는 것으로, 이를 통해 문제를 고찰하고 해결방안 등을 모색할 수 있는 연구 방법이다.

ⓑ 사례연구설계의 예 : 개인의 가정 배경, 사회적 지위, 교육 수준, 직업 경력, 건강기록, 생의 중요 사건에 대한 기록 및 심리검사 점수 등이 포함된다.

ⓒ 한계 : 기록의 정확성에 문제가 있을 수 있으며, 특정 아동이나 개인을 이해하는 데는 도움을 주나, 두 아동을 비교하거나 다른 아동에게 일반화하는 데는 한계가 있다.

(6) 발달연구 방법

① 종단적 연구

ⓐ 종단적 방법은 동일 개인 또는 집단의 특성을 장기간에 걸쳐 반복적으로 조사하고 그 변화 양상을 파악하는 방법이다.

ⓑ 시간의 경과에 따른 발달자료를 수집할 수 있으며, 한 행동의 연속성이나 불연속성을 볼 수 있는 유일한 방법이다.

ⓒ 종단적 연구의 예 : 영아기나 유아기에 있었던 공격성이 청소년기나 성인까지도 지속되는지 알아보는 연구가 있다.

ⓓ 한계

　　ⓐ 연구가 장시간에 걸쳐서 이루어지기 때문에 아동이 이사 등으로 연구에서 탈락되는 경우가 발생할 수 있다.

　　ⓑ 측정이 반복됨으로 인해 아동이 측정에 익숙해져서 시간 경과에 따른 향상이 발달 변화에 기인하기보다는 연습의 결과일 수 있다는 문제점이 있다.

② 횡단적 연구

ⓐ 동시대의 서로 다른 연령 집단을 선정하여 동시에 관심 특성을 조사함으로써 발달 변화를 측정하는 방법이다. **예** 이 발달을 연구하기 위해 3세, 5세, 7세의 유아집단을 선정하고, 각 집단의 놀이 특성을 동시에 조사하여 이를 비교

ⓑ 한계

　　ⓐ 연령이 다른 아동들을 대상으로 하지만 같은 대상을 반복 측정한 것이 아니기 때문에 발달의 연속성 또는 지속성에 대해서는 알 수 없다.

　　ⓑ 연령 집단 간의 차이가 발달로 인한 차이뿐만 아니라 환경적인 사건으로 생길 수 있는 동년배효과가 포함될 수 있다.

③ 횡단적 · 단기 종단적 연구(순차적 접근법)

    ㉠ 횡단적 방법이나 종단적 방법을 결합하여 문제점을 보완한 방법이다.

    ㉡ 횡단적 방법에 의해 같은 시기에 여러 연령집단의 아동들을 뽑고, 그 아동들을 종단적 방법으로 여러 해에 걸쳐 반복 측정하는 방법이다.

    ㉢ 횡단적 · 단기 종단적 방법의 예 : 6세부터 9세까지를 연구할 때 우선 6 · 7 · 8세 아동을 횡단적 방법으로 같은 시기에 측정하고, 이 아동들이 1년 후 각각 7 · 8 · 9세가 되었을 때 다시 측정하는 방법이다.

    ㉣ 횡단적 · 단기 종단적 방법의 효과

        ⓐ 종단적 방법의 한계 극복 : 종단적 방법으로 3년이 걸리던 것을 2년 동안의 측정으로 6세부터 9세까지의 발달자료를 수집할 수 있다.

        ⓑ 횡단적 방법의 한계 극복 : 종단적 방법에 적용되는 6~7세, 7~8세, 8~9세 아동들의 발달 변화를 추적함으로써 발달의 연속성도 밝힐 수 있다.

(7) 윤리적 문제

① 유아에게 신체적 · 심리적으로 위해를 가할 수 있는 연구 과정 또는 조작을 절대 사용해서는 안 된다.

② 유아와 보호자에게 연구의 내용과 절차에 대한 충분한 정보를 제공하고, 유아가 연구에 참여할 것인지에 대해 보호자에게 문서화된 연구 참여 동의서를 받아야 한다.

③ 참여 유아와 관련된 데이터는 모두 익명으로 처리되어야 하고 유아의 정보에 대한 비밀 보장이 이루어져야 하며 유아 관련 데이터는 연구 목적 이외에 허가 없이 사용되어서는 안 된다.

④ 연구 결과를 유아 및 보호자에게 정확하게 전달해야 한다.

⑤ 참여 유아에 대한 보상은 적절한 범위 내에서 공정하게 이루어지도록 한다.

2장 성숙주의 관점의 아동발달 이론

1 생물학적 관점

(1) 성숙이론(게젤 Gesell)

① 아동발달은 신체 안에 이미 정해진 특정 계획이 반영된 것이다.

② 발달이란 단순히 생물학적 계획에 따라 자연적으로 나타나는 과정이다.

③ 언어, 놀이, 인지와 같은 능력이나 행동은 이미 결정된 발달시간 예정표(표준행동목록표)에 따라 자발적으로 출현된다.

④ 게젤의 발달의 원리

  ㉠ 발달방향의 원리 : 발달은 정해진 방향과 순서로 이루어지며 머리에서 꼬리, 중심에서 말초 방향으로 이루어진다는 원리이다.

  ㉡ 상호교류의 원리 : 대칭되는 두 부분이 서로 한 부분씩 발달한 후에 함께 통합하여 균형적으로 발달한다는 것이다. 예 3세 소심 → 4세 외향 → 5세 균형적 성격

  ㉢ 기능적 비대칭의 원리 : 약간의 불균형이 오히려 기능적일 수 있다는 원리이다.
  예 선천적으로 더 잘 기능하는 손이 있음

  ㉣ 자기조절의 원리 : 영아 스스로 자신의 수준에 맞게 성장을 조절해 간다는 것이다.
  예 신생아에게 너무 많은 것을 보여 주면 눈을 감거나 고개를 돌림 → 너무 많은 자극 조절

  ㉤ 개별성의 원리 : 성숙 속도에는 개인차가 있다는 것이다. 예 걷기나 말하기가 나타나는 것은 영아마다 시기적 차이가 있음

(2) 동물행동학적 이론(로렌츠 Lorenz의 각인이론)[7]

① 어미를 따라다니게 되는 각인은 새끼가 어미와의 애착을 형성하는 첫 단계이다.

② 오리 새끼들은 부화된 후 하루라는 일정 시간 안에 움직이는 물체를 보아야만 그것을 따라다니는 각인행동을 보였다.

③ 일정시간 안에서만 각인이 일어나는 결정적 시기가 있으며, 이러한 각인은 선천적으로 타고나지만 선천적인 행동을 일어나게 하는 데는 경험이 필수적이다.

7) 동물행동학적 이론에는 각인이론의 로렌츠(Lorenz), 애착이론의 보울비(John Bowlby)가 있다.

2 정신분석학적 관점

(1) 프로이트의 심리성적 발달이론

■ 프로이트의 인성 구조 ■

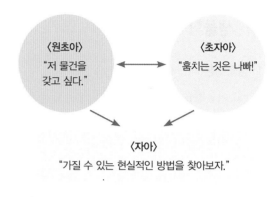

■ 원초아, 자아, 초자아의 상호작용 ■

① 아동의 발달 초기에 부모가 하는 아동의 성적·공격적 충동에 대한 지도가 건강한 인성 발달에 결정적인 역할을 한다고 주장했다.

② 의식의 구조(의식, 전의식, 무의식)

   ⊙ 의식 : 주의를 기울이면 바로 알아차리고 의식할 수 있는 정신세계이다.

   ○ 전의식 : 현재는 의식되지 않지만 주의를 집중시키고 노력하면 의식이 되는 정신세계이다.

   ⓒ 무의식 : 의식하시는 못하시만 인간행동을 시배하는 힘을 발휘한다.

③ 인성의 구조(원초아, 자아, 초자아)

   ⊙ 원초아(id)

      ⓐ 무의식에 존재하는 것으로 선천적으로 갖고 태어나며, 욕구를 즉각 충족시키려는 쾌락 원리에 따라 움직인다.[8]

      ⓑ 원초아의 쾌락 추구는 인생의 만족감과 기쁨을 가져다 주며, 이를 너무 억압하면 인생에 기쁨이 없어지고 삶이 무기력해질 수 있다.

   ○ 자아(ego) : 현실원리에 따라 무분별한 원초아의 욕구를 합리적인 방법으로 해결하려 하며 초자아의 억압을 적절하게 중재하고 균형을 이루게 하는 성격의 합리적 부분이다.

   ⓒ 초자아(superego)

      ⓐ 대부분 무의식에 존재하는 것으로, 3세에서 4세 사이에 발달하며, 부모나 주변 사람들로부터 받은 도덕적·윤리적 가치가 개인에게 내면화된 것이다.

      ⓑ 문화적·전통적으로 내려오는 가치와 그 사회가 요구하는 이상 등의 윤리적 가치를 포함하며 양심과 자아이상으로 구성된다.

8) 삶의 본능을 리비도(libido), 또는 에로스(eros)라고 부르며, 굶주림, 목마름, 성에 대한 욕구가 포함되고 성적 욕구가 강하다.

(2) 프로이트의 발달 단계별 특징[9]

① **구강기**(생후 약 1세까지)

    ㉠ 리비도가 구강에 집중되는 시기로, 구강, 즉, 입, 혀, 입술 등의 경험을 통해 세상에 대한 만족이나 쾌감 또는 고통을 알게 된다.

    ㉡ 충분한 만족을 얻지 못하여 욕구불만이 되거나 너무 오래 젖을 먹어 과잉충족이 될 경우, 구강기에 고착되어 자라서도 구강기적 성격 특성(흡연, 과식, 수다)을 나타낸다.

② **항문기**(2~3세)

    ㉠ 리비도가 구강에서 항문 주위로 옮겨 가서 배설경험을 통해서 리비도의 충족이 이루어지는 시기이며 배변훈련을 통해 생후 처음으로 본능적인 욕구에 대한 통제를 받게 된다.

    ㉡ 지나치게 배변훈련이 엄격한 경우에는 고집, 인색, 강박적 질서의식, 청결에의 집착 등이 나타나고 반면 지나치게 관대한 경우에는 파괴적, 적대적, 불결한 성격을 갖게 된다.

③ **남근기**(4~5세)

    ㉠ 리비도가 성기 부분으로 이동하는 시기로, 자신의 성기에 관심을 갖기 시작하고 손이 닿을 때 가벼운 쾌감을 준다는 것을 알게 된다.

    ㉡ 이 시기 남아는 오이디푸스 콤플렉스, 여아는 엘렉트라 콤플렉스를 가지게 된다.[10]

    ㉢ 동성부모를 동일시함으로써 자신의 성에 적절한 역할, 도덕적 태도 및 가치관 등을 내면화하게 되며, 초자아의 양심과 자아이상 부분이 발달하게 된다.

양심(conscience)	잘못한 행동에 대해 처벌과 비난을 받은 경험으로 생기는 죄책감이다.
자아이상(ego-ideal)	잘한 행동에 대해 칭찬과 보상을 받은 경험으로 생기는 자부심이다.

④ **잠복기**(6~12세)

    ㉠ 성의 충동이 철저히 잠복해 버리고, 사회적 기술을 습득하고 학업활동에 주력하게 된다.

    ㉡ 이성보다는 동성끼리 관계를 맺고자 하는 경향을 보이며, 공격적, 성적 욕구를 잠재우고 지적인 활동과 스포츠, 사회적 활동 등에 에너지를 쏟는다.

⑤ **생식기**(13~19세)

    ㉠ 이성에 관심을 갖게 되고 잠재되어 있던 성적 에너지가 사춘기 이후에 무의식에서 의식으로 나타나는 시기이다.

    ㉡ 이 시기에 발달적 성취를 잘 이룩한 청년은 이타적이고 협동적이며 성숙한 특징을 지니고, 그렇지 못한 경우 권위에 적대적이고 비행 행동을 보이게 된다.

---

9) 프로이트의 발달이론은 심리성적 발달이론이라고 불린다. 이는 연령이 변화함에 따라 성적 에너지인 리비도(libido)가 집중되는 신체 부위가 달라지는데 이 변화에 따라 발달 단계를 나누고 있기 때문이다. 각 단계의 순서는 불변하지만 각 단계의 시기는 개별 유아마다 다르다.

10) • **오이디푸스 콤플렉스** : 남성이 부친을 증오하고 모친에 대해서 품는 무의식적인 성적 애착
    • **엘렉트라 콤플렉스** : 딸이 아버지에게 애정을 품고 어머니를 경쟁자로 인식하여 반감을 갖는 경향을 가리키는 정신분석학 용어

(3) 불안과 방어기제

① 불안

㉠ 불안은 원인에 대한 명확한 대상이 없이 두려움을 느끼는 것이다.

㉡ 원초아, 자아, 초자아 간의 마찰로 불안이 야기된다.

㉢ 불안의 종류

현실 불안 (reality anxiety)	• 자아가 현실을 지각하여 두려움을 느끼는 불안이다. • 실제적 위험에서 우리를 보호하는 데 기여한다. **예** 도로에서 차가 내게 빠른 속도로 달려오는 것을 볼 때 불안을 느끼는 것
신경증 불안 (neurotic anxiety)	• 현실을 고려하여 작동하는 자아와 본능에 의해 작동되는 원초아 간의 갈등에서 비롯된 불안이다. • 막대한 힘을 가진 원초아에 의해 충동적으로 표출된 행동이 처벌되지 않을까 하는 무의식적 두려움이다.
도덕 불안 (moral anxiety)	• 원초아와 초자아 간의 갈등에서 비롯된 불안으로 본질적으로 자신의 양심에 대한 두려움이다. • 도덕적 기준에서 위배된 생각이나 행동을 했을 때 발생되는 불안이다.
혼재성 불안 (mixed anxiety)	• 두 가지 이상의 원인이 뒤섞여서 나타나는 두려움이다. • 신경증적 불안과 현실 불안, 도덕적 불안과 현실 불안, 신경증적 불안과 도덕적 불안 또는 세 가지 이상의 불안이 혼재되어 나타나는 현상이다.

㉣ 방어기제 : 자아가 위협받는 상황에서, 무의식적으로 자신을 속이거나 상황을 다르게 해석하여, 감정적 상처로부터 자신을 보호하는 심리 의식이나 행위를 가리킨다.

② 방어기제의 종류

㉠ '높은 수순의 적응 수준'을 나타내는 방어기제

ⓐ 유머 : 일상생활이나 당황스러운 상황에서 웃음을 유발함으로써 심리적 갈등이나 부담을 감소시키려는 것이다. **예** 입대를 걱정하던 군인이 무료 피트니스권을 받았다고 생각하는 것

ⓑ 승화 : 사회적으로 받아들일 수 없는 성적, 혹은 폭력적 충동의 대상이나 표현 방법을 다른 것으로 전환시키는 성숙한 방어기제 중 하나이다. **예** 공격적인 성향을 가진 사람이 자신의 공격적 에너지를 학문에 쏟아부어 성과를 이루어내는 것

ⓒ 억제 : 괴롭고 용납될 수 없는 충동이나 생각을 의식적으로 잊고자 노력하는 성숙한 방어기제이다. **예** 내일은 내일의 태양이 떠오르니까, 나는 그것을 내일 생각할 거야.

ⓓ 보상 : 약점이나 바람직하지 못한 특성을 위장하거나 메우기 위하여 장점이나 바람직한 특성을 강조하거나 발전시킴으로써 극복하는 방어기제이다. **예** 키가 작은 사람이 근육을 키우려고 하는 것, 외모에 자신 없는 사람이 좋은 성품을 기르기 위해 노력하는 것

ⓔ 말소화 : 용납될 수 없는 생각, 충동, 행위 같은 것을 부정하거나 속죄하는 것이다. 잘못한 일에 대해서 사과하거나 뉘우치는 것이다. 예 고해성사, 책을 훔친 사람이 한참이 지난 후 찾아와 용서를 구하는 것

ⓛ '정신적 억제 수준'을 나타내는 방어기제

　　ⓐ 전위 : 적개심의 대상이 원래 그 적개심을 일으키게 한 사람에서 다른 사람이나 사물로 전치되는 것이다. 예 '종로에서 뺨 맞고 한강에서 눈 흘긴다'는 속담

　　ⓑ 지성화 : 정신적으로 상처를 주는 사건에 대해 개인의 느낌이나 감정은 무시하고 추상적 문제로 일반화함으로써 스트레스를 감소시키는 방어기제이다. 예 조부가 죽었는데 그 슬픔을 조부가 100세까지 오래 사셨다는 생각으로 완화시키는 것, 시험에 40점 맞은 학생이 문제가 워낙 어려워서 전체적으로 보면 그것보다 더 못 봤을 수도 있다고 생각하는 것 등

　　ⓒ 반동형성 : 자신이 느끼는 감정과 반대의 행동이나 태도를 취하는 것이다.
　　　예 속으로 좋아하는 사람을 괴롭히거나 시비를 거는 것

　　ⓓ 억압 : 위협이나 고통스러운 상념들이나 욕망들을 의식에서 제외시키는 것이다.
　　　예 전쟁 후의 기억상실증 등

ⓒ '부인 수준'을 나타내는 방어기제

　　ⓐ 현실의 부인 : 외부 현실 및 이미 일어난 경험의 고통스러운 면을 인식하기를 거부함으로써 감정적 갈등이나 내외적인 스트레스를 처리한다. 예 불쾌한 장면이나 토론 회피, 중병이라는 진단을 받고도 병은 오진되었고 자신은 죽지 않는다고 주장하는 것 등

　　ⓑ 합리화 : 자기가 하고 있거나 하려는 행동을 정당화하기 위해 '좋은' 이유들을 생각해 내는 것을 가리킨다. 예 이솝 우화의 '신포도', 빈털터리가 인생에 있어 돈은 무가치하다고 생각하는 것 등

　　ⓒ 투사 : 자신이 지니고 있는 동기나 욕구가 용납할 수 없는 것일 경우 이를 다른 사람의 탓으로 귀속시키거나 또는 자신의 실수나 단점을 다른 사람의 책임으로 돌리는 것이다.[11] 예 싸움을 해서 벌 받게 된 아이가 다른 아이가 먼저 때려서 싸웠으므로 자기에게는 아무런 잘못이 없다고 하는 것 등

ⓡ 기타 방어기제

　　ⓐ 환상 : 부인과는 반대로 자신이 원하는 욕구 때문에 없는 것을 있는 것으로 상상하고 실제로 있는 것으로 믿고 있는 것을 가리킨다. 예 자신을 과대평가하거나 동정 혹은 존경을 받는 사람이라고 생각하는 것 등

　　ⓑ 백일몽 : 현실의 세계에서 욕구가 충족되지 않을 때, 공상의 세계에서 그것을 만족함으로써 긴장을 해소하려는 기제이다. 백일몽은 승리의 주인공형과 비극의 주인공형의 두 가지 형으로 나뉜다.

　　ⓒ 퇴행 : 발달 단계로 보았을 때 훨씬 더 어린 나이에나 맞는 반응 양식을 보이는 것을 말한다. 예 동생이 태어난 아이가 아기처럼 오줌을 싸고 어리게 행동하는 것

11) Freud의 '투사' 개념을 잘 나타낸 것은? 〈1997기출〉
① 노래를 못하는 재형이는 읽기를 잘하려고 노력한다.
② 재숙이는 성호를 좋아하면서 미워한다고 말한다.
③ 재희는 병원에서의 고통스런 경험을 기억해내지 못한다.
④ 동생을 싫어하는 재만이는 동생이 자기를 미워한다고 말한다.
〈정답〉 ④

ⓓ **행동화**(공격) : 금지된 욕망과 관련된 불안이나 긴장을 감소시키기 위하여 그 욕망을 그대로 표현하는 것이다. 예 기물 파괴나 구타

ⓔ **신체화** : 심리적인 갈등이 신체를 통해 병이나 증상 등의 형태로 전환되어 나타나는 것이다. 예 시험일마다 배가 아픔

ⓕ **주의획득 반응** : 무시당함으로써 생기는 불안성에 대한 방어기제이다. 예 유아의 손가락 빨기, 아동의 불평, 대학생의 수업 중의 질문 등

ⓖ **분노의 자기에로의 전향** : 자기 안에 있는 분노를 다른 사람에게 향하는 것이 위험하고 허락될 수 없다는 것을 알고 분노를 자기 자신에게 돌려 스스로에게 보복을 하면서 자기를 파괴해 나간다. 예 헛되게 시간을 낭비하고 자신의 재능과 기회를 허비하고 게으름과 방탕으로 자신을 궁지로 몰아가는 것, 자살 시도 등

ⓗ **동일시** : 뛰어난 인물이나 단체 등의 다른 사람과 자기를 같은 수준으로 동일하게 보고 이에 따라 우월감이나 안정감을 가지려는 기제이다. 즉 남의 장점 또는 특성의 일부를 자기의 일부로 삼는 기제이다. 인성 발달에 중요한 역할을 하지만 지나치면 망상에 사로잡혀 부적응 행동을 일으킨다.

ⓘ **대치** : 목적하던 것을 갖지 못함에서 오는 좌절감으로 인한 스트레스를 줄이기 위해 원래 목적했던 것과 비슷한 대상을 취해 만족을 얻는 방어기제이다. 예 '꿩 대신 닭'이라는 속담

ⓙ **도피** : 욕구불만이나 갈등이 생기는 상황에 직면하거나 또는 그 상황이 예상될 때 그 상황에서 도피하는 기제이다.

ⓚ **고립** : 자기의 안정을 유지하기 위하여 현실에 접촉하지 않고자 하는 기제이다.

(4) 프로이트 이론의 강조점과 문제점

① 강조점

㉠ 생후 5년 동안 부모 자녀 관계와 양육방식이 유아의 발달에 영향을 미친다는 점을 강조하였고, 인간 발달에서 부모 관계 등 초기 경험의 중요성을 부각시켰다.

㉡ 유아의 애착, 공격성, 도덕성 등의 발달 연구에 토대가 되었다.

② 문제점

㉠ 발달에서 성적 충동을 지나치게 강조했다.

㉡ 과학적 검증이 불가능한 내용이 많으며, 아동을 대상으로 하지 않고 주로 성인 신경증 환자의 기억을 기초로 하여 연구가 진행되었다.

(5) 에릭슨(Erikson, 1902~1994)

① 프로이트는 성적인 에너지인 리비도의 역동과 이동에 따라 발달 단계를 나눈 것과 달리 에릭슨은 발달에서 생물학적이고 신체적인 것보다 심리적이고 사회적인 것에 초점을 맞추어 발달 단계를 구축했다.

② 에릭슨은 발달을 출생에서 사망에 이르기까지의 전 생애적인 과정으로 보았고, 프로이트의 5단계의 발달 단계를 확장하여 8단계의 심리사회적 발달 단계를 제시했다.

③ 발달의 각 단계에는 그 단계에서 성취해야 하는 발달 과업과 발달의 위기를 함께 제시했다.

(6) 에릭슨의 심리사회적 발달 8단계

① 신뢰감 대 불신감(출생~1세)

　㉠ 프로이트의 구강기에 해당하며, 영아는 자신의 모든 것을 타인에게 의존하고 타인과의 관계에서 신뢰감, 혹은 불신감을 형성한다.

　㉡ 일관되게 부모 및 타인의 지속적 관심과 사랑을 받는 영아는 신뢰감이 형성되고, 그렇지 못한 영아는 주변세계에 대해 두려움, 의심 등 불신감이 형성된다.

　㉢ 자기 욕구에 대해 민감한 반응을 경험한 아이는 자신에 대한 긍정적인 자아개념을 형성할 수 있으며, 이후에 사회 속 타인과의 관계에서 타인에 대한 신뢰감을 형성할 수 있다.

② 자율성 대 수치심과 회의(2~3세)

　㉠ 프로이트의 항문기에 해당하며, 아동은 대소변 통제와 더불어 "안 해.", "싫어." 등의 말로 자기 주장을 하게 된다.

　㉡ 이 시기의 유아는 자율성을 발달시켜 가는 동시에 성인으로부터 사회적 행동을 훈련받고 사회적 기대와 압력을 배워 간다.

　㉢ 배변에서 실수를 하거나 스스로 행동하는 과정에서 사회적으로 기대되는 행동을 적절하게 못한다고 생각되면 수치심이나 회의감을 갖게 된다.

③ 주도성 대 죄책감(3~6세)

　㉠ 프로이트의 남근 단계이며, 이 시기의 유아들은 스스로 어떤 일을 선택하고 목표나 계획을 세우고 그것을 성취하려고 노력하면서 주도성을 획득해 나간다.

　㉡ 주위로부터 지지와 격려를 받으면 주도성이 발달하지만, 부모의 제지로 자기의 행동을 주도할 기회가 부족하거나 목표를 성취하려고 주도한 행동이 성공하지 못할 때 생기는 부정적 감정은 죄책감을 가져온다.

④ 근면성 대 열등감(6~12세)

　㉠ 프로이트의 잠복기 단계인 이 시기를 에릭슨은 자아성장의 결정적 시기로 보았다.

　㉡ 학교 생활과 함께 새로운 지식과 기술들을 습득하고 또래와의 사회적 관계를 경험해 가며 인지, 사회 및 기타 영역들에서 다양한 기능들과 기술들을 습득하게 된다.

　㉢ 이러한 과정에 참여하고 적응해 가면 근면성 또는 성취감을 발달시킬 수 있으나 이 속에서 실수나 실패를 경험하면 열등감을 느끼게 된다.

⑤ 자아정체감 대 정체감 혼미(13세~19세)

　㉠ 프로이트의 생식기에 해당하는 이 시기의 청소년들은 급격한 신체적 변화를 겪으며 새로운 사회적 요구들에 대응하게 된다.

ⓒ 이 시기의 발달 과업은 자아정체감[12]을 형성해 가는 것이다. 신체적 · 사회적 역할의 변화를 겪으며 자신에 대한 회의가 시작되는데, 이를 극복하고 자기 인식을 가지게 되면 자아정체감이 생기지만 혼란과 방황이 길어져 자아확립이 되지 않을 경우 역할 혼미 또는 정체감 혼미로 남는다.

⑥ **친밀감 대 고립감**(20세~, 성인 초기)

ㄱ 직업을 가지고 배우자를 찾는 과정과 관련되는 시기로, 바람직한 정체감을 형성한 사람은 다양한 사회적 관계 속에서 타인과 친밀감을 형성할 수 있다.

ㄴ 역할 혼미로 방황하는 사람은 자신에 대해 확신이 없고 자신감이 없으므로 타인과의 친밀한 관계를 이룰 수 없어 고립감이나 자아몰입에 빠지게 된다.

⑦ **생산성 대 침체성**(중년기)

ㄱ 중년기에 해당하는 이 시기는 다양한 성취를 만들어 내는 시기로, 아이의 양육과 출산, 직업적 성취, 다음 세대 양성, 봉사 및 창조적 활동 등을 하면서 이 시기의 발달 과업인 생산성을 이루어 낸다.

ㄴ 생산성이 발휘되지 못하였을 때는 침체성이 형성되는데, 이러한 사람은 자신의 욕구나 행복에만 몰두하는 모습을 보인다.

⑧ **통합감 대 절망감**(노년 후기)

ㄱ 자아 통합감은 자신의 인생을 그대로 인정하고 수용하며, 삶에 대한 통찰을 얻고 다가올 죽음까지도 수용할 수 있는 상태를 말한다.

ㄴ 지난 생을 아쉬워하고 후회하며 그 인생이 무의미하다고 느낄 때는 절망감을 경험하고 무력감을 느끼거나 부정적인 자아개념을 형성할 수 있다.

■ 에릭슨의 심리사회적 발달 8단계 ■

심리사회적 단계 (프로이트의 단계)	연령	주요관계[13]	주요발달
신뢰감 대 불신감 (구강기)	출생~1세	어머니	자신과 타인에 대한 믿음과 신뢰의 발달
자율성 대 수치심과 회의 (항문기)	2~3세	동성부모	자신에 대한 통제와 행동에 대한 자율성의 발달
주도성 대 죄책감 (남근기)	3~6세	가족	목표와 계획을 토대로 한 성취 과정과 방법 모색, 실패 시 대처방안의 발달
근면성 대 열등감 (잠복기)	6~12세	이웃, 학교	새로운 지식과 기술 습득 및 사회적 관계 형성의 발달
자아정체감 대 정체감 혼미 (생식기)	13~19세	또래집단	지속적이고 통합적인 자아정체감의 발달
친밀감 대 고립감	20세~, 성인 초기	이성친구	타인과의 사랑과 우정, 친밀감의 발달
생산성 대 침체성	중년기	배우자	아동 양육, 직업적 성취, 또는 다른 창조적인 일을 통해 생산성 발달
통합감 대 절망감	노년 후기	인류	자신의 삶에 대한 만족과 수용을 통해 통합감을 발달

13) **사회적 대행자**(socialization agent) : 각 발달 단계마다 수행해야 할 발달 과업 완수를 도와주는 사람이다. 인간은 사회적 대행자와 관계를 맺고 이들로부터 사회적 지지를 받으면서 성장하게 된다.

3 장 행동주의 학습이론

A Plus⁺ **행동주의 학습이론에서의 '학습'**

- **학습** : 경험이나 연습에 의하여 행동에 비교적 영속적인 변화를 초래하는 과정이다.
① **행동의 변화** : 학습은 행동에 변화를 초래하는 과정이다.
② **경험이나 연습을 통해 일어나는 변화** : 성장이나 성숙 또는 신체적 상해에 의한 변화는 학습이 아니다.
③ **비교적 영속적인 행동의 변화** : 피로, 약물이나 알코올, 질병 등의 결과로 나타나는 일시적인 변화는 학습이 아니다.

1 파블로프(I. Pavlov, 1849~1936)

(1) 파블로프의 고전적 조건형성 이론

① 러시아의 생리학자인 파블로프는 개의 소화액 분비에 관한 연구를 수행하던 중 본능적인 반사행동(음식물에 대한 타액분비) 이외에 학습된 반사행동(실험자의 발자국 소리, 실험자의 모습, 종소리에 대한 타액분비)이 있음을 관찰하게 된다.

② 고전적 조건형성 이론(classical conditioning theory) : 어떤 자극(고기)에 의한 반응(타액)이 있을 때 성질이 다른 자극(종소리)이 주어져도 같은 반응(타액)이 일어날 수 있음을 설명한다.

③ 고전적 조건형성의 과정

1단계 (조건형성 전)	고기(무조건자극) ───────────→ 타액분비(무조건반응) 종소리(중성자극) ───────────→ 정위반응(반응없음)
2단계 (조건형성 중)	고기(무조건자극) ───────────→ 타액분비(무조건반응) 종소리(조건자극) + 고기(무조건자극) ──→ 타액분비(무조건반응)
3단계 (조건형성 후)	종소리(조건자극) ───────────→ 타액분비(조건반응)

(2) 고전적 조건형성의 주요 개념

① **조건화**(conditioning) : 반복적으로 주어지는 자극과 의도하는 반응이 연관을 가지도록 만드는 것을 말한다.

② **자극 일반화**(generalization) : 조건자극과 유사한 자극들에 대하여도 조건반응을 하는 것이다. **예** 유사한 종소리에 조건반응을 하는 것

③ **자극 변별화**(discrimination) : 선택적 강화 등을 통해 주어진 특정 자극에만 반응하도록 하고 다른 유사한 자극에는 반응하지 않게 되는 것이다. **예** 특정 종소리에만 조건반응을 하는 것

④ **고차적 조건형성**(higher-order conditioning) : 조건자극이 일단 조건반응을 유발하게 되면 그 조건자극은 다른 제2의 자극과 짝지어질 수 있다. 이 제2의 자극은 무조건자극과 짝지어진 적은 없지만 조건반응을 일으키게 된다. 예 고기와 종소리 → 타액분비(1차적 조건화) → 종소리와 불빛 → 타액분비(2차적 조건화)

⑤ **소거**(extinction) : 조건반응이 획득된 뒤에 무조건자극(고기)이 제시되지 않고 조건자극(종소리)만을 계속 반복해서 제시하면 조건반응은 점점 약해져서 마침내는 일어나지 않게 된다.

⑥ **자발적 회복**(spontaneous recovery) : 조건자극과 무조건반응을 연합하지 않고 조건자극만으로 소거되었던 조건반응이 일시적으로 나타나는 것이다. 예 소거 후 종소리만 들려주었는데 타액이 분비됨

(3) 고전적 조건형성의 예

① **정서적 반응** : 경찰의 불심검문, '자라 보고 놀란 가슴 솥뚜껑 보고 놀란다'는 속담, 어떤 대상에 대한 특별한 공포증(개에 대한, 물에 대한) 등이다.

② **상업광고** : 우유와 건강한 자녀, 화장품과 미녀 등 무수한 광고는 시청자가 의식하지 않고 행동하도록 만든다.

2 왓슨(Watson, 1878~1958)

(1) 왓슨의 행동주의

① 왓슨은 파블로프의 고전적 조건형성의 원리를 인간의 행동에 적용한 대표적인 행동주의 심리학자이다.

② 심리학을 객관적이고 과학적인 학문으로 만들려면 눈에 보이지 않는 마음속의 과정보다는 자극과 반응으로 나타나는 직접 관찰 가능한 외적인 행동만을 다루어야 한다고 주장했다.

③ 인간의 적응적인 행동, 부적응적인 행동은 모두 학습된 것이라고 주장했다.

(2) 환경결정론

① 왓슨은 "나에게 건강한 아이를 맡겨 준다면 부모가 원하는 대로 의사든 변호사든 도둑이든 거지든 만들 수 있다."고 말하면서 유아의 모든 성격 특성과 행동은 선천적이고 유전적인 것이 아니라 완전하게 환경과 경험의 산물이라고 강조했다.

② 부모의 애정 표현은 유아의 독립성 획득과 탐색의 확장을 막기 때문에 부모들은 애정 표현을 삼가고 엄격한 양육 태도로 유아를 양육하고 교육시켜야 한다고 주장했다.

(3) 정서의 조건형성 실험

① 공포, 분노, 사랑 등 유아의 정서적 반응은 조건형성 과정으로 학습될 수 있다.
② 아기에게 흰 쥐(조건자극)를 보여 줄 때마다 불쾌한 큰 소리(무조건자극)를 내면 아기는 흰 쥐(조건자극)를 볼 때마다 울음을 터뜨리게 된다(조건반응).

(4) 탈조건형성

① 왓슨은 조건형성이 된 정서 등에 대해 반대로 탈조건형성을 시킬 수 있다고 주장했다.
② 체계적 둔감법 : 불안이나 공포를 느끼는 자극을 이완상태(무조건반응인 공포와 반대의 반응)라는 반응과 함께 점진적으로 연합시키면 공포의 대상을 보고도 공포 반응을 보이지 않고 이완상태를 유지할 수 있다.

3 손다이크(E. L. Thorndike, 1874~1949)

(1) 도구적 조건형성 이론

① 고전적 조건형성 이론(수동조건형성 이론)은 반응을 유발하는 자극이 분명하지 않을 때의 행동을 설명하지 못한다.
② 시행착오학습(trial and error learning) : 학습자는 다양한 반응을 해 보면서 그중에서 문제를 성공적으로 해결한 반응을 학습하게 되며, 이것을 시행착오학습이라고 불렀다.
③ 도구적 조건형성(instrumental conditioning) : 성공적인 반응이 성공을 가져다 준 도구가 되었기 때문에 이러한 학습을 도구적 조건형성이라고 불렀다.
④ 학습은 통찰적이기보다는 점증적 : 학습은 한꺼번에 이루어지는 것이 아니라 아주 조금씩 체계적인 단계를 밟으며 이루어진다는 것이다.
⑤ 학습은 사고의 중재를 받지 않음 : 고양이를 대상으로 실험한 결과, 고양이는 상황을 탐색하거나 깊이 숙고하지 않고서 어떤 행동을 할지를 결정한다고 했으며, 이는 인간에게도 적용된다고 주장했다.

(2) 손다이크의 학습의 법칙

① 준비성의 법칙 : 학습할 준비가 갖추어져 있을 때 학습이 일어난다. 학습의 준비도를 갖추는 일은 학습이 잘 일어나게 하는 중요한 요소 중의 하나이다.
② 연습의 법칙 : 행동은 단 한 번에 학습되는 것이 아니라 여러 번 반복한 결과 습득되는 것이다. 시간이 오래 걸리지만 학습에서 중요한 한 가지 법칙은 '반복'이다.
③ 효과의 법칙 : 어떤 행동을 학습하는 시간을 단축시키기 위해서는 행동의 결과 뒤따르는 보상(강화물)이 있어야 한다. '효과의 확산'이란 정적 강화('맞았다')를 받으면 뒤 이어 벌('틀렸다')을 받더라도 앞의 보상에 의한 효과가 확산되어 다음 문제를 풀려는 의도를 줄이지 않는다는 것이다.

4 스키너(B. F. Skinner, 1904~1990)

(1) 스키너의 조작적 조건형성 이론(operant conditioning theory)

① 스키너의 조건형성에서 유기체의 반응은 자극에 따른 자동적인 반응이 아니라 유기체 스스로 의지와 자발성을 가지는 조작된 행동이다. 따라서 행동이 조작된다는 특성 때문에 조작적 조건형성(operant conditioning)[14]이라 명명되며, 고전적 조건형성과 구별된다.

② 스키너의 이론은 실험동물에게 학습시키고자 하는 행동을 그 동물이 할 때까지 기다리는 것이 아니라 그 행동을 계획적으로 조형(shaping)해 가는 연구를 계획했다.

③ 스키너 상자(Skinner's Box) : 스키너는 동물 실험에 필요한 모든 실험도구를 직접 제작하여 사용하였는데 이 실험도구들을 통칭하여 스키너 상자라고 부른다.

④ 스키너 상자의 실험 : 유기체가 어떤 행동을 한 뒤에 긍정적인 결과가 나타나면 이후 그러한 행동이 나타날 확률이 높아지며, 반대로 부정적 결과가 나타나면 그러한 행동이 나타날 확률은 낮아진다.

⑤ 조작적 조건형성(operant conditioning) : 스키너 상자의 비둘기의 행동은 스스로 '능동적으로' 작용하여 어떤 결과를 생성해낸다고 해서 '조작적(operant)'이라고 하고 이러한 절차로 학습되는 과정을 조작적 조건형성이라고 한다.

⑥ 고전적 조건형성 이론과 조작적 조건형성 이론의 비교

특징	고전적 조건형성(수동적 조건형성)	조작적 조건형성(도구적 조건형성)
자극-반응	자극 후 반응이 온다.	반응 후 자극(강화)이 온다.
반응형성	반응은 자극에 의해 일어난다.	반응을 목적 지향적으로 방출한다.
내용	정서적 · 불수의적(不隨意的) 행동이 학습된다.	'목적 지향적', '의도적 행동'이 학습된다.
자극(강화)의 기능	특정 반응을 유발시키기 위해 반응 전 제시	특정 반응의 빈도를 높이기 위해 반응 후 제시

(2) 강화와 처벌

① 강화(reinforcement) : 행동주의 학습이론에서 가장 중요한 개념으로, 특정 행동의 빈도를 증가시키기 위해서 사용하는 모든 것을 말한다.

    ㉠ 정적 강화(加) : 어떤 특정한 행동의 빈도를 증가시키기 위해서 그 행동을 한 사람이 좋아하고 즐거워할 것을 제공해 주는 것이다. 예 상, 칭찬, 미소, 용돈 등

    ㉡ 부적 강화(減) : 어떤 특정한 행동의 빈도를 증가시키기 위해서 그 행동을 한 사람이 싫어하고 불쾌해할 것을 감(減)해 주는 것이다. 예 숙제, 청소, 심부름 등

② 처벌 : 강화와 대비되는 개념으로 어떤 특정한 행동의 빈도를 감소시킬 목적으로 사용하는 모든 것을 말한다.

 14) **조작적 조건형성** : 어떤 반응에 대해 선택적으로 보상함으로써 그 반응이 일어날 확률을 증가시키거나 감소시키는 방법을 말한다.

    ㉠ 정적 처벌(加) : 어떤 반응 후에 혐오자극을 가하는 것이다. **예** 친구의 놀잇감을 빼앗은 유아에게 주의를 줌

    ㉡ 부적 처벌(減) : 어떤 반응 후에 정적 강화물을 박탈하는 것이다. **예** 놀잇감 때문에 친구에게 큰 소리를 친 유아에게 잠시 놀잇감을 뺏음

    ㉢ 처벌의 장점과 단점 : 벌은 그 효과가 즉각적으로 나타난다는 장점이 있으나, 그 효과가 오래 지속되지 못한다는 점, 벌을 자주 받게 되면 벌을 받지 않기 위하여 또 다른 문제행동을 할 수도 있다는 점, 정서적으로 좋지 않은 영향을 미친다는 점 때문에 최후의 수단이라고 생각하는 것이 좋다.

③ 정적 · 부적 강화 및 처벌의 관계

자극	가(加)	감(減)
정적 강화물 (칭찬, 미소)	정적 강화 (반응빈도의 증가)	부적 처벌 (반응빈도의 약화)
부적 강화물 (숙제, 청소)	정적 처벌 (반응빈도의 약화)	부적 강화 (반응빈도의 증가)

④ 소거 : 소거란 강화물을 계속 주지 않아 반응의 강도가 감소되는 것을 말한다. 어떤 행동을 해도 정적 강화물을 얻지 못하면 그 행동은 점차 없어진다.

⑤ 강화를 제공하는 요령[15]

    ㉠ 강화물의 선택 : 강화를 제공하기 전에 가장 먼저 해야 할 일은 강화를 받는 사람이 기분 좋아지고 편안해할 것이 무엇인지를 먼저 알아내는 것이다. 왜냐하면 강화물은 사람마다 모두 다르기 때문이다.

    ㉡ 즉각적 강화 : 강화는 우리가 육성시키고자 하는 행동이 나타났을 때 즉각 주어야 행동의 반응률이 높아진다.

    ㉢ 넘치지 않게 : 강화물은 그 강화물을 받는 사람이 물리지 않도록 적절하게 제공될 필요가 있다.

    ㉣ 차별적 강화 : 육성시키고자 하는 행동이 나타나면 반드시 강화하고, 그렇지 않은 행동이면 절대 강화해서는 안 된다.

(3) 행동수정과 행동조성

① 행동수정 : 조작적 조건형성의 원리를 이용하여 강화와 처벌 등으로 문제행동을 수정하고 교정하는 방법이다.

② 행동조성 : 학습을 시키고자 하는 행동이 복잡하여 자발적으로 나타나지 않을 때, 목표행동을 세분화해서 목표행동에 근접한 행동을 했을 때 보상을 주면서 점차로 목표행동을 학습해 나가도록 하는 것이다.[16]

15) 강화의 원리를 칭찬의 원리, 점진적 접근의 원리, 즉시성의 원리, 일관성의 원리로 설명하기도 한다.

16) **행동조성** : 수업시간에 돌아다니는 유아에게 집중하는 것을 학습시키려 할 때 돌아다니다가 멈추기만 해도 보상을 주고 선생님을 쳐다만 봐도 보상을 주고 자리에 앉았을 때 보상을 주는 식으로 점차적으로 스스로 집중해서 수업하는 행동을 학습할 수 있도록 하는 것이다.

(A) Plus⁺ 프로그램 학습

> 학습내용을 작은 단계로부터 순차적·계열적으로 접근시켜 나가기 위한 학습 방법이다. 이를 위해 교과과정을 계열적으로 집대성하는 프로그램이 필요하며, 이와 같은 프로그램에 의해 학습을 진전시키는 것을 프로그램 학습이라고 한다.

(4) 강화계획(강화조건의 패턴화)

① 계속적 강화 : 각 행동마다 강화물을 주는 경우이다. 계속적 강화는 행동을 빨리 변화시키기 때문에 학습 초기단계에 가장 효과적이다.

② 간헐적 강화

   ㉠ 반응할 때마다 강화물을 제시하지 않고 가끔씩 강화하는 것이다. 계속적 강화보다 소거에 대한 저항이 강하다고 하며 학습된 행동을 유지하는 데에 유용하다.

   ㉡ 간헐적 강화의 종류

간헐적 강화의 종류	내용	예
고정비율 강화	• 일정한 반응 수에 따른 예측 가능한 강화이다. • 높은 반응률이 나타나나 강화 뒤에 일시적 반응이 중단된다.	성과급
고정간격 강화	• 일정한 시간 간격에 따른 예측 가능한 강화이다. • 강화자가 나타나기에 임박하여 반응률이 높아지며 강화 뒤에 일시적 반응이 중단된다.	월급
변동비율 강화	• 불규칙적 반응 수에 따른 예상할 수 없는 강화이다. • 아주 높은 반응률이 나타나며 강화 뒤에 일시적인 반응 중단이 거의 없다.	슬롯머신
변동간격 강화	• 불규칙적 시간 간격에 따른 예상할 수 없는 강화이다. • 완만하고 안정된 반응률이 나타나며 강화 뒤에 일시적 반응 중단이 없다.	낚시

5 반두라(A. Bandura, 1925~)의 사회학습 이론

(1) 사회학습 이론(social learning theory)

① 인간은 사회적 존재이기 때문에 상호간에 영향을 주고받는다. 인간은 타인의 행동을 보고(관찰하고) 그것으로부터 배운다.

② 관찰학습(observational learning) : 타인의 행동을 관찰함으로써 학습하는 것을 말한다. 인간은 주변에 있는 사람이 하는 행동을 그대로 모방해 봄으로써 지루하고 복잡한 시행착오를 생략할 수 있다.

(2) 모방의 효과

① 모델링 효과 : 타인이 하는 행동을 관찰함으로써 새로운 반응을 학습할 수 있다.
예 스푼과 포크로 스파게티 먹는 것을 배우는 것

② 유도 효과 : 모방은 행동을 촉진하는 작용을 한다. 모델이 칭찬받는 것을 보며 이미 학습한 행동이 촉진되는 것이다. 예 옆 사람이 휴지를 줍는 것을 보고 휴지를 주움

③ 억제 효과 : 모델이 처벌 받는 것을 보며 어떤 특수한 행위를 억제하거나 피할 수 있다.[17]
예 공개적인 벌, 속담, 설화, 우화 등

17) **억제불능** : 복도에서 뛰어도 혼나지 않는 아이를 보고 다른 아이들도 그대로 하는 것이다.

(3) 관찰학습 단계

① 주의집중 : 관찰자(학습자)가 모델의 행동에 주의를 기울이는 것이다.

② 파지 : 관찰한 행동을 상징적으로 기억하고 있는 것이다.

③ 운동재생 : 관찰하고 파지된 것이 실제로 수행되는 과정이다.

④ 동기화 : 관찰을 통해 학습한 행동은, 강화를 받으면(동기화되면) 빈도가 높아지고, 벌을 받으면 일어나지 않게 된다.

　㉠ 외적 강화(extrinsic reinforcement) : 어떤 반응이 수행된 후에 외부에서 주어지는 인자로서 그러한 반응이 수행되는 빈도나 강도를 높여 주는 자극을 말한다. 예 어떤 반응을 한 후에 주어지는 상, 음식물, 칭찬 등

　㉡ 자기 강화(self-reinforcement) : 자신이 받을 수 있는 강화를 스스로 선정하고 목표를 성취했을 때 정해진 강화를 자기에게 적용하는 것이다. 예 '그래, 잘했어. 나는 잘할 수 있어. 다음에 할 때에도 이렇게 해야지.'

　㉢ 대리 강화(vicarious reinforcement) : 다른 사람의 행동과 그 행동의 결과로 주어지는 강화를 관찰하도록 함으로써 관찰한 행동의 빈도 또는 강도를 증가시키도록 하는 것이다. 예 친구를 도와준 아동을 다른 아동이 보는 곳에서 칭찬해 주는 것

(4) 관찰학습의 종류

① **직접 모방** : 관찰자(학습자)는 모델의 행위를 관찰하고 모델이 한 행동을 그대로 시행함으로써 보상을 받는 것을 기본 전제로 한다. 관찰자가 연습의 필요 없이 쉽게 모방하면 되는 경우에 효과적이다.

② **동일시** : 관찰자가 모델의 행동유형을 습득하는 것으로, 어떤 특수한 반응보다는 모델의 일반적인 행동 스타일을 모방하는 것이다. **예** 부모 동일시

③ **무시행학습** : 모형으로서 행동을 예행해 볼 기회가 없거나 모방에 대한 강화가 없더라도 관찰자가 학습을 하는 것이다. **예** 텔레비전의 공격적 행동을 학습하게 됨.

④ **동시학습** : 모델과 관찰자가 동시에 동일한 과제의 학습을 하는 사태에서 모델의 행동을 보고 그대로 행동하게 된다. 관찰자의 행동과 같은 행동을 하는 모델이 있을 때 행동이 촉진되는 현상이 동시학습이다. **예** 학교에서 친구가 학습하는 것을 보고 자기도 학습하게 되는 것

⑤ **고전적 대리 조건형성** : 타인이 정서적으로 경험하는 것을 관찰하고 그와 비슷한 정서적 반응을 학습하는 것이다.

  ㉠ **대리선동** : 무조건 반응을 관찰하면서 모델과는 다른 정서의 학습이 일어나는 상태이다. **예** 아동 학대 동영상을 보며 분노함.

  ㉡ **감정이입** : 모델을 관찰함으로써 모델과 같은 정서 반응이 관찰자에게 일어나는 것 **예** 아동 학대 동영상을 보며 괴로워함.

  ㉢ **동정** : 관찰자가 모델보다 우위라고 생각힐 때 모델의 징서직 반응을 관찰한 뒤 관찰자가 모델에게 느끼는 정서이다. **예** 아동 학대 동영상을 보고 불쌍하다고 생각함.

(5) 자기 효능감

① 자기 효능감(self-efficacy)이란 내가 무엇인가 잘 할 수 있다는 기대감이며, 이 기대는 수행에 중요한 영향을 미친다.

② 자기 효능감이 높으면 문제가 어려워도 집착성을 가지고 해결하려고 노력하는 반면, 자기 효능감이 낮으면 도전을 잘 하지 않고 도전의 난이도가 높으면 쉽게 포기한다.

③ 자기 효능감 향상에 영향을 미치는 요인 : 주변의 기대와 긍정적인 평가 및 인정, 성공 경험, 좋은 모델이 있는 경우 등이 자기 효능감 향상에 영향을 미친다.

(6) 상호 결정론

① 상호 결정론(Reciprocal Determinism)이란 사람(P), 환경(E), 행동(B)이 서로 영향을 주고받는 상호작용의 관계를 말한다.

② 인간의 행동은 인간의 행동, 환경, 개인의 내적 특성이라는 세 가지가 동시에 상호작용하여 이루어진다.

③ 상호 결정론 모형

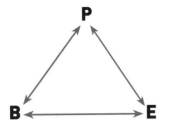

- ㉠ 인간(P) ⇄ 환경(E) : 개인의 성별, 태도 같은 특성은 환경적 상황을 각기 다르게 인식하고 반응하며, 타인들에게 받는 사회적 대우에 따라 개인의 자아개념이 다르게 형성된다.
- ㉡ 환경(E) ⇄ 행동(B) : 변화된 환경은 행동의 방향과 강도에 영향을 주며, 행동은 상황을 알맞게 변화시킨다.
- ㉢ 행동(B) ⇄ 인간(P) : 행동은 개인의 감정과 인상에 영향을 주며, 개인의 기대와 가치는 행동에 영향을 미친다.

④ 사회학습 이론에서는 모든 행동(외현적이든 내재적이든)의 변화는 사회적 맥락 속에서 설명되어야 한다고 주장한다.

⑤ 비행의 지도 : 똑같은 행동이 어느 사회에서는 정상으로 평가되고 다른 사회에서는 이상으로 규정되는 것은 사회적 기준의 차에서 오는 것이며, 다만 그 사회에서 그렇게 이름 붙였기 때문이므로 아동의 비행을 수정함에 있어서도 사회적 관계 속에서 학습시키는 것이 바람직하다. 즉, 비행은 정상적 행동을 하는 청소년 집단 속에서 함께 건전한 생활을 영위케 하는 과정에서 수정되는 것이지, 정신병리학적 방법으로 수정되지 않는다.

⑥ 행동의 자기 규제 : 자기규제란 스스로에게 보상이나 처벌을 내리며 자기의 행동을 통제하는 것이다. 사회학습 이론에서 자유란 행동할 수 있는 여러 가지 대안들 중에서 어떤 것을 선택할 것이냐의 문제이며, 또 선택할 권리에 대한 문제이다.

4장 피아제의 인지발달 이론

1 피아제(J. Piaget, 1896~1980) 인지발달 이론의 기본 입장

(1) 피아제의 생애

① 1896년 출생한 피아제는 21세에 동물학 박사학위를 받았지만 지식이 어떻게 생성되고 쌓여가는지 지식의 근원에 대하여 의문을 가지게 되었다.

② 1920년 파리의 비네(A. Binet)실험실에서 아동용 지능검사를 개발하는 과정에서 아동들의 오답에 일정한 유형이 있음을 확인하고 아동들의 사고에 일정한 특징이 있음을 생각하게 되었다.

③ 1925년 첫딸이 태어나면서 자녀들을 유심히 관찰하고 유아의 인지적 행동과 그 변화에 대하여 연구하였고, 아동 심리 분야에서만 40권 이상, 100편 이상의 저서와 논문들을 발표하여 아동심리 분야에 괄목할 만한 기여를 하였다.

(2) 인지발달 이론의 기본 입장

① 인간은 환경과 끊임없이 능동적인 상호작용을 한다.

② 상호작용을 통해서 외부 세계, 자기 자신, 자신과 외부와의 관계적 지식을 획득한다.

③ 개인의 발달은 자기 자신과 주위 환경 세계를 구성하는 것이다.

④ 자신과 주위 환경 세계의 구성 과정은 사물을 사진기처럼 수동적으로 찍어내는 것이 아니라, 감각정보를 능동적으로 변형시켜 인지구조 속으로 조직하는 것이다.

⑤ 인지발달에서 아동의 능동적 자기 활동을 강조한다.

2 피아제 인지발달 이론의 주요 개념

(1) 도식(schema)

① 유기체가 가지고 있는 외부 환경에 대한 이해의 틀로서, 사고 또는 행동의 조직화된 패턴이다.

② 유기체는 환경과의 상호작용을 통해서 도식을 구성해 나간다.

③ 도식은 사고활동의 기본 단위로서 연령의 증가에 따라 변화한다.

④ 개념적 차원에서의 도식을 인지구조(structure)라고 하며, 인지발달 각 단계에서 획득되는 지식의 본질을 결정한다.

(2) 인지구조(cognitive structure)

① **행동적 도식** : 아기가 사물에 반응하거나 경험하게 될 때 사용하는 조직화된 행동 양식으로 영아기에 나타난다.

② **상징적 도식** : 머릿속에 있는 경험의 표상이며, 행동 없이 머릿속에서 심상이나 언어 같은 정신적 상징으로 생각하거나 문제를 풀 때 나타나는 인지양식으로, 2세경부터 출현한다.

③ **조작적 도식** : 7세 이후의 아동의 사고에서 나타나며, 정신적 활동으로서 논리적 결론에 도달하는 인지적 조작이 특징이다.

(3) 조직화

① 조직화(organization)란 도식을 형성하고 이용하는 과정을 말한다.

② 빠는 도식과 손을 움직이는 도식이 조직화되면 손가락 빨기를 할 수 있는 것처럼 두 가지 도식이 하나로 통합되는 것이다.

③ 도식은 경험을 통해 생성되고, 학생들이 학교에서 배우는 모든 개념, 원리, 규칙, 절차들은 학생들이 세계를 이해하게 해 주는 도식들로 조직화된다.

(4) 동화[18]

① 동화(assimilation)란 외부의 자극이나 정보를 새롭게 접할 때 자신이 가진 인지구조에 맞추어 해석하고 수용하려고 하는 것이다.

② 새로운 경험이 기존의 도식에 통합되는 적응의 한 유형이며, 새로운 환경자극을 자신이 지니고 있는 기존 이해의 틀(도식, 혹은 인지구조)에 맞도록 변형하여 흡수하는 현상이다.

③ 동화는 새로운 환경자극이나 정보가 수정되는 것으로, 도식의 변화가 아니라 '도식의 양적 성장'과 관련 있다.

(5) 조절

① 조절(accommodation)이란 기존의 인지도식으로 이해하기 힘든 외부적 자극과 정보를 수용하기 위해 가지고 있던 기존의 인지적 도식을 변형하는 것이다.

② 새로운 경험들을 의미 있게 해석하기 위해 자신의 도식을 새로운 경험에 알맞게 바꾸는 현상이다.

③ 환경적 영향의 결과, 개인의 유기체 조직이 수정되어가는 과정으로 조절은 '도식의 질적 변화'와 관련이 있다.

18) 동화와 조절은 적응(adaptation) 기제라고도 한다.

(6) 인지적 갈등과 평형화

① 기존 도식으로 새로운 경험을 이해할 수 있을 때 동화작용에 의해 평형 상태가 유지되지만 기존 도식으로 새로운 경험을 이해할 수 없을 때는 불평형 상태가 된다.

② **인지적 갈등**(cognitive conflict) : 환경으로부터 들어오는 도식과 자신이 가지고 있는 도식 간의 불일치로 인해 야기되는 불균형이다. 인지적 비평형, 인지적 불평형이라고도 한다.

③ **평형화**(equilibrium) : 인지적 갈등으로 인해 도식의 불일치를 느껴 외적 자극 도식을 받아들이거나(동화) 혹은 자신의 도식을 수정하여(조절) 인지갈등과 불일치를 해소하고 균형된 편안한 상태가 되는 것이다.

  ㉠ **적응**(adaptation) : 평형화 유지를 위해 도식과 새로운 경험을 서로 조정해가는 과정으로 동화와 조절로 구성된다.

  ㉡ 평형화 과정에는 인지적 갈등, 동화, 조절이 작용한다. 유기체는 평형 상태가 깨진 인지적 불평형을 인지적 평형으로 회복하려고 노력한다.

  ㉢ 동화작용에 의해 인지적 평형에 실패한 경우 조절에 의해 인지적 평형을 회복하게 된다.

  ㉣ 평형화는 '낮은 단계의 인지적 평형 → 인지적 불평형 → 높은 단계의 인지적 평형'을 반복하면서 발달의 주요 원동력이 된다.

▣ 평형화의 단계 ▣

1단계	아동이 자신의 인지 구조에 따라 사물을 해석하는 데 문제가 없는 평형 상태에 있는 단계
2단계	자신의 인지 구조로는 사물의 해석이 안 되어 만족하지 못하고 불평형 상태에 이른 단계
3단계	자신의 인지 구조를 바꾸어 문제짐을 없애고 조금 더 높은 사고의 틀을 갖게 뇌어 좀 더 안정된 평형 상태에 이른 단계

(7) 인지발달에 영향을 미치는 요소[19]

① 물리적 세계의 경험

  ㉠ 구체적인 실세계의 경험은 인지 발달에 중요한 영향을 미친다.

  ㉡ 유아는 구체적인 경험을 통해 다른 세계에 자신들의 이해를 적용하는 능력이 확장된다.

② 사회적 경험

  ㉠ 다른 사람과의 상호작용, 특히 언어를 통한 상호작용의 과정인 사회적 경험은 학습자가 그들의 도식을 다른 사람들의 도식과 관련하여 확인해볼 수 있는 기회를 제공하기 때문에 인지발달에 중요한 역할을 수행한다.

  ㉡ 발달에서 사회적 상호작용이 중요하다는 인식에 의해 유아교육에서 놀이집단에서의 상호작용과 협동학습 등이 강조되었다.

19) 피아제는 학습의 역할을 경험 내에 포함하려고 했고, 경험이 발달에 미치는 영향을 설명함에 있어 물리적 세계의 경험과 사회적 경험을 구별했다.

© 지식 구성에 있어서 사회적 상호작용의 역할을 피아제는 도식을 검증하고 확인하는
수단으로 보았으며 비고츠키는 언어를 습득하고 생각을 문화적으로 교환하는 수단
으로 파악했다.

③ 상호작용

(1) 구속적 관계와 협력적 관계

① 구속적 관계
  ⊙ 개인들이 서로 다른 수준의 지식과 세력을 지니고 있으므로 서로 대등하게 의견을
     제시하고 동등한 입장에서 상호작용을 하기 어려운 관계를 말하며, 주로 성인과 아
     동이 상호작용할 때를 가리킨다.
  ⓒ 이러한 상황에서 아동은 상대방의 지식과 세력에 비해 자신의 지식과 능력이 열등
     함을 알고 상대방에 의해 지배됨을 느끼므로 성인의 제안을 자유롭게 거절할 수 없
     고 성인의 권위에 쉽게 순종한다.
  ⓒ 피아제에 의하면 이와 같은 순종은 아동에게 어떠한 내적 인지적 적응도 요구하지
     않으므로 인지발달을 이끌 수 없다고 하였다.

② 협력적 관계
  ⊙ 협력적 관계는 상호작용하는 개인들이 서로 동등한 지식과 세력을 지니고 있는 상
     황을 말하며 주로 또래 간의 관계가 이에 해당된다.
  ⓒ 협력적인 관계에서는 아동들이 서로의 생각을 자유롭게 교환할 수 있으며, 자신과
     다른 의견에 접할 때 그것을 자기 생각과 비교해 보고 그로 인한 인지적 갈등을 해
     결하기 위하여 자기의 생각을 조정해 보려는 동기가 쉽게 유발된다.
  ⓒ 아동은 또래끼리 상호작용할 때 상대방의 생각에 쉽게 도전하며 서로 다른 의견을
     조정하는 과정에서 상대방의 피드백을 심각하게 받아들인다.
  ② 따라서 피아제의 관점에서는 또래 간 상호작용, 즉 협력적 관계만이 아동의 인지적
     변화를 가능케 하는 조건을 제공하는 바람직한 상황이라고 본다.

(2) 상호작용의 핵심 : 인지적 갈등

① 또래 간 상호작용의 핵심적 역할은 아동들에게 인지적 갈등을 일으키는 것이다.
② 각 아동의 내적인 인지구조와 그의 외부 환경 간의 불균형 또는 부조화가 초래되면 새
   로운 정보에 대한 내적인 조절이 일어나게 된다.
③ 또래 간 상호작용 도중 아동들은 서로 다른 인지적 전략과 갈등에 쉽게 접하게 되고,
   서로 대등한 입장에서 논쟁하면서 이러한 갈등을 해결하고자 노력하게 된다.

④ 자기 중심성의 탈피
- ㉠ 피아제가 또래를 가장 영향력 있는 사회적 자원이라고 보았을 때, 또래로부터 인지 적으로 긍정적인 영향을 받을 수 있는 연령은 최소한 다른 사람의 관점을 고려할 수 있는 아동기 중반 이후를 의미한다. 아동이 유아기의 연령일 때는 상호작용 도중 자 기와 다른 관점에 직면하면 자기중심성으로 인해 상호의견의 조정이나 협조가 어려 워지기 때문이다.
- ㉡ 피아제에 의하면 인간은 연령 증가와 더불어 유아기의 자기중심성에서 탈피되어 가므로 발달은 개인적인 수준에서 시작하여 사회적인 발달로 진행된다고 하였다.

4 인지발달 단계

(1) 감각운동기(출생~2세)
① 인지발달 단계상의 특징
- ㉠ 감각운동기(sensorimotor stage) : 유아가 세상을 이해하기 위해 감각과 운동 능력을 이 용하는 시기이다.
- ㉡ 신체와 환경과의 상호작용에 기초하여 도식을 발달시킨다. 예 물체를 잡기 위해 눈 과 손을 사용하고 그것을 입으로 가져가는 행위 등을 한다.
- ㉢ 감각운동기 초기의 아동(7개월 이전)은 물체를 정신적으로 표상하지 못하기 때문에 물 체가 보이지 않으면 존재하지 않는 것으로 인식한다.
② 감각운동기 주 발달과제 : 대상영속성 개념의 획득
- ㉠ 감각운동기 후기(8~24개월)에 아동들은 물체를 기억에 표상하는 능력인 대상영속성을 획득한다.
- ㉡ 대상영속성 : 어떤 대상이 시야에서 사라져도 그 대상은 계속 존재한다는 것을 아는 것이다.
- ㉢ 이 단계의 아동은 모방 능력이 발달하는데, 이는 다른 사람들을 관찰함으로써 학습 할 수 있게 하는 중요한 능력이 생긴 것을 말한다.
- ㉣ 처음으로 언어를 사용하여 의사소통할 수 있는 인지구조가 발달되어 다음 단계로 넘어간다.
③ 감각운동기 하위 단계의 특징

반사단계 (0~1개월경)	• 빨기·잡기 등 외부자극에 대해 자동적으로 반응하는 반사행동을 나타내는 단계 이다. • 대상영속성 : 움직이는 대상을 추적하나 대상이 시야에서 사라지면 무시하고 다른 행동을 한다.

1차 순환반응단계 (1~4개월경)	• 우연한 신체적 움직임에 흥미가 유발되어 계속 반복하는 단계이다. • 영아의 행동이 영아 자신의 신체에 국한되어 나타나므로 1차라고 하고, 반복적이기 때문에 순환반응이라 한다. • 여러 가지 협응이 나타난다.	
	• 대상영속성 : 대상이 사라지면 사라진 장소를 응시하나 다시 나타나지 않으면 포기해 버린다.	
2차 순환반응단계 (4~8개월경)	• 환경에 보다 관심을 갖고 자신의 행동이 아닌 외부대상에게서 일어나는 일에 흥미를 갖는 단계이다. • 관심의 초점이 자신이 아닌 외부에 있어 2차라 하며, 행동이 반복적으로 일어나 순환반응이라 한다.	
	• 대상영속성 : 부분적으로 감추어져 있거나 반투명 덮개 밑의 대상은 찾으나 완전히 감추어진 것은 찾으려 하지 않는다.	
2차 순환반응의 협응단계 (8~12개월경)	• 3번째 단계에서 획득한 도식을 기초로 새로운 도식을 형성하여 새로운 상황에 사용하는 단계이다. • 의도적인 행동이 나타난다. **예** 물을 마시고 싶을 때 엄마의 손을 가지고 가서 물을 달라고 한다.	
	• 대상영속성 : 대상이 숨겨지는 것을 보면 찾을 수 있지만, 여러 번 장소를 이동시킨 경우 이동경로를 볼 수 있어도 찾지 못한다.	
3차 순환반응단계 (12~18개월경)	• 흥미를 끄는 새로운 결과를 위해 일련의 실험적 행동을 반복하는 단계이다. • 3차 순환반응이란 새로운 결과가 흥미로우면 이를 반복하지만 똑같이 반복하지 않고 조금씩 행동을 변화시키면서 그 같은 행동의 변화가 대상에 미치는 영향을 살펴보는 시행착오적인 탐색활동을 의미한다.	
	• 대상영속성 : 새로운 장소에 감추더라도 그것이 영아가 보는 눈앞에서 이루어지면 찾아낸다.	
정신적 연합단계 (18~24개월경)	• 대상을 지각하거나 직접 다루지 않고도 내적으로 표상할 수 있는 단계이다. • 언어발달이 이루어져 상징적으로 표상할 수 있으므로 정신적 연합이 이루어지며, 지연모방도 가능해진다.	
	• 대상영속성 : 영아가 보지 않을 때 숨겨도 머릿속에서 표상을 통해 찾는다. **예** 공을 소파 밑으로 굴렸을 때 보이지 않아도 소파 뒤에서 공을 찾음.	

(2) 전조작기(2~7세)

① 인지발달 단계상의 특성

ㄱ 3~5세경의 시기로 이 시기에는 유아의 정신적 표상능력이 발달한다.

ㄴ 아직 논리적이거나 조작적[20]인 사고를 할 수 없기 때문에 사고의 한계를 지닌다.

ㄷ 전개념적 사고기와 직관적 사고기

ⓐ 전개념적 사고기(2~3세) : 성숙한 개념이 발달되지 않아 전개념적 사고에 머무는데, 그 특징은 상징적 사고, 자기중심적 사고, 물활론적 사고, 인공론적 사고, 실재론적 사고, 전환적 추론이다.

20) **조작**(operation) : 일반적으로 인지기능(cognitive skills)이나 인지과정(cognitive processes)과 같은 의미로 사용한다. 피아제는 조작이라는 용어를 보다 특수한 의미를 갖는 용어로 사용했다. 즉 A를 B로 변형시키는 능력으로, 외부에서 주어지는 정보를 의미 있게 변환시킬 수 있는 정신능력을 말한다. 그리고 비가역적인 단순한 행위와는 달리 가역성을 띨 수 있는 행위이다. **예** 사물, 영상, 개념, 명제를 다른 상태로 변형시키는 것이다.

ⓑ **직관적 사고기**(4~7세) : 모든 사물을 직관에 의해 파악하려고 한다. 직관적 사고란, 눈에 띄는 지각적 속성에 의해 대상이나 상황을 판단하는 것으로, 이것의 특성은 보존개념의 부족, 비가역적 사고, 유목포함 개념의 부족, 서열화 능력의 부족에서 나타난다.

② **전조작기**(preoperation stage) **사고의 특징**

㉠ **상징적 사고**

ⓐ 경험을 상징이나 언어로 표상할 수 있어 과거를 재구성하거나 눈에 보이지 않는 사물들을 머릿속에서 비교할 수 있는 사고가 발달된다.

ⓑ **표상의 형태**

지연모방	모방할 동작이 표상으로 기억되어 있다가 후에 재연되는 것이다.
상징놀이	유아가 놀이 속에서 자기 자신이나 다른 물건들을 현실과 다르게 간주해 노는 것이다.

A Plus⁺ 상징놀이의 교육적 의의

① 실제와 비실제를 구별할 수 있게 되고, 가작화 활동을 통해 가역적 사고를 경험할 수 있게 된다.
② 다른 사람이 어떻게 느끼는가라는 타인 조망의 공감 능력이 향상된다.
③ 원인과 결과를 이해하게 된다.
④ 새로운 어휘를 습득할 수 있다.

㉡ **자기중심적 사고**

ⓐ 다른 사람도 자기와 동일한 방식으로 생각하거나 동일한 관점을 가지고 있다고 생각하는 것이다. 다른 사람이 다르게 생각할 수 있다는 것을 이해하지 못한다.

ⓑ **유아기 자기중심성**

시각적 조망	피아제의 '세 산 실험'은 조망수용 능력이 아직 획득되지 못했음을 알려준다.
언어	집단적 독백처럼 유아끼리 서로 번갈아가며 말을 하기는 하나 의미의 전달이 없는 단어의 단순한 반복 등 자기중심적 언어가 나타난다.

㉢ **물활론적 사고**

ⓐ 무생물도 살아 있고 감정과 의도를 가지고 있으며 사고를 할 수 있다고 생각한다.

ⓑ **생명관의 발달 단계** : 모든 사물은 살아 있다 → 움직이는 것은 살아 있다 → 스스로 움직이는 것은 살아 있다 → 과학적 생명관

㉣ **인공론적 사고** : 모든 사물과 현상을 인간이 만들었다고 믿는 것이다.

ⓓ 실재론적 사고

 ⓐ 꿈이나 마음에 생각한 것이 현실에서 존재한다고 생각하는 것이다.

 ⓑ 유아기 실재론의 예

꿈의 실재론	꿈이 실재라고 믿으며 자신의 꿈이 다른 사람에게도 보인다고 생각한다.
도덕적 실재론	행위의 잘잘못을 판단할 때 행위의 결과에 의해서만 판단한다. 예 선생님을 도와주다가 화분 3개 깬 아동과 일부러 화분 1개 깬 아동의 경우 3개 깬 아동은 나쁘고, 1개 깬 아동은 착하다고 함.

ⓗ 전환적 추론 : 전인과적 사고라고도 한다. 서로 관련이 없는 두 개의 사건을 인과관계로 생각하는 것이다.[21] 예 자신이 미워해서 애완견이 아프다고 생각하거나 자신이 말을 안 들어서 부모님이 이혼한 것으로 생각하는 것 등

ⓢ 직관적 사고[22]

 ⓐ 대상이나 사건을 여러 측면에서 보지 못하고 눈에 띄는 현저한 속성에 근거하여 사고하는 것이다.

 ⓑ 직관적 사고에 의한 사물의 판단으로 인해 사물의 다양한 특성을 이해하지 못하는 현상이 나타나며 이로 인해 복잡한 분류나 보존개념을 이해하지 못한다.

ⓞ 보존개념의 부족(보존개념의 미발달)

 ⓐ 보존개념이란 어떠한 사물이 그 외형이 변화하더라도 그 양이나 수에서는 변화가 없다는 것을 아는 것이다.

 ⓑ 동일한 양의 물을 높이와 밑면의 넓이가 다른 컵에 넣었을 때 컵 안의 물의 양이 달라졌다고 대답하는 것은 한쪽 측면에만 주의를 기울이는 중심화 경향 때문이다. 이는 여러 측면을 모두 고려하는 논리적 사고가 아닌 한 측면만을 고려하는 직관적 사고를 보여 준다.

 ⓒ 피아제의 보존과제의 예

보존과제	초기 제시	변형
수	두 줄의 동전을 동일한 간격으로 배열한 후 동전 수가 같은지 물어본다.	동전 한 줄의 간격을 다르게 하고 동전 수가 같은지 물어본다.
길이	두 막대기를 나란히 하고 길이가 같은지 물어본다.	막대기 한 개를 옆으로 옮겨 놓고 두 막대기의 길이가 같은지 물어본다.
양	같은 모양의 두 찰흙 공의 양이 같은지 물어본다.	공 한 개의 모양을 넓적하게 바꾸고 각각의 찰흙 양이 같은지 물어본다.
들이	동일한 컵에 동일한 양의 물을 부어 두 컵의 물의 양이 같은지 물어본다.	한 개의 컵을 넓적한 컵으로 바꾸고 물을 옮겨 부은 후 컵의 물의 양이 같은지 물어본다.
무게	동일한 모양의 찰흙 공을 저울에 올려 놓고 무게가 같은지 물어본다.	공 한 개의 모양을 변형시킨 후 두 공의 무게가 같은지 물어본다.

21) **변환적 추론** : 한 상태에서 다른 상태로 변하는 과정을 고려하지 않는 것이다(병치적 사고).

22) **중심화** : 자기중심적 사고와 직관적 사고에 의해 나타나는 전조작기의 대표적인 사고특성으로, 특정 상황에서 한 가지 핵심적 요소에만 주목하고 관련된 다른 요소들은 무시하는 경향을 일컫는다.

ⓓ 보존개념의 적용 원리

동일성의 원리	모양이나 배열만 바뀌었지 새로 넣거나 뺀 것이 없으므로 이전과 수나 무게, 부피는 같다.
보상성의 원리	한 차원으로 인해 달라진 것은 다른 차원에서 보상될 수 있으므로 수나 무게, 부피는 같다. (한 잔은 넓고 낮지만 다른 한 잔은 좁고 높아서 부피는 같다.)
가역성의 원리	역으로 조작하면 원상태로 되돌릴 수 있다. (원래 상태로 되돌려 놓으면 같다.)

ⓩ 비가역적 사고

ⓐ 가역성 : 어떤 변화가 일어나면 이것을 머릿속에서 역방향으로 이전의 상태로 되돌려보는 논리적 조작 능력이다.

ⓑ 유아는 가역적 사고를 하지 못한다. 예 "너는 동생이 있니?"라고 물었을 때 "예."라고 답하지만 질문을 바꾸어 "동생은 언니가 있니?"라고 물으면 "아니요."라고 대답한다.

ⓩ 유목포함 개념의 부족 : 단일 차원의 단순 분류는 가능하나 하위 분류는 어려워한다. 예 장미꽃 5송이, 국화꽃 3송이가 있는 그림을 보면서 장미꽃이 국화꽃보다 많은 것은 알지만 '꽃'이 '장미꽃'보다 많다는 것은 모른다.

ⓣ 서열화 능력의 부족 : 서열화 능력은 순서짓기라고도 하며, 일정한 속성을 기준으로 순서대로 배열하는 것이다. 이는 물체 간의 반복적이고 연속적인 비교 능력이 포함된다. 3세 유아는 5개 이상을 서열화하는 것이 힘들다.

③ 전조작기(preoperation stage) 언어발달의 특징

㉠ 이 시기의 아동은 급격한 언어 발달을 보이는데, 이는 상징을 사용하는 능력이 발달되었기 때문이다.

㉡ 전조작기 언어발달의 특징

ⓐ 자기중심적 언어 : 다른 사람의 말은 듣지 않고 자기 말만 한다.
ⓑ 과잉 일반화 : "선생님이가 읽어 주세요."
ⓒ 과잉 축소 : "이파리가 있어서 이건 당근이 아니에요."
ⓓ 과잉 확대 : (고양이를 보고) 얼룩 강아지!"

Ⓐ Plus⁺ 전조작기 유아를 위한 수업 방략

① 구체적 사물과 시각적 보조물을 가능한 한 항상 사용한다.
② 지시사항들은 짧게 말하되, 말뿐만 아니라 행동으로 보여 준다.
③ 유아들의 세계를 보는 능력이 타인의 관점과 일관되리라고 기대하지 않는다.
④ 유아 언어의 과잉 축소 현상과 과잉 확대 현상을 이해해야 하며, 유아에게 자신의 단어가 의미하는 것이 무엇인지를 설명하도록 유도한다.
⑤ 개념과 언어학습을 위한 기초를 세우기 위하여 동물원, 식물원, 극장, 콘서트 등의 현장학습을 비롯한 다양한 영역의 경험을 제공한다.

(3) 구체적 조작기(7~11세경)

① 인지발달 단계상의 특성

　㉠ 구체적 조작기(concrete stage)는 구체적인 대상에 대해 논리적으로 사고하는 능력으로 특징지어지는 시기이다.

　㉡ 심리적 도식은 어느 정도의 논리적 조작이 가능하지만 추상적인 문제를 다루는 데는 아직 미숙한 단계이며, 구체적 상황에 한해서만 논리적 조작이 가능하다.

　㉢ 동작으로 했던 것을 머리로 생각할 수 있는 단계이다.

② 구체적 조작기 사고의 특징

　㉠ 탈중심화 : 자기중심적 사고와 직관적 사고에서 벗어나 어떤 상황을 한 가지 관점이 아닌 여러 관점에서 고려할 수 있다.

　　ⓐ 유목포함 문제 해결 : 유목 사이의 관계를 안다.

　　ⓑ 분류 : 단순 분류뿐만 아니라 하위 분류도 가능해진다.

　　ⓒ 서열화 능력 : 대상의 길이, 면적, 무게, 부피 등을 큰 순서대로 혹은 작은 순서대로 배열하는 능력이다.

　㉡ 보존개념의 발달

　　ⓐ 보존개념 : 물체가 외형이 변화하거나 공간적 배열을 달리하더라도 그 속성은 변하지 않는다는 것을 아는 것이다.

　　ⓑ 보존개념의 형성 시기 : 수(5~6세)·길이·양(6~7세경), 무게(9~10세경), 부피(11~12세경)의 순서로 보존개념이 형성되며, 이처럼 과제에 따라 보존개념의 획득 시기가 달라지는 현상을 피아제는 '수평적 격차'라고 불렀다.

　㉢ 가역적 사고 : 어떤 대상의 변형된 형태가 그 반대의 절차에 따라 원래의 상태로 되돌아 갈 수 있음을 아는 것이다.

A Plus⁺　전조작기와 구체적 조작기의 비교

전조작기 아동	구체적 조작기 아동
지각된 외형으로 사실을 받아들임.	추론된 사실을 앎.
두드러진 한 가지 정보에만 주의	여러 정보를 고려
현재의 상태에만 주의	상태의 변화과정에도 주의
현실성에 기초	가상성에 기초
경험적이고 귀납적	가설적이고 연역적

(4) 형식적 조작기(11, 12세 이후)

① 인지발달 단계상의 특성

㉠ 형식적 조작기(formal operational stage)는 추상적인 문제들을 체계적으로 고찰하고 그 결과를 일반화할 수 있다.

㉡ 형식적 조작기는 추상적 사고, 체계적 사고, 가설에 근거한 사고의 특징을 지닌다.

② 형식적 조작기 사고의 특징

㉠ 추상적 사고 : 대상의 구체적 존재 여부와 상관없이 형식논리에 의해 대상에 대해 사고를 전개할 수 있으며, 자신의 사고 자체에 대해 사고하는 것이 가능하여 자기성찰을 할 수 있게 된다. 이것은 더욱 발달하여 청소년기의 자아정체감 획득을 촉진시킨다.

㉡ 가설연역적 사고(추리) : 전제로부터 결론을 유도해낼 수 있는 추리가 가능하다. 예 "A가 B보다 크고, B가 C보다 크면 A는 C보다 큰가?"라는 추상적인 형식으로 문제를 제시해도 이해할 수 있다.

㉢ 조합적 사고 : 하나의 문제에 직면했을 때 가능한 모든 해결책을 논리적으로 생각하여 문제 해결을 하는 것이다. 예 세 가지 고기, 세 가지 야채, 세 가지 드레싱을 가지고 27가지 샐러드를 만들 수 있다.

■ 피아제의 인지발달 단계 정리 ■

단계	연령	특징
감각운동기	출생~2세	세상을 감각 운동 능력으로 이해, 대상영속성 획득, 모방능력 발달
전조작기	2~7세	상징적 사고, 자아중심적 사고, 직관적 사고(중심화), 비가역적 사고, 전환적 추론, 물활론적 사고, 인공론, 실재론
구체적 조작기	7~11세경	탈중심화, 가역적 사고, 보존개념의 발달
형식적 조작기	11, 12세 이후	추상적 사고, 가설연역적 사고, 조합적 사고

5 피아제 이론의 평가

(1) 피아제 이론의 시사점

① 아동이 특정 발달단계에 도달하기 전 그 단계의 개념을 획득하도록 가르치는 것은 도움이 안 된다.

② 아동의 인지적 사고에 맞게 교수하여야 한다.

③ 발달수준이 같은 또래 간의 상호작용을 증진시켜야 한다.

(2) 피아제 이론에 대한 비판

① 모든 청년이나 성인들이 형식적 조작을 나타내지는 않는다.

② 피아제가 제시한 연령보다 인지발달이 훨씬 일찍 나타난다.

5장 맥락적 관점에서의 아동발달

1 비고츠키(Vygotsky, 1896~1934)의 사회문화 이론

(1) 생애

① 스위스의 피아제와 미국의 스키너가 동시대에 활발한 활동을 할 무렵, 러시아에서는 비고츠키가 심리학계에서 활발한 활동을 전개했다.

② 비고츠키는 피아제와 같은 해인 1896년에 태어나 37세의 짧은 생을 살고, 1934년 결핵으로 사망했다.

③ 비고츠키의 언어, 문화, 인지발달에 대한 생각들은 심리학과 교육에 중요한 영향을 미치고 있으며, 피아제 이론의 대안을 제시하고 있다.

(2) 비고츠키 이론의 기본 가정

① 인지발달에서 사회문화적 요인 강조

ㄱ 아동발달에서 사회문화적 맥락을 최초로 강조했다.

ㄴ 언어의 사용, 추상적 사고, 의식적 행위 등의 고차적인 정신 기능은 역사적·사회적 기원을 갖는다고 본다.

ㄷ 문화적 맥락 속에서 사회적 상호작용과 언어가 인지발달에 미치는 영향을 강조했다.

ㄹ 발달은 변증법적 과정을 통해 진전하며, 문화적 맥락 속에서 일어난다.

② 사회문화적 발달이론(sociocultural theory of development) : 문화적 맥락 속에 내포된 사회적 상호작용과 언어가 개인의 인지발달에 미치는 영향을 강조하는 이론이다.

③ 인지발달에 영향을 미치는 중요한 요인 4가지

ㄱ 사회적 상호작용 : 학습과 인지발달을 가져오는 직접적 요인이다.

ㄴ 정신의 도구로서의 언어 : 언어습득은 아동발달의 가장 중요한 변인이다.

ㄷ 문화 : 문화는 발달이 일어나는 상황적 맥락을 제공한다.

ㄹ 학습 : 학습이 발달에 필요하며 발달은 학습에 의하여 촉진된다.

④ 사회적 상호작용에 의한 내면화 과정

ㄱ 대상과 상호작용 : 아동이 세계와 만나는 첫 단계는 대상과의 상호작용이다.

ㄴ 사회적 상호작용 : 아동의 행동과 성인의 반응이 결합함으로써 아동의 정신 능력은 개인 간 정신 국면으로 발달해 나간다.

ㄷ 내면화

ⓐ 아동은 이전에는 단지 사회적 상호작용에서만 존재하던 것을 개인 내 정신 국면에서 자발적으로 통제할 수 있게 된다.

ⓑ 아동은 주변의 사회(성인, 또래)와의 계속적인 상호작용을 통해서 고등정신 기능들을 발달시켜 나간다.

ⓒ 아동의 인지발달은 개인 간 정신 국면에 해당하는 사회적 상호작용이 내면화라는 긴 발달적 과정을 거쳐 개인 내 정신 국면으로 전환됨으로써 가능해진다.

(3) 사회적 상호작용과 인지발달

① 피아제의 견해

ⓐ 피아제는 사회적 상호작용이 인지적 갈등을 유발하여 동화와 조절을 만들어내는 기제라고 생각하였기 때문에 인지발달의 간접적 요인으로 간주하였다.

ⓑ 사회적 상호작용은 오직 그것이 인지적 갈등을 통해 인지적 불균형을 일으킬 수 있을 때에만 의미를 갖는다. 따라서 개인 차원의 환경탐색 등 환경과의 상호작용을 중시했다.[23]

ⓒ 사회적 상호작용의 대상 : 성인보다는 또래가 효율적인 자원이라고 보았다.

② 비고츠키의 견해

ⓐ 비고츠키는 사회적 상호작용을 학습과 인지발달을 가져오는 직접적 요인으로 간주했다. 피아제와 달리 비고츠키는 인간은 날 때부터 사회적인 존재라고 보았으며, 발달은 사회적인 수준에서 시작되어 개인적인 수준으로 진행된다고 주장했다.[24]

ⓑ 사회적 상호작용 그 자체를 인지발달의 토대로 여기며 아동이 보다 숙련된 조력자의 도움을 받아 문화적 활동에 참여할 때 사고의 도구를 내면화한다고 본다.

ⓒ 사회적 상호작용의 대상

ⓐ 이상적인 상호작용의 상대는 아동의 근접발달영역에서 아동에게 비계설정을 해줄 수 있는 성인 또는 보다 유능한 또래임을 강조했다.

ⓑ 학습은 사회적 상황이라는 맥락 속에서 직접적으로 발생하며, 아동의 사고 능력 발달은 사회적으로 경험과 지식이 더 많은 다른 사람들, 특히 어른들과의 상호작용을 통해서 이루어진다.

ⓓ 아동의 문화적 발달의 모든 기능은 먼저 사회적 수준, 즉 개인 간 수준에서 일어나고 그 다음에 개별적 수준, 즉 아동의 내적 수준에서 일어난다. 따라서 발달은 개인 간의 조정이 개인 내부의 조정으로 내면화될 때 진행된다.

ⓔ 사회적 상호작용을 통해 아동은 혼자서는 얻지 못할 이해 체계를 발달시켜 나간다.

ⓐ 피아제는 아동이 세상을 개인적으로 탐구한다고 주장했다.

ⓑ 비고츠키는 아동이 스스로 문화적 지식을 새롭게 창조해 낼 필요가 없다고 주장했다. 문화적 지식은 수천년에 걸쳐 축적되어 왔으므로 사회적 상호작용을 통해 자기 것으로 만들면 된다는 것이다.

23) 반면 비고츠키는 사회적 차원에서 이루어지는 유아와 환경과의 상호작용을 더욱 중시했다.

24) 아기는 태어나면서부터 주변 인물들과 의사소통을 하고, 주변 인물들의 도움으로 자기 자신의 능력 범위를 벗어나는 활동에 참여한다. 이처럼 주위 사람과 함께 참여한 활동들을 내면화하면서 지적인 발달이 촉진되고 차츰 스스로 문제 해결을 주도할 수 있게 된다.

(4) 언어와 인지발달

① 언어는 사고의 도구이며 언어를 통한 의사소통이 사고 발달에 기여한다.

② 자아중심적 언어에 대한 피아제와 비고츠키의 견해 비교

    ㉠ 피아제 : 자아중심적 언어는 타인을 고려하지 못하는 인지발달의 미숙함에서 나타나는 것이다.

    ㉡ 비고츠키 : 혼잣말은 문제 해결 방법을 찾는 능동적 인지과정에서 문제 해결과 사고의 수단으로 나타나는 것이다.[25]

③ 언어발달 단계

초보적 언어단계	2세경까지는 사고와 언어가 독립된 영역에서 발달하는 특성을 보인다. 울음, 옹알이 등의 언어활동은 사고와는 직접적인 연관이 없이 이루어진다.
소박한 심리단계 (상징적 언어단계)	어휘 수가 증가하고 점차 외부세계에 대한 능동적인 정보탐색이 이루어진다. 언어가 사고와 연관되기 시작하면서 외부세계를 이해하기 위한 도구로 사용되지만 문법적으로나 어휘적으로 모두 맞는 언어를 사용하지는 못한다.
자아중심적 언어단계	언어는 사회적 상호작용의 역할을 하기보다는 자기조절 및 자기통제를 위한 수단이나 문제 해결의 방법으로 사용된다.
내적 성장 언어단계 (내적 언어단계)	7세 이후가 되면 유아의 자아중심적 언어는 줄어들게 되고 내적 언어가 발달하게 되어 머릿속에서 계획하고 문제를 해결해 나갈 수 있게 된다.

(5) 문화와 인지발달

① 인지발달에서의 문화의 역할

    ㉠ 발달이 일어나는 상황적 맥락을 제공한다.

    ㉡ 한 문화의 언어는 유아가 세계를 이해하고 다른 사람과 상호작용하기 위한 인지적 도구로서 기능을 한다.

    ㉢ 문화는 사고와 의사소통에 중요한 수단을 제공한다.

② 사회가 공유하는 문화적 도구들(cultural tools)이 인지발달에 중요한 역할을 한다고 보았다.

    ㉠ 실제적 도구 : 인쇄기, 자, 주판 등

    ㉡ 상징적 도구 : 수, 수학 체계, 점자와 수화, 예술품, 기호와 부호, 언어 등

(6) 학습과 인지발달

① 학습은 발달에 기여한다.

    ㉠ 학습은 사람들이 특정 지식을 얻는 능력을 발달시킬 때 일어난다.

    ㉡ 발달은 지식이나 기술이 더 크고 복잡한 상황에 통합될 때 일어난다.

② 학습이 발달에 필요하고, 발달은 학습에 의해 촉진되며, 학습과 발달은 모두 언어를 매개로 한 사회적 맥락에서 일어난다.

[25] **비고츠키의 혼잣말** : 유아의 혼잣말은 자신의 사고과정이나 행동을 조절하여 자기통제 및 자기조절의 역량을 강화시키는 데 도움을 준다.

A Plus⁺ 피아제와 비고츠키 이론의 강조점 비교

	피아제	비고츠키
발달	• 발달의 보편적·불변적 계열	• 발달은 사회 구조와 유기체 구조 간의 역동적 산물
환경	• 물리적 환경에 관심	• 역사적·문화적 환경에 관심
지식발달의 기제	• 낮은 단계의 인지적 평형화 → 비평형 상태 → 높은 수준의 인지적 평형화	• 사회적 상호작용과 내면화
언어와 사고	• 사고에 의해서 언어가 구조화	• 언어와 사고의 발생론적인 개별성 인정 • 언어적 사고는 인간의 고등정신 기능이 내면화되는 결정적 계기 마련
학습과 발달	• 발달이 학습에 선행	• 학습(내면화)이 발달을 이끄는 역할
상호작용의 대상과 과정	• 대등한 수준의 또래와의 상호작용 강조 • 다른 관점을 가진 또래가 인지적 갈등을 경험시킴.	• 비계설정을 할 수 있는 성인 또는 보다 유능한 또래와의 상호작용 강조 • 아동의 근접발달영역 내에서 대화가 이루어지도록 조정할 책임이 있는 대상과의 상호작용 • 상호작용을 통해 다른 사람의 지식을 내면화할 수 있는 도움을 주어야 함.
개인차	• 발달의 개인차에 관심 없음.	• 발달의 개인차에 관심

(7) 근접발달영역(The Zone of Proximal Development : ZPD)

① 실제적 발달수준 : 아동이 타인의 도움 없이 혼자서 도달할 수 있는 발달수준이다.

② 잠재적 발달수준 : 성인이나 유능한 또래의 도움을 받아 도달할 수 있는 발달수준이다.

③ 근접발달영역

　㉠ 아동이 혼자의 힘으로 문제를 해결할 수 있는 실질적인 발달수준과 혼자 힘으로는 불가능하지만 성인의 지도나 또는 유능한 또래와의 협력을 통해서 문제를 해결할 수 있는 잠재적인 발달수준 간의 간격을 말한다.

　㉡ 근접발달영역은 아동이 그 문화권 내의 보다 유능한 구성원과 함께 상호작용하고 문제를 해결해 봄으로써 자신의 현재 수준보다 높은 수준으로 발달할 수 있게 되는 인지발달의 역동적인 장(場)이다.

　㉢ ZPD 개념은 인지발달에서 유능한 또래나 교사, 성인이 적극적으로 도울 수 있는 이론적 근거를 마련했다는 점에서 중요한 의미를 갖는다.

(8) 발판 또는 비계(scaffolding)

① 비계설정의 의미
  - ㉠ 비계설정이란 상호작용하는 상대방의 능력에 맞추어서 상대방이 과제를 수행하는데 필요한 도움을 조절함으로써 상대의 학습에 기여하는 것을 뜻한다.
  - ㉡ 아동의 근접발달영역에서의 협력자의 비계설정은 결국 아동의 계속적인 과제 수행능력의 발달을 가져온다.
  - ㉢ 근접발달영역 내에 있는 학생에게 구조화를 형성할 수 있도록 단서를 제공하고 세부사항과 단계를 기억할 수 있도록 주어지는 조력 · 격려 · 도움 등이 포함된다.
  - ㉣ 학생들은 상호작용을 통해서 현재의 수준보다 더 높은 단계로 진입해 나간다.
  - ㉤ 비계설정은 교사가 학습 상황에서 학생의 현재 발달수준보다 한 단계 높은 목표를 설정하여 단계별로 교육을 진행시키는 것이 바람직하다는 점을 함의하고 있다.

② 비계설정의 목표
  - ㉠ 근접발달영역에서의 과제해결 능력 신장
    - ⓐ 학생들에게 적절한 수준의 과제를 제시함으로써 도전감을 갖도록 한다.
    - ⓑ 학생의 현재 요구와 능력에 맞도록 교사의 개입 정도를 조절한다. 도움이 필요한 상황에서 도움을 주고 점차적으로 도움의 양이나 정도를 감소시킨다.
  - ㉡ 자기조절 능력의 신장
    - ⓐ 학생이 몇 번의 실수를 통해 자신의 학습 행동을 조절할 때 학습에서의 자기조절은 최대화가 된다. 교사는 학생이 독립적으로 문제를 해결할 수 있는 상황을 정확하게 파악하여 가능한 한 조절과 도움을 빨리 멈추어야 한다.
    - ⓑ 학습자 스스로 상황을 판단하여 자신이 해야 할 일을 정하고 그 순서와 양을 조절해 갈 수 있도록 이끌어야 한다. 그러기 위해서 교사는 학습자에게 학습문제가 무엇이며 어떻게 해결해 나가야 하는지를 생각할 수 있는 기회를 주어야 한다.
    - ⓒ 교사는 학생들로 하여금 문제 해결 방안의 발견과정에 참여하게 하는 질문을 함으로써 학생의 학습과 자기조절 능력의 신장을 최대화시킬 필요가 있다.

③ 비계설정의 구성요소(버크 Berk, 1995)
  - ㉠ 공동의 문제 해결 : 흥미롭고 문화적으로 의미있는 문제 해결 활동에 공동으로 참여하면서 다른 누군가와 함께 상호작용하며 문제 해결을 위해 노력하는 것을 의미한다.
  - ㉡ 간주관성(상호주관성) : 어떤 과제를 시작할 때 서로 다르게 이해하던 두 참여자가 공유된 이해에 도달하는 것을 말한다. 즉, 공동활동의 각 참여자가 상대방의 관점에 자신의 관점을 조정하여 맞춤으로써 의사소통을 위한 공동의 화제를 만들어가는 것을 의미한다.
  - ㉢ 따뜻함과 반응 : 언어적 상호작용의 정서적 분위기는 따뜻하고 반응적이어야 한다. 교사가 명랑하고 따뜻하고 반응적일 때 유아들은 더욱 자신감을 얻고 문제 해결에 몰입하게 된다.

ⓔ 어린이를 근접발달영역에 머물게 하기 : 유아들에게 그들의 근접발달영역 내에 있는 과제들을 하게 한다. 이는 유아들에게 적절한 수준의 도전이 되는 과제를 제공하고 또한 유아들의 요구와 능력에 맞도록 교사가 도움의 양을 조절하는 것이다.

ⓜ 자기조절 능력 증진시키기 : 유아들이 스스로 보다 많은 협력활동을 조정하게 함으로써 자기조절 능력을 기르는 것이다.

ⓗ 언어(기호)의 매개

　ⓐ 유아가 문제를 해결해 나가는 상황에서 문제의 요소들 간 관계를 파악하도록 도와주며, 다양하고도 효과적으로 문제를 해결하도록 도와주는 질문 방법이다.

　ⓑ 유아가 점차적으로 표상적이고 전략적인 사고를 하도록 도와주며, 문제를 파악하고 사고능력이 증가함에 따라 문제 해결에 대한 보다 많은 책임을 갖도록 유아의 자율성을 지원해 준다.

　ⓒ 시겔(Sigel)의 '거리두기 전략(distancing strategies)'

　　• 낮은 단계의 거리두기 : 교사가 주변의 사물들 또는 사건들에 대해 언급하거나 물어보는 것이다. 예 "이것은 어떤 그림이지?", "이 여자아이가 어떻게 하고 있니?", "이 그림에서 무엇을 볼 수 있니?"에서와 같이 이름 붙이기나 묘사하기를 요구하는 질문을 한다.

　　• 중간 단계의 거리두기 : 교사가 유아들에게 시각적으로 드러나는 양상들 간의 관계에 대해 설명하게 하는 것이다. 예 "두 여자아이의 다른 점은 무엇이지?", "왜 남자아이가 화가 난 것 같다고 생각하는데?" 등의 질문에서와 같이 비교하고 분류하고, 또는 관련을 짓도록 요구하는 것이다.

　　• 높은 단계의 거리두기 : 교사가 유아들로 하여금 시각적으로 드러나는 양상들을 넘어서서 가정을 세우도록, 또는 생각을 정교하게 다듬도록 하는 것이다. 예 "만약 남자아이가 그래도 싫다고 하면 어떻게 해야 할까?", "친구의 마음을 위로해 주려면 어떻게 해야 할까?", "왜 이 여자아이는 미안하다고 사과해야 할까?", "미안하다고 사과만 하면 모든 일이 해결되는 것일까?" 등의 질문과 같이 계획하고 추리하고 추론하도록 요구한다.

④ 비계의 유형

㉠ 모델링 : 미술 교사가 새로운 화법을 사용하여 그림을 그리도록 말하기 전에 시범을 보인다.

㉡ 소리내어 생각하기 : 교사가 구슬을 분류하면서 자신의 사고 순서를 소리내어 말한다.

㉢ 질문 : 중요한 시점에 관련 질문을 던짐으로써 학생들이 문제를 보다 구체적으로 이해할 수 있게 한다.

㉣ 수업자료 조정하기 : 평균대의 넓이를 유아의 운동 능력에 맞춰 조절한다.

㉤ 조언과 단서 : 유아들이 신발 끈 묶는 것을 배울 때 교사가 줄을 엇갈려가면서 끼우도록 옆에서 필요한 단서를 준다.

⑤ 비계설정의 적용 사례 : 협동학습, 상호수업(reciprocal teaching), 수준별학습, 인지적 도제(cognitive apprenticeship)[26]

26) 전문가와 함께 활동하면서 학생은 과제를 수행하는 방법뿐만 아니라 과제에 관하여 사고하는 방법을 학습한다. 전문가는 학생을 지도하면서 학생의 능력발달에 맞추어 학생에게 더 많은 책임을 부여한다.

Plus⁺ 스캐폴딩(scaffolding)

비고츠키는 구체적인 수업방법을 제시한 바가 없다. 비고츠키는 근접발달영역의 구체적인 측정 방법이나 근접발달영역에서 아동을 어떻게 가르칠 수 있는지에 관해서는 더 이상 언급하지 않았으나 근래 이 영역에 관한 연구가 많이 진행되고 있다.

1. 우드와 쉐츠(Wood & Schetz, 1994)의 스캐폴딩의 유형

구분	유형	설명
정의적 스캐폴딩 (affective scaffolding)	아동 흥미 유발 (recruitment)	학습자의 흥미에 대해 주목하고 과제가 요구하는 초점에 아동을 몰입시키는 것
	자유의 정도 감소시키기 (reduction in degrees of freedom)	학습자가 문제 해결에 도달하도록 하기 위해 다른 불필요한 행동을 줄이도록 안내하고 과제를 단순화시키는 것
	학습목표 유지시키기 (direction maintenance)	학습자가 목표를 추구할 수 있도록 지지하는 것
	좌절 통제 (frustration control)	문제 해결 과정에서 과제가 주는 좌절을 줄여 주는 것으로 학습자가 계속해서 문제를 해결하도록 힌트 또는 도움을 주는 것
인지적 스캐폴딩 (cognitive scaffolding)	과제의 중요 특성을 표시하기 (marking critical features)	학습자가 한 것과 올바른 것 간의 불일치를 표시해 주는 것
	시범(demonstration)	과제 해결에 대한 모델이 되거나 시범을 보이는 것

2. 로버츠와 랑거(Roberts & Langer)의 스캐폴딩 유형

유형	설명
초점 맞추기(focus)	관련 분야를 좁혀 가는 도움, 학생들의 반응을 정선함으로써 학생들의 노력에 방향을 제시하여 과제를 단순화하기
수정하기 (modity/shape)	다른 말을 사용하거나 어떤 것을 부가함으로써 학생들의 아이디어 바꾸어 주기
힌트주기(hint)	아이디어나 대답의 형태로 된 도움 주기
요약하기(summarize)	아이디어를 재검토하거나 재진술하기
진술하기(tell)	정보의 직접적이고 명시적인 진술을 통한 도움주기

(9) 역동적 평가

① **역동적 평가의 의미** : 역동적 평가(dynamic assessment)는 교수 – 학습 활동을 제대로 시행하기 위해서 특정 시점에서 무엇을 얼마나 학습했는가에 대한 것뿐만 아니라 앞으로 무엇을 얼마나 학습할 수 있느냐를 파악할 수 있는 평가 방식이다.

② 비고츠키는 학생에 대한 평가는 고정적(static) 평가라기보다는 역동적(dynamic) 평가여야 함을 주장한다.

③ **역동적 평가의 전략**

   ⊙ 한계에 대한 평가와 반응에 대한 면담 : 아동의 반응에 대해 피드백을 제공하며 왜 그런 반응을 했는지 알아냄으로써 아동의 한계를 심층적으로 살펴보고자 하는 전략이다.

   ⓒ 점진적 촉진이나 단서 제공 : 실패한 항목에 대해서는 위계적인 촉진이나 단서를 제공한다.

   ⓒ 평가–단기학습–재평가 : 학습잠재력에 대한 예후를 파악하기 위해서 초기평가(사전평가)와 재평가(사후평가) 사이에 단기학습을 시행한다.

④ **역동적 평가의 특징**

   ⊙ 교육목표의 달성도뿐만 아니라 향상도를 평가한다. 역동적 평가는 도착점 수준뿐만 아니라 출발점 수준도 측정하기 때문에 향상도 측정이 가능하다.

   ⓒ 역동적 평가는 학습의 결과뿐만 아니라 학습의 과정도 평가하기 위한 것이다.

   ⓒ 학생의 대답이 틀렸을 경우 추가적인 질문을 하거나, 학생의 답에 이르는 사고과정이나 그렇게 응답한 이유에 더 많은 관심을 가진다.

   ⓔ 개별 학생의 교수 – 학습 활동을 개선하고 교육적인 지도·조언을 제공하는 것을 중시한다. 역동적 평가는 기본적으로 선발·분류·배치를 위한 목적보다는 개별화 수업이나 교육적 처방, 교육적 지도·조언을 하기 위한 목적을 더 중시한다.

A Plus⁺ 사회문화 이론에서의 의사소통과 맥락화 신호

1. 의사소통 능력의 개념

유아들은 학교생활에서 다양하고도 수많은 언어적 상호작용에 참여함으로써 의사소통 능력을 점진적으로 길러 나간다. 유아들은 교사와 또래들과의 대화를 나누는 가운데 의사소통의 기초능력, 기술 및 감각을 길러 나간다. 언제, 어느 때, 어떻게 자기 주장을 펼 수 있는지, 또는 하고 싶은 이야기를 참고 남의 이야기를 들어야 하는지를 배운다. 어른에게 이야기할 때와 또래들에게 이야기할 때는 어떤 방식으로 이야기해야 하는지 또는 놀이 시간에 친구들과 대화를 나눌 때와 전체 집단 앞에서 의견을 발표할 때는 어떤 표현을 해야 하는지를 배운다.

교사의 의사소통 능력은 유아들의 학습과 발달을 도와줄 수 있는 교육적 대화를 효율적으로 이끌어 갈 수 있는 능력을 의미한다. 교사가 의사소통 능력을 갖추고 있을 때 어떤 주제를 언제, 어떤 방식으로, 누구와(개별적으로, 소집단으로, 또는 대집단으로) 이야기할지에 대해 보다 정확하게 판단할 수 있다. 따라서 성공적인 학교교육을 위해서는 교사가 의사소통 능력을 갖추는 것

이 매우 중요하다. 교사는 각 유아들의 흥미, 경험, 지식, 가정환경 등에 대해 보다 많은 지식을 가지면 가질수록 보다 수준 높은 의사소통 능력을 발휘할 수 있다. 또한 교사는 유아들과의 많은 대화 경험을 통해 풍부한 의사소통 능력을 발달시켜 나갈 수 있다.

2. 맥락 · 맥락화 신호

언어적 상호작용은 일정한 맥락(context)에서 일어난다. 맥락은 "어떤 특정한 상호작용 또는 의사소통적 교류를 둘러싸고 있는 즉각적이고도 특별한 성격을 지닌 사회적 상황이나 환경"을 의미한다. 언어적 상호작용에 참여한 사람들 간에 주고받는 대화의 주제를 알고, 대화의 의미를 이해하고, 대화의 방향을 따라가면서 의사소통을 하기 위해서는 현재 어떠한 맥락에서 언어적 상호작용이 이루어지고 있는지를 파악해야만 한다.

유아교실에서 이루어지는 이야기 나누기, 노래, 극화활동, 게임, 과학실험 및 집단토의 시간은 각각 하나의 특정한 맥락이다. 유아들은 각 활동들에서 서로 다른 종류의 대화 유형, 바람직한 태도, 참여 형태 등을 보이도록 기대된다. 예 유아들은 집단토의 시간에는 무엇에 대해 이야기를 나눌 것이고 어떻게 참여해야 하는지를 안다.

의사소통 능력은 대화자들이 주고받는 '맥락화 신호(Green & Smith, 1983)'를 바로 해석할 수 있는 능력을 포함한다. 맥락화 신호란 '대화자 간의 거리, 단어, 문장 형태, 말의 운율, 시선, 몸의 움직임, 자세 등'으로서 대화의 의미와 기대되는 행동을 알도록 도와주는 일종의 단서들을 말한다. 집단토의를 하는 동안 교사와 어린이들은 매순간마다 맥락화 신호를 교환하고 이에 반응한다. 예 교사가 눈을 가늘게 뜨고, 전체 유아들을 둘러보며 같은 질문을 느린 속도로 반복한다면 유아들은 교사가 다른 대답을 기대하고 있음을 눈치챌 것이다. 대화의 역동적 과정에서 맥락은 대화자들이 주고받는 맥락화 신호에 의해서 짜여지고, 지속되고, 수정되거나, 도전받게 된다.

만약 교사가 화제를 막 바꾸려고 하는데, 유아들이 전 화제에 대해 계속 진지하게 생각하는 표정을 짓고 있거나 "음… 음…" 하며 곧 말할 것이라는 맥락화 신호를 보낸다면 교사는 때로 다음 화제로 넘어가기보다는 말할 기회를 줄 테니 안심하라는 시선과 함께 도움말을 주어 격려할 것이다.

집단토의는 교사와 유아들 간의 '협력적 작품'이다. 협력적 집단토의를 성공적으로 이끌어 가려면 교사와 유아들 모두 맥락화 신호에 민감하게 반응할 수 있는 의사소통 능력이 매우 중요하다. 집단토의의 성패는 교사와 유아들 쌍방의 노력 여하에 달려 있다.

2 브론펜브레너(U. Bronfen brenner, 1917~2005)의 생태체계 이론

(1) 생태체계 이론(ecological theory)의 특징[27]

① 인간발달을 사회문화적 관점에서 이해하고자 하는 이론이다.

② 아동의 발달을 보다 정확하게 이해하기 위해서 아동에게 영향을 미치는 환경의 개념을 확장시켰다.

27) 생태(ecology, 生態) : 유기체가 생존을 유지해 가는 데 영향을 미치는 환경

(2) 생태체계 이론의 내용

① 미시체계

　㉠ 개인을 중심으로 유아에게 가장 인접한 환경들로, 아동에게 직접적으로 상호작용을 하며 영향을 주는 것이다. 예 가족, 학교, 또래집단, 이웃 등

　㉡ 물리적 환경(집, 놀이터 시설, 도서관의 서적 등)과 사회적 환경(부모의 교육 수준 및 양육 태도, 경제적 수준, 교사의 신념)을 포함한다.

② 중간체계

　㉠ 가정 · 학교 · 이웃 · 유치원 등 미시체계 사이의 상호작용을 말한다. 예 부모와 교사와의 관계, 형제 간의 관계, 또래 간의 관계, 부모와 이웃 간의 관계 등

　㉡ 아동의 학업성취는 단순히 교실에서의 활동에만 영향을 받는 것이 아니라 부모의 학교 참여와 가정학습에서도 큰 영향을 받는다는 연구 결과가 중간체계의 중요성을 말해 준다.

③ 외체계

　㉠ 유아와 직접적 상호작용은 없지만 유아의 미시체계에게 영향을 미쳐 유아에게는 긴접적인 영향을 주는 환경이다. 예 부모의 직장, 종교기관, 부모의 지인 조직, 사회복지기관, 정부기관, 대중매체 등

　㉡ 외체계는 유아의 발달과 복지에 중요한 역할을 한다.

④ 거시체계

　㉠ 유아의 생활에 영향을 미치는 특정한 환경적 맥락을 말하는 것이 아니라 미시체계, 중간체계, 외체계 모두에 포함되는 문화적 가치 및 이데올로기를 말한다. 예 사회의 문화, 신념, 가치, 법률, 정책, 관습 등

　㉡ 유아를 존중해 주는 사회문화적 분위기, 유아의 복지를 우선시하는 정부의 복지 정책 등은 유아의 건강하고 긍정적인 발달에 매우 큰 영향을 준다.

⑤ 시간체계

　㉠ 아동의 환경에서 발생하는 사건들과 생애에서 전환점이 되는 사건 등을 말한다. 예 동생의 출생, 학교 입학, 이사, 부모의 이혼 등

　㉡ 중대한 사건들은 유아와 환경 간의 상호작용과 관계에 영향을 미치며 유아의 발달에 긍정적 또는 부정적인 영향을 미치게 된다.

6 장

정보처리 이론

1 정보처리 이론

(1) 정보처리 관여 요소

① 정보처리 이론에 의한 기억은 '부호화 → 저장 → 인출'의 3단계로 이루어지는 연속적 과정이다.

② 부호화 → 저장 → 인출

㉠ 부호화 : 외부의 정보들을 두뇌로 수용하는 과정으로, 인간은 환경 속의 자극 정보들을 시각부호, 청가부호, 촉각부호 등으로 부호화시켜 저장한다.

㉡ 저장 : 부호화된 정보를 기억 속에 보관하는 것을 의미한다.

㉢ 인출 : 필요할 때 정보를 기억 속에서 찾아내는 과정을 말한다.

ⓐ 재인기억 : 현재 접한 정보(단서)가 이미 저장한 정보인지 인식하는 기억과정이다.
예 4지 선다형 객관식 문항

ⓑ 회상기억 : 현재 대상에 대한 제시나 정보 자극이 없는데도 이전에 경험하고 저장해 놓은 대상을 기억 속에서 인출하는 과정이다. 예 보기 없는 주관식 문항

ⓒ 일화기억 : 개인이 경험한 특정한 사건에 대한 기억이다.

• 스크립트 : 일상에서 경험하는 특정 사건에 대한 일련의 묘사 또는 절차적 표상들이다.[28] 예 생일파티에서는 "주변에 사람들이 모이고, 케이크에 초를 켜고, 생일축하 노래를 부르고, 초를 끄고, 케이크와 음식을 사람들과 함께 먹는다."라는 스크립트를 가지고 있다.

• 자서전적 기억 : 개인이 경험한 특정 사건이 개인적으로 의미가 있을 때 오랫동안 기억하게 되는 과거 사건에 대한 표상으로 오랫동안 잘 기억된다.

28) 스크립트로 만들어진 경험에서는 특수한 장면을 잘 기억해 내기 어렵다. 그러나 스크립트는 유사한 경험을 예측하고 이에 적절하게 계획하고 행동하도록 유도한다.

(2) 정보처리 단계

① **단기 감각 저장고**(2초) : 한 번에 7개 정도의 정보를 담을 수 있다고 하며, 주의집중에 의해서 망각되지 않고 단기기억과 작업기억으로 옮겨 간다.

② **단기기억과 작업기억** : 의식된 기억을 잊지 않기 위해 메모하는 것을 작업기억이라고 한다.

③ **장기기억** : 단기기억과 작업기억 내의 정보는 시연(試演)을 하면 장기기억 속으로 들어가게 된다.

④ **기억의 정보처리 모형**[29]

29) 일반적인 정보처리 모형이다. 각 모형에 따라 약간의 설명은 차이가 있으나 큰 틀에 있어서는 이 모형을 사용하고 있다.

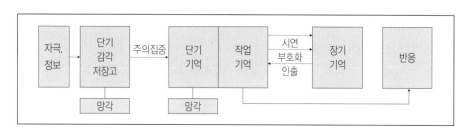

(3) 기억 전략의 발달

① **주의** : 외부자극 중에서 특정 자극을 선택적이고 집중적으로 인식하고 그것에 반응하는 것을 말한다. 유아들은 연령 증가에 따라 과제의 수행과 관련 없는 자극들은 무시하고, 관련 자극들에만 주의를 집중시키는 '선택적 주의(selective attention)' 능력이 발달한다.

② **시연** : 기억해야 할 정보를 여러 번 보거나, 말로 여러 번 되풀이하여 기억을 돕는 것이다.

③ **조직화** : 주어진 정보들을 그것들이 가진 속성이나 특징을 바탕으로 의미 있는 단위로 구성하여 기억을 하는 전략이다.

  ㉠ **절편화**(chunking) : 여러 정보들을 묶어서 몇몇 단위로 만들어 기억하는 것이다.
    예 전화번호, 자동차 번호 등

  ㉡ **범주화**(categorization) : 주어진 정보들을 상위 유목으로 묶어 범주를 만들어 기억하는 전략이다. 예 원숭이, 사과, 포도, 사자를 기억해야 할 때 과일과 동물의 상위 유목에 하위 목록을 만들어 기억함.

④ **정교화** : 서로 관계가 없는 기억해야 할 대상들을 서로 관련지어 기억을 돕는 전략이다. 예 '고양이, 우산, 시계'의 단어 목록을 외워야 한다면 고양이가 우산을 쓰고 시계를 보고 있는 모습을 떠올림.

(4) 기억에 관한 이론

① **중다저장모형**(앳킨슨과 쉬프린 Atkinson & Shiffrin)

ㄱ **감각등록기** : 감각경로(시각, 청각, 촉각, 미각, 후각 등)를 통하여 들어온 정보를 감각등록기로 받아들여 몇 초 동안 저장하게 되고, 그중 선택적 주의를 받은 정보는 단기기억으로 이동하게 된다.

ㄴ **단기기억**

ⓐ 단기기억 속에 있는 정보는 일반적으로 30초 이내에 완전히 소멸되어 버리므로 시연, 부호화, 청킹(chunking) 등의 전략을 사용하여 더 오래 정보를 저장하게 된다.

ⓑ 단기기억의 용량은 한정되어 있기 때문에 단기기억의 저장고가 다 차면, 새로운 항목이 들어가기 위해서 이미 들어 있는 항목이 저장고에서 밀려나와야 한다.

ⓒ 수업에의 시사점 : 잘 학습하고 기억할 수 있게 하기 위해서는 한 번에 많은 양의 정보를 주어서는 안 된다.

ㄷ **장기기억** : 단기기억 속에 있는 동안 정보가 부분적으로 장기기억에 복사되어 장기기억 저장고에 보관된다. 장기기억은 짧게는 수 분간, 길게는 수 십년간 저장하며 그 용량은 거의 무한대이다.

② **작업기억모형**(배덜리 Baddeldy) : 작업기억은 음운루프, 시공간 잡기장, 중앙집행기의 세 부분으로 구성된다.

ㄱ **음운루프**(phonological loop) : 말소리 정보를 이해하고 청각적 되뇌기 등의 조작을 한다.

ㄴ **시공간 잡기장**(visuospatial sketchpad) : 시각 정보와 공간 정보를 함께 다루고 이와 관련된 정보를 저장한다.

ㄷ **중앙집행기**(executive control) : 음운루프와 시공간 잡기장의 작업을 관장하며 주의통제와 판단, 추론 등의 기능을 담당한다.

③ **과정이론**(크레이크와 록하트 Craik & Lockhart)

ㄱ 기억을 구조이론에서 말하듯이 저장고들 사이의 전이가 일어나는 비연속적인 단계로 보지 않고 연속적인 과정으로 본다.

ㄴ 입력된 정보들은 새로운 자료와 이전의 경험들을 결합하는 과정 등의 확인 과정이 수행되면서 기억된다.

ㄷ 정보처리 수준이 깊어짐에 따라 기억은 증가하며, 정보처리의 깊이는 자극이 얼마나 의미있는 자극인가, 자극에 대한 주의집중 정도는 어느 정도인가, 정보를 처리하는 과정에서 사용하는 시간은 얼마인가에 따라 달라진다.

ㄹ 수업에의 시사점 : 의미있는 맥락으로 입력된 자료는 기계적으로 학습한 자료를 회상하는 것보다 더 용이하다.

② 망각

(1) 망각이란

① 망각이란, 장기기억된 학습내용을 다시 의식화하지 못하는 현상을 말한다.

② 학습한 내용을 보존하는 것을 파지(retention)라고 한다. 시간이 경과함에 따라 학습한 것은 망각되고 파지 양은 감소된다.

(2) 에빙하우스 망각곡선과 흔적 쇠퇴설

① 에빙하우스의 망각곡선 : 학습 직후에 가장 많이 망각되고, 시간이 경과함에 따라 망각의 정도가 완만해진다는 것을 나타낸다. 연상에서 가장 중요한 원리는 '빈도의 법칙'으로, 이는 더 많이 경험할수록 그 경험을 더 쉽게 회상한다는 것이다.

② 흔적쇠퇴설 : 기억이란 시간이 경과할수록, 사용하지 않을수록 점점 쇠퇴하게 된다. 정보의 계속적인 사용, 암송, 반복 학습을 통하여 기억흔적의 쇠퇴를 방지할 수 있다.

(3) 간섭설

① 기억된 정보는 단순히 시간의 경과뿐만 아니라 파지 기간 중에 파지를 방해하는 외부적 영향이 있기 때문에 간섭이 일어나서 망각 현상이 촉진된다는 것이다.

② 역행제지(retroactive inhibition) : 선행학습의 내용이 후행학습의 내용에 의해 방해를 받는 경우이다.

③ 순행제지(proactive inhibition) : 선행학습 내용에 의하여 후행학습이 방해를 받는 경우이다.

③ 전이

(1) 전이의 종류

① 전이(transfer) : 선행학습과 후행학습 사이에 일어나는 일을 설명하는 개념으로서 어떤 상황에서 학습한 내용을 새로운 장면에 적용하거나 사용하는 것을 말한다.

② 적극적 전이와 소극적 전이

  ㉠ 적극적 전이 : 어떤 상황에서 학습한 내용이 새로운 상황에서도 기억되고 적용되는 것을 말한다.

  ㉡ 소극적 전이(부정적 전이) : 어떤 과제를 학습하면 다음 과제를 학습하는 데 방해가 되는 것을 의미한다.

③ 수평적 전이와 수직적 전이
  ㉠ 수평적 전이 : 이미 알고 있는 내용과 다르긴 하지만 서로 비슷한 수준의 과제를 수행할 때 나타나는 전이이다.
  ㉡ 수직적 전이 : 같은 교과라 하더라도, 보다 상위 수준의 과제를 학습하기 위해 과거에 학습한 것을 적용하는 것이다. **예** 분수 이해 후 분수의 덧셈 뺄셈이 가능해진다.

(2) 형식도야설과 동일요소설

① 형식도야설(formal discipline theory)
  ㉠ 19세기 말에 이르기까지 오랫동안 학습의 전이를 설명하는 이론이었다. 인간의 정신 능력은 근육의 단련처럼 집중적 훈련을 통해 연마되는 것이므로 교육에서도 어떤 기본 교과를 통해 정신을 단련해야 한다는 것이다.
  ㉡ 1800년대에는 그리스어, 라틴어, 수학 등이 가장 어려운 교과목으로 간주되어, 이 과목들이 마음의 단련과 기억 · 추리능력의 증진에 가장 유용한 것으로 생각되었다.

② 동일요소설(identical elements theory)
  ㉠ 손다이크(Thorndike)는 '형식도야설'을 비판하면서, 선행학습과 후행학습 간 영향을 주고받는 기능에 동일한 요소(유사성)가 포함되어 있을 때에만 전이가 효과적으로 나타난다고 주장했다.
  ㉡ 수학에서의 추리능력은 논리학의 추리에 전이되고, 라틴어의 학습은 라틴어에 어원을 둔 영어 학습에 전이될 수 있는데, 이것은 그 내용에 공통적인 요소가 있기 때문이다.

7장 지능의 발달

1 지적 능력

30) 피아제는 지능을 '환경에 대한 적응 능력'으로 정의했다.

(1) 지능의 의미[30]

① 비네(A. Binet) : 잘 판단하고, 이해하고, 추리하는 일반 능력이다.

② 터만(Terman) : 추상적으로 사고할 수 있는 능력이다.

③ 웩슬러(Wechsler) : 유목적적으로 행동하고 합리적으로 사고하고 환경을 효과적으로 다루는 개인의 종합적인 능력이다.

④ 게이지와 버라이너(N. L. Gage & D. C. Berliner)

   ㉠ 구체적인 것(기계적 도구, 감각활동)보다 추상적인 것(아이디어, 상징, 관계, 개념, 원리)을 취급하는 능력이다.

   ㉡ 익숙한 사태에 잘 반응을 하는 것이 아니라 새로운 사태를 취급하는 문제 해결 능력이다.

(2) 지능검사

① 스탠퍼드-비네검사 : 프랑스의 비네-시몽 검사를 미국으로 가져와 미국 아동에 맞게 제작한 검사로, 정신연령과 생활연령의 비율을 내어 지능지수(IQ)를 산출한다. 생활연령과 정신연령이 같을 때 IQ가 100이 되고 평균지능을 가지고 있는 것으로 해석된다.

② 웩슬러 지능검사 : 미국 심리학자인 웩슬러가 개발한 지능검사로 언어성 지능, 동작성 지능, 전체 지능의 세 가지 지능점수가 산출된다. 이후 3~8세까지를 대상으로 하는 유아용 웩슬러 지능검사를 개발했다.

③ 카우프만 아동용 지능검사 : 정보처리 이론을 바탕으로 개발된 검사로 2세 6개월부터 12세 5개월까지의 유아 및 아동의 지능을 측정할 수 있다. 비언어적 문항들로 구성되어 언어 장애를 가진 아동이나 다양한 문화권 아동의 지능을 측정할 수 있다는 장점을 가진다.

(3) 요인이론(스피어먼 Spearman, 1927)

① 인지적 측면을 측정하는 지능검사의 문항들이 모두 상관을 가진다는 점을 발견하고 이들 검사문항 모두에 영향을 미치는 단일요인 'g'를 '일반지능(general intelligence)'이라고 제안했다.

② 검사대상 일부에서 특수한 몇몇 문항에서는 다른 문항과 상관을 보이지 않는다는 점을 더 발견하고 지능의 특수요소인 's'를 '특수지능(specific intelligence)'으로 제안했다.

(4) 유동적 지능과 결정적 지능(캐텔 Cattell, 1963)

① 유동적(流動的, fluid) 지능

   ㉠ 생득적 요인에 규정된다.

   ㉡ 새로운 상황 및 사태 적응에 관한 지능이며 개인의 명석도와 순응성을 내포한다.

② 결정적(結晶的, crystallized) 지능

   ㉠ 문화적 · 경험적 요인에 의해 규정된다.

   ㉡ 학습으로 획득된 지식에 근거한 판단과 습관에 관한 지식이다.

③ 유동적 지능은 10대 후반에 완전히 발달하여 성인기에는 쇠퇴하나, 결정적 지능은 성인기 이후에도 계속 발달한다.

④ 유동적 지능이 높은 사람이 경험이나 교육 기회에 제한을 받으면 그의 결정적 지능은 낮아진다.

(5) 삼원지능 이론(스턴버그 R. J. Sternberg, 1985)

① 성분적 지능 : 인지적 행동에 바탕이 되는 정보처리 활동과 관련된다. 예 지식의 획득, 의사결정, 문제 해결 책략의 적용, 상위인지의 활용, 자기통제 및 조절 등 인지적 행동에 바탕이 되는 정보처리 활동 등

② 경험적 지능 : 창의적 지능이라고도 하며, 새로운 정보를 처리하거나 새로운 문제에 직면했을 때 아이디어를 내고 문제를 해결할 수 있는 인지적 활동과 연관된다. 예 기존의 정보와 아이디어를 조합시키기, 처리기술을 자동화시켜 작업기억 용량을 늘리고 보다 상위의 사고를 이끌어 내기 등

③ 실제적 지능 : 현실상황에 대한 적응과 환경과의 조화를 이루는 융통적이고 실용적인 능력으로서 실제적 능력을 말한다. 예 자신의 욕구를 환경에 맞추기, 자신의 욕구와 목표에 맞는 새로운 환경을 선택하거나 환경 만들어 가기, 타인의 감정이나 욕구를 읽고 타인과 원만한 관계를 형성하기 등

2 가드너(Gardner, 1983)의 다중지능 이론

(1) 다중지능 이론

① 1983년 가드너의 『마음의 틀(Frames of mind)』이라는 저서를 통해 소개되었으며, 가드너는 9가지의 지능은 정보를 처리하는 기본 단위로서 그 자체의 독립적인 상징체계가 있다고 생각한다.

② 지능의 독립성과 동등성
    ㉠ 지능의 독립성 : 인간은 9가지 영역의 독특한 지능을 소유하고 있으며, 각 지능은 비교적 독립적이다.
    ㉡ 지능의 동등성 : 일반적으로 9가지 영역에서의 지능은 비교적 동등하며, 영리함의 기준으로 언어와 논리 · 수학 지능이 강조된 것은 문화적 영향일 뿐이다.
③ 프로젝트 스펙트럼을 통해 교육 현장에 적용되었다.

(2) 9가지 다중지능

대인관계 지능	타인의 정서, 동기, 의도 등을 이해하고 이에 적절히 반응할 수 있으며 대인 간 상호관계를 잘 다루어가는 능력 예 사업가, 상담사, 정치가, 종교인
개인이해 지능	자신의 정서 및 욕구를 잘 인식하고 이해하며 이를 자신의 목표 행동에 사용할 수 있는 능력 예 심리학자, 철학자, 조언가
공간 지능	사물 사이의 관계를 확인하고 사물을 그림으로 나타내며 공간에서 길을 잘 찾아내고 정신적 그림을 생각해내고 묘사해내는 능력 예 항해사, 비행사, 조각가, 건축가, 화가
신체운동 지능	목표지향적 움직임과 표현을 위해 신체를 잘 다루고 물체를 기술적으로 잘 다루는 능력 예 운동선수, 무용가, 연주자, 외과의사, 공예가
음악 지능	소리의 음조와 리듬에 민감하고 음악적 표현이 풍부한 능력 예 작곡가, 음악가, 성악가, 음악 평론가
언어 지능	언어에 대한 민감성을 기지고 언어의 기능을 활용하는 능력 예 시인, 소설가, 언론인, 정치인
논리 · 수학 지능	수의 논리에 대한 상징에 민감하고 귀납적 · 연역적으로 추리하며, 복잡한 계산과 과학적 추리를 하는 능력 예 수학자, 과학자, 수사관
자연탐구 지능	자연에 대한 민감성을 가지고 다양한 동식물과 자연의 구성요소를 인식하고 분류하는 능력 예 생물학자, 동물 훈련가
실존 지능	영성, 삶의 의미, 희로애락, 인간의 본성, 삶과 죽음, 진정한 행복과 같은 실존적 문제들에 대해 고민하고 사고하는 것과 관련된 지능 예 능동적 · 자발적 · 유연한 사고, 다양성을 인정하려는 시각, 인습에 역행해서 행동할 수 있는 능력

3 창의성

(1) 창의성의 개념적 속성[31]

① 심리측정적 관점
    ㉠ 길포드(J. P. Guilford)는 창의력을 독특한 아이디어 또는 문제를 새로운 시각으로 보는 확산적 사고로 설명하였다.
    ㉡ 확산적 사고 : 단일한 정답을 내기 위한 사고과정인 수렴적 사고와는 반대의 사고 유형으로, 문제 해결을 위해 최대한 다양하고 독특한 여러 생각들을 내는 것이다.

31) **창의 · 인성 교육의 목표**(장학 자료, 2010)
  ① 창의 · 인성교육은 새로운 가치를 창출하고 동시에 더불어 살 줄 아는 인재를 양성하는 미래 교육이자, 유아 자신에 대한 이해부터 타인에 대한 관심과 배려 및 주변 문제에 대한 창의적인 해결 노력까지를 포괄하는 특성을 가진다.
  ② 유아를 위한 창의 · 인성교육은 긍정적인 자아감을 형성하고, 모든 일에 관심과 흥미를 갖고, 주어진 일에 몰입하여 창의적인 아이디어를 표출하고, 타인을 배려하면서 서로가 다름을 인정할 수 있는 소양을 갖춘 사람을 길러내고자 하는 것이다.

② 중다요인적 관점
　　㉠ 창의성을 하나의 단일한 능력으로 보지 않고 개인이 가지고 있는 여러 능력 또는 특성의 조합으로 보는 관점이다.
　　㉡ 창의성 투자이론(스턴버그와 루바트 sternberg & Lubart, 1996) : 개인이 제시된 과제를 독창적이고 가치 있게 수행할 수 있는 것은 다음의 4가지 자원을 활용할 수 있는지에 달려 있다.
　　　　ⓐ 인지적 자원 : 폭넓은 지식, 문제 발견 및 정의, 확산적 사고 및 아이디어 선택 등의 능력이다.
　　　　ⓑ 성격적 자원 : 혁신적 사고를 하고 모호함, 불확실성, 장애 등에 대한 인내와 끈기를 발휘할 수 있는 능력이다.
　　　　ⓒ 동기적 자원 : 목표지향적(외적 보상 지향)이기보다 과제지향적(내적 보상 지향)이어야 한다. 과제 수행을 위한 아이디어 도출과 아이디어의 조작 및 실현 등에 기쁨을 느낀다.
　　　　ⓓ 환경적 자원 : 많은 책과 자료, 자극적인 활동이 많은 가정환경, 민감하고 헌신적 부모 등 창의적 능력을 발휘하기 위한 물리적, 사회정서적 환경을 말한다.

(2) 창의적 사고[32]

① 유창성 : 주어진 자극에 대해 제한된 시간 내에 얼마나 많은 양의 반응을 보일 수 있는가 하는 능력의 변인이며, 반응의 질보다 반응의 양이 중요하다. 예 브레인스토밍
② 융통성 : 한 가지 문제 사태에 대하여 다양한 접근 방법을 생각해 낼 수 있는 사고 능력으로, 고정적인 사고방식이나 관점을 변화시켜 다양한 해결책을 찾아내는 능력이다.
③ 독창성 : 기존의 것에서 벗어나 새롭고 독특한 아이디어를 새로운 차원에서 창출하는 능력이다.
④ 정교성 : 기존의 다듬어지지 않은 아이디어에 유용한 세부사항을 추가하여 보다 가치로운 것으로 발전시키는 능력이다.
⑤ 민감성 : 오감을 통해 들어오는 다양한 정보에 대해 관심을 보이고 이를 통하여 새로운 영역을 탐색해 가는 능력이다.

(3) 창의적 성향

① 자발성 : 활동에 자진해서 적극 참여하려는 태도이다. 예 스스로 참여하기, 문제 해결에 적극적으로 참여하기
② 호기심 : 주변 사물에 대해 의문을 갖고 탐구하려고 하는 태도이다. 예 새로운 대상에 관심 기울이기, 문제가 있을 때 원인을 찾으려고 노력하기
③ 집착성 : 해결되지 않은 문제를 포기하지 않고 지속적으로 해결하려고 노력하는 태도이다. 예 실패해도 반복적으로 노력하기, 한 문제가 해결되면 다른 문제를 해결하려고 노력하기

32) 토랜스(Torrance)는 창의성 측정 검사에서 유창성, 융통성, 독창성, 정교성을 점수로 산출했다.

④ 개방성 : 새로 밝혀진 근거에 따라 자신의 주장을 변경하거나 다른 의견도 수용하는 태도이다. **예** 자기 주장에 대한 비판 수용하기, 한 가지 문제에 여러 가지 의견 듣기

⑤ 자기 신뢰감 : 자신이 생각해 낸 아이디어에 대한 가치를 인정하고 다른 사람들의 평가로부터 구애받지 않으려는 성향이다. **예** 다른 사람의 의견에 휩쓸리지 않기, 자신에 대해 확신과 믿음 갖기

⑥ 상상력 : 과거의 경험을 기초로 해서 앞으로의 행동을 계획할 수 있도록 하는 새로운 표상을 만드는 능력이다. **예** 현재 있는 것을 보고 새로운 아이디어를 떠올리기

A Plus⁺ 창의적인 사람의 특징

창의적인 사람의 지적 특징	창의적인 사람의 정의적 특징
• 문제 사태에 대한 감수성이 높다. • 사고활동의 유창성이 높다. • 사고의 융통성이 높다. • 사고와 행동에 참신성이 높다.	• 새롭고, 복잡하고, 어려운 문제를 선호하는 경향이 있다. • 모호성을 참는 역량이 있다. • 실패에 대한 불안이 적으며, 약간의 위험을 즐기는 경향이 있다. • 관행에 동조하기를 거부하는 경향이 있다. • 자신의 경험에 대하여 개방적이다. • 여성적인 취미가 강하고, 성취욕, 지배성, 자율성, 변화 선호, 공격성 등이 강하며 정열적이다.

---

4 지적 특성과 학업성취도의 관계

(1) 지능과 학업성취도의 관계

① IQ와 학업성취도는 25~36%의 예언력을 가진다.

② 지능지수는 학업성취도와 상당히 밀접한 관계가 있지만 100%의 상관관계는 아니다.

(2) 창의력과 학업성취도의 관계

① 고지능 집단과 고창의력 집단 간의 IQ차는 현저하나 그들의 학업성취도에서는 두 집단이 거의 동등하며, 이것은 학교 전체평균에 비하여 월등하게 높다.

② 학교 학습은 지능에 의해서만 좌우되는 것이 아니라 창의력에 의해서도 좌우된다.

③ 고지능 집단과 고창의력 집단은 두 집단 모두 높은 성취 동기를 가진다.

④ 교사는 일반적으로 창의력이 높은 학생보다는 IQ가 높은 학생을 좋아하는 경향이 있기 때문에 창의력이 높은 학생은 학교교육 분위기 속에서 불이익을 받고 있다고 볼 수 있다.

5 지력의 발달

(1) 지력의 양적 발달(베일리 N. Bayley, 1956)[33]

① IQ는 고정된 것이 아니다.

② IQ의 변화는 출생 후 초기 수년에 걸쳐서 가장 크게 일어난다.

③ 지능은 일생 동안 계속 성장한다. 20대 이후가 되면 환경조건에 따라 성인의 지력도 성장하거나 혹은 쇠퇴한다.

④ 아동기 지적 발달의 각 단계에 따라 질적으로 서로 다르게 일어난다.

(2) 지력 발달에 미치는 요인

① 언어 사용을 위한 훌륭한 모델이 주어지며 언어적 발달을 고무하고 자극하는 환경은 지력 발달에 좋은 영향을 준다.

② 주위 환경 속의 여러 문화적 요소에 대한 직접적인 감각적 접촉이나 독서 등에 의한 대리적인 교섭 기회가 풍부할수록 지적 능력은 향상된다.

③ 일상생활이나 학교생활에서 명석한 사고를 요구하고 여러 가지 문제를 자발적으로 해결해 나가도록 자극하는 분위기는 지력을 발달시킨다.

④ 부모와 자녀 사이의 상호작용의 질은 자녀의 지력 발달에 영향을 미친다.

6 사고 발달

(1) 정신표상의 발달

① 정신표상 : 어떠한 사물이나 사건에 대한 상징적 개념화로, 전조작기 유아의 정신표상은 언어의 발달과 함께 급속도로 발달하게 된다. 이러한 정신표상을 발달시킴으로써 유아는 더 이상 현재 이곳의 사물, 사건에만 제한되지 않고, 과거 또는 미래, 여기가 아닌 다른 곳의 사물 또는 사건에 대해 자유롭게 언급하고 사고할 수 있다.

② 유아의 정신표상의 발달

ㄱ 가장놀이 : 역할 및 사물을 상징적으로 사용한다.

ㄴ 지연모방 : 타인이나 사물을 보고 시간이 흐른 후에 그것을 그대로 모방하여 행동으로 나타내는 것이다.

ㄷ 공간개념의 발달 : 지도 읽기나 만들기, 그림, 사진, 모형, 상징물 등의 표상물을 더 잘 이해할 수 있게 된다.

(2) 상위인지의 발달

① 상위인지란 자신의 인지 또는 사고에 관한 지식을 말한다. 이는 자신의 사고 상태와 내용, 능력에 대해 알고 있는 지식(초인지적 지식)이다.

② 상위인지는 자신의 인지 또는 사고에 관한 조절(인지적 자기규제)의 의미를 포함한다. 이는 문제 해결 과정에 있어 계획하고, 적절한 전략을 선택 · 사용하고, 과정을 점검 · 통제하고, 결과를 반성 · 평가하는 사고 기능(초인지적 기능)이다.

(3) 추론

① 귀납적 추론

　㉠ 각각의 구체적이고 특수한 사실을 종합하여 그것으로부터 일반적인 원리를 추론해 내는 것이다.

　㉡ 일반적으로 유아의 귀납적 추론 능력은 연역적 추론 능력보다 더 이른 시기에 발달한다.

② 연역적 추론

　㉠ 일반적이고 보편적인 사실이나 원리로부터 개별적이고 특수한 사실이나 원리를 이끌어 내는 추론으로 대표적으로는 삼단논법의 추론방법이 있다.

　㉡ 피아제는 연역적 추론이 형식적 조작기인 12세 이후가 되었을 때나 가능하다고 주장했으나 이후 연구에서는 더 일찍 발달함이 제시되었다.

8 장 자아개념 및 성 역할 발달

1 애착

(1) 애착과 애착행동
① 정의 : 영아가 어머니와 형성하는 정서적 유대 관계(emotional bond)이다.
② 애착형성을 위한 전조적인 행동들
　　㉠ 신호행동 : 울기, 미소짓기, 소리내기
　　㉡ 지향행동 : 쳐다보기, 따라가기, 접근하기
　　㉢ 신체접촉행동 : 기어오르기, 매달리기, 포옹하기

(2) 애착 이론
① 정신분석 이론 : 심리성적 발달로 설명하고 있다.
　　㉠ 수유를 통한 구강적 만족을 통해 어머니는 애정의 대상이 되어 정서적 관계를 유지한다.
　　㉡ 어머니와의 상호작용은 기본적 신뢰감을 형성하는 데 도움을 준다.
② 학습 이론 : 애착은 학습의 과정이다.
　　㉠ 어머니는 무조건적인 1차 강화물을 제공(수유, 신체적 불편함 해소, 부드러운 접촉)한다.
　　㉡ 어머니는 조건 강화자 혹은 2차 강화자가 된다.
　　㉢ 상, 벌 계획에 따라 유아는 독특한 애착행동 패턴을 어머니와 형성하게 된다.
③ 동물행동 이론 : 애착은 진화적 적응의 산물이며 본능의 지배적 부분이다.
　　㉠ 애착 : 사회적 신호체계(웃기, 울기 등)인 유발자극에 반응하여 상호 형성되는 유대감이다.
　　㉡ 동물의 각인행동처럼 2차적으로 나타나는 상호 조화된 적응의 형태이다.
④ 인지발달 이론 : 인지구조상의 도식(schema) 형성이 애착의 근본이다.
　　㉠ 유아는 친숙한 자극이나 사건을 접하면 이것을 이미 가지고 있는 도식에 통합하며, 알고 있는 것과 다른 경우 이를 무시한다.
　　㉡ 6개월 이후 엄마와 가족들에 대한 도식의 발달로 친숙함을 느낀다.
　　㉢ 웃기(자극의 동화 성공) : 처음에 생소하게 보였지만 친숙한 사람이라고 깨닫게 된 것이다.
　　㉣ 울기(자극의 동화 실패) : 적합한 반응을 찾아낼 수 없으며 지각적 불일치를 경험한 것이다.

(3) 4단계의 애착 형성 단계(보울비 Bowlby, 1969)
① 비변별적 사회적 반응 단계(출생 후 2개월) : 붙잡기, 미소 짓기, 울기, 응시하기 등 다양한 신호로 주위 사람들과 가까운 관계를 유지하지만 사람들을 변별하지 못한다.

② 변별적 사회적 반응 단계(2~7개월) : 친숙한 사람과 낯선 사람에게 다르게 반응한다. 친숙한 사람에게는 더 많이 웃거나 미소를 보인다.

③ 적극적 접근과 접촉 추구의 단계(7개월~2세) : 영아는 능동적으로 접촉 추구를 보이며 낯선 사람에게는 배타적인 태도를 보이기도 한다.

④ 목표수정 동반자 단계(2세 이후) : 영아는 자신의 욕구를 충족시키기 위해 보호자의 행동을 적당히 변화시키려는 전략을 사용한다. 애착 대상이 없어도 그 대상의 행동을 상상할 수 있고 격리 시에도 불안을 보이지 않는다.

(4) 애착 유형(에인스워스 등 Ainsworth et al., 1978)

① 안정 애착 : 영아의 65% 정도이다. 낯선 상황에서 주변을 탐색하기 위해 어머니로부터 쉽게 떨어지고 재결합 시 접촉을 유지하려 하며 쉽게 안정된다.

② 불안 애착

ㄱ 저항 애착 : 영아의 10~15% 정도이다. 어머니와 함께 있을 때에도 탐색을 거의 하지 않고 어머니 곁에 머물려고 하며, 낯선 사람을 매우 경계한다. 어머니가 방을 나가면 매우 불안해하고, 어머니가 돌아오면 접촉을 시도하면서 한편으로는 밀어내는 양가적 감정을 보인다.

ㄴ 회피 애착 : 영아의 20% 정도이다. 어머니와 함께 있어도 반응이 없고 놀이에 집중을 못한다. 어머니와 친밀을 추구하지 않고 낯선 사람에게도 이와 비슷하게 반응한다. 어머니가 방을 나가도 찾거나 울지 않고, 돌아와도 무시하거나 회피한다.

ㄷ 혼란 애착 : 영아의 5~10% 정도이다. 불안정하면서도 저항 애착과 회피 애착이 결합된 복합적인 반응을 보이며, 낯선 상황에서 가장 큰 스트레스를 받고 가장 불안해하는 경향이 있다.

(5) 유아발달과의 관계

① 애착의 안정성 : 사회성 발달에 영향을 미친다.

ㄱ 안정성이 있는 애착 : 다른 유아보다 동조적·협동적이다.

ㄴ 불안 애착 : 애착의 안정성이 결여되면 불안, 과잉보호적 특성, 우울증, 공포증, 긴장 증가의 상태를 보인다.

② 애착의 질은 대인 관계, 친구 관계에 영향을 미친다.

2 자아개념의 이해

(1) 자아개념의 의미

① 윌리엄 제임스(William James, 1890)[34]

ㄱ 물질적 자아(meterial self) : 자신의 신체적 특성과 소유물에 대한 인식이며 외모나 체격 또는 재산 등이 여기에 영향을 미친다.

34) 자아개념을 주관적 자기(I-self)와 객관적 자기(me-self)로 나누어 설명하고자 했다.

ⓒ **심리적 자아**(spiritual self) : 성격이나 능력 또는 인생관과 같은 심리적 특징에 대한 인식을 말한다.

ⓒ **사회적 자아**(social self) : 가족 관계나 친구 관계와 같은 대인 관계 속에서 주어지는 나의 위치와 평가로 이루어진다.

② **쿨리**(Cooley, 1902) : 거울에 반사된 영상을 통해 자기를 확인하듯이, 나를 둘러싸고 있는 다른 사람들의 나에 대한 반응을 통해 나 자신을 파악하게 된다는 '면경자아(looking-glass self)'를 소개했다.

③ **사티어**(Satir, 1981) : 신체적 자아, 지적 자아, 정서적 자아, 감각적 자아, 상호작용 자아, 상황적 자아, 성장 자아, 영적 자아의 8가지 영역으로 자아개념을 설명했다.

④ **자아 인식의 발달 과정**(셀만 Selman, 1980)

0수준 영아기	• 물리적 존재는 이해하지만 별개의 심리적 존재를 인식 못 한다.
1수준 아동 전기	• 물리적 행동의 존재와 내재적 심리적 특성을 구분한다. • 내재적 생각과 감정이 외적 행동으로 그대로 표출된다고 생각한다. • 타인이 자신을 관찰할 수 있다는 것을 인식하지 못한다.
2수준 아동 중기	• 감정과 행동이 서로 다를 수 있음을 이해한다. • 자신의 자아를 제대로 알 수 있다고 생각한다. • 자신의 행위를 타인이 관찰할 수 있음을 인지한다.
3수준 아동 후기	• 자아를 안정적인 성격특성의 표출로 이해한다. • 타인이 자신의 내적 자아를 관찰하고 평가할 수 있음을 인식한다.
4수준 청년기	• 성격의 많은 부분이 무의식적 수준에 있으므로 자아를 완전히 이해할 수는 없음을 이해한다.

(2) 자아개념의 기능과 중요성

① 내적 지속성 유지

ⓐ **부조화**(dissonance) : 어떤 사람이 조화롭지 않거나 서로 엇갈리는 생각, 느낌 또는 인식을 갖게 될 때 나타나는 정신적으로 불안정한 상태이다.

ⓑ 한 사람이 자신에 대해 생각하는 내용은 내적 지속성을 유지하는 데 매우 중요한 부분이며, 인간은 자신에 대해 생각하고 있는 것과 일치하도록 행동한다. **예** 자신이 바보라고 느낀다면 그 사람은 정말 바보같이 보이도록 행동한다.

② 경험의 해석

ⓐ 자아개념은 개인의 경험과 우리에게 일어나는 현상들을 어떻게 해석하는지 결정한다.

ⓑ 자신의 행동과 자신에 대한 생각이 일치한다는 것을 보이기 위해 행동을 하는 경향이 많은 것처럼 자신의 생각과 일치되도록 경험을 해석하는 경향 역시 많다.

③ 기대감 조성

ⓐ 자신이 아무런 가치가 없다고 생각하는 사람은 다른 사람들이 자신을 그의 기대와 똑같이 대할 것이라고 생각한다.

ⓑ 사람의 행동을 결정짓는 기대감

    ⓐ 좋은 경험을 기대한다면 그것이 이루어지도록 행동할 것이며, 나쁜 경험을 기대한다면 그 기대가 사실로 돌아오게끔 행동하고 '봐, 내가 맞았지.'라고 할 것이다.

    ⓑ 자신을 부정적으로 생각하는 어린이들은 타인들이 자신을 좋아하지 않을 것이라고 기대하고 그것과 걸맞은 행동을 하거나 그 기대에 맞도록 모든 것을 해석한다.

(3) 자아개념의 발달 과정(코스텔닉 Kostelnik)

연령	특징
출생~1세	• 양육자와 분리된 존재로서 자아에 대한 인식을 시작한다. • 자기 자신에 대한 다른 사람의 반응에 대해 주목한다. 예 울면 젖을 줌.

2~4세	• 신체적 특성 및 선호하는 것, 자신의 능력 등 구체적인 특성으로 자신을 표현하며, 자신의 연령이나 성을 토대로 자아개념을 형성한다. (범주자아)
	  예 "나는 남자야! 난 인형이 있어."
	• 자신을 과대평가하고 공평성의 문제가 있을 경우에만 다른 사람과 비교한다.
	  예 "친구가 나보다 더 많이 가졌어."
	• 자신에 대한 다른 사람의 반응을 인식한다. 예 물을 엎질렀을 때 고개를 숙임.

5~7세	• 자신에 대해 구체적인 용어와 심리를 표현한다.
	  예 "나는 빨리 뛰고 줄넘기를 잘해. 나는 슬퍼."
	• 과거 수행한 일과 공평함에 관련한 비교를 한다.
	  예 "나는 4살 때는 머리가 짧았는데 지금은 길어."
	• 자기 자신에 대한 다른 사람의 평가를 인식한다.

8~11세	• 자신의 정서상태(예 나는 항상 즐거워), 소속된 사회적 집단을 통해 자신을 표현한다. • 자신의 긍정적 측면과 부정적 측면을 모두 인식하고 인정한다. • 사회적 비교를 시작하면서 다른 사람과 비교하여 자신을 더 잘 이해하려고 한다. 예 "나는 수정이보다 국어는 못하지만 달리기는 더 빨라." • 자기 자신을 평가하고, 어떤 행동을 할지 결정하기 위해 다른 사람의 평가를 사용한다.

3 자아존중감[35]

(1) 자아존중감(self esteem)의 4가지 기준(쿠퍼스미스 Coopersmith, 1967)

① 중요도 : 자기 자신이 중요하다고 생각하는 사람에게 사랑받으며 인정받고 있다고 느끼는 정도이다.

② 능력 : 중요하다고 여기는 작업을 수행하면서 성취의욕을 만족시킬 수 있는 정도이다.

③ 미덕 : 도덕과 윤리적 규범을 달성하는 정도이다.

④ 힘 : 다른 사람에게 미치는 영향과 통제할 수 있는 능력이다.

(2) 매슬로우(Maslow)의 욕구 위계

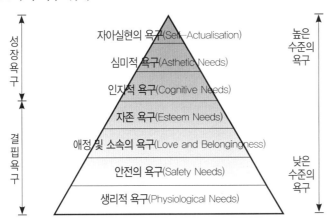

① 모든 인간은 자아존중감(욕구 위계 중 4번째)에 대한 욕구가 있으며 이 욕구를 충족시킨 사람은 자신감이 있고 자기 자신을 가치있고 유용한 사람이라고 생각하게 된다.

② 욕구의 중요성의 순번은 모든 사람들에게 공통적이며, 한 수준의 욕구가 만족되어야만 다음 수준으로 올라간다.

③ 결핍욕구(결손욕구) : 없는 또는 부족한 음식, 안전, 사랑, 자존심을 확보하기 위해서 행동하는 것이며, 이 욕구가 충족되면 균형 상태에 들어간다.

  ㉠ 생리적 욕구 : 공기, 물, 음식, 휴식 등이다.

  ㉡ 안전의 욕구 : 전쟁, 질병, 상해, 또는 천재지변, 실직, 파산 등이다.

  ㉢ 애정 및 소속의 욕구 : 타인과의 애정관계를 맺으려고 하거나 어떤 집단에서 소속감을 가지려고 하는 소망이다.

  ㉣ 자존 욕구 : 자신을 가치로운 사람으로 인정받기를 원하는 욕구이다. 자존 욕구가 충족되면 자신감, 유용감, 가치감을 갖게 되며, 충족되지 못하면 열등감, 무력감, 허탈감에 빠지게 된다.

④ 성장욕구(실존욕구)

  ㉠ 인지적 욕구 : 호기심, 탐구심, 더 알고 싶은 욕망 등이며, 이 욕구가 강할 때 그것을 조직하고, 체계화하고 분석하고 관련성을 찾으려는 욕구가 생겨난다.

  ㉡ 심미적 욕구 : 미와 아름다운 환경을 적극적으로 소망하는 것이며, 이 욕구는 완벽한 것, 진실한 것, 정의로운 것 등을 내포하고 있다.

  ㉢ 자아실현 욕구 : 자아실현이란 자기 자신이 잠재적으로 실현 가능한 자신이 되는 것을 의미한다. 교사, 운동 선수, 음악가, 정치가 등은 이러한 욕구가 충족된 사람이며 사회적으로 건강한 사람이라고 할 수 있다.

(3) 자기효능감(반두라 Bandura)

① 자기효능감(self-efficacy) : 자기 자신이 스스로 상황을 극복할 수 있고 주어진 과제를 성공적으로 수행할 수 있다는 신념이나 기대를 의미한다.

② 높은 자기효능감은 긍정적인 자아개념을 촉진하고, 지속적으로 과제지향적 노력을 하여 높은 성취수준에 도달하게 하지만, 낮은 자기효능감은 부정적인 자아개념을 갖게 하여 자신감이 결여되고 성취지향적 행동을 위축시킨다.

③ 유아는 특정 과제에서 성공 또는 실패한 경험에 비추어 자신이 얼마나 잘할 수 있는지를 예견하게 된다.

(4) 자아존중감의 발달

① 자아존중감 발달은 2세 정도부터 나타나는 자조기술(self-help skills)의 발달을 초석으로 이루어진다.

② 취학전 연령에서는 자신에 대해 관찰한 것에서 자아존중감이 형성되지만, 취학연령에서는 주위에 있는 중요한 인물들(또래 등)의 평가가 중요시된다.[36]

③ 아동 중기 자아존중감의 위계적 구조[37]

  ㉠ 학업적 자아존중감 : 읽기, 셈하기 및 기타 과목의 능력

  ㉡ 사회적 자아존중감 : 또래와의 관계, 부모와의 관계

  ㉢ 신체적 자아존중감 : 신체적 능력, 외모

④ 자아존중감이 높은 유아의 부모 특징

  ㉠ 자주 자녀에게 애정 표현을 하며 관심을 갖고, 친구로 대하는 경우가 많다.

  ㉡ 높은 기준을 설정해 놓고 자녀가 이를 달성하도록 엄격히 통제한다.

  ㉢ 벌은 가급적 사용하지 않았으나 사용해야 할 때에는 유아의 특혜를 제한하거나 고립시키는 방법으로 제공했으며, 어떤 행동이 좋고 어떤 행동이 나쁜가를 토론하는 민주적 태도를 취한다.

  ㉣ 부모의 엄격한 통제는 유아가 견고한 자아통제를 할 수 있게 도와주며, 명확하고 확고한 규율은 명확한 자아 정의를 하게 한다.

⑤ 성인의 반응이 유아의 자아존중감 발달에 영향을 미치는 과정

  ㉠ 1단계 : 교사(혹은 성인)는 유아의 능력에 대해 특정한 인식을 갖는다.

  ㉡ 2단계 : 교사(혹은 성인)는 자신의 인식대로 유아를 대한다.

  ㉢ 3단계 : 교사(혹은 성인)의 외부로 나타난 의견과 행동에 따라 유아는 행동한다.

  ㉣ 4단계 : 교사(혹은 성인)의 의견이나 태도와 유아의 자기 자신에 대한 평가가 유사해진다.

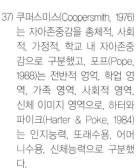

36) 유아의 탈중심화가 이루어지면서 타인에 대한 역할조망 능력이 발달하기 때문이라고 볼 수 있다.

37) 쿠퍼스미스(Coopersmith, 1976)는 자아존중감을 총체적, 사회적, 가정적, 학교 내 자아존중감으로 구분했고, 포프(Pope, 1988)는 전반적 영역, 학업 영역, 가족 영역, 사회적 영역, 신체 이미지 영역으로, 하터와 파이크(Harter & Poke, 1984)는 인지능력, 또래수용, 어머니수용, 신체능력으로 구분했다.

A Plus⁺ **피그말리온 효과와 플라시보 효과**

1. 피그말리온 효과

심리학에서는 타인이 나를 존중하고 나에게 기대하는 것이 있으면 기대에 부응하는 쪽으로 변하려고 노력하여 그렇게 된다는 것을 의미한다. 교육심리학에서는 교사의 관심이 학생에게 긍정적인 영향을 미치는 심리적 요인이 된다는 것을 말한다.

> 로젠탈 효과, 자성적 예언, 자기충족적 예언이라고도 한다. 그리스 신화에 나오는 조각가 피그말리온의 이름에서 유래한 심리학 용어이다. 조각가였던 피그말리온은 아름다운 여인상을 조각하고, 그 여인상을 진심으로 사랑하게 된다. 여신(女神) 아프로디테(로마신화의 비너스)는 그의 사랑에 감동하여 여인상에게 생명을 주었다. 이처럼 타인의 기대나 관심으로 인하여 능률이 오르거나 결과가 좋아지는 현상을 말한다.
>
> 1968년 하버드대학교 사회심리학과 교수인 로버트 로젠탈(Robert Rosenthal)과 미국에서 20년 이상 초등학교 교장을 지낸 레노어 제이콥슨(Lenore Jacobson)은 미국 샌프란시스코의 한 초등학교에서 전교생을 대상으로 지능검사를 한 후 검사 결과와 상관없이 무작위로 한 반에서 20% 정도의 학생을 뽑았다. 그 학생들의 명단을 교사에게 주면서 '지적 능력이나 학업성취의 향상 가능성이 높은 학생들'이라고 믿게 하였다.
>
> 8개월 후 이전과 같은 지능검사를 다시 실시하였는데, 그 결과 명단에 속한 학생들은 다른 학생들보다 평균 점수가 높게 나왔다. 뿐만 아니라 학교 성적도 크게 향상되었다. 명단에 오른 학생들에 대한 교사의 기대와 격려가 중요한 요인이었다.
>
> 이 연구 결과는 교사가 학생에게 거는 기대가 실제로 학생의 성적 향상에 효과를 미친다는 것을 입증하였다.

2. 플라시보 효과

환자에게 아무런 효험이 없는 가짜 약을 진짜 약이라 속이고 먹게 했을 때 실제로 병세가 호전되는 현상을 말한다.

4 성 역할

(1) 성 역할 개념

① 성 역할(gender role) : 남성 또는 여성에게 적합하다고 간주되는 일련의 가치, 태도와 행동을 의미한다.

② 성 유형화(gender typing)

   ⊙ 유아가 문화권 안에서 성별에 따라 적합하다고 규정된 행동과 태도를 내면화시키는 과정이다.

   ⓛ 역사적으로 오랜 세월 동안 가부장적 사회가 존속되어온 과정 속에서 생물학적인 성(sex)의 차이가 사회적인 성(gender)의 차별로 이어져왔다.

   ⓒ 성 역할을 지속적으로 기대받는 성 유형화를 통해 각 개인이 사회적 기대를 내면화함으로써 남·여의 특성을 규정짓는 성 역할 고정관념이 형성된다.

③ 성 역할 개념 발달의 특징

   ⊙ 유아는 성 역할 이해에 상당히 고정적이고 편협한 단계를 거친다.

   ⓛ 유아는 성장하면서 성 역할 개념이 덜 고지식해진다.

   ⓒ 성 역할 개념 변화는 옳고 그름의 개념 이해와 밀접히 관련된다.

④ 성 역할 발달과 영향 요인

   ⊙ 선천적 요인 : 성 호르몬 등의 영향은 성 역할 발달에서 하나의 요인이 된다.

   ⓛ 환경적 요인 : 부모, 형제, 또래, 교사, 대중매체 등 유아를 둘러싼 환경이 성 역할 발달의 요인이 된다.

(2) 성 역할 발달에 대한 이론적 배경

① 정신분석 이론 : 오이디푸스 갈등에 따른 부모와의 성 역할 동일시 과정을 통해 이루어진다.

② 사회학습 이론 : 성 역할 행동발달은 강화와 벌, 모방에 의해 이루어진다.

③ 인지발달 이론

   ⊙ 성 역할 개념의 발달은 일반적인 인지발달 변화에 기인한다고 보며, 자신에 대한 남아·여아로서의 자각도 근본적으로 인지적 성숙의 결과로 간주한다.

   ⓛ 성 역할 개념의 발달(콜버그 Kohlberg, 1966)

      ⓐ 성 정체성 : 자신의 성을 명확히 명명할 수 있고 다른 사람을 남과 여로 구분할 수 있는 능력으로 2~2세 반이면 성취된다. 자신의 성이 계속 지속됨을 이해하지 못한다.

      ⓑ 성 안정성 : 일생 동안 같은 성을 갖게 되는 것을 이해하는 것으로 4세경에 획득된다. 머리모양이나 옷 등에 따라 성이 바뀐다고 생각한다.

      ⓒ 성 항상성 : 한 개인의 성은 그의 머리, 옷, 활동이 변하여도 변하지 않는 것을 아는 것으로 5~7세경에 형성[38]되며, 콜버그는 유아가 성 항상성에 대한 이해 이후에 자신의 성에 적합한 정보를 얻고자 노력한다고 주장했다.

38) 피아제는 성 항상성이 보존개념의 발달과 더불어 형성된다고 주장하였다.

(3) 성 역할 고정관념 및 성 정체감

① 성 역할 고정관념(sex-role stereotype) : 특정 행위나 활동이 남성이나 여성에게 배타적으로 적용되어 판단하는 사고이다.

② 성 역할 고정관념의 발달

　㉠ 유아는 성 정체감이 형성된 직후 또는 동시에 성 역할 고정관념을 가진다.

　㉡ 남아가 여아보다 더 강한 고정관념을 지니고 남녀 역할에 전통적 견해를 보인다.

　㉢ 성 역할 고정관념이 약한 경우는 취업모의 자녀나 이성을 선호하는 아동들이다.

　㉣ 애드워즈(Edwards, 1986) : 전조작기 유아들은 남자와 여자는 반대의 개념이라고 생각하고 자신의 욕구를 충족시키기 위해 성 역할 고정관념을 나타내는 경우가 많다.

　　예 운전은 남자가 하는 것이니 운전사 역할을 하겠다고 함.

③ 성 도식 이론(벰 Bem, 1985)

　㉠ 사회학습 이론과 인지발달 이론의 요소를 결합한 것으로, 성 역할 개념의 습득과정을 설명하는 일종의 정보처리 이론이다.

　㉡ 유아는 여성과 남성의 성 도식을 구성하고 환경에서 자신의 도식에 맞는 성 관련 정보에 주의를 기울이며 자신의 행동을 통제한다.

　㉢ 유아는 자신의 성 도식에 맞게 외부의 정보를 취사선택하면서 성 역할 고정관념을 갖게 된다.

④ 양성성(androgyny)의 강조

　㉠ 심리적 양성성(벰 Bem, 1974) : 한 사람이 남성성과 여성성을 동시에 가질 수 있기 때문에, 상황에 따라서 도구적 역할과 표현적 역할을 수행할 수 있다는 보다 효율적인 성 역할 개념이다.

　㉡ 양성적인 사람의 특징 : 성 유형화된 사람보다 자아존중감, 자아실현, 성취동기, 결혼 만족도가 높고, 도덕성 발달과 자아발달도 보다 높은 수준에 있으며, 정신적으로도 더 건강한 것으로 나타났다.

　㉢ 양성성 발달을 위한 교육 : 남아나 여아 모두에게 동일한 활동 기회를 주거나, 성 역할 고정관념을 심어 주지 않는 프로그램을 운영하는 것이 필요하다.

⑤ 성 초월 이론(헤프너와 리베카와 올레샨스키 Hefner, Rebecca & Oleshansky, 1975)

　㉠ 성 역할 사회화에 대한 전통적인 개념은 인간의 잠재력을 위축시키고, 성별의 양극 개념과 여성의 열등성을 조장한다.

　㉡ 성 역할 발달의 3단계

　　ⓐ 성 역할 미분화 단계 : 성 역할 및 성 유형화 행동에 대해 분화된 개념이 아직 없다.

　　ⓑ 성 역할 양극화 단계 : 자신의 행동을 고정관념에 맞추려고 한다.

　　ⓒ 성 역할 초월 단계 : 성 역할 고정관념에서 벗어나 상황에 따라 적절하게 행동한다.

39) 「유아를 위한 양성평등 교육 활동 지도자료」(2004)

5 양성평등 교육[39]

(1) 양성평등 실현의 방법

① 기회의 평등 : 여성과 남성 모두에게 동등한 기회가 주어져야 한다는 것이다. 그러나 사회체계가 특정한 성을 배제하는 문화 속에서는 기회가 주어진 것만으로는 평등을 이룩하는 데 한계가 있다.

② 조건의 평등 : 조건의 평등은 남녀평등을 상대적 평등의 관점에서 접근하여 동등한 조건이 마련되도록 하는 것이다. 이미 불평등한 구조 속에서 여성에게 기회만 주고 경쟁하도록 하는 것은 실질적 평등을 위한 진정한 노력이 아니다.

③ 결과의 평등 : 기회의 평등과 조건의 평등에 의해 결과가 평등해져야 한다. 그러나 이미 오랫동안 누적된 차별 상황에서 기회의 평등이나 조건의 평등에도 결과가 평등하지 않다면 약자를 특별 대우하여 불평등을 줄여야 한다. 결과의 평등은 도리어 역차별이라는 비판도 있으나 이는 진정한 평등이 이루어질 때까지의 잠정적 우대 조치로 많은 사람들이 평등한 삶을 누릴 수 있는 사회를 만드는 길이다.

(2) 양성평등 교육의 목표 및 내용

① 양성평등 교육의 목표 : 현대 사회 변화와 양성평등 교육의 중요성 이해, 양성 불평등 현황 인식 및 원인 분석, 양성평등사회 구현을 위한 전략학습 및 실천이다.

② 유아기 양성평등 교육의 내용 : 남녀의 신체특성 알기 및 다른 성에 대해 동등한 가치를 인식하기, 평등한 놀이, 가정에서의 평등한 성 역할, 직업에서의 평등, 성 차별에 대한 비판 및 대응 능력이다.

(3) 양성평등 교육의 실현 방안(휴스턴 Houston, 1985)

① 성차를 무시하는 양성평등 교육

ㄱ 정의 : 성별 간의 차이를 야기할 수 있는 요소를 무시함으로써 남아와 여아 모두가 동등하게 접근할 수 있도록 하는 것을 의미한다. 예 자유선택활동 시 남아와 여아 모두가 자유롭게 자신이 원하는 놀이를 선택할 수 있도록 개방

ㄴ 한계 : 형식적인 기회를 보장하는 것뿐으로, 실질적으로 남아와 여아가 다양한 놀이에 동일하게 접근하는 결과로 이어지지 않았다.

② 성차를 제거하는 양성평등 교육

ㄱ 정의 : 유아교육현장에서 행해지는 다양한 활동 중 직·간접적으로 성차를 야기하는 활동을 사전에 제거하여 처음부터 교육활동 중 성불평등이 일어나지 않도록 차단하는 것이다. 예 자유선택활동 시 남아와 여아 간에 불평등한 접근 실태가 나타나는 활동을 완전히 없애버리는 것이다. 즉, 역할놀이 영역에 여아들만 모여든다면 놀이에서 나타나는 성차를 제거하기 위해 분홍색 부엌 소품들을 제거하는 것이다.

ⓒ 한계 : 현실적으로 유아교육 현장에 존재하는 모든 불평등 요소를 제거한다는 것은 불가능하며 유아들이 다양한 환경을 접할 수 있는 가능성을 차단할 우려가 있다.

③ 성차를 고려하는 양성평등 교육

ⓒ 정의 : 마틴(Martin, 1994)은 성이 차이를 만들 때는 성을 고려하고, 차이를 만들지 않을 때는 무시함에 의해 양성평등 교육이 이루어져야 한다고 주장했다. 유아교육 현장에서 자유선택활동 시 남녀가 동등하게 다양한 놀이에 접근할 수 있도록 교사가 적극적으로 유도하고, 또한 그렇게 될 수 있는 환경을 조성한다. 예 여아가 많이 모이게 되는 역할놀이 영역에 엄마, 아빠 역할 중심의 소꿉놀이 소품만 제시하는 것이 아니라 경찰서와 관련된 소품을 제공하거나, 역할놀이 영역을 우체국으로 꾸며 준다면 보다 남녀 유아들이 함께 어울려 놀이를 진행해갈 수 있을 것이다.

ⓒ 현실적 방안 : 가부장적 이데올로기에 대항하기 위해서는 적극적 중재와 개입이 필요하다. 따라서 성차에 민감하게 대처하고 또한 성차를 적극적으로 고려하여 진정한 의미의 양성평등 교육이 이루어질 수 있도록 노력해야 할 것이다.

(4) 유아의 미시체계 안에서의 양성평등 교육

① 유아교육기관의 물리적 환경과 양성평등 교육 : 양성평등한 교육환경을 구성한다는 목적이 분명하지 않은 상태에서는 교사가 의도하지 않았을지라도 미처 깨닫지 못한 곳에 성차별적인 요소가 내재해 있을 수 있다. 예 역할놀이 영역에는 부엌 소품들이 자주 배치되고, 쌓기놀이 영역에는 공룡, 동물 등의 소품이 배치되는 경우, 유아들의 이름표를 제작하거나 작품을 전시하는 과정에서도 남아들의 경우에는 차가운 색 계열을 사용하고, 여아들의 경우에는 따뜻한 색 계열을 사용한다.

② 유아 교수ㆍ학습매체와 양성평등 교육 : 교육활동을 효과적으로 진행하기 위한 보조 도구로서의 매체는 해당 활동에 대한 교육목표만을 고려하여 제작된 경우가 많기 때문에 성 불평등한 요소들이 도처에 내재해 있다. 예 동화 속의 주인공들은 대부분 남자인 경우가 많으며, 등장인물들의 경우 남자는 독립적이고, 문제 해결력이 뛰어나며, 위기상황에서 도움을 주는 인물로 묘사된 경우가 많은 반면, 여자는 부드럽고, 상냥하며, 가사일을 하는 소극적 인물로 묘사되는 경향을 나타냈다.

③ 유아교육과정과 양성평등 교육

ⓒ 유아교육기관에서 이루어지는 수많은 교육활동 중 상당 부분이 교육목표부터 내용, 방법에 이르기까지 전통적 성 고정관념에 의거한 불평등적 요소들을 다수 포함하고 있는 것으로 조사되었다. 예 사자나 호랑이 역할은 남아, 토끼 역할은 여아

ⓒ 성 역할 평등개념을 형성하기 위한 방안으로 남녀 유아 모두에게 동일하게 정적인 놀이와 동적인 놀이에 참가하게 하고, 남녀 유아 모두 감정 표현을 충분히 할 수 있도록 도와주며, 집 밖에서 이루어지는 활동에 대해 남녀 모두 다양한 일을 할 수 있다는 내용을 전달해야 한다.

④ 유아교사와 양성평등 교육 : 교사는 유아에게 의도된 교육과 의도되지 않은 교육의 두 가지 양식으로 성 역할 형성에 지대한 영향을 미친다. 그러므로 교사는 자신이 지니고 있는 성 역할에 관한 신념 및 가치관을 반성적인 태도로 겸허하게 돌이켜보아야 하며, 또한 교육과정을 운영해 나아가는 데 있어 양성평등한 교육을 실시하려는 적극적 의지를 갖고 임해야 한다.

⑤ 유아의 부모와 양성평등 교육 : 실제로 유아의 성 역할 형성에 가장 막대한 영향을 미치는 타자는 부모이다. 따라서 부모의 성 역할 의식이 바람직한 방향으로 변화되어야만 실제적으로 유아를 위한 양성평등 교육이 이루어질 수 있으므로 유아교육기관의 물리적 환경, 교수·학습 매체, 교육과정, 교사 등 다양한 요소들과 가정과의 연계가 필요하다.

> **Ⓐ Plus⁺ 성인지 감수성**(『어린이집 유치원 교사 등을 위한 성인지 교육 교재』(여성가족부)
>
> 1. **성인지 감수성** : 성별 간의 차이로 인한 일상생활 속에서의 차별과 유·불리함을 이해하고 불평등을 인지하여 이를 해결하고자 하는 관점과 태도이다. **예** 공중화장실의 기저귀 갈이대가 여성화장실에만 설치되어 있는 것, 그림책의 곰은 남자 목소리로, 토끼는 여자 목소리로 읽어 주는 것, 놀잇감 구매 시 여아와 남아로 구분하여 구매하는 것, 여아에게는 얌전하고 예쁜 것을 칭찬하고 남아에게는 씩씩하고 용기 있는 것을 칭찬하는 것 등
>
> 2. **교사에게 성인지 감수성이 필요한 이유** : 교육 현장의 전문가에게 성인지 감수성이 부족하면, 무의식적으로 아이에게 성별 고정관념을 심어줄 수 있다. 성별 고정관념을 갖게 된 아이는 성별로 자신의 가능성을 제약하고, 다양한 상상을 할 기회를 잃어버릴 수 있다.
>
> 3. **성인지 감수성 교육의 의의** : 성인지 감수성 교육은 아이들이 성별 고정관념에서 벗어나 자신이 원하는 것을 선택하고 꿈꿀 수 있는 사람으로 자라도록 돕는 교육이다. 풍부한 성인지 감수성으로 아이들이 '남자답게', '여자답게'가 아닌 '나답게' 자랄 수 있도록 돕는 교사가 되어야 한다.

9장 감정과 정서의 발달

1 정서와 정서지능

(1) 정서의 종류

① **일차 정서**(기본정서) : 생후 2개월~7개월경에 나타나는 정서로서 세계 모든 문화권에서 볼 수 있는 정서(생물학적으로 정해진 것)이다.

  ㉠ **에크만**(Ekman, 1980) : 행복, 혐오, 놀람, 슬픔, 분노, 공포의 6가지로 구분하였다.

  ㉡ **플루칙**(Plutchik, 1980) : 공포, 분노, 기쁨, 슬픔, 수용, 혐오, 기대, 놀람의 8가지로 분류했다.[40]

② **이차 정서** : 당혹감, 수치심, 죄책감, 부러움, 자부심과 같은 이차 정서는 일차 정서보다 늦게 표현되며, 좀 더 복잡한 인지능력이 요구된다.

  ㉠ **자아의식적 정서**(루이스 Lewis) : 자아개념이 발달함에 따라 자부심, 수치심, 당혹감, 죄책감, 질투와 같은 정서를 경험하게 되며, 이러한 고차원적 정서들은 자아개념을 손상시키거나 증진시킨다.

  ㉡ **자기평가적 정서** : 자기인식과 자기의 행동을 평가하는 규준에 대한 이해를 바탕으로 하는 정서이며, 자아의식적 정서와 유사한 개념으로 사용된다. 예 수치심, 죄책감, 자부심 등

(2) 가드너의 다중지능이론과 정서지능

① **대인관계 지능**(interpersonal intelligence)

  ㉠ 다른 사람의 동기, 작업 방식 등 다른 사람을 이해하는 능력이다. 예 영업사원, 정치가, 교사 등

  ㉡ 기분, 기질, 동기, 다른 사람의 욕구를 인식하고 적절히 반응할 수 있는 능력이다.

② **개인 내적 지능**(intra-personal intelligence)

  ㉠ 대인관계 지능과 관련된 능력들이 자신의 내면에 대해 작용하는 것이다. 예 심리학자, 종교인, 상담가, 철학자 등

  ㉡ 자기이해의 핵심으로서 자신의 감정을 이해하고 변별하고 감정과 행동을 조절할 수 있는 능력이다.

40) **혼합정서** : 플루칙은 기본 정서가 다른 정서와 합하여 또 다른 정서를 만들어 낸다고 보았다.

2 정서지능 이론

(1) 정서지능의 개념

① 정서지능 : 자신과 타인의 정서를 정확하게 평가하고 표현하며, 삶을 고양시키는 방향으로 정서를 조절하는 능력이다.

② 정서지능의 개념은 1997년 처음으로 예일대학교 살로베이(Peter Salovey)와 메이어(John Mayer)가 제시하였으며, 이후 카루소(David R. Caruso)[41]와 함께 정서지능 진단툴 및 교육과정을 개발했다.

③ 정서지능의 주된 요소

㉠ 정서표현 : 신체적 · 생리적 · 행동적 반응을 통해 정서 상태의 변화를 나타내는 것이다.

㉡ 정서이해 : 정서 상태의 변화와 정서를 유발시키는 상황, 그 상황에 대한 정서적 반응을 이해하는 것을 말한다. 타인의 정서를 이해하기 위해서 유아는 먼저 얼굴 표정과 정서를 일치시킬 줄 알아야 하며 상황적 단서에 따라 타인의 감정과 의도를 파악하고 거기에 맞게 반응할 수 있어야 한다.

㉢ 정서조절 : 자신의 정서를 정확히 인식하고 목표를 성취하기 위해 정서를 상황에 알맞게 조절하는 능력이다. 즉, 자극에 의해 발생된 정서적인 반응을 스스로 적절한 방식으로 조절하고 변화시킬 수 있는 능력이다. [42]

(2) 정서지능 3영역 10요소 모형(살로베이와 메이어 Salovey & Mayer, 1990)

영역	요소
정서의 인식과 표현	자기 정서의 언어적 인식과 표현 자기 정서의 비언어적 인식과 표현 타인 정서의 비언어적 인식과 표현 감정 이입
정서의 조절	자기의 정서조절 타인의 정서조절
정서의 활용	융통성 있는 계획 세우기 창조적 사고 주의 집중의 전환 동기화

41) 정서인식, 정서활용, 정서이해, 정서조절(관리)로 구분했다.

42) 자신의 감정이 상황에 미치는 영향을 고려하여 효과적으로 정서를 조절하는 것은 원만한 인간관계와 사회 적응을 위한 필수적인 능력이다.

Ⓐ Plus⁺ **'정서의 활용' 하위 요소**

① **융통성 있는 계획 세우기** : 미래의 계획을 세우는 데 있어서 정서의 변화를 이용하고 가능성 있는 결과를 예측해 보는 것이다.

② **창의적 사고** : 기억을 구조화하고 문제를 해결하는 데 있어서 정서를 적절하게 활용하는 능력이다.

③ **주의집중의 전환** : 여러 가지 복잡한 문제와 기분에 빠져 있을 경우에 복잡한 체계를 차단하여 우선순위의 과제에 주의를 집중하도록 정서를 맞추는 것을 말한다.

④ **동기화** : 과제를 수행하는 데 있어서 좋은 기분을 이용하여 자신감을 부여하는 능력이다.

(3) 정서지능 4영역 16요소 모형(살로베이와 메이어 Salovey & Mayer, 1997)

영역	수준
정서의 인식과 표현	1. 자신의 정서를 파악하기 2. 자신의 외부 정서를 파악하기 3. 정서를 정확하게 표현하기 4. 표현된 정서들을 구별하기
정서에 의한 사고 촉진	1. 정서 정보를 이용하여 사고의 우선순위 정하기 2. 정서를 이용하여 판단하고 기억하기 3. 정서를 이용하여 다양한 관점 취하기 4. 정서를 활용하여 문제 해결 촉진하기
정서지식의 활용	1. 미묘한 정서 간의 관계를 이해하고 명명하기 2. 정서 속에 담긴 의미를 해석하기 3. 복잡하고 복합적인 감정을 이해하기 4. 정서들 간의 전환을 이해하기
정서의 반영적 조절	1. 정적 · 부적 정서들을 모두 받아들이기 2. 자신의 정서에서 거리를 두거나 반영적으로 바라보기 3. 자신과 타인의 관계 속에서 정서를 반영적으로 들여다보기 4. 자신과 타인의 정서를 조절하기

(4) 골만(Goleman, 1995)의 5가지 정서지능의 구성요소

구성요소	내 용
자기인식	• 자신의 감정을 있는 그대로 인식하고 이해하는 능력
자기조절	• 분노, 우울, 스트레스 등의 감정을 스스로 관리하고 조절하는 능력
자기동기화	• 목표달성을 위해 일시적인 만족이나 충동을 억제하는 능력(만족지연 능력) • 어려움을 참고 성취를 위해 노력하는 능력
감정이입	• 타인이 느끼는 감정을 자신의 것처럼 느끼고 타인의 감정을 읽고 적절하게 반응하는 공감능력
대인관계 기술	• 타인의 감정을 효과적으로 관리하고, 자신의 감정을 이에 맞추어 가는 능력 • 자신의 요구를 전달하고 친사회적 행동을 할 수 있는 능력

(5) **아이젠버그**(Eisenberg, 1998)**의 정서조절 능력 발달**

① 정서조절은 외적 조절에서 내적 조절로 변화된다.

② 정서를 조절하기 위하여 머릿속으로 특정 정서를 유발하는 자극을 떠올리지 않거나 관심의 초점을 전환시키는 것과 같은 인지적 책략들이 발달된다.

③ 울음을 참는 것과 같은 정서를 통제하는 능력이 점차 발달된다.

3 정서발달과 지도

(1) 가족으로부터의 독립

① 가정을 벗어나 살아가기 위해 습득해야 하는 첫 번째 능력은 부모로부터 독립하는 것이다.

② 유아의 어려움을 가능한 한 덜어 주기 위해서는 격리가 점차적으로 이루어져야 한다.

(2) 신뢰감, 자율성, 주도성에 대한 기본적 태도

① 일관된 정책과 규칙적인 프로그램은 신뢰로운 분위기를 만드는 데 영향을 미친다.

② 배변훈련이 일어나는 시기에 자율성 대 수치심과 회의의 태도를 확립하게 되므로 독립성과 자율성의 기회가 충분히 부여되어야 한다.

③ 4~5세가 되면 유아는 자신을 둘러싸고 있는 외부 세계에 관심을 가지며, 여러 가지 일을 시도하면서 주도성을 키워 나간다.

(3) 자신의 감정 의식

① 감정을 억제하거나 부정 혹은 무시한 경우 그러한 감정을 직접 혹은 간접적으로 방출할 가능성이 커진다.

② 유아가 자신의 감정을 가장 효과적으로 처리하는 것은 자신의 감정을 다른 사람에게 말하는 것인데, 이를 원하지 않고 제지하려는 성인이 있을 수 있다.

③ 유아가 한 감정표현을 귀담아 들었다는 것을 알게 해주기 위해서는 다른 말을 하기 전에 유아의 감정을 이야기해 주는 것이 좋으며 이를 통해 유아는 자기보고(자신의 감정을 타인에게 말하는 것)와 언어적 공격(타인의 감정에 해를 끼치는 것)의 차이를 알게 된다.

10 장 또래관계와 놀이

1 또래관계의 발달

(1) 또래

① 또래는 행동이 거의 같은 수준에서 상호작용하는 유아들이다.

② 또래는 유아의 성격이나 사회적 행동, 가치관, 태도 형성에 중요한 영향을 준다.

③ 서로 모방하거나 벌을 줌으로써 서로의 행동을 변화시키며, 서로의 행동에 비교준거로 작용하면서 사회화에 영향을 미친다.

(2) 영아기 또래관계의 발달

① 6개월경 : 또래를 쳐다보거나 소리를 내거나 미소를 보내며 만져보기도 하지만 친구로 삼거나 또는 즐거움을 위하여 자발적으로 또래를 찾지는 않는다.

② 영아기 또래관계의 발달

　㉠ 영아기 초기 : 단순하게 웃거나 만지는 행동이 나타난다.

　㉡ 초기 이후 : 미소, 만지는 행위 등이 합쳐져 소리를 내거나 복잡한 조합이 이루어진다.

　㉢ 상호호혜적 행동이 일방적 방향에서 점점 사회적 상호교환의 행위로 발전해간다.

(3) 유아기 또래관계의 발달

① 2세에서 5세 사이의 유아기는 또래관계가 확장되는 시기이다.

② 영아기의 또래관계가 지속되거나 새로운 상호작용과 사회적 능력이 나타나는 시기이다.

③ 유아는 상징적 사고, 표상이 가능함에 따라 또래와의 사회적 상호작용의 복잡성이 증가하면서 사회적 상호작용의 기술이 점차 증가한다.

④ 인지발달이론에서는 유사한 수준의 또래와의 상호작용을 통해 다른 사람의 관점을 조망하게 되고 자아중심성이 점차 줄어든다고 보았다.[43]

(4) 아동기 또래관계의 발달

① 아동기에 형성되는 역할조망 능력은 규칙있는 게임을 할 수 있게 만들며 또래와 협동적으로 상호작용을 할 수 있게 한다.

② 또래 상호작용에서 집단의 중요성이 증가하게 되는데, 또래집단은 상호작용이 규칙적으로 일어나며, 일반적으로 사회에서 통용되는 이상의 가치관이 공유되고, 구성원이 서로에게 가져야 할 태도를 지지하는 구조를 갖는다.

---

43) 사회적 참조(social referencing) : 상황에 대한 타인의 해석을 이용하여 자신의 해석을 구성하는 과정을 뜻하는 심리학적 용어이다. 유아는 애매한 자극을 제시할 경우 곧잘 엄마나 타인을 쳐다보며 이들이 어떻게 반응하는지에 따라 그 자극에 대한 행동 요령을 익힌다.

(5) 또래의 영향

① 모델로서의 또래 : 유아는 어른의 지시 따르기, 나누어 갖기, 사회참여, 문제 해결과 같은 다양한 행동들에서 또래끼리 서로 모델이 된다.

② 강화자로서의 또래 : 또래는 서로에게 강화나 벌을 주기도 하는데 그 효과는 매우 강력하다.

③ 사회적 비교 준거로서의 또래 : 자신의 여러 행동과 성취 결과를 또래와 비교함으로써 자기 자신의 성격, 능력, 태도 등을 판단한다.

2 우정

(1) 우정의 발달

① 우정이란 충성심, 친밀감, 상호 애정을 갖는 두 사람 사이의 지속적 관계이다.

② 유아기 우정의 특징

㉠ 친구란 같이 놀면 즐겁고 물건을 나누어 갖는 사람이다.

㉡ 방금 수행했거나 수행할 구체적 행동과 관련되는 일시적 요소가 있다.

(2) 학자별 우정 발달 단계

① 비계로우(Bigelow, 1977)의 우정 발달 단계

㉠ 보상–비용의 단계

ⓐ 이상적 친구란 자신에게 유익하고 즐거움의 자원이 되는 유아, 즉 멋진 놀잇감을 갖고 있거나 놀이에 함께 참여할 수 있는 유아이다.

ⓑ 취학전 유아도 상호호혜적이며, 상대방이 보상을 주면 그에게 보상을 하는 관계가 형성된다.

㉡ 규범의 단계(초등학교 중반기)

ⓐ 공유된 가치와 규칙이 우정의 중요한 요소가 된다.

ⓑ 이들은 서로에 대한 수용, 존경, 충성 등을 우정에서 강조한다.

ⓒ 친구란 서로 도와주며 신뢰가 있어야 한다.

㉢ 감정이입의 단계(사춘기 이후)

ⓐ 친구에게 무슨 일이 일어났는가에 관심을 갖게 된다.

ⓑ 상호이해, 자기개방, 친밀감 등이 우정에 중요한 요소라고 생각한다.

② 데이먼(Damon, 1977)의 우정 발달 단계

㉠ Level 1 : 친구와 놀기 위하여 빈번한 상호작용으로 접촉하는 단계이다. 이 시기에는 단시간에 우정 관계가 이루어지기도 하고, 쉽게 깨어지기도 한다.

㉡ Level 2 : 서로 도움을 주고 또 요청하는 단계이다. 이 시기에는 상호교환적인 입장에서 한 사람은 다른 사람의 요구나 필요에 따라 반응하게 되며, 성격이나 기질에 기초하여 주관적이고 현실적인 견지에서 관계가 이루어진다고 볼 수 있는 단계이다.

© Level 3 : 다른 한 사람을 이해하는 단계로서 서로의 사고 · 감정 · 비밀 등을 공유하고 서로의 심리적 문제에 도움을 주며, 상호이해와 용서가 가능하기 때문에 오랫동안 관계를 유지할 수 있는 단계이다.

③ 셀만(Selman)의 우정 발달 단계[44]

0단계 (3~7세)	일시적인 신체적 놀이짝 단계	우정 관계는 일시적이며, 신체적인 상호작용을 중심으로 이루어져 있다. 이때의 우정 관계는 쉽게 변하며, 친구를 순간적이고 즉흥적인 놀이 친구라고 생각한다. 이 시기에는 다른 사람의 내적인 사고나 감정에 대한 이해가 없는데, 이는 사회적 조망수용 능력이 아직 발달하지 못했기 때문이라고 보았다.
1단계 (4~9세)	일방적인 조력 단계	우정 관계는 일방적인 원조로 이루어지고 친구를 자기의 목적을 달성하기 위한 특별한 대행자로 생각하는 데 그치는 단계이므로 순간적으로 놀이 친구가 형성된다.
2단계 (6~9세)	공평한 협력 단계	우정 관계는 결부된 양방적인 상호관계를 갖는 시기로, 협동이 나타나며 서로 좋아하고 싫어하는 정도에 따라 행동을 결정하게 된다.
3단계 (9~12세)	상호적 공유 단계	우정 관계는 친밀하고 상호적이며 공유의 관계를 나타낸다. 애정 관계가 두터워짐으로써 작은 갈등을 초월하여 서로 주고받는 우정을 지속적으로 유지하려는 노력을 보이기도 한다.
4단계 (12세 이상)	자율적 상호의존 단계	우정 관계는 자율적인 상호의존의 개념이 형성되면서 상호 심리적인 원조에 의존하고 서로 동일시하며 정체감을 형성해가는 단계이다.

(3) 우정 형성의 결정 요인 : 유사성

① 성 : 취학 전~아동 중기까지 동성의 친구를 선호한다.
② 연령 : 나이가 비슷한 또래 간에 우정이 형성된다.
③ 인종 : 취학 전부터 나타나 연령이 높아지면서 증가한다.
④ 흥미 : 흥미와 좋아하는 것의 유사성도 중요한 변인이 된다.

(4) 또래 수용도(peer acceptance)

① 또래 수용도란 유아가 또래로부터 수용되고 거부되는 정도를 말하며 또래 수용성, 혹은 인기도라고도 한다. 또래 수용도가 낮은 유아는 친구가 없거나 또래와 부적절한 상호작용으로 사회적으로 고립되어 사회적 기술을 발달시킬 기회가 제한된다.
② 코이 등(Coie et al., 1982) : 사회성 측정법 중 또래 지명법을 사용하여 유아의 사회적 지위를 구분하여 인기아, 거부아, 무시아, 양면아, 보통아로 구분했다.[45]

44) 코스텔닉(Kostelnik)도 셀만의 단계와 유사하다.

0수준	일시적인 놀이 동료
1수준	일방적인 도움
2수준	쌍방적이고 공정한 협력
3수준	친밀한 상호 공유
4수준	성숙한 친구

45) 관련 내용은 part 5. 유아 평가 p.385 참고

③ 인기도의 결정 요인

  ⊙ 출생 순위 : 막내가 맏이나 중간 유아보다 높다.

  ⓒ IQ나 학업성취 : 지능이나 학업성취가 높은 유아가 또래에게 더 인기가 있다.

  ⓒ 신체 및 이름의 매력도 : 신체적으로 매력이 있는 유아, 이름이 매력 있는 유아가 인기가 있다.

  ⓔ 상호작용 기술 : 상호작용 시도 기술, 상호작용 유지 기술, 갈등해결 기술 등이다.

(5) 친구 관계 형성 단계(코스텔닉 등 Kostelnik et al., 2009)

① 접촉하기(또래관계 시도 기술) : 인기아는 비인기아에 비해 또래와의 상호작용을 쉽게 시작하고, 형성된 놀이집단에도 어려움 없이 참여할 수 있다. 예 미소 지으며 즐겁게 인사하기(안녕, 얘들아.), 정보 물어보기(블록은 어디 있니?), 정보 제공하기(내 이름은 지윤이야. 오늘 처음 왔어.), 초대하기(술래잡기 할래?)

② 긍정적 관계 유지하기(또래관계 유지 기술) : 또래관계를 잘 유지하기 위해서는 또래의 말 경청하기, 뛰어난 의사소통 능력, 협동, 자신의 욕구 조절, 나누기 행동 등 사회적 지식과 기술이 필요하다. 예 관심, 수용, 애정, 공감 표현하기, 협력하기, 도움주기와 제안하기, 칭찬하기 등

③ 갈등 협상하기(또래 간 갈등해결 기술) : 사회적으로 유능한 유아는 또래집단에서 갈등이 생겼을 때 자기주장을 줄이고 또래의 의견을 수용하며, 놀잇감을 나누어 갖는 등 갈등을 효과적으로 해결할 줄 안다. 예 개인적 권리, 욕구, 감정 표현하기, 타인의 권리와 심성에 귀를 기울이고 인정하기, 갈등에 대해 비폭력적인 해결책 제안하기(그럼 가위바위보로 정하자.), 제안한 해결책의 이유 설명하기(그럼 우리 둘 다 할 수 있어.), 합리적인 불일치를 받아들이기(그렇구나. 난 몰랐어.), 해결책 절충하기(둘 다 반반씩 하자.)

④ 친구 관계 끝내기 : 이사를 하거나 다른 기관으로 옮기게 되어 친구관계가 끝나기도 한다.

(6) 셀만(A. Selman)의 대인 간 이해의 협상 전략

0수준	자기 중심적 · 충동적 수준	자신의 욕구를 달성하기 위해 신체적 전략을 사용하는 수준이다. 예 때리거나 힘에 밀려서 물러서는 행동
1수준	단독적 · 일방적 수준	지시적인 언어적 위협이나 명령 혹은 지배적인 복종 전략을 사용하는 수준이다. 예 의지가 없는 굴복이나 복종, 또는 일방적 요구, 위협, 뇌물 등
2수준	호혜적 · 반영적 수준	자기 반영적이며 호혜적인 협상 능력을 통한 전략 수준이다. 예 설득이나 제의, 변명을 하거나 욕구 관철을 위한 설득, 제의, 변명을 수용함. 눈에는 눈, 이에는 이.
3수준	상호적 · 협력적 수준	제3자의 입장에서 상호적 조망이 가능하고 자신과 타인의 요구를 통합하여 협력하는 수준이다. 예 서로 만족스러운 대안을 찾거나 관계 유지를 위한 타협

11 장 사회인지와 관계 기술의 발달

1 사회인지의 발달

(1) 사회인지

① 사회인지는 자기(self), 다른 사람(other) 및 사회적 관계(social relationship)를 포함한다. 즉, 사회인지란 자신과 타인의 행동을 포함하여 모든 사회적 자극을 지각하고 이를 해석하여 이해하는 것을 말한다.

② 유아가 형성한 정신표상, 마음이론, 대인지각, 역할이행, 감정이입 등은 모두 사회인지에 포함될 수 있다.

③ 반두라의 상호 결정론 모델 : 상호결정론에서는 유아, 유아의 행동, 그리고 환경의 세 요소가 서로 상호작용을 하며 유아의 발달을 이루어간다. 이때 유아는 사회적 도식을 가지고 있는 개체로서 이에 따라 행동하고 환경과 상호작용을 한다.

(2) 타인의 사고에 대한 이해

① 조망수용 능력(perspective taking)

ㄱ 다른 사람의 관점에서 이해하고 타인의 사고와 태도를 식별하는 능력이다.

ㄴ 피아제의 자기중심성과 반대되는 것으로, 사회인지적 성취를 위해 중요하다.

② 조망수용 능력의 유형

지각적 조망수용		• 타인의 공간적 시각에서 추론하는 능력이다.	
사회적 조망 수용 능력	인지적 조망수용	• 타인의 사고나 지식을 추론하는 능력이다. • 유아들이 사회를 알고 이해하는 데 중요한 역할을 한다.	
		의도 조망수용 능력	• 타인의 의도 및 하고자 하는 것에 대해 추론하는 능력이다. (우연/의도)
		사고 조망수용 능력	• 타인의 지식이나 생각을 올바르게 추론하는 능력이다.
	감정적 조망수용	• 타인의 감정과 정서적 상태를 추론하는 능력이다.	
		인지적 감정이입 (타인이 느끼는 감정을 이해)	• 다른 사람의 감정 규명 시 상황에 의존한다.
		정서적 감정이입 (타인에게 관찰된 정서를 대리 경험)	• 다른 사람의 감정 규명 시 얼굴 표정에 의존한다.

③ 셀만(Selman)의 아동기 조망수용 능력의 발달 단계

　⑦ 자아중심성이 탈피되면서 유아는 타인의 관점과 입장을 조망할 수 있는 능력이 함양된다.

> 홀리는 나무에 올라가지 않겠다고 아버지와 약속했지만 어느 날 고양이가 나무 위에 걸리게 되어서 고양이를 구하기 위해 아버지와의 약속을 깨고 나무에 올라갈 것인가 아니면 아버지와의 약속을 지켜야 할 것인가 사이에서 고민하고 있다.

0단계(3~6세) 자아 중심적 단계	미분화된 단계라고도 하며, 유아들은 자신의 관점과 다른 관점을 인식하지 못한다. 자신이 느끼는 것은 무엇이든 옳다고 생각하고 타인도 그렇게 느낄 것이라 생각한다. **예** "아빠는 화내지 않으실 거예요. 왜냐하면 저는 고양이를 좋아하니까요."
1단계(6~8세) 사회 정보적 역할수용 단계	타인의 조망이 자신의 것과 다를 수 있다는 것을 알지만, 그것은 그 사람이 다른 정보를 가지고 있기 때문이라고 생각한다. 타인의 사고에 대해 생각할 수 없어, 어떤 일에 타인이 어떻게 반응할지 예측할 수 없다. **예** "아빠는 홀리가 나무 위에 올라간 이유를 모르면 화를 내겠지만, 이유를 알면 화내지 않을 거예요."
2단계(8~10세) 자기 반성적 역할수용 단계	같은 정보를 알아도 자신과 타인의 관점이 다를 수 있다는 것을 알게 되고 타인의 입장에서 그들이 어떻게 행동할 것인지 예측도 가능하다. 그러나 아직까지 자신의 입장과 타인의 입장을 동시에 고려하지 못한다. **예** "아빠는 홀리가 나무에 올라간 이유를 이해해 줄 거예요."라고 홀리의 입장에서 아빠의 행동을 예측한다. 그러나 '아빠가 홀리가 나무에 올라가는 것을 원할까?'라고 질문하면 아빠의 입장을 가정하여 "하지만 홀리가 나무에서 또 떨어질지도 모른다고 생각해서 아빠는 반대할 것"이라고 말한다.
3단계(10~12세) 상호적 역할수용 단계	아동은 자신과 타인의 입장을 동시에 고려할 수 있으며, 타인도 그렇게 할 수 있다고 인식한다. 제3자의 관점을 가정하고 각 사람이 상대방의 견해에 어떻게 반응할지를 예측할 수 있다. **예** "홀리는 아빠가 반대한다는 것을 알면서도 고양이를 좋아하기 때문에 나무에 올라갔고, 하지만 아빠는 나중에 고양이 때문에 올라갔다고 해도 아빠 말을 어겼기 때문에 화를 내실 거야."라고 말한다.
4단계(12~15세 이상) 사회적 역할수용 단계	타인의 입장을 사회적 체계의 입장('일반화된 타인'의 입장)과 비교함으로써 이해하려 한다. **예** 홀리가 나무에 올라갔기 때문에 벌을 받아야 하는가라고 질문하면 청소년들은 아니라고 대답하고, 동물을 인간적으로 대우하는 것의 가치는 홀리의 행동을 정당화시킬 것이고 대부분의 아빠도 이 점을 알 것이라고 말한다.

④ **마음이론**(Theory of mind) : 사람에게는 감정, 욕구, 의도, 바람, 믿음, 지식과 같은 내적 정신과정이 있고, 이것이 사람의 행동을 이끌고 사람마다 다를 수 있다는 것을 이해하는 것이다.

    ㉠ 2~3세의 유아들은 타인의 욕구와 정서 등을 이해할 수 있지만, 타인의 잘못된 신념이나 믿음 등은 이해하지 못하는 한계를 보였다.

    ㉡ 실재와 다른 틀린 믿음에 대한 이해는 4세가 지나야 가능하다. 또한 실재와 다른 믿음을 기초로 타인의 행동을 정확하게 예측하는 능력은 그 후에 나타난다고 본다.

    ㉢ **틀린 믿음**(False belief) **과제**

> 철수는 찬장에 초콜릿이 있는 것을 보고 밖으로 놀러 나갔다. 철수가 없는 사이 어머니가 초콜릿을 냉장고에 옮겨 놓았다. 밖에서 놀던 철수는 초콜릿이 먹고 싶어서 집으로 들어왔다. 철수는 어디에서 초콜릿을 찾을까?

      ⓐ 틀린 믿음을 이해하는 것은 인간이 외부의 자극 상황에 대한 타인의 정보적 접근을 토대로 하여 타인이 어떠한 사물이나 사건에 대해 사실과 다른 잘못된 지식이나 표상을 가졌다고 판단하는 것을 의미한다.

      ⓑ 틀린 믿음과제는 사람들이 가지고 있는 마음이론을 잘 반영해주는 과제로, 유아의 마음이론을 측정하기 위해 연구자들 사이에서 널리 사용된다.

      ⓒ 유아가 실재와는 다른 믿음, 즉 틀린 믿음을 이해하고 후속 행동을 예측할 수 있는지 측정할 수 있다.

    ㉣ **상위표상** : 표상에 대한 표상이다. 틀린 믿음에 대한 이해는 상위표상을 할 수 있어야 가능하다. 다른 사람의 마음이 어떤 대상이나 상황을 표상하고 있고 그 사람의 마음이 표상하고 있는 것을 내가 표상할 수 있을 때 다른 사람이 가지고 있는 틀린 믿음을 이해할 수 있기 때문이다.

(3) 타인의 의도 및 감정에 대한 이해

① **의도 이해** : 의도적인 행동과 우연적인 행동을 구별하는 능력과 의도적인 행동의 유형이 좋은 행동인지 아닌지를 변별하는 능력이다. 일반적으로 8~9세까지의 어린이들은 판단의 주요 준거로서 결과적 피해를 고려하며, 점차 나이가 듦에 따라 행위자의 의도를 바탕으로 판단하게 된다.

② **감정 이해** : 다른 사람이 어떻게 느끼는지를 이해하는 인지적 반응으로 정의되기도 하고, 다른 사람과 같은 감정을 갖는 정의적 반응으로 정의되기도 한다.

2 사회적 개념의 발달

(1) 권위(합법성과 복종) 개념의 발달

① 권위는 유아가 배워야 할 사회적 관계 중 하나로 유아 자신이 겪는 현재의 사회적 경험에 중요한 역할을 하며, 사회적 지식 발달의 핵심이기도 하다.

② 권위는 유아와 성인과의 관계, 또래와의 관계에 크게 영향을 미치는데, 6세 이전의 유아들은 성인과의 관계를 명령과 복종으로 지각하다가 좀 더 나이가 들면서 자발적 복종, 즉 성인의 요구에 만족을 주기 위해 선택하는 것으로 여기게 된다.

③ 데이먼(Damon, 1977)의 권위 발달 단계(4~9세)

단계	특 징
Level 0-A	• 권위자의 기대에 맞추어 자신의 소망을 갖거나 자신의 소망에 맞추어 권위자의 기대를 왜곡한다. • 애정, 욕구, 자아동일시 등을 바탕으로 권위의 개념이 형성된다.
Level 0-B	• 권위가 자신의 요구와 다른 것임을 알고 자신의 특성과 반대되는 힘으로 인식한다. • 권위는 성별, 신체 발달 정도 등의 외적인 특성에 의해 결정된다.
Level 1-A	• 권위는 권위자의 사회적·신체적 위력에 대한 존경으로 이루어진다.
Level 1-B	• 권위는 권위자의 특수한 재능이나 우수한 사람으로 여겨지는 능력에 의해 결정된다.
Level 2-A	• 권위자는 다른 사람에 비해 리더십이 있는 사람으로 간주되고, 복종은 자발적인 행위로 벌을 피하기 위한 복종과 자발적이고 협동적인 복종으로 구별된다.
Level 2-B	• 권위를 구체적인 상황적 요소들을 고려한 분담적이고 협의적인 관계로 인식한다.

(2) 사회적 규칙의 발달

① 유아들이 사회생활을 경험하면서 많은 사회적 규칙이나 약속, 관습 등을 다루게 되면서 규칙 개념이 형성된다.

② 대부분 초기의 규칙은 권위자나 집단으로부터 나오는 외적·사회적 조절에 의존하게 되지만 점차 발달해감에 따라 협동적이고 자율적인 측면의 사회적 규칙을 받아들이게 된다.

③ 콜버그의 사회적 규칙 발달 단계

단계	특 징
Stage 0	• 규칙이나 규범 등에 대한 개념이 없다.
Stage 1	• 규칙은 구체적인 권위자로부터 나오고, 나쁜 행동을 금지(싸우지 않기, 담배 피우지 않기)하기 위한 것이며, 규칙에는 복종해야 한다고 인식한다.
Stage 2	• 규칙은 안내의 기준으로, 지키는 사람들에게 긍정적인 안내의 역할을 하는 것으로 간주한다.

(3) 유아기 정의 개념의 발달

① 유아들은 또래와 장난감이나 물건을 나누어 함께 사용하고 차례를 지키는 행동 등을 정의롭다고 생각한다.

② 정의를 공정한 분배 개념이나 나눔의 행동으로 인식한다.

③ 데이먼(Damon, 1977)의 정의 개념의 발달 단계(4~9세)

단계	특징
Level 0-A	• 분배의 정의는 개인의 욕구와 혼동되어 자신의 소망을 근거로 합리화시키려 한다. • 공정성은 유아 자신의 욕구와 혼동되어 있다. "내가 가지고 싶으니 가져야 한다."
Level 0-B	• 정의의 기준은 개인의 욕구를 반영하는데, 외적으로 드러나는 요인을 바탕으로 합리화하려 한다. • "우리는 여자이기 때문에 더 많이 가져야 돼."
Level 1-A	• 단순한 평등의 개념으로 일방적이고 융통성 없는 공정성의 개념을 적용하려 한다. • "모든 사람은 모두 똑같이 가져야 한다."
Level 1-B	• 상호호혜적 행동 개념으로 발전하는데, 수행한 일에 대한 보상의 개념으로 분배하게 된다. • "더 많이 일한 사람이 가져야 한다. "
Level 2-A	• 도덕적인 상대성을 적용하여 각기 다른 사람들이 정의에 대해 서로 다른 근거를 가질 수 있음을 이해한다. • 특별한 결핍이나 필요가 있는 사람의 요구에 더욱 비중을 두게 된다. • "A가 대부분 다 가져야 하지만 B도 조금은 가져야 한다."
Level 2-B	• 평등과 상호호혜성을 함께 고려하여 공정한 선택은 다양한 개인의 욕구와 구체적인 상황의 요인들을 모두 고려하여 이루어진다. • 모든 가능한 정의에는 요구, 평등성, 필요, 보상, 결손 보충 등이 고려된다.

3 친사회적 행동의 발달

(1) 친사회적 행동의 개념

① 친사회적 행동(prosocial behavior)이란 용어에서 'pro'는 '…을 위하여'라는 뜻의 라틴어 접두사이다. 그러므로 친사회적 행동은 다른 사람에게 이익을 주는 개인의 사회적인 반응을 지칭한다. 다른 사람의 상태를 더 좋게 하지도 않고 해를 끼치지도 않는 비사회적 행동(nonsocial behavior)과 다른 사람을 해롭게 하는 반사회적 행동(antisocial behavior)은 포함되지 않는다.

② 불신, 이기, 상해 등과 같은 반사회적 행동과는 대조되는 행동으로 외적인 보상에 대한 기대 없이 타인을 돕기 위해 행하는 자발적 행동이다.

③ 친사회적 행동은 행위자가 외적 보상을 기대하지 않고서 다른 사람이나 집단에 이익을 주거나 도와주는 행동으로 이타적 행동과 같은 의미이다.

④ 유아들은 음식이나 장난감 등을 나누어 갖는 것 등 기본적으로는 자기중심적이고 순간적이라 하더라도 아주 어린 시기부터 이타적 행동이 나타난다.

⑤ 유아기 친사회적 행동의 유형 : 돕기, 위로하기, 나누기, 기증하기, 협동, 관용, 동정, 우정 나누기, 감정이입, 타인 존중, 자선활동, 교환(책 바꿔 보기 등), 친절, 이타성, 바르게 행동하기, 공감, 양보, 협의하기 등

> **A Plus⁺**
>
> 왈쉬(H. Walsh) 등이 주장한 ①에 해당하는 용어를 쓰시오. [1점] 〈2013추시기출 일부〉
>
> > 이타주의와 혼용하여 쓰이는 (①)은(는) 타인에 대한 배려에서 오는 바람직한 행동이다. 또한 사회생활 속에서 그 사회가 요구하는 사회 규범에 맞는, 그리고 사회집단 내 다른 사람들의 행동을 증진시키기는 행위를 의미한다. 유아기에 습득하는 (①)의 구체적인 예는 돕기, 나누기, 협동하기, 공감하기, 배려하기, 양보하기 등으로 나타난다.
>
> 〈정답〉 친사회적 행동

(2) 감정이입

① 감정이입(empathy) : 다른 사람의 정서적 상태를 경험하는 것이다.

② 부정적 정서해소 가설에서는 어려운 상황에 있는 타인을 목격했을 때 느끼는 부정적 정서를 해소하기 위한 이기적인 동기 때문에 친사회적 행동을 한다고 본다.

③ 이타성 가설에서는 감정이입 자체가 친사회적 행동을 유발한다고 본다.

④ 공감 능력의 발달(호프만 Hoffman, 1993)

미분화된 공감 단계 (0~1세)	• 다른 사람의 고통스러운 모습을 보면 자신의 감정과 혼돈하여 함께 울게 된다. • 이를 아이젠버그(Eisenberg)는 '정서적 전염'이라고 하였다.
자기중심적 공감 단계 (1~2세)	• 자신이 아닌 다른 사람이 고통스럽다는 것을 안다. • 그 사람이 자기 자신과는 감정이 다르고, 또 무엇을 원하는지는 이해하지 못한다.
타인의 감정에 대한 공감 단계 (2세 초반부터)	• 인지 능력이 발달하면서 다른 사람의 입장이 되어 공감하고 이해하며 다른 사람의 고통의 원인을 찾아 해결하려고 한다. • 고통받는 사람이 눈앞에 존재할 때에만 감정이입이 가능하다는 제한점이 있다.
다른 사람의 삶의 조건에 대한 공감 단계 (아동기 후반부터)	• 각자 느끼는 감정들이 인생 경험 전체에 의해 영향받는다는 것을 이해하게 되어 직접 관찰한 것뿐만 아니라 상상만으로도 감정이입이 가능하다. • 가난한 사람이나 몸이 불편한 사람 등 다른 사람의 생활 여건에 대해서도 감정이입을 할 수 있다.

(3) 친사회적 도덕 추론 능력

① 유아기에는 보상과 처벌이 도덕적 추론에 영향을 주지만, 아동기와 청소년기에는 도덕적 원리가 중요하게 작용한다.

② 친사회적 도덕 추론의 수준(아이젠버그 Eisenberg, 1983)[46]

46) 셰퍼(Shaffer, 2008)는 쾌락주의, 욕구 지향, 전형적 승인 지향, 감정이입 지향, 내면화된 가치 지향으로 설명했다.

단계	특징
쾌락 수준 (유아기~아동기 초기)	자기 자신에게 이익이 될 때만 도움을 준다.
타인 욕구 지향 수준 (유아기 일부~아동기)	다른 사람의 필요에 의해 도움을 주나 공감하지 않으며 도와주지 않아도 죄책감이 없다.
승인 지향 수준 (아동기~청소년기)	다른 사람의 칭찬이 친사회적 행동 수행의 주요 기준이 된다.
공감 수준 (아동기 일부~청소년기)	도와주었을 때 좋은 기분이 드는 것이 갈등 판단에서 중요하다.
내면화 수준 (청소년기 일부~청년기)	친사회적 행동 기준을 가치, 신념, 책임감에 둔다.

(4) 돕기

① 돕기 행동은 타인의 요청이나 명령에 의해 이루어지기 시작하여 이타적 행동을 하는 방향으로 발달된다.

② 친사회적 행동의 발달 단계(바탈 Bar-Tal, 1982)[47]

47) 콜버그(Kohlberg)도 바탈의 단계와 유사하다.

1단계	물리적 강화에 의한 추종
2단계	심리적 강화에 의한 복종
3단계	자발성의 시작
4단계	규범적 행동
5단계	일반적 상호작용
6단계	이타적 행동
7단계	관념적 이타성

ㄱ. 1단계 구체적인 강화에 의한 순응(compliance-concrete and defined reinforcement) : 명령이나 위협에 의해 다른 사람을 돕는다. 아동의 시각은 자기중심적이며, 아동의 행동은 구체적으로 언급된 보상과 벌에 의해 가장 잘 이루어진다. 예 "초콜릿을 줄 테니까 동생에게 양보해라.", "양보하지 않으면 혼난다."

ㄴ. 2단계 순응(compliance) : 자신보다 힘이 센 권위자가 요구하면 다른 사람을 돕는다. 실제로 처벌하겠다는 위협은 더 이상 필요하지 않으며, 타인의 요청이나 명령을 수락할 준비가 되어 있다.

ㄷ. 3단계 구체적 보상에 의한 내적 주도성(internal initiative-concrete reward) : 자발적으로 행동할 준비가 되어 있지만 보상을 기대하고 있기 때문에 상벌을 예측할 수 있을 때 돕는 행동이 나타난다. 예 동생에게 장난감을 양보하면 어머니에게 칭찬받을 것이라고 생각하여 칭찬을 받기 위해 양보한다.

ㄹ. 4단계 규범적 행동(normative behavior) : '도움을 받으면 나도 남을 도와주어야 한다.'는 사회적 규범을 알고 있으며, 사회적 승인을 얻기 위해 다른 사람을 돕는다.

ㅁ. 5단계 일반화된 상호호혜성(generalized reciprocity) : 도움을 받은 사람은 언젠가는 보답할 것이라고 믿기 때문에 다른 사람을 돕는다.

ㅂ. 6단계 이타적 행동(altruistic behavior) : 순수하게 다른 사람을 위해서 돕는다. 이때의 도움행동은 보상을 바라지 않으며 그 대신 자아존중감과 자기만족감을 향상시킨다. 오로지 다른 사람에게 이익이 되도록 하기 위한 동기로 자발적으로 행동한다.

(5) 나누기

① 나누기는 공평의 원리를 충족시키는 방법으로 2세경의 유아도 놀잇감을 나눌 수 있다.

② 나누기 행동의 발달 단계(크로그와 램 Krogh & Lamme, 1983)

1단계(3~4세) 자아중심적 나누기	• 자신이 좋아하는 것과 싫어하는 것에 따라 나눈다. • 자신의 관점과 타인의 관점을 구별하는 것이 어렵다. **예** 나는 사탕을 좋아하기 때문에 더 가져야 해. 하지만 선생님이 나누는 것이 좋은 일이라고 말했기 때문에 친구에게 한 개 줄 거야.
2단계(4~5세) 자아중심적 나누기/ 외부적 나누기	• 여전히 자아중심적이지만 관찰 가능한 외부적 특징에 근거해서 나눈다. **예** 형이 나보다 더 크기 때문에 형에게 사탕 몇 개를 나누어 줄 거야.
3단계(5~6세) 엄정한 균등	• 엄격하고 엄정한 균등을 기초로 나눈다. **예** 우리 모두는 똑같이 나누어야 해. 그래야 공정해.
4단계(6~7세) 장점	• 장점이 되는 행동에 따라 더 또는 덜 보상받는다고 생각한다. **예** 열심히 일한 사람이 사탕을 더 받아야 해.
5단계(7~8세) 도덕적 상대성	• 도덕적 상대성에 대한 이해가 가능하므로 절충이 일어난다. **예** 불쌍하고 배고픈 사람은 더 많이 받아야 해.

(6) 친사회적 행동에 영향을 미치는 요인

① 유아의 개별 요인

㉠ 도덕 추론 능력, 조망수용 능력, 마음이론 등의 능력과 감정이입을 잘하는 유아, 언어 능력이 높은 유아는 친사회적 행동 경향이 있다.

㉡ 추론 관련 친사회적 행동 지도법(사회적 추론)

귀납적 추론	'친구끼리는 장난감을 나눠 써야 해'라고 설명하거나 지시하는 것이 아닌 '다른 친구가 왜 화가 났을까?', '네가 이렇게 하면 다른 친구의 마음은 어떻겠니?' 등 유아의 인지적 성장에 적합한 귀납적 설명으로 갈등 해결을 돕는 것이다. (솔로몬 Solomon 등)
친사회적 도덕 추론	외적 규제의 역할이 최소한의 상태에서 자신의 욕구와 다른 사람의 필요 중 어느 한쪽을 만족시킬 것인가를 선택하는 갈등상황에서의 추론이다. (아이젠버그 Eisenberg)
도덕적 추론	도덕적 주제와 갈등이 내포된 이야기를 선정하여 교사 자신이 정해진 답을 설교하고 훈계하는 것이 아니라 유아의 사고를 자극하여 보다 높은 추론으로 이끄는 방법이다. (콜버그 Kohlberg)

② 성인의 행동

㉠ 훈육 방식 : 호프만(Hoffman)은 부모의 훈육 방법은 애정철회법, 권력행사법, 유도법으로 나뉘며 이타적 행동을 해야 하는 이유를 설명하는 귀납적 추론을 사용하는 유도법이 가장 효과적이라고 했다.

㉡ 모델링 : 성인이 친사회적 행동을 하면 유아의 친사회적 행동이 발달할 수 있다.

③ 가족과 또래관계 : 안정적인 애착 형성 및 친사회적 행동의 모델을 제공받고 다양한 상호작용 속에서 친사회적 행동을 해 볼 수 있는 기회가 만들어진다.

(7) 유아교육기관에서의 친사회적 행동 증진을 위한 방안

① 일반적으로 진행되는 교육활동에 자연스럽게 삽입되어 생활 속에서 은연중에 유아들이 익히고 실행하는 체험을 하도록 해야 한다.

② 일상적 교육활동 속에서 친구 사이에서 타인을 배려하는 마음의 표출, 대화나 토론의 진행 속에서 다른 사람을 존중하는 마음가짐과 행동, 놀이 활동을 통하여 돕고, 나누어 주고, 협동하며 양보하는 체험이 반드시 있어야 한다.

③ 교사는 친사회적 행동의 모범을 보이며 친사회적 성향을 유아기부터 형식적 · 비형식적 교육활동을 통하여 체질화 · 습관화하도록 도와주어야 한다.

4 자기조절

(1) 자기조절의 개념과 발달

① 사회에 잘 적응하기 위해서는 부정적인 충동을 참고, 양보하고 협동하고 규칙을 지키는 등 상황에 적합하게 자신의 생각과 행동을 조절할 줄 알아야 한다.

② 유혹에 저항하는 것, 충동과 감정을 조절하는 것, 만족을 지연하는 것, 계획한 것을 실행하는 것, 적절한 사회적 행동을 하는 것 등이 포함된다.

③ 자기조절의 발달(코스텔닉 등 Kostelnik et al., 2009)

무도덕 단계 (조절행동 없음)	옳고 그른 것에 대한 개념이 없어 자신의 행동에 대해 옳고 그른 판단을 할 수 없다.
따르기 단계 (외적 조절)	외적 조절에 의한 따르기 단계로 자신이 왜 그래야 하는지 모른 채 보상과 처벌에 의해 자기를 조절하는 모습을 보인다.
동일시 단계 (공유된 조절)	보상과 처벌을 넘어서 자신이 좋아하는 어떤 사람처럼 되고 싶어 그 행동에 따라 자신을 조절한다. 그러나 행동에 내재되어 있는 가치는 모르며, 동일시 모델의 행동이 있어야 행동할 수 있다.
내면화 단계 (내적 조절)	외적 규제가 아니라 내면화된 자신의 신념에 따라 스스로 생각해서 행동을 조절한다. 정의, 정직, 공평의 신념을 내면화하여 성인이 없어도 친사회적 행동을 한다.

(2) 자기조절에 영향을 미치는 요인

① **유아의 발달** : 타인의 관점을 이해하는 조망수용 능력이나 옳고 그른 것에 대한 이해 등의 인지발달과, 규칙에 대한 이해 및 혼잣말의 사용에 필요한 언어발달은 자기조절에 영향을 미친다.

② **유아의 경험** : 유아는 주변과 상호작용하며 다양한 경험을 통해 자신의 가치와 신념을 내면화시킨다.

(3) 자기조절의 지도방법(코스텔닉 등 Kostelnik et al., 2009)

① 반영하기 : 유아를 존중하고 유아의 관점에서 이해하고 표현해야 한다.

② 반응하기 : 유아의 정서나 행동에 적합하게 반응한다. 유아의 행동을 명확하게 언어로 표현하고, 바람직하지 못한 행동에 대해 말할 때는 객관적이고 구체적으로 알려 주어야 한다.

③ 이유 제시하기 : 어떤 행동이 옳고 그른지, 그 이유가 무엇인지 설명한다. 이를 통해 유아는 행동에 대한 추론 능력이 길러진다. 이는 유아의 행동이 변화될 때까지 반복해야 한다.

④ 합리적인 규칙 제시하기 : 규칙은 유아가 지킬 수 있는 수준에서 합리적으로 제시해야 하고 명확하고 구체적으로 정의된 규칙을 제시하여 교사의 의도와 기대를 유아가 명확하게 이해하도록 한다.

A Plus⁺ 사회적 기술

1. **자기조절력** : 유아가 순간의 충동이나 욕구와 행동을 억제할 수 있는 능력이다.
2. **친구 사귀기** : 또래와 협동하고 물건을 공유하며 친구를 존중·배려하면서 친구관계를 유지하는 것을 말한다.
3. **공유하기** : 혼자 독차지할 수 있는 사물과 시간, 애정, 공간 등을 다른 사람의 입장을 고려하여 양보하는 것이다.
4. **협력하기** : 구성원 간에 서로의 의견이 다를 수 있다는 것을 이해하고 모두의 이익을 위해 때로는 자신의 욕구를 조절하면서 공동의 목표 달성을 위해 노력하는 것이다.
5. **의사소통하기** : 다른 사람의 의견이나 입장을 귀 기울여 듣고 그 마음에 공감하며, 자신의 마음을 효과적으로 표현할 수 있는 것이다.
6. **갈등 해결하기** : 직면한 갈등 상황에서 스스로 갈등을 원만하게 해결하는 것이다.
7. **기타** : 존중, 배려, 나누기, 돕기, 감정이입하기, 우정 등

---

5 공격적 행동

(1) 공격성의 정의

① 공격성이란 다른 사람이나 사물을 해치거나 해칠 잠재성을 가지고 있는 행동이다.

② 다른 사람이나 사물을 해치려는 의도를 가진 행동이다.

③ 자기주장(assertiveness)⁴⁸⁾

㉠ 자신의 소유물이나 권리 등을 방어하거나 소망과 요구를 직접적으로 말하는 행동으로 공격성과 구분된다.

㉡ 공격성을 피하고 사회적으로 수용될 수 있는 형태의 자기주장을 유아에게 가르치는 일은 사회화 과정에서 중요하다.

48) 유아의 자기규제 능력

행동적 자기규제	순응성
	만족지연 능력
정서적 자기규제	정서표현
	대처행동

(2) 공격성의 유형

① **우연적 공격성** : 해를 입힐 의도나 목적 없이 놀이나 활동을 하는 도중에 우연하게 타인에게 피해를 입히는 공격을 말한다. **예** 잡기 놀이를 하다가 친구를 세게 밀치는 행동

② **표현적 공격성** : 해를 입힐 의도성은 없지만 즐겁고 감각적인 경험을 하기 위해 타인을 다치게 하거나 타인의 권리를 방해하는 것이다. **예** 친구가 쌓은 블록을 발로 차면서 발차기 능력에 뿌듯함과 즐거움을 느낌.

③ **도구적 공격성과 적대적 공격성**

ㄱ 도구적 공격성 : 다른 사람을 해칠 의도는 없지만 자신이 원하는 것을 얻거나 어떤 것을 지키기 위해 타인에게 해를 입히는 것을 말한다. **예** 자전거를 차지하기 위해 친구를 밀쳐내는 행동

ㄴ 적대적 공격성 : 이전에 받았던 상처에 대해 보복을 하거나 원하는 것을 얻기 위해 타인에게 고의적으로 신체적·정신적 고통을 주는 것이다. 크릭(Crick, 1995)은 적대적 공격성을 외현적 공격성과 관계적 공격성으로 나누어 설명했다.

ⓐ 외현적 공격성 : 타인을 위협하여 신체적으로 해를 입히는 행동이다. **예** 자전거를 빼앗긴 유아가 빼앗은 유아를 밀어 넘어뜨림.

ⓑ 관계적 공격성 : 거짓말이나 소문 등의 사회적 조작을 통해 타인의 지위나 자아존 중감에 해를 주는 행동이다. **예** 자전거를 빼앗긴 유아가 빼앗은 유아에 대해 나쁜 친구니 함께 놀지 말라고 다른 유아들에게 이야기하고 다님.

(3) 공격성의 발달 과정

① 생후 1년경이 되면 어린이들은 그 또래와 함께 있을 때 도구적인 공격성을 나타내기 시작한다.

② 유치원, 초등학교에 가면 만족지연 능력이 발달하면서 도구적 공격성은 점차적으로 감소하고 악의적 의도에 대한 적대적 공격성이 증가한다.

③ 연령이 증가함에 따라 신체적 공격성은 감소하고 언어적 공격성이 증가한다.

(4) 공격성의 관련 변인

① **공격적 충동의 원천**(프로이트)

ㄱ 자기 파괴적 욕망 : 이러한 충동이 자신의 내부로 향할 때에는 자해, 자살 등의 행위로 나타나나 외부로 향할 때는 공격적인 행위로 나타난다.

ㄴ 욕구 좌절 : 유아들은 그들의 기본적인 욕구가 좌절되었을 때 보다 공격적인 행위를 많이 한다.

② **상대방의 의도 지각**(perceived intention)

ㄱ 공격적인 행동이 의도적인 것이라고 생각될 때 어린이들은 그 행동에 대해 보다 더 강하게 대응하게 된다.

ㄴ 공격적인 행동이 우연히 일어난 경우, 그에 대한 보복은 거의 하지 않는다.

ⓒ 아주 공격적인 어린이들은 다른 사람의 행동을 적의적인 것으로 해석하는 경향이 있는데 그러한 해석이 공격적인 행동을 다시 유발하는 악순환의 요소가 되기도 한다.

③ 남녀의 차이

　㉠ 남자가 여자보다 좀 더 공격적이다.

　㉡ 상대방의 공격적 행동에 대응하거나 보복하는 행동은 남자가 여자보다 2배 이상 높다.

　㉢ 공격적 행동을 할 경우 남자 유아가 좀 더 긍정적인 관심을 끌게 된다.

④ 공격적 아동의 가정

　㉠ 규칙이나 원칙의 실시에 대해 적대적이거나 느슨하다.

　㉡ 가족 간의 상호작용은 강제적인 형태가 많다.

　㉢ 부모의 훈육 방법에 일관성이 없다.

(5) 공격적 행동을 줄이는 방법

① 교사가 바람직한 모델이 된다. 교사는 조용하고 합리적으로 문제를 해결하는 이성적인 모델이 되어야 한다.

② 유아의 좌절을 최소화하는 교실 환경을 조성한다. 교재교구는 충분히 준비하고, 선택의 기회를 자주 제공하며 규칙을 잘 지킬 수 있도록 안내한다. 또한 영역에 충분한 공간을 확보하고 통로나 출구를 만들어 서로의 활동을 방해하지 않도록 한다.

③ 공감능력과 친사회적 능력을 강화한다. 유아에게 도와주고, 협동하고, 양보하는 등의 친사회적 행동을 알려 주고, 이러한 행동을 보일 때마다 인정하고 칭찬해 준다.

④ 공격적 행동으로 인한 보상을 없애고 대안 행동을 배우도록 한다.

⑤ 공격을 받은 유아에게 관심을 가진다. "하지 마."라고 말할 수 있도록 알려 주고, 필요하다면 함께 연습해 본다.

⑥ 자기주장을 말로 표현할 수 있도록 한다. 예 "이 색연필은 내가 쓰고 있어.", "조금만 기다려 줘. 내가 다 쓰면 너에게 줄게."

⑦ 유아들 간의 갈등 중재 단계(코스텔닉 Kostelnik)

중재 과정 시작하기	사물, 영역, 권리에 대해 중립적 입장을 취한다.
유아의 관점을 분명히 하기	각 유아의 관점에서 갈등을 분명히 한다.
요약하기	분쟁을 중립적으로 정의한다. 각 유아 모두에게 책임이 있다는 것을 분명히 한다.
대안 찾기	해당 유아와 주변 유아들에게 대안을 제시해 보게 한다.
해결책에 동의하기	서로 만족할 수 있는 행동 계획을 만들도록 한다.
문제 해결 과정 강화하기	노력해서 서로 만족할 수 있는 해결방안을 만들어 낸 것에 대해 칭찬한다.
실행하기	유아가 동의한 것을 실행하도록 돕는다.

12 장 도덕성 발달과 지도

1 도덕성의 개념과 구성요소

(1) 도덕성 발달 이론

① 정신분석 이론(Freud) : 부모와의 동일시로 오이디푸스·엘렉트라 콤플렉스를 해결하는 5~6세 정도에 부모의 도덕적 가치관을 내면화하면서 초자아가 형성됨으로써 도덕성이 발달된다.

② 사회학습 이론(Bandura) : 주변의 성인이나 또래가 어떻게 행동하는지를 모방하면서 강화와 처벌에 의해 도덕성이 발달된다.

③ 인지발달 이론(Piaget) : 도덕성이 인지발달에 의해 좌우되기 때문에 도덕적 사고나 추론은 인지발달 단계에 따라 일련의 과정을 거쳐 발달된다.

④ 비고츠키(Vygotsky)의 이론 : 비고츠키가 도덕성의 발달에 대해 직접 언급한 적은 없지만 그의 이론을 도덕성 함양을 위한 교수-학습 방법에 적용해 보면 특히 토론 활동에서의 교사의 역할이 강조된다.

(2) 피아제의 도덕성 발달 단계

① 피아제는 4~13세 아동에게 두 가지 상황의 이야기를 들려주면서 주인공의 행동을 판단하게 하였다.

② 피아제의 도덕적 판단 상황

> 이야기 1 : 존이라는 아이가 있다. 엄마가 저녁을 먹으라고 부르는 소리를 듣고 식당으로 갔다. 문 뒤 의자 위에 접시가 15개 있었는데 존이 이를 모르고 문을 열자 접시가 떨어져 모두 깨져 버렸다.
> 이야기 2 : 헨리라는 아이가 있다. 어느 날 어머니가 외출하고 없는 사이에 헨리는 어머니가 먹지 않도록 찬장에 넣어 놓은 잼을 꺼내려고 하다가 컵 1개를 깨뜨리고 말았다.
> 누가 더 나쁜 아이인가?

③ 피아제의 도덕적 발달 단계

구분	전도덕성 단계	타율적 도덕성 단계	자율적 도덕성 단계
연령	2~4세	5~9세	9세 이후
특징	• 규칙이나 질서 등의 도덕적 인식이 없음. • 규칙이 없는 게임이나 놀이에 몰두함.	• 도덕적 절대성 : 규칙이란 절대적이며 변경이 불가능한 것으로 인식 • 내재적 정의에 대한 믿음 : 규칙을 어기면 누군가 반드시 처벌함. • 도덕적 실재론 : 행위의 의도나 원인보다 결과에 의해 판단	• 도덕적 상대성 : 규칙은 사회적 승인에 의해 만들어진 임의적 약속이므로 변경될 수 있음. • 규칙을 위반해도 항상 처벌이 따르는 것은 아님. • 행위의 결과보다 의도나 원인 고려

(3) 콜버그의 도덕성 발달 단계

① 콜버그(Kohlberg)는 피아제의 도덕성 발달 이론을 더욱 발전시켜 도덕적 추론에 대한 6단계의 발달 단계를 제시했고, 한 단계에서 다음 단계로 옮겨가는 데는 고정적인 나이가 없다고 주장했다.

② 하인즈의 딜레마

> 한 여성이 특수한 암으로 시한부 선고를 받았다. 이 여성을 치료할 수 있는 약은 단 한 가지 있었는데, 이 약은 같은 마을에 사는 약사가 발명한 것이었다. 그런데 약사는 약값으로 10배를 요구했다. 여성의 남편인 하인즈는 최대한 돈을 구해 약값의 절반 정도밖에 마련하지 못했는데 약사에게 찾아가서 사정을 설명하고 반값만 받든지 아니면 외상으로 달라고 부탁했다. 그러나 약사는 "안 돼요. 나는 이 약을 발명하는 데 시간과 돈을 투자했고 나도 돈을 벌어야 해요."라며 거절했다. 절망한 하인즈는 약국 문을 부수고 들어가서 그 약을 훔쳐냈다.

③ 콜버그의 도덕성 발달 단계

㉠ 전인습 수준 : 9세 이전의 아동이나 일부 청소년 및 일부 성인 범죄자에 해당된다. 사회규범이나 기대를 잘 이해하지 못하고 도덕적 판단이 외적 보상과 처벌에 의해 결정된다.

1단계 : 처벌과 복종 지향의 도덕성	• 결과만 가지고 행동을 판단한다. • 벌을 받는 행동은 나쁘다고 생각한다. • 복종하라고 하기 때문에 복종한다. 예 훔치는 것은 나쁘다. 약값이 비싼 만큼 죄값이 크다.
2단계 : 도구적 목적 지향의 도덕성	• 보상과 아동 자신의 이익에 근거하여 판단한다. • 규칙은 상대적인 것으로 변할 수 있다고 생각한다. • 옳은 것이란 기분이 좋고 무엇인가 보상을 받는 것이다. 예 아내를 살리기 위한 행동이므로 남편은 나쁘지 않다.

㉡ 인습 수준 : 도덕적 추론이 사회적 권위에 기초한다고 생각하며 사회관습에 걸맞은 행동을 도덕적 행동이라 간주한다. 대부분의 청년과 다수의 성인이 도달하는 단계이다.

3단계 : 착한 아이 지향의 도덕성	• 신뢰, 보호, 타인에 대한 충성에 근거하여 판단한다. • 좋은 아이, 착한 아이라 생각되기를 바란다. • 도덕적 판단 시 결과가 아니라 의도를 고려한다. 예 훔치는 것은 나쁘지만 아내를 위해서는 남편으로서 당연하다.
4단계 : 법과 질서 지향의 도덕성	• 사회질서, 법, 정의, 의무 등에 근거한다. • 사회질서를 위해 법을 준수하는 행동이 도덕적 행동이라 생각한다. 예 남편이 불쌍하긴 하나 법은 준수되어야 하므로 약을 훔치는 도둑질은 나쁜 것이다.

© 후인습 수준 : 도덕적 기준은 서로 상충될 수 있다는 것을 인식하게 되며, 권리나 정의에 근거하여 나름대로의 판단을 하게 된다. 후인습 수준의 도덕적 판단은 형식적 조작이 가능한 청년기에 이르러서야 가능하며 성인 중 소수만 이 수준에 도달할 수 있다.[49]

5단계 : 사회계약과 합법적 지향의 도덕성	• 법과 질서는 사회유지에 필요하나 상대적으로 바뀔 수도 있다고 생각한다. • 생명, 자유와 같은 인간의 기본 권리와 가치가 법을 능가하는 중요한 가치라고 생각한다. 예 법에 의하면 남편은 나쁜 행동을 했지만 생명의 문제이므로 남편을 나쁘다고 할 수 없다.
6단계 : 보편적 윤리적 원리 지향의 도덕성	• 법을 초월하는 양심, 생명의 존엄성, 평등성과 같은 보편적인 원리에 근거하여 옳고 그름을 판단한다. • 법과 양심 사이에서 갈등을 느낄 때 자신의 결정이 개인에게 위험을 가져오더라도 양심을 따른다. 예 생명을 지키는 일은 법보다 고유한 가치가 있고, 우리는 어떤 사람이라도 구제할 의무가 있다.

(4) 길리건의 배려지향적 도덕성 발달 이론

① 길리건(Gilligan)은 남성이 여성보다 도덕성이 높다는 콜버그의 이론을 비판하면서 도덕성 발달에 성차를 주장했다.

② 남성은 정의와 공평성에 초점을 두지만 여성은 보살핌과 관계 중심에 초점을 두어 도덕적 딜레마 인식에 차이가 있다는 것이다.

③ 배려지향적 도덕성 발달

1수준 자기 중심적 단계	생존을 위해 타인에 대한 관심이나 배려 없이 자기 자신만을 돌보는 수준이다.
1.5수준(제1과도기) 이기심에서 책임감으로의 변화	이기심과 타인에 대한 애착으로 인한 책임감이 공존한다.
2수준 책임감과 자기희생 단계	타인을 위해 자신을 희생하는 수준으로 타인에 대한 책임감을 강조한다. 자기희생을 도덕적 이상으로 간주한다.
2.5수준(제2과도기) 선행에서 인간관계에 대한 진실성으로의 변화	타인을 위한 선행에서 인간관계에 대한 진실성으로 변하는 과도기적 수준이다. 배려는 이제 하나의 보편적 의무가 된다.
3수준 자신과 타인을 배려하는 단계	자신을 무력하고 복종하는 존재로 여기지 않고 의사결정에 적극적으로 동등하게 참여한다. 비폭력과 모든 사람들의 고통을 최소화하려는 의무가 도덕적 기초가 된다.

49) 후인습 수준의 7단계로 '우주적 영생 지향의 도덕성'을 포함시키기도 한다. 위대한 도덕가, 종교 지도자, 철인 등이 이에 해당한다.

(5) 투리엘의 영역 구분 모형 이론

① 투리엘(Turiel, 1983)은 도덕적 정의는 다양할 수 있으며, 어떤 행동이 수용되고 수용되지 않는 문제는 문화권의 사회적 지식과 가치에 따라 다를 수 있다고 주장했다.

② 도덕성 발달 영역

개인적 영역	개인이 자유롭게 선택할 수 있는 행동으로 어떤 종교를 신봉하고 친구와는 어떻게 시간을 보내며 휴가에 어디로 갈 것인가를 결정하는 등의 지극히 개인적인 선택과 관련된 영역이다.
도덕적 영역	정의, 공정성과 같이 시대와 사회를 막론하고 보편적으로 준수되어야 하는 가치 규범이다.
사회 인습적 영역	인사, 두 손으로 드리기 등의 예절과 같이 각 문화의 사회인습에 관한 지식 영역으로 문화마다 차이가 있다.

③ 유아들은 훔치는 행동이 교사의 이름을 부르는 것보다 나쁜 행동이라고 대답한다. 즉 유아들은 도덕적 영역과 사회 인습적 영역을 구분할 수 있다.

② 도덕적 행동의 발달

(1) 도덕적 행동에 영향을 주는 요인[50]

① 감정이입 : 다른 사람의 견해를 느끼고 이해하는 것이다.

② 이타성 : 개인의 희생이 개입될지라도 기꺼이 다른 사람을 도우려는 것이다.

③ 자아통제(자기조절, 자기규제) : 유혹에 대한 저항과 옳다고 믿어지는 것을 하려는 것이다.

④ 도덕적 판단 : 개인의 성숙과 경험에 기초를 두고 옳거나 그르다고 믿는 것이다.

(2) 도덕적 행동 발달 요인

① 집단가입 : 집단에 소속됨으로써 몰입을 하기도 하고 행동 선택의 기준을 찾기도 한다.

② 가치 : 자신이 속한 집단, 사회가 어떤 행동을 받아들여 주는가에 따라 행동의 기준이 달라진다.

③ 집단과 일체감 : 자신이 속한 집단이 도덕적일 경우 도덕적 행동의 발달이 더 쉬워진다.

④ 결과 : 벌을 받거나 벌 받는 것을 보면서 행동의 기준을 결정하게 된다.

⑤ 위험 : 잘못된 행동을 하면 벌을 받게 될 것을 아는 것은 행동 결정에 영향을 준다.

⑥ 자극 : 부정적 행동이 강화되면 지속될 수 있다.

⑦ 만족지연 능력 : 장래의 더 큰 성과를 위해서 자신의 충동과 감정을 통제하는 눈앞의 욕구를 참는 능력을 말한다. 유혹에 대한 미래의 보상을 기다리지 못하면 행동에 대한 확고한 의사를 갖지 못한다.[51]

---

50) **도덕성 4구성 모델**(레스트 Rest, 1984) : 도덕적 민감성, 도덕적 판단력, 도덕적 동기화, 도덕적 품성

51) 월터 미셸(Walter Mischel)은 「마시멜로 이야기」에서 '스탠퍼드 마시멜로 실험'에 근거하여 '만족지연 능력'을 성공의 비결로 내세웠다.

⑧ 욕구상태 : 잘하려는 마음과 반항하는 마음 중 더 강한 욕구에 따라 행동이 달라진다.

⑨ 지능 : 똑똑한 사람일 경우, 행동의 결과를 더 잘 예측하여 부정직한 행동의 욕구를 절제할 수 있다.

⑩ 연령 : 성숙할수록 규칙과 타인의 감정을 이해하고 사회적으로 바람직한 행동을 한다고 본다.

⑪ 자아개념 : 안정되고 자신을 신뢰하는 사람들은 올바르게 판단하고, 잘못된 행동을 시인하는 용기가 있다.

3 가치와 태도 형성의 접근 방법

(1) 주입식 접근

① 유아는 교육 현장에서 한국적인 가치와 태도에 관련된 이야기나 역사에 노출되며, 그러한 가치에 맞게 표현하거나 행동할 때 보상받거나 강화를 받는다.

② 주입식 접근은 유아가 무엇이 옳은 가치이며 무엇이 좋은 행동인가를 말로 이야기하게 할 수는 있지만 가치에 대해 바르게 이해하게 할 수는 없다.

(2) 가치명료화

① 가치명료화(values clarification) : 학생들로 하여금 각자의 신상(身上)에 관련된 가치문제(예컨대, 자기가 가장 소중하게 여기는 것은 무엇인가?)를 여러 각도에서 성찰하도록 함으로써 스스로의 가치관을 확인하도록 하는 방법을 말한다.

② 가치명료화를 돕기 위한 활동(래스 Raths)

㉠ 유아가 자유롭게 선택을 하도록 격려한다. 많은 선택 가능성과 유아 주도 활동을 계획하고, 유아에게 정보를 주어 스스로 대안을 찾아 그것을 검토할 수 있도록 돕는다.

㉡ 유아가 대안에 대하여 사려 깊게 평가할 수 있도록 물어본다.

㉢ 유아가 소중히 여기는 것에 대하여 생각해 보도록 한다.

㉣ 유아가 자신의 신념에 따라 행동하고 자신의 생각을 표현하며 자신의 삶에서 반복되는 행동이나 형태를 발달시킬 수 있는 기회를 갖도록 돕는다.

㉤ 가치명료화 과정의 7단계(래스, 하르민, 사이먼 Raths, Harmin, Simon)

선택(choosing)	1. 자유롭게	2. 여러 대안으로부터	3. 각 대안을 신중히 고려한 후에
긍지 갖기(prizing)	4. 선택한 것을 존중	5. 선택한 것을 확언	
실행(acting)	6. 선택한 것을 실천	7. 반복성 있게 실행	

③ 가치명료화는 유아에게 한 개인으로서 존엄성을 부여하면서 동시에 보다 일관성 있고 보다 성숙하게 자신의 감정, 태도, 가치를 다룰 수 있게 한다.

(3) 가치분석

① **가치분석** : 도덕이나 가치에 대한 의문점을 통해 유아가 합리적이고 논리적으로 올바른 도덕적 판단을 할 수 있는 능력을 발달시킬 수 있는 방법이다.

② **가치분석 방법**

㉠ **가치의 확인**(문제 상황 인식) : 주어진 상황에서 유아에게 사람들이 가지고 있는 가치를 찾아내도록 한다. 상황 설정은 유아에게 일어난 것일 수도 있고 이야기일 수도 있다.

㉡ **가치의 비교와 대조**(유사점과 차이점 비교) : 같은 상황이라도 사람에 따라 서로 다른 가치를 가질 수 있고, 다른 상황이라도 비슷한 가치를 가질 수 있다. 교사는 유아에게 각자 다르게 가지고 있는 가치에 대해 묻고 유사점과 차이점을 비교해 생각해 보도록 한다. **예** 이 결정에서 너는 무엇을 가장 중요하다고 생각했니?(너는 왜 그렇게 하려고 한 거니?) 친구는 무엇이 중요하다고 생각했을까?

㉢ **감정 탐색**(상황에 대한 느낌 이야기하기) : 갈등 상황에서 자신이 느끼는 감정과 다른 사람의 감정을 이야기함으로써 유아들이 내리는 결정에 따른 자신과 다른 사람의 감정에 대해 생각하도록 한다. **예** 너는 어떤 마음에서 그런 결정을 했니? 이 상황에서 친구의 마음은 어떨까?

㉣ **가치판단의 분석** : 자신이 내린 가치판단의 결과를 예측하고 분석해 보도록 한다.
예 너의 생각대로 했을 때 어떤 일이 생길 것 같니?

㉤ **가치갈등의 분석**(대안에 대한 생각 나누고 공유) : 가치대립의 상황에서 유아들은 갈등의 요인과 갈등을 해결할 수 있는 대안이 무엇인지 결정하고, 이 결정의 결과에 대해 평가해 본다. **예** 우리가 결정한 방법으로 해 보았을 때 어떤 결과가 나올 것 같니? 그 결과에 만족하겠니?

③ **자신의 가치검증 단계**

㉠ **역할 바꾸기** : 다른 사람의 입장이 되는 것.

㉡ **보편적 결과** : 만약 모든 사람이 그러한 행동을 따른다면 그 결과를 수용할 것인가.

㉢ **새로운 사례** : 그 행동의 결과가 다른 유사한 상황에서도 수용할 것인가.

㉣ **포섭** : 보다 적절한 고차원의 원리를 따르는가.

PART 3

부모교육과 상담

1 ㉡에 들어갈 용어 1가지를 쓰시오. [1점] 2013추시 일부

행동수정기법 중 한 가지인 (㉡)은(는) 처음 유치원에 와서 부모와 헤어지는 것을 불안해하는 자녀를 둔 부모에게 도움을 줄 수 있는 방법이다. (㉡)을(를) 적용한 예를 들면 다음과 같다. 먼저 엄마는 헤어지기 싫어하는 자녀와 함께 하루 종일 놀이실에서 놀이한 후 귀가한다. 다음으로 엄마는 자녀와 함께 오전 자유선택활동 시간 동안만 놀이하고 귀가한다. 그다음에 엄마는 자녀와 유치원 현관에서 잠시 이야기를 나눈 후 헤어져 귀가한다. 마지막으로 엄마는 자녀와 유치원 앞에서 헤어지고 바로 귀가한다.

• ㉡ : _____

정답 • ㉡ : 체계적 둔감법

2 (나)는 교사 저널의 일부이다. 물음에 답하시오.

2015기출 일부

(나)

오늘은 쌓기 놀이 영역에서 승기가 실수로 지호가 만든 자동차 길을 부수어 둘이 싸우게 되었다. 싸운 후 승기와 지호가 서로 자신의 감정과 상황을 이야기하다 저절로 화가 풀려 다행히 화해를 하였다. ㉢ 유아들의 갈등은 자연스러운 발달 과정이므로 갈등 해결 과정을 통해 문제 해결력을 기르고 친구를 이해하는 계기가 될 수 있도록 지도해야겠다.

지희는 요즘 관심을 끌려는지 부쩍 문제 행동을 보이고 있다. 오늘 아침 이야기 나누기 시간에도 계속 의자를 달그락거리며 괴성을 질렀다.

아무래도 ㉣ 지희가 문제 행동을 보일 때마다 관심을 보이고 반응하여 자신이 사랑받고 있음을 확인시켜 주어야겠다.

준영이가 친구들과 어울려 놀지 못하고, 고립되는 것 같아 며칠 동안 관찰하였다. 그 결과, 준영이는 또래에 비해 사회적 기술이 부족한 것으로 보였다. ㉤ 준영이에게 친구들과 놀 때 필요한 사과, 요청, 부탁 등의 사회적 기술을 지속적으로 지도해야겠다.

역할 놀이 영역에서 연희와 수지가 서로 인형을 가지고 놀겠다고 싸움을 하다 연희가 수지를 할퀴어서 결국 수지가 울고 말았다. 그래서 ㉥ 유아들과 약속한 대로 연희를 교실 뒤쪽에 마련된 의자에 3분간 앉아 있도록 하였다. 약속한 시간이 지난 후, 연희와 의자에 앉아 있게 된 이유에 대해 이야기를 나누었다. 이러한 행동 수정 방법은 흥분된 감정을 진정시키고 부적절한 행동을 줄이기에는 적절한 방법인 것 같다. (2014년 ○월 ○일)

1) (나)의 밑줄 친 ㉢~㉥ 중에서 생활 지도에 대한 교사의 부적절한 인식 1가지를 찾아 기호를 쓰고, 그 이유를 설명하시오. [1점]
• 기호 : _____
• 이유 : _____

2) ㉥에 해당하는 행동 수정 방법 1가지를 쓰시오. [1점]
• _____

정답
1) • 기호 : ㉣
• 이유 : 문제 행동을 보일 때마다 관심을 보이면 그것이 강화의 역할을 해서 문제 행동의 빈도를 증가시킬 수 있기 때문이다.
2) • 타임아웃

3 다음과 같은 상황에서 학부모 면담을 할 때 교사의 초기 대응 행동으로 가장 적절한 것은? `2010기출`

> 인성이는 할머니와 함께 살고 있다. 유치원에서 인성이가 동건이의 사인펜을 빼앗으려 하고 동건이는 빼앗기지 않으려고 서로 잡아당기다가 인성이의 손등이 긁혔다. 인성이가 집에 돌아가서 할머니께 이 이야기를 했다. 이야기를 들은 인성이 할머니는 흥분하여 유치원에 달려와 교사에게 항의하였다.

① 면담 내용은 비밀을 유지하여야 하므로 면담 결과를 기록으로 남기지 않는다.
② 인성이 할머니가 매우 화가 나 있으므로 할머니의 이야기를 경청하고 공감적으로 이해해 준다.
③ 발달 단계상 또래 관계에서 흔히 일어날 수 있는 자연스러운 일이니 걱정할 것이 없다고 말해 준다.
④ 인성이 할머니가 교사를 신뢰할 수 있도록 전문적인 용어로 자녀교육의 구체적인 지침을 제시해 준다.
⑤ 인성이가 평소에 친구 물건을 빼앗는 문제 행동을 자주 하여 지도하기 어렵다는 점을 먼저 이야기한다.

`정답` ②

`해설`
• **부모와의 갈등을 해결하기 위한 상담 절차**(유치원 교사교육 프로그램, 2001)

범주	설명 및 예시
부모에게 미리 전화하기	유아로부터 상황 설명을 들으면, 오해의 소지가 있으므로 유아가 집에 도착하기 전에 미리 교사가 직접 부모에게 연락을 한다. 예 민영이 어머니, 오늘 유치원에서 민영이가 친구와 놀이하다가 얼굴에 손톱자국이 났습니다. 약을 발라 주고 집으로 보냈는데, 민영이 얼굴을 보고 놀라실까 봐 미리 전화를 드립니다.
부모와 감정 이입하기	부모에게 감정이입을 하여 공감대를 형성한다. 예 너무 속상하시지요? 저도 우리반 아이들 얼굴에 상처 나면 너무 속상해요.
부모의 불만 해소하기	교사로서의 책임을 인식하고 정중하게 사과한다. 예 교사로서 아이들을 잘 돌보지 못해서 죄송합니다.
상황 설명하기	부모에게 객관적인 상황에 대해 설명한다. 예 쌓기 영역에서 민영이와 원대가 놀고 있었는데, 민영이가 원대에게 장난감을 달라고 했습니다. 원대가 주지 않자 민영이는 원대의 장난감을 빼앗았고, 화가 난 원대가 민영이 얼굴을 할퀴었습니다.
부모 이해시키기	유아들의 일반적인 특성(자기 중심적, 인내심이 없음)을 설명해 주고, 모든 유아들이 그럴 가능성이 있음을 알려 준다. 예 저희 학급에서도 이런 일을 방지하기 위해서 유아들에게 규칙을 지키게 하고 있지만, 아이들은 다른 아이들을 기다려 주거나 이해하기 어렵습니다. 그리고 요즘 아이들은 대부분 양보심이 부족하거든요. 그래서 원대뿐 아니라 다른 아이들도 가끔 그런 행동을 해요.
유아의 특성 설명하기	유치원에서의 민영이의 친구 관계 및 행동 특성을 설명해 준다. 이때 민영이의 좋은 특성을 먼저 설명하고 부정적인 특성(싸움의 원인이 된 특성)은 나중에 설명해 준다. 예 민영이는 활발하고 친구와 잘 어울려 놀지만 성격이 급하고 참고 기다리는 것을 어려워해서 말보다 행동이 먼저 앞서는 경우가 있습니다.
신뢰감 형성하기	앞으로 유치원에서 교사의 문제 해결 방향을 제시한다. 앞으로 다시는 이런 일이 일어나지 않을 것이라는 식의 확답은 추후에 교사와 부모와의 관계에서 신뢰감을 떨어지게 할 수 있다. 예 유아들의 특성상 앞으로도 이런 일이 일어날 수 있기 때문에 유아들이 더 규칙을 잘 지킬 수 있도록 하겠습니다.

4 다음은 드라이커스(R. Dreikurs)의 부모교육이론에 대한 설명이다. 물음에 답하시오. [5점] 2013기출

> (가) 드라이커스는 부모-자녀 간의 대등한 관계를 강조하는 '(㉠) 부모교육이론'을 수립하였다. 그는 영유아의 인성을 형성하는 데 있어 부모들이 큰 영향을 미친다고 하면서 다음과 같이 밝히고 있다. : "삶의 형태는 일련의 행동으로 구성되는데 이 행동들은 아이들이 삶의 목표를 세울 때 사용된다. 유아기 아이들이 세우는 삶의 목표는 대개 '나는 인정받고 싶다.', '난 이 집에서 중요한 사람이다.'와 같은 감정을 느낄 수 있기를 바라는 것이다."
>
> (나) 드라이커스는 아이들의 잘못된 행동이 잘못된 행동목표에서 비롯된다고 본다. 그에 따르면 유아들의 잘못된 행동목표는 '(㉡)', '힘 행사하기', '보복하기', '부적절성 나타내기'이다. (㉡)을(를) 나타내는 사례를 들면, 평소 착하던 아이가 동생이 태어난 후 엄마가 동생에게만 애정을 보이고 자신에게는 소홀하게 대한다고 생각하여 동생을 자꾸 꼬집고 울리곤 하는 것이다.
>
> (다) 드라이커스가 제시한 자녀 양육 방법인 (㉢)은(는) 자녀의 행동결과에 대해 부모와 자녀가 합의하여 결정한 것을 자녀가 따르도록 함으로써 자신의 잘못된 행동에 대해 책임을 수용하는 법을 배울 수 있도록 도와주는 방법이다. 벌은 과거시점의 행동에 초점을 두는 반면, (㉢)은(는) (㉣) 시점의 행동에 초점을 둔다.

1) 드라이커스 부모교육이론의 특성을 나타내 주는 말인 ㉠이 무엇인지 쓰시오. [1점]

 • ㉠ : _____

2) 유아들의 잘못된 행동목표 중 하나인 ㉡이 무엇인지 쓰시오. [1점]

 • ㉡ : _____

3) 유아들이 ㉡과 같은 잘못된 행동목표를 설정함으로써 얻고자 하는 것이 무엇인지 (가)에서 찾아 1가지 쓰시오. [1점]

 • _____

4) ㉢과 ㉣이 무엇인지 쓰시오. [2점]

 • ㉢ : _____
 • ㉣ : _____

정답
1) • ㉠ : 민주적
2) • ㉡ : 관심끌기
3) • 인정
4) • ㉢ : 논리적 귀결
   • ㉣ : 현재와 미래

5 (가)는 부모교육 이론이고, (나)는 부모 면담 내용의 일부이다. 물음에 답하시오. [5점] 2014기출

(가)

고든(T. Gordon)의 부모효율성훈련(PET)에서는 부모의 성격이나 자녀의 특성, 혹은 자녀의 행동이 발생하는 시간이나 장소와 같은 상황적 요인이 부모의 (㉠) 수준에 영향을 미친다고 보았다. 또한 ㉡ 문제가 되는 사람이 누구인가에 따라 그 해결 방식이 상이하므로 문제가 되는 사람이 누구인지를 파악하는 것이 중요하다고 보았다.

(나)

교사 : 준이가 집에서는 어떻게 지내나요?

준이 어머니 : 얼마 전부터 ㉢ 준이가 유치원에 가는 걸 싫어해요. 어제는 유치원에서 함께 놀 친구가 없다고 울었어요. 제가 어떻게 해야 좋을지 모르겠어요.

교사 : 안 그래도 요즘 준이가 유치원에서 친구들과의 관계에 조금 어려움을 겪고 있어요. 그래서 집안에 무슨 일이 있는지 궁금했어요.

준이 어머니 : 집에서도 동생과 자주 싸우는데, 그때마다 자기는 잘못한 게 없다고 우겨요. 그럴 때는 어떻게 하면 좋을까요?

교사 : 음……, 우선 아이 입장에서 이해해 주는 게 필요해요. ㉣ 어머니께서 준이 입장이 되어 준이의 마음을 이해하고 정서적으로 함께하는 것이 필요하지 않을까요?

준이 어머니 : 네, 제가 준이에게 좀 더 관심을 가져야겠네요. 그런데요 선생님, 한 가지 생각나는 건데 ㉤ 제가 전화 통화할 때마다 옆에 와서 말을 걸거나 소리를 질러서 꼭 해야 하는 통화를 못 해요. 그럴 때는 정말 화가 나고 속상해요.

……(중략)……

교사 : 준이가 집에서는 음식은 골고루 잘 먹나요?

준이 어머니 : 자기가 먹고 싶은 것만 먹어서 걱정이에요. 그래서 ㉥ 준이가 음식을 골고루 잘 먹을 때마다 준이가 좋아하는 동화책을 읽어 주기로 했어요.

1) ㉠에 들어갈 용어 1가지를 쓰시오. [1점]
 • ㉠ : _____

2) ㉡에 비추어 ㉢과 ㉤의 상황에 적절한 부모의 의사소통 기술을 각각 1가지씩 쓰시오. [2점]
 • ㉢ 의사소통 기술 : _____
 • ㉤ 의사소통 기술 : _____

3) 로저스(C. Rogers)의 상담이론에서 제시한 상담 태도 중 ㉣에 해당하는 용어 1가지를 쓰시오. [1점]
 • ㉣ : _____

4) ㉥에 해당하는 강화의 종류 1가지를 쓰시오. [1점]
 • 강화 : _____

정답
1) • ㉠ : 수용성
2) • ㉢ 의사소통 기술 : 적극적 경청
 • ㉤ 의사소통 기술 : 나 전달법
3) • ㉣ : 공감적 이해
4) • ㉥ : 프리맥 강화

6 유치원 교실 상황 (나)에서 발생한 문제를 해결하기 위해 (다)의 절차를 사용하였다. 물음에 답하시오.

`2011기출 2차 일부`

(나)

철수는 풀을 사용할 때마다 뚜껑을 잘 닫지 않곤 하였다. 그러다 보니 풀 뚜껑을 잃어버려서 풀이 말라 못 쓰게 되었다. 박 교사는 철수에게 새 풀을 주면서 "풀을 사용한 후에는 뚜껑을 잘 닫기로 하자."고 하였다. 얼마 후 철수는 풀 뚜껑을 또 닫지 않았다. 박 교사는 풀이 낭비되어 속상하기도 하고 철수의 행동도 걱정되어 (㉠)(으)로 지도하였다. 그 후에도 철수가 풀 뚜껑을 닫지 않아 박 교사는 이 문제를 어떻게 해결할지 고민하였다. 철수도 풀 뚜껑 닫는 것을 잊지 않으려 했지만 자꾸 잊어 버려 속상하였다. 이와 같은 문제를 해결하기 위해 박 교사는 (다)와 같이 (㉡)의 방법을 적용하였다.

(다)

문제 해결의 절차	교사-유아 상호작용의 예
문제 정의하기	……(중략)……
실행 가능한 해결책 찾기	교사 : 풀 뚜껑을 잃어버리지 않고 꼭 닫아 두려면 어떻게 해야 할까? 철수 : ……. 교사 : 뚜껑과 몸에 철수 이름을 적어 두면 잘 잃어버리지 않을 것 같은데, 또 다른 방법은 없을까? 철수 : 뚜껑이 도망가지 않게 끈을 달아요.
실행 가능한 해결책 평가하기	……(중략)……

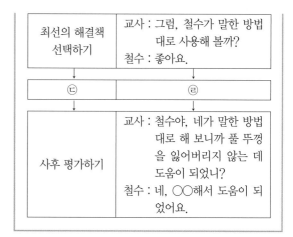

최선의 해결책 선택하기	교사 : 그럼, 철수가 말한 방법대로 사용해 볼까? 철수 : 좋아요.
㉢	㉣
사후 평가하기	교사 : 철수야, 네가 말한 방법대로 해 보니까 풀 뚜껑을 잃어버리지 않는 데 도움이 되었니? 철수 : 네, ○○해서 도움이 되었어요.

1) ㉠이 무엇인지 밝히고, (나)에서 ㉠을 사용할 때 교사 발문에 포함되어야 할 내용 3가지를 (나)에 나타난 사례와 함께 논하시오.

   • _____

2) ㉠, ㉡과 같은 방법이 교사와 유아 간의 의사소통에서 중요한 이유를 유아의 측면에서 각각 1가지씩 논하시오.

   • _____

3) ㉢에 알맞은 절차를 쓰고, ㉣에 적합한 교사-유아 상호작용 중 교사 발문의 예를 1가지 논하시오.

   • _____

정답

1) ㉠은 '나 전달법'으로, '나 전달법'에서는 문제 행동, 그 행동에 따른 결과, 나의 감정이 포함되어야 한다. 예를 들어, "선생님은 철수가 뚜껑을 닫지 않아(문제 행동) 풀이 말라 못 쓰게 되어(결과) 속상하기도 하고 약속을 잊는 철수가 걱정이 된다(감정)."라고 발문하도록 한다.

2) ㉠의 '나 전달법'은 아동에게 저항이나 반발을 덜 불러일으키며, 아동의 행동을 변화시킬 책임은 아동 자신에게 있음을 깨우쳐 준다. ㉡의 '무승부법'은 아동 스스로가 해결책을 찾기 때문에 부모가 권위를 내세우는 것이 아니어서 거부감이 적고 아동의 자율적인 행동을 촉진할 수 있으며 문제에 대한 해결 방법도 익힐 수 있게 된다.

3) ㉢은 선택된 해결책 실행하기이다. ㉣에 적합한 교사 발문은 "자, 풀의 몸과 뚜껑에 끈을 달았어. 앞으로 풀 뚜껑을 잃어버리지 않고 꼭 닫아 두도록 노력하자."가 될 것이다.

7 (가)는 번(E. Berne)의 교류분석 이론에 대한 설명이고, (나)는 유치원에서 실시하는 교육과 관련된 설명이다. 물음에 답하시오. [5점] **2013추시 일부**

(가) 번(E. Berne)의 교류분석에 의하면 교류(transaction)는 자극에의 욕구, 구조화에의 욕구, 태도에의 욕구를 충족시키기 위해 이루어진다. 사람들 간의 상호 대화는 교류로 이루어지며, 교류는 3가지 자아상태(ego state)가 어떻게 관여하는지에 따라 3가지 교류유형으로 분류된다.

(나) 브라운리(C. Brownlee, 부래운), 하워드(C. Howard, 허길래) 등은 1900년대 초반부터 우리나라의 유치원과 교회에 자모회를 조직하여 어머니들을 계몽하였다. 특히 하워드는 아버지 교육에도 관심을 가지고 어머니와 아버지가 함께 월례회에 참석하도록 지도하였다. 이러한 역사적 배경을 바탕으로 오늘날 유치원에서는 가정통신문, 워크숍, 강연회, 대·소집단 모임, 면담 등의 다양한 방법을 활용하여 누리과정 운영이 가능한 범위 내에서 하루 일과, 교사 구성 등을 고려하여 (㉠)을(를) 실시하고 있다.

(다) 행동수정기법 중 한 가지인 (㉡)은(는) 처음 유치원에 와서 부모와 헤어지는 것을 불안해하는 자녀를 둔 부모에게 도움을 줄 수 있는 방법이다. (㉡)을(를) 적용한 예를 들면 다음과 같다. 먼저 엄마는 헤어지기 싫어하는 자녀와 함께 하루 종일 놀이실에서 놀이한 후 귀가한다. 다음으로 엄마는 자녀와 함께 오전 자유선택활동 시간 동안만 놀이하고 귀가한다. 그다음에 엄마는 자녀와 유치원 현관에서 잠시 이야기를 나눈 후 헤어져 귀가한다. 마지막으로 엄마는 자녀와 유치원 앞에서 헤어지고 바로 귀가한다.

1) (가)에 근거하여, 다음 대화에서 드러난 교류유형 1가지를 쓰고, 민호와 엄마의 자아상태 1가지를 각각 쓰시오. [3점]

> 민호 : 엄마, 친구들과 뛰어놀았더니 배고파요.
> 엄마 : 배가 몹시 고픈가 보구나. 엄마가 금방 샌드위치 만들어 줄게.

- 교류유형 : _____
- 민호의 자아상태 : _____
- 엄마의 자아상태 : _____

2) ㉠에 들어갈 말 1가지를 쓰시오. [1점]
- ㉠ : _____

3) ㉡에 들어갈 용어 1가지를 쓰시오. [1점]
- ㉡ : _____

정답
1) • 교류유형 : 보완적 상호교류
 • 민호의 자아상태 : 아동자아
 • 엄마의 자아상태 : 부모자아
2) • ㉠ : 부모교육
3) • ㉡ : 체계적 둔감법

1장

유아교육기관에서의 부모교육

1 부모교육의 개념과 필요성

(1) 부모교육의 개념

① 부모에게 양육 지식과 정보를 제공하고 바람직한 양육 기술을 습득하도록 도와줌으로써 부모로서의 자질을 향상시키는 체계적인 교육이다.

② 궁극적으로 부모의 자아존중감을 향상시키고 자기실현을 돕는 과정이다. 자신을 사랑하고 자아를 실현하는 부모의 모습이 그대로 자녀에게 모델이 될 수 있다.

(2) 부모교육의 필요성

① 아동 측면

㉠ 영유아기 및 아동기를 포함하는 생애 초기는 신체, 인지, 언어, 사회성, 정서 등 전반적인 성장과 발달이 이루어지는 민감한 시기이므로 자녀의 성장에 필요한 최적의 환경을 조성하고, 자녀가 보다 적응력을 갖추도록 키우기 위해서는 체계적인 부모교육이 필요하다.

㉡ 아동에 대한 몰이해와 학대, 관심과 사랑이라는 명분으로 강요되는 조기교육 등으로부터 침해받기 쉬운 아동의 생존권과 발달권을 보장하기 위해 바람직한 부모역할에 대한 교육이 요구된다.

② 부모 측면

㉠ 부모역할에 대한 교육이 체계적으로 제공되지 않아 준비 없이 부모역할을 수행하는 경우가 많다.

㉡ 부모는 스스로를 자녀들의 발달에 큰 영향을 주는 중요한 인적 환경으로 인식하고 부모 자신의 인간적 성숙을 위해 노력해야 한다. 즉, 자신을 사랑하고 자아를 실현하려고 노력하는 부모가 자녀에게 중요한 모델이 되어 지속적으로 긍정적인 영향을 미칠 수 있다.

㉢ 현대사회에서는 핵가족화와 가족 구성원의 감소로, 일상생활에서 관찰학습을 통해 부모역할에 대한 지식과 정보를 간접적으로 습득할 기회가 없다. 따라서 부모역할 수행에 대한 정서적 긴장을 극복하고 시행착오를 최소화하기 위해 바람직한 부모역할에 대하여 안내받을 수 있는 부모교육이 필요하다.

㉣ 부모는 아동발달에 관한 기초지식을 습득할 수 있다. 예 생후 2년 무렵의 "싫어.", "내가 할 거야.", "안 돼." 등의 거부적인 표현이 유아가 자아개념을 획득하고 있다는 간접 표현이라는 것을 알게 되면 유아를 긍정적으로 이해하게 된다.

ⓜ 효율적인 부모역할을 수행할 수 있는 특정한 기술을 습득할 수 있다.

　　예 반영적 경청, 나-전달법(I-message) 등

　ⓗ 현대문화와 대중매체가 제시하는 왜곡된 부모상과 부모역할을 인지하고, 부모가 된다는 것이 어떤 것이며 자녀는 어떤 의미이고 부모역할 수행을 위해서는 어떤 희생과 준비가 있어야 하는지에 대해 알 수 있다.

③ 교사 측면

　㉠ 부모와 교사 간에 효과적인 의사소통을 통해 교사는 유아를 위하여 현실적인 목표를 설정하고, 그 목표의 달성을 위해 가족으로부터 적절한 지원을 받을 수 있다.

　㉡ 외부 활동 시의 보충 인력, 부모참여 수업, 교구 제작, 지식과 기술 나누기 등 부모는 교사의 한계를 보완하고 유아의 학습경험을 확장시킬 수 있는 자원이 된다.

　㉢ 부모교육을 통하여 형성될 수 있는 부모와 교사의 긴밀한 유대관계는 교사로 하여금 자부심과 보람을 느끼게 하고 개별 유아의 특정 상황과 맥락을 고려하는 맞춤형 지원과 일관성 있는 교육이 가능하다.

④ 사회적 측면

　㉠ 산업화, 도시화, 가족해체, 조기교육 및 조기유학 등의 가치관 혼돈 상황에서 부모나 예비부모를 대상으로 실시되는 부모교육은 필요하다.

　㉡ 한 부모 가족, 다문화 가족, 조손 가족 등 다양한 요구를 지닌 가족의 부모들이 스트레스를 해소하고 건강한 가정생활을 유지하는 데는 도움이 필요하다.

　㉢ 자녀는 부모에게 일방적 희생을 요구하는 존재라는 등의 출산과 양육에 대한 비합리적인 신념이나 막연한 공포를 감소시키고, 저출산 현상의 극복을 위해서 부모교육이 필요하다.

　㉣ 영유아가 영유아 교육기관에 진입하는 시기가 빨라지는 추세에 따라 가정과의 긴밀한 연계로 교육에 대한 일관성을 유지하고, 기관과 가정이 교육에 대한 책임을 공유함으로써 유아에 대한 교육의 효율성을 최대화할 수 있다.

　㉤ 아동을 미래 사회에 적응할 수 있는 인간으로 길러내는 데 국가 차원에서의 부모교육이 필요하다. 특히 부모가 부모 세대와는 다른 미래 사회를 살아갈 자녀에게 무엇을, 어떻게 준비시켜야 할지에 대한 도움을 제공하는 부모교육이 필요하다.

　㉥ 사회문제의 예방 차원에서 부모교육이 효과적이다. 바람직한 부모역할을 위한 부모교육은 아동기 및 청소년기의 비행이나 범죄를 예방하는 가장 효율적인 방법이 될 수 있다.

2 부모교육의 주된 내용

(1) 아동관 및 양육 가치관 형성

① 자녀 양육에 대한 태도는 부모가 지닌 아동관에 의해 영향을 받는다. 예 아동을 능동적인 존재이며 잠재력을 지닌 존재라고 믿는 부모와 그렇지 않은 부모는 자녀를 대하는 방식이 서로 다르다.

② 부모의 아동관은 아동 행동의 원인을 해석하는 방향에도 영향을 미친다. 예 아동의 잘못된 행동이 타고난 것이라고 생각하면 아동 행동 수정을 포기하게 된다.

(2) 부모의 자기이해 및 통찰

① 부모의 자기이해 : 자녀와의 관계나 양육과정에서 경험하는 어려움은 부모의 개인적인 문제에서 비롯되는 경우가 많으므로 부모가 자신의 문제점과 한계를 인식하고 바람직한 부모역할을 수행하는 데 장애가 되지 않도록 한다.

② 부모의 아동기 경험 : 자신의 아동기 경험이 현재 자신이 수행하는 부모역할에 영향을 미칠 수 있음을 부모교육을 통해 이해하고, 만약 부정적인 영향을 미치고 있다면 이를 점검하고 수정하는 기회를 갖도록 한다.

(3) 부모역할 수행에 필요한 지식 및 기술 훈련 제공

① 아동발달에 관한 지식 : 부모교육은 아동발달의 기본원리에 대한 정확한 지식을 제공하여 부모가 필요한 정보를 선별하고 대중매체 등의 무분별한 정보에 휘둘리지 않도록 도와야 한다.[1]

② 양육 방법에 관한 지식 : 부모는 자신의 양육 태도 및 행동이 자녀에게 어떠한 영향을 미치는가에 대하여 숙지할 필요가 있다. 예 바움린드(Baumrind)의 '양육 태도 유형이 자녀에게 미치는 영향 연구' 등

③ 양육 행동에 영향을 미치는 요인에 관한 지식

ㄱ 부모 요인 : 부모의 연령, 성격, 심리적 · 정서적 문제, 아동기의 경험 등은 양육 행동에 영향을 미친다.

ㄴ 자녀 요인 : 자녀의 성별, 출생 순위, 기질, 장애 여부, 연령[2] 등은 부모의 양육 행동에 영향을 미친다.

ㄷ 상황 요인 : 부모의 배우자와의 관계, 심리적 지지체계(배우자의 지지나 사회적 지원망), 사회 경제적 지위[3], 부모의 직장 환경, 사회 문화적 배경(서구의 개인주의와 아시아의 집단 중심적 문화) 등도 부모의 양육 행동에 광범위한 영향을 미친다.

1) **아동발달의 주요 원리**
① 발달은 성숙과 학습의 상호작용에 의한 소산이다.
② 아동의 발달 속도에는 개인차가 있다.

2) 자녀의 연령이 증가함에 따라 부모의 양육 행동은 직접적인 신체적 돌봄에서 정서적인 지지로 비중이 옮겨 간다.

3) 사회 경제적 지위가 높은 부모는 낮은 부모보다 자녀에게 높은 성취기준을 설정하는 동시에 자녀의 성취를 높이 평가했다. 반면, 사회 경제적 지위가 낮은 부모의 경우 자녀의 요구에 대한 관심이 적고 통제적 · 지시적 · 처벌적 양육 행동을 더 많이 사용하는 경향이 있다.

A Plus⁺ **부모역할에 대한 부모들의 잘못된 믿음**(멀바니 Mulvaney, 1995)

1. 부모는 자녀의 모든 행동에 개입하고 이에 대해 책임을 져야 한다.
부모는 자녀의 숙제나 친구 관계 등은 물론이고 자녀가 혼자 힘으로 할 수 있는 일까지 모두 부모가 관여해야 한다고 생각한다. 이러한 부모의 행동은 자녀를 위축시키거나 반항하게 만든다.

2. 부모역할은 즐거운 것이며 항상 이를 즐겁게 생각해야 한다.
많은 부모들이 자녀 양육에 소홀한 부분과 즐겁게만 생각되지 않는 문제로 매우 큰 죄책감을 갖고 있다.

3. 자녀의 성공이나 실패는 부모의 책임이다.
부모의 양육 태도 외에도 자녀의 행동에 영향을 미치는 수많은 변인들이 존재하므로 자녀의 성공이나 실패가 전적으로 부모책임이 될 수는 없다.

③ 영유아 교육기관에서의 부모교육

(1) 부모교육의 효과

① 영유아 교육기관 측면 : 영유아 교육기관에서 지향하는 교육관을 부모들에게 이해시킬 수 있고 가정과 연계된 교육활동을 실천할 수 있다. 또한 학부모의 적극적 참여를 독려하는 과정에서 학부모의 전문성을 교육활동에 이용할 수 있는 기회가 된다.

② 학부모 측면 : 자녀에게 알맞은 부모교육을 손쉽게 접할 수 있고 부모교육에 대한 참여 및 몰입이 수월하다. 또한 개별상담 및 개별 부모교육을 받을 수도 있으며 사후 피드백이 원활하다.

③ 영유아 측면 : 자신에 대한 부모의 관심 및 애정을 느끼는 기회가 되며 영유아 교육기관 및 교육과정에 대한 부모의 이해도가 높아짐에 따라 부모와의 원활한 의사소통이 가능하다. 또한 교육에 대한 교사와 학부모의 태도 및 훈육방식이 일치됨으로써 영유아가 겪는 인지적 혼동이 감소되고 교사 및 교육기관에 대해 가지는 신뢰도가 높아진다.

(2) 부모참여

① 부모참여/개입(parent participation / involvement)은 기관에서의 적극적인 부모 개입을 기대하는 부모교육의 광의의 개념으로, 부모와 기관이 동반자적 협력관계라는 의미에 초점을 맞춘 표현이다. 유치원 입장에서는 '가정과의 연계'라는 용어로도 사용한다.

② 스티븐스와 킹(Stevens & King, 1979)의 부모 개입 단계

1단계 청중으로서의 역할	정보를 받아들이는 청중의 입장에서 최소한의 개입을 하는 것이다.
2단계 교사로서의 역할	공식적인 교육환경 외에 가정에서 자녀 교사로서의 역할이다. 긍정적인 학습을 위해 교육적으로 지도하는 것이다.
3단계 자원봉사자로서의 역할	학교 내 공식적 · 비공식적 행사 시 도움을 주는 것이다.
4단계 훈련된 봉사자로서의 역할	정규적으로 훈련받은 준교사 혹은 학교 보조원으로서 근무하며 개입하는 것이다.
5단계 정책 결정자로서의 역할	프로그램 결정 등 직접적인 참여를 하는 것이다.

③ 앱스테인(J. L. Epstein, 1995)의 부모참여 유형 및 내용

유형	내용
부모역할하기 (parenting)	학부모의 기본 의무를 다하기 위해 부모가 자녀의 발달을 이해하고 건강하고 안전한 가정환경을 조성할 수 있도록 자녀 지원을 위한 가정환경 구성에 도움을 제공한다. 예 부모교육과 훈련, 가족건강 · 영양 등 정보 제공, 가정 방문 등
의사소통하기 (communicating)	유아의 건강한 발달과 성장을 위해 학교와 학부모가 상담 등을 통해 효과적인 의사소통에 참여하는 것이다. 예 부모상담, 자녀 작업 전달, 가정통신문, 알림장, 전화, 기관 안내 등
자원봉사 참여 / 부모 지원 (volunteering)	다양한 학급 활동에 자원봉사자나 보조자로 참여하는 것이다. 예 기관과 교사를 돕는 지원, 일일교사, 기관행사 지원 등
가정학습 (Learning at home)	가정에서 교육과정과 관련한 활동과 숙제를 돕는 방법에 대한 정보를 제공하는 것이다. 예 교육과정 관련 정보 제공, 숙제 또는 가정에서 해 보는 활동 등
의사결정 (decision making)	학교의 학부모 조직이나 학교운영위원회 등 각종 위원회에 참여하거나 심의 및 의결에 참여하는 것이다. 예 학부모 운영위원회, 기관 개선을 위한 건의 모임 등
지역사회와의 연계 협력 (collaborating with Community)	기관 프로그램을 강화하는 지역사회로부터의 서비스를 구체화하고 조직하는 것이다. 예 지역사회 자원에 대한 안내, 지역사회 활동과의 연계 등

(3) 부모교육의 내용

① 바람직한 아동관을 갖도록 한다. 시대가 요구하는 아동관을 갖고, 아동의 생존, 보호, 발달, 참여의 권리에 대해 인식하도록 하여 바람직한 양육관을 형성시킨다.

② 유아 지도방법과 기술을 습득하도록 한다. 영아발달과 그에 따른 양육 및 교육방법, 부모−자녀 간의 효과적인 대화 기술 등을 알 수 있도록 돕는다.

③ 유아교육의 중요성과 유치원과 가정과의 연계의 중요성에 대해 인식시킨다.

④ 학습 경험의 장으로서의 가정에 대해 인식시킨다. 가정에서 자녀들에게 바람직한 학습 경험의 조건과 환경을 조성할 수 있도록 돕는다.

⑤ 유아들의 문제 행동을 예방하거나 개선시킬 수 있는 방법을 알린다.

⑥ 의식주, 보험, 보건, 위생, 건강 및 스트레스, 재활용, 정치, 문화, 법률 등 부모를 위한 일반 상식의 내용을 다루고, 부모의 다양한 소질과 능력을 개발할 수 있는 취미활동이나 전문지식 및 자격증 취득을 도울 수 있는 내용을 다룬다.

⑦ 미래 사회의 변화에 대한 다양한 정보를 제공하여 미래 사회에 적응할 수 있는 인성과 능력을 갖춘 자녀를 키울 수 있도록 도와야 한다.

A Plus⁺ **부모교육의 내용 및 목적에 따른 분류**(피네 M. J. Fine, 1989)

1. **정보 나누기** : 강연, 집단토의, 관련 서적 읽기, 부모집단 모임 등
2. **자기인식** : 집단토의, 구체적인 개별 혹은 집단 활동, 일기쓰기와 기록, 자기분석 연습
3. **기술훈련** : 시범 · 연습 · 피드백, 관련 서적 읽기, 토의
4. **문제 해결하기** : 과제에 대한 피드백, 관찰에 대한 피드백, 토의, 추후 검토 등

---

(4) 부모교육 유형[4]

① 부모참여

ㄱ) 운영 참여 : 유아교육기관 운영의 자율성과 투명성을 높이고 지역사회와의 연계를 강화하여 지역 실정과 특성에 맞는 교육을 하기 위하여 부모가 기관 운영에 참여하는 것이다.

ㄴ) 보조교사(부모 자원 활용) : 교수자료 제작, 동화 구연 등 교사의 역할을 부분적으로 보조해 주는 역할로서 효율적인 학급 운영이 가능하도록 하는 것이다. 부모가 하고 싶은 역할을 하도록 하고, 보조교사의 역할과 관련된 지식, 정보 등을 미리 제공한다.

ㄷ) 수업 참여

ⓐ **일일 수업 체험** : 학부모들이 일일교사가 되어 수업과 유아들의 생활지도를 체험해 보는 것이다.

ⓑ **학부모의 특기 교육** : 학부모가 지닌 재능이나 학습 의욕을 중심으로 특기나 흥미 교육을 하는 것이다.

ⓒ **부모참여 수업** : 자녀와 함께 유치원의 놀이와 활동에 참여해 보는 것이다. 기관에서의 자녀생활에 대해 이해할 수 있고 자녀와의 바람직한 상호작용 방법을 알게 된다. 참여 수업이 끝난 후에는 설문지를 사용하여 평가하도록 하여 다음 계획에 반영한다.

4) 「유아를 위한 부모교육 자료」 (2003)

ⓔ 수업 참관 : 유아교육기관에서 실시하는 수업을 지켜보는 것이다. 가정이 아닌 다른 상황에서의 자녀의 행동 특성을 관찰함으로써 자녀의 발달 정도와 개인차를 객관적으로 알 수 있으며 교사의 교육방법, 교육환경 등을 배울 수 있다.

ⓐ 수업 참관은 매월 정해진 시간에 부모들이 각 반 참관실에서 자유롭게 관찰하도록 한다. 교사는 부모에게 사전 교육을 실시하여 참관 시 주의점과 관찰방법을 지도한다.

ⓑ 참관 후에는 교사와 상담의 기회를 가짐으로써 부모 자신이 유아를 객관적으로 이해할 수 있게 도울 수 있다.

ⓒ 참관을 통하여 학부모는 자녀의 개별성과 독특성을 이해하고 가정과는 다른 환경에서 자녀 행동 특성을 이해하며 이에 적절하게 대처할 수 있는 안목을 기를 수 있다.

ⓓ 각 가정에서의 교육방법과 과정 전개가 교사의 방법과 어떠한 차이점이 있는가를 비교해 봄으로써 유아의 요구와 능력 및 발달 단계에 가장 적합한 교육방법을 모색하는 노력을 하게 된다.

② 면담

㉠ 집단 면담 : 소집단 모임을 통하여 담임 교사와 부모가 함께 모여 이야기를 나누는 것이다. 교사는 가정에서의 문제 및 유아의 모든 행동, 즉 친구 관계, 놀이의 종류, 습관과 장난감 등에 대한 내용을 부모들로부터 듣고 유아교육기관에게 바라는 점들이 무엇인지 이야기하게 한다.

ⓐ 장점

• 여러 부모들이 가정에서 자녀를 키우면서 경험했던 문제를 이야기함으로써 자기 아이만의 문제라고 생각했던 것이 다른 유아에게서도 발견될 수 있다는 것을 알고 위안받을 수 있다.

• 성장 발달 과정과 자녀 교육 과정에서 경험한 여러 사례를 들음으로써 유아교육 방법에 대해 이해하게 되고 유아에게도 좋은 영향을 줄 수 있다.

• 교사는 모든 부모들과 공통으로 상담할 내용이나 유아교육기관의 정보, 교사로서의 교육철학이나 기본적인 학급 운영 방침 등을 효율적으로 전달할 수 있다.

ⓑ 단점 : 각 유아의 개별적인 문제에 대해서는 심도 있게 다루기 어렵다.

㉡ 개별 면담

ⓐ 장점 : 개별 유아가 가지고 있는 문제 행동 및 바람직한 행동 조성 방법, 유아교육기관에서의 발달 양상 등을 부모와 구체적으로 생각해 볼 수 있다.

ⓑ 단점 : 교사가 부모를 일대일로 만나야 하므로 시간과 노력이 많이 든다.

㉢ 전화 면담 : 맞벌이 등으로 기관에 와서 상담에 참여하기 힘든 학부모들은 전화를 이용하여 개별 면담을 할 수 있어 편리하다. 간단한 내용도 부담없이 상담 가능하다.

ⓔ 인터넷 면담 : 시간과 노력을 최소화하면서도 학부모의 관심사에 대해 일대일 답변이 가능하다. 비공개 또는 공개로 내용을 선택할 수 있고, 학부모의 입장에서 시간과 공간의 제약 없이 궁금한 점을 해소할 수 있는 장점이 있다.

Ⓐ Plus⁺ 효율적인 부모상담 기법

1. **라포 형성** : 교사와 부모가 서로를 신뢰하고 편안한 느낌을 갖는 것이다. 라포(rapport)란 상담이나 교육을 하는 상황에서 신뢰와 친근감으로 이루어진 인간관계이다. 이를 위해 서로의 감정, 사고, 경험을 이해할 수 있는 공감대 형성을 위하여 노력하여야 한다.

2. **공감** : 교사는 부모의 입장에서 생각하고 부모를 이해하도록 노력해야 한다. 부모가 하는 말의 뜻과 감정을 공감해 줌으로써 여러 가지 이야기를 하도록 격려한다.

3. **수용적 존중** : 부모의 입장을 이해하고 그의 생각을 존중하는 것이다. 부모의 생각에 동의할 수 없는 경우라도 이해하려고 노력하며 서로가 다른 생각을 가지고 있음을 부드럽게 표현하는 것이 바람직하다.

4. **반영** : 부모에 의해서 표현된 주요 내용과 태도를 새로운 용어로 부연 설명해 주는 것이다. 부모의 말을 그대로 되풀이해 말하는 것이 아니라 그 내용의 바탕에 흐르고 있는 감정을 파악하여 전달해 준다.

5. **적극적 경청** : 교사는 언어적 반응과 비언어적 반응으로 학부모의 말에 관심을 기울이고 있음을 나타내야 한다. 교사는 학부모가 많이 이야기하도록 배려해야 하며, 꼭 필요한 경우가 아니라면 중간에 말을 막거나 중단시키지 않아야 한다.

6. **전문적 능력 함양** : 효과적인 상담을 위해 교사는 유아발달 및 교육에 대한 전문 지식과 교사로서의 자질을 갖추어야 한다. 교사가 모든 것을 알 수는 없으나 상황을 적극적으로 이해하고 함께 해결책을 모색하는 협조자임을 알리는 것이 필요하다.

---

③ 가정방문
　ⓒ 장점 : 유아가 성장하고 있는 가정환경을 알 수 있는 가장 좋은 방법으로 유아의 행동을 이해하거나 지도하는 데 필요한 기초자료를 얻을 수 있다. 또한 바쁘거나 신체적으로 장애가 있어 유아교육기관 방문이 힘든 부모들을 만날 수 있다.
　ⓛ 단점 : 교사의 시간과 노력이 많이 소요되며, 가정을 개방한다는 것에 대해 부모들이 부담을 느낄 수도 있다.
④ 부모회 : 대집단의 부모를 대상으로 실시되는 형태이다. 매 학기가 시작되기 전에 갖는 부모회는 부모를 위한 오리엔테이션 형식으로 진행된다.

㉠ 강연회

  ⓐ **장점** : 많은 사람들에게 동시에 정보를 전달할 수 있다. 입학 초기에 유치원의 교육 목적, 교육과정, 활동, 교사의 학급 운영, 부모의 역할 등에 대한 내용을 알려 주면 효과가 크다.

  ⓑ **주제 선정** : 학부모들이 관심 있는 분야나 알고자 하는 지식에 관해 학기초에 의견을 조사하여 선정하거나 유아교육기관에서 부모들에게 알려 주고자 하는 지식과 내용으로 선정한다.

  ⓒ **강사 선정** : 강연 주제가 선정된 이후에 적합한 강사를 선정한다.

   • 강사가 기관장이나 교사인 경우에는 유아들과의 실제적 경험을 중심으로 한 강연을 할 수 있다.

   • 강사는 외부 전문가, 혹은 전문지식을 가지고 있는 학부모도 될 수 있다.

   • 강연 내용과 강사 선정이 끝나면 강사 교섭을 하여 적어도 2주 전에 약속을 해 두어야 한다. 그리고 각 가정에 보내는 강연회 초청 편지는 1주일 전에 미리 발송한다.

  ⓓ **평가** : 강연회가 끝나면 차후 계획을 위해 설문지 등으로 반드시 평가를 한다. 부모의 반응을 받아 보아 관심 있는 내용은 연장하여 계획할 수 있고, 내용 전개나 방법이 적절하지 않을 경우에는 다음 계획 때 고려하여 개선하도록 한다.

㉡ 워크숍(workshop)

  ⓐ 소집단으로 유아를 위한 자료나 교구 등을 학부모들이 직접 참여하여 만들거나 좋은 부모가 되기 위해 필요한 대화법 배우기 등 한 가지 주제를 가지고 심도 있게 경험하는 활동이다. **예** 교재·교구 만들기, 유아를 위한 노래 및 율동 배우기, 구연동화 기술 익히기, 취미 활동(간식 만들기, 신체 마사지 배우기), 교양 활동(독서, 박물관 견학 등), 부모-자녀 상호작용 훈련 등

  ⓑ 워크숍의 내용은 집에서 해 볼 수 있는 실용적인 것이어야 한다. 또한 학부모가 참석하여 노력한 결과는 집으로 가져갈 수 있게 해야 한다.

㉢ 역할극

  ⓐ 역할극은 심리극의 일종으로 주제에 대한 공감이나 문제의식을 갖게 하기 위한 목적으로 활용할 수 있다.

  ⓑ 역할극은 보는 사람으로 하여금 자신의 상황을 객관화하여 볼 수 있고 이를 통하여 통찰력을 갖도록 도울 수 있다.

  ⓒ 부모와 자녀 간, 또는 부부간의 역할에 대한 이해를 돕기 위해 서로의 역할을 바꾸어 역할극을 해 봄으로써 상대방의 생각과 느낌을 이해할 수 있는 기회가 된다.

㉣ 좌담회, 토론회 : 특정 문제를 주제로 관심이 있는 부모들이 모여서 자신의 문제나 경험을 서로 이야기하거나 토론을 하는 방법이다. **예** 찬반의 의견 교환을 할 수 있는 주제, 유아교육기관이나 지역사회와 관련된 문제의 대안을 찾기 위한 토론회 등

ⓜ 독서회/영화 감상회 : 공통의 관심사를 가진 부모들이 책이나 영화를 선정하여 경험하고 의견을 교환하는 방법이다.

⑤ 통신

　㉠ 가정통신문

　　ⓐ 학부모들에게 여러 가지 전달하고자 하는 사항을 알리기 위해 가장 많이 사용하는 방법으로 주로 교육 프로그램이나 기관 행사 공지, 가정의 협조 요청, 부모에게 유익한 정보 제공 등에 사용된다.[5]

　　ⓑ 통신문이 잘 전달되었는지 알아보기 위해 유아의 가방 속에 통신문이 그대로 남아 있지는 않은지 살펴본다.

　　ⓒ 가정통신문을 효과적으로 활용하기 위해서는 정기적으로 발간하고, 내용은 짧고 간결하면서도 필요한 것으로 구성해야 한다.

　㉡ 홈페이지 : 유아교육기관의 소개, 교육 프로그램, 주요 행사, 가정통신문, 부모교육, 유아의 원내 생활 모습, 상담, 지역사회 연계 프로그램 등 다양한 내용을 신속하게 부모와 공유할 수 있다.

　㉢ 소책자 및 뉴스레터 : 학부모들이 알고자 하는 내용을 책이나 신문과 같은 형태로 제공하는 것이다.

⑥ 도서 및 장난감 대여 프로그램 : 유아들이 많은 책과 다양한 놀잇감을 가지고 놀 수 있는 기회를 제공해 주고 부모들에게는 자녀에게 적절한 책과 놀잇감의 선택 그리고 사용법을 익히게 해 준다.

(5) 부모교육 계획

① 부모교육의 실시 시기 및 횟수

　㉠ 부모회는 매 학기가 시작되기 전에 부모를 위한 오리엔테이션의 형태로 1년에 2회 정도 실시할 수 있다.

　㉡ 부모들이 알아야 하거나 알고 싶어 하는 내용을 중심으로 주제를 결정하여 매월 혹은 격월로 정기적인 부모회를 1년에 4~5회 실시할 수 있다.

　㉢ 부모 면담은 정기적으로 1년에 2~4회 실시하나 부모와 교사가 필요하다고 생각될 경우 수시로 면담할 수 있다.

　㉣ 가정방문은 일반적으로 학기초에 실시하며 부모 면담의 형식을 취할 때도 있다.

　㉤ 수업 참관은 일반적으로 학기초와 학기말에 다른 부모교육 프로그램과 함께 실시할 수 있으며, 1년에 4~5회의 부모 참관을 계획할 수 있다. 아버지의 수업 참관은 1년에 1~2회 실시할 수 있다.

　㉥ 부모회의 날짜나 시간은 부모교육 참여율을 높일 수 있도록 지역이나 부모, 유치원 실정에 맞추어 계획한다. 명절, 연휴, 김장철, 초등학교 행사와 겹치는 시기 등은 피하는 것이 좋다.

5) **가정통신문의 내용** : 유아교육기관에서 실시하는 교육내용의 소개, 유아교육기관의 특별활동 및 지역사회의 부모 관련 행사, 유아교육 관련 정보, 부모 및 가정생활의 향상을 위한 정보 등

② 부모교육 프로그램을 계획할 때 고려할 점
  ㉠ 프로그램 계획 시 부모들의 사회 경제적 배경, 유아교육기관에 대한 기대, 교사의 역할에 대한 기대, 자녀 양육에 대한 견해나 방법 등을 알아보는 것이 필요하다.
  ㉡ 교사는 부모의 요구나 기대를 반영하여 실천 가능성이 높고 구체적이고 쉬운 일부터 시작하여 점차적으로 활동의 폭을 확대해 나가는 방향으로 계획한다.
  ㉢ 프로그램 계획에 부모들을 참여시켜 부모들의 요구를 충분히 반영하도록 한다. 때로는 프로그램을 부모들이 실제로 운영할 수 있도록 계획할 수도 있다.
  ㉣ 부모참여 및 부모교육은 무엇보다도 부모들이 편안함을 느낄 수 있도록 배려하여 유아교육기관과 정서적으로 밀접한 관계를 유지하도록 계획한다.
  ㉤ 부모교육 활동은 부모들의 가정생활에 피해를 주거나 경제적인 부담을 주지 않는 범위 내에서 계획한다.
  ㉥ 부모교육을 위한 장·단기 목표를 설정하고 그에 따라 구체적인 실천방안을 항목화하여 단계적이고 일관성 있게 추진될 수 있도록 계획한다.
③ 부모교육의 참여도를 높이는 방법
  ㉠ 부모의 요구를 명확히 파악하여 언제라도 계획을 변경시킬 수 있어야 한다.
  ㉡ 부모들의 참여도를 높일 수 있는 방법을 모색해야 한다. 모든 교직원들은 따뜻한 미소와 친절로 부모를 맞이해야 하며, 각 부모에게 골고루 관심을 보여 소외감을 느끼는 부모가 없도록 한다. 학기초에는 더욱 세심한 주의가 요구된다.
  ㉢ 부모의 능력과 요구, 기대 등을 파악하여 부모 모두에게 참여한 기회를 제공한다. 부모 전체가 공동으로 결정하고 서로 존중하며 적극적으로 참여할 수 있는 기회를 제공한다.
  ㉣ 맞벌이 부모의 참여를 확대하기 위해 맞벌이 부모들이 참여하기 수월한 시간에 부모교육을 실행하도록 한다.
  ㉤ 조부모를 대상으로 양육 및 교육에 필요한 지식과 기술을 가르치거나 서로의 정보와 의견을 공유하는 장을 마련하는 등 조부모의 부모교육 참여를 확대해야 한다.
  ㉥ 다양한 유형과 주제의 부모교육 프로그램을 지속적으로 개발한다.
  ㉦ 부모와 자녀, 친지까지 함께 참여하여 상호작용 기술을 습득하고 관계를 공고히 할 수 있는 가족 참여 프로그램을 활성화한다.
  ㉧ 장애 유아 및 재구성 가족, 한 부모 가족 등 다양한 형태의 가족이 소외감을 느끼지 않도록 이들을 배려하여 실행한다.
  ㉨ 자녀의 교육활동 및 결과물과 연계한 부모교육을 하여 부모의 참여율을 높인다.

2 장

상담 이론

1 정신분석 상담 이론

(1) 상담자와 내담자와의 관계

① **상담자의 역할** : 상담자는 내담자가 과거의 경험과 감정들을 거리낌 없이 털어놓을 수 있도록 격려한다. 처음에는 주로 듣는 데에 치중하면서 가끔 해석을 해 준다. 상담자는 내담자에게 자신의 문제에 대한 통찰을 얻도록 함으로써 내담자가 자신을 이해하도록 도와준다.

② **전이** : 내담자가 과거의 중요한 인물에 대한 감정을 상담자에게 투사하는 현상으로 이 전이현상의 해소는 정신분석적 상담의 핵심이다. 상담의 효과가 있으려면 이러한 전이 관계를 파헤쳐서 극복해 나가야 한다.

③ **역전이** : 상담자가 내담자와의 관계에서 갈등을 느끼고 내담자를 싫어하거나 좋아하게 되는 경우이다. 역전이가 일어나면 상담자 자신의 감정이 부각되어 상담에 방해가 되므로 상담자는 내담자에 대한 자신의 감정에 주의를 기울이면서 역전이가 일어나지 않도록 주의해야 한다.

④ **치료동맹** : 상담 과정에서 상담자와 내담자가 문제 해결이라는 공동의 목적을 달성하기 위해 현실적으로 협력하고 함께 상담에 임할 것을 약속하는 것이다.

(2) 상담기법

① **자유연상(free association)** : 내담자는 안락의자에 누워 가능한 한 마음을 텅 비우고 과거를 회상하며 충격적인 상황 속에서 느꼈던 여러 감정들을 발산하게 된다.

② **꿈의 분석(dream analysis)** : 무의식적 자료를 발굴하고 정리함으로써 내담자로 하여금 자신의 내면세계와 문제 영역에 대해 통찰을 얻도록 도와주는 중요한 절차이다.

③ **저항(resistance)의 해석** : 약속 어기기, 경험 이야기하지 않기 등 내담자의 상담자에 대한 비협조적인 무의식적 행동을 저항이라고 한다. 상담자는 내담자가 자신을 보호하기 위해 저항하고 있다는 것을 지적해야 한다.

④ **전이의 해석** : 상담자는 내담자에게 중립적이고 객관적이며 비교적 수동적인 자세를 취함으로써 내담자의 전이를 유도한다. 전이에 대한 해석은 어렸을 때의 주요 정서적 갈등을 해결하는 계기가 될 수 있다. 상담자의 해석으로 전이 감정이 해소되면 내담자는 과거의 영향으로부터 벗어나게 되어 정서적으로 성숙한 인간이 될 수 있다.

⑤ **정화(catharsis)** : 정화란 무의식속에 묻혀 있던 모든 억압된 생각과 경험을 이야기할 때, 또한 억눌린 감정이나 경험을 말로 쏟아낼 때 억압되었던 강력한 정서적 감정이 발산됨으로써 고통과 불안이 감소되는 것을 말한다.

2 행동주의 상담 이론

(1) 상호제지이론

① 특징
　　㉠ 파블로프(Pavlov)의 고전적 조건형성 이론에 근거하여 웰페(Wölpe)가 처음 주장한 이론이다.
　　㉡ 불안·공포 등의 신경증적 행동을 고전적 조건화에 의해 학습된 것으로 가정하고, 모든 신경증적 반응은 그것과 대립되거나 또는 양립할 수 없는 다른 강력한 반응에 의해서 제지될 수 있다고 본다.

② 상담기법
　　㉠ 자기표현 훈련(자기주장 훈련)
　　　　ⓐ 주로 대인관계에 대한 불안이나 공포를 치료하는 기법으로, 감정표현이나 감정을 나타내는 안면 표정, '나'라는 주어의 강조, 칭찬을 피하지 않고 받아들이는 것, 타인의 의견에 이의를 제기하는 것, 그리고 표현의 자발성을 높이는 훈련 등이 포함된다.
　　　　ⓑ 대인관계에서 분노나 적개심을 잘 표현하지 못하는 사람, 거절하지 못하는 사람, 지나치게 공손하거나 남에게 이용만 당하는 사람, 다른 사람에게 호의나 애정을 표현하지 못하는 사람, 자신의 생각을 표현하기보다는 담고 있어야 한다고 생각하는 사람에게 유용하다.
　　　　ⓒ 의사소통의 세 가지 유형

소극적 의사소통	지신의 욕구와 권리를 표현하지 못하고 간접적으로 표현힌다(예 문을 꽝 닫음). 자신의 소극적 행동에 불안해하며, 자기에 대해 실망하고 뒤늦게 분노하게 된다.
공격적 의사소통	정서적으로 정직하나 누군가를 희생시켜 자신의 욕구와 권리를 만족시킨다. 당당한 우월감과 분노를 느끼지만 나중에는 대부분 죄의식을 느낀다.
자기주장적 의사소통	자신의 욕구와 권리를 정서적으로 정직하고 직접적으로 표현한다.

　　㉡ 체계적 둔감법
　　　　ⓐ 체계적 둔감법은 이완된 상태에서 불안을 유발하는 상황이나 장면을 상상하도록 함으로써 그러한 장면에 대한 불안 반응을 둔감화시키는 일종의 역제지(역조건화)를 말한다.
　　　　ⓑ 체계적 둔감법의 진행 과정
　　　　　• 불안에 대한 구체적인 정보를 수집한다.
　　　　　• 근육이완훈련 : 이완훈련을 통해 내담자에게 편안하고 안정된 심리상태에 도달하는 법을 가르친다.

- **불안위계 목록 작성** : 불안위계를 작성한다. 가장 평온하게 느끼는 것에서부터 가장 불안하게 느끼는 자극에 이르기까지 순서대로 배열한다.
- **불안위계 목록에 따른 둔감화** : 눈을 감고 완전히 이완된 상태에서 처음에는 불안이 없는 중립적인 장면을 상상으로 제시하고 나서, 가장 적은 불안 유발 장면을 상상하도록 한다. 내담자가 불안을 경험하고 있다고 신호할 때까지 단계적으로 위계를 높이다가 불안을 경험한다는 신호를 하면 즉시 중지하고 이완하는 것을 반복한다.

Ⓐ Plus⁺ 벌에 쏘인 경험으로 인해 벌에 대한 공포증이 있는 사람의 불안 위계

자극 정도	0	2	4	6	8	10
체크리스트	벌이 없음	벌 그림	벌 이야기	벌 날개 소리	벌이 멀리 보임	벌이 가까이 옴

(2) 행동수정이론[6]

① 바람직한 행동을 증진시키는 기법

㉠ 강화(reinforcement) : 특정한 반응이 일어날 확률을 증가시키는 것이다.[7]
- **정적 강화**(positive reinforcement) : 어떤 행동이 일어난 직후에 그가 좋아하는 것(칭찬, 간식 등)을 주어 그 행동의 빈도가 높아지도록 하는 방법이다.
- **부적 강화**(negative reinforcement) : 어떤 사람이 어떤 행동(바람직한 행동)을 했을 때 그가 싫어하는 것을 제거함으로써 행동의 빈도를 증가시키는 방법이다.

Ⓐ Plus⁺ 프리맥의 원리와 토큰 강화

1. **프리맥**(premack) **원리** : 선호가 높은 행동은 선호가 낮은 행동에 대해 정적 강화물이 될 수 있다. 따라서 아동이 선호하는 행동을 순서대로 나열해 보는 것은 교사가 아동의 특정한 행동을 강화하는 데 매우 유용하다. **예** 많이 놀고(선호가 높은 행동) 적게 공부하는(선호가 낮은 행동) 아동에게 공부하는 행동을 길러 주기 위해서 가령 10분간 공부하고 난 후에는 15~20분간 놀게 한다면 공부하는 시간을 늘릴 수 있을 것이다.
2. **토큰 강화**(환권보상치료) : 바람직한 행동을 인정해 주는 것만으로는 별 효과가 없을 때 토큰(token)을 주어 나중에 사탕, 입장권 등 내담자가 원하는 물건이나 권리와 바꿀 수 있도록 하는 치료 절차이다.

6) 스키너(Skinner)의 조작적 조건 형성 이론을 토대로 하여 발전된 행동치료적 접근의 한 방법이다.

7) • **차별 강화** : 여러 행동 중에서 어느 특정행동만을 선택적으로 강화(보상)함으로써 그 행동을 증가시키는 기법
• **간헐 강화** : 목표행동의 지속성을 높이기 위해 사용하는 강화의 방법으로서, 행동이 일어날 때마다 강화하지 않고 주기적으로 띄엄띄엄 강화하는 것

ⓛ **행동형성**(행동조성, shaping) : 새로운 행동을 가르치기 위하여 전체의 복잡하고 어려운 행동을 작은 단위의 하위행동으로 세분화하여, 제일 쉽고 낮은 수준의 행동부터 강화해 주어 결국 목표행동인 복잡하고 어려운 행동을 학습하도록 하는 순차적이고 점진적인 강화방법이다. **예** 활동에 집중을 못 하는 유아에게 집중하여 참여하도록 하는 것 등

ⓒ **용암법**(fading) : 특정행동이 다른 상황에서도 발생할 수 있도록 조건(자극)을 점차적으로 줄여 가는 방법이다. **예** 동그라미 그리기, 줄긋기, 삼각형 그리기, 한글 가르치기 등

ⓔ **행동계약**(behavior contract) : 내담자가 어떤 행동을 수행하느냐에 따라서 그에 대한 결과로서 제공되는 강화자극(보상) 또는 혐오자극(벌)에 관해 서류상으로 협약을 맺고, 이에 따라 해당 자극을 제공함으로써 행동을 수정하려는 기법이다.

ⓜ **행동연쇄**(behavior chains) : 이전의 조건형성된 행동이 이후의 조건형성과 연결되어 하나의 통합된 행동으로 이어지는 것이다. 즉, 이미 존재하는 단순한 행동을 적절한 방법으로 연결하여 보다 복잡한 행동을 학습하도록 하는 방법이다. **예** 정신지체아에게 바지를 입도록 가르치기, 축구에서 공을 차면서 몰고 가기 등

② 바람직하지 않은 행동을 감소 · 제거시키는 기법

ⓗ **처벌**(punishment) : 부적절한 반응(행동)의 빈도를 감소시키는 것이다.

- **정적 처벌**(positive punishment) : 행동에 혐오자극이 뒤따를 때 반응의 빈도가 감소하는 것이다. (제1유형의 벌)
- **부적 처벌**(negative punishment) : 행동에 뒤따르는 긍정자극을 제거함으로써 반응의 빈도가 감소하는 것이다. (제2유형의 벌)

A Plus⁺ 반응대가와 타임아웃

- **반응대가**(response cost) : 바람직하지 못한 행동을 했을 때 그 대가로 자기가 가지고 있는 정적 강화를 박탈당하는 것이다. **예** 좋아하는 물건과 교환할 수 있는 토큰을 미리 지급하고, 정해진 규칙을 어길 때마다 토큰을 한 개씩 회수하는 것
- **타임아웃**(time-out) : 유아가 바람직하지 않은 행동을 할 때 일정시간 동안 다른 장소에 격리하는 방법이다. **예** 수업시간에 떠드는 유아를 생각하는 의자에 앉혀 두는 것

ⓛ 소거(extinction) : 어떤 행동 후 정적 강화물이 뒤따르지 않거나 부정적인 결과를 얻게 되어 그 행동이 점차 없어지는 것을 말한다.

ⓒ 상반행동 차별강화 : 부적응 행동과 양립할 수 없는 상반되는 행동(바람직한 행동)을 강화해 줌으로써 상대적으로 부적응 행동을 감소 · 제거시키려는 기법이다. 예 소리를 지르는 행동과 그림책을 읽는 행동은 양립할 수 없는 행동이다. 소리를 지르는 행동에 어떤 벌을 제공하는 것이 아니라 그림책을 읽는 행동에 정적 강화를 함으로써 소리를 지르는 행동을 약화시키거나 제거시킬 수 있다.[8]

ⓔ 포화법 : 문제 행동을 충족시켜 줄 수 있는 자극을 정도가 지나치게 제공함으로써, 질려 버리게 만들어 행동의 빈도는 낮추는 기법이다.[9] 예 특정 과자를 너무 많이 먹는 아동에게 반드시 한꺼번에 100개를 다 먹도록 하는 것

ⓜ 혐오치료 : 증상이 나타날 때마다 고통스러운 혐오자극(전기충격, 시청각 자료, 타임아웃, 과잉교정)[10]을 가하여 문제 행동을 소거시키는 방법이다.[11]

ⓗ 홍수법(범람법) : 체계적 둔감법과는 대조를 이루는 불안 치료법으로, 상담자가 내담자를 강력하고도 지속적으로 문제 상황에 노출시키는 방법이다. 예 엘리베이터를 무서워하는 사람에게 엘리베이터를 계속 태우는 것

(3) 인지적 행동수정

① 자기교습훈련(Self-Instructional Training) : 비합리적 자기언어(스스로의 다짐, 마음속의 독백 등)를 정서적 장애의 근원으로 보고 적응적인 행동방법이나 행동전략을 자기 자신에게 이야기하도록(자기교시) 함으로써 적응적인 사고를 하도록 가르치는 것이다.

② 자기통제의 기법

자기 지시	불안이나 긴장을 야기하는 상황에 적당하게 '대처하는' 행동을 하기 위해 스스로에게 지시를 하도록 가르친다. 예 발표할 때 나는 떠는 것이 아니라 훌륭하게 하려고 긴장하는 것이다.
자기 점검 (자기 평가)	자신의 부적절한 어떤 행동을 그때마다 기록해 두면 그 행동이 점차 줄어든다. 예 다이어트 기간 동안 먹은 음식을 기록해 두는 것
자기 강화	내담자가 어떤 종류의 강화자극을 얼마만큼 줄 것인가를 결정하는 과정에 참여시키는 것이다.
행동 계약	치료자와 내담자 간에 무엇을, 어떻게 하겠다는 것을 문서로 약속하는 것이다.

8) 손가락을 흔드는 문제행동을 보이는 유아에게는 종이에 자신의 이름을 쓰게 하고 강화한다.

9) 포화법은 홍수법과 유사하다. 홍수법은 불안을 소멸시키고자 하는 방법이며, 포화법은 문제 행동을 수정하는 방법이다.

10) **과잉교정** : 바람직하지 않은 행동에 대한 책임을 강제로 지게 하기 위하여 특정 행동을 지나칠 정도로 반복하여 시행시킴으로써 문제 행동을 수정하는 것 예 음식을 흘리면 흘린 음식뿐 아니라 바닥 전체를 닦게 함.

11) 혐오치료는 알코올 중독이나 약물 중독, 흡연, 성도착증, 도박 등과 같이 개인적으로나 사회적으로 용납되기 어려운 이상행동을 치료대상으로 한다.

3 인간 중심 상담 이론

(1) 특징 및 주요 개념

① 특징 : 1940년대에 미국의 심리학자인 칼 로저스(Carl Rogers)의 상담 이론에 근거한 접근 방법이다.

② 인간관 : 인간은 스스로 자신의 길을 발견하고 성장해 나갈 수 있는 잠재능력이 있다. 따라서 상담자는 내담자가 자신의 문제 해결 능력을 스스로 되찾고 인간적인 성숙을 기할 수 있도록 도와주는 것이다.

③ 주요 개념

  ㉠ 자기개념 : 현재 자신의 모습에 대한 인식과 앞으로 자신이 어떤 존재가 되어야 하고, 어떤 존재가 되기를 원하고 있는지에 대한 인식으로 구성된 자기상이다.

  ㉡ 실현화 경향성 : 자신의 잠재력과 가능성을 실현하려는 유기체의 타고난 경향성이다. 어떤 사람이 현재 좌절을 겪고 있다면 그것은 가능성이나 잠재력이 부족해서가 아니라 자신의 가능성을 발견하지 못하여 제대로 실현하지 못했기 때문이다.

  ㉢ 자아실현 경향성 : 유전적인 특질이 허용한 한도 내에서 최선의 자기가 되게 하는 것을 말한다.

  ㉣ 완전히 기능하는 사람(the fully functioning person) : 자신의 잠재력을 인식하여 능력과 자질을 발휘하고 자신에 대한 완벽한 이해와 경험을 풍부히 하는 방향으로 발전해 나가는 사람으로 선상한 인간을 지칭한다.

(2) 상담자의 태도

① 무조건적 긍정적 존중 : 내담자를 한 인간으로 존중하며 그의 감정 · 사고 · 행동을 평가하거나 판단하지 않고 있는 그대로 받아들이는 것이다.

② 공감적 이해 : 내담자의 입장과 시각에서 내담자의 감정 · 생각 · 경험 · 주관적 세계들을 이해하는 능력, 또는 내담자로 하여금 자신이 깊이 있게 정확히 이해받았다는 느낌이 들 수 있도록 상담자가 이해한 바를 정확하게 전달할 수 있는 능력이다.

③ 일치성(진실성) : 상담자가 내담자와의 관계에서 순간순간 경험하는 자신의 감정이나 태도를 있는 그대로 솔직하게 표현하는 것이다. 상담자는 자신의 경험이나 감정을 왜곡해서는 안 되며, 또 자신의 전문성에 대해서도 허세를 부리지 말아야 한다.

4 인지주의 상담 이론

(1) 인지 · 정서 · 행동 상담

① 엘리스(Albert Ellis)에 의해 창안된 심리치료법으로, 내담자의 심리적 고통이나 문제는 그의 비합리적 신념체계에서 비롯된 것이므로, 내담자가 가진 비합리적 신념체계를 합리적 신념체계로 바꾸게 함으로써 문제를 해결하도록 한다.

> **A Plus⁺ 비합리적 신념(irrational belief)의 예**
>
> • "나는(당신은, 세상은) 반드시 …해야만 한다(잘해야만 한다, 인정을 받아야만 한다 등)."
> • "그것은 끔찍하다(과장성).", "나는 그것을 참을 수 없다(낮은 인내성).", "나는 행동을 거칠게 하는 거칠고 한심한 사람이다(자기비하성)."

② ABCDE모형[12]

ⓐ **선행사건**(A : Activating Event) : 타인과의 싸움 등 개인에게 정서적 혼란을 야기하는 어떤 사건이나 행위를 의미한다. 이러한 사건들은 우리의 기분을 나쁘게 하고 심하면 화를 내거나 자신을 비난하는 상황에 이르게 한다.

ⓑ **신념체계**(B : Belief System) : 어떤 사건이나 행위 등과 같은 환경적 자극에 대해서 각 개인이 가지게 되는 태도, 또는 그의 신념체계나 사고방식을 가리킨다. 신념체계에는 합리적 신념(Rational belief, rB)과 비합리적 신념(Irrational belief, iB)이 있다. 엘리스는 신경증이나 생활에 부적응을 보이는 사람들은 비합리적 신념체계를 가지고 있다고 하였다.

특성＼구분	합리적 신념	비합리적 신념
논리성	논리적으로 모순이 없다.	논리적으로 모순이 많다.
현실성	경험적 현실과 일치한다.	경험적 현실과 일치하지 않는다.
실용성	삶의 목적 달성에 도움이 된다.	삶의 목적 달성에 방해가 된다.
융통성	융통성이 있고, 상대적이다.	절대적, 극단적, 경직되어 있다.
파급 효과	적절한 정서와 적응적 행동에 영향을 준다.	부적절한 정서와 부적응적 행동을 유도한다.

ⓒ **정서적 결과**(C : Consequence) : 선행사건을 경험한 후 개인의 신념체계를 통해 사건을 해석함으로써 생기는 정서적 · 행동적 결과를 의미한다. 예 불안, 우울, 분노, 죄책감, 심리적 상처, 질투, 수치심 등

12) 상담과정은 내담자가 가지고 있는 비합리적 신념과 그에 근거한 자기언어를 찾아서 비합리성을 확인하고 논박하며 합리적 생각을 내면화하게 하여 이를 토대로 적절한 정서와 행동을 할 수 있도록 하는 것이다.

㉣ **논박**(D : Dispute) : 자신이 가지고 있는 비합리적인 신념이나 사고에 대해서 도전해 보고 과연 그 생각이 이치에 맞는 것인지를 다시 한 번 검토해 보도록 상담자가 논박하는 것을 말한다.

    ⓐ **논리성** : 단순히 1년에 한 번 있는 시험에 낙방했다고 그를 실패자라고 규정하는 것이 논리적인가?

    ⓑ **현실성** : 사랑하는 사람이 떠났다고 이 세상을 살아갈 수 없다는 증거가 어디 있는가?

    ⓒ **실용성** : 직장에서 명예퇴직을 당했다고 자신을 실패자라고 생각하는 것이 당신에게 도움이 되는가?

  ㉤ **효과**(E : Effect) : 앞의 과정을 통해 얻게 되는 심리적 효과로, 내담자가 가진 비합리적인 신념을 철저하게 논박함으로써 합리적인 신념으로 대치한 다음에 느끼게 되는 자기 수용적인 태도와 긍정적인 감정의 결과를 말한다.

(2) 벡(Beck)의 인지상담 이론

 ① **자동적 사고**(automatic thoughts) : 어떤 사건에 당면하여 자동적으로 떠오르는 생각이다. 자동적으로 내부에서 발생하기 때문에 아무 의심 없이 받아들이게 되며, 이러한 자동적 사고가 부정적인 내용일 경우 심리적 문제로 이어진다.

 ② **인지적 오류**(cognitive errors)[13]

  ㉠ **임의적 추론**(arbitrary inference) : 어떤 결론을 내리기에 충분한 근거가 없는데도 최종적인 결론을 성급하게 내려 버리는 오류이다.

    ⓐ **독심술** : 다른 사람이 자신에 대해 어떻게 생각하고 있는지 다 알고 있다고 생각하는 것이다.

    ⓑ **부정적 예언** : 이렇다 할 증거나 근거 없이 나쁜 일이 일어날 것이라고 믿는 것이다.

  ㉡ **선택적 추상화**(selective abstraction) : 상황이나 사건의 주된 내용은 무시하고 특정한 일부 정보에만 주의를 기울여 전체의 의미를 해석하는 오류이다. **예** 자신이 한 일을 평가받을 때, 긍정적인 평가와 부정적인 평가가 함께 있는데도 부정적인 평가에만 선택적으로 주의를 기울여 실패했다고 단정하는 경우이다.

  ㉢ **과잉 일반화**(over-generalization) : 한두 번의 사건에 근거하여 일반적인 결론을 내리고 그 결론을 무관한 상황에 적용하는 오류이다. **예** 평소 배려를 해 주던 사람이 한 번 자신을 배려하지 않았을 때 '저 사람은 나를 무시한다'고 결론 내리는 것 등

  ㉣ **사적인 것으로 받아들이기**(personalization, 개인화) : 자신과 관련시킬 근거가 없는 외부 사건에 대해서 무조건 자신이 원인이고 자신이 책임져야 할 것으로 받아들이는 경우이다.

  ㉤ **확대·축소**(magnification · minimization) : 사건의 중요성이나 의미를 지나치게 과장하거나 축소하는 오류이다.[14]

13) 인지적 오류란 현실을 제대로 지각하지 못하거나 사실이나 그 의미를 왜곡하여 받아들이는 것을 의미한다.

14) • **확대** : 운동도 못하고 노래도 못하는데 공부는 잘하는 경우 사람들이 '뭐든지 잘한다'라고 이야기하는 것이다.
 • **축소** : 반에서 1등을 하고도 '어쩌다가 운이 좋아서 그렇게 됐겠지'라고 과소평가하는 것이다.

ⓗ 절대적 사고, 이분법적 사고(absolutistic, dichotomous thinking) : 사건의 의미를 이분법적인 범주의 둘 중 하나로 해석하는 오류이다. 예 크게 성공하지 않으면 실패한 것이라고 생각하는 것 등

ⓢ 꼬리표 달기 : 부적절한 규정에 의해 자신에 대한 부정확한 감각이나 정체성을 창출하는 것이다. 예 '난 바보야. 이러니 여자 친구도 없지.'처럼 생각하는 것 등

A Plus⁺ **상담자의 윤리**

1. **비밀 엄수** : 상담 내용은 비밀을 유지해야 하고 개인정보를 보호해야 한다.

2. **전문적 태도** : 상담자는 상담에 대한 이론적·경험적 훈련과 지식을 갖추어야 하고 이를 위해 연구하고 노력해야 한다.

3. **내담자의 복지 우선** : 상담 과정에서 다른 인물이나 기관과 갈등이 생길 때 내담자의 복지를 우선으로 고려해야 한다. 내담자가 상담자로부터 도움을 받지 못하고 있음이 분명할 경우 상담을 종결해야 한다.

4. **내담자의 독립성 보장** : 내담자가 상담자에게 지나치게 의존성을 갖도록 해서는 안 된다.

5. **차별 금지** : 내담자의 성별, 연령, 종교, 문화적 배경 등에 따라 차별해서는 안 된다.

6. **전문적 한계 수용** : 장애나 다문화 등 교사의 전문적 한계가 있는 분야는 제3자와의 협의를 통해 도움을 주어야 한다.

유아 인성교육을 위한 부모상담의 기본 원리[15]

15) 『유아 인성교육을 위한 교사용
부모상담 가이드북』(2012)

1 상담의 뜻과 기본 원리

(1) 상담의 뜻

① 상담은 '목적을 가진 대화'(Bingham & Moore)로 '내담자로 하여금 새로운 방향에서 발전
적인 한 발자국을 내딛을 수 있도록 하며 자신을 이해하도록 도와주는 구조화되고 허
용적인 관계'(Rogers)라고 정의할 수 있다.

② 상담과 면담은 서로 비슷한 의미로 혼용되어 사용되나 면담은 서로 만나서 이야기함
(face to face talk)을 뜻하며, 상담은 문제를 해결하거나 궁금증을 풀기 위하여 서로 의논
함(advice, counseling)을 뜻한다.

③ 상담 및 면담은 상호 간 언어뿐만 아니라 표정, 옷차림, 몸가짐, 제스처 등을 포함하는
종합적인 의사소통이다.

④ 부모상담은 유아의 성공과 발달에 중요한 역할을 하는 부모와 교사가 가치관 및 교육
관을 함께 공유하고 유아에 대한 공감대를 형성하기 위해 이루어지는 적극적인 방법(부
모교육 프로그램)이다. 즉, 교사와 부모가 서로 대면하여 유아의 생활과 발달에 대한 정보
및 의견을 교환함으로써 효율적이고 바람직한 유아 지도 방안을 모색하는 활동이다.

⑤ 부모상담은 교육기관과 가정에서의 교육이 자연스럽게 연결될 수 있도록 하는 연계교
육의 일환으로 유아에 대한 상호이해를 도모하고 교사와 부모의 친밀한 관계수립 및
소통을 강조한다.

(2) 상담의 기본 원리

① 마음 읽기

㉠ 부모가 궁금해하는 것에 대해 눈으로 확인할 수 있게 하거나 알려 주는 것이 바람직
하다. 예 유아교육기관의 시설 및 주변 환경, 교육방침과 목표, 행사를 비롯한 특별
활동 내용 등 부모가 궁금해하는 것이 무엇인지를 파악하고 구체적으로 알려 준다.

㉡ 상담에 임하는 부모의 정서와 입장에 대하여 이해할 필요가 있다.

ⓐ 부모는 유아의 기관 적응, 또래관계, 발달 상태, 문제 행동 등을 교사와 상의하
기를 원하며 이에 대한 정확한 정보와 문제 행동에 대한 해결책을 기대하면서 상
담에 임한다.

ⓑ 부모는 자녀에 대한 기대와 불안감, 담임교사에게 이러한 정서를 확인받고 싶은
심정, 자신의 생각이나 양육태도, 자녀를 인정받고 싶은 마음, 그리고 담임교사
의 전문성과 역량을 확인하고 싶은 마음으로 상담에 임한다.

ⓒ 교사는 부모가 자녀의 문제를 어느 정도 인식하고 걱정을 하지만 또 다른 한편으로
는 인정하고 싶지 않은 이중적인 마음이 있음을 이해해야 한다.

ⓔ 부모마다 성격이 다양하고 유아교육기관에 대한 기대도 다르기 때문에 각각의 특성
파악과 대처방안을 세워 두는 것도 필요하다.

② 친밀감 형성하기

㉠ 부모와의 친밀한 관계 정립을 위해 교사의 편안한 마음과 성심껏 임하는 태도가 중
요하다.

ⓛ 교사와 부모는 동반자라는 인식과 함께 유아에 대한 이해와 소통을 활발히 할 수 있
도록 한다.

ⓒ 부모가 교사에 대한 인정과 신뢰감이 형성되도록 진실해야 하며 그러한 이미지를
만들기 위해 노력한다.

③ 수용적 존중하기

㉠ 부모의 입장을 이해하고 존중하는 교사는 부모의 생각에 동조할 수 없는 경우라도
긍정적이고 수용적인 태도를 가져야 하며, 직접적인 거부보다는 서로가 다른 생각
을 가지고 있음을 부드럽게 표현하는 것이 바람직하다.

ⓛ 언어적 방법이나 비언어적 방법으로 부모의 표현을 존중하며 반응해 줄 수 있다.
예 "예~ 그렇군요!", "그러실 수 있겠어요.", 미소와 눈짓 등의 제스처

④ 적극적 경청하기

㉠ 경청은 잘 듣는 것인데 부모의 언어적인 메시지와 비언어적인 메시지가 모두 포함
된다. 이를 통해 부모 및 유아에 대한 정보 수집이 용이하게 될 뿐만 아니라 부모의
기대와 욕구, 문제 상황 등이 보다 명료해진다.

ⓛ 부모 및 유아의 정보를 받아들일 때는 교사의 사회문화적 배경과 교육 및 훈련이 편
견으로 작용하거나 교사의 건강 상태, 개인적 가치관 및 신념의 차이 등에 영향을
받지 않도록 주의해야 한다.

⑤ 공감적 이해하기

㉠ 공감은 서로 마음을 깊게 나누는 과정이며 친근함을 표현하는 좋은 방법이므로 상
담의 순간마다 정서적으로 아이의 문제를 함께 걱정하는 동반자로서 부모와 함께
하고 있음을 보여 주어야 한다.

ⓛ 공감을 증진시키기 위해 교사는 스스로 생각할 여유를 가지고 부모가 이야기를 하
는 동안 부모가 표현한 감정, 기대, 욕구가 무엇인지, 부모가 지금 말하려고 하는 것
이 무엇인지에 대해 생각해 본다.

ⓒ 교사가 부모의 정서를 반영하여 공감한 내용을 부모에게 재전달할 경우에는 부모가 말한 내용의 핵심을 파악하여 짧고, 정확하게 전달해야 한다(부모의 배경은 매우 다양하여 이야기가 중복되거나 의미를 이해하기 어려울 때가 있으므로 중간에 서로의 의미를 정리할 필요가 있다). 이때 언어, 태도, 행동에 일관성을 갖도록 한다.

⑥ 유아의 발달 및 교육에 대해 이해하고 교류하기

  ㉠ 유아의 적응에 대한 이해를 돕기 위해 관찰일지, 행동발달 기록부, 포트폴리오, 활동사진, 검사결과지, 생활기록부 등 다양한 자료를 준비하고 유아의 발달에 유익한 정보를 함께 나눈다.

  ㉡ 부모들이 유아나 교육 프로그램에 관한 질문을 할 때 교사는 최대한 성심성의껏 안내해 주어야 하지만 책임질 수 있는 범위를 잘 알고 있어야 한다. (김영옥 역, 2012)

  ㉢ 부모와 상담할 때 교사의 역할은 유아가 원만한 대인관계를 갖도록 돕는 것이며 배려, 존중, 절충, 그리고 타협하려는 의지와 같은 태도의 모범을 보이는 것이 바람직하다. (김영옥 역, 2012)

  ㉣ 누리과정에서 강조하는 기본생활습관, 인성과 관련된 덕목은 별도로 학습되는 것이 아니라 서로 연계되어 내면화되므로 교사와 부모가 서로 협력할 수 있도록 한다. 예 질서, 청결, 절제 중 어느 한 가지부터 시작하게 되면 점차적으로 연계적인 효과가 나타나게 된다.

  ㉤ 부모가 인성교육을 하기 위하여 알아 두어야 할 점을 염두에 둔다. 즉, 긍정적인 생각, 감사하는 마음, 나누고 베푸는 경험들에 대한 연습, 부정적 정서를 긍정적 정서들로 채워 주는 노력 그리고 사회적으로 바람직한 정서를 느끼고 따뜻한 감동과 기쁨을 갖는 기회와 경험에 대해 이야기를 나눈다.

⑦ 효과적인 질문 사용하기

  ㉠ 가능하면 개방적인 질문을 사용하여 부모가 좀 더 포괄적인 의견, 사고, 감정 및 관점을 이야기할 수 있도록 돕는다.

  ㉡ 직접적 질문의 방식보다 간접적으로 질문하는 것이 상대방에게 더 편안함을 준다. 예 대화 도중에 자연스럽게 "○○ 어머니는 이것을 좋아하세요?"라고 직접적으로 물어볼 수는 있으나 상황에 따라 "어머님들이 이것을 좋아하시는 것 같아요."라고 하면 "나도 좋아해요."라고 반응할 수 있다.

  ㉢ 두 가지를 동시에 질문하지 않고 한 번에 한 가지의 질문만 하도록 한다.

  ㉣ '왜'라는 질문은 질책을 당하는 느낌을 줄 수 있으므로 되도록 피하는 것이 좋다.

  ㉤ 부모의 질문에 대한 단정적이고 결정적인 답변은 피하는 것이 좋다.

  ㉥ 교육 전문용어는 필요할 때 사용할 수 있으나 되도록 많이 사용하지 않는다.

⑧ 교사 및 부모의 협력적 관계 형성하기

  ㉠ 바람직한 유아의 성장과 발달을 위해 또는 유아에게 어떤 문제가 발생했을 경우, 부모와 협력했을 때 교사는 유아에게 최대한 그리고 최적의 도움을 제공할 수 있음을 명심해야 한다.

ⓛ 나름대로 최선을 다하는 부모의 노력과 애씀을 어루만지고 인정해 주어야 한다. 또한 유아의 발달과 교육을 위해 부모의 협조가 반드시 필요하며 중요한 역할을 할 수 있다는 것을 알려 줄 필요가 있다.

ⓒ 교사는 부모에게 필요한 정보를 제공하고 유아에게 도움이 될 수 있는 방법을 알려 주어야 하며 문제 해결을 위해 서로가 책임감을 가지고 부모의 도움이 필요할 때 요청할 것이며, 부모가 도움을 원할 때에도 반드시 도움을 제공할 것임을 믿게 하고 인식하도록 하는 것이 중요하다.

② 부모상담의 진행 과정에 따른 기본자세와 태도

(1) 준비

① 사전 준비

ⓐ 영유아에 관련된 개인별 자료를 준비해 둔다. 예 관찰일지, 행동발달 기록부, 포트폴리오, 활동사진, 검사결과지, 생활기록부 등

ⓑ 면담이 가능한 적절한 장소와 거리를 확보하도록 한다.

ⓒ 통신문을 통해 면담을 알린 후 부모가 가능한 시간과 면담자의 시간을 맞추어 적절한 날짜와 시간을 정한다.

ⓓ 부모의 양육 행동을 알 수 있는 체크리스트를 사전에 배부하여 회수하고, 면담에 활용하는 것도 좋은 방법이다.

ⓔ 생활기록부에 나타난 부모의 정보, 그리고 가정환경 조사에서 나타난 교육적 관점, 양육 태도 등을 살펴보고 이러한 정보를 어떻게 활용할 수 있을지 생각해 본다.

② 당일 준비

ⓐ 면담할 부모님과 면담할 장소를 지정하고 입구에 면담 장소 안내판을 만들어 붙인다.

ⓑ 각 반 교실에 좌석을 마련한다. 효율적인 대화를 위해 약 70cm 정도의 간격을 유지하는 것이 좋으며 정면을 마주보는 것이 이상적이나 공간이 좁은 경우에는 90도 정도로 비스듬히 앉아서 상담을 할 수 있도록 한다.

ⓒ 교실에서 상담이 이루어질 경우 넓은 공간으로 인하여 시선이 분산될 우려가 있으므로 칸막이 등을 쳐서 집중을 유도할 수 있으며, 창밖이나 복도가 보이는 자리에 교사가 앉고 반대쪽에 부모가 앉을 수 있도록 하여 상담에 대한 집중력을 높인다.

ⓓ 면담 대상 유아와 관련된 파일 등을 교사가 손쉽게 가져와서 보여 줄 수 있도록 준비한다. 이때 펼쳐 놓고 볼 수 있는 적절한 책상 등의 공간을 충분히 확보한다.

ⓔ 깔끔한 테이블보와 화분, 꽃잎을 담은 물컵 등의 소품을 마련하여 편안한 분위기를 조성한다. 만약, 싱싱한 생화를 준비하기 어렵다면 적절한 조화를 준비하여 물컵에 담아 두어도 효과적이다.

ⓗ 벽에 걸린 조그만 그림이나 작은 소품도 분위기를 따뜻하게 만들고 대화를 풀어 가
는 데 중요한 역할을 한다.

ⓢ 부드러운 음악을 작게 틀어 놓아 편안한 분위기를 조성하고, 가볍게 마실 수 있는
몇 가지의 차와 컵을 준비한다.

ⓞ 교사용 유아 개인 면담지와 펜, 학부모를 위한 메모지와 펜을 준비한다.

(2) 시작

① 상담을 시작하기 전 교사는 부모와 유아에 대한 자신의 감정을 생각해 본다. '나는 이
부모에 대하여 어떤 느낌을 가지고 있나?', '유아의 행동 때문에 이 부모를 부정적으로
생각하지 않는가?', '비난하지 않는가?' 등 부모와 유아에 대한 자신의 쌓인 감정이나
선입견, 편견을 정리하고 시작하는 태도가 필요하다.

② 상담을 시작하기 전에 날씨에 관한 내용이나 당일 유아의 기분 상태 등에 관한 이야기
를 먼저 꺼냄으로써 긴장 또는 서먹한 분위기를 완화하여 부모가 마음을 열고 편안하
게 상담할 수 있도록 한다.

㉠ 부모와의 친밀감 형성을 위해 교사가 긍정적인 생각으로 마음을 열고 표현하는 것
이 중요하며, 진심 어린 마음을 담아 "○○를 맡게 되어" 또는 "○○와 함께 생활하
게 되어 기쁩니다."와 같은 표현을 한다.

㉡ 부모와 만나 무슨 이야기부터 할지 교사들은 고민이 많다. '안녕하세요? 라고 말한
후에 무엇이라고 말합니까?(What do you say after you say hello?)'라는 말은 매우 시사점
이 크다. 즉, "안녕하세요?"라고 인사한 후 무슨 말을 꺼낼지 생각해 두어야 한다.
익숙해지면 자연스럽게 할 수 있게 되지만 날씨에 대한 인사(화창함, 비, 추위, 더위 등),
유치원 및 어린이집의 환경 변화(꽃밭, 현관, 환경판 등), 특색 및 중점 사항(인성 교재나 동
화 구입, 원과 시설의 특성 및 강조점 등), 오고가는 교통편에 대해 교사가 먼저 물어봄으로써
원에 대한 홍보와 함께 부모에게 편안한 마음을 줄 수 있다. 예 "지난주 원장님께서
인성교육을 위해 ○○교재를 사 주셨어요.", "이번에 인성 동화책을 새로 구입했어
요." 등

㉢ 상담을 할 때 교사는 그 내용을 가능한 한 기록해 두도록 한다. 기록이 어려우면 짧
은 메모라도 하였다가 정리하도록 한다.

㉣ 상담 일정 계획표에 따라 유아와 관련된 사전 준비 파일 내용(관찰일지, 행동발달 기록부,
포트폴리오, 활동사진, 검사결과지, 생활기록부 등)을 참고자료로 삼아 상담을 실시한다. 이때
유아의 발달상황이나 부모의 양육 행동 설문지도 참고자료로 활용할 수 있다.

㉤ 부모는 교사의 전문성과 역량을 확인하고 싶은 마음이 있으므로 필요에 따라 근거
자료를 제시하며 언급하는 것도 필요하다. 예 국가나 기관의 교육정책, 누리과정 내
용, 평가지침 등

(3) 전개

① 유아의 문제에 대하여 이야기를 꺼내기 전에 바람직한 행동이나 좋은 점에 대해 먼저 말한다.

② 부모와 유아의 문제 행동에 대한 질문이나 궁금한 점에 대하여 이야기를 나눌 때, 예를 들어 부모가 유아의 문제 행동에 대하여 "아이가 툭하면 화를 내서 걱정이에요."라고 이야기한다면 "괜찮을 거예요. 원에서는 안 그런데요."라고 일축하기보다는 주로 언제, 어디서 그러한 행동을 보이는지에 대해 자세히 물어봄으로써 보다 종합적으로 접근할 수 있다.

③ 교사가 '공격적', '산만'과 같은 부정적인 용어로 유아를 고정화시킨다면 부모는 마음의 큰 상처를 받게 되며 유아의 상황을 극단적으로 판단하여 문제시하게 되므로, 그것에 대치될 수 있는 긍정적인 표현을 찾아 부모와 함께 문제를 해결할 수 있는 방안을 모색한다. 예 "갑자기 예민하게 반응할 때가 있어요. 좀 한눈을 팔 때가 있어요." 등

④ 부모가 면담 도중 면담 내용과 관계가 적은 의견을 말할 경우에는 부모의 의견에 공감한다는 말과 함께 주제에서 벗어나고 있음을 알고 파악하고자 하는 바를 다시 강조하되 부모의 마음이 상하지 않도록 주의하며 유연하게 방향을 바꾸도록 한다.

⑤ 교사는 권위적인 분위기를 느끼게 할 수 있는 태도(예 손이나 다리를 꼬거나 턱을 고이거나 팔짱을 끼는 등의 자세)를 삼간다.

⑥ '왜'라는 질문은 질책을 당하는 느낌을 주므로 주의할 필요가 있으며, '왜'라고 묻기보다는 '어떻게'로 바꾸어 질문한다.

⑦ 부모를 정면으로 대하고 부모와 눈을 마주치면서 부모의 의견에 공감한다는 의미로 종종 고개를 끄덕이거나 미소를 짓는 등 진행을 부드럽게 한다.

⑧ 대화를 주고받을 때에는 밝고 명랑한 표정을 지으며 부모가 생각을 정리할 수 있도록 말의 속도를 적절히 조절하도록 하고, 비판하거나 평가 또는 바람직하지 않은 말투는 되도록 피한다.

    ㉠ 부모보다 앞서서 유아의 행동을 예견하는 듯한 메시지 예 "○○가 원래 그래요? 저는 그럴 줄 알았어요."

    ㉡ 유아의 문제 행동 상황을 단언하는 메시지 예 "○○는 ……가 분명합니다. 매번 그렇더라구요."

    ㉢ 부모의 의견을 존중하기보다 자신의 의견을 전달하는 메시지 예 "제 생각은 어머니와 다릅니다."

⑨ 유아에 대한 중요한 결정은 부모의 몫임을 명심하여 부모 대신 앞선 결정을 내리지 않도록 한다.

(4) 마무리

① 서두른다는 인상을 주지 않도록 하고, 적당한 시간(약 30분 정도) 후에 면담을 종료한다. 마무리하는 데에도 시간이 걸린다는 것을 알고 갑자기 끝나지 않도록 한다.

② 부모가 이야기했던 생각과 기대를 간결하게 정리해 준다. 상담을 마무리할 때는 발전적이고 지원적인 메시지를 전한다.

  ㉠ 언제든지 의견 교환이 이루어질 수 있는 가능성을 열어 두어야 하며 지속적인 대화와 소통의 메시지를 전달해 주어야 한다.

  ㉡ 예를 들어 교사가 "앞으로 ○○에 대해 계속 눈여겨 볼게요." 등의 메시지를 전함으로써 지속적으로 부모와 소통할 것이라는 믿음과 신뢰를 부모들이 전달받을 수 있어야 한다.

③ 교사는 여러 부모를 상담하지만 부모는 한 사람이므로 여럿 중에 하나라는 느낌을 주기보다는 한 사람 한 사람 정성을 다하는 것이 필요하므로 상담이 끝날 무렵 물건을 치운다든지 찻잔이나 티백 등을 정리하는 어수선한 모습을 보이지 않도록 하는 것이 좋다.

④ 상담이 끝나면 면담 내용을 정리하여 기록하고 보관한다. 나중에 정리하는 것은 기억이 잘 나지 않고 분량이 많아지면 쉽지 않으므로 그날그날 정리하는 습관을 갖도록 한다.

(5) 평가 및 지속적인 피드백

① 상담이 끝난 즉시, 교사는 상담일지를 작성한 뒤 개인별 상담 내용의 과정과 방향성을 분석하여 다음 면담에 활용하도록 한다. 예 문제 행동에 대한 후속 상담에서는 그 문제 행동이 어떻게 긍정적으로 변화하였는지를 관찰하여 변화 결과를 알려 줄 수 있다.

② 반드시 메모 또는 사진으로 남겨 놓는 습관을 갖도록 한다. 상담은 정해진 날짜나 시간에만 이루어지는 것이 아니라 필요에 따라 수시로 이루어질 수 있으며 전화 또는 메일, 통신문, 홈페이지 등을 활용할 수도 있다.

③ 부모상담에서 나누었던 상담 내용은 비밀을 엄수해야 한다.

3장 부모교육의 역사

1 20세기 초 부모교육

(1) 19세기

① 칼뱅주의의 영향 : 아동의 본성을 사악하다고 보았기 때문에 엄격한 훈육과 강한 도덕적 훈련을 주장했다. 어머니가 아동 양육에 영향을 미치는 중요한 인물로 여겨졌다.

② 환경론의 영향

    ㉠ 존 로크(백지론 주장) : 인간은 백지 상태의 정신을 가지고 태어나지만 성장하면서 겪는 경험에 의하여 인격이 형성된다고 보았다.

    ㉡ 조기발달론 : 자녀는 무엇이 옳은지 모르는 존재이므로 신체적 체벌이 아니라 설득과 보상으로 자녀를 복종하도록 해야 한다고 보았다.

(2) 20세기 초 부모교육의 특성

① 과학적 양육법

    ㉠ 아이들은 저절로 키워지는 것이 아니기 때문에, 자녀를 바르게 기를 수 있는 올바른 방법을 시간과 노력을 통해 배워야 한다는 개념이 싹텄다.

    ㉡ 아기들은 모유로 기르는 것이 바람직하고, 대소변 가리기를 잘해야 하며, 체벌을 통해 자녀 양육을 하는 일은 옳지 않다는 생각이 자리잡게 되었다.

② 유아기 경험의 중요성 인식 : 유아기 경험은 중요하며 출생에서 5세까지의 결정적 시기, 경험의 중요성, 가소성과 같은 용어들이 사용되기 시작하였다.

③ 유아원, 유치원 교육 기회의 확대 필요성 인식 : 유아기는 가소성이 높은 시기이므로 이 시기에 교육을 받게 해야 한다는 인식을 갖게 되었다. 이에 따라 1920년대 미국의 유명한 교육철학자 듀이, 킬 패트릭, 홀 등이 유치원 교육내용에 깊이 관여했다.

④ 부모-자녀 관계의 연구와 부모교육의 강화 : 부모-자녀 관계의 중요성이 인식되었고 부모교육이 강화되었다.

(3) 1910~1920년대

① 정신분석학과 심리학의 발달로 대학에 아동연구소가 설치되고 아동발달에 대한 연구가 이루어졌다.

② 왓슨(Watson) :『아동의 심리적인 보살핌』이라는 저서에서 부모는 자녀의 응석을 받아 주지 말고 작은 성인으로 취급하도록 명시했다. 이러한 왓슨의 양육 지침은 미국 및 유럽의 많은 부모들에게 영향을 미쳤다.

③ 프로이트(Freud) : 엄격한 자녀훈육에 이의를 제기하면서 부모가 자녀의 본능적인 욕구를 억제하면 심리적 손상을 받는다는 정신분석학의 이론에 의해 많은 부모들이 양육 방식과 태도를 변화시켜야 할 필요성을 느끼게 되었다.

(4) 1920~1930년대

① 1920년대의 양육 이론은 듀이의 행하면서 배우기, 프로이트의 정신분석 이론, 게젤의 성숙 이론, 왓슨의 행동주의 이론들이었다.
② 왓슨의 행동주의 양육 이론이 우세한 영향력을 가지면서 부모교육도 행동주의 양육 이론을 중요시하게 되었다.

(5) 1930~1950년대

① 1930년대의 세계 경제 불황에 의해 부모교육에 대한 인식이 더욱 확대되었다.
② 행동주의 양육 이론이 구체적이기는 하나 모든 상황에 적용되는 것이 아님을 깨달으면서 정신분석 이론이 더 많은 영향을 미치게 되었다.
③ 정서적으로 건전한 아동을 양육하는 것이 중요하다고 여겨졌고 어머니의 역할은 아동의 자연적, 자발적인 흥미와 욕구가 잘 계발되도록 돕는 것임이 강조되었다.

2 20세기 후반의 부모교육의 변화

(1) 1950~1960년대

① 부모를 교육 기능의 조력자, 후원자로 보게 되었고 부모회(PTA : Parent Teacher Association)가 증가되었다.
② 정신의학, 게젤의 영향으로 애정적 양육 방식, 아동의 자율성, 사회·정서적 발달, 개별성, 아동의 발달 속도에 맞는 교육 등이 강조되었다.

(2) 1960~1970년대

① 1957년 구소련의 스푸트니크(Sputnik)의 영향으로 부모교육이 확대되었고 아동의 준비도를 기다리는 것보다는 인지 관련 조기교육에 대한 요구가 대두되었다.
② 1964년 빈곤퇴치전쟁의 선포와 함께 빈곤의 악순환을 끊는 방법으로 하류계층의 부모도 부모교육의 대상으로 혜택을 받게 되었다. 예 헤드 스타트 등
③ 임상심리학자나 신경정신학자와 같은 전문가들에 의한 부모교육 이론이 제시되었다. 예 드라이커스의 민주적 부모교육 프로그램, 기노트의 인본주의 부모교육 프로그램, 고든의 부모 효율성 훈련 등

④ 1970년대에는 다양한 부모교육 프로그램이 본격적으로 개발되기 시작하였다. 🖼 행동주의적 부모교육 프로그램, 피아제의 인지발달 이론, 브론펜브레너의 생태학적 관점 등

⑤ 1960년대 이후 부모교육에 영향을 준 연구들

　　㉠ 헌트 : 지능은 출생 시부터 고정되어 있는 것이 아니라 환경에 의해 변화 · 발달된다는 개념을 발표했다.

　　㉡ 브루너 : 어떤 전문 분야의 지식이라도 학습자의 발달 수준에 맞게 제시된다면 어떤 연령의 아동이라도 배울 수 있다는 이론을 발표했다.

　　㉢ 블룸 : 유아기는 인간의 발달에 중요한 시기이며 이 시기의 부모 및 가정환경은 대단히 중요한 역할을 담당한다는 이론을 발표했다.

　　㉣ 브론펜브레너 : 가정이야말로 아동의 발달을 돕고 유지할 수 있는 가장 효과적이고 경제적인 제도라 주장했다.

(3) 1980년대 이후

① 문제 예방과 가족의 안녕에 초점을 둔 프로그램이 개발되었고 예비 부모교육 프로그램이 활성화되었으며, 다양한 문화적 배경을 가진 부모를 위한 프로그램에도 관심을 기울이게 되었다.

② 학부모 운영위원회의 설립과 운영이 제도화되고 아버지 참여 프로그램이 증가했다.

3 우리나라의 부모교육

(1) 전통사회의 부모교육

① **지행합일**(知行合一) : 부모가 자녀에게 말로만 가르치고 지시하기보다는 부모 자신이 먼저 본보기가 되고자 노력하는 것을 강조한 원리이다.

② **효 중시** : 효사상은 유교와 유학이 도입되면서 우리나라 전통사회 부모교육의 주요 내용이 되었다. 🖼 『논어』, 『효경』, '세속오계'(신라), 『명심보감』(고려), 『삼강행실도』(조선) 등

③ **태교 중시** : 태몽 이야기는 자성예언이 되어 개인의 발달에 긍정적인 영향을 주었다. 태교나 태몽문화는 잉태하는 순간부터 자녀를 하나의 생명체로 존중하였던 우리나라의 자녀 양육 문화를 반영해 주는 것이라고 할 수 있다.

④ **엄부자모**(嚴父慈母) : 부모의 조화롭고 이상적인 역할 담당을 강조하는 것으로, 부모는 자녀 인격의 기본 틀을 형성하는 데 중요한 역할을 한다고 보았다.

⑤ **아동존중의 부모교육** : 아동을 하나의 인격체로 존중하여 아동의 발달 단계에 따른 적절한 교육방법을 제안하였다.[16]

16) 유유아기(乳幼兒期)인 3세까지는 무조건적이며 절대적인 사랑과 보호의 대상으로 간주했고, 3세가 되면 '세 살 버릇 여든까지 간다'는 속담에 따라 기본생활습관에 대한 훈육이 이루어졌다. 4세부터 7세까지의 유아기(幼兒期)에는 생활상의 예의와 습관훈련과 같은 기본적인 교육이 관대한 양육 태도로 이루어졌고, 8세에서 14세까지의 '아동기'에는 엄격한 형태의 자녀교육이 이루어졌다.

(2) 20세기와 21세기의 부모교육

① 1914년 미국 선교사 브라운리(Brownlee)는 이화정동유치원을 설립하여 본격적인 부모교육을 시작하였고, 1920년대 일제 강점기에는 소수의 양반계층과 일본인 자녀를 대상으로 실시되었다.

② 1960년대부터 아동에 대한 관심이 커지게 되었고, 1980년대에 '영유아교육진흥법'이 제정되어 영유아 교육기관에서의 부모교육 프로그램이 본격적으로 실시되기 시작했다. 또한 브론펜브레너의 생태학적 관점이 관심을 받으면서 부모교육에도 적용되었다.

③ 21세기에 요구되는 부모교육 : 개방성, 창의성, 사회성, 수요자 중심의 부모교육이 필요하다. 특히 저소득층 부모, 한 부모, 다문화, 장애아동 가족 등 소수계층 부모를 위한 교육이 세심하게 이루어질 필요가 있다.

4 자녀 양육 태도에 영향을 준 이론들

(1) 게젤(1880~1961)의 성숙 이론

① 인간발달을 예정된 전개로 보고, 아동의 성숙은 발달 단계에 따라 예정된 대로 나타난다고 주장했다.

② 부모가 학대를 하거나 극도로 방임하지 않는 한, 부모의 세세한 양육방식에 의해 거의 영향받지 않는다고 주장했다.

③ 아동은 부모의 말을 잘 듣고 부모를 편하게 하는 평형의 상태와 부모의 말을 듣지 않고 까다롭게 구는 비평형의 상태를 오가며 성장이 이루어지기 때문에 부모가 인내를 가지고 기다릴 것을 강조했다.

(2) 프로이트(1856~1939)의 정신분석 이론

① 인성은 유아기의 여러 경험에 의해 결정된다고 주장하면서 유아기의 경험, 특히 부모와의 관계의 중요성을 강조했다.

② 프로이트의 영향으로 엄격한 예절, 도덕성 훈련, 기독교적 신앙을 강조하던 과거의 양육 태도가 바뀌었으며 과학적 지식에 근거해서 자녀를 양육하게 되었다.

③ 사회적으로는 엄격한 훈련이나 강제적 방법보다는 유아들의 행동을 이해하는 것이 중요하다고 생각하는 분위기가 나타나기 시작했으며, 교육자들도 부모교육의 필요성 및 이론 정립을 도모하고자 하는 움직임을 보이기 시작했다.

(3) 아들러(1870~1937)의 성격 이론

① 프로이트는 인간 행동을 성적 충동이 근원이 되어 일어난다고 보는 반면, 아들러는 사회적 충동이 동기가 되어 일어난다고 보았다.

② 인간은 태어날 때부터 사회적 존재이며 협동적인 사회적 활동에 참여하려 하고, 개인적 이득보다는 사회복지를 우선적으로 생각한다고 주장했다.

③ 아들러의 성격 이론

　㉠ 허구적 목적 : 인간은 현실적으로는 존재하지 않는 허구적 아이디어에 의해 살아간다.

　㉡ 우월성의 추구 : 인간은 자기를 완전히 완성하려는 노력을 한다.

　㉢ 열등감과 보상 : 이 세상에 열등감을 느끼지 않는 사람은 없다고 보았으며, 인간은 일생 동안 열등감을 극복하기 위해 노력한다.

　㉣ 사회적 관심 : 완전한 사회를 건설하고자 하는 의도 및 사회 그 자체를 돕는 개인의 태도이다. 사회적 관심으로 인간은 자신의 약점을 보완한다.

　㉤ 생활 양식 : 인간은 우월성을 취하려는 궁극적 목적을 가졌지만 개인에 따라 지적 열등 요소 또는 신체적 열등 요소 등 각각 다른 열등감을 갖고 태어나기 때문에 이를 극복하기 위해 각각 다른 생활 양식을 선택하게 된다. 따라서 생활 양식이란 한 개인이 특정한 열등감을 보상하려고 노력한 결과 획득한 인성적 특성이다. **예** 신체적으로 약하게 태어난 사람은 체력을 보완하는 운동을 하고 머리가 나쁘다고 생각하는 아동은 지적으로 우수해지려는 노력을 한다.

　㉥ 창의적 자아 : 개인에게 작용하는 자극과 그 자극을 받아들여 반응하는 사람들 사이를 중재하는 심리적 힘이다. 창의적 자아는 사람들로 하여금 자신의 독특한 성격을 만들게 한다.

④ 부모교육의 관점 : 신체적 열등 요소, 응석 받아주기, 거절의 세 요인은 유아들이 세상에 대해 잘못된 개념을 갖게 만들기 때문에 병적인 생활 양식을 발생시킨다고 보았다.

　㉠ 신체적 열등 요소 : 유아 양육에 대한 아들러의 주된 관심은 열등한 요소들을 가진 유아들, 버릇 나쁜 유아들, 소홀히 키워지는 유아들에 대한 것이었다. 만일 이런 유아들이 이해심 있고 격려해 주는 어른이나 교사를 만나면 자신의 열등감을 보상해서 장점으로 바꿀 수 있다고 주장했다.

　㉡ 응석 받아주기 : 자녀의 응석을 받아 주면 사회가 자신의 소망을 채워 주기를 기대하는 사람이 되므로 장래 사회의 가장 위험한 존재로 키우는 것이 된다고 하였다.

　㉢ 거절 : 부모에 의해 소홀하게 다루어진 유아들은 장차 사회의 적이 된다고 보았다.

(4) 왓슨(1878~1958)의 행동주의

① 의식이나 정신생활을 비과학이라고 단정하고 심리학은 관찰과 측정 가능한 행동만을 다루어야 한다고 주장했다.

② 아동발달에 관한 철저한 환경론자였다. "나는 유아의 재능, 기호, 성향, 능력, 소질 등에 관계없이 의사, 법률가, 예술가, 상인, 장관뿐만 아니라 거지, 도둑까지 만들 수 있다."고 주장했다.

③ 왓슨의 양육 이론은 실용주의와 단순성을 선호하던 미국 부모들로부터 큰 호응을 얻었으며, 유럽은 물론 광복 직후 한국에도 소개되었다.

4장 아동 발달 단계에 따른 부모의 역할

1 부모의 주 양육 기능

(1) 구조(structure)

① 자녀가 자신의 삶을 통제하는 수단을 제공하고, 그것을 바탕으로 아동의 성격이 형성되고 표현되게 하는 것을 목표로 하는 육아 행동이다.

② 다른 사람의 욕구나 권리를 침해하지 않고 자신의 행동의 한계를 가르치며, 건강한 자아 가치를 경험할 수 있게 하고, 안정감을 제공하여 다른 사람을 적절하게 신뢰할 수 있게 한다.

(2) 양육(nurturance)

① 아동의 건강한 성장과 복지를 위한 것이다. 단정적 보호와 지지적 보호가 긍정적이며 일관성 있게 주어질 경우 아동은 건강하게 성장 · 발달할 수 있다.

② 보호의 종류

㉠ 단정적 보호(assertive care) : 부모에게 보이는 아동의 행동적 · 언어적 요구를 알아차리고 이해하고 반응해 주는 것이다. 즉 성인이 아동의 욕구를 결정하여 그 욕구에 사랑과 신뢰할 만한 방법으로 반응해 주는 것이다.

㉡ 지지적 보호(supportive care) : 자녀가 성장하면서 부모에게서 필요로 하는 보호나 관심을 스스로 결정하도록 하는 것이다. 지지적 보호를 제공함에 있어 부모는 적시에 보호를 제공하고 자녀는 그러한 보호를 받아들일 것인가, 사양할 것인가를 자유롭게 결정한다.

2 아동 발달 단계에 따른 부모의 역할

(1) 영아기의 특성과 부모의 역할

① 영아기의 특성(출생 ~ 2돌 전후)

㉠ 신체 영역 : 영아기에 민감하게 반응해 주면 영아의 운동능력이 더 활성화된다.

㉡ 사회 · 정서 영역[17]

ⓐ 정서 : 출생 시의 흥분 상태였던 정서는 2~3개월이 되면 쾌 · 불쾌의 감정으로 표현되며, 5~6개월이 되면 불쾌는 분노나 혐오의 감정으로 나뉘고, 만 3세경에는 성인에게서 볼 수 있는 대부분의 정서가 모두 나타난다.

ⓑ 애착 : 애착 형성은 영아기의 중요한 발달 과업이며 애착 대상과 떨어질 때 분리 불안을 느낀다.

17) 영아 시기부터 다른 사람과의 상호작용을 위해 모방을 하는 일련의 행동(상호작용 동조성)을 보인다.

ⓒ 기질(체스와 토마스 Chess & Thomas, 1977)

- 까다로운 기질 : 수면시간과 식사시간이 일정하지 않고 수면량과 식사량도 불규칙하며, 정서적으로 부정적이거나 정서표현이 격렬하고 자신이 원하는 상태가 될 때까지 끊임없이 요구한다.
- 느린 기질 : 환경에 대한 반응 수준이 낮고 활동성이 떨어진다. 성격은 까다로운 기질의 아동과 유사하나, 부정적인 반응 양식이 다소 부드럽다는 차이가 있다.
- 순한 기질 : 주의집중을 잘하고 정서를 잘 조절하며 부모와 공동 주의집중을 더 많이 한다.

ⓒ 인지 영역 : 점차 대상영속성 개념이 형성된다.

② 영아기 부모의 역할

㉠ 보육자, 보호자 : 스스로 기본적 욕구를 해결할 수 없기 때문이다.

㉡ 기본 신뢰감 및 애착 형성의 조력자 : 영아의 욕구에 일관성 있고 민감하게 반응하여 타인과 세상에 대한 신뢰감을 형성할 수 있도록 한다.

㉢ 상호작용 대상자(의사소통자) : 상호작용을 통하여 자신이 다른 사람에게 영향을 줄 수 있음을 알게 된다.

㉣ 자극 제공자 : 영아의 감각운동 능력을 촉진할 수 있는 환경을 제공해야 한다.

㉤ 자율성 발달의 조력자 : 주위 환경과의 상호작용 등 주위 환경의 탐색을 통해 자율성이 싹틀 수 있게 도와주어야 한다.

㉥ 의사소통 촉진자 : 주변 환경에서 발생하는 사건이나 대상, 소유물에 관심을 가지도록 하며 언어적으로 설명해 주어야 한다.

(2) 유아기의 특성과 부모의 역할

① 유아기의 특성(만 3~6세, 학령전기)

㉠ 신체 영역 : 대근육, 소근육이 연령 증가에 따라 점점 발달된다.

㉡ 언어 영역 : 언어의 기본 문법체계를 익히며 많은 어휘를 습득해 간다.

㉢ 사회 · 정서 영역

ⓐ 사회성 발달 : 다양한 관계 속에서 사회적 행동, 성 역할, 도덕성 등 사회화에 관련된 요소를 발달시키며 또래와의 놀이활동을 통해 사회적 기술이 증진되고 친사회적 행동도 발달시킬 수 있다.

ⓑ 자아개념 및 자아존중감 발달 : 다양한 사회적 관계 속에서 유아는 주도적 특성과 자신에 대한 이해를 발달시키며, 이는 자아개념과 자아존중감의 기반이 된다.

ⓒ 성 역할 발달 : 콜버그는 성 역할 발달이 성 정체성, 성 안정성, 성 항상성의 세 단계를 거친다고 보았다.

ⓓ 도덕성 발달 : 유아의 도덕성 발달은 인지발달 수준뿐 아니라 부모의 규준을 내면화시키는 정도 등에 영향을 받는다.

ⓔ 정서 발달 : 부모가 자신의 정서표현을 통해 다양한 정서에 대한 모델링을 제공하고 자녀와 정서에 대한 대화를 나누는 경우 유아의 정서 이해도는 향상된다.

② 인지 영역 : 피아제의 전조작기로, 자기중심적 사고와 중심화 등이 나타난다.

② 유아기 부모의 역할

㉠ 양육자 : 단순한 보육, 보호가 아니라 더 나은 발달을 하도록 이끌고 지도해야 한다.

㉡ 훈육자 : 유아에게 옳고 그름을 가르치기 위해 상과 벌은 일관성 있게 주어져야 한다.

㉢ 자아개념 발달의 조력자 : 자아인식이 시작되는 시기이므로 환경과의 상호작용, 주위 사람들과의 상호작용을 통해 긍정적 자아개념을 형성하도록 도와주어야 한다.

㉣ 자율성 및 주도성 발달의 조력자 : 부모는 자녀가 스스로 행동을 선택할 수 있는 기회를 제공하고, 자녀가 스스로 능력을 발휘할 수 있게 주변을 적극적으로 탐색하도록 지지해 주며 호기심과 탐구심을 격려해 주어야 한다. 또한 자조능력[18] 발달, 사회 및 지적 발달의 기회를 제공해 주어야 한다.

㉤ 자기조절능력 발달의 조력자 : 순응은 유아가 부모의 요구에 일치하는 행동을 하도록 하는 자기조절력 또는 자기통제력의 초기 형태이다. 특정 상황에서 부모가 유아의 현재 행동을 통제하는 이유에 대해 명료하게 설명할 경우, 부모의 외적 기준이 자연스럽게 내면화된다.

㉥ 성 정체성 발달 조력자 : 벰(Bem)은 별개로 구분되었던 여성성과 남성성에 대한 대안으로 심리적 양성성(androgyny)이라는 새로운 개념을 제안했다. 양성성이란 심리적으로 남성적인 특성과 여성적인 특성을 함께 가지고 있는 경우를 말한다.

㉦ 풍부한 학습 경험 제공자 : 또래관계, 놀이환경, 아동의 호기심에 반응하는 등 풍부한 학습 경험을 제공한다.

㉧ 문제 행동 지도자 : 생애 초기 발달의 민감성, 적기성, 누적성 등을 고려할 때, 유아기에 발견되고 진단되는 발달상의 취약점과 문제 행동을 초기에 중재하는 것은 부모의 중요한 역할 중 하나이다.

㉨ 유아교육기관과 가정의 연결자 : 부모는 유아의 연령, 기질, 발달적 특성 등을 고려하여 유아에게 맞는 최적의 유아교육기관을 선택하고 요구에 맞춰 긍정적인 협력체제를 유지해야 한다.

(3) 부모의 발달적 역할(갈린스키 Galinsky, 1987)

① 제1단계(부모상 정립 단계 image making stage) : 임신기간 동안 자신의 신체, 심리 변화에 적응하며 부모기를 준비하는 시기이다. 자신의 부모와의 관계를 평가하고 동일시하는 과정을 보내며, 배우자와의 관계 및 미래의 역할에 대한 이미지도 가진다.

18) **자조능력** : 스스로 먹고, 대 · 소변을 가리고, 옷을 입을 수 있는 능력이다.

② 제2단계(양육 단계 nurturing stage) : 자녀의 출생에서 생후 2년까지의 시기로, 가족 관계의 재정립이 필요한 시기이다. 주요 과업은 자녀와의 올바른 애착 형성이다.

③ 제3단계(권위 단계 authority stage) : 만 2세에서 4~5세에 해당되는 시기로, 완벽한 부모에 대한 이미지를 재평가하면서 부모의 권위가 무엇이며 왜 필요한지 등에 대한 기준을 결정해야 한다. 주요 과업은 자녀가 올바른 성 역할 개념과 성 정체감을 가지도록 하는 것이다.

④ 제4단계(설명 단계 interpretive stage) : 만 5세경부터 12~13세까지인 초등학생에 해당되는 시기로, 이 시기의 부모의 주요 과업은 자녀에게 세상을 설명해 주는 것이다.

⑤ 제5단계(상호의존 단계 interdependent stage) : 자녀가 청소년기에 들어서는 시기로, 자녀의 기존 이미지를 버리고 새로운 권위 관계를 정립하고 이에 적응해야 한다. 이 시기의 주요 과업은 성에 대한 이해, 자녀의 정체감 수용하기, 성장한 자녀와의 새로운 유대감 형성하기 등이다.

⑥ 제6단계(떠나보내는 단계 departure stage) : 이 시기의 주요 과업은 자녀의 독립에 대해 준비하는 것이다. 성장한 자녀의 정체감을 수용하며, 성인이 된 자녀와의 관계에서 부모로서의 이미지를 재정립한다.

3 부모의 양육 행동 유형과 아동의 특성

(1) 쉐퍼(Schaefer, 1959)의 양육 행동

① 양육 행동의 질적 차원

  ㉠ 애정-거부 : '애정'은 칭찬, 애정표현, 요구에 민감한 반응 등이 포함되며, '거부'는 애정과 상반되는 행동이 포함된다.

  ㉡ 자율-통제 : '자율'은 허용적인 태도를 말하며 '통제'는 자유를 얼마나 제한하는가, 또는 부모가 자녀에게 성숙한 행동을 얼마나 많이 요구하는가이다. '통제'는 자녀 행동의 제한이나 간섭으로 정의되는 경우도 있고 자녀에게 성숙한 행동을 요구하는 것으로도 정의될 때도 있다.[19]

② 양육 행동 유형

  ㉠ 애정-자율적 태도 : 애정적인 태도로 자녀에게 책임이 따르는 자유를 제공하며 자녀로 하여금 행위의 결과를 인식하고 관심을 가지게 하는 것이다. 자녀는 부모를 신뢰하며 다른 사람을 사랑할 줄 알고 자신의 감정을 자유롭게 표현하며 우호적인 대인관계를 형성할 수 있다.

  ㉡ 애정-통제적 태도 : 애정은 있으나 자녀의 행동을 통제하려는 태도로, 애정을 가지고 있으면서 동시에 자녀의 행동에 간섭과 통제를 보이는 태도를 말한다. 특히 인지발달에 집착하여 자녀의 학습 성취 여부에 따라 애정수준과 통제수준을 조율한다. 자녀는 의존적이며 자신감이 없고 다른 사람에 대해 적대 감정을 품는 경향이 높아진다.

19) 자녀에게 성숙한 행동을 요구한다는 의미의 통제는 자녀에게 협동성, 이타심, 친절, 자기 통제 등과 같은 긍정적 영향을 미치게 된다.

ⓒ **거부-자율적 태도** : 애정이 없는 상태로 자녀를 있는 그대로 수용하지 못하고 양육을 귀찮게 생각하면서 무관심, 방임, 태만, 냉담적 태도로 자녀를 대한다. 자녀는 정서적으로 불안하고 미성숙한 행동을 보이고, 자신의 행동을 적절히 통제하지 못해 반사회적인 행동을 할 가능성이 높다.

ⓔ **거부-통제적 태도** : 자녀를 따뜻하게 대하지 않으며 잘못된 행동에 대해 쉽게 처벌하고 심리적인 억압을 가하기도 하면서 권위적, 독재적, 거부적인 반응으로 상호작용한다. 자녀는 내적 · 외적 · 성적(性的) 부적응 행동 같은 정신병적 증상을 일으킬 수 있으며, 후일 자신의 자녀를 학대하는 결과를 가져올 가능성이 높다.

■ 쉐퍼의 양육 행동 유형 ■

(2) 바움린드(Baumrind, 1967)의 양육 행동

① 바움린드는 부모가 자녀의 요구와 행동에 반응하는 정도와 자녀에게 요구[20]하는 정도에 따라 양육 태도를 4가지 유형으로 나누었다.[21]

② 양육 태도의 질적 차원

㉠ **애정**(반응)**과 거부** : '애정적 부모'는 자녀가 긍정적 자질을 가졌다고 생각하며, 자녀와 함께 있는 것에 즐거움을 느낀다. 그러나 '거부적 부모'는 자녀를 좋아하지 않으며 무시하거나 체벌을 가한다.

㉡ **허용과 통제**(요구) : '허용적 부모'는 자녀에게 규칙을 부과하지 않으며 비교적 요구도 적다. 반면 '통제적 부모'는 자녀에게 많은 규칙을 부과하며 자녀가 지켜야 할 행동의 기준을 명백히 설정하지만 이러한 기준이 반드시 지나치거나 처벌적인 것은 아니다.

㉢ 일반적으로 부모가 애정과 함께 통제를 사용하는 경우 아동기나 청소년기의 긍정적 발달이 이루어진다. 특히 자신감, 사회성 발달, 자아지각, 학업성취 및 정신건강에 긍정적 발달이 이루어진다.

20) 통제(요구)는 제한적, 강압적 태도가 아니라 규칙을 준수하도록 요구하는 엄격한 훈련으로 정의했다.

21) 애정은 반응(responsiveness), 통제는 요구(demandingness)로 표시되는 경우도 있다.

		요구(Demandingness)	
		High	Low
반응 (Responsiveness)	High	권위 있는 양육 행동 유형 (Authoritative)	허용적 양육 행동 유형 (Permissive)
	Low	독재적 양육 행동 유형 (Authoritarian)	방임적 양육 행동 유형 (Uninvolved)

③ 부모의 자녀 양육 행동과 아동의 특성

　㉠ 권위주의적(독재적) 양육 행동 유형

　　ⓐ 부모 : 자녀의 자율성을 제한하고 벌을 사용하며, 지시적이면서 자녀에게 애정표현을 잘 하지 않으며, 언어적 교류를 허용하지 않고 아동의 행동을 통제하고자 한다. **예** 아동이 규칙에 대해 물으면 "엄마가 하라고 했으니까."라고 대답한다.

　　ⓑ 자녀 : 자아존중감이 낮고 불안해하고, 의사소통 기술이 빈약하며 활동을 주도하지 못하고 때로는 지나치게 공격적이다.

　㉡ 허용적 양육 행동 유형

　　ⓐ 부모 : 부모는 수용적이지만 통제적이지 않은 양육 행동으로 자녀가 하고 싶은 일을 마음대로 할 수 있도록 허용한다. 자녀에게 규칙을 설명하고 자율성을 격려하지만, 일관성이 없고 행동을 감독하거나 통제하지 않는다.

　　ⓑ 자녀 : 미숙하고 의존심이 강하며 자아통제를 하지 못하고 퇴행성이 심하게 된다.

　㉢ 방임적 양육 행동 유형

　　ⓐ 부모 : 음식이나 잠자리와 같은 자녀의 생리적 요구에 대해서는 반응하지만 자녀의 사회적·정서적 요구에 대해서는 무관심하며 수용적이지도 않고 통제적이지도 않다.

　　ⓑ 자녀 : 충동을 통제하지 못하거나 책임감과 독립심이 결여된 편이다.

　㉣ 권위 있는 양육 행동 유형

　　ⓐ 부모 : 일관성이 있으며 애정적이고 아동의 발달에 맞는 규칙을 설정하며, 명백하게 자녀와 의사소통을 하고 적절한 대안 행동을 제시하며 반영적이다. 자녀를 통제하고자 하는 경우 규칙을 설정한 까닭이나 이유를 아동과 이야기하고, 자녀가 이행을 거부할 때는 반론을 이야기하도록 한다.

　　ⓑ 자녀 : 나누어 갖기, 또래에 대한 동정, 협동 등의 친사회적 행동을 보인다.

■ 바움린드의 양육 태도 모형 ■

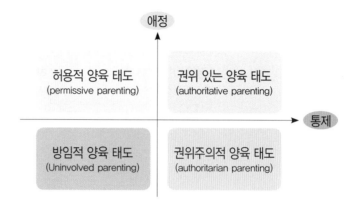

(3) 부모의 언어통제 유형

① 번스타인(Bernstein)의 언어통제 유형

ㄱ 언어적 상호작용의 방법

ⓐ 제한된 어법 : 문장의 형태가 짧고 단순하며 언급하려는 주제를 문장 안에서 명백히 표현하지 못하고 논리적이기보다는 감정적인 표현에 의존하는 경우가 많다.

ⓑ 정교한 어법 : 광범위한 구문에서 언어를 선택하며 정확한 문법적 어순과 구문을 사용하는 어법이다. 개인의 태도를 분명하게 전달할 수 있는 특징이 있으며, 인과관계를 논리정연하게 기술하기 때문에 언어의 내용을 이해하기 쉽다.

ㄴ 가족의 유형

ⓐ 지위 지향적 가족 : 연령, 성, 세대 등 지위에 따라 역할과 책임 영역이 엄격히 구분되어 있는 가족으로 자녀에게 부여되는 역할의 선택 범위가 매우 제한적이며 '제한된 어법'을 사용한다.

ⓑ 인성 지향적 가족 : 가족 구성원의 특성이나 상황에 따른 다양성을 허용하면서 융통성 있는 관계를 가지는 가족으로 아동의 관점, 특성, 의도를 중요시하는 '정교한 어법'을 사용하여 부모와 자녀가 긴밀한 상호의존적 관계를 형성하기 쉽다.

ㄷ 어머니의 언어 표현 유형(자녀에게 얼마만큼의 역할 재량권을 주는가)

ⓐ 명령적 언어통제 유형 : 제한된 어법을 사용하며, 부모의 지시에 대한 복종만 허용하고 자녀의 행동을 체벌이나 위협 등으로 관리하려 한다.

ⓑ 지위 지향적 언어통제 유형 : 사회의 보편적 지위에 따라 자녀의 행동을 통제하고자 한다. 여기에서 행동통제의 기준은 부모나 아동의 심리적 특성이 아니라 가족, 사회의 규범이나 자녀의 지위 규범이다.

ⓒ 인성적 언어통제 유형 : 개인의 동기, 의도, 성향 등의 심리적 특성을 고려하여 자녀의 행동을 통제하는 것으로, 부모는 자녀에게 재량권을 주어 행동을 선택하게 하고 자녀가 부모의 명령에 의문을 제기할 경우 적절한 설명을 해 준다.

② 칭찬과 격려

  ⊙ 칭찬 : 자녀 행동에 대한 보상적 성격의 부모 행동이다. 주의할 점은 단지 '훌륭하다, 멋있다, 대단하다' 등과 같이 불분명하게 말하기보다는 자녀가 실제로 노력하고 성취한 만큼의 행동을 구체적으로 표현하도록 해야 한다는 점이다.

  ⓒ 격려 : 자녀에게 용기를 불러일으키는 부모 행동으로, 외적 보상인 칭찬과는 달리 내적 보상을 통해 자녀를 동기화시키고자 하며, 자녀가 잘못했을 때에도 주어진다. 자녀가 노력한 결과와 자녀의 장점, 공헌한 점에 대해 인정해 주어 스스로가 유익한 존재임을 느끼도록 도와준다.

▪ 칭찬과 격려의 비교 ▪

비교 항목	칭찬	격려
통제 방법	외적 통제	내적 통제
제공 시기	성공 시	성공 및 실패 시
제공 기준	절대적 기준 존재	노력과 향상
평가	외적 평가	내적 평가

5장 현대사회의 부모의 역할

1 맞벌이 가족과 한 부모 가족의 부모역할

(1) 맞벌이 가족의 부모역할

① 맞벌이 가족의 자녀 양육 문제 : 자녀의 연령이 어린 경우 양육자 부재, 자녀 양육의 역할 분담 등의 문제가 발생한다.

② 취업모의 양육 태도 : 자녀를 충분히 돌보지 못한다는 사실에 대하여 미안해하고 죄책감이나 불안감을 느끼게 되어 지배적이면서도 관대한 이중적 특성을 보이는 경향이 있다. 또한 자녀를 한 명만 둔 맞벌이 부부들은 지나치게 익애적이거나 허용적인 태도를 보여 한국판 '소황제증후군'을 낳게 된다.

③ 맞벌이 가족의 부모역할

    ㉠ 취업모가 자신의 직업에 자긍심을 가지면 자녀는 부모의 일을 자랑스럽게 여기게 된다.

    ㉡ 어머니 스스로 원하는 일을 함으로써 행복하다고 느낄 때 자녀의 정서와 사회성도 건강하게 발달한다.

    ㉢ 자녀와 함께 할 시간의 양을 최대한 확보하고 질적인 상호작용을 하려고 노력해야 한다.

    ㉣ 가사 노동을 적당히 분담함으로써 자녀 양육에 할애할 수 있는 시간을 늘린다.

    ㉤ 신중하게 질적으로 좋은 대리양육자를 선택하고 신뢰하는 자세를 갖는다.

④ 맞벌이 가족에 대한 사회적 지원

    ㉠ 질 높은 영유아 교육기관 확충 : 맞벌이 가족의 다양한 요구에 부응하는 다양한 형태의 영유아 교육기관의 운영 시스템이 모색되어야 한다.

    ㉡ 제도적 지원 : 육아 휴직 제도의 정착을 비롯한 영유아 보육 및 교육 관련 법과 제도의 개선으로 일하는 기혼여성이 자녀 출산이나 육아를 좀 더 자유롭게 할 수 있도록 지원해야 한다.

    ㉢ 대리양육자의 질 관리 : 조부모, 고모, 이모 등의 가족과 가족 외 대리양육자에 대한 평생교육 차원의 부모교육이 이루어져야 한다. 또한 질 높은 대리양육자를 배출하기 위해 베이비시터 등을 위한 교육이 체계화될 필요가 있다.

(2) 한 부모 가족의 부모역할

① 한 부모 가족의 정의 및 특성 : 만 18세 미만의 미성년 자녀를 둔 가정에서 부모 중 한쪽이 사망이나 이혼, 별거, 유기, 미혼모 등의 이유로 혼자서 자녀를 키우는 한 부모와 자녀로 구성된 가족을 의미한다. 한 부모가 두 부모의 역할을 수행해야 한다는 점에서 역할 과부하의 문제가 있다. 또한 사회적 관계망이 축소되고 정서적 고립으로 인한 불안과 우울감 같은 정신건강상의 문제를 초래할 수도 있다.

② 한 부모 가족의 자녀 양육 문제

ㄱ 부모 관련 변인 : 부모의 연령 및 이혼, 사별 전후의 갈등 유무 등이 자녀 양육에 영향을 미친다. 모자 가족에서는 경제적 문제가 나타나기도 하며 자녀가 발달적으로 준비된 것보다 더 빨리 성숙하기를 바라며 자녀에게 지나치게 의존하고 정서적 지지나 조언을 기대하는 경우도 있다.

ㄴ 자녀 관련 변인 : 일반적으로 남아는 여아보다 더 많은 건강상의 문제와 행동 문제를 보인다. 또한 부모의 이혼에 대한 자녀의 정서적 반응은 이후 정상적인 정서 발달에 장애를 주기도 한다.

③ 한 부모 가족의 부모역할

ㄱ 부모 자신의 자아존중감 증진 : 한 부모 가족의 부모가 인생에 대한 태도를 긍정적으로 변화시키고 새로운 가치를 부여하여 삶에 임할 때 자녀의 적응 문제도 사라지며 긍정적인 발달을 도모하게 된다.

ㄴ 자녀의 심리적 어려움 이해 및 지지 : 부모의 재결합에 대한 환상, 부정적 정서로 인한 부적응 등의 문제가 발생할 수 있으므로 부모는 자녀에게 솔직한 모습을 보이고 자녀의 심리적인 어려움을 이해하고 수용해야 한다.

ㄷ 부모의 일관성 있는 민주적 양육 태도 : 한 부모 역시 양 부모와 마찬가지로 명확하고 일정한 규칙을 정하고 일관성 있게 적용함으로써 자녀에게 책임감을 길러 주고 새로운 가정환경에 적응하도록 도와야 한다.

ㄹ 친밀한 의사소통 유지 : 자녀와 민주적인 관계를 가지도록 노력하고, 중요한 결정을 해야 할 때 자녀와 충분히 의사소통함으로써 상호협력하며 생활하도록 한다.

ㅁ 협력적 부모됨 : 협력적 부모란 이혼 과정을 통해 한 부모 가족이 되었을 경우 비양육 부모도 부모의 역할을 함께 수행하는 것을 말한다.

ㅂ 이혼에 대한 설명 : 자녀에게 이혼에 대한 개념을 바르게 설명하는 것은 자녀의 적응 문제를 예방하는 차원에서 중요하다.

ㅅ 한 부모 가족에 대한 사회적 지원 : 경제적 문제, 사회적 선입견, 역할 과부하 등의 문제들에 대한 사회적 지원이 필요하다.

2 조손 가족과 다문화 가족의 부모역할

(1) 조손 가족의 부모역할

① 조손 가족의 정의 및 특성 : 조손 가족이란 부모가 부재하거나 부모가 존재하더라도 부모의 기능을 수행하지 못하는 경우, 조부모가 만 18세 이하의 손자녀와 동거하면서 일차적 책임을 지는 가족을 의미한다. 조손 가족 대부분이 한 조부모 형태를 띠기 때문에 그 어려움은 더욱 가중된다.

② 조손 가족의 자녀 양육 문제 : 조부모가 부모로서의 역할을 담당하고 신뢰할 만한 권위를 가지면 손자녀에게 긍정적인 영향을 미치지만, 우울, 불안 등의 심리정서적 문제와 문제 행동 같은 사회적 부적응이 나타나는 경우도 있고 청소년과 조부모 간의 단절이 심각하게 나타나는 경우도 있다.

③ 조손 가족의 부모역할

   ㉠ 자신의 신체적, 정신적 건강 도모 : 조부모가 손자녀를 잘 돌보기 위해서는 자신의 건강에 대해서 관심을 가지고 자신만의 시간을 가지며, 적절한 운동을 하고 규칙적인 식사를 해야 한다.

   ㉡ 부모됨의 역할 교육

      ⓐ 조부모의 양육 경험이 전시대적임을 고려할 때 조손 가족의 조부모를 대상으로 자녀 양육에 관한 부모교육을 실시할 필요가 있다.

      ⓑ 조부모는 확고하고 일관된 규칙과 한계를 설정함으로써 신뢰할 만한 안정된 주 양육자로서의 태도를 갖춰야 한다.

      ⓒ 아동이 부모에게 느끼는 그리움, 섭섭함, 원망, 분노의 감정을 솔직히 표현하도록 기회를 제공한다.

④ 조손 가족에 대한 사회적 지원

   ㉠ 재정적 지원 강화, 조손 가족 지원을 위한 다양한 프로그램과 서비스 개발, 효과가 확인된 프로그램과 서비스 확대 보급, 소득 안정을 위한 생활비 지원, 손자녀 양육비와 교육비 지원의 현실화 등이 필요하다.

   ㉡ 세대 간의 이해를 도모할 수 있는 프로그램, 적절한 양육 기술과 태도를 습득하기 위한 조부모 교육 프로그램 등에 참여하도록 독려한다.

(2) 다문화 가족의 부모역할

① 다문화 가족의 정의 및 특성

㉠ 다문화 가족 : 부부 중 한 사람이 외국 출신으로 국제결혼에 의하여 가족 관계가 형성된 가족 형태이며, 가족 내에 다양한 문화가 공존하고 있다는 의미를 내포한다.

㉡ 사회적 편견과 차별, 빈곤, 언어소통 문제에 기인한 부부간 갈등, 남성우월주의 등으로 인한 여러 가지 문제가 발생될 가능성이 있다.

② 다문화 가족의 자녀 양육 문제

㉠ 다문화 가족 자녀의 어려움 : 낮은 기초학습 능력, 언어발달 지체 및 문화 부적응으로 인한 정체성 혼란 및 또래로부터의 집단 따돌림의 어려움을 겪는다.

㉡ 부모-자녀 상호작용의 어려움 : 외국인 부모와 자녀 간 소통이 어렵기 때문에 유아기에 반드시 필요한 부모와의 긍정적인 상호작용이 이루어지지 못할 수 있다.

③ 다문화 가족의 부모역할

㉠ 자녀의 정체성 및 문화적 균형감 형성 : 외모나 언어에 대한 인정과 지지로 자녀가 올바른 정체성을 형성할 수 있도록 돕고 부모가 서로의 문화에 대해 존중하는 모습을 보여 두 문화에 대한 통합감과 신뢰감을 가질 수 있도록 해야 한다.

㉡ 자녀의 긍정적인 자아개념 형성 : 외모, 언어, 문화 등의 차이에서 오는 혼란을 이해하고 있는 그대로 받아들이도록 지도하면서 자신이 가지고 있는 장점과 가치를 생각하고 이를 계발하도록 지지한다.

㉢ 자녀의 언어 능력과 사회적 기술, 학업 능력 함양 : 다양한 관계를 경험하도록 사회적 활동 범위를 확장시키고 학습지원과 학습관리를 통해 자녀의 사회적 적응력을 향상시켜야 한다.

㉣ 사회복지 서비스의 적극적인 활용 : 다문화 가족 지원 센터에서 실시하는 다양한 교육에 참여함으로써 한국 문화 및 한국어, 양육, 가족상담 등 다양한 지원을 받아 바람직한 부모역할을 수행하도록 노력한다.

④ 다문화 가족 자녀교육 지원

㉠ 시민교육을 통해 인성교육을 강화하고, 영유아 교육기관 및 초·중등 교육과정에 다문화 관련 교육 요소가 반영될 필요가 있다.

㉡ 학습 부진아 특별 교육 및 집단 따돌림 예방 교육을 실시하는 것이 다문화 가족 자녀의 적응에 기여할 수 있는 방안이다.

㉢ 부부간의 갈등, 언어소통 장애, 차별, 폭력, 자녀 양육, 가출, 비행 등의 문제를 해결하기 위해 다문화 가정에 대한 적극적인 개입과 지원이 필요하다.

6장 부모교육 이론 및 프로그램

1 드라이커스의 민주적 부모교육 이론

(1) 민주적 부모교육 이론의 이론적 배경

① 드라이커스(Dreikurs, 1897~1972)는 1930년대 초에 아들러(Adler)의 개인심리학을 부모교육에 적용함으로써 부모들에게 민주적 양육의 원칙을 소개하려고 노력하였다.

② 생활 양식 : 아들러는 유아가 사회화 과정을 통해 인성, 태도, 신념, 능력 등을 포함하는 생활 양식을 형성하며, 이것은 부모의 양육 태도에서 많은 영향을 받는다고 주장했다.

③ 드라이커스는 인간관계에서 평등성을 강조하고 어떤 상황에서도 적용 가능한 민주적인 갈등 해결 방법을 제안했다.

(2) 민주적 부모교육 이론의 기본 가정

① 민주적인 자녀 양육 태도

ⓐ 오늘날의 아동은 자신을 사회적으로 성인과 동등하다고 여기고 있으므로 독재적 훈련 방법은 더 이상 효과가 없다.

ⓑ 상호 존중 : 민주적 상황의 기본 요소인 상호 존중과 동등한 대우라는 개념을 바탕으로 하는 양육 태도이다. 이러한 태도하에서는 상벌을 이용한 어른들의 훈육은 더 이상 효과가 없다.

ⓒ 평등(equality) : 평등, 즉 동등한 관계라는 개념을 허용(permission)이라는 개념으로 잘못 해석해서는 안 된다. 여기서 말하는 허용이란 민주주의를 나타내는 것이 아니라 무질서를 나타낸다.

ⓓ 질서 있는 자유 : 독재란 자유 없는 질서를 뜻하며 무질서, 무정부는 질서 없는 자유이다. 민주주의는 질서 있는 자유를 뜻하는 것으로서 아동은 민주적으로 키워야 한다.

② 기본 가정

ⓐ 인간의 행동은 우연히 일어나는 것이 아니라 목적과 원인이 있다.

ⓑ 인간의 행동은 사회적인 관계와 배경 등 맥락 안에서 이해할 필요가 있다.

ⓒ 인간 행위의 목적은 행동을 설명하는 단서가 된다.

ⓓ 자녀의 행동을 이해하기 위해서는 자녀가 경험한 일에 대해 스스로 설명하게 하고 경청할 필요가 있다.

ⓔ 인간의 기본욕구 중 하나는 사회집단에 소속되고자 하는 것이다.

ⓕ 인간은 자신의 행동을 결정할 때 비록 잘못된 가정에 의해 행동이 결정되었더라도 그 결정에 따라 생의 계획을 세운다.

(3) 민주적 부모교육 이론의 목표

① 부모–자녀 간 평등한 관계 수립 : 부모는 자녀를 한 사람의 인격체로 존중하는 민주적인 양육 태도를 지니며, 자녀 스스로 자신의 일을 결정하고 책임질 수 있는 기회를 제공해야 한다.

② 자녀의 목표 이해 : 부모는 자녀가 잘못된 행동 목표를 설정하고 바람직하지 못한 생활 양식을 형성하지 않도록 세심한 배려를 해야 하며 자녀가 스스로 자신의 목표를 인식하고 바람직한 방식으로 달성하도록 도와주어야 한다.

③ 사회적 능력 함양에 도움 : 집단에 대한 소속감을 느끼지 못하는 경우, 아동은 소속감을 얻기 위해 잘못된 행동 목표를 설정하게 된다. 따라서 부모는 아동에게 안정된 소속감을 제공해 주는 것과 동시에 자녀가 설정하는 잘못된 행동 목표를 인식하고 수정하도록 도와주어야 한다.

(4) 잘못된 목표와 행동 전략의 배경

① 생활 양식 및 심리적 목표 : 유아는 부모에게 상대적 열등감을 느끼며, 스스로에게 기본적으로 부정적 개념을 지니고 있다. 따라서 이러한 열등감을 보상하기 위해 가상 목표를 세우게 되고 이것을 달성하기 위한 특정 행동이 반복되어 '생활 양식'[22]이 된다.

② 잘못된 목표 및 행동 전략 : 아동은 인정받거나 소속감을 얻기 위해서 여러 가지 행동을 하는데, 좋은 방법으로 인정받지 못할 때 잘못된 행동을 하게 된다. 부모가 효과적으로 부모역할을 수행하고 자녀와 긍정적인 관계를 맺기 위해서는 자녀가 세운 직접적 목표를 알아야 한다.

(5) 아동의 잘못된 가상의 목표 및 행동 전략

① 관심 끌기(attention)

ㄱ 만일 아동이 바람직한 방법으로 가족 구성원의 관심을 얻을 수 없다고 생각하게 되면, 바람직하지 않은 파괴적인 방법으로 관심을 얻으려고 한다.

ㄴ 관심 끌기는 거의 모든 아동의 행동에서 일반적으로 보이는 잘못된 행동 목표로, 좌절의 초기 신호이다.

ㄷ 아동의 행동을 수정하기 위해서 부모는 잘못된 행동은 무시하고 긍정적인 행동에만 관심을 보여야 한다. 또한 자녀가 잘못된 행동 목표를 설정하기 전에 미리 관심을 보이는 것도 바람직하다.[23]

② 힘 행사하기(struggle for power)

ㄱ 관심 끌기를 하여 자신이 원하는 바를 이루지 못하면, 자신의 힘과 능력을 시험해

22) **생활 양식** : 사회화 과정을 통하여 형성되는 인성, 태도, 신념, 능력 등을 의미하며, 부모와의 상호작용을 통하여 생활 양식이 형성된다.

23) 자녀가 바람직하지 못한 방법으로 관심을 끌려고 할 때 처벌을 하거나 그 행동을 수용하면 관심 끌기에 성공한 것으로 여겨져 그 행동이 강화된다.

보고 우세한 입장에 서거나 영향력을 미쳐 존재 가치를 인정받으려고 하는 '힘 행사하기'를 하게 된다.

ⓛ 아동은 신체적으로 작고 많은 것을 혼자서 할 수 없다는 것을 인식하게 되면 수치심과 열등감을 갖는다. 자신이 스스로 많은 것을 할 수 있으나 할 수 있는 것을 부모가 하지 못하게 한다고 생각하면, 하고 싶은 것을 해야만 가정에서 확고한 위치를 차지할 수 있다고 생각하여 자신의 힘과 능력을 시험해 보고 싶어 한다.

③ 보복하기(revenge)

㉠ 관심 끌기와 힘 행사하기가 통하지 않고 생활 속에서 좌절감을 느끼면 자녀는 자신이 억울한 만큼 보복함으로써 자신의 존재를 확인하고자 한다.

ⓛ 소속감을 얻지 못한 아동은 자신이 상처받은 만큼 다른 사람도 상처받아야 한다고 생각하고 '앙갚음하기' 단계로 넘어간다.

㉢ 적개심, 증오심 등의 나쁜 감정을 가지고 폭력, 잔인한 행동 등 심술궂은 행동을 해서 상대방에게 상처를 주려고 하므로 상대방의 미움을 사고 아동의 인성에도 나쁜 영향을 준다.

㉣ 부모는 자녀에게 선의와 관심을 보여 주고 침착하게 대화함으로써 긍정적인 부모-자녀 관계로 개선되도록 노력해야 한다.

④ 무능함 보이기(inadequacy)

㉠ 이상의 세 가지 방법을 모두 사용해도 소속감을 얻지 못할 경우 자신에 대해 상당히 실망하고 희망을 포기하는 무능함의 단계로 넘어간다.

ⓛ 무기력하게 행동하는 아동은 극도로 좌절되어 있고 자신을 쓸모없는 인간이라고 생각하고 의욕 상실의 모습을 보인다.

㉢ 부모는 자녀를 비난해서는 안 되고 아동의 특기나 장점에 관심을 집중시키고 개선 노력이 조금이라도 보이면 격려해 주는 태도가 필요하다.

(6) 자녀 행동 통제의 방법

① 자연적 귀결 : 아동이 일상적인 상황에서 자신의 행동에 대한 자연적 결과를 경험하게 되는 것이다. 예 밥투정을 하면 다른 가족의 식사가 끝났을 때 식탁을 정리해서 밥을 못 먹게 되는 경우이다.

② 논리적 귀결 : 아동의 행동과 관계되는 결과를 성인이나 부모들이 아동과 합의하여 정하는 방법이다. 예 빨래통에 빨래를 넣지 않으면 그 빨랫감은 자신이 빨아야 한다고 약속하는 것이다.[24]

(7) 기타 여러 가지 전략

① 인식 반응 : 유아가 자신이 택한 잘못된 행동 목표를 깨달았다는 뜻을 나타내는 미소나 눈빛을 말하며, 문제가 심각하지 않을 때는 이것만으로도 문제를 해결할 수 있다.

② 가족회의 : 매주 모임은 부모와 유아에게 모든 종류의 가족 문제를 말할 수 있는 기회를 주며 불평이나 다양한 해결 방법의 제시, 투표를 할 수도 있다.

24) 논리적 귀결과 처벌의 차이 :

논리적 귀결	처벌
합의한 규칙을 강조	일방적인 권위를 강조
도덕적 판단 배제	도덕적 판단
현재와 미래의 행동에 중점	과거 행동에 초점
자유로운 선택을 허용	복종, 순종 요구
사려 깊고 신중함	종종 충동적

③ **격려** : 격려는 상황이나 결과와 무관하게 성취 및 긍정적인 측면을 강조함으로써 궁극적으로 자녀가 이를 극복할 수 있음을 믿게 하는 것이다. 격려의 본질은 개인이 통제할 수 없는 요인의 영향을 최소화하고 통제할 수 있는 요인을 최대한 이용하도록 돕는 것이다. **예** "지난번보다 점수가 좋아졌으니 다시 한 번 해 보자. 조금 더 하면 나아질 거야."

2 기노트의 인본주의 부모교육 이론

(1) 부모-자녀 관계에 대한 견해

① 기노트(H. Ginott)는 양육의 주목적은 자녀가 시간이 흐름에 따라 보다 효과적으로 적응하도록 교육시키는 것이라고 하였다.[25]

② 효과적인 부모역할을 위하여 부모는 자신과 자신의 느낌에 대해 잘 알아야 하며 자아확신이 있어야 한다. 이러한 태도를 갖는 부모는 보다 성숙한 모델이 될 수 있고, 자녀에게 관심을 갖고 지도할 수 있게 되어 자녀의 정서·인지·사회성 발달을 도울 수 있다.

(2) 자녀 양육 원리

① 성의 있는 대화하기

 ㉠ 질문 속에 숨은 마음 찾아 읽기 : 적극적 경청의 방법으로 자녀가 말하고자 하는 것을 파악할 수 있다.

 ㉡ 자녀의 행동이 아니라 감정에 대응하기 : 부모의 자존심만큼 아동의 자존심도 존중하여야 하며 충고나 지시를 할 때에는 자녀의 말 속에 있는 감정을 충분히 이해한 후에 말하면 자녀의 마음을 풀어 주는 대화를 할 수 있다. **예** "엄청 당황했구나. 그때는 ○○이/가 정말 미웠겠다. 무척 기분이 상했겠구나. 너에게는 정말 기분 나쁜 하루였겠다."

 ㉢ 자녀의 감정을 이해하고 이에 대응하기 : 자녀가 어떤 사건에 대해서 이야기하면 그것이 암시하는 것, 자녀가 느끼는 감정과 함께 그 감정이 뜻하는 의미를 모두 이해하고 공감한다는 것을 보여 주어야 한다.

 ㉣ 상반된 감정 인정하기 : 자녀는 자신에게 영향을 끼치는 사람에게 동전의 양면처럼 서로 다른 감정을 동시에 느낄 수가 있다. 이런 감정은 정상적인 감정이라는 것을 알게 해 주어 감정에 대한 걱정이나 불안, 죄의식과 같은 혼란을 없애 주어야 한다.

② 자녀를 격려하고 이끌어 주기

 ㉠ 칭찬과 비난하기 : 무조건적인 칭찬보다는 자녀는 부모가 현재 모습 그대로 자신을 봐 줄 때 자신감과 안정감을 갖는다.

  ⓐ 실제적인 노력, 노력에 의한 결과 등에 근거하여 칭찬하기 : **예** "예진이가 구두 2개를 닦아 주어 아빠 할 일이 많이 줄었네. 고맙다."

25) 인본주의 부모교육 이론은 매슬로우(Maslow), 로저스(Rogers), 액슬린(Axline)으로 이어지는 인본주의 심리학을 기노트가 부모교육에 적용하여 발전시킨 이론이다. 고든(Gordon)도 대화 방법이나 행동의 한계 설정 등 인본주의 부모교육 이론의 기본 원리를 따르고 있다.

ⓑ 자녀의 잘못한 행동에 대해서만 말하기 : 문제가 발생했을 때 자녀의 인격과 성격에 대해 비난하지 말고 사건과 가능한 해결책에 대해서만 언급한다.

ⓒ 부모는 예측된 잘못된 상황을 만들지 않기 : 자녀의 행동을 보면서 '저렇게 하면 장난감이 망가질 텐데' 등 마음속으로 생각하다가 예상대로 일이 진행되면 "내가 그럴 줄 알았어."라고 큰 소리로 화를 내게 된다.

ⓓ 자녀가 가슴 속에 담아둘 수 있는 속상한 말은 자제하기 : 자녀에게 평생 기억되는 상처로 남는 해롭고 파괴적인 말들은 삼가고 자녀에 대한 긍정적인 말을 많이 하도록 한다. 예 "너를 낳고 우리 집이 되는 일이 없어."

ⓛ 분노 다스리기

ⓐ 인간의 감정인 분노와 화 인정하기 : 자녀가 다양한 감정을 표현하도록 격려하고 분노와 화도 기쁨과 행복처럼 인간에게 있는 자연스러운 감정이라는 것을 알게 하고 조절하게 한다.

ⓑ 부모도 분노와 화를 표현할 수 있다는 것 인정하기 : 자녀에게 분노와 화를 표현하는 방법을 배울 수 있도록 하고 모델을 보여 준다. 부모가 자녀에게 화를 낼 때 죄의식이나 수치심을 느끼지 말아야 하며 아동의 성격이나 인격을 공격하지 않으면서 자신의 감정을 나타내도록 한다.

ⓒ 분노를 표현하는 구체적인 방법

누구에게	• 행동을 고쳐주고 싶은 자녀 • 사전에 주의를 주고 싶은 자녀		
	1단계	2단계	3단계
어떻게	• 구체적으로 감정을 명명하기	• 화를 좀 더 강하게 표현하기	• 화가 난 이유를 설명한 후, 부모의 마음이 어떤지 이야기하기
말하기	• 나 기분 나빠. • 나 짜증났어.	• 나 화났어. • 나 정말 많이 화났어.	• 장난감이 거실에 흩어져 있으면 화가 너무 많이 나.

ⓓ 분노의 상황에서 해결책 제시하기 : 부모는 자녀가 우는 상황에서 의외로 간단히 문제를 말하고 해결책을 제시하여 평화롭게 사건을 해결할 수 있다. 예 "장난감이 고장 나서 우는구나. 고치자."

ⓒ 행동의 한계 설정하기 및 책임감과 독립심

ⓐ 3가지 행동 한계 영역

완전히 허락되는 행동	• 책 보기, 공부하기 등
특별히 예외로 허락되는 행동	• 재난 상황에서 복도에서 뛸 수 있다. • 아픈 경우 늦게 일어날 수 있다.
무조건 중단해야 하는 행동	• 건강, 행복, 사회적으로 용인될 수 없는 것, 법률이나 윤리적으로 금지된 행동 등

ⓑ 책임감과 독립심 : 부모와 자녀는 일상생활에서 각자 책임져야 하는 부분을 정해 자녀가 스스로 선택할 기회를 주어 독립심과 책임감을 갖도록 한다.

A Plus⁺ 자녀의 행동을 통제하고 한계를 정하는 효과적인 4단계

1. 자녀가 원하는 바를 인정하고 간단하게 반복하여 말해 준다.
   예 오늘 이모네 집에 놀러 가고 싶구나.
2. 특별한 행동에 대한 한계를 명확하게 표현한다.
   예 그런데 오늘은 유치원에 가는 날이어서 이모네 집에 못 가겠다.
3. 부모는 소원이 최소한 일부분이라도 성취될 수 있는 방법을 가르쳐 준다.
   예 이번 주 주말에 이모네 집에 가자.
4. 제한을 받은 자녀는 화를 낼 수 있다. 부모는 그런 분노를 어느 정도 표현하도록 도와주어야 한다. 그런 다음에 공감을 표현해야 한다.
   예 오늘 유치원에 가는 것이 싫을지도 모르겠구나.

(3) 4단계의 부모교육 프로그램

① 경험과 불평 늘어놓기 단계
  ㉠ 자녀들과 생활하는 과정에서 생기는 문제들을 이야기함으로써 부모들은 서로 연민의 감정을 갖게 되고 공통의 공감대를 형성한다.
  ㉡ 자녀와의 문제에 대한 끝없는 불평, 죄책감, 분노, 혼란 등을 털어놓게 되면 지도자는 모든 것을 도울 수 있는 사람의 입장에서 이해하고 용납하는 태도로 관심을 기울여 들어 준다.
  ㉢ 지도자는 부모들의 죄책감, 분노 등 복잡한 감정을 적극적으로 이해하고 수용하는 태도를 보인다.

② 감수성 높이기 단계
  ㉠ 자녀의 입장에서 문제를 생각하고 감정이입을 하도록 한다. 예 자녀에게 "넌 언제쯤 제대로 할 수 있겠니?"라고 빈정거릴 때 자녀의 느낌을 생각해 본다.
  ㉡ 자녀가 문제 행동을 할 때 어떤 감정과 느낌으로 표현했는지를 생각하고 이에 대한 인과 관계에 초점을 둔다.
  ㉢ 2단계를 통해 부모는 비판 없이 들어 주고 받아들여 주는 것이 얼마나 중요한지를 알게 된다.

③ 개념 형성 단계
  ㉠ 감수성이 높아진 후 자신이 왜 자녀의 문제를 다루는 데 실패했는지 원인을 파악하고 자녀의 심리 발달에 대한 이론을 실제에 적용해 보는 단계이다.
  ㉡ 지도자는 부모에게 도움이 되는 방법을 제안하고 문제에 대처할 새로운 방법을 찾을 수 있도록 새로운 기술을 적용해 보도록 도와준다.

④ 기술 습득 단계

　　㉠ 문제 상황을 해결할 적절한 양육 기술을 발견해 실제 생활에서 적용하도록 하는 단계이다.

　　㉡ 새로운 방법을 집에서 직접 적용해 본 후, 그 방법의 효과에 대해 다시 토의하여 새로운 양육 기술을 익힌다.

　　㉢ 이 단계를 통해 부모의 감정을 적절히 표현하여 자녀에게 감정 표현의 모델이 되면서 자녀와의 의사소통 방법을 변화시킨다.

3 　고든의 부모 효율성 훈련

(1) 부모-자녀 관계에 대한 견해

① 문제 아동을 심리치료하는 과정에서 정작 심리치료가 필요한 것은 아동이 아니라 부모라고 생각하게 되었다.

② 문제가 있는 부모들은 문제를 다루는 방법을 잘 모르거나 자신이 비효과적이며 부적합한 부모라고 느낀다.

③ 부모-자녀 관계에 대해 과거의 체벌, 비난 등의 훈육 방법은 효과가 없으며, 부모와 자녀의 관계를 효과적으로 연결해 주는 것은 대화라고 생각하였다.

④ 부모-자녀 관계를 악화시키는 대화의 유형

• 명령, 지시, 요구의 대화	• 충고, 해결책 제시의 대화	• 심리분석의 대화
• 경고, 위협의 대화	• 비판과 판단의 대화	• 반문, 질문의 대화
• 설교적인 대화	• 칭찬의 대화	• 둘러대는 대화

⑤ 바람직하지 못한 대화 유형을 사용하는 이유

　　㉠ 과거의 자녀 양육 방법 답습 : 문명화된 사회구조에 맞지 않는 과거의 자녀 양육 방법을 사용하기 때문이다.

　　㉡ 역할 개념의 혼동 : 자신은 부족하고 실수를 저지르며 완전하지 못한 사람이라는 것을 인식하나, 자녀를 기르는 부모로서는 완전해야 한다고 생각한다.

　　㉢ 성인 중심적 인간관 : 성인 대 아동의 관계는 동등하지 않다고 보고 아동의 장래를 위해서는 비평이나 체벌이 필요하다고 본다.

(2) 부모교육에의 접근

① 부모 효율성 훈련(PET : Parent Effectiveness Training) 프로그램 : 공식적 교육 이후 인간관계에 대한 교육을 전혀 받지 못한 부모들을 위한 프로그램으로, 최초의 참가자는 겨우 17명이었으나 1980년대에는 약 60만 명이 참가하였고 지금은 미국 내 전국적인 운동으로 퍼져 있다.

② 부모교육의 목적 : 부모들에게 보다 효과적으로 자녀를 양육하는 데 필요한 기술을 가르치는 것이다.

　㉠ 부모 자신이 신이 아니라 인간임을 깨닫게 한다.

　㉡ 자녀의 행동의 의미를 파악하고 자신의 감정을 솔직하게 표현하는 기술을 습득하도록 한다.

　㉢ 자녀와의 관계에서 발생하는 문제를 해결할 수 있는 효과적인 의사소통 기술을 습득하게 한다.

(3) 수용 수준의 확인과 문제 소유자의 확인

① 수용 수준의 확인

　㉠ **수용적 부모** : 덜 평가적이고 융통성이 있으며 인내심이 많다.

　㉡ **비수용적 부모** : 자녀의 이상한 행동을 조금도 참지 못하고 그 기준이 높다.[26]

　㉢ 부모는 자녀 행동에 대한 자신의 수용 수준이 객관적으로 보아 합리적인지 판단해야 한다.

　㉣ 부모의 수용 수준은 자신이 자라 온 환경, 가치관, 도덕관 등에 따라 다르며 부모의 신체적 · 정신적 상태에 따라서, 혹은 손님이 오는 등의 상황에 따라서도 달라진다.[27]

② 문제 소유자의 확인

　㉠ **자녀가 문제를 갖고 있는 경우** : 부모의 태도나 생각과는 관계없이 아동 자신의 생활이나 태도에서 문제가 비롯되기 때문에 아동 자신이 문제를 해결하는 것이 가장 효과적이다. **예** 친구와 싸워 기분이 좋지 않음.

　㉡ **부모가 문제를 갖고 있는 경우** : 아동에게는 문제가 되지 않으나 부모의 수용 수준을 넘어 부모가 문제로 삼는 것이다. **예** 자녀가 방을 깨끗이 정리하지 않았음.

　㉢ **부모–자녀 관계에 문제가 없는 경우** : 자녀가 자신의 욕구를 만족시키고 있고 부모 또한 자녀의 행동 때문에 권리를 침해받지 않으므로 부모와 자녀 둘 다 문제가 없는 경우이다. PET의 목표는 이와 같은 문제없는 영역을 증대시키는 것이다.

　㉣ **부모–자녀 모두에게 문제가 되는 경우** : 대안 찾기의 방법으로 문제를 해결할 수 있다.

(4) 문제 해결을 돕는 의사소통 기법

① **반영적 경청**(reflective listening)

　㉠ 말한 내용을 그대로 반영해 주거나 자녀의 말을 확인하는 종류의 언어적 반응을 반영적 경청(적극적 경청)이라고 하며, 문제를 갖고 있는 사람이 자녀일 때 사용하는 방법이다.

　㉡ 부모는 자녀의 문제를 자신의 문제로 받아들여 해결해 주는 것이 아니라 자녀 스스로 자신의 문제를 해결해 나가도록 도와준다. 자신의 문제를 언어로 표현하는 동안 아동은 나름대로 건설적인 방법을 터득하게 된다.

26) 비수용적 부모는 자녀의 행동 중 수용 불가능한 요소를 더 많이 지각하므로 자녀를 문제시하게 된다.

27) **예** 장난감을 어지르면서 노는 자녀의 행동이 평소에는 문제가 없었는데 바쁜 날에는 수용하기가 어려운 것으로 변하게 된다.

ⓒ 반영적 경청의 방법

ⓐ 소극적 경청 : 부모가 자녀의 말을 조용히 들어 주는 것이다. 이것만으로 자녀는 큰 힘을 얻는다.

ⓑ 인식 반응 보이기 : 부모가 자녀의 말을 열심히 듣고 있다는 표시로 언어적 · 비언어적인 반응(reaction)을 보여 주는 것이다.

ⓒ 계속 말하도록 격려하기 : 자녀의 감정이나 문제를 이야기할 때 계속 말할 수 있도록 격려해 주어야 한다.

ⓓ 적극적 경청

• 부모가 자녀와 대화 시 침묵이나 조용히 듣는 수동적 경청과는 다르게 적극적 경청은 자녀로부터 들을 이야기 내용을 이해하고 피드백하는 대화 방법이다.

• 자녀의 이야기를 비판이나 판단 없이 수용하고 자녀의 감정을 진심으로 이해하고자 노력하는 태도로 경청한 후 다시 자녀에게 전달하여 적극적이고 진지하게 의사소통에 참여하는 것을 말한다. 이때 부모가 자녀의 표현 뒤에 감추어진 의미와 느낌을 파악해 반영해 주고 확인해 주는 언어적 반응이 중요하다.

• 평가, 의견, 충고, 분석, 질문 등은 되도록 하지 말아야 한다.

ⓔ 반영적 경청의 3단계

ⓐ 1단계 암호화 과정 : 자녀가 말이나 얼굴 표정, 태도, 말씨 또는 신체적 표현을 통해 자신이 문제를 가지고 있다는 단서를 전달한다. 예 "제사에 꼭 가야 해요?"

ⓑ 2단계 암호 해독 및 귀환 과정 : 부모는 자녀가 표현한 관찰할 수 있는 단서로 암호를 해독하고, 자녀가 어떤 문제로 어려움을 겪는지 추측해서 자녀의 느낌이나 생각을 피드백해 준다. 예 "사촌과 비교당하는 게 싫었구나."

ⓒ 3단계 긍정 또는 부정 : 자녀는 부모의 피드백에 따라 자신의 감정을 확인하거나 혹은 그 감정을 거부할 경우 계속 자신의 문제를 표현하거나 보다 확실한 신호를 보내고자 한다. 예 "예, 그래요."

② 나 전달법(I - message)

㉠ 문제가 되는 사람이 부모일 경우에는 자신의 생각과 감정을 자녀에게 효과적으로 전달하는 기술인 '나-전달법'을 사용하는 것이 효과적이다.

㉡ 자녀의 행동을 수정하기 위해 명령, 지시하거나 자녀를 무시하는 '너-전달법'[28]은 자녀 스스로 문제를 해결할 수 있는 능력이 없음을 전제로 하며 자녀의 감정을 인정하지 않는 것이다.

㉢ '나-전달법'은 아동에게 부모의 감정이나 생각을 전달하면서 아동으로 하여금 허용되지 않는 행동을 수정하도록 만든다. 예 "네가 계속 칭얼거리면 엄마가 책을 볼 수 없단다.", "엄마가 여러 번 물었는데 네가 대답을 하지 않아 엄마는 화가 나는구나." 등

㉣ 나-전달법의 3가지 구성요소

ⓐ 문제가 되는 행동 서술 : 동생을 때리니

ⓑ 결과 서술 : 형제 사이가 나빠질 것 같아

ⓒ 부모의 감정 서술 : 엄마 마음이 아프구나

28) **너 전달법** : "너는 왜 항상 꾸물거리니. 동생을 잘 돌봐야지. 형이 때리면 되겠어?"

③ 무승부법(No - lose Method)

  ⊙ 반영적 경청이나 '나−전달법'이 효과가 없을 때 사용하는 방법이다.

  ⊙ 권위적(부모가 이기고 자녀는 지는 방식)이거나 허용적인 방법(부모가 지고 자녀는 이기는 방식) 모두 바람직하지 못하기 때문에 고든은 제3의 방법으로 부모−자녀가 객관적인 태도로 사실에 입각하여 문제를 토의하면서 해결해 나가는 무승부법을 제안했다.

  ⊙ 무승부법의 시행 단계

    ⓐ 제1단계 : 갈등을 확인하고 정의를 내린다.

    ⓑ 제2단계 : 가능한 모든 해결책을 찾는다.

    ⓒ 제3단계 : 가능성 있는 해결책을 평가한다.

    ⓓ 제4단계 : 두 사람 모두를 위한 최선의 해결책을 찾는다.

    ⓔ 제5단계 : 결정된 해결책을 실행한다.

    ⓕ 제6단계 : 해결책이 잘 적용되었는지 후속 평가한다.

④ 번의 교류분석 이론

(1) 교류분석 이론의 이론적 배경

① 교류분석(TA : transactional analysis) 이론은 미국의 정신과 의사인 에릭 번(Eric Berne)이 정신 장애 치료를 위해 개발한 심리치료 모델이다.

② 인간은 생득적으로 자율성을 가지고 있으나 성장하면서 자율성을 버리고 부모의 뜻대로 행동하게 되는데, 이렇게 포기된 자율성을 회복시키는 것이 교류분석의 기본 가정이다.

③ 모든 인간은 자극을 받고자 하는 '자극 욕구'와 사회적 상호작용을 통해 인정을 받고자 하는 '인정 욕구'를 가지고 있다. 자극 욕구는 '스트로크(stroke)[29]'라고 불리는 것을 통해 충족되며, 인정 욕구는 자극 욕구가 확대되어 상징적인 언어를 통하여 충족된다.

(2) 교류분석 이론의 구체적 목표

① 개인의 성격의 기본이 되는 자아상태를 파악함으로써 한 개인을 변화시킨다.

② 자아상태의 파악뿐 아니라 자아상태 간 교류를 융통적으로 이루어지게 하여 적응적인 행동을 높이고 갈등을 감소시킨다.

③ 상호 간의 교류를 통해 형성된 기본적 인생 태도와 이를 근거로 형성된 인생 각본에 대해 분석해야 한다고 주장했다.

29) **스트로크** : '어루만지기'란 뜻으로, 신체적 접촉을 원하는 아기를 안아 주고 쓰다듬어 주는 것 같은 행위이다. 번은 '상대방의 존재를 인정하는 데 사용되는 모든 행동'으로 정의하고 언어, 표정, 몸짓 등 다양한 언어적 · 비언어적 방법으로 표현된다고 가정하였다.

30) ① **놀이를 하고자 하는 경우** : 아동자아
② **문제 해결을 위한 경우** : 성인자아
③ **타인을 보호하려는 경우** : 부모자아

(3) 자아상태(ego state)의 구조[30]

① 부모 자아상태(parent ego state)

 ㉠ 부모나 형제, 다른 권위적인 위치에 있는 사람들을 통해 배운 태도나 행동이 내면화 된 것으로, 일종의 '가르침을 받은 생활 개념'이다.

 ㉡ 부모 자아상태에 의해 해야 할 일, 하지 말아야 할 일, 예의, 전통, 가치 등을 배우 며, 자신이 살고 있는 사회에 적응하게 된다.

 ㉢ 부모 자아상태의 종류

  ⓐ **양육적 부모 자아상태**(NP : nurturing parent ego state) : 부모처럼 보살펴 주고 위로하 며 따뜻한 말을 건네는 등 원만한 대인관계의 초석이 되지만, 지나칠 경우 상대 방의 독립심이나 자립심, 자신감을 저해하는 요인이 되기도 한다.

  ⓑ **비판적 부모 자아상태**(CP : critical parent ego state) : 아동이 사회생활을 하는 데 필요 한 관습이나 규칙을 지도하는 토대가 되지만 지나칠 경우 아동의 창의적인 능력 이나 자율성을 제한하게 된다.

② **아동 자아상태**(child ego state)

 ㉠ 어린 시절 실제로 느끼고 행동했던 것과 같은 감정이나 행동이 내면화된 일종의 '느 껴진 생활 개념'으로, 아동이 태어나면서부터 존재하는 것이다.

 ㉡ 상대방이 부모처럼 행동하거나 자신이 의존적인 기분이 들 때, 즐거운 생각을 할 때 작동하며 창의성, 직관성, 자발적 욕구, 기쁨과 같은 정서적 상태가 나타난다.

 ㉢ 아동 자아상태의 종류

  ⓐ **자유로운 아동 자아상태**(FC : free child ego state) : 일상생활에 대한 느낌을 반영하는 것으로("와아, 멋지다.") 호기심이나 창조적인 힘의 원천이 되지만 지나칠 경우에는 현실을 고려하지 않고 즉흥적으로 행동하거나 경솔한 행동을 하는 경향이 있다.

  ⓑ **순응하는 아동 자아상태**(AC : adapted child ego state) : 순종적이고 참을성이 있으므로 사회생활에 적응하는 데 용이하나, 이면에 억제된 공격성이 감추어져 있기도 하다.

③ **성인 자아상태**(adult ego state)

 ㉠ 부모로부터 '배운 개념'과 아동의 '느낀 개념'으로부터 나온, 인생에 대해 '터득한 능 력'으로, 성숙 정도는 개인마다 다르다.

 ㉡ 감정보다는 이성이 선행하며 합리성, 생산성, 적응성을 지니면서 부모 자아상태와 아동 자아상태의 활동을 조절하고 객관적으로 중재하는 역할도 수행한다.

 ㉢ 성인 자아상태가 지나치게 지배할 경우 감정이 배제된 냉정하고 타산적인 사람으로 보이는 문제가 있다.

자아상태		언어적 단서	행동적 단서
부모자아	비판적	설교조, 비판적, 강압적, 단정적 예 "안 돼. 6시까지 일어나거라."	화내거나 손가락질, 지시
	양육적	동정적, 배려하는 말투 예 "내가 해 줄게."	안아 줌, 어깨 두드림
성인자아		육하원칙의 냉정하고 기계적인 말투 예 "내일 몇 시에 옵니까?"	바른 자세로 경청, 신중하게 생각
아동자아	자유로운	밝고 명랑하고 자유로우며 욕구를 표현하는 말투 예 "멋지다.", "엄마 배고파요."	잘 웃음, 활발하고 풍부한 유머, 씩씩함
	순응하는	자신감 없이 중얼거리는 말투 예 "예, 괜찮아요."	타인의 표정을 살핌, 한숨, 불안해함, 두려워함

(4) 자아상태(ego state)의 경계(혼란)[31]

① **자아상태의 오염** : 자아상태의 경계가 지나치게 이완되어 성인 자아상태, 부모 자아상태, 아동 자아상태의 구별이 확실하지 않은 상태이다.

  ㉠ **망상** : 성인 자아상태가 아동 자아상태에 오염된 경우로, 일 처리 과정에서 충동적이며 적절하지 않은 결정을 내리거나 자기중심적으로 문제 해결을 하기 쉽다.

  ㉡ **편견** : 성인 자아상태가 부모 자아상태에 오염된 경우로, 자기 자신이나 타인에게 엄격하게 행동하며 통제하려는 경향이 있다.

  ㉢ **성인자아가 부모자아와 아동자아에 의해 오염된 경우** : 권위 있는 존재들이 가르쳐 준 대로 결정하려는 경향과 정서적·충동적으로 결정하려는 두 경향이 공존한다.

② **자아상태의 배제**

  ㉠ **부모 자아상태가 배제된 경우** : 문화적 규범, 사회질서, 사회통제 등 부모나 사회가 요구하고 기대하는 바를 무시한다.

  ㉡ **성인 자아상태가 배제된 경우** : 현실을 객관적으로 판단하는 능력이 부족하여 합리적으로 행동을 하지 못한다.

  ㉢ **아동 자아상태가 배제된 경우** : 현실에 따라 적절히 판단하고 일을 처리하며 가족을 열심히 돌보고 배려하지만 자신의 천진한 자아 및 기본적 욕구 충족은 하지 못한다.

31) **이고그램**(egogram) : 개인의 자아상태의 균형 정도가 어떠한가를 파악하기 위해 자아상태의 정신에너지를 그래프를 통해 양적으로 표현하는 방법으로, 듀세이(Dusay)에 의해 개발되었다.

32) 상호 교류란 두 사람 사이의 스트로크의 교환을 의미한다. 상호 교류는 한쪽에서 자극을 주면 다른 쪽에서 반응을 나타내게 되며, 반응은 또 다른 반응을 위한 자극이 될 수 있으며, 이는 또 다른 상호 교류를 구성하게 된다.

33) 보완적 상호 교류의 예

34) 교차적 상호 교류의 예

35) 이면적 교류의 예

(5) 의사소통의 교류 분석[32]

① 보완적 상호 교류 : 서로 한 종류의 자아상태가 상호 교류를 하는 경우이며, 이 경우에는 의사소통이 잘 이루어져 문제가 발생하지 않는다. [33]

② 교차적 상호 교류 : 두 사람의 자아상태가 교차하는 경우로, 이러한 경우는 의사소통이 중단되며 두 사람의 관계에 문제가 발생하게 된다. 예 신호를 보내는 사람이 성인자아 대 성인자아로 교류를 하고자 하였으나 반응하는 사람이 부모자아 대 아동자아로 반응하는 경우이다. [34]

③ 이면적 교류 : 사회적 메시지는 언어적으로 전달되고, 심리적 메시지는 언어 이면에 작용하게 되는데 교류의 결과는 대부분 심리적 메시지에 의해 결정된다. [35]

　㉠ 각진 교류(angular ulterior transaction) : 두 사람 간에 세 종류의 자아상태가 관여하는 경우로, 일반적인 정보를 제공하지만 그를 통해 상대방의 특정 자아상태가 자극되기를 원할 때 사용된다.

　　예 사장 : 지금 몇 시입니까? (왜 이렇게 늦었어요?) (표면적 성인자아, 심리적 부모자아)

　　　 사원 : 죄송합니다. (아동자아)

　㉡ 이중적 교류(duplex ulterior transaction) : 두 사람의 의사소통에 네 종류의 자아상태가 작용하는 것이다.

　　예 어머니 : 성적표 봤니? (시험 성적이 이게 뭐니?) (표면적 성인자아, 심리적 부모자아)

　　　 자녀 : 어~ 아직 못 봤어요. (내 성적에만 관심이 있어요?) (표면적 성인자아, 심리적 아동자아)

(6) 스트로크(자극에의 욕구)

① 스트로크(stroke)의 개념 : 번은 인간 행동의 동기에는 먹고 잠자는 것과 같은 생리적 욕구와 타인과의 상호 교류를 통해 충족되는 심리적 욕구가 작용한다고 하면서, 타인과의 상호 교류를 통해 받는 자극을 스트로크(쓰다듬기)라고 했다. 주고받는 스트로크의 종류나 방법에 의해 개인의 성격이 형성된다.

② 스트로크의 종류

　㉠ 신체적 · 언어적 스트로크 : 영유아기에는 신체적 스트로크가 필수적이며, 이는 성장함에 따라 인정받고자 하는 욕구로 바뀌므로 영유아가 성장하면서 신체적 스트로크에 대한 욕구는 줄어들고 언어적 스트로크에 대한 욕구로 대치된다.

　㉡ 긍정적 스트로크 : 어떤 사람을 기분 좋게 만들거나 자신이 괜찮다고 느끼게 하는 것으로, 개인의 존재 자체에 근거하여 인정하는 '긍정적 무조건 스트로크'와 개인적 성취나 행위에 기초하여 인정해 주는 '긍정적 조건 스트로크'가 있다.

　㉢ 부정적 스트로크 : 긍정적인 방식으로 스트로크를 얻지 못할 경우, 상대방을 화나게 하거나 상처를 줘서라도 관심을 얻으려고 한다. '부정적 무조건 스트로크'는 개인의 특정한 행동이 아니라 존재 자체에 대해 부정적 스트로크를 제공하는 것이고, '부정적 조건 스트로크'는 "너는 거짓말을 자주 해서 싫어."와 같이 개인의 특정한 행동에 대해 부정적 스트로크를 제공하는 것이다.

③ 스트로크 충족 방법

　　㉠ 자극 갈망(stimulus hunger) : 영유아기에 주로 나타나며 신체적 접촉의 욕구를 의미한다.

　　㉡ 인정 갈망(cognition hunger) : 승인 욕구라고 하는데, 칭찬을 받거나 부모가 고개를 끄덕임으로써 보여 주는 언어나 동작에 의한 애정 표현이나 인정의 욕구를 의미한다.

　　㉢ 구조 갈망(structure hunger) : 삶을 유지하는 동안 자신에게 주어진 시간을 어떻게 보낼 것인가 하는 방법을 찾고 발달시키고자 하는 욕구로, '시간의 구조화'라고도 한다. 자신의 생활에 필요한 스트로크를 최대한 보장받기 위해 시간을 적절하게 사용하는 수단으로, 주로 성인이 되어 사용한다.

(7) 시간의 구조화[36] (구조화에의 욕구)

① 철회 : 스트로크를 교환하는 것에 대해 불안감을 지닌 경우 타인을 멀리하고 상대방과의 상호 교류를 중단하는 것이다. 서로 주고받는 자극이 없기 때문에 상처받는 일이 없어 어떤 의미에서는 가장 안전한 방법이지만 그만큼 보상도 적다.

② 관습 : 안전한 시간의 구조화 방법의 하나로, 타인을 만나 의례적인 이야기를 하는 것이다. 인사 및 관습적인 행사(제사, 동창회 등)에만 참여하여 최소한의 스트로크를 유지한다.

③ 활동 : 실용적으로 시간을 구조화하는 방법으로 요리나 공부처럼 도구를 매개로 하며, 자신의 '일'에 몰두하면서 스트로크를 받게 된다. 적극적이고 친밀한 인간관계를 포함하지 않으므로 비교적 안전한 시간의 구조화 방법이기는 하나 소외감이 유발될 수 있다.

④ 잡담 : 부담이 없는 주제에 대한 정보를 상호 교환하는 것으로, 무난한 화제로 깊이가 없는 스트로크를 주고받는 사교적인 시간의 구조화 방법이다. 사회적 관계를 유지하는 데 도움이 되는 시간의 구조화 방법이지만 이득이 없는 대화가 되기도 하므로 비생산적인 시간의 구조화라는 점에서 한계가 있다.

⑤ 게임 : 신뢰와 애정이 있는 진실된 교류를 원하지만 그것이 이루어지지 않아 솔직하지 못한 스트로크를 교환하는 방식이다. 따라서 타인이 자신의 욕구를 알아차리지 못하도록 이면적 교류로 시간을 구조화한다. 게임은 실제로 자신이 생각하거나 느끼는 바를 솔직하게 표현하지 않는다는 점에서 진실된 교류가 이루어질 수 없으며 자신을 보호하기 위한 속임수를 내포하고 있다.

⑥ 친교 : 상호 간의 감정 교환이 자유롭게 이루어지며 상호 간 방어적 자세가 아니라 수용적 자세를 가지는 것으로 교류분석 이론에서 추구하는 가장 이상적인 방법이다. 이러한 형태로 시간을 구조화하는 것이 습관화되면 '자기긍정-타인긍정'의 건강한 기본자세를 가지게 된다.

[36] **시간의 구조화** : 상대방과 스트로크를 주고받기 위해 일상생활에서 자기가 원하는 방식으로 자신의 환경이나 시간을 계획하려는 욕구이다. 철회는 스트로크를 가장 적게 얻는 반면 친교로 갈수록 스트로크를 가장 많이 얻게 된다.

(8) 인생 태도(태도에의 욕구)

① 인생 태도의 개념 : 어린 시절 부모와의 스트로크를 바탕으로 형성된 자신이나 타인 혹은 세상에 대한 기본적인 태도 및 이에 근거한 자기상, 타인상을 의미한다.

② 4가지 기본적 삶의 태도

　㉠ 자기긍정-타인긍정(I'm O.K.- You're O.K.) : 가장 바람직한 인생 태도로서 자신에 대해 만족하고 타인과의 관계에서도 편안함을 느낀다. 이러한 태도는 진보와 성장을 위한 동기를 유발한다.

　㉡ 자기부정-타인긍정(I'm not O.K.- You're O.K.) : 자신은 가치가 없고 다른 사람은 가치가 있다는 인생 태도는 순종적인 아동들의 태도이다. 열등감, 부적절감, 우울감, 불신감 등을 갖게 되며 다른 사람과 경쟁하려 하지 않고 타인을 멀리하는 경향이 있다.

　㉢ 자기긍정-타인부정(I'm O.K.- You're not O.K.) : 다른 사람은 부적절하고 무가치하다고 보는 태도로서 학대를 많이 받는 아동들에게 나타난다. 두려움과 불안을 느끼며 타인을 신뢰하지 못하지만, 기본적인 인생 태도는 타인의 위에 군림하고자 하는 것이다.

　㉣ 자기부정-타인부정(I'm not O.K.- You're not O.K.) : 유아기에 자신이 하고 싶은 행동을 하지 못함으로써 자기긍정성이 부정성으로 바뀌게 되고, 부모의 통제나 부정적 반응에서 다른 사람에 대해 부정적인 태도를 계속 가지게 된다. 이러한 사람은 자신뿐 아니라 아무도 믿지 않고 삶은 냉혹하고 무가치하다고 느낀다.

(9) 인생 각본

① 인생 각본(life script)

　㉠ 교류분석에서 사용되는 개념의 하나로, 드라마에서 연기자가 각본에 의해 모든 행동과 사고를 하는 것처럼 개인은 자신의 드라마, 즉 인생 각본대로 살아가게 된다는 것이다.

　㉡ 인생 각본은 어린 시절 부모와의 상호작용을 통해 형성되며, 그 후로는 인생 과정을 통한 경험에 의해 강화받아 고정되는 인생에 대한 청사진이다.

② 인생 각본의 종류

　㉠ 성공적인 승자 각본 : 인생의 목표를 스스로 설정하고 자기실현을 이루어 내는 각본을 가지고 이를 위해 전력을 다해 실행하며 살아가고 자신의 인생에 만족한다. 자존심이 높으며 도전하는 것을 두려워하지 않고 경쟁심이 강하다.

　㉡ 파괴적인 패자 각본 : 자신의 힘으로 목표를 달성할 힘이 없는 존재라 생각하고, 마음먹은 대로 되는 일이 하나도 없다고 생각하며 실제로 그렇게 행동한다. 상황이 항상 나쁜 쪽으로 갈 것이라는 각본을 가지고 있으며 열등감이 많고 사회 적응에 어려움을 보이며 심리적인 문제도 가지고 있다.

　㉢ 평범한 각본 : 특별한 문제를 일으키지 않지만 어느 정도의 수준에 도달하겠다는 목표 의식이 약해 자신의 목표를 달성하지 못하더라도 이를 합리화한다. 따라서 힘이 있음에도 불구하고 자신의 힘과 에너지, 능력을 사용하지 않으며 충분히 발휘하지 못한다.

⑤ 행동수정 프로그램

(1) 부모-자녀관계에 대한 견해

① 행동수정 이론에서는 인간의 외적 행동에 관심을 가지며, 인간의 모든 행동은 학습된 것이라고 본다.

② 아동이 바람직하지 않은 행동을 하는 것은 그러한 행동을 하였을 때 적절한 행동 결과를 제시해 주는 사람이 없었거나, 행동에 대한 강화나 처벌을 적절하게 제시해 주지 못했기 때문이라고 본다.

③ 행동수정 이론은 아동의 바람직하지 못한 행동 습관을 부모나 다른 성인들의 책임으로 본다.

④ 정신분석 이론에서는 인간의 부적응 행동 치료에 훈련된 전문가가 필요하지만 행동수정 이론에서는 간단한 학습 원리를 부모에게 가르쳐 아동의 바람직하지 않은 행동을 수정하도록 한다.

(2) 부모교육의 목적

① 아동의 행동을 관찰 · 측정하는 기술을 배운다.

② 행동수정 이론의 기본적인 원리를 안다.

③ 자녀에게 행동수정의 원리를 적용하여 행동의 변화를 가져온다.

(3) 행동수정의 기법

① 행동수정 기법을 부모가 배워 실제 자녀에게 적용해 볼 수 있는 워크숍 형식의 프로그램이다.

② **행동의 ABC 분석** : 행동의 ABC 분석이란 행동이 일어난 전후 상황 간의 관계를 분석하고 그 관계를 밝혀 주는 관찰 기법이다. 문제 행동을 유발시킨 선행 요인(Antecedent)과 발생된 행동(Behavior)을 강화 · 유지시키는 후속 결과(Consequence)를 기록한다.

③ **바람직한 행동을 증가시키는 것** : 정적 강화 및 부적 강화, 토큰 강화[37], 행동 형성과 행동 연쇄, 용암법, 자기 조절법(자기 관찰법, 자기 계약법)[38], 모델학습 등

④ **부적절한 행동을 감소시키는 것** : 벌, 소거, 타임아웃, 포화법, 반응대가(권리박탈), 대체행동 강화, 체계적 둔감법, 과잉정정[39], 이완법[40] 등

⑤ **행동수정 기법의 장점**

ㄱ 심리학적 치료 과정에 대한 지식이 거의 없는 사람도 배워서 활용할 수 있다.

ㄴ 행동수정 절차를 사용하도록 훈련하는 데 소요되는 시간이 비교적 짧다.

ㄷ 아동기의 많은 문제 행동은 일상생활의 자연환경 속에서 수정이 가능하다.

37) **강화의 종류** : 물질적 강화(사탕, 선물), 사회적 강화(칭찬, 미소), 간접적 강화(토큰), 활동적 강화(프리맥 강화)

38) **자기 관찰법** : 아동 스스로 자신의 행동을 관찰하고 기록하여 문제 행동을 수정하는 것이다.

39) **과잉정정** : 문제 행동을 지나칠 정도로 충분히 연습시킴으로써 문제 행동을 수정하는 방법이다.

40) **이완법** : 이완된 분위기를 조성하여 아동의 불안을 감소시키는 방법으로 행동을 수정하는 원리이다. 예 편안한 장면이나 상황 연상, 명상법, 호흡, 체조 등

6 주장훈련

(1) 특징 및 목표

① **특징** : 부모를 위한 주장훈련(Assertiveness discipline for parents) 프로그램은 캔터 부부(Lee Canter & Marlene Canter)가 개발한 것으로 행동수정의 원리에 기초한 부모교육 프로그램이다.

② **목표** : 주장훈련 프로그램은 상대방의 권리를 침해하거나 불쾌하게 하지 않는 범위 내에서 자신의 욕구, 권리, 의견, 생각, 느낌 등을 상대방에게 표현하는 법을 훈련시키는 것이다.

(2) 내용

① **단호하게 의사소통하기** : 자녀의 행동에 문제가 있으면 직접적으로 단호하게 말하고 적절한 비언어적인 방법을 사용하도록 한다.

② **행동 결과 체험하기** : 부모들은 자녀들이 자신의 잘못된 행동에 대한 결과를 체험할 기회를 주어 자기 행동에 대한 결과를 자연스럽게 깨닫게 함과 동시에 책임감도 길러 줄 수 있다.

③ **규칙 정하기** : 규칙 정하기는 부모의 권위를 주장하는 방법으로, 자녀가 문제 행동을 했을 때 단호하게 자신의 원하는 바를 이야기하고 지시를 어겼을 경우 야기되는 결과도 말해 주어야 한다.

④ **운영과 평가** : 자기주장 훈련은 효과적인 훈련 방법으로 인정받고 있으나, 권위주의적으로 보일 수 있다는 점, 부모의 전문적 상담기술이나 전문적 판단을 돕기보다는 자녀의 행동을 조종하기 위한 기술 습득을 강조한다는 점에서 비판받는다.

7 효율적인 부모역할 수행을 위한 체계적 훈련(STEP)

(1) 특징 및 목표

① **특징** : 효율적인 부모역할 수행을 위한 체계적 훈련인 STEP(Systematic Training for Effective Parenting)는 딩크메이어와 멕케이(Dinkmeyer & Mckay)가 1976년 개발한 것으로, 드라이커스의 민주적 양육방식 이론과 기노트의 인본주의적 부모교육 이론, 고든의 부모 효율성 훈련 이론, 번의 상호 교류분석 이론과 행동수정 이론 등을 종합한 부모교육 프로그램이다.

② **목표** : 민주주의의 원리에 따른 자녀 양육 방식 습득, 부모와 자녀의 평등과 상호 존중을 목표로 삼고 있다. 이를 위해 부모가 어린 자녀의 다양한 행동을 이해하는 방법을 배우도록 한다.

③ 내용
   ㉠ 자녀의 행동 이해 : 자녀의 행동에는 인정을 받거나 사회적으로 승인을 얻기 위한 욕구가 있다는 것을 인식해야 한다.
   ㉡ 자녀와 부모 자신의 이해 : 자녀의 생활 방식과 행동 양식은 가족 분위기, 가치관, 성 역할, 가족 간의 위치, 훈육 방법 등 환경적 요소에 영향을 받는다.
   ㉢ 자신감과 자아존중감 길러 주기 : 자녀의 행동을 있는 그대로 수용하고 부모가 격려해 주어 자녀가 자아존중감을 갖게 해 주어야 한다.
   ㉣ 자녀의 이야기를 효과적으로 듣기 : 효과적인 의사소통은 상호 존중, 눈맞춤, 반영적 경청, 관심과 개방성을 전달하는 비언어적 행동, 상대방을 받아들이고 허용하기를 실천하기 등으로 가능해진다.
   ㉤ 대안 찾기 : 자녀에게 충고를 하기보다 반영적 경청, 브레인스토밍 등을 통해 대안을 찾아보도록 하고, 여러 가지 대안 중에 신택하도록 도와야 한다. 또한 결정할 때는 예상되는 결과에 대해 논의하고 실행한 후에는 평가 시간을 갖도록 한다.
   ㉥ 자연적·논리적 결과에 따른 책임감 기르기 : 보상과 처벌은 부모와 자녀 간의 상호 존중의 관계를 파괴한다. 따라서 자연적·논리적 결과를 경험하게 하여 자녀 스스로 행동에 책임을 지도록 한다.
   ㉦ 가족 모임 갖기 : 가족 모임은 가족 구성원이 정기적으로 갖는 모임으로 가족 구성원 모두가 의사결정과정에 참여할 기회가 되며 모든 부모와 자녀 간의 민주적 가족관계를 형성시킨다.
   ㉧ 자신감 계발 및 잠재력 발휘 : 부모들은 자녀들이 가치 있는 인간임을 인식하고 어려운 일에도 용기를 가지고 도전하도록 해야 한다. 또한 아이들이 가진 잠재력이 무엇인지 알고 적용할 수 있는 기회를 만들어 주어야 한다.

④ 방법
   ㉠ 의사소통 기술 : 말하기 기법으로는 나 전달법, 동등 수준의 대화 등이며, 듣기 기법으로는 감정이입, 반영적 경청, 적극적 경청, 공감 등이 있다.
   ㉡ 환경 계획 기술 : 자녀들이 무료해하는 생활을 예방하기 위해 환경을 풍부하게 해 주거나, 자극 상황을 만들거나 안정된 환경을 만들어 주는 것이 필요하다.
   ㉢ 부모 변화 기술 : 부모가 변해야 자녀들과 원만한 인간관계를 유지할 수 있으므로 부모 스스로 자신을 이해할 기회를 갖고 변화하도록 돕는 것이다.
   ㉣ 자녀 변화 기술 : 자연적·논리적 결과를 경험하도록 하여 스스로 책임 있는 결정을 하도록 격려하는 것이다.
   ㉤ 가족 문제 해결 기술 : STEP에서는 민주적인 가족문제 해결방안으로 고든의 무승부법이나 드라이커스의 가족상담 기법이 사용된다.[41]
   ㉥ 가족상담 : 가족문제를 어느 한 사람의 병리적 관점에서 보기보다 가족원 간의 관계성에서 파악하여 가족의 상호작용 개선을 통해 문제를 해결하고자 하는 것이다.

41) **민주적인 갈등 해결 단계**
   자녀의 욕구 확인 → 다양한 해결 방법 모으기 → 해결 방법 평가 → 해결책 결정 → 실행 → 평가

8 적극적 부모역할 훈련(APT)

(1) 특징 및 목표

① 특징
- ㉠ 적극적 부모역할 훈련(Active Parenting Training)은 마이클 팝킨(Michlael. H. Popkin)이 아들러와 드라이커스, 로저스, 고든, 기노트, 엘리스, 에릭슨의 연구 결과를 활용하여 최초로 비디오를 사용하여 만든 프로그램이다.
- ㉡ 가족 내에서 지도자적 역할을 할 사람은 바로 부모이다. 자녀들이 사회를 살아나가게 하기 위해 부모에게 역할을 잘하게 하여 협동심, 용기, 책임감, 자아존중감을 길러 주고자 했다.

② 목표
- ㉠ 부모의 권위는 존중되면서 자녀에게 민주적 지도자의 역할을 하도록 한다.
- ㉡ 가족화목 활동을 통해 효도 습관을 길러 주고, 생활기술 교육을 통해 자녀의 자아존중감과 생활 능력을 길러 준다.
- ㉢ 부모에게 민주적 지도자 자질을 길러 주어 자녀에게 존경받는 부모가 되도록 하는 것이다.
- ㉣ 비디오 시청과 역할극을 통한 유익하고 활기찬 교육이 이루어진다.

③ 내용
- ㉠ **적극적인 부모** : 적극적인 부모는 존엄성을 가시고 자녀를 대하며 자녀는 부모에게 자신의 생각과 감정을 공손하게 표현할 수 있는 권리가 있음을 인정한다. 그리고 '제한된 자유' 즉 선택의 자유를 자녀에게 허용한다.
- ㉡ **용기와 자아존중감** : 무엇인가를 극복할 수 있다는 긍정적인 생각은 자아존중감에서 비롯된다. 높은 자아존중감은 용기를 가져오고 낮은 자아존중감은 절망감과 두려움을 낳아 낙담을 가져온다. 부모는 자녀에게 용기를 주고 격려를 통하여 자아존중감과 용기를 북돋아 주어 성공회로가 돌도록 도와주어야 한다.[42]
- ㉢ 자녀 이해하기
  - ⓐ **자녀에게 길러 주어야 할 네 가지 행동 목적**

접촉	부모와 접촉하고 싶은 욕구이다. 부모와의 접촉은 가족 간의 소속감, 그로 인한 자존감과 용기에 영향을 미치고 가족 밖에서도 긍정적인 접촉을 할 수 있게 해 준다.
힘	자신의 환경에 영향을 미치며 어느 정도 환경을 통제하고 싶어 하는 욕구이다.
보호	나 자신과 가족을 보호하고 싶은 욕구이다.
물러서기	가끔씩 재충전을 위해 한 발 물러서서 자신만의 시간을 갖고자 하는 욕구이다.

  - ⓑ 네 가지 목적은 유아의 행동에 영향을 준다. 적극적인 부모역할 훈련에서는 네 가지 기본적인 행동 목표들을 긍정적으로 추구하느냐 부정적으로 추구하느냐가 가장 중요한 문제이다.

42) **격려하기의 방법** : 자신감 길러 주기, 힘 북돋아 주고 강점 알게 하기, 자녀를 존중하고 가치를 인정해 주기, 독립심 자극하기

ⓒ 행동 목적과 접근 방식

자녀의 행동 목적	긍정적 접근 방식	부정적 접근 방식
접촉	기여하기	부당한 관심 끌기
힘	독립성	거역하기, 반항하기
보호	주장하기, 용서하기	앙갚음
물러서기	자기만의 시간 갖기	부당한 회피

ⓔ **책임감을 발전시키기** : 책임감은 행동을 선택하고 그 선택의 결과를 수용하는 것이다. 적극적인 부모는 자녀의 자유에 대한 욕구를 잘 인식하고 연령에 적합한 한계성과 책임감을 설정하고 허용한다. 📦 정중하게 요청하기, 나 전달법 사용하기, 자연적·논리적 결과 경험시키기 등이다.

ⓜ **협동심 구하기** : 다른 사람과 공동의 목표를 향해 상호 의존하면서 일하고자 하는 협동을 위해서는 적극적인 의사소통이 필요하다. APT는 적극적으로 듣기, 감정에 귀 기울이기, 감정과 이야기 내용 연결시키기, 대안을 찾고 결과 평가하기, 추후 지도 등을 포함한다.

ⓗ **민주사회에서의 적극적 부모** : 적극적 부모는 가족 모임에서 자녀에게 발언권을 허용하면서 함께 토론함으로써 민주시민의 자질을 키울 수 있다.

9 감정 코칭[43]

(1) 자녀교육 유형[44]

① **축소 전환형 부모** : 자녀의 부정적 감정에 무관심하고 무시하고 대수롭지 않게 여기는 부모이다. 자녀가 부정적 감정이 들 때 맛있는 음식이나 장난감 등으로 당장 풀어 주려고 노력하나 자녀가 느끼는 감정을 제대로 인지하지 못하는 경우가 많다.

② **억압형 부모** : 자녀가 부정적 감정을 드러내는 것을 바람직하지 않다고 여기며 비난하거나 벌을 주는 부모이다.

③ **자유방임형 부모** : 모든 종류의 감정을 인지하고 공감하지만, 자녀의 행동을 좋은 방향으로 이끌거나 한계를 제시하지 않는 부모이다. 자녀는 자신의 감정을 표현하는 것을 당연하게 여기나 자기 감정을 제대로 이해하거나 어떻게 다뤄야 하는지 몰라 감정 조절을 잘 못하게 된다.

④ **감정코칭형 부모** : 자녀의 부정적 감정에 공감해 주고 자기 감정에 이름을 붙이도록 도와주며 자신의 감정을 어떻게 다스려야 하는지 방법을 알려주는 부모이다.

43) 감정 코칭이란, 감정은 있는 그대로 자연스럽게 이해하고 받아들이되, 감정을 표현하는 방식인 행동에는 명확한 한계를 두고, 그 안에서 좀 더 바람직한 방향으로 이끌어 주는 것이다.

44) 존 가트맨(John Mardecai Gottman)은 30년간 약 3,000쌍의 부부를 조사해서 부모들의 자녀교육 유형을 4가지로 분류했다.

(2) 감정 코칭의 5단계

① 감정 인식하기 단계 : 자녀가 현재 어떤 감정을 느끼고 있는지 인식하는 것을 돕는다.
　예 "지금 기분이 어때?"라고 묻는다.

② 친밀감 조성과 교육 기회로 활용하기 단계 : 자녀의 감정적인 순간들을 자녀에게 더 가깝게 다가가고 감정 코칭하기 좋은 기회로 삼는다.

③ 공감하며 경청하기 단계 : 자녀의 감정을 성급하게 판단하거나 비난하지 않고 긍정적 감정이든 부정적 감정이든 공감해 주면서 부모가 자신을 진지하게 받아들이고 있다는 것을 충분히 느끼도록 한다.

④ 자기 감정을 표현하는 단계 : 모델링 등으로 자녀가 자신의 감정에 이름을 붙이고 느끼는 감정을 인식하도록 도와준다.

⑤ 좋은 해결책 찾기 단계 : 자녀의 감정에 공감해 주고 나서 행동의 한계를 정해 주는 노력과 인내가 필요하다. 예 "무엇 때문에 눈물이 났는지 이야기해 줄 수 있니? 그 문제를 해결하는 데 한 가지 좋은 방법이 있는데 이야기해 줄까?"

Ⓐ Plus⁺ **지역사회 연계 유형** (육아정책연구소 연구보고서, 2015)

1. 지역사회 연계의 의의

유치원과 어린이집, 가정, 지역사회 간의 협력적인 관계는 교육·보육 활동뿐 아니라 가정과 지역사회에도 긍정적인 영향을 미친다. 지역의 문화적·지리적 환경과 특성은 교육·보육 활동을 풍부하고 효과적으로 제공하는 자원이 된다. 가정, 지역사회와 연계한 누리과정 운영은 가정이나 지역사회로 하여금 유아의 건강하고 행복한 성장발달에 기여하는 보람과 사명감을 가질 수 있게 한다. (『2015 개정 유치원 교육과정 해설서』)

2. 지역사회 연계 유형

① **현장체험 및 기관 방문 활동** : 병원, 경찰서, 도서관, 초등학교, 대학, 동·면사무소, 공원 관리사무소, 소방서, 우체국, 박물관, 농장, 과수원 등은 유아가 지역사회 기관 나들이를 하기에 바람직한 장소이다.

② **산책 활동** : 지역사회에 있는 놀이터나 등산로 등을 활용하여 교육과정 운영을 할 수도 있다.

③ **지역사회 행사 참여** : 함평 나비 축제, 안동 민속 축제 등 지역사회의 축제에 참여하여 다양한 교육적 경험과 함께 지역사회의 소속감도 높일 수 있다.

④ **지역사회 조사 활동** : 지역사회에 대해 궁금한 점을 모아 방문하여 궁금증을 해결하는 활동을 할 수 있다.

⑤ **지역사회 인사 활용** : 세대 간 지혜나눔 전문가 활용(전통놀이 체험활동, 이야기 할머니), 지역 치위생과 학생들의 치아 건강관리 지도 등 지역 사회의 인적 자원과 연계를 맺는 것이다.

⑥ **지역사회 기관 간 프로그램 협력** : 지역사회의 도서관과 연계하여 책이나 놀잇감을 주기적으로 빌려 보거나, 유아들이 정기적으로 방문하여 책을 읽는 활동을 할 수 있고, 초등학교 저학년과 지속적인 연계 프로그램을 운영할 수 있다. 또한 특별한 보호나 지원을 필요로 하는 유아를 지원할 수 있다. 다문화 유아에게는 지역 기관에서 실시하는 한국어 프로그램에 참여할 수 있도록 안내해 줄 수 있다.

⑦ **기관 자원의 지역사회로의 개방** : 지역사회가 유치원을 활용할 수 있도록 개방하는 것(선거나 회의 장소 제공), 지역민을 대상으로 한 다양한 프로그램을 운영하는 것(강좌 및 바자회), 유아들의 다양한 시설 방문(양로원 등), 교직원이 지역사회의 여러 조직에 참여하는 것(전문가 모임 및 연수) 등이 있다.

 **MEMO**

PART 4

놀이지도

1 피아제(J. Piaget)의 인지발달론적 관점에서 유아의 놀이를 설명한 것으로 맞는 것을 〈보기〉에서 모두 고른 것은? [2010기출]

보기

ㄱ. 놀이는 동화와 조절 중에 조절의 우세한 작용으로 일어난다.
ㄴ. 놀이는 유아의 발달 수준을 뛰어넘어 나타나지 않으나 발달에 기여한다.
ㄷ. 놀이는 이미 존재하는 인지 구조 속에 새로운 자료를 통합하는 작용이다.
ㄹ. 놀이는 감각운동 놀이에서 상징놀이 그리고 연습놀이의 단계로 발달한다.

① ㄱ, ㄴ　　② ㄱ, ㄷ　　③ ㄴ, ㄷ
④ ㄴ, ㄹ　　⑤ ㄹ, ㄷ

정답 ③

2 (가)는 놀이에 대한 이론이고 (나)는 놀이장면의 일부이다. 물음에 답하시오. [2014기출 일부]

(가)　　　…(중략)…

피아제(J. Piaget)는 인지가 발달함에 따라 놀이는 3단계로 발달해간다고 보았다. 스밀란스키(S. Smilansky)가 기능놀이와 극놀이의 중간 단계에 나타난다고 보았던 (㉡)을(를) 피아제는 하나의 독립된 놀이 단계로 인정하지 않았다.

프로이트(S. Freud)에 의하면, 놀이는 부정적인 감정을 감소시켜 주는 감정의 (㉢)효과를 갖는다. 놀이가 갖는 이러한 효과는 공격에너지를 발산하면 공격성이 감소된다는 것을 가정하는 (㉣)이론과

유사한 것으로, 유아는 놀이 속에서 대리사물이나 사람에게 자신의 부정적인 감정을 전이시켜 부정적 감정을 감소시킬 수 있게 된다.

(나)

유아들이 역할놀이 영역에서 소꿉놀이를 하고 있다.

┌ 소연 : (빈 컵을 입에 갖다 대며 마시는 시늉을 하며) 아, 시원하다.
㉤ 민채 : 아기도 목말라. (인형의 입에 빈 컵을 갖다 대며 먹이는 시늉을 하며) 아가야, 이제 됐어?
└ 　　　　……(중략)……
┌ 진우 : (인형과 수건을 가지고 교사에게 다가가며) 선생님, 아기 업을래요.
│ 민지 : 나도 아기 업을래. 어? 인형이 없네. (쌓기놀이 영역에 가서 종이벽돌블록과 보자기를 가져오며) 선생님, 나도
㉥ 　　　　아기 업을래요. 이거 묶어 주세요.

1) ㉡과 ㉢에 들어갈 용어를 각각 1가지씩 쓰시오. [2점]

· ㉡ : _____

· ㉢ : _____

2) 다음은 상징놀이의 구성요소 및 내용이다. ㉤에 비추어 A에 들어갈 내용 1가지를 쓰고, ㉥에 비추어 B에 들어갈 구성요소 1가지를 쓰시오. [2점]

구성요소	내용
탈중심화	A
B	유사한 사물이나 상황 대체에서, 유사하지 않은 사물이나 상황 대체로 변화하는 것
통합	단일한 상징 행동에서, 주제나 줄거리가 있는 복잡한 상징 행동으로 조직화되는 것

· A 내용 : _____

· B 구성요소 : _____

케이크를 만든다."라고 말한다. "나는 커피를 만들어."라고 민주가 말한다. 그리고 ⓜ "우리는 엄마야. 맞지, 수진아?"라고 민주가 말하자, 수진이가 "맞아."라고 말한다. 세 유아는 20분간 놀이를 계속하였고, 정리 시간을 알리는 소리가 들린다.

① ㉠, ㉢   ② ㉡, ㉢, ㉣
③ ㉢, ㉣, ㉤   ④ ㉠, ㉡, ㉢, ㉣
⑤ ㉡, ㉢, ㉣, ㉤

정답 ②

정답
1) • ㉡ : 구성놀이   • ㉢ : 정화(카타르시스)
2) • A 내용 : 자신에게 초점을 두다가 점차 자신이 아닌 사물을 상징의 대상으로 삼는 것
   • B 구성요소 : 탈맥락화
해설 상징놀이의 발달(p.316 참고)

3 다음은 만 4세반 김 교사가 관찰한 모래 놀이 영역의 놀이 장면이다. 영미와 수진이의 놀이는 파튼(M. B. Parten)의 놀이 유형에 따르면 연합놀이에 해당한다. 민주는 영미와 수진이의 놀이에 합류하기 위해 병행놀이 행동을 포함한 여러 가지 방법을 사용하고 있다. ㉠~㉤에서 병행놀이 행동에 해당하는 것을 모두 고른 것은? 2012기출

영미와 수진이는 모래로 케이크를 만들고 차를 끓이면서 엄마 놀이를 하고 있다.
이때 민주가 다가와 이 둘을 바라본다. ㉠ 민주는 한동안 이들을 바라본 후, 모래 놀이 영역 주위를 세 번 돈다. 그리고 ㉡ 민주는 모래 놀이 영역으로 들어가 앉은 후, 주변에 있는 다른 찻잔을 잡고 마시는 척한다. 영미는 민주에게서 찻잔을 뺏고, "안 돼."라고 조그맣게 말한다. 민주는 다시 이들의 놀이를 바라본다. 잠시 후, ㉢ 민주는 영미에게 다가가 모래로 케이크 팬을 채운다. 민주가 영미를 바라본 후, "우리는 친구야. 그렇지, 영미야?"라고 말한다. 영미는 민주를 쳐다보지 않고 케이크 팬에 모래를 계속 담는다. ㉣ 민주는 영미 옆에 앉아 숟가락으로 냄비에 모래를 담기 시작한다. 영미는 수진이에게 "나는

4 다음의 ㉠에 해당하는 놀이의 예로 가장 적절한 것은? 2009기출

스밀란스키(S. Smilansky)는 유아의 지적 발달이 높아짐에 따라 인지적 놀이수준도 '기능놀이', '구성놀이', '극놀이', (㉠)(으)로 변화해 간다고 하였다.

① 민지는 친구들과 사방치기 놀이를 한다.
② 종한이는 친구들과 함께 병원놀이를 한다.
③ 영미는 그릇에 모래를 채웠다 비웠다 하며 논다.
④ 우성이는 레고 블럭을 이용하여 집을 만들며 논다.
⑤ 희진이는 장난감 자동차를 반복해서 굴리기를 한다.

정답 ①

5 다음은 쌓기놀이 영역에서 '꽃가게 놀이'를 하는 장면이다. 물음에 답하시오. [총 6점] 2008기출

> 유아들이 꽃이 핀 화분을 보면서 "꽃가게 놀이를 하면 좋겠다."라고 제안하자 교사가 놀이를 할 수 있는 장소를 알아보자고 한다.
>
> …(중략)…
>
> 유아들이 쌓기놀이 영역에서 꽃가게 놀이를 하기 위해 화분을 옮긴다. 교사는 유아들이 필요한 소품을 만들 수 있도록 하고, 계산대와 같은 자료를 제공해 준다. 유아들은 블록으로 꽃가게를 만들고 놀이를 시작한다.
>
> 재　은 : 나는 꽃가게 주인을 할 거야. 너는?
>
> 우　진 : 난 꽃 파는 사람을 할 거야.
>
> (유아들이 꽃을 사고파는 놀이를 계속 하고 있다.)
>
> 교　사 : 똑똑. 꽃 사러 왔어요.
>
> 유아들 : 어서 오세요.
>
> 교　사 : 여기, 꽃을 한눈에 볼 수 있는 작은 책 같은 것은 없어요?
>
> 재　은 : 아, 이 꽃을 찍어 책을 만들면 좋겠다. 선생님, 사진기가 필요해요.
>
> 교사가 사진기를 가져다주자 유아들은 사진을 찍기 시작한다.

1) 위 상황에서 유아의 '꽃가게 놀이'를 지원하기 위해 교사가 제공한 자원을 2가지 쓰시오. [2점]

· _____

· _____

2) 위 상황에서 유아의 사회극 놀이를 촉진하기 위해 교사가 개입하고 있는 역할을 쓰고, 그 내용을 찾아 1가지 쓰시오. [1점]

· ① 역할 : _____

· ② 내용 : _____

3) 스밀란스키(S. Smilansky)가 제시한 사회극 놀이의 요소와 위 상황에 해당하는 내용을 찾아 3가지 쓰시오. [3점]

사회극 놀이의 요소	해당하는 내용

정답
1) · 공간, 계산대, 사진기와 같은 물리적 자원
  · 놀이 참가 및 질문 등 인적 자원
2) · ① 역할 : 환경구성자, 공동놀이자
  · ② 내용 : 교사는 유아들이 필요한 소품을 만들 수 있도록 하고, 계산대와 같은 자료를 제공해 준다.
3)

사회극 놀이의 요소	해당하는 내용
역할 이행	재은 : 나는 꽃가게 주인을 할 거야. 너는? 우진 : 난 꽃 파는 사람을 할 거야.
가상전환	사물의 가작화 : 블록으로 꽃가게를 만들었다.
사회적 상호작용	두 명의 유아가 놀이 에피소드와 관련하여 직접적으로 서로 상호작용을 한다.
언어적 의사소통	가장 의사소통 : "어서 오세요." 상위 의사소통 : "아, 이 꽃을 찍어 책을 만들면 좋겠다."

해설 사회극놀이 성립의 범주(p.318 참고)

6 다음은 3세반 자유선택활동시간의 놀이상황이다. 물음에 답하시오. 2013추시 일부

> ㉠ 민수와 영희는 쌓기놀이 영역에서 블록으로 탑을 만들고 있다. 가까이에서 놀이하지만, 서로 대화는 하지 않는다. 잠시 후, 영희가 만들어 놓은 탑에서 민수가 블록 한 개를 빼내자 탑이 무너지면서 시끄러운 소리가 난다.

영희 : 내거야, 이리 줘.

민수 : 나도 이거 필요해!

(교사는 유아들의 놀이상황을 주의 깊게 관찰하며, 스스로 갈등을 해결할 수 있도록 기다린다.)

영희 : 싫어. 내거야. 줘!

교사 : (민수에게 블록을 가져다주며) 민수는 이 블록을 가지고 다시 만들도록 하자.

민수 : (불만스런 표정으로 블록을 영희 앞에 떨어뜨리며) 여기 있어.

영희 : 선생님, 민수가 내 탑 무너뜨렸어요.

교사 : 민수 때문에 영희가 만든 탑이 무너졌구나.

영희 : 네.

교사 : 민수야! 영희가 만든 탑이 무너졌는데, 어떻게 하면 좋을까?

민수 : 몰라요.

영희 : 또 만들려면 힘들어.

교사 : (영희에게) 그럼, 민수랑 같이 만들어 보자.

1) ㉠에 해당하는 파튼(M. Parten)의 사회적 놀이 유형 1가지를 쓰시오. [1점]

  • _____

2) ①, ②에 해당하는 교사의 말 또는 행동을 위 사례에서 찾아 각각 1가지씩 쓰고, ③에 들어갈 용어 1가지를 쓰시오. [3점]

```
개방적                          구조적
◀━━━━━━━━━━━━━━━━━━━━━━━▶

 ①       ②                ④
응시   비지시적  ( ③ )  지시적  모델링  물리적
       진술            진술          개입
[교사지도 연속모형(TBC : Teacher Behavior Continuum)]
```

• ①의 말(행동) : _____

• ②의 말(행동) : _____

• ③ : _____

정답

1) • 병행놀이

2) • ①의 말(행동) : 교사는 유아들의 놀이상황을 주의 깊게 관찰하며, 스스로 갈등을 해결할 수 있도록 기다린다.

• ②의 말(행동) : 민수 때문에 영희가 만든 탑이 무너졌구나.

• ③ : 질문

해설 교사지도 연속모형(p.338 참고)

7 (가)는 유아들의 쌓기놀이 상황이다. 물음에 답하시오.
2019기출 일부

(가)

(쌓기놀이 영역에서 진수와 호영이가 단위 블록을 가지고 놀고 있다.)

진수 : (단위 블록을 돌리면서 자동차 운전사 흉내를 내고 있다.) 웅…… 웅. 쉬…… 윙.

호영 : (진수를 잠시 쳐다보더니 단위 블록을 한 개 들어 올리며 혼잣말로) 비행기 출발!

1) 루빈(K. Rubin)의 사회인지 놀이 범주에 근거하여, ① (가)에서 나타난 호영이의 놀이 유형 1가지와 ② 그 놀이 유형이 갖는 특징을 쓰고, ③ (나)에서 나타난 유아들의 놀이 유형 1가지를 쓰시오. [3점]

• ① : _____

• ② : _____

• ③ : _____

정답 1) • ① : 병행-극놀이

• ② : 두 명 이상의 유아가 같은 공간, 같은 시간에 같은 유형의 경험을 표상하는 상징적 놀이를 하고 있으나 서로 간 상호작용은 없는 것이다.

• ③ : 집단-극놀이

해설 p.325 참고

1 놀이의 개념

(1) 놀이의 특성

① **내적 동기화** : 다른 사람이 시켜서 하는 것이 아니라 놀이를 하고 싶은 순수한 욕구에 의해 놀이를 한다는 것이다.

② **과정 지향성** : 무엇인가를 완성하고 도달하는 것을 지향하기보다는 그 활동 과정 자체에서 즐거움을 느끼는 것이다. 유아들은 목표 성취에 대한 압력이 없을 때 수천 가지의 다양한 놀이를 할 수 있다.

③ **비실제성** : 상징놀이에서 자주 나타나는 특성으로, 사물이나 상황 등을 놀이주제에 맞추어 '가상'으로 '변형'하는 것이다. 유아는 놀이를 통해 '지금, 여기'라는 현실적인 제약을 벗어나 비실제적, 가상적인 상황에서 새로운 가능성을 시도할 수 있다.

④ **적극적 참여** : 놀이에 방관적이거나 산만함을 보이지 않고 열의를 다하여 참여하는 것을 말한다. 유아들은 호기심이 생기고 하고 싶어서 하는 놀이에는 적극성을 띤다.

⑤ **긍정적 정서** : 놀이 속에서 유아들이 재미와 즐거움을 느끼는 것이다. 만약 놀이가 즐겁지 않다면 유아는 바로 놀이하는 것을 멈추게 된다.

⑥ **외적 규칙으로부터의 자유** : 놀이는 정해진 규칙이나 외부의 지시에 따르는 것이 아니라 유아가 자기 나름대로의 방식으로 놀이에 임할 수 있다는 특징이 있다.

⑦ **자유로운 선택** : 놀이에 참여할지 말지, 어떤 형태로 놀이를 진행할지, 얼마만큼까지 할지에 대해 유아가 자율적으로 결정하고 자기통제를 한다는 의미이다.

⑧ **유연성** : 놀이 시 나타나는 융통성을 말하는 것으로, 고정적인 사고의 틀을 벗어나 융통성있게 사고하는 것을 말한다. 예 종이를 가지고 그림도 그릴 수 있고 접을 수도 있고, 자르거나 찢어서 만들기를 할 수도 있다.

⑨ **몰입**[1] : 유아가 놀이에 온전히 집중하여 놀이를 지속하면서 즐거움을 느끼는 것이다.

(2) 놀이와 탐색

① 허트(Hutt, 1989)는 놀이와 탐색은 내적으로 동기화된 행동이라는 공통점이 있으나 놀이는 유기체에 의해 주도되는 행동인 반면, 탐색은 자극에 의해서 주도되는 행동이라는 점에서 차이가 있다고 주장했다.

1) 몰입(flow)이란 행위에 깊게 몰입하여 시간의 흐름이나 공간, 더 나아가서는 자신에 대한 생각까지도 잊어버리게 되는 심리적 상태를 말한다.

② 놀이와 탐색의 비교

	탐색	놀이
시기	놀이 이전에 나타남	탐색 이후에 나타남
상황	처음 보는 사물을 대할 때	익숙한 사물을 대할 때
목적	사물에 대한 정보 수집	자극 창출
행동	정형화된 행동	다양한 행동
기분	진지한	즐거운
심장박동	적은 변화	많은 변화

(3) 놀이와 비놀이

① 레비(Levy, 1978)는 놀이를 비놀이 행동과 대비시켜 개념화했다.

② 놀이와 비놀이

　㉠ 내적 동기 : 놀이 행동은 스스로의 만족감과 성취감 같은 내적인 보상에 의해 활동에 몰입하게 된다. 반면 비놀이 행동은 외적인 보상을 기대하는 외적 동기에 의해 일어난다.

　㉡ 비실제성 : 유아는 놀이를 하면서 가작화를 통해 규칙, 역할, 기대 등의 현실 세계로부터 자유를 얻게 된다. 반면 비놀이 행동은 현실의 제약을 반영하여 행동하게 된다.

　㉢ 내적 통제신념 : 인간이 자신의 행동과 행동의 결과를 스스로 통제하고 있다고 자각하는 정도를 내적 통제신념이라고 한다. 유아는 놀이를 하면서 자신의 행동과 행동의 결과를 스스로 통제할 수 있다는 내적 통제신념을 가질 수 있다. 반면 비놀이 행동은 외부에 의해 통제되고 있다는 외적 통제신념을 갖게 된다.

※ 놀이 행동 : 개성의 계발(레비 Levy) ※

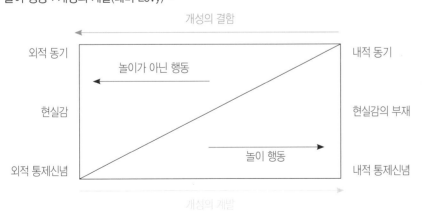

(4) 놀이와 일

① **프로스트와 클라인**(Frost & Klein, 1979) : 놀이와 일은 서로 상반되면서도 연속적인 특성을 지니며 일직선상에 있다. 놀이는 능동적이고 자발적이며 재미있고 과정중심적인 반면, 일은 수동적이고 강요적이며 단조롭고 외부로부터 부과되는 규칙에 의해 통제되는 특성이 있다.

■ 놀이-일 연속체(Frost & Klein) ■

② 듀이(Dewey)는 놀이를 작업(work)이라고 인식하고, 유아는 놀면서 배운다는 개념으로 유아교육에서 놀이를 학습의 수단으로 보았다. 놀이와 작업(일)을 같은 맥락에서 보았기 때문에 실제 유아의 활동에서 놀이와 일을 정확한 선으로 구분하기는 어렵다고 했다.

2 놀이의 가치

(1) 놀이의 범주

■ 유아놀이의 범주화(Hutt, Tyler, Hutt & Christoperson, 1989) ■

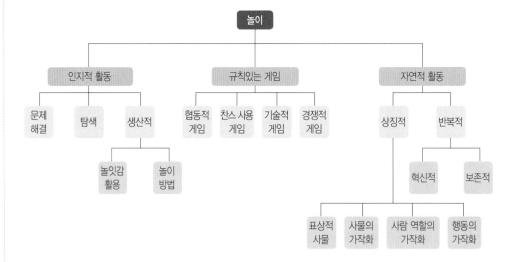

① 인지적 활동으로서의 놀이 : 놀이를 통해 인지적 지식의 구성이 가능한 놀이이다.
　　㉠ 문제해결활동 : 모양판, 조각 그림 맞추기, 미로 찾기와 같은 활동 과제를 목표로 하는 놀이이다.
　　㉡ 탐색활동 : 새로운 자극물을 접할 때 그것을 만져 보고 조작하여 시험해 보는 활동이다.
　　㉢ 생산적 활동 : 유아가 이전에 비하여 놀잇감 활용이나 놀이 방법 면에서 변화를 주면서 할 수 있는 활동이다. 예 모래놀이 영역에서 두꺼비집만 만들던 유아가 다른 놀잇감을 사용하여 성을 만들거나 공굴리기를 하던 유아가 또래와 공 주고받기를 하는 경우이다.

② 규칙있는 게임 : 정해진 놀이 규칙이 있거나 사회적으로 구성원끼리 협의하여 규칙을 만들고 이를 지키면서 하는 놀이이다.
　　㉠ 협동적 게임 : 주제 환상극놀이 등에서 규칙을 만들고 이를 지키면서 놀이하는 것이다.
　　㉡ 찬스 사용 게임 : 게임 규칙에 찬스를 사용할 수 있도록 하여 게임을 진행시키는 것이다.
　　㉢ 기술적 게임 : '스무고개'와 같이 기억력이나 재치 등 기술적 측면을 다루는 게임이다.
　　㉣ 경쟁적 게임 : '풍선 터트리기'와 같이 유아들을 두 팀으로 나누어 속도나 정확도 등을 경쟁하는 것이다.

③ 자연적 활동으로서의 놀이 : 일차적으로 자신의 즐거움에 의해 지속되는 놀이로, 이 활동은 유아의 기분이나 정서에 따라 이루어지는 경향이 많다.
　　㉠ 상징놀이 : 사물, 역할, 행동 등 가작화 요소가 내포된 놀이이다.
　　㉡ 반복놀이 : 보존적 반복놀이는 미끄럼틀을 같은 방법으로 타는 것과 같이 새로운 요소가 없이 매번 같은 방식으로 반복하는 놀이이고, 혁신적 반복놀이는 공 때리기를 처음에는 손으로 하다가 나중에는 배로, 머리로, 다리로 하는 등 같은 유형의 놀이라도 새로운 요소를 첨가하여 반복하는 놀이이다.

(2) 놀이의 가치

① 신체 발달 : 놀이를 하면서 대근육과 소근육이 발달하고 신체조절능력이 향상된다.
② 인지 발달 : 놀이를 통해 공간, 시간, 인과관계에 대한 개념이 재조직되며 수학과 과학과 관련된 조작 및 사고가 가능해지며 문제해결능력이 향상된다.
③ 정서 발달 : 놀이를 통해 부정적 감정을 정화시키며 스트레스를 해소하고 긍정적이고 안정적인 정서를 발달시킬 수 있다.
④ 자아존중감 발달 : 실패를 두려워하지 않고 실패해도 다시 도전할 수 있다는 경험을 할 수 있다.
⑤ 자기조절력 발달 : 유아들은 놀이에서 자신의 신체, 정신, 행위를 스스로 통제하고 주의를 기울이고 끈기 있게 집중한다.
⑥ 사회성 발달 : 놀이 속에서 조망수용능력이 발달되며 규칙을 지키고 또래와 협력해 나가면서 자기통제능력 등의 사회적 기술을 발달시킬 수 있다.

(3) 놀이의 기능

① 학습적 기능 : 놀이는 학습의 중요한 요소인 자발적 동기, 적극적 참여를 향상시키고 구체적인 경험에 의해 다양한 것을 배우도록 한다.

② 교육적 기능 : 유아는 놀이상황 속에서 다양한 사물, 사람과 관계를 맺고 스스로 사고하고 판단하며 결정함으로써 올바른 가치나 삶의 태도를 형성해 나간다.

③ 평가적 기능 : 놀이 속에서 유아는 자연스럽게 자신을 표출시킨다. 따라서, 교사는 유아의 놀이 행동을 관찰함으로써 유아의 발달 수준 및 특성을 평가하거나 진단할 수 있다.

④ 치료적 기능 : 놀이는 유아의 손상된 자아존중감을 회복시켜 주고 자신의 한계·편견 등을 극복하고 긍정적인 정서를 갖는 데 도움이 된다.

2장 놀이이론

1 고전적 놀이이론

(1) 잉여에너지이론(실러, 스펜서)

① 잉여에너지이론(surplus energy theory)에서는 인간은 노동을 하고 난 후 에너지가 남으면 이것을 쓰기 위해 놀이를 한다고 보았다.

② 잉여에너지이론 학자 : 실러(Schiller, 18C 시인), 스펜서(Spencer, 19C 철학자)

③ 한계 : 유아가 놀이 후 많은 에너지를 소모한 지친 상황에서도 지속적으로 놀이활동에 열심히 참여하는 것에 대해서는 설명하지 못했다.

(2) 휴식이론(라자루스, 패트릭)

① 휴식이론(recreation theory)은 노동으로 쌓인 피로를 풀기 위해 놀이를 한다는 것이다.

② 라자루스(lazarus, 19C 철학자) : 인간은 일을 하면 에너지가 결핍되는데, 일에서 소비된 에너지를 일과는 다른 활동인 놀이를 통해 충전한다고 주장했다.

③ 패트릭(Patrick, 20C 초 철학자) : 현대 산업사회에서는 기술의 개발로 육체노동보다 정신노동이 더 많이 요구되는데, 정신노동으로 쌓인 피로는 뛰기, 달리기, 던지기 등 고대의 원시활동(예 사냥, 낚시)과 관련된 놀이를 통해 회복될 수 있다고 보았다.

④ 한계 : 성인에 비해 더 적은 일을 하는 유아가 놀이에 더 많이 참여하는 것에 대해서는 설명하지 못했다.

(3) 연습이론(그루스)

① 연습이론(practice theory)에서는 놀이를 성인기의 생존 활동을 연습하기 위한 학습 수단으로 보았다.

② 그루스(Groos, 1898, 1901) : 하등동물은 생존을 위한 기본적인 능력만으로 성인기를 지낼 수 있기 때문에 적게 놀이하고, 고등동물은 놀이를 통해 높은 수준의 기술이 요구되는 성인 생활의 능력과 기술을 연습해야 하기 때문에 긴 놀이시간을 가진다고 주장했다.

③ 한계 : 특정한 단계적 놀이활동에 의해 성인기에 필요한 여러 기술들이 획득된다고 주장하고 있으나 이에 대한 구체적인 증거는 거의 없다.

(4) 반복이론(홀, 귤릭)

① 반복이론(recapitulation theory)은 놀이란 과거 문화의 역사를 반영하는 것으로, 인간의 과거 원시적 삶의 모습이 놀이로 나타난다고 하였다.

② 홀(Hall, 19C 진화론자) : 현대 사회생활에 필요한 더 복잡한 인간 행동으로 발전하기 위해 인간은 놀이를 통해서 필요하지 않은 원시적 본능을 약화, 발산, 제거하고자 한다고 주장했다.

③ 귤릭(Gulick, 19C 진화론자) : 놀이에서 개체발생은 계통발생을 반복한다는 진화론적 원리가 나타난다고 하였다. 그는 현대 인류의 던지기 게임은 원시인의 초기 사냥 활동의 재현이라고 하였다.

④ 한계 : 세대가 지나면서 점차 아동기 놀이(전자 매체 장난감, 컴퓨터 놀이 등)에서 원시적 활동들이 변형·퇴화되고 있다는 점을 다루지 못하고 있다.

■ 고전적 놀이이론 정리 ■

이론	창안자	놀이의 목적
잉여에너지 이론	실러, 스펜서	잉여에너지 제거
휴식이론	라자루스	노동으로 소모된 에너지 보충
연습이론	그루스	성인기 활동에 필요한 기능의 숙달
반복이론	홀, 귤릭	원시본능의 제거

2 현대의 놀이이론

(1) 정신분석의 놀이이론

① 프로이트(Freud, 1959)[2]

  ㉠ 소망의 충족 : 놀이는 아동이 상상 속에서 원하는 바를 표현할 수 있게 한다. 실제 생활에서 받아들여지기에는 어려운 무의식적인 동기와 본능적 충동을 표출할 수 있는 안전막을 놀이가 제공해 주기 때문이다.

  ㉡ 정화 : 정화란 마음속의 억압된 부정적 감정들을 제거하는 것이다. 놀이의 정화기능은 역할전환과 반복의 두 기제를 통해서 가능하다.

   ⓐ 역할전환 : 현실에서는 부정적 경험을 당하는 수동적 존재였지만 역할놀이에서는 부정적 경험을 제공하는 적극적이고 능동적 존재가 되는 것이다. 예 어머니에게 혼이 난 유아가 큰 소리로 인형을 혼내는 것

   ⓑ 반복 : 놀이를 통해 현실의 나쁜 경험이나 감정을 여러 번 반복하는 것이다. 이를 통해 유아는 실제 경험했던 부정적 경험이나 감정을 자신이 감당할 수 있을 정도의 작은 부분으로 나누어 정화시킬 수 있다.

2) 프로이트는 아동에게 놀이란 '소망의 충족'과 '정화'하는 데 필요한 것이라고 했다.

② 에릭슨(Erikson) : 놀이는 유아의 자아(ego) 기능을 강화시킬 수 있다고 보았다. 즉, 유아는 놀이 속에서 의존적인 존재에서 자율적으로 놀이상황을 통제하는 주도적인 존재가 됨으로써 현실적인 요구를 능숙하게 다루게(숙달 mastery) 된다.

　㉠ 에릭슨의 놀이 발달 단계

자기 세계 놀이 (auto-cosmic play)	출생 후 1년 동안의 시기로, 자신의 신체를 가지고 탐색하는 단계이다.
미시 영역 놀이 (micro-sphere play)	1세~2세까지의 시기로, 자신의 신체에서 벗어나 주변의 사물이나 놀잇감을 조작하며 노는 단계이다.
거시 영역 놀이 (macro-sphere play)	3세 이후의 시기로, 자신의 신체와 사물에서 벗어나 주변의 또래와 사회적인 상호작용을 하는 단계이다.

　㉡ 놀이치료 : 프로이트의 놀이이론 중 특히 정화의 측면을 강조하여 이를 토대로 정서적인 어려움을 겪고 있는 아동에게 놀이치료를 실시하였다.

A Plus* 놀이의 정화이론에 대한 반론

정신분석 이론가들은 공격적 놀이 행동이 공격성을 감소시킨다고 하였다. 메닝거(Menninger)는 놀이는 억압된 공격 충동을 완화시키며, 상상놀이를 통해 공격성을 표출하게 되면 실생활에서 공격성을 나타내는 경향이 감소한다고 주장했다. 반면 사회인지학습 이론의 반두라(Bandura)는 공격적인 놀이를 자주 하면 오히려 공격성을 더 자극하여 실생활에서 더 많이 나타난다고 지적했다. 또한 정신분석 이론가들은 TV의 공격적 장면이 공격성을 감소시킨다고 보았으나 반두라는 모방행동에 의해 공격성이 더욱 자극된다고 주장했다.

(2) 피아제의 놀이이론

① 피아제(Piaget)에 의하면 놀이는 아동의 인지발달 수준을 나타내 줄 뿐 아니라 인지발달에 기여하는 요소이다.

② 피아제는 놀이는 동화가 조절보다 우세한 상태이므로 진정한 의미의 학습은 놀이를 통해서 일어나지 않는다고 보았다. 유아는 놀이를 하면서 새로운 기술을 학습하기보다는 새롭게 획득한 기술을 연습하고 내면화시킨다고 보았다. **예** 블록을 빵이라고 가정해 냠냠 맛있게 먹는 상황은 블록과 빵이 어떻게 다른지 분석해 새롭게 배우는 것이 아니라 이미 자신이 가지고 있던 인지구조를 능숙하게 사용해 변형하는 행동이다.

③ 상징적 전환 : 아동의 인지가 발달하면서 '의미 있는 것'이 '의미가 부여된 것'으로 분화됨으로써 상징적 가작화가 시작된다.

④ 프로이트의 이론과 마찬가지로 유아의 놀이에는 가작화를 통해 손상을 받아 왜곡된 정서가 완화되는 정화(catharsis)작용이 나타난다고 하였다.

⑤ 놀이 발달 단계 : 연습놀이 → 상징놀이 → 규칙있는 게임

(3) 비고츠키의 놀이이론

① 프로이트처럼 비고츠키도 아동이 잊을 수 없거나 현실사회에 의해서 충족될 수 없는 소망들 간의 긴장에서 놀이가 도출된다고 보았다. 이 긴장을 해소하기 위해 아동은 현실에서는 실현될 수 없는 소망을 실현시킬 수 있는 상상적인 환상의 세계로 들어간다. 예 자동차를 타 보고 싶은 욕구를 놀이를 통해 충족시키려고 함.

② 비고츠키는 인지발달에 있어 놀이의 역할을 더 중요하게 생각하였으며, 놀이가 발달을 이끄는 주도적 활동이라고 하였다.

③ 놀이의 주된 역할
  ㉠ 추상적 사고의 촉진 : 추상적 사고란 실제의 사물이나 행위로부터 의미를 분리해 낼 수 있는 사고이다. 유아의 상징놀이는 추상적 사고 발달에 결정적인 역할을 한다.
  ㉡ 근접발달지대에서의 학습 : 유아는 근접발달지대에서 비계설정이 제공된다면 혼자서는 할 수 없었던 활동을 할 수 있게 되는데, 놀이는 이러한 근접발달지대를 제공한다고 보았다.
  ㉢ 자기조력적 도구 : 놀이는 학습을 촉진하는 자기조력적 도구가 된다. 사회극놀이에 참여한 유아는 놀이의 틀 혹은 상상적 상황, 행동을 통제할 수 있으며 더 높은 수준의 활동에 참여하게 된다.

(4) 브루너와 셔턴-스미스의 놀이이론[3]

① 브루너(Bruner, 1972)
  ㉠ 놀이에서는 수단(과정)이 목적(결과)보다 더 중요하기 때문에 아동은 놀이를 할 때 목적 달성에 대해 걱정하지 않는다.
  ㉡ 아동은 놀이라는 안전한 보호막 안에서 새로운 행동과 아이디어의 조합을 시도해 보면서 사고의 융통성, 창의성을 증진시킬 수 있다.

② 셔턴-스미스(Sutton-Smith, 1967)
  ㉠ 아동의 가상놀이에서 발생하는 상징적 변형(symbolic transformation : 나무 막대기를 '말'이라고 하는 것)이 인지능력을 발달시켜 그 결과 정신적 사고의 융통성이 촉진된다고 주장하면서 상징적 변형을 중요시했다.
  ㉡ 적응 가변성 : 유아는 놀이에서 다양한 가능성을 수행하면서 선택권이나 대안책을 더 잘 고려할 수 있게 되어 결과적으로 융통성이 발달한다는 것이다.

(5) 싱거의 놀이이론

① 싱거와 제롬(Singer & Jerome)은 놀이의 인지와 정서의 관계성을 강조했다.
② 놀이의 역할은 내적·외적 자극의 유입을 적절하게 조절하는 것이다. 유아들은 가상놀이를 하면서 지나친 놀람이나 지루함보다는 즐거움을 경험하게 되고 이러한 정서 경험은 확산적 사고, 감정이입, 자극 통제 등의 인지와 정서발달에 기여한다.

3) 브루너와 셔턴-스미스는 피아제와 비고츠키와는 달리 놀이가 창의성과 사고의 융통성을 어떻게 증진시키는가에 초점을 두었다.

3 기타 놀이이론

(1) 각성조절이론

① 각성조절이론에서는 놀이를 각성수준을 적정하게 유지하려는 욕구를 충족시키려는 행동이라고 본다.

② 벌린(Berlyne) : 영유아가 자극이 큰 낯선 사물을 접하면 각성이 증가하는데, 탐색을 통해(특정탐험) 점점 사물과 친숙하게 되면 각성은 감소하게 된다. 반면 자극이 충분하지 않으면 각성이 줄어들고 각성이 낮은 수준으로 떨어지면 활동이 지루하게 되어 자극을 추구하는 행동을 하게 된다(다양한 탐구).

③ 엘리스(Ellis) : 놀이를 최적의 각성수준으로 끌어올리는 '자극추구활동'이라고 하였다. 즉, 놀이는 각성이 낮아졌을 때 자극을 추구하여 각성을 높이려는 활동이다.

(2) 상위 의사소통이론

① 상위 의사소통(meta-communicative) : 유아들이 사회적 놀이에 참여할 때 놀이의 여러 상황, 행동, 사물 등을 함께 놀이하는 상대방에게 이해시키고 설명해 줌으로써 놀이가 원활하게 진행될 수 있도록 해주는 의사소통이다.

② 베이트슨(Bateson, 1971)

  ㉠ 유아는 놀이에서 실제 상황과 놀이를 구분할 줄 알며 놀이에 참여할 때 놀이의 틀(play frame) 안에 있다는 것을 안다.

  ㉡ 유아는 사회극화놀이에 참여하는 동안에 문제가 생기면 문제해결을 위해 현실 세계의 자신으로 돌아온다. 즉, 상위 의사소통이란 놀이에서 잠시 벗어나 놀이를 하기 위해 필요한 의사소통을 하는 것이다.[4]

  ㉢ 유아는 사회극화놀이를 하면서 상위 의사소통을 위해 언어적이거나 비언어적인 신호들을 개발한다.

  ㉣ 거친 신체놀이(rough & tumble play)는 '이것은 놀이이다'라는 신호를 효과적으로 전달해야 한다. 따라서 공격적 행동 특성과 구분되는 미소짓기, 웃기와 같은 긍정적인 정서가 반영되며 힘을 최대한 사용하지 않는 특성이 나타난다.

  ㉤ 역할놀이를 함으로써 어떻게 엄마나 아빠가 되는가를 배운다기보다는 이러한 역할들이 존재한다는 사실을 배운다는 것이 더 중요하다.

③ 가비(Garvey, 1993)

  ㉠ 극화놀이는 행동에 관해 계획하고 가작화하는 두 가지 사회적 요소를 유아들에게 요구한다. 여기서 계획이란 유아가 다른 놀이자와 함께 극화놀이를 어떻게 실현할 것인가를 생각하는 것이며, 가작화란 지금, 여기, 너, 나, 사물 등을 임의적으로 변형시키는 것이다.

4) 유아는 놀이를 하다가 일시적으로 놀이에서 잠시 벗어나 현실의 또래에게 "아기가 아파서 병원에 있다고 하자."라고 말하면서 중간에 놀이의 틀을 구성하고 합의하면서 놀이를 한다.

ⓒ 가비가 제안한 사회적 놀이에서 유아가 사용하는 언어 기제

분류	예
준비대화	"인형놀이 하자."
가작화에 대한 직접적 지시 • 자아의 전환 • 타인의 전환 • 공동의 역할 전환 • 자신의 행동에 대한 전환 • 타인의 행동에 대한 전환 • 공동 행동에 대한 전환 • 사물의 전환 • 환경의 전환 • 존재하지 않는 사물의 전환	 "내가 이제 의사라고 하자." "너는 환자라고 하자." "우리가 간호사라고 하자." "내가 약을 만들고 있어." "네가 다리가 부러졌다고 하자." "우리가 목숨을 구했다고 하자." "이 찰흙이 약이라고 하자." "책상 밑이 우리 병원이다." (빈손으로 다른 유아에게 다가오며) "이게 너한테 줄 주사야."
가작화 내에서의 대화	"약을 다 먹어야지." "간호사가 너한테 주사를 놓는다."
가작화의 부인	"나는 주사 맞기 싫어. 나 이제 간다."
놀이의 신호	• 목소리의 변화(고음, 저음) • 행동하거나 말할 때 웃기 예 고음을 사용해서 아기처럼 이야기하기

(3) 각본이론

① 각본(script)

  ㉠ 기억에 의해 활성화되는 지식구조이다. 반복적인 실제 경험을 통하여 형성된 것으로, 특정 상황이나 맥락에서 고정적으로 계속해서 일어나는 사태에 대한 지식 구조이다.

  ㉡ 유아는 발달함에 따라 자신의 경험에 근거해서 사건을 구성할 수 있게 되며 자신의 경험을 해석하여 놀이의 각본으로 만들어 표현한다.

② 울프와 그롤만(Wolf & Grollman, 1982)의 각본 수준

  ㉠ 도식 수준(scheme level) : 한 사건에 관련되는 하나 또는 그 이상의 짧은 행동을 수행한다. 예 인형을 침대에 눕히기

  ㉡ 사건 수준(event level) : 한 가지 목표를 추구하기 위해 관련된 두 가지 이상의 도식을 수행한다. 예 인형에게 우유를 먹이고 침대에 눕히기

  ㉢ 에피소드 수준(episode level)

    ⓐ 한 가지 목적하에 두 가지 이상의 관련된 사건을 수행한다. 예 놀이 찰흙으로 음식을 만들고 다른 유아에게 대접하기

    ⓑ 두 가지 이상의 다른 사건들로 구성될 수 있다. 예 놀이 찰흙으로 다른 음식을 만들고 여러 친구들에게 대접한 후 설거지하기

(4) 몰입이론[5]

5) 칙센트미하이(Csikszentmihalyi)

① 몰입(flow)이란 놀이나 학습을 할 때 개인이 자신의 행위에 완전히 몰두하여 그 외의 다른 것은 느끼지 못하는 심리상태를 말한다.

② 몰입은 도전과 기술이 균형을 이룰 때 경험할 수 있다. 도전수준이 능력수준보다 더 크면 학습자는 불안을 경험하게 되고, 반대로 능력수준이 도전수준보다 더 크면 학습자는 지루함을 경험하기 때문이다.

③ **놀이와 몰입의 공통적 특성** : 절정 경험(즐거움과 흥분), 행복감(즐거움, 만족감), 내적 동기(내적 보상)

④ **놀이에서 몰입이 주는 효과** : 유아의 발달을 증진하며 실패를 자연스럽게 경험하도록 하고 긍정적 정서와 창의성을 발달시킨다.

Ⓐ Plus⁺ 다양한 놀이이론

1. **수행이론** : 셔턴-스미스(Sutton-Smith)가 제안한 놀이이론으로, 유아는 놀이를 수행하면서 놀이자, 감독자, 연출자, 청중 등 4자 대화 역할을 수행한다고 보았다.

2. **변형이론** : 스밀란스키(Smilansky)가 제안한 놀이이론으로, 유아의 놀이 수준의 발달과 놀이의 변형적 측면이 관계성을 가진다고 보는 이론이다. 유아는 처음에는 실제 사물과 유사성, 구체성이 높은 소품으로 놀이하다가 점차 대체 사물, 가작화된 사물을 사용하여 놀이하게 된다. (자기가작화, 타인 가작화, 사물 및 상황 가작화)

3. **문화이론** : 놀이는 문화화 기제의 한 형태로, 발달의 지표인 동시에 문화의 학습과 전파에 있어 중요한 배경이나 매개물로서 문화를 전승하는 역할을 한다.

4. **두뇌과학이론** : 유아는 놀이를 하면서 여러 가지 자극을 받게 되고 이 자극은 몸의 신경계 중 말초신경계를 거쳐 뇌에 전달된다. 유아는 불안하게 되면 학습 가능성이 낮아지므로 유아가 안정적인 분위기에서 편안하게 놀이를 할 수 있도록 교사는 주의를 기울여야 한다.

놀이 유형

① 인지놀이의 발달

(1) 기능놀이(연습놀이)의 발달

① 기능놀이(functional play)는 감각운동기의 영아가 기능적인 즐거움을 위해 반복적으로 되풀이하는 단순한 놀이 행동을 뜻하는 것으로 연습놀이(exercise play) 혹은 감각운동놀이라고도 한다.

② 기능놀이에는 발성놀이도 포함된다. 4개월쯤 되는 영아는 단순히 즐거워 옹알이를 노래하듯 계속 반복한다.

③ 기능놀이는 감각운동기에만 나타나는 놀이는 아니며 아동기 내내 새로운 기술을 배울 때마다 나타난다. 기능놀이는 연령 증가에 따라 보다 복잡해지고 정교해지며, 하나의 기술이 아니라 여러 운동기술이 사용되기도 한다. 또한, 새로운 놀잇감이나 도구가 첨부되어 극놀이나 구성놀이로 통합되기도 한다.

(2) 구성놀이의 발달(22~24개월)

① 구성놀이(construction play)란 유아가 목적을 가지고 놀이자료를 다양하게 활용하여 창의적으로 무엇인가를 만들면서 구성하는 놀이이다.

② 스밀란스키(Smilansky)와 빌러(Buhler)는 구성놀이를 유아의 놀이발달 단계 중 하나의 단계로 주장하였으나 피아제는 구성놀이를 하나의 놀이로 보지 않는다.[6]

③ 피아제는 구성놀이는 기능놀이, 상징놀이 및 규칙있는 게임과 같은 놀이를 능가하는 것으로, 놀이와 일의 중간 위치에 있는 것이라고 보았다.

④ 구성놀이는 목표 지향적인 놀이로 유아가 성숙함에 따라 빈도가 증가한다.

⑤ 쌓기놀이 발달 단계(존슨Johnson, 1974) : 블록 옮기기 단계, 쌓기 단계, 다리 만들기 단계, 울타리 쌓기 단계, 패턴과 대칭 단계(장식적 패턴 나타내기 단계), 구조물에 이름 붙이기 단계(초기 구상 표현 단계), 블록에 의해 구조물을 표상할 수 있는 단계(후기 구상 표현 단계)의 순서로 발달한다.

⑥ 구성놀이에서의 교사의 역할 : 유아가 모방할 수 있는 견본이나 예시를 제시하는 것은 유아가 문제를 해결하려고 하는 기회를 박탈하는 것이므로 삼간다. 또한 또래와 비교하거나 경쟁을 유도하는 표현은 피해야 한다.

6) 피아제는 인지발달 단계별 놀이 유형을 '연습놀이, 상징놀이, 규칙있는 게임'의 3단계로 제시했고, 스밀란스키는 '연습놀이(기능놀이), 구성놀이, 극화놀이, 규칙있는 게임'의 4단계로 제시했다. 프로스트와 클라인(Frost & Klein)은 상징놀이와 사회극놀이를 구분하여 제시했다.

A Plus⁺ **영아기의 놀이**

1. 감각운동 놀이

① 영아의 신체발달이 이루어지면서 운동놀이도 변화하는데 영아는 자신의 몸을 통제할 수 있게 되면서 운동놀이를 시작한다.

② 처음에는 자신의 신체를 가지고 놀이를 하다가 앉고, 서고, 걸을 수 있게 되면서 놀이에 사물과 환경을 포함시키는 운동기술을 사용하기 시작한다.

2. 사물놀이

① 사물놀이는 감각운동기의 영아(0~2세)가 사물의 기능이 제공하는 즐거움을 얻기 위해 반복적으로 되풀이하면서 행하는 놀이이다.

② **생후 2년 후부터의 사물놀이의 단계적 변화**(휴스 Hughes, 1999)

　㉠ 한 번에 한 사물만 가지고 노는 행동이 감소한다.

　㉡ 놀잇감을 적절하게 사용하게 된다.

　　ⓐ **비변별 행동** : 영아가 모든 사물에 그 사물의 특성이나 속성에 관계없이 같은 방식으로 반응하는 것이다. **예** 무엇이든지 입으로 가져간다.

　　ⓑ **조사 행동** : 사물의 구체적 속성을 탐색하는 것이다. **예** 장난감 전화기를 여러 각도로 쳐다보고 손으로 만져본다.

　　ⓒ **적합한 행동** : 놀잇감을 사용 목적에 따라 적절하게 사용한다. **예** 장난감 전화기의 수화기를 들고 다이얼을 누른다.

(3) 상징놀이

① 상징놀이(symbolic play)는 유아가 시간, 공간, 역할과 사물을 실제와 다르게 변형하여 현실 세계에서 자신의 경험이나 상상의 세계를 놀이로 표현하는 것이다. 상징놀이는 가상놀이, 가장놀이, 역할놀이, 극화놀이, 환상놀이로도 불린다. 생후 2년째, 즉 12개월이나 13개월경에 처음 나타나나 출현은 대부분 갑작스럽게 이루어지며 지속적으로 그 출현이 증가한다.

② 상징놀이의 출현은 갑작스러우나 상징놀이의 발달은 점진적이고 비교적 예측 가능한 방식으로, 즉 점점 정교해지는 방향으로 이루어진다.

③ 상징놀이의 발달(피아제 Piaget, 1962 휴스 Hughes, 1999)

　　㉠ 탈중심화 : 가장놀이에서 자신에게만 초점을 두다가 점차적으로 타인에게로 분산되는 것이다. 이는 유아가 자기중심성에서 탈피하여 자신과 타인의 관점으로 대상을 바라보고 인식할 수 있게 되는 것을 의미한다.

　　　　ⓐ 자신을 향한 가상행동(make-believe act) : 12개월경에 나타나는 초기의 가장놀이이다. 예 먹는 체, 마시는 체, 자는 체하는 행동을 한다.

　　　　ⓑ 사물에게 흉내행동 : 무생물을 자신의 가장놀이에 참여시킨다. 놀이의 주도자는 자신이지만 가장활동의 대상은 자신이 아니라 다른 사물이 된다. 예 곰 인형의 얼굴을 씻기는 체한다.

　　　　ⓒ 사물이 역할 담당 : 인형이나 곰 인형이 가장놀이에서 새로운 역할을 한다. 즉, 인형들은 가장활동의 대상일 뿐만 아니라 주도자가 된다. 예 인형들을 소꿉식탁 주변에 둘러앉히고 인형들 앞에서 우유 잔을 놓고 인형들이 우유를 마시게 한다.

　　㉡ 탈맥락화 : 탈맥락화는 하나의 사물을 다른 것으로 대용하는 것이다. 초기에는 실물과 형태나 기능이 유사한 사물을 대용물로 사용하지만 점차 유사성이 없는 사물을 대용물로 사용하게 된다. 예 인형을 아기로 사용 → 나무토막을 아기로 사용[7]

　　㉢ 통합 : 영아가 성장하면서 개개의 가상행위들이 순서화되고 어떤 형태로 조직화되는 것을 의미한다.

　　　　ⓐ 생후 2년 동안 영아는 놀이와 놀이 사이에 활동의 연결이 거의 없다(단일도식).

　　　　ⓑ 생후 2년 말경부터 연속적인 행동들 간의 연결이 나타난다(다중도식의 조합).

　　　　예 곰 인형이 블록으로 쌓아 놓은 탑에 올라가 다른 쪽으로 뛰어내리고, 탑에서 뛰어내린 곰 인형이 터널을 지나간다.

④ 가상놀이의 발달 단계

　　㉠ 고웬(Gowen)의 가상놀이 발달 단계

7) 사물 가작화는 사물 의존적에서 사물 독립적인 방향으로 발달한다. (울프와 가드너 Wolf & Gardner) 이를 매튜스(Marthews, 1977)는 물질적 변형양식에서 관념적 변형양식으로 발달한다고 했다.

단계	특징	예시
1단계 전 가상놀이	가상놀이를 하는지 확실한 증거가 없다.	전화기를 잠깐 귀에 댄다.
2단계 자기 가상	가상행동이 나타나나 가상행동이 자기에게 향해 있다.	컵을 들고 마시는 소리를 낸다.
3단계 타인 가상	가상행동이 자신에서 타인으로 향해 있다. 타인의 행동을 흉내 낸다.	인형에게 우유를 먹인다/트럭을 밀면서 붕붕 소리를 낸다.
4단계 대치	어떤 물건을 일반적으로 사용하는 방법과는 다른 방법을 사용한다.	블록을 우유병이라고 하고 점토 조각을 햄버거라고 한다.
5단계 상상적 존재	대상물, 물질, 사람 동물이 존재하는 것처럼 가상한다.	자전거를 타는 것처럼 소리내며 뛰어다닌다.
6단계 활동 대리인	사물이 가상활동에서 활동 대리인이 된다.	곰 인형이 스스로 먹는 것처럼 인형 손을 입에 대거나 인형이 말하는 것처럼 말한다.

7단계 연속적 이야기가 없는 가상놀이	단일의 가상행동을 반복한다.	엄마에게 마시라고 컵을 준 다음 인형에게도 마시라고 컵을 준다.
8단계 연속적 이야기가 있는 가상놀이	가상행동에서 하나 이상의 도식을 사용한다.	컵 안을 휘저은 뒤 컵을 들어 마시고 "엄마 맛있어요."라고 말한다.
9단계 계획	명확한 계획에 의해 진보된 가상놀이를 한다.	장난감 아기 우유병을 인형 입에 대기 전에 아기에게 우유를 먹일 것이라고 말한다.

ⓒ 맥쿤(MuCune)의 가상놀이 발달 단계

단계	특징
1단계 전 가상적 단계	가상놀이의 초기 단계로 놀잇감의 기능에 집착하여 놀이하는 단계이다.
2단계 자기가상화 단계	놀이 행동의 가작적 본질을 인식하는 단계로 유아 자신의 신체와 일상생활 활동을 중심으로 가작화가 일어난다.
3단계 분산된 가상화 단계	일상생활에서 연습하여 가상화된 인지구조를 다른 놀잇감이나 사람에게 적용하는 단계이다.
4단계 가상화 놀이의 통합 단계	가상적 행동에서 나타난 상징적 인지구조가 여러 대상에게 적용되거나 상징적인 인지구조가 일련의 순서로 나타나는 단계이다.
5단계 계획적 가상놀이 단계	사전에 가상놀이가 계획되었음을 인지하고 이를 언어 또는 비언어로 표현하면서 놀이하는 단계이다.

(4) 사회극놀이의 발달

① 스밀란스키(Smilansky)는 극화놀이를 세분화하여 극화놀이와 사회극놀이로 분류했다.

　ⓐ 극화놀이(dramatic play) : 다른 사람의 역할을 가상하여 행동이나 언어를 그대로 모방하는 놀이이다.

　ⓑ 사회극놀이(socio-dramatic play) : 극화놀이에 놀이자와의 상호작용, 특히 언어적 의사소통이 첨가된 것이다. 즉, 사회극놀이란 두 명 이상의 유아들이 역할을 정해서 실생활의 상황을 재현하고 역할을 수행하는 놀이이며, 이는 가장 발달된 상징놀이이다.

② 사회극놀이에 내포된 두 가지 요소

　ⓐ 현실적 요소 : 유아는 자신이 현실 세계에서 직접 경험한 상황이나 사람의 역할을 모방하는 사회극놀이를 많이 하는데, 이것이 현실적 요소 또는 모방적 요소이다.

　ⓑ 가작적 요소 : 아동들이 실제 사람의 행동을 모방하려 하지만 그러한 능력이 없기 때문에 가장적 요소가 개입된다. 이러한 가장적 요소는 성인의 세계에 들어갈 수 있기 때문에 이들에게 만족감을 준다.

8) 사회극놀이 척도는 역할이행. 가작화. 지속성. 상호작용. 언어적 의사소통의 5가지이다.

9) **상위 의사소통의 예**
- 특정 사물의 가장적 특징을 이용 예 자, 이 밧줄이 뱀이라고 하자.
- 역할의 배정 예 나는 엄마고 너는 아기야.
- 이야기 줄거리의 계획 예 우선 식사를 하고 그다음에 장난감 가게에 가자.
- 부적절한 행동을 하는 놀이자에 대한 견책 예 도서관은 책을 사는 곳이 아니라 빌리는 곳이지.

③ 사회극놀이 성립의 6가지 범주(스밀란스키 Smilansky, 1968)[8]
  ㉠ **역할이행**(역할의 가작화) : 유아가 하나의 가작화된 역할을 맡아서 그의 행동이나 말을 하는 것이다. 예 나는 미용사할게, 너는 손님 해.
  ㉡ **사물의 가작화** : 어떠한 사물을 실제 사물의 대용물로 사용하는 것이다. 예 블록 토막을 컵처럼 마시는 행동에 사용하거나 맨손으로 물을 마시는 시늉을 한다.
  ㉢ **행동과 상황의 가작화** : 행동이나 상황을 가작화하는 데 언어로 묘사한다. 예 (붉은 카페트를 보고) 여기를 산불이 난 산이라고 하자. 같이 불을 끄자.
  ㉣ **지속성** : 사회극놀이가 되려면 동일한 놀이 에피소드가 최소한 10분 이상 지속되어야 한다.
  ㉤ **상호작용** : 최소한 두 명 이상의 놀이자가 동일한 놀이주제에 대해 상호작용을 해야 한다.
  ㉥ **언어적 의사소통** : 놀이주제와 관련된 놀이자 간 언어적 의사소통으로, 상위 의사소통과 가장 의사소통으로 나뉜다.
    ⓐ **상위 의사소통**(meta-communication) : 놀이 에피소드를 구조화하고 조직화하는 데 사용되는 것이다.[9]
    ⓑ **가장 의사소통** : 유아가 받아들인 역할자의 행동을 하는 데 사용되는 의사소통이다.

④ **극놀이의 기능**(하틀리 Hartly, 1971)
  ㉠ **단순한 성인 모방 기능** : 자신이 목격한 성인의 행동을 놀이로 나타내면서 성인의 세계에 대해 보다 잘 이해하게 된다.
  ㉡ **현실역할의 강화 기능** : 일상생활에서 익숙한 역할을 하면서 또래 간의 지도자 역할 등에 친숙해진다.
  ㉢ **실제 경험과 가족관계 반영** : 극놀이에서 유아는 자신도 모르게 가정생활이나 가족들에 대한 것을 나타낸다.
  ㉣ **유아의 욕구 표현** : 막내의 경우 어른 역할이 해보고 싶어지는 것이 그 예이다.
  ㉤ **금지된 충동의 출구 기능** : 공격적 역할을 해볼 수도 있고 의사나 간호사 역할을 하면서 신체에 대한 호기심을 드러낼 수도 있다.
  ㉥ **역할전환 기능** : 가정에서 항상 무기력하게 느끼는 유아는 부모 역할을 함으로써 힘의 행사자가 된다. 또한 역할을 반대로 함으로써 유아는 다른 사람의 견해를 더 잘 알 수 있게 되며 나아가 자아개념의 확장도 이루어진다.

⑤ **극놀이의 장점**
  ㉠ **정서발달** : 유아는 사회극놀이에서 맡은 역할을 통해 욕구를 충족하고 즐거움과 만족감을 느끼며, 놀이 속에서 부정적인 감정을 발산하여 스트레스를 해소하고 또래와 놀이하면서 안정감을 느끼면서 긍정적인 자아개념을 형성하게 된다.

ⓛ 인지발달

    ⓐ 유아는 사회극놀이 속에서 발생하는 문제를 해결하며 분석, 통합, 비판적 사고, 분류 등의 문제해결력을 향상시킨다.

    ⓑ 비현실적 요소인 가작화로 인해 상상력과 창의력을 길러 주며, 기억력, 언어발달, 인지적 조망능력 등의 향상에 도움이 된다.

ⓒ 사회성 발달

    ⓐ 사회극놀이에 참여하면서 유아는 타인의 입장을 이해하고 공감하면서 자기중심적 존재에서 사회적인 존재로 성장한다.

    ⓑ 사회극놀이를 통해 규칙을 만들거나, 규칙에 맞게 자기를 조절하는 능력 등 사회적 기술을 배우기도 한다.

(5) 규칙있는 게임

① 규칙있는 게임은 정해 놓은 규칙에 따라 두 명 이상의 또래와 경쟁하면서 승부를 겨루는 놀이이다. 자기 통제가 나타나는 규칙있는 게임은 사회극놀이 이후에 나타난다.

② 피아제(Piaget, 1962)는 규칙있는 게임은 특정 연령에만 자주 나타났다가 점차 감소되는 다른 놀이와는 달리, 유아의 연령이 증가할수록 게임의 종류가 증가해서 성인기까지 계속된다고 하였다.

③ 그룹게임의 발달 단계(피아제 Piaget, 1932)

    ㉠ 1단계 : 유아가 혼자 노는 단계로 게임이라고 부를 수 없는 놀이형태이다.

    ㉡ 2단계 : 자기중심적인 놀이단계(2~5세)로, 나이가 더 많은 유아를 모방하지만 대개 혼자 놀이를 하며 다른 유아와 놀아도 이기려 하지 않는 놀이형태이다.

    ㉢ 3단계 : 초기 협력적 놀이단계(7~8세)로, 유아는 놀이에서 이기려고 하며, 이기기 위해 규칙을 지키는 데 협력한다.

    ㉣ 4단계 : 규칙을 만들어서 노는 놀이단계(11~12세)로, 규칙을 통합하려는 시도에 협력하며 모든 상황을 예견하여 적용하고 복잡한 규칙을 만들기도 한다.

④ 그룹게임의 종류(카미-드브리스 Kamii & DeVries, 1980)[10]

유형	종류
목적물 맞추기 게임	팥 주머니 던지기, 눈싸움
경주 게임	손수레 끌고 달리기, 스푼으로 나르기
알아맞히기 게임	듣고 무엇인지 말하기
쫓기 게임	여우야여우야 뭐하니, 고양이와 쥐
숨기기 게임	보물찾기, 숨바꼭질
언어적 지시 게임	코코코, 가라사대
카드 게임	모양 같은 것 짝짓기, 순서대로 배열하기
판 게임	윷놀이, 고누놀이

10) 카미-드브리스 프로그램은 피아제 이론에 근거한 구성주의 프로그램이다.

A Plus⁺ **규칙있는 게임의 유형**

> 1. **원게임** : 적은 수의 유아들이 둥근 원형으로 앉아서 이기고 지는 경쟁 없이 게임을 할 수 있는 유형이다. 이를 통해 집단에 대한 소속감, 또래에 대한 친근감, 규칙에 대한 이해 등이 발달한다.
>
> 2. **자유대형게임** : 이기고 지는 것에 대한 결과가 뚜렷이 구분되지 않는 유형으로 짝짓기 활동이나 음악을 이용하여 움직임과 멈춤을 경험하는 형태, 숨바꼭질 등의 게임으로 진행된다.
>
> 3. **편게임** : 두 편으로 그룹을 나누어 게임을 진행하는 것으로 게임에 필요한 지시와 규칙이 많은 유형이다. 유아는 개별적 승패보다는 자신이 속한 편의 승리를 위해 협력하게 되므로 소속감과 결속력, 성취감 등을 함께 느낄 수 있다.

2 사회놀이의 발달

(1) 사회놀이의 개념

① 사회놀이란 유아들이 놀이 시 또래와의 상호작용이 어떠한가에 초점을 둔 구분이다.

② 유아는 놀이를 통해 상호작용이 확장되며, 이러한 상호작용은 사회성 발달의 초석이 된다.

③ 놀잇감은 놀이 기술이 부족한 또래 간의 상호작용을 촉진할 수 있다.

(2) 파튼(Parten, 1932)의 사회놀이

① **몰입되지 않은 놀이**(unoccupied play) : 생후 1년 내에 주로 나타나는 놀이유형으로, 자신의 신체를 가지고 놀거나 돌아다니며, 교사를 따라다니거나 주위를 둘러보는 등의 목적 없는 행동을 하는 것이다.

② **방관자적 놀이**(on-looker play) : 2세 이하의 영아에게 주로 나타나는 놀이로, 또래에게 질문 등 말을 걸기도 하지만 직접 놀이에 참여하지 않고 또래의 놀이를 지켜보는 것이다.

③ **단독놀이**(solitary play) : 단독놀이는 2세 유아의 전형적인 사회놀이 수준으로, 주변에 또래들이 있어도 자신의 놀이 세계에서 완전히 혼자이다. 또한 단독놀이와 함께 방관자적 놀이도 많이 한다.

④ **병행놀이**(parallel play) : 유아가 같은 장소에서 같은 시각에 다른 유아와 같은 놀이를 하고 있는 것이다. 또래가 옆에 있다는 것이 중요한 의미를 갖지만, 실제로 서로 상호작용은 하지 않는다. 즉, 병행놀이는 단독놀이에서 좀 더 정교한 수준의 협동놀이로의 전환기에 나타나는 놀이이다.

⑤ **연합놀이**(associative play) : 두 명 이상의 유아들이 서로 약간의 상호작용을 하면서 하는 놀이이다. 3세 유아, 특히 4세 유아들의 놀이를 보면 각자 독립적인 활동을 하는 병행놀이에서 점차 서로 나누어 갖기, 빌려 주기, 차례로 하기, 대화 등이 나타난다.

⑥ 협동놀이(cooperative play) : 4세 반이 되면 이제 유아들은 협동놀이를 하기 시작한다. 협동놀이는 사회 성숙도가 가장 높은 수준의 놀이이다. 협동놀이에서는 두 명 이상의 유아들이 놀이활동에 참여하고, 공동 목표를 가지며, 지휘권을 갖는 유아가 있게 된다.

(3) 이와나가(Iwanaga, 1973)의 또래관계에서의 놀이 구조 형태[11]

① **독립적 구조** : 또래와 관련이 없는 놀이를 하는 것이다.

② **병행적 구조** : 또래와 물리적으로 가까이 있고 또래활동을 의식하나 독립적으로 놀이하는 것이다.

③ **보완적 구조** : 두 명 이상의 유아가 서로 다른 역할을 맡아서 놀이하는 것이다. 약간의 상호작용이 있으나 또래 행동에는 민감하게 반응하지 않으며 놀이하는 것이다.

④ **통합적 구조** : 또래에 대한 의식이 더욱 강화되며 맡은 역할을 상호작용하면서 잘 수행할 뿐 아니라 또래의 행동에 민감한 반응을 할 수 있게 된다.

11) 이와나가는 파튼과는 다르게 유아가 또래와의 관계에서 놀이상황을 구조화하는 형태를 제시했다.

4장 유아의 발달과 놀이 및 놀이관찰

1 유아의 발달과 놀이

(1) 신체발달과 놀이

① 셔턴–스미스(Sutton-Smith, 1968)는 인생 초기단계에서 놀이는 두뇌와 행동의 변이성을 용이하게 하는 등 두뇌의 잠재력을 실현하도록 지원한다고 했다.

② 놀이동작을 하면서 대 · 소근육을 움직여 운동을 하게 되므로 신장, 체중 등의 신체 성장이 촉진되고 혈액순환, 배설, 수면 등의 생리기능이 증진된다.

③ 운동놀이를 하면서 뛰기, 던지기, 매달리기 등의 기본 운동능력이 향상되고 강인한 체력이 길러진다.

④ 놀잇감을 보고, 만지고, 두드리는 등의 탐색 활동을 통해 감각 및 지각 능력이 발달한다.

⑤ 일상생활의 사고를 예방하고 위험상황에 적절히 대처하는 능력을 증진시킨다.

(2) 인지발달과 놀이

① 놀이와 상징적 사고의 발달

　㉠ 상징(symbol) : 그 상황에 존재하지 않는 사물이나 아이디어를 나타내기 위해 사물을 사용하거나 몸짓을 사용하는 것이다.

　㉡ 상징적 활동은 몸짓(아기를 재우는 몸짓), 어휘, 억양("잘 자라, 우리 아가."), 그리고 사물(아기는 덮는 이불로 보자기를 사용)을 통해 나타나며, 아동의 능력에 따라 달라진다.

　㉢ 표상적 능력 : 사물의 기본 요소를 추상화하고 그러한 요소를 정신적으로 나타낼 수 있는 능력을 시겔(Siegel, 1993)은 표상적 능력(representational competence)이라고 불렀다.

　㉣ 놀이에서의 상징적 거리 : 시겔은 변형된 사물이 실제로 그것을 상징하고자 하는 정도를 나타내는 것으로 상징적 거리(symbolic distancing)라는 용어를 만들었다. 변형에서 상징적 거리가 멀면 멀수록 정신적 요구가 많은 놀이가 된다.

　㉤ 타인 조망 : 상징놀이는 타인 조망수용 능력의 발달을 촉진시켜 협상이나 양보의 행동을 할 수 있는 놀이기회를 만든다. 의미 있는 가장놀이는 마음이론을 발달시키는 데 있어서도 도구적 역할을 한다.

　㉥ 놀이전략 : 규칙있는 게임은 사물 변형, 역할 변형, 견해 조망 등 정신적 능력이 요구된다. 아동은 전략을 만들고 게임 전 규칙에 대해 논의하고 협상하게 된다.

② 놀이를 통한 비계설정 : 비고츠키(Vygotsky)는 놀이를 통한 또래들의 비계설정(scaffolding)은 근접발달지대(ZPD)의 최대치를 끌어올릴 수 있다고 했다.

③ 놀이와 언어발달

    ㉠ 놀이를 하면서 구어 능력이 발달된다. **예** 음소, 단어, 문장 및 화용론적 요소

    ㉡ 가장놀이 활동에서 쓰기 · 읽기의 능력이 발달된다. **예** 상점의 간판, 메뉴판, 가격표 등

④ 놀이와 논리적 · 수학적 사고

    ㉠ 물리적 개념 형성 : 블록 쌓기, 자전거 타기, 모래와 물놀이 등은 중력, 원심력, 공간 관계 등을 알게 한다.

    ㉡ 논리 · 수학적 사고 발달

        ⓐ 분류 능력이 발달된다. **예** 토마토케첩으로 붉은색 크레용 사용하기

        ⓑ 가역성 및 보존개념이 형성된다. **예** 상징놀이에서 물고기가 되었다가 자신으로 돌아옴.

⑤ 놀이와 문제해결력 : 아기 인형이 없을 때 블록을 사용하는 등 새로운 방법으로 문제를 해결하거나 독특한 방식으로 해결하는 사고의 융통성이 길러진다.

(3) 정서발달과 놀이

① 프로이트(Freud)는 놀이를 통해 유아들의 소망이 충족되고 부정적 감정을 정화시킬 수 있다고 했다.

② 셔턴-스미스(Sutton-Smith)는 놀이 상황에서 자신을 통제하고 숙달하는 과정을 거치면서 통제감과 자율성이 성장한다고 했다.

③ 사회극놀이를 통해 다른 역할을 담당하면서 그 역할에 대한 정서적 반응을 표현할 수 있고 이러한 경험으로 감정의 차이를 이해할 수 있게 되며 문제해결 기술을 발달시키고 자신에 대한 긍정적 감정을 갖게 한다.

④ 놀이를 통한 만족감, 자신감의 경험은 자기 보상의 기초가 되어 놀이활동이 더욱 의미 있고 역동적인 활동이 되도록 하는 원동력이 된다.

(4) 창의성 발달과 놀이

① 놀이 행동에는 실험적 요소가 많이 포함되어 있어 탐색과 융통적 사고, 확산적 사고를 하게 되고 결과적으로 창의성이 발달한다.

② 놀이는 구체적 사고력을 추상적 사고력으로 전환시키는 역할을 하기 때문에 창의성 발달과 관계가 있다.

③ 브루너(Bruner)는 '어떻게 한 사회가 미숙한 아동에게 점점 예측할 수 없는 미래를 다루도록 준비시킬 수 있는가?'라는 질문을 던졌고, 이에 대한 하나의 가능성으로 적응력, 융통성, 그리고 창의적 사고를 증진시키는 일이라고 생각했다(엘리스 Ellis, 1988).

④ 탈중심화란 환경의 여러 특성에 대하여 동시적 주의를 기울이는 능력과 물체와 상황 본래의 정체(identity)와 상태를 이해하면서 동시에 그것을 변형시키는 능력, 한 시점에서 현재와 과거의 상태를 상상할 수 있는 능력을 포함한다.

(5) 사회성 · 도덕성 발달과 놀이

① 놀이와 조망수용 능력 : 극놀이에서는 유아가 다양한 역할을 하므로 사회극놀이를 통해 유아의 조망수용 능력을 발달시킬 수 있다.

② 상호주관성
  ㉠ 상호주관성 : 구성원이 상호작용을 통해 과제를 수행하고자 할 때 서로 다른 수준과 범위에서 이해하고 있던 두 참여자가 서로의 관점을 이해하고 서로 조절해 나가면서 의사소통을 위한 공동의 화제를 생성하고 공유된 이해를 창출하는 것이다.
  ㉡ 유아들이 놀이를 하고자 할 때 상대방이 반응하는 경우 상호주관성이 존재하는 것이고, 상대방이 응하지 않는 경우는 상호주관성이 존재하지 않는 것이다.
  ㉢ 또래 간 유능성 : 상호주관성은 유아의 또래 간 유능성과 밀접히 연관된다. 또래 간 유능성이란, 또래와 성공적으로 상호작용하기 위해 필요한 사회적 기술로 또래와 놀이를 시작, 유지, 발전시키고 또래와 의사소통을 통해 갈등을 해결하는 기술이다.
  ㉣ 나누기, 협력, 이타적 행동, 규칙을 이해하고 지키기 등의 친사회적 행동과 조망수용 능력, 감정이입 능력은 사회극놀이를 진행하기 위해 상대방과 협상을 통하여 공유된 이해를 구성하는 상호주관성의 과정에서 필요하다.

③ 자기 조절의 촉진
  ㉠ 비고츠키는 가상놀이가 영유아에게 상상적 상황을 이끌어 내도록 하고 그 안에서의 규칙(내재된 규칙)을 따르도록 하기 때문에 유아들에게 자기 조절을 연습하게 돕는다고 했다.
  ㉡ 놀이의 변화는 외현적으로 상상적인 상황과 거기에 내재된 규칙의 형태인 상상놀이로부터 외현적인 규칙과 거기에 내포된 상상적 상황 형태인 규칙있는 게임으로 전환된다고 했다.

2 놀이관찰

(1) 하우웨와 매더슨(Howes & Matheson, 1992)의 또래놀이 척도[12]

① **단순 병행놀이**(simple parallel play) : 유아들이 서로 가까운 곳에서 같은 놀이를 하고 있으나 눈과 눈의 마주침이나 언어적 교류가 없다.

② **상호인식 병행놀이**(parallel aware play) : 눈과 눈의 마주침이 있는 병행놀이이다. 서로 교류하지는 않지만 상대방의 존재나 활동은 인식한다.

③ **단순 사회놀이**(simple social play) : 같은 유형의 놀이를 하면서 서로 이야기를 하고 놀잇감을 주고받으며 미소를 짓는 등 사회적 상호작용을 하는 것이다. **예** 미소를 짓거나 말을 하는 것, 만지는 것, 사물을 주고받는 것, 상대 유아가 화났을 때 위로해 주는 것, 과제를 도와주는 것, 동의해 주는 것 등

④ **상호 보완적 놀이**(complementary and reciprocal play) : 상호 보완적인 상호작용이 있는 사회놀이나 게임을 하는 것이다. 한 유아가 어떤 활동을 하면서 다른 유아가 그 활동을 역으로 하는 등 자신과 상대방의 역할을 알고 있는 것이다. **예** 술래잡기, 공놀이

⑤ **협동적 사회 가작화 놀이**(cooperative social pretend play) : 역할이 뚜렷이 명명화되지는 않으나 서로 보완적인 역할을 수행하며 사회적 가작화 놀이에 참여한다. **예** 엄마, 아빠의 역할을 취하여 인형을 목욕시킴.

⑥ **복합적 사회 가작화 놀이**(complex social pretend play) : 사회 가작화 놀이를 하면서 상위 의사소통이 이루어지는 것이다. **예** 역할 배정("나는 엄마야, 너는 아빠해."), 새로운 놀이 각본 제안("우리 정글에서 길을 잃어버렸다고 하자."), 현재 각본 수정("우리 도서관 말고 시장 가는 거 하자.")

(2) 사회 · 인지적 놀이 척도(루빈 Rubin, 1976)

① **인지적 수준의 놀이**

㉠ **기능놀이** : 사물을 가지고 또는 사물 없이 단순한 움직임을 반복하는 놀이이다.

㉡ **구성놀이** : 블록, 모래, 점토와 같은 사물을 이용하여 무엇인가를 만드는 놀이이다. 피아제는 조절적인 특성으로 인하여 구성활동을 놀이로 간주하지 않았으나 이 척도에서는 구성놀이가 놀이의 한 유형으로 포함되어 있다.

㉢ **극화놀이** : 역할이나 사물, 상황 등의 상징적인 전환이 수반되는 놀이이다.

㉣ **규칙있는 게임** : 미리 정해진 규칙을 수용하여 이 규칙에 따라 진행하는 놀이이다.

② **사회적 수준의 놀이**

㉠ **혼자놀이** : 주변 유아와 대화할 수 있는 거리 안에서 혼자 하는 놀이이다.

㉡ **병행놀이** : 다른 유아와 가까운 거리 내에서 유사한 활동에 참여하는 놀이이다.

㉢ **집단놀이** : 다른 유아들과 함께 사회적 상호작용을 이행하면서 참여하는 놀이이다.

③ **비놀이 행동** : 비몰입, 방관자적 행동, 전이행동 혹은 학업 관련 활동 또는 교사가 내준 과제 등이다. **예** 색칠하기, 학습지, 컴퓨터 활동 등

12) 루빈의 사회 · 인지적 놀이 척도에 비해 병행놀이의 수준을 세분화했다. 하우웨(Howes)는 기출에서 하위스로 표기되었다.

4

놀이지도

■ 사회 · 인지적 놀이 척도 ■

		인지적 수준			
		기능놀이	구성놀이	극(화)놀이	규칙있는 게임
사회적 수준	혼자놀이	혼자 – 기능놀이	혼자 – 구성놀이	혼자 – 극(화)놀이	혼자 – 규칙있는 게임
	병행놀이	병행 – 기능놀이	병행 – 구성놀이	병행 – 극(화)놀이	병행 – 규칙있는 게임
	집단놀이	집단 – 기능놀이	집단 – 구성놀이	집단 – 극(화)놀이	집단 – 규칙있는 게임

(3) 놀이지속시간 관찰 척도

① 유아가 놀이에 집중하며 적절한 시간 동안 놀이를 지속할 수 있는지의 여부를 관찰하기 위한 것이다.

② 놀이지속시간 관찰 척도의 예

   ⊙ 아래 관찰 기록지는 3분 간격으로 각 놀이 영역에서 놀고 있는 유아들의 이름을 빈칸에 기록한 것이다.

   ⓒ 3분 후에도 계속 같은 놀이 영역에 참여하고 있는 유아의 경우에는 이름을 다시 기록하지 않고 화살표로 연장선을 긋는다. 3분 간격으로 여러 차례 반복하여 관찰하면 유아의 놀이지속시간을 평가할 수 있다.

   ⓒ 늘 같이 이동하는 놀이친구는 ○표로 묶어서 표시함으로써 친구관계를 파악할 수도 있다.

	9:20	9:23	9:26		9:50
쌓기	희두 ➡	➡			지수
	나연 ➡	➡			유나
	(현규) ➡	➡	➡		지아
	(혜은) ➡	➡	➡		경석
역할	지수 ➡	➡	➡		(현규)
	지아 ➡	➡	➡ …(생략)…		(혜은)
언어	유나 ➡	➡	세라 ➡		가연
	가연 ➡	➡			
		경석			

(4) Penn 상호작용 또래놀이 척도(Penn interactive Peer Play Scale:PIPPS, 판투조 등 Fantuzzo, 1995)

① 상호작용 놀이 수준이 가장 높은 유아 25명과 가장 낮은 유아 25명을 선정하고 두 집단 유아들을 구분하는 놀이 행동으로 목록을 구성했다.

② 놀이 행동 목록을 놀이 상호작용(play interaction), 놀이 방해(play disruption), 놀이 단절 (play disconnection)과 같은 3가지 요인으로 나눴다.

③ 기존의 놀이 척도에서 측정하는 사회적 상호작용의 수준이나 놀이의 발달적인 순서를 측정하는 것과 달리 이 도구는 유아들 사이에서 놀이를 유지하기 위한 직접적인 효율성 차원을 측정한다.

놀이 행동 목록	1 관찰 되지 않음	2 가끔 관찰됨	3 자주 관찰됨	4 매우 자주 관찰됨
1. 놀이 방해				
싸움이나 논쟁을 시작한다.				
다른 유아들에게 거부된다.				
차례를 지키지 않는다.				
놀잇감을 나누지 않는다.				
일러바친다.				
다른 유아의 사물을 파괴한다.				
언어적으로 공격한다.				
울거나 불평하거나 화를 낸다.				
다른 유아의 물건을 빼앗는다.				
신체적으로 공격적이다.				
2. 놀이 단절				
놀이 집단 주변을 배회한다.				
위축되어 있다.				
목적 없이 방황한다.				
다른 유아들이 무시한다.				
놀이 집단에 초대되지 못한다.				
놀이에 초대되었을 때 거절한다.				
놀이할 때 혼란스럽다.				
교사의 지시가 필요하다.				
불행해 보인다.				
한 활동에서 다른 활동으로 전이하는 데 어려움이 있다.				
3. 놀이 상호작용				
생각을 공유한다.				
다른 유아들을 돕는다.				
다른 유아들을 리드한다.				
갈등을 해결하도록 돕는다.				
다른 아동의 행동을 예의 바르게 지시한다.				
다른 유아들이 놀이에 참여하도록 격려한다.				
놀이 내용이나 활동을 구성하는 데 창의성을 보인다.				

(5) 놀이성 척도(바네트 Barnett, 1991)

① 놀이성(playfulness)을 다양한 환경에서 질적인 놀이 상호작용을 하는 내적 성향으로 보고[13] 놀이성을 측정하는 척도를 개발했다.

② 신체적 자발성, 사회적 자발성, 인지적 자발성, 즐거움의 표현, 유머 감각의 5개 하위 요인으로 구성된 총 23개 문항의 5점 척도이다.

③ 놀이성 척도

<table>
<tr><th colspan="2">문항</th><th>1
전혀
그렇지 않다</th><th>2
약간
그렇지않다</th><th>3
약간
그렇다</th><th>4
대체로
그렇다</th><th>5
항상
그렇다</th></tr>
<tr><td rowspan="4">신체적
자발성</td><td>1. 동작이 잘 협응된다.</td><td></td><td></td><td></td><td></td><td></td></tr>
<tr><td>2. 놀이하는 동안 능동적이다.</td><td></td><td></td><td></td><td></td><td></td></tr>
<tr><td>3. 능동적인 것을 선호한다.</td><td></td><td></td><td></td><td></td><td></td></tr>
<tr><td>4. 달리기, 한발뛰기, 껑충뛰기를 많이 한다.</td><td></td><td></td><td></td><td></td><td></td></tr>
<tr><td rowspan="5">사회적
자발성</td><td>5. 타인이 접근하면 쉽게 반응한다.</td><td></td><td></td><td></td><td></td><td></td></tr>
<tr><td>6. 타인과의 놀이를 제안한다.</td><td></td><td></td><td></td><td></td><td></td></tr>
<tr><td>7. 다른 유아와 협동적으로 놀이한다.</td><td></td><td></td><td></td><td></td><td></td></tr>
<tr><td>8. 놀잇감을 공유한다.</td><td></td><td></td><td></td><td></td><td></td></tr>
<tr><td>9. 놀이 시 지도자 역할을 한다.</td><td></td><td></td><td></td><td></td><td></td></tr>
<tr><td rowspan="4">인지적
자발성</td><td>10. 게임을 스스로 만든다.</td><td></td><td></td><td></td><td></td><td></td></tr>
<tr><td>11. 놀이에서 비전형적인 놀잇감을 사용한다.</td><td></td><td></td><td></td><td></td><td></td></tr>
<tr><td>12. 여러 역할을 가작화한다.</td><td></td><td></td><td></td><td></td><td></td></tr>
<tr><td>13. 놀이 동안 활동을 변화시킨다.</td><td></td><td></td><td></td><td></td><td></td></tr>
<tr><td rowspan="5">즐거움
의
표현</td><td>14. 놀이 동안 즐거움을 표현한다.</td><td></td><td></td><td></td><td></td><td></td></tr>
<tr><td>15. 놀이 동안 충만함을 나타낸다.</td><td></td><td></td><td></td><td></td><td></td></tr>
<tr><td>16. 놀이 동안 열정을 보인다.</td><td></td><td></td><td></td><td></td><td></td></tr>
<tr><td>17. 놀이 동안 감정을 표현한다.</td><td></td><td></td><td></td><td></td><td></td></tr>
<tr><td>18. 놀이하면서 노래를 부르고 말한다.</td><td></td><td></td><td></td><td></td><td></td></tr>
<tr><td rowspan="5">유머
감각</td><td>19. 다른 유아들과 농담을 즐긴다.</td><td></td><td></td><td></td><td></td><td></td></tr>
<tr><td>20. 다른 사람을 조용하게 놀린다.</td><td></td><td></td><td></td><td></td><td></td></tr>
<tr><td>21. 재미있는 이야기를 말한다.</td><td></td><td></td><td></td><td></td><td></td></tr>
<tr><td>22. 재미있는 이야기에 웃는다.</td><td></td><td></td><td></td><td></td><td></td></tr>
<tr><td>23. 익살부리는 것을 좋아한다.</td><td></td><td></td><td></td><td></td><td></td></tr>
</table>

13) 리버만(Liberman, 1977)의 놀이성 구조 연구

5장 놀이지도와 교사의 역할

1 놀이와 유아교육과정

(1) 놀이와 유아교육과정과의 관계[14]

① 이론적인 관점 : 놀이를 유아교육과정에 포함해야 하는가의 문제에 대한 관점이다.

    ㉠ 놀이를 많이 활용하지 않는 프로그램 : 행동주의에 근거한 유아교육과정이다.

        ⓐ 발달은 내적으로 동기가 유발되어 이루어진다기보다 외적인 동기 부여로 이루어진다고 간주하여 외적 자극에 더 많은 강조점을 둔다.

        ⓑ 내적 흥미로 유발되는 놀이를 교육적 활용 수단으로 여기지 않고, 놀이를 불필요하게 소모되는 것이며 시간 낭비라고 간주한다.

    ㉡ 놀이를 많이 활용하는 프로그램 : 듀이의 아동중심이론, 피아제나 비고츠키의 구성주의 이론 등에 근거한다.

② 실제적인 관점 : 유아교육과정 속에 놀이를 어떻게 활용하는가에 관한 것이다. 존슨 등(Johnson et al., 2005)은 놀이와 유아교육과정과의 관계를 통합, 분리, 병렬로 구분하고 있다.

    ㉠ 통합 : 놀이를 통한 유아들의 상호작용으로 유아들의 인지적 발달, 사회 및 정서의 발달, 신체적 발달 등과 같은 교육적 효과를 얻으려 한다.

    ㉡ 분리 : 놀이를 유아교육과정 활동에서 사용하지 않는 경우이다. 의복의 종류와 활용에 대해 학습할 때 놀이를 활용하지 않고 실물자료나 영상자료, 의복 관련 책 등의 활용을 통해 활동이 이루어지는 것을 말한다.

    ㉢ 병렬 : 놀이를 유아교육과정의 전개에 활용하기는 하지만, 놀이에 전적으로 의지하여 전개하고자 하는 것은 아니다.

③ 관계의 방향성 관점(Van Hoorn, Nourot Scales & Alward, 1993)

    ㉠ 놀이에서 발현된 교육과정(play-generated curriculum) : 유아들의 놀이에서 나타난 흥미와 주제가 교육활동의 주제로 조직되는 것을 말한다. 프로젝트 접근법이나 레지오 에밀리아 프로그램이 대표적 유형이다.

    ㉡ 교육에서 발현된 놀이(curriculum-generated play) : 유아교육과정 속에 들어 있는 다양한 개념이나 학습기술 등을 놀이를 통해 학습할 수 있도록 놀이를 제공하는 것을 말한다. 활동중심 통합교육과정은 교육과정에서 발현된 놀이를 잘 보여 주는 대표적인 프로그램이다.

14) 1960년대 피아제나 비고츠키의 구성주의 이론이 나오면서 영유아의 인지 및 사회적 발달에서 놀이의 중요성과 역할에 초점을 맞추었다.

(2) 놀이 접근법

① 놀이 신뢰 접근법(Trust in play approach)

㉠ 성인의 놀이 개입은 유아의 발달에 영향이 적다고 생각하고 유아들이 주도하는 놀이야말로 긍정적인 발달을 가져온다고 생각하는 접근법이다.

㉡ 교사의 개입은 싸움을 말리거나, 새로운 놀잇감을 주거나 혹은 간단한 질문을 짧게 하는 정도이다.

㉢ 단점 : 성인이 유아의 놀이를 촉진시키지 않기 때문에 놀이 활동에 참여하지 않는 유아나 사회적 혹은 인지적 제한으로 인해 전혀 놀 수 없는 유아인 경우 부적절하다.

② 놀이 촉진 접근법(Facilitate play approach)

㉠ 놀이가 유아들의 인지능력을 높이기 때문에 교사들은 유아들에게 놀이기술을 가르치기 위해 놀이에 개입해야 한다고 생각하는 접근법이다.

㉡ 가상놀이와 관련된 활동에 참여하도록 훈련하고 이야기나 소품으로 놀이경험을 제공한다. 교사는 역할놀이의 시범을 보이거나 제안을 하고 사회적 상호작용을 격려한다.

㉢ 단점 : 교사의 놀이개입이 자칫 놀이훈련으로 변질되어 유아의 주도적인 놀이를 해치거나 놀이를 방해할 수도 있다.

③ 놀이를 통한 학습 향상 접근법(Enhance learning outcomes through play approach)

㉠ 교사와의 놀이 상호작용을 통해 유아의 읽기 · 쓰기와 수학, 과학 등의 학습 목적을 달성시킬 수 있다고 생각하는 접근법이다.

㉡ 놀이 시 교사의 상호작용은 의도적이어야 하고 한두 개의 특정한 학습목적을 수행해야 하며, 이는 국가수준의 교육과정의 목적을 포함해야 한다고 강조한다.

㉢ 단점 : 지나치게 학습목적 달성에 초점을 맞추면 유아들의 자유로운 놀이를 방해할 수 있고 유아들이 놀이라고 느끼지 못하고 놀이를 지속하지 못할 수도 있다.

④ 놀이개입의 통합적 반응 모델(Integrated responsive model of play intervention)

㉠ 통합적 반응 놀이 접근법은 앞에서 제시한 놀이 신뢰 접근법과 놀이 촉진 접근법, 놀이 향상 접근법의 좋은 점을 통합하여 놀이에 적용하는 방법이다.

㉡ 가정

ⓐ 자발적인 놀이가 효과적이다.

ⓑ 모든 유아들이 놀이를 할 수 있는 것은 아니다. 발달장애를 가지고 있거나 특정한 기질적 특성이나 가족문제가 있는 유아들은 자율적으로 놀기가 어렵다.

ⓒ 유아들의 자기주도적 놀이를 방해하지 않고 학문적 지식이나 기술을 배우는 데 도움을 줄 수 있다. 교사의 적절한 놀이개입은 언어능력, 문해, 수학적 사고와 기술증진을 돕는다.

ⓓ 놀이 접근법은 교사들이 반응적일 때 양립 가능하다. 즉 놀이에 제한이 있는 유아에게는 직접적인 지도가 적절하고 독립적으로 의미있게 잘 놀 수 있는 유아에게는 개입하지 않아도 된다.

■ 놀이개입의 통합적 반응모델(Trawick-Smith, 2010) ■

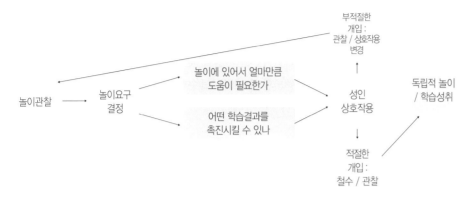

② 놀이지도의 의의

(1) 놀이의 인정

① 영유아들은 스스로 곰곰이 생각하여 추진하는 일이 성인에게 인정을 받으면 독립성과 주도성이 형성되어 자신감이 생기게 된다.

② 놀이에 대한 교사의 관심은 영유아에게 놀이에 대한 흥미를 일으키고 놀이의 가치를 깨닫게 하여 놀이에 집중하게 하고 다양한 놀이를 유도할 수 있다.

③ 성인이 놀이에 참여하여 이를 인정해 주는 것은 특히 가장놀이에서 중요하다. 놀이에 대해 인정을 받으면 가장놀이에서 더욱 다양한 아이디어가 나타날 수 있다.

(2) 라포의 형성

① 성인이 놀이에 참여하는 것은 영유아와 라포를 형성할 수 있는 좋은 방법이다.

② **라포**(rapport) : 상담이나 교육을 위한 전제로 신뢰와 친근감으로 이루어진 인간관계이다. 상담, 치료, 교육 등은 특성상 상호협조가 중요한데, 라포는 이를 충족시켜 주는 동인(動因)이 된다. 라포를 형성하기 위해서는 타인의 감정, 사고, 경험을 이해할 수 있는 공감대 형성이 선행되어야 한다.

③ 성인과 영유아의 라포가 형성되면 영유아의 자율성과 사회성, 탐구정신, 협동심 등 사회적으로 발달되어야 하는 것들이 더욱 효과적으로 발달된다.

(3) 놀이의 지속

① 성인이 영유아의 놀이에 참여하면 놀이가 중단되는 경우도 있지만 일반적으로 놀이지도는 놀이를 중단시킬 수 있는 방해물의 완충제 역할을 할 수 있다.

② 부모나 교사가 영유아의 놀이에 참여할 경우 영유아의 놀이시간이 더 길어진다고 한다.

③ 영유아가 놀이를 지속적으로 하는 것은 집중력과 과제 성취에 좋은 역할을 하여 이후 학업성취에 결정적인 요소가 된다.

(4) 보다 세련된 놀이의 촉진

① 유아교사는 영유아의 단순한 놀이활동을 보다 복잡한 것으로 안내해야 한다.

② 관찰로 영유아의 현재 상태를 파악하고 근접발달영역(ZPD) 안에서 비계설정을 통해 놀이를 더욱 세련되게 할 수 있다. **예** 퍼즐을 맞추고 끝내기보다 퍼즐에 있는 그림으로 이야기 꾸미기를 하도록 유도할 수 있고, 단순히 블록으로 쌓기보다 쌓은 블록으로 어떤 역할놀이를 하도록 제안할 수 있다.

(5) 인지와 사회성의 발달

① 놀이훈련은 영유아에게 질 높은 놀이를 하게 할 뿐 아니라 영유아의 인지와 사회성 발달도 돕는다.

② 성인이 참여하는 놀이훈련은 영유아의 창의성, 언어적 지능, 조망능력, 협동심 등의 능력을 촉진한다.

3 놀이지도를 위한 교사의 역할

(1) 관찰자

① 관찰은 유아교사의 가장 중요한 역할이며 관찰을 통해 유아교사는 놀이에 대한 영유아의 요구가 무엇인지 파악해야 한다.

② 영유아의 놀이를 관찰하는 목적

    ㉠ 놀이에 대한 영유아의 흥미, 놀이의 의도와 목적 등이 무엇인지 이해할 수 있다.

    ㉡ 영유아의 놀이지도에 대한 아이디어를 파악할 수 있다.

    ㉢ 놀이의도에 따른 놀이의 필요 기술을 잘 표현하고 있는지를 이해할 수 있다.

    ㉣ 놀이에 필요한 시간, 공간, 놀잇감, 놀이와 관련된 경험 제공의 필요 시기 등을 알려준다.

(2) 놀이계획 및 환경 구성자

① 놀이는 시간, 공간, 놀잇감, 사전 경험 등의 요인으로 이루어진다(와들 Wardle, 2003).

② 영유아들의 놀이는 유아교사가 어떤 놀이환경을 제공하는가에 따라 놀이가 복잡해지기도 하고 단조로워지기도 하므로 유아교사는 영유아들에 대한 관찰을 토대로 놀이를 계획하고 놀이환경을 구성해 주어야 한다.

(3) 놀이지도 및 상호작용자(공동 놀이자)

① 유아교사는 영유아들의 놀이에 참여하고 필요할 때 제언을 하며 직접적 혹은 간접적으로 놀이에 개입할 수 있다.

② 유아교사와 영유아들의 상호작용 형태
  ㉠ 소극적인 놀이 참여 : 영유아들의 놀이를 응시하거나 옆에서 언어적 혹은 비언어적인 격려를 하는 것과 같이 놀이에 직접적으로 참여하지 않는 것이다.
  ㉡ 적극적인 놀이 참여 : 영유아들과 함께 놀이를 하는 것이다. 유아교사는 공동 놀이자로서 놀이에 참여하고 놀이의 확장을 위해 놀이를 직접 지도할 수 있다. 적극적으로 놀이에 참여하는 것은 유아교사가 놀이에 참여하되 영유아가 스스로 놀이과정을 조정하도록 유도하는 것이다.

(4) 평가자

① 놀이 평가자로서의 유아교사는 놀이의 체계적 관찰을 통해 영유아의 놀이 행동에 관한 정보를 얻고, 영유아의 놀이에 관한 흥미와 기술적 발달 등을 파악할 수 있다.
② 영유아 놀이 평가 시 유의점
  ㉠ 영유아의 놀이에 관한 경험과 흥미 및 관심을 목록화하고, 영유아의 놀이 행동, 상호작용의 형태, 언어적 표현 등을 관찰하고 기록한다.
  ㉡ 놀이에서 영유아의 관심을 표현하는 방법, 놀이 상대자, 놀잇감 및 놀이 영역 등에 대해 기록한다.
  ㉢ 영유아의 놀이 결과인 그림, 글씨, 적목이나 구성물의 사진, 교사의 스케치, 메모 등을 수집하여 보관한다.
  ㉣ 교사는 소집단 및 대집단 활동의 평가를 통해 놀이 계획·진행 및 종합에 관하여 평가하고, 놀이 결과물의 게시 및 전시, 더 나아가 영유아의 발표 유도에 의한 평가기회를 제공한다.

4 놀이에서 유아교사의 개입

(1) 유아교사 개입의 중요성

① 놀이에서의 개입은 영유아의 학습에도 영향을 미치므로 중요한 역할을 한다.
② 영유아의 놀이에서 교사가 영유아와 상호작용 및 개입을 하는 방법은 놀이 상황에 적절한 것이어야 한다(Moon, 1998, Wood & Attfield, 2005). 교사가 적절한 방식으로 놀이에 개입하면 영유아의 놀이 경험은 매우 풍부해질 수 있지만, 주의 깊은 관찰에 기초하지 않은 개입은 놀이의 가작화 맥락이나 기본 틀을 무너뜨려 결국 영유아가 놀이하는 것을 중단시킬 수도 있다. 교사가 영유아들의 놀이에 개입하고자 할 때는 관찰을 통해 개입의 상황, 개입의 적절성 및 필요성, 개입 시기 등을 잘 판단하여야 한다.

③ 교사의 개입이 필요한 경우

㉠ 발달 및 학습과 놀이와의 관계에 대한 교사의 신념 및 가치에 의해 놀이개입이 이루어진다.

㉡ 영유아가 무엇인가 배울 것이 있다고 여겨질 때 놀이개입이 이루어진다.

㉢ 놀이가 효과적으로 이루어지지 않을 때 놀이개입이 이루어질 수 있다.

④ 영유아의 놀이에 대한 교사 개입의 중요성

㉠ 교사와의 긍정적인 상호작용으로 인해 좀 더 안정된 애착을 형성할 수 있다.

㉡ 교사와의 사회적 상호작용을 통해 놀이는 복잡하게 되고 놀이 지속시간도 증가한다.

㉢ 교사는 놀이개입을 통해 또래 간의 관계를 조절하고 사회적 상호작용의 성공적인 기술들을 지도할 수 있다.

㉣ 영유아의 놀이범위를 확장시키고 학습 효과를 강화하며 놀이자료, 아이디어와 기술을 제공하여 놀이를 보다 풍부하게 한다.

(2) 교사의 놀이개입의 종류

① 스밀란스키(Smilansky, 1968)의 사회극놀이 개입 단계

㉠ 1단계 : 유아들에게 다양한 경험을 제공한다. 예 현장학습

㉡ 2단계 : 다양한 경험을 놀이로 만들 수 있는 환경을 제공한다. 예 장소, 소품 등

㉢ 3단계 : 놀이를 관찰하며 놀이 기술이 부족한 유아를 확인하고 지원한다. 예 가작화가 어려운 유아 지원

㉣ 4단계 : 놀이 내부 혹은 외부에서 사회극놀이에 개입한다.

② 스밀란스키와 존슨(Smilansky & Johnson, 1968)의 사회극놀이 훈련 유형

㉠ 외적 중재(outside intervention) : 간접적으로 참여하는 것으로, 교사는 극놀이에 참여하지 않고 현재 진행되고 있는 놀이에 유아들이 참여하도록 대화와 제안을 통해 격려해 주는 역할만 한다.

㉡ 내적 중재(inside intervention) : 직접적으로 참여하는 것으로, 교사가 사회극놀이에서 역할을 맡아 유아들에게 가작화 행동의 구체적 모델을 제공한다.

㉢ 주제-환상훈련(thematic-fantasy training)

ⓐ 구조화된 놀이훈련이다. 교사는 동화를 유아들에게 읽어 주고 유아들에게 역할을 배정해 주며 신호를 주거나 역할을 맡아서 유아들의 극놀이를 도와준다.

ⓑ 사회극놀이 경험이 전혀 없거나 거의 없는 유아에게 효과적이다.

ⓒ 동화 이야기의 표상 및 재구성 경험을 제공하므로 유아의 이야기 이해능력, 이야기 구성 및 회상능력, 의사소통능력, 문해능력 등의 언어발달이 증진된다.

③ 우드, 맥마흔, 크램스톤(Wood, McMahon & Cramstoun, 1980) 놀이개입 유형

　㉠ 병행놀이(parallel play) : 교사가 유아와 상호작용이나 직접적인 개입을 하지 않으면서 물리적으로 가까운 거리에서 놀이지도를 하는 개입방법이다. 예 쌓기놀이를 하고 있는 유아 근처에서 교사 자신도 블록을 쌓아가면서 혼잣말로 "나는 우리 아파트 지어야지."라고 말하는 것이다.

　㉡ 협동놀이(co-play)

　　ⓐ 유아가 하고 있는 놀이에 교사가 함께 참여하지만 놀이의 주도권은 유아에게 맡기는 것이다.

　　ⓑ 유아로부터 놀이에 초대받지 못한 경우 교사가 협동놀이자가 되는 최상의 방법은 현재 진행되고 있는 놀이에 적합하며 재미있는 어떤 행동을 하는 것이다.

　　ⓒ 협동놀이를 할 때 교사와 유아의 대화

　　　• 정보를 얻기 위한 대화 : "콜라도 있니?"

　　　• 지시를 얻기 위한 대화 : "어떻게 열었니?"

　　　• 유아의 대화나 행동에 대한 반응 : "응, 정말 맛있어."

　　ⓓ 협동놀이에는 놀이지도가 없으므로 높은 수준의 놀이 경험이 없거나 선행인지능력이나 사회성 기술이 없는 유아에게는 비교적 성공적이지 못하다.

　㉢ 놀이지도(play tutoring)

　　ⓐ 새로운 놀이의 계획자, 중재자, 대본 구성자의 역할로 놀이를 계획하고 시작하며 놀이에서 좀 더 지배적인 역할을 하게 된다.

　　ⓑ 놀이 시 문제가 있는 영유아에게 적절하며 바람직한 놀이 행동을 보이기 시작하면 놀이지도를 단계적으로 축소해야 한다.

　　ⓒ 놀이지도가 적절한 경우

　　　• 유아가 가상놀이에 참여를 안 할 때

　　　• 다른 유아와 노는 것을 어려워할 때

　　　• 가상놀이가 반복적이거나 깨질 기미가 있을 때

　　ⓓ 외적 중재(outside intervention)

　　　• 외적 중재는 교사가 놀이 밖에서 유아에게 사회극놀이 행동을 격려하거나 의견을 말하거나 제안하는 것을 말한다.

　　　• 놀이에 대한 제안은 실생활에서의 유아에 관한 것이 아니라 유아가 받아들인 역할에 관한 것이어야 한다. 예 "아기가 무척 배가 고픈가 봐요. 저 가게에 가서 아기에게 먹일 우유를 사지 그러세요."

　　ⓔ 내적 중재(inside intervention)

　　　• 내적 중재는 교사가 놀이에 참여하여 하나의 역할을 하면서 유아가 하지 않았던 사회극놀이 행동의 모델이 되어 주는 것이다.

　　　• 유아들이 소꿉놀이를 하고 있지만 가장적 놀이를 하고 있지 않을 때, 교사가 유아들에게 접근하여 자신은 의사인데 아기가 아픈 사람은 와서 진찰을 받지 않겠느냐고 제안을 해서 유아의 놀이를 확장시킬 수 있다.

ⓔ 현실대변인(spokesman of reality)

ⓐ 놀이가 학업이나 교육의 매개체로 사용될 때 일어날 수 있다.

ⓑ 교사는 놀이 상황 밖에서 머물면서 유아가 놀이와 현실을 연결시킬 수 있게 돕는다. 예 "경찰이 자동차를 고치니? 경찰은 자동차를 고치기 위해 다른 곳으로 가져간단다."

ⓒ 교사는 유아가 가상성을 잠시 중단하고 현실적인 상황이나 개념을 놀이 에피소드에 끼워 넣을 수 있도록 질문과 제안을 한다.

ⓓ 놀이가 깨질 가능성이 있기 때문에 유아의 가장적 역할이 확고할 때 개입한다.

④ 존슨, 크리스티, 야키(Johnson, Christie & Yawkey, 1999)의 놀이개입 유형 : 연속적인 교사 개입 역할에서 양쪽 끝에 있는 최소한의 개입 유형(비참여자)과 최대한의 개입 유형(교수자)은 유아들의 놀이에 부정적인 영향을 미친다고 보았다.

㉠ 비참여자

ⓐ 영유아의 놀이에 참여하지 않는 것을 말한다.

ⓑ 엔즈와 크리스티(Enz & Christie, 1997)에 의하면 교사가 비참여자의 역할을 할 때 유아들은 기능놀이나 거친 신체놀이를 많이 하는 경향이 있다고 한다.

㉡ 방관자(on-looker)

ⓐ 유아의 놀이활동을 감상하는 청중의 역할이다. 예 영유아의 놀이 근처에 서서 영유아가 놀이하는 것을 지켜보고, 고개를 끄덕이며 비언어적 승인이나 격려 등을 한다.

ⓑ 방관자의 장점

• 교사는 영유아의 놀이에 대한 정보를 얻을 수 있다.

• 영유아는 놀이를 지켜보고 있는 교사로부터 승인이나 격려 등을 통해 자신의 놀이가 교사로부터 인정받고 있음을 알고 자신의 놀이를 가치있게 생각한다.

㉢ 무대 관리자(stage manager)

ⓐ 놀이에 참여하지 않고 영유아의 놀이 준비를 돕는 데 적극적인 역할을 하고, 놀이환경이 보다 효과적으로 조직되도록 돕는 역할을 하는 유형이다.

ⓑ 자료에 대한 영유아의 요구에 반응하고, 영유아가 의상과 소품을 만드는 것을 도와주거나 놀이 세트를 조직하는 등의 환경구성을 돕는다.

ⓒ 영유아의 놀이를 확장하기 위하여 대본이 주제와 적절하게 관련될 수 있도록 제안한다.

㉣ 공동놀이자(co-player)

ⓐ 공동놀이자는 유아교사가 영유아의 놀이에 적극적으로 참여하는 것을 말한다.

ⓑ 공동놀이자는 동등한 놀이 파트너로서의 역할을 수행한다. 교사는 극놀이에서 주로 가게 손님이나 환자, 비행기의 승객과 같은 최소한의 역할을 맡고 중요한 역할은 영유아가 맡도록 한다.

ⓒ 놀이향상자, 놀이친구 등이 되어 주는 교사를 보면서 유아들은 역할놀이, 가작화 전이, 또래 상호작용 전략 등과 같은 교사의 사회극놀이 기술을 모델링할 수 있는 기회를 갖게 된다.

ⓜ 놀이지도자(play leader)

ⓐ 놀이지도자(놀이리더·놀이안내자)는 공동놀이자처럼 영유아의 놀이에 적극적으로 참여하는 역할을 한다.

ⓑ 새로운 놀이주제를 제안하거나, 현재 진행되고 있는 주제를 확장시키기 위한 새로운 소품이나 사건들을 소개할 수 있다.

ⓒ 유아가 스스로 놀이에 참여하지 못할 때 놀이에 활기를 주고 놀이진행이 자연스럽게 되도록 돕는 장점이 있으나, 지나친 개입은 유아의 창의성과 자발성을 저해할 수 있다.

ⓑ 감독자(director)

ⓐ 유아의 놀이를 통제하고 유아에게 무엇을 할지 지시를 하기도 하므로 매우 교사 주도적인 개입방법이다.

ⓑ 유아가 무슨 놀이를 할지 몰라 놀이에 참여하지 않고 있거나 단순한 놀이만을 반복하고 있을 때 더 적극적이고 수준 높은 놀이 참여를 도울 수 있는 장점이 있지만 지나치게 개입을 하면 유아의 자발성과 창의성을 저해하게 된다.

ⓢ 교수자(instructor)

ⓐ 유아의 가상적이고 자발적 놀이를 촉진하는 역할을 하기보다는 놀이 도중에 질문을 던짐으로써 현실적인 인지학습과 관련된 측면에 초점을 맞춘다.

ⓑ 유아들의 학습에 도움을 주는 장점이 있으나 놀이의 흐름을 방해하기 쉽다는 점에 유념해야 한다.

A Plus⁺ 존슨 등(Johnson et al.)의 용어 정리

존슨, 크리스티, 야키(Johnson, Christie & Yawkey, 1999)의 놀이개입 유형 중 감독자와 교수자를 합하여 '학습지도자'라고 명명하기도 한다. 또한 존슨, 크리스티, 와들(Johnson, Christie & Wardle, 2005)은 이 둘을 합해 '감독 및 방향전환자'라고 했다. 이는 우드 등(Wood et al., 1980)의 현실대변인의 놀이참여 형태와 같은 성격으로, 교사가 놀이 외부에 머물면서 놀이 에피소드에 대해 질문하거나 제안하는 경우이다. 비참여자와 감독 및 방향전환자의 역할에 대해 존슨 등(Johnson et al., 2005)은 놀이를 촉진하기보다 저해하는 놀이개입 유형이라고 하였다.

⑤ 볼프강과 샌더스(Wolfgang & Sanders, 1982)의 교사지도 연속모형(TBC: Teacher Behavior Continuum)

　　ⓐ 응시 : 유아들의 놀이를 가까이에서 지켜보는 것이다. 예 눈맞춤, 웃음, 고개 끄덕이기

　　ⓑ 비지시적 진술 : 유아가 직접적으로 경험하고 있는 사물과 활동 과정의 상황을 그대로 기술하는 것으로 교사는 유아의 놀이 행동을 구두로 설명한다. 예 아기 인형에게 우유를 먹이고 있구나.

　　개방적 ↑

　　ⓒ 질문 : 놀이 확장을 위해 유아의 기억을 자극하고 사고를 촉진하는 것이다. 예 아기에게 우유를 먹였으니 그다음에는 어떻게 해야 할까?

　　ⓓ 지시적 진술 : 놀이와 관련된 지시를 하는 것으로 교사는 역할을 배정해 주거나 놀이 내용의 전개를 지시한다. 예 아기가 졸린 것 같으니 재워 주자.

　　ⓔ 모델링 : 교사가 놀이도구의 사용 방법이나 적절한 행동의 시범을 알려주고 보여 주는 것이다. 예 아기를 안을 때는 이렇게 안아 주자. (직접 시범)

　　구조적 ↓

　　ⓕ 물리적 개입 : 새로운 자료나 놀이 보조물을 첨가시켜 새로운 놀이를 촉진시키는 것으로 교사가 역할놀이에 적합한 소품을 제시하며 신체적으로 유아의 행동을 교정해 준다. 예 인형에게 해를 가릴 수 있게 이 모자를 씌워 주면 좋겠구나.

⑥ 피터, 나이스워드, 야키(Peter, Neisworth, Yawkey, 1985)의 놀이개입 방법

　　ⓐ 자유 발견(free discovery) : 놀이개입을 위해 교사의 계획에 의해 구성된 놀이환경에서 유아가 자유로운 탐색과 놀이를 하는 것이다. 유아가 놀이를 통해 자유롭게 탐색과 발견을 할 수 있도록 놀잇감을 충분히 준비해야 한다.

　　ⓑ 유도적 발견(prompted discovery) : 교사에 의해 준비된 환경 속에서 질 높은 유아의 놀이가 이루어질 수 있도록 모델링 및 놀이 제안 등 다양한 방법으로 교사가 유도하는 것이다.

　　ⓒ 지시적 발견(direct discovery) : 유아의 놀이에 언어적, 비언어적인 다양한 방법을 통해 직접적으로 개입하는 가장 적극적인 개입 방법이다.

(3) 놀이지도 시 준비사항

① 놀잇감

　　ⓐ 유아의 놀이는 어떤 종류의 놀잇감이 있는가에 따라 많은 영향을 받는다. 예 의상과 같은 소품들은 사회극놀이를 촉진하며 블록이나 퍼즐 등은 구성놀이를 자극한다.

　　ⓑ 놀잇감의 수

　　　　ⓐ 놀잇감의 수가 증가할수록 놀잇감과의 접촉이 증가하며 공격적 행동은 감소한다. 반면 놀잇감이 감소하면 아동 간의 사회적 접촉과 공격성이 증가한다.

ⓑ 놀잇감이 적을수록 단독놀이가 적고 나누어 갖는 행동이나 공격성이 더 많이 나타난다(스미스와 코널리 Smith and Connolly, 1980).

ⓒ 놀잇감의 양이 감소하면 긍정적 측면(나누어 갖기, 긍정적 접촉)뿐 아니라 부정적 측면(공격성)의 사회적 상호작용이 증가하나, 반대로 놀잇감이 증가하면 공격성과 사회적 접촉이 모두 감소하게 된다.

ⓒ **놀잇감의 실제성과 구조성** : 만 5세의 유아들은 실제적인 놀잇감보다는 비실제적인 놀잇감이나 덜 구조화된 놀잇감으로 놀이를 하는 경향이 있다. 예 특정 모양이 없는 인형, 점토, 공간블록, 속이 빈 종이상자

② 사전경험

㉠ 사전경험이 풍부한 유아들은 흔히 사회극놀이의 주제를 정하거나 역할을 정할 때 리더가 되는 경우가 많다.

㉡ 유아교사들은 영유아들의 놀이 경험을 위해 현장견학을 하여 사회극놀이가 나타나도록 조장할 수 있다.

③ **공간** : 충분한 공간에서는 구성놀이나 역할놀이 혹은 쌓기놀이와 같이 대근육을 사용하는 놀이가 많이 나타나지만 좁은 공간에서는 조용한 활동들이 주로 나타난다.

④ **시간** : 영유아에게 충분한 시간이 주어지면 놀이는 다양하게 펼쳐질 수 있다. 사회극놀이나 구성놀이를 계획하고 수행하기 위해서는 영유아들에게 충분한 시간이 필요하므로 교사의 융통성 있는 시간 운영이 필요하다.

Ⓐ Plus⁺ **극화놀이를 평가하고 지원하는 과정**(보드로바와 렁 Bodrova & Leong, 2007)

- **계획하기** : 유아들이 놀고 싶은 것이 무엇인지, 어떤 역할을 하고 싶은지 토의하고 표 등을 작성하게 함으로써 자신의 놀이에 집중시키고 사회적 갈등을 줄일 수 있다.

- **역할** : 놀이 역할에 맞는 규칙을 지키도록 지원하고 유아의 성숙한 놀이를 위해 일련의 사회적 행동의 목적과 순서, 행동 간 인과 관계 등을 지도해 준다.

- **소품** : 소품을 상징적으로 사용하는 것을 시범 보이고 같은 사물을 점차 다양한 용도로 확장하여 사용하도록 지도하며 보다 비구조적이고 다양한 기능의 소품을 제공해 준다.

- **놀이시간의 확장** : 유아의 흥미가 지속되는 한 놀이가 확장되거나 며칠 동안 계속되는 것을 허용해 준다.

- **언어** : 유아들이 시나리오를 발전시키도록 가작화 의사소통과 상위 의사소통을 적절하게 사용하도록 돕는다.

- **대본**(놀이 주제 및 줄거리) : 유아들이 놀이 대본을 통해 역할들의 사회적 상호작용을 탐색하도록 하고 놀이 대본이 변화할 수 있도록 충분한 시간을 준다.

놀이환경 및 놀잇감

1 놀이터의 유형과 디자인

(1) 놀이터의 유형

① 전통적 놀이터
  ㉠ 그네, 미끄럼틀, 시소, 정글짐과 같은 철제 고정 시설물이 질서 정연하게 설치되어 있는 놀이터이다.
  ㉡ 기능놀이가 주로 나타나며 탐색적이거나 도전적인 놀이 경험을 충분히 제공하지 못하는 단점이 있다.

② 창조적 놀이터
  ㉠ 고정 시설물 외에 타이어, 목재, 전화선 감개, PVC파이프 등과 같은 이동기구를 제공하여 유아 스스로 놀이기구를 창조해 보도록 계획된 놀이터이다.
  ㉡ 나무로 된 정자, 사다리, 터널, 흔들다리 등이 있으며 극놀이 및 집단놀이가 이루어지기에 좋다.

③ 모험 놀이터
  ㉠ 완성된 놀이터가 아니라 유아들이 창조하여 완성시키는 놀이터이다.
  ㉡ 유아가 땅을 파거나 여러 가지 건축자재로 집이나 참호 등을 만들 수 있다.
  ㉢ 모험 놀이터가 성공적으로 운영되는지의 여부는 놀이지도자(play leader)에 달려 있다.
  ㉣ 모험 놀이터에서 지도자는 유아가 안전하고 즐거운 놀이를 하도록 격려해 주는 역할을 한다.

(2) 놀이터의 디자인

① 놀이터 디자인 시 고려할 점
  ㉠ 복합성 : 다양한 놀이 경험을 제공하는 놀이환경이 되어야 한다.
  ㉡ 연관성 : 놀이시설물이 서로 연관됨으로써 놀이활동을 자연스럽게 연결시킬 수 있어야 한다.
  ㉢ 사회성 : 놀이환경은 유아들의 놀이 및 놀이자 간 상호작용을 자극하도록 구성되어야 하며, 놀이시설물은 어린이가 집단으로 이용할 수 있도록 디자인되어야 한다.
  ㉣ 융통성 : 놀이터의 시설물은 기계적으로나 기능적으로 융통성이 있어야 한다.
  ㉤ 도전성 : 놀이터에는 어린이의 신체 협응력, 균형감각 및 체력을 배양할 수 있는 시설물이 설치되어야 한다.
  ㉥ 계발성 : 여러 연령층의 어린이가 각기 다른 기술을 연마하고 발전시켜 나갈 수 있는 놀이터가 되어야 한다.

ⓐ 안전성 : 안전한 놀이터란 사고가 발생하지 않는 놀이터일 뿐만 아니라 어린이들이 사고에 대한 두려움 없이 다양한 놀이를 과감하게 할 수 있도록 격려하는 환경을 의미한다.

ⓞ 내구성 : 놀이터의 시설물은 오랜 시간 많은 어린이들이 사용해도 손상되지 않도록 튼튼해야 한다.

② 놀이터 디자인에서 고려해야 할 요인들(백위드 Beckwith)

디자인 전 단계	디자인 단계		디자인 후 단계
• 놀이자의 특성 • 안전성	• 복합성 • 사회성 • 도전성 • 안전성	• 연관성 • 융통성 • 계발성 • 내구성	• 관리 및 감독

③ 실내 · 외 환경 척도

㉠ 활동실 공간은 어린이 1명당 최소 $3.2m^2$ 이상이 되어야 한다.

㉡ 실내 온도는 21~22℃가 적당하다.

㉢ 가구 및 기구 높이는 120㎝ 이하여야 한다.

㉣ 「고등학교 이하 각급 학교 설립 · 운영 규정」 '체육장의 기준 면적' : 40인 이하일 경우 160 m^2 이상이어야 하며, 41명 이상일 경우에는 '$120m^2$+학생 정원'으로 한다.

(3) 실외 놀이환경 구성에서의 유의점

① 동적 활동 영역과 정적 활동 영역으로 구분한다.

② 바닥은 단단한 표면과 부드러운 표면 간의 균형이 이루어지도록 한다.

③ 햇볕이 잘 드는 영역과 그늘진 영역을 마련한다.

④ 시각적으로 구분된 넓은 통로를 마련하여 서로 간의 놀이를 방해하지 않고 안전하게 이동할 수 있도록 해야 한다.

⑤ 유아들이 필요에 따라 놀잇감이나 놀이기구 등을 쉽게 꺼내 사용하고 정리할 수 있는 실외 보관창고를 마련한다.

2 놀잇감 선택 시 고려할 점

(1) 놀잇감의 분류

① 규모에 따른 분류

㉠ 소형 놀잇감 : 소형 모조품을 말한다. 다양한 상상놀이 및 사회극놀이가 가능하며, 동물이나 군인 등의 모형을 사용하여 경험의 폭을 넓힐 수 있다.

ⓛ 대형 놀잇감 : 실물과 비슷하게 제작된 놀잇감이다. 유아가 주변이나 주변 인물, 사건을 모방하는 놀이를 하는 데 도움이 된다.

  ② 디자인에 따른 분류

       ㉠ 놀잇감의 실제성(사실성) : 놀잇감이 실제 사물과 닮은 정도를 말한다. 실제성이 높은 놀잇감은 한정된 방식으로 사용되는 경우가 많고 용도가 다양하지 않아서 구조성이 높고 폐쇄적인 놀잇감이다. 실제성이 낮은 놀잇감은 다양한 용도로 활용할 수 있는 경우가 많아 구조성이 낮고 개방적이다.

       ㉡ 놀잇감의 구조성 : 놀잇감을 특정한 용도로 사용하는가 혹은 다양한 용도로 사용할 수 있는가의 문제이다. 놀잇감을 다양한 용도로 사용하는 경우 놀잇감의 구조성은 낮고, 제한된 용도로만 사용하게 되면 구조성은 높다.[15]

       ㉢ 폐쇄적 놀잇감 : 고정된 방법으로 반복 사용하여 놀잇감에 숙달될 수는 있지만 다양한 흥미를 제공하지 못해 유아들이 지루해할 수 있다. 예 우주선, 퍼즐 등

       ㉣ 개방적 놀잇감 : 놀잇감의 용도가 무제한으로 개방되어 있어 다양하고 창의적인 놀이에 활용될 수 있다. 예 블록, 찰흙, 모래, 밀가루 반죽 등

         ⓐ 기준치수 놀잇감 : 단위블록처럼 형태는 몇 가지 유형으로 나뉘며 크기는 기준 단위를 중심으로 배수가 되게 만들어진 놀잇감이다.

         ⓑ 자유 놀잇감 : 찰흙이나 점토처럼 형태와 크기가 결정되어 있지 않은 놀잇감을 말한다.

[15] • **구조적 놀잇감** : 나무못과 못판, 퍼즐 맞추기, 숫자 막대책, 극놀이 소품, 화장도구, 그릇류, 음식, 모형, 인형, 자동차
   • **비구조적 놀잇감** : 블록 종류, 찰흙, 밀가루, 점토, 모래, 물, 눈(雪)

Ⓐ Plus⁺ 놀잇감의 복잡성 정도에 근거한 놀이 구성단위(프레스콧 Prescort)

1. **단순 단위** : 한 가지 조작적 요소만을 가진 놀잇감으로 다른 어떤 소품도 함께 주어지지 않는 경우이다.
2. **복합놀이 단위** : 두 종류의 관련된 놀잇감을 결합한 것으로 모래와 함께 플라스틱 삽, 깔때기, 양동이가 제공되는 경우이다.
3. **슈퍼 복합 단위** : 세 종류 이상의 관련된 놀잇감을 결합한 것으로 모래와 다양한 유형의 모래놀이 소품 이외에 물을 함께 제공하는 경우이다.

놀이 단위 수	단위 유형	놀이 공간의 수
자동차	단순 단위	1
모형 트럭+흙	복합놀이 단위	4
물과 도구들이 있는 모래 책상	슈퍼 복합 단위	8

※ 놀이 공간의 수 : 주어진 단위로 편안하게 놀이할 수 있는 아동의 수

• 한 유아당 놀이 구성 단위가 감소하면 놀잇감의 양이 감소한 경우와 동일하여 놀잇감을 나누어 쓰는 협력적 상호작용이 나타나지만 서로 놀잇감을 차지하려고 경쟁하면서 나타나는 공격성도 함께 증가할 수 있다.
• 놀잇감의 양뿐만 아니라 놀잇감의 복합성 차원을 고려하여 놀이 행동이 격려될 수 있도록 놀잇감과 유아의 수를 적절히 조절해 주어야 한다.

(2) 놀잇감 선택의 일반적인 지침과 조건

① 기능적 조건

　　㉠ 안전성 : 무해성, 강도, 디자인, 위생(청소 가능성) 등을 고려해야 한다.

　　㉡ 내구성 : 기상 조건에 알맞고 빈번한 사용을 고려해야 하며 간편하게 보관하고 관리
　　　할 수 있는 놀잇감이어야 한다.

　　㉢ 적합성

　　　ⓐ 형태, 크기, 난이도가 유아의 발달 수준 및 유아의 흥미와 개성에 적합해야 한다.

　　　ⓑ 고정된 성역할 개념에서 탈피한 놀잇감을 선택해야 한다.

　　　ⓒ 단계적 학습에 적합하고 유아의 문화와 환경에 적합해야 한다.

　　㉣ 경제성 : 가격이 저렴하고 다용도로 활용될 수 있어야 한다.

② 교육적 조건

　　㉠ 지적 발달의 촉진 : 호기심을 유발하고 탐색활동을 자극하며 다양하고 구체적인 경험
　　　을 제공하여 사고력과 문제해결력을 촉진시켜 주는 놀잇감이어야 한다.

　　㉡ 신체 발달의 증진 : 행동의 자유와 다양한 동작을 자극하고 근육 발달과 협응력을 촉
　　　진시켜야 한다.

　　㉢ 사회 · 정서 발달의 촉진 : 자신과 타인에 대해 우호적 태도를 갖도록 하며, 상상력과
　　　창의력을 고취시키고 다양한 개별활동과 집단활동 경험을 제공하여 놀이의 즐거움
　　　을 알게 하는 놀잇감이어야 한다.

3 놀이환경 구성

(1) 좋은 놀이환경의 특징

① 분위기 : 놀이환경에서 느껴지는 정서적 특징으로, 부드러움(스펀지 블록, 고무, 헝겊)과 딱딱
　함(플라스틱 블록, 자동차 모형)을 함께 경험할 수 있는 놀잇감과 교구가 제공되어야 한다.

② 구조화 : 놀잇감이나 놀이 영역의 구조화 정도로, 개방적인 것(쌓기놀이, 모래 · 물놀이, 개방된
　공간)과 폐쇄적인 것(퍼즐, 수 놀이, 분리된 영역)이 균형을 이루어야 한다.

③ 난이도 : 조작 · 변경할 수 있는 가능성에 관한 것으로, 놀잇감이나 놀이시설이 한 가지
　용도로 사용되는 단순한 것(미끄럼틀, 그네)과 두 가지 이상의 놀잇감이 활용되는 복잡한
　것(극놀이, 물 · 모래놀이 기구들)이 적절히 섞여 있어야 한다.

④ **활동성** : 신체적 활동의 수준을 말하는 것으로, 대근육을 주로 사용하는 활동성이 높은 놀잇감(목적물 맞추기)과 소근육을 주로 사용하는 활동성이 낮은 놀잇감(구슬꿰기나 끈 끼우기)이 함께 제공되어야 한다.

⑤ **접촉도** : 또래와의 상호작용 정도와 관련되는 것으로, 혼자만의 놀이 세계에 몰입할 수 있는 공간(책 읽기 영역)과 또래들과 빈번하게 상호작용할 수 있는 공간(역할·쌓기 영역)이 함께 제공되어야 한다.

⑥ **도전성** : 자신의 아이디어를 실현해 볼 수 있는 모험성이 있는 환경(구성놀이, 숲 체험)과 유아의 안전이 보장되는 환경(안전가위, 교사의 보호)이 제공되어야 한다.

⑦ **집단 크기** : 단독으로 할 수 있는 놀이 공간 및 놀잇감(책 읽기, 미술 도구)과 또래들이 소집단이나 대집단으로 놀이할 수 있는 공간과 놀잇감(극놀이, 블록)의 제공도 필요하다.

(2) 놀이 공간과 놀잇감이 유아의 놀이에 미치는 영향

① **놀이 공간 밀도** : 공간의 밀도는 놀이 공간에서 영유아 한 명당 차지할 수 있는 넓이를 말하는 것으로 밀집도를 나타내는 지표이다.

    ㉠ 사회적 밀집도와 공간적 밀집도(맥그루 McGrew, 1972)

        ⓐ **사회적 밀집도** : 공간의 크기는 일정하게 유지하면서 영유아의 수를 조절하는 것을 말한다.

        ⓑ **공간적 밀집도** : 영유아의 수는 일정하게 유지하면서 공간의 크기를 조절하는 것을 말한다.

    ㉡ 밀집도가 유아의 놀이에 주는 영향

        ⓐ 밀집도가 높은 환경일수록 유아들 간의 신체적 접촉이 증가하고 이로 인하여 서로 간의 놀이가 방해됨에 따라 공격적 행동이 증가하는 경향이 나타난다.

        ⓑ 밀집도가 낮은 공간 또는 개방된 실외놀이 공간에서는 뛰어다니는 활동적인 놀이 선택이 더 많아진다.

② **놀잇감의 복합성** : 일반적으로 덜 구조적이고 복합성이 높을수록 다양한 놀이 방법이 나타난다. 특히 집단놀이와 상상놀이를 더 많이 나타나고 놀이 지속시간도 길어진다.[16]

③ **놀잇감의 수** : 놀잇감의 수가 적으면 놀이 형태가 단조로워지고 놀잇감 선택에 따른 갈등을 유발하게 된다.

④ **놀이 공간 배열**

    ㉠ 적절한 칸막이와 가림대를 사용하면 시각적 분산을 최소화하여 유아가 안정적으로 활동에 집중할 수 있도록 해 준다.

    ㉡ 크고 개방적인 공간에서는 거친 신체놀이가 자주 나타난다.

    ㉢ 역할놀이 영역과 쌓기놀이 영역을 서로 통합하여 제시하였을 때 유아들의 놀이가 더 촉진되고 더 많은 유아들이 놀이에 참여하며 여아와 남아가 함께 노는 경향도 높게 나타난다.

16) 1960년대 피아제나 비고츠키의 구성주의 이론이 나오면서 영유아의 인지 및 사회적 발달에서 놀이의 중요성과 역할에 초점을 맞추었다.

■ 창의적이고 좋은 놀이환경의 특성(아이젠버그와 자롱고 Isenberg & Jalongo, 2001) ■

분위기

부드럽다	균형	단단하다

- 카펫이 깔려 있다.
- 편안하고 이동할 수 있는 가구이다.
- 부드럽고 밝은색이다.
- 따뜻하고 명랑한 목소리이다.

- 마룻바닥이다.
- 고정된 가구이다.
- 흐릿하고 중간색이다.
- 엄격한 목소리이다.

구조화

개방적이다	균형	폐쇄적이다

- 쌓기놀이, 물 · 모래놀이
- 쉽게 꺼내 쓸 수 있는 교구장

- 퍼즐 맞추기, 수 놀이
- 손에 닿지 않는 교구장

난이도

단순하다	균형	복잡하다

- 한 가지 용도로 활용되는 설비
  (미끄럼틀, 그네, 퍼즐 맞추기)

- 두 가지 또는 세 가지 이상의 놀잇감
  이 활용되는 설비(극놀이, 물 · 모래
  놀이 기구들)

활동성

활동적이다	균형	비활동적이다

- 대근육 활동(기어오르기, 점프하기,
  자전거 타기)

- 소근육 활동(그림 그리기, 가위질하
  기, 수 조작, 과학, 언어 활동)

접촉도

접촉이 많다	균형	혼자 숨어 있다

- 사회적 접촉이 많음(사회극놀이,
  복합연령학급)

- 구석진 곳, 커튼 뒤 등에 숨어 혼자만
  의 놀이 세계를 즐김

도전성

도전적이다	균형	안전하다

- 새로운 자료와 아이디어를
  시험할 수 있는 환경

- 위험으로부터 보호하는 환경

집단 크기

함께 한다	균형	혼자 한다

- 그룹 게임 · 공동 작업

- 개인 활동

(3) 놀이 영역 구성

① 프로스트와 키싱어(Frost & Kissinger, 1976)는 놀이의 활동성과 물의 필요성을 기준으로 4가지 영역으로 구분했다.

② 놀이 영역 구성

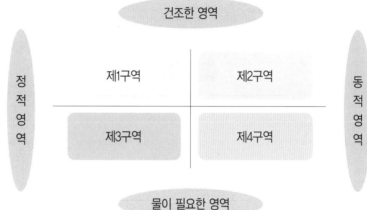

㉠ **제1구역**(정적이고 건조한 영역) : 언어 영역, 수 · 조작 영역, 책 보기 영역

㉡ **제2구역**(동적이고 건조한 영역) : 쌓기놀이 영역, 역할놀이 영역, 음률 영역

㉢ **제3구역**(정적이고 물이 필요한 영역) : 미술 영역, 요리 영역

㉣ **제4구역**(동적이고 물이 필요한 영역) : 과학 영역[17]

> **A Plus⁺ 실외 놀이 공간의 균형(시펠트 Seefeldt)**
>
> 1. 정적 활동 공간과 동적 활동 공간의 균형
> 2. 그늘진 공간과 양지바른 공간의 균형
> 3. 단단한 지면과 부드러운 지면의 균형
> 4. 높은 곳(언덕, 비탈길, 정글짐)과 낮은 곳(평평한 곳)의 균형

17) 대집단 미술활동은 동적이고 물이 필요한 제4구역에 배치하고, 동 · 식물을 키우는 과학영역은 정적이고 물이 필요한 제3구역에 배치하는 등 실제 유치원에서 흥미영역 구성은 상황에 따라 유동적일 수 있다.

2007 개정 교육과정 지도서 총론 흥미영역별 계획과 운영

자유선택활동이 이루어지는 흥미 영역은 쌓기놀이 영역, 역할놀이 영역, 언어 영역, 수·조작 영역, 과학 영역, 조형 영역, 음률 영역 등으로 구성된다. 이들의 계획과 운영에 대하여 살펴보면 다음과 같다.

(1) 쌓기놀이 영역

쌓기놀이 영역은 다양한 종류의 소재, 모양, 색, 크기, 형태의 블록을 이용하여 일상생활에서 보고 들은 것이나 상상하는 것을 구성해 볼 수 있는 공간이다. 유아는 쌓기놀이를 하면서 다양한 사물의 형태와 크기, 무게 등을 보고 느끼며, 다양한 구조물을 만들며 공간 구성력과 분류와 측정 능력, 상상력을 기른다. 또한, 유아들이 몇 명씩 협동하여 함께 쌓기놀이를 하면서 서로 돕고 양보하며 규칙을 지키고 다른 사람의 입장을 존중하여 주는 등의 사회적 기술과 태도도 발달시킨다. 그뿐만 아니라, 유아는 스스로 완성한 작품을 자랑스럽게 느끼고 자신감과 성취감을 가지게 됨으로써 긍정적인 자아 개념을 형성하며, 자신이 만든 구조물을 부수면서 공격 욕구나 불안감, 긴장감 등을 해소하기도 한다. 그 밖에도 블록을 나르고 쌓는 과정을 통하여 유아의 대·소근육과 눈과 손의 협응력 등이 발달하며, 자신이 계획하는 형태나 작품을 설명하고 완성된 구성물에 대해 이야기하는 과정을 통하여 언어 능력을 증진시키고, 논리적 사고력을 기른다.

유아의 쌓기놀이가 활성화되고 확장되도록 돕기 위해서는 블록의 종류와 수량을 학급의 인원수와 발달 수준에 맞추어 적절히 준비해 주어야 하고 충분한 공간을 제공해야 한다. 쌓기놀이 영역은 키가 낮은 장을 이용하거나 바닥에 테이프를 붙여 다른 영역과 구분해 주거나 구획을 지어 주는 것이 좋다. 생활 주제 또는 활동 주제와 관련된 동물이나 자동차 모형 등 적절한 소품을 준비하여 놀이를 확장시켜 주는 것이 좋다. 블록을 쌓고 넘어뜨리면서 생기는 소음을 줄이기 위해 바닥에는 카펫을 깔아 주는 것도 좋다.

쌓기놀이 영역에서는 특히 안전관리를 잘해야 한다. 나무블록의 경우에는 유아의 키 이상으로 쌓지 않도록 하고, 큰 블록을 옮길 때에도 두 손으로 잡고, 한두 개씩만 옮기게 한다. 크고 무거운 블록은 교구장의 아래 칸에 보관함으로써 사용도 편리하고 안전하게 관리되도록 한다. 유아들이 놀이과정에서 블록을 던지지 않게 하며, 블록을 쌓은 후 치울 때에는 위에서부터 차례로 내림으로써 옆에 있는 유아들이 다치는 일이 없도록 한다. 또한, 놀이가 끝나고 난 후 정리할 수 있는 시간을 충분히 주어, 정리 정돈을 잘할 수 있게 한다. 일정한 곳에 정리 정돈을 잘할 수 있도록 모양을 그려 붙여 주어 그림에 따라 정리 정돈을 할 수 있도록 한다.

(2) 역할놀이 영역

역할놀이 영역은 다양한 사람이나 사건에 대해 유아가 보고 경험하거나 희망과 욕구를 담아 상상하거나 생각한 것 등을 행동으로 표현해 볼 수 있는 곳이다. 유아는 엄마나 아빠가

되어 보기도 하고 의사나 소방수가 되어 보며 자신이 맡은 역할에 동일시함으로 사회적 역할 학습은 물론 감정이입을 통해 다른 사람의 마음을 읽는 능력을 기른다. 실제 사건이나 인물을 모방해 보거나 가상적인 상황과 역할을 경험해 보며 상상력이나 문제해결력을 기르며, 실생활에서 보고 경험한 다양한 상황을 표현해 보며 다양한 생각과 느낌을 표출하고 부정적인 감정을 발산시키며 긴장을 이완하여 편안한 마음을 가진다. 또한 다른 유아들과 상호작용을 하며 협동과 배려 등의 사회적 기술을 익힌다.

역할놀이 소재는 진행되고 있는 교육주제와 관련하여, 병원 또는 한방병원놀이, 동물병원놀이, 문방구놀이, 서당놀이, 우체국놀이, 은행놀이, 떡집놀이, 연극놀이 등 그때그때 다양하게 변경될 수 있다.

역할놀이 영역에는 여러 가지 직업 또는 역할을 모방하거나 표현하는 데 필요한 다양한 종류의 옷과 소품 및 필요한 도구를 준비해 준다. 이러한 자료들은 상품화된 것을 활용할 수도 있지만 가정에서 사용했던 폐품을 이용하거나 교사나 유아가 직접 만든 것을 활용하는 것이 좋다. 새로운 자료나 도구들은 유아의 흥미나 관심, 활동 주제와의 관련성 등을 고려하여 첨가하거나 확대한다. 역할놀이 영역에 준비된 다양한 종류의 자료나 도구들은 정기적으로 수선하고 세탁함으로써 청결하게 관리한다.

유아가 역할놀이를 할 때, 교사는 우선 유아의 놀이를 주의 깊게 관찰하여 많이 활용하는 놀잇감은 무엇이며, 유아들의 상호작용은 어떻게 일어나고, 가장 좋아하는 놀이주제는 무엇인가에 관심을 기울인다. 역할놀이의 심화 또는 확장을 위해 놀이행동이나 아이디어를 격려하거나 새로운 제안을 할 수도 있고, 새로운 자료를 첨가해 줄 수도 있다. 때로는 놀이의 한 구성원으로 자연스럽게 참여하여 놀이를 확장시킬 수 있으며, 놀이에 참여하지 못하거나 소극적인 유아를 도와줄 수 있다. 또한, 교사는 사건이나 인물에 대하여 이야기 나누기나 그림책 제시하기, 현장 학습이나 자원 인사 활용 등의 방법을 활용할 수도 있다.

(3) 언어 영역

언어 영역은 도서 영역으로도 부르며 '듣기', '말하기', '읽기·쓰기' 등의 활동이 이루어지는 곳이다. 언어 영역에서는 주로 그림책 보기와 읽기, 테이프를 이용하여 다양한 소리 듣기나 동화, 동시 듣기가 이루어지며, 손 인형, 융판용 자료와 융판, 그림동화 등 간단한 매체를 활용하여 동극 상연하기가 이루어지고, 글과 동시 쓰기 등의 활동이 이루어진다.

유아는 그림책을 보며 그림책의 그림과 글 속에서 주제, 줄거리, 등장인물들의 생각 등을 즐기며 상상하기도 하고, 글자나 말과 글의 관계나 책에 관심을 가지게 된다. 친구에게 그림책을 읽어 주거나 이야기해 주며 서로 듣고 말하는 재미와 능력을 키워 가며 잘 듣고 바르게 이해하는 능력과 태도를 기른다. 그 밖에도 책 속에 들어 있는 다양한 정보와 지식을 얻기도 한다. 간단한 매체를 이용하여 동극 상연을 해보며 이야기하기를 즐기기도 하지만, 말할 때에 자신이 이야기하는 대상이 누구인지, 무엇을 이야기할 것인지 등을 고려하여, 적절한 어휘와 문장을 사용하여 정확한 발음과 알맞은 크기의 목소리로 말할 수 있는 능력을 키워 간다. 또한 그림책을 읽거나 글씨를 모방하거나 글과 동시 쓰기를 하며 자연스럽게 읽고 쓸 수 있는 능력을 학습해 나간다.

언어 영역에는 유아의 발달 수준에 적절한 동서양 및 다양한 문화권의 책, 전래, 현대의 책 등 다양한 그림책, 즉 정보를 위한 책과 문학 작품 등을 준비해 주어 그림책 읽기 활동이 활발하게 이루어지도록 한다. 이름 카드, 그림 카드 등과 다양한 종류의 쓰기 도구나 종이를

비치해 준다. 그 밖에도 작은 융판이나 인형극 틀과 자료들을 제공한다.

유아는 스스로 그림책을 보는 것도 좋아하고 교사가 그림책을 읽어 주는 것도 매우 좋아한다. 또한 동일한 책을 여러 번 반복해서 읽고 듣는 것도 좋아한다. 유아가 책 읽기를 할 때는 조용하고 편안한 분위기를 만들어 주며 그림책과 관련해 질문을 한다면 이에 진지하게 반응해 주어야 한다. 교사가 그림책을 읽어 줄 때에는 또박또박 적절한 크기와 빠르기로 읽어 준다. 개별적으로 읽어 주기도 하며, 한번에 2~3명의 유아에게 읽어 줄 수도 있다. 그림책 만들기, 친구 생일 축하 카드 쓰기 등의 활동으로 확장하도록 제안할 수도 있다. 그 밖에도 속담 말하기, 끝말 이어가기, 말 전하기 등의 활동이 이루어질 수 있도록 이끌 수도 있으며, 인형극을 위한 인형들을 만들어 활용하도록 이끌 수도 있다.

(4) 수·조작놀이 영역

수·조작놀이 영역은 사물의 수나 양을 경험하고, 조각그림 맞추기, 끼우기, 바느질하기, 그룹게임 등을 하며 공간 및 도형에 대한 경험을 해 보거나 측정해 보거나 이들 속에 포함되어 있는 규칙성을 파악해 보거나 사물이 가진 속성을 준거에 따라 분류해 보는 등의 활동을 하는 곳이다. 유아는 구체적인 사물을 세며 그룹 게임을 하며, 수와 순서 등의 감각을 익히거나 수나 양의 개념을 형성한다. 조각 그림 맞추기, 고누놀이, 칠교놀이 등을 하며 공간 및 도형에 대한 감각을 기르며 이들 속에 포함되어 있는 규칙성을 파악한다. 키를 재어 보거나 몸무게를 재어 보면서 측정에 관심을 가진다. 또한 측정한 결과, 조각그림, 놀잇감 등을 정리하면서 비교, 분류 등을 하며 자료를 종합하여 정리하거나 결과를 나타내는 경험을 한다. 이러한 경험들은 생활 주변의 문제를 논리, 수학적으로 해결하기 위한 기초 능력을 기른다.

수·조작놀이 영역에는 유아의 발달 수준에 따라 조각그림 맞추기, 끼우기, 바느질하기, 그룹게임 등의 다양한 놀잇감을 비치한다. 진행되고 있는 주제와 연관된 것으로 비치할 수도 있다. 교사는 유아가 사물의 수를 헤아리거나 크기를 비교하고 그룹게임이나 조각그림 맞추기 등을 하면서 자연스럽게 수나 양, 도형과 공간, 규칙성(패턴), 측정, 자료 정리 등에 관심을 가지도록 배려해야 한다.

(5) 과학 영역

과학 영역은 다양한 물체와 물질, 동물과 식물 등의 자연환경, 간단한 도구와 기계 등에 대해 호기심을 가지고 지속적으로 탐구하는 태도를 기르며 이에 대한 기초 지식을 얻으며 탐구하는 능력을 기르는 곳이다. 특히, 생명체와 자연 환경을 소중하게 여기는 마음을 기르는 곳이다. 유아는 이와 같은 과학적 경험을 통하여 탐구 과정의 즐거움을 맛봄으로써 과학적 사실에 더욱 호기심을 가지고 탐구하며 다양한 과학적 기초 지식을 얻는다.

과학 영역에는 생활 주변에서 흔히 볼 수 있는 자료 중에서 직접 만져 보고 관찰하고 실험해 볼 수 있는 자료를 충분히 준비해 주어야 한다. 또한 관찰하기나 조사하기 등에 필요한 돋보기 등의 도구와 관찰하고 조사한 것을 그리거나 쓸 수 있는 기록용지와 쓰기도구가 비치될 수 있다. 과학활동은 진행되고 있는 주제와 연관되는 활동을 제공하는 것이 바람직하다. 즉, '동·식물과 자연' 생활주제 중 '식물과 자연' 주제가 진행될 때는 여러 가지 씨앗 관찰하기, 당근이나 양파, 고구마 등의 식물 기르기, 다양한 열매와 나뭇잎 관찰하기 등의 활동을 제공할 수 있다.

교사는 유아가 탐구하는 태도를 기르고 과학적 기초 지식을 얻으며 탐구하는 능력을 기르

도록 돕기 위해 놀이에 필요한 구체적인 자료를 제공하고 관찰하기, 조사하기, 비교하기, 그림이나 글로 기록하기 등을 자연스럽게 할 수 있도록 한다. 또한 유아들의 활동을 주의 깊게 관찰하면서 다음에 어떤 일이 생길지 예측해 보게 하고, 유아가 의도한 대로 놀이를 해보게 하며, 원인과 결과를 관계지어 생각해 볼 수 있도록 제안하거나 질문해 볼 수 있다. 그리고 유아들의 질문에 대해서는 정답을 말해 주기보다는 유아가 경험하는 과정과 관찰하는 과정, 조사하는 과정에서 스스로 지식을 얻도록 하는 것이 바람직하다.

(6) 조형 영역

조형 영역은 그리기 같은 평면작업뿐만 아니라 만들기, 꾸미기 등의 입체조형을 통한 창의적 표현 활동이 이루어지는 곳이다. 유아들은 그리기, 찢기, 붙이기, 만들기, 점토로 만들기, 염색하기 등을 하면서 즐거움을 느끼며, 눈과 손의 협응능력을 기르고 자신의 생각과 느낌을 표현하며, 상상력과 창의력을 기른다. 활용한 자료와 도구의 특성에도 관심을 가질 수 있으며, 적절한 방법으로 표현할 수 있고, 이들을 활용하면서 경험하는 시행착오를 통해 문제해결력이 향상된다. 그 밖에도 색, 선, 모양과 형태, 공간, 질감 등을 탐색할 수 있으며, 이를 즐기고 스스로 표현할 수도 있다. 완성된 자신의 작품을 보며 성취감을 가진다.

조형 영역에는 다양한 재료와 도구를 비치하여 유아가 좋아하고 원하는 것을 선택할 수 있게 해준다. 자료의 종류가 단조로우면 창의적인 조형놀이를 제한하게 되며, 반대로 지나치게 다양하게 제공되면 유아의 선택을 어렵게 할 수도 있다. 따라서 조형놀이를 위한 재료의 종류나 양은 유아의 욕구나 발달 수준, 흥미, 자료가 제시되는 시기 등을 고려하여 제시해 준다. 유아들이 수집한 모래, 꽃잎, 나뭇잎, 나뭇가지, 솔방울, 도토리 등의 자연물과 양파 껍질, 포도 껍질 등 생활 속의 자료를 활용할 수도 있다. 자료는 유아가 손쉽게 활용할 수 있도록 정리장에 잘 구분하여 제시한다. 조형놀이 역시 주제와 관련한 놀이가 이루어질 수 있도록 할 수 있다.

유아의 조형놀이는 예술적 차원에서의 창작 활동보다는 표현 과정 자체에 의미를 두는 것이 바람직하다. 즉, 섬세한 기술이나 작품 완성도에 중점을 두기보다 유아가 다양한 자료를 다루어 보고 생각이나 느낌을 표현해 보는 과정의 즐거움 그 자체를 즐길 수 있게 하는 것이 좋다. 교사는 유아가 그리거나 만드는 과정을 잘 관찰하고, 각 유아에게 적절한 인정과 격려, 도움을 줌으로써 유아의 자신감을 발달시킬 수 있다. 또한, 작품에 대한 평가를 할 때에도 다른 유아의 작품과 비교하거나, 성인의 기준이나 특별한 기술 등에 치중하여 평가하지 않도록 한다. 작품의 결과보다는 재료나 방법, 유아의 의도나 노력 등의 과정에 초점을 맞추어 긍정적인 측면에서 평가하거나 격려해 주도록 한다. 유아의 작품은 교실의 벽면 등 적절한 공간을 활용하여 전시해 줄 수 있다.

(7) 음률 영역

유아는 음악을 감상하며, 노래를 부르며, 악기를 탐색하거나 연주하며 소리의 빠르기 · 세기 · 장단, 높낮이, 리듬, 멜로디 등을 경험하며 노래로 자신의 생각과 느낌을 표현한다. 또한 음악에 맞춰 신체를 이용하여 주변의 다양한 모양이나 형태, 움직임, 자신의 생각이나 느낌을 율동으로 표현한다. 유아는 이를 통해 음악을 즐기며 음악적 감수성을 키울 수 있다.

음률 활동 영역에는 동요, 전래동요, 민요, 국악, 서양 고전음악, 왈츠, 종교 음악 등 다양한 종류의 음악을 듣고 감상할 수 있는 재료와 도구를 비치한다.

또한 쉽게 연주해 볼 수 있는 타악기도 비치한다. 특히, 우리나라 전통악기들을 비치하는 것도 매우 중요하다. 음률 활동을 할 때는 수건이나 보자기 등 여러 가지 도구를 제시하고 유아의 모습을 비춰 볼 수 있는 거울을 걸어 주는 것도 좋다. 음률 영역에서의 놀이는 다른 영역의 놀이들을 방해할 수 있으므로 특정 시기 동안만 제공하는 등 영역 제공 여부를 고려하여야 한다. 유아의 사고와 느낌, 표현을 확장하기 위하여 자유롭게 이야기해 보거나 생각해 볼 수 있는 기회를 제공해야 하며 유아의 다양한 표현을 적극 격려해야 한다. 교사는 음률 활동을 효과적으로 지도하기 위하여 북이나 장구 등을 연주하는 법이나 탈춤 등 몇 가지 춤의 동작을 익혀 두는 것이 바람직하다.

⑻ 정리 정돈

정리 정돈도 교육활동의 중요한 부분이며 한 유형이다. 정리 정돈은 자유선택활동을 마무리하거나 대 · 소집단 활동을 정리하면서, 낮잠 및 휴식을 정리하면서 또는 하루의 일과를 마무리 지으면서 반드시 이루어져야 하는 부분이다. 유아는 놀이가 끝난 다음 또는 휴식한 후에 자신이 사용한 놀잇감이나 놀았던 자리를 정리 정돈할 수 있어야 한다. 정리 정돈은 개별적인 것과 전체적인 것이 있다. 개별적인 정리 정돈은 자신이 하던 놀이를 끝내고 다른 놀이로 전이할 때, 먼저 했던 놀잇감을 정리하는 것과 자신의 물건이나 가방, 옷 등을 정리하는 것이다. 전체적인 정리 정돈 시간은 모든 유아가 동시에 참여하는 것으로, 실내 · 외 자유선택활동 또는 대 · 소집단 활동 후 또는 귀가하기 전에 가지게 된다.

정리 정돈 시간은 놀잇감이나 자료를 제자리에 정리하며 바른 생활 습관을 익히는 것 외에도 많은 교육적 의미를 가진다. 즉, 정리 정돈을 하는 과정에서 유아는 같은 종류나 모양의 교구나 자료를 분류하거나 길이와 크기 등을 측정하는 다양한 경험을 하며 또한, 자신이 사용한 자료나 놀잇감을 정리하는 책임감을 기르고 서로 돕고 협동하며 자발적으로 참여하는 능력을 기른다.

정리 정돈 시간을 효과적으로 활용하기 위해서는 쓰레기통, 빗자루 등 필요한 물품을 같은 자리에 마련해 두는 것이 좋다. 정리 정돈의 필요성과 방법, 순서에 대하여 토의하여 규칙을 정한다. 정리할 것이 많은 영역이나 유아에 대해서는 활동을 마무리하기 5분 전쯤에 미리 정리 정돈할 것임을 알려 주어 새로운 놀이를 시작하지 않고, 진행 중인 놀이를 마무리하도록 한다. 교사는 서로 협동하여 정리 정돈하도록 격려한다. 유아가 완성한 작품은 전시할 공간을 마련해 주거나 개인 사물함에 정리하도록 하고 완성하지 못했을 경우에는 다음 날 연계해서 활동할 수 있도록 격려한다.

 **MEMO**

PART 5

유아 평가

1 (가)는 유아 평가와 관련된 교사들의 대화의 일부이다. 물음에 답하시오. [2019기출 일부 변형]

> (가)
>
> …(상략)…
>
> 서 교사 : ㉠ 저희 반 선생님이랑 같은 평정척도법으로 동일한 유아를 평정했는데, 결과가 다르게 나와서 당황스러웠어요.
>
> 윤 교사 : 그런 경우가 가끔 있어요. ㉡ 제 경우는 유민이의 행동을 녹화하여 어제 평정해 보고, 오늘 또 평정해 보니 결과가 다르더라고요.
>
> 서 교사 : 유아를 관찰할 때 신중하게 해야겠어요.
>
> 이 교사 : 맞아요. ㉢ 저는 요즘 우리반 유아들의 친사회적 행동을 관찰하고 있는데, 제가 관찰한 것이 정확하게 유아들의 친사회적 행동을 나타내 주는지가 걱정이에요.
>
> …(하략)…

1) 다음의 ⓐ는 (가)의 ㉠과 관련된 개념이고, ⓑ는 (가)의 ㉡과 관련된 개념이다. ⓐ와 ⓑ에 들어갈 용어를 각각 쓰시오. [1점]

> (ⓐ) : 같은 상황을 두 명 이상의 평정자가 독립적으로 평정했을 때 일관된 결과가 나오는 평정의 일관성
>
> (ⓑ) : 한 평정자가 같은 상황을 두 번 이상 평정했을 때 일관된 결과가 나오는 평정의 일관성

· ⓐ : _____

· ⓑ : _____

2) (가)의 ㉢을 근거로 다음의 (   ) 안에 공통으로 들어갈 말을 쓰시오. [1점]

> ○ 관찰의 (   )은/는 관찰하고자 한 것을 어느 정도 충실하게 관찰했느냐의 문제로, 기록한 것이 실제로 발생한 행동을 얼마나 잘 대표하느냐에 달려 있다.
>
> ○ (   )의 유형에는 평정한 결과가 다른 외적인 준거와 상관이 있는지, 관심의 대상이 되는 행동을 적절하게 표집하고 대표하는지, 초기의 평정자료가 미래의 행동 준거와 연관되며 예측 가능한지 등이 있다.

· _____

정답

1) · ⓐ : 관찰자 간 신뢰도   · ⓑ : 관찰자 내 신뢰도
2) · 타당도

해설

신뢰도		평가도구를 이용하여 수집한 검사의 점수가 얼마나 정확하고 일관성 있느냐의 정도이다.
관찰자 간 신뢰도		· 한 장면에 대해 두 사람 이상의 관찰자가 독립적으로 관찰했을 때 관찰자 간 일치 정도, 관찰 기록의 일관성을 의미한다. · 관찰 전 관찰행동에 대한 명확한 기준과 정의를 가져야 한다.
관찰자 내 신뢰도		· 1명의 관찰자가 같은 장면을 두 번 이상 관찰하고 기록하였을 때 같은 결과가 나오는 것이다. · 관찰 장면을 비디오로 녹화하여 반복해 보며 기록 간 일치도를 높인다.
타당도	내용 타당도	평가하고자 하는 내용이 평가도구에 제대로 반영되었는지 검토하는 것으로, 평가도구가 평가하고자 의도한 목표나 내용을 모두 포괄할 수 있는 대표성을 가지고 있는지, 평가 요소들이 적절하게 구성되어 있는지 등을 검토하는 것이다.
	예언 타당도	특정 평가도구를 사용한 평가 결과가 피험자의 미래에 발생할 행동이나 특성을 얼마나 잘 예언하느냐에 관한 것이다.

2 다음은 유치원의 역할 놀이 영역에서의 일화기록 자료이다. 이 자료에 대한 분석으로 올바른 것을 〈보기〉에서 모두 고른 것은? 2012기출

관찰 대상 : 이수지
생년월일 : 2007. 2. 25. (남 ·ⓨ)
관 찰 일 : 2011. 10. 12.
관 찰 자 : 정해수

수지는 민국이와 함께 역할놀이 영역으로 들어온다. 수지가 민국이에게 "우리, 병원 놀이 할까?"라고 말하자, 민국이가 "좋아. 난 의사 할래."라고 말한다. 수지는 "나도 의사 하고 싶어. 그럼, 우리 가위, 바위, 보로 정하자."라고 말한다. 민국이가 좋다고 하여 가위바위보를 하고 수지가 이긴다. 수지는 자기가 이겼으니까 의사라고 말하며 옆에 있던 흰 가운을 입는다.

수지는 민국이에게 너가 졌으니까 환자 해라고 하면서 청진기를 귀에 꽂는다. 민국이는 "나도 의사하고 싶은데…."라고 아쉬운 듯 말한다. 수지가 민국이에게 "빨리 환자 해야지."라고 말하자 민국이가 "의사 선생님, 의사 선생님, 배가 아파요. 안 아프게 해 주세요."라고 말하며 배를 잡고 몹시 아픈 시늉을 한다. 수지는 "그래요? 어디 봅시다."라고 말하면서 바로 청진기를 민국이 배의 이곳저곳에 대어 본다.

보기
ㄱ. 사건을 일어난 순서대로 기록하였다.
ㄴ. 관찰 내용을 객관적인 언어로 기록하였다.
ㄷ. 관찰 대상 외 다른 유아의 활동 내용도 기록하였다.
ㄹ. 일화기록 시 포함되어야 할 모든 정보가 제시되었다.
ㅁ. 관찰 대상이 한 말을 그대로 인용하면서 말과 행동을 구분하였다.

① ㄱ, ㄷ   ② ㄴ, ㄹ
③ ㄱ, ㄴ, ㅁ   ④ ㄷ, ㄹ, ㅁ
⑤ ㄱ, ㄷ, ㄹ, ㅁ

정답 ①
해설
ㄴ. 민국이는 "나도 의사하고 싶은데…."라고 아쉬운 듯 말한다.
ㄹ. 관찰 시간, 관찰 장면 등이 빠져 있다.
ㅁ. '민국이가 좋다고 하여 가위바위보를 하고 수지가 이긴다', '수지는 자기가 이겼으니까 의사라고 말하며 옆에 있던 흰 가운을 입는다.'의 부분을 직접 화법으로 기술해야 한다.

3 〈보기〉의 내용은 어떤 관찰 방법인가? 1998기출

보기
유아의 스트레스 행동을 소극적인 형태와 적극적인 형태로 나누고, 자유선택활동 시간에 이에 해당되는 행동이 나타날 때마다 기록 용지에 체크한다.

① 시간표집법   ② 평정척도법
③ 사건표집법   ④ 일화기록법

정답 ③

4 (가)~(다)는 5세반 유아 평가에 관련된 내용의 일부이다. 물음에 답하시오. [5점] 2014기출

(가)

쌓기놀이 영역에서 민재의 때리는 행동원인을 알아보기 위해 (㉠)을(를) 활용하여 관찰하였다. 때리는 행동은 물기, 꼬집기, 치기, 사물을 던지는 행동으로 조작적 정의를 내렸다. (㉠)을(를) 통해 민재의 문제 행동 원인을 찾아, 이에 적절한 행동지도를 해야겠다. (2013년 9월 12일)

관찰 대상 : 이민재		관찰 일자 : 2013년 9월 12일	
관찰 장소 : 쌓기놀이 영역		관찰 행동 : 때리는 행동	
관찰 시간	선행 사건	행동	후속 사건
(생략)	(생략)	(생략)	(생략)
9 : 52 ~ 9 : 57	민재가 영수에게 다가가 "이게 뭐야?"라고 묻는다. 영수가 대답하지 않자, 민재는 영수에게 "이게 뭐냐고!"라며 한 번 더 묻는다.	㉡ 공격적인 민재는 영수에게 블록을 집어 던지며, "대답해."라고 말한다.	영수는 "왜 때려?"라며 운다. 민재가 교사에게 "선생님! 영수가 울어요."라고 말한다.
	……(후략)……		

(나)

민재의 기본생활습관을 알아보기 위해 부모용 질문지법을 활용하였다. 질문의 문항에 대한 반응은 (㉢)형식으로 응답하게 하였다. (㉢)형식은 민재의 기본생활습관에 대한 단순한 출현 유무뿐만 아니라 기본생활습관형성 정도에 대한 정보를 제공해 준다. (2013년 9월 26일)

질문 문항	전혀 그렇지 않다	보통 이다	매우 그렇다
㉣ ○ 자녀는 스스로 손을 깨끗이 씻습니까?			
○ 자녀는 스스로 이를 깨끗이 닦습니까?			
○ 자녀는 규칙적으로 자고, 적당량의 음식을 골고루 먹습니까?			
……(후략)……			

(다)

오 교사 : 민재의 행동발달을 알아보기 위해 관찰법과 질문지법을 활용해 보았는데, 다른 유아들과 비교해 볼 수 있는 좀 더 체계화된 평가방법이 있을까요?

박 교사 : 그럼, (㉤)을(를) 실시해 보면 어떨까요? (㉤)은(는) 실시하기 전에 특별한 훈련이 필요할 수도 있고, 전문지식이 요구되기도 하지만, 개인차를 비교할 수 있도록 규준을 제시해 주잖아요. 그리고 (㉤)은(는) 개발과정에서 신뢰도와 타당도를 검증하잖아요.

1) ㉠에 들어갈 관찰법의 종류 1가지를 쓰고, ㉡이 관찰 기록 작성방법에 비추어 적절하지 <u>않은</u> 이유 1가지를 쓰시오. [2점]
   • 관찰법 : _____
   • 이 유 : _____

2) ㉢에 들어갈 용어 1가지를 쓰고, ㉣에서 질문지 문항작성 방법에 비추어 적절하지 <u>않은</u> 문항을 찾아 그 이유 1가지를 쓰시오. [2점]
   • ㉢ : _____
   • 이유 : _____

3) ㉤에 들어갈 용어 1가지를 쓰시오. [1점]
   • ㉤ : _____

정답
1) • 관찰법 : ABC 서술식 사건 표집법
   • 이유 : '공격적인 민재는'이라는 교사의 주관이 포함된 표현은 적절하지 않다.
2) • ㉢ : 평정척도
   • 이유 : '자녀는 규칙적으로 자고, 적당량의 음식을 골고루 먹습니까?'는 서로 다른 구체적 행동을 하나의 문항에 포함시켰으므로 적절하지 않다.
3) • ㉤ : 표준화 검사법

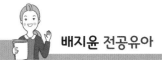

5 다음은 민 교사가 작성한 저널의 일부이다. (나)에서 민 교사가 사용한 관찰법의 종류 1가지를 쓰시오.

[1점] 2013추시 일부

(나)

　이번 주 자유선택활동 시간 동안 쌓기놀이 영역에서 우리반 유아들의 사회적 상호작용을 30초 관찰, 30초 기록으로 5회씩 실시하였다. 관찰 결과 주희의 경우, 장난감 나눠 갖기가 가장 많이 나타났다. (2013년 6월 7일)

유아명	횟수 행동목록	1회 (30초)	2회 (30초)	3회 (30초)	4회 (30초)	5회 (30초)
이주희	장난감 나눠 갖기	✓		✓		✓
	차례 지키기					✓
	함께 놀이하기				✓	

•_____

정답 시간 표집법

6 (가)는 유아 평가와 관련된 교사들의 대화의 일부이다. 물음에 답하시오.

2019기출 일부

(가)　　　…(상략)…

박 교사 : 이번 주에는 관찰 방법 중 평정척도법을 활용해 유아의 사회성 발달을 평가해 보기로 했었죠?

김 교사 : 네. 평정척도법을 사용할 때 어떤 점을 유의하면 될까요?

박 교사 : 예전에 제가 평정척도법으로 관찰할 때, 가끔 표시하기 애매한 경우에는 중간 수에 표시해 버려서 객관적인 결과를 얻기 힘든 적이 있었어요.

김 교사 : 그럴 수도 있겠네요. … (중략) …

1) (가)의 박 교사의 말에서 나타난 ① 평정자 오류의 명칭을 쓰고, ② 그 이유를 설명하시오. [2점]

• ① : _____

• ② : _____

정답
1) • ① : 중심화 경향의 오류
　 • ② : 지나치게 긍정적이거나 부정적으로 판단하는 양극단의 평가를 회피하기 위해 중간 점수에 표시해 버려 올바른 평정을 하지 못했기 때문이다.

7 다음은 교사 저널이다. 물음에 답하시오.

2015기출 일부

관찰 대상 이름 : 김용우
관찰 일자 : 2014년 ○월 ○일
생년월일 : 2009년 ○월 ○일
관찰 장소 : 쌓기놀이 영역

내용 :

　용우가 장난감 자동차들을 바구니에 담는다. 용우는 쌓기놀이 영역의 카펫 위로 가서 장난감 자동차를 한꺼번에 쏟아 한 줄로 나란히 세우기 시작한다. 다원이가 용우에게 다가가 장난감 버스를 잡으려 하자, 용우가 먼저 장난감 버스를 손으로 잡는다. ㉠ 다원이가 버스를 달라고 하니 용우는 싫다고 말한다. 용우는 장난감 자동차를 다시 바구니에 담은 후 역할놀이 영역으로 간다.

1) ㉠을 일화기록 작성 방법에 따라 바르게 고쳐 쓰시오. [1점]

•_____

정답
1) • 다원이가 "버스를 줘."라고 말하자 용우는 "싫어." 하고 말한다.
해설 일화기록법 사용 시 유의사항(p.368 참고)

8 다음은 유아 평가와 관련된 교사들의 대화이다. 물음에 답하시오. [5점] **2016기출 변형**

(가) 교사들의 대화

박 교사 : 지금 우리 반 유아들이 손 씻기나 옷 입기 같은 자조기술이 있는지 확인하고 싶은데, 어떻게 해야 하나요?

최 교사 : 관찰 방법 중 (㉠)을/를 활용해 평가하는 것은 어때요? (㉠)은/는 '예'나 '아니요'로 표시하면 되니까 자조 기술이 형성되었는지 여부를 알기가 쉬워요. 그리고 ㉡ 결과에 따라 유아들의 자조기술 형성에 도움을 줄 수 있는 방안을 교육과정 계획에 반영해 볼 수도 있잖아요.

신 교사 : 맞아요. (㉠)은/는 편하게 기록할 수 있어요. 그렇지만 유아의 행동 발달을 단계적으로는 파악할 수 없고요. 또 관찰한 행동이 얼마나 자주 일어나는지도 알 수 없어요.

송 교사 : 우리 반에 자유선택활동 시간에 공격적 행동을 종종 보이는 유아가 있어 걱정인데, 진짜 공격성이 있는 건지 잘 모르겠어요. 어떤 관찰 방법을 사용해야 하나요?

최 교사 : 사건표집법의 하나인 (㉢)을/를 활용하여 관찰하면 그 유아의 공격성 원인은 알아내기 어렵지만, 유아의 공격적 행동이 나타날 때마다 표시하면 되니까 공격적 행동이 얼마나 많이 나타나는지를 알 수 있어요.

… (하략) …

(나) 교사들의 대화

오 교사 : 저는 요즘 (㉣)을/를 활용해서 유아들의 언어 발달이 1년 동안 어떻게 변화되는지 알고 싶어 자료를 모으고 있어요.

강 교사 : (㉣)은/는 단순히 자료를 수집하는 것보다 유아 언어 발달이나 진보가 나타나는 언어나 음률 활동 동영상이나 놀이 사진, 활동 결과물 등을 선별하여 수집하는 것이 중요해요.
…(하략)…

1) ① ㉠에 공통으로 들어갈 용어를 쓰고, ② (가)에서 관찰 방법에 대한 신 교사의 말 중 잘못된 내용을 찾아 그 이유를 쓰시오. [2점]

- ① : _____
- ② : _____

2) 다음은 ㉡과 관련하여 2019 개정 유치원 교육과정 누리과정의 운영에 제시된 내용이다. ( )에 들어갈 말을 쓰시오. [1점]

평가의 결과는 유아에 대한 이해와 ( ) 을/를 위한 자료로 활용할 수 있다.

- _____

3) ㉢과 ㉣에 들어갈 평가 방법을 각각 쓰시오. [2점]

- ㉢ : _____
- ㉣ : _____

정답
1) • ① : 행동목록법 / 체크리스트
   • ② : 행동목록법을 반복적으로 사용할 경우 유아의 행동 발달을 단계적으로 파악할 수 있기 때문이다.
2) • 누리과정 운영 개선
3) • ㉢ : 빈도 사건표집법
   • ㉣ : 포트폴리오

9 유치원에서 적용한 유아 평가 방법에 대한 설명으로 적절하지 **않은** 것은? [2010기출]

① 임 교사는 유아들이 협동에 대해 얼마만큼 이해하고 있는지를 알아보기 위해 3단계 평정척도법을 사용하였다.

② 최 교사는 역할놀이 영역에서 수진이의 행동 유형을 알아보기 위해 특정한 시간의 틀에 얽매이지 않고 일화기록을 작성하였다.

③ 박 교사는 조작 놀이 시간 동안 은지가 연속적으로 활동하는 과정을 있는 그대로 관찰하고 자세히 기록하기 위해 표본기록을 사용하였다.

④ 권 교사는 유나의 사회적 기술 발달 정도를 알아보기 위해 사전에 관찰한 사회적 기술에 대한 항목을 체크하는 행동목록법을 사용하였다.

⑤ 홍 교사는 민호의 공격적 행동이 얼마나 자주 일어나는지 알아보기 위해 정해진 시간 동안 행동 출현 빈도를 기록하는 사건표집법을 사용하였다.

정답 ⑤
해설
• 정해진 시간 동안 행동 출현 빈도를 기록하는 것은 시간표집법이다.

10 유아를 관찰할 때, 관찰자 자신이 범할 수 있는 오류의 종류를 2가지 이상 제시하고, 이를 피하기 위한 방안을 쓰시오. [5점] [1997기출]

	오류의 종류	피하기 위한 방안
①		
②		

정답 평정 시 범할 수 있는 오류(p.380 참고)

11 (나)는 교사 저널이다. 물음에 답하시오. [2015기출 일부]

(나)

우리 반 유아들의 사회적 관계와 상호작용 형태를 알아보기 위해 '소풍 갈 때 버스에 같이 앉아서 가고 싶은 친구'를 조사해 보았다. 조사 결과를 분석해 보니, 우리 반에서 슬기와 보경이는 (㉡)(으)로, 용우는 (㉢)(으)로 나타났다. 이를 통해 겉으로 드러나지 않았던 우리 반 유아들의 사회적 역학 관계를 알 수 있었다. (2014년 ○월 ○일)

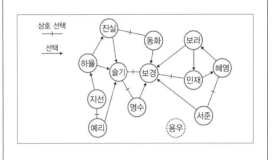

1) (나)에서 사용한 모레노(J. L. Moreno)가 개발한 조사 방법 1가지를 쓰고, ㉡과 ㉢에 들어갈 말을 각각 쓰시오. [2점]

• 조사 방법 : _____

• ㉡ : _____, ㉢ : _____

정답
1) • 조사 방법 : 사회성 측정법(소시오메트리 sociometry)
   • ㉡ : 인기아동, ㉢ : 고립아동

1장 유아교육 평가

1 유아교육 평가의 목표와 원리

1) 「2019 개정 누리과정 해설서」 '평가' 일부

(1) 유아교육 평가의 목표[1]

① 유아 평가는 궁극적으로 유아의 행복과 전인적 발달을 지원하는 데 그 목적이 있다.

② 교사는 유아의 놀이, 일상생활, 활동 속에서 유아의 고유한 특성이나 의미 있는 변화를 발견하고, 그것을 바탕으로 유아의 배움과 성장을 돕기 위하여 평가를 할 수 있다.

③ 누리과정이 추구하는 인간상과 목적 및 목표 등에 비추어 유아의 특성과 변화 정도를 이해하고 유아의 배움과 성장에 도움이 되도록 지원하는 데 활용할 수 있다.

④ 수집된 모든 자료를 바탕으로 개별 유아의 특성과 변화 정도를 종합적으로 이해하여, 이를 부모와의 면담자료 및 유아의 생활지도 등에 활용할 수 있다.

(2) 유아 평가의 원리

① 유아 평가는 유아의 건강, 기본생활습관, 정서적 안정감, 사회적 적응, 창의적 표현, 의사소통 능력 및 탐구심 등에 중점을 둔다.

② 유아의 발달수준을 이해하고 개별성을 파악하기 위해서는 관찰, 일화기록, 작품 분석 등 다양한 평가 방법을 사용해야 한다.

③ 유아 개인의 발달 특성 및 정도를 파악하여 그 결과를 문장으로 기술한다.

④ 평가의 결과는 유아의 전인적 성장, 효율적인 교육과정 운영, 부모면담, 생활기록부 작성 등을 위한 기초 자료로 활용할 수 있다.

(3) 유아 평가의 유형

① 양적 평가와 질적 평가

ⓐ 양적 평가 : 평가대상을 측정이나 검사 등의 다양한 방법으로 수량화하고 통계적인 방법을 이용하여 기술하고 분석하는 방법이다.

ⓑ 질적 평가 : 양적 평가에 대한 대안적 관점의 평가로, 교육 현상에 대한 관찰을 통해 자료를 수집하고 평가에 관련된 당사자들의 주관적인 이해에 바탕을 두어 기술하고 해석하는 평가 방법이다. 어떤 활동이나 관계 상황이 일어나는 이유 및 자료의 질에 대해 깊이 분석해 보는 연구방법으로, 보다 전체적인 설명에 주안점을 두고 특정 활동이나 상황의 상세한 면을 설명하는 것을 목적으로 한다.

ⓒ 양적 평가와 질적 평가의 비교

양적 평가	질적 평가
• 측정을 통한 수량적 자료에 의존	• 기술적인 자료에 의한 의미의 이해에 관심
• 신뢰도 강조	• 타당도 강조
• 일반화 시도, 타 집단 비교 가능	• 특수성 강조, 타 집단 비교 불가
• 연역적 경향, 결과 강조	• 귀납적 경향, 과정 강조
• 평가대상과 일정한 거리를 둠	• 평가대상에 가까이 접근 필요

A Plus⁺ 양적 연구와 질적 연구의 예

1. **양적 연구 사례** : 시간표집법으로 놀이 유형을 분석 후 다른 교육기관과 비교해 보는 것이나 협동적 미술활동이 친사회적 행동에 미치는 영향을 알아보기 위해 실험 연구를 하는 것 등이 예가 된다. **예** 유아들을 실험집단과 통제집단으로 나누어 실험집단에만 협동적인 미술활동을 하게 하고, 이후 두 집단의 친사회적 행동 척도를 조사하여 비교한다.
2. **질적 연구 사례** : 놀이의 상호작용 질을 알아보기 위해 참여관찰과 심층면접을 실시하는 것이나 혼합연령반에서 연령별 갈등 및 행동의 특성과 원인을 깊이 있게 알아보는 것 등이 예가 된다.

② 상대 평가와 절대 평가

　　ㄱ 상대 평가 : 규준지향평가라고도 불리며, 평가결과를 해석하는 기준을 집단의 평균 점수에 두는 방법이다. 이는 한 유아의 학습 성취도를 집단의 결과에 비추어 상대적으로 나타내는 평가 방법으로 주어진 교육목표와는 관계없이 그 집단의 다른 유아들의 점수와 상대적으로 비교하여 평가하는 방법이다.

　　ㄴ 절대 평가 : 준거지향평가라고도 불리며, 유아의 현재 성취수준이나 행동목표의 도달 정도를 알아보기 위한 평가 방법이다. 이는 유아가 무엇을 얼마만큼 알고 있는지, 학습자가 일정한 목표에 도달했는지를 판단하는 평가의 유형이다.

　　ㄷ 상대 평가와 절대 평가의 비교

상대 평가	절대 평가
• 개별 학습 효과 비교 불가 • 과다한 경쟁 심리 유발	• 개인차의 변별이 용이하지 않음 • 경쟁을 통한 학습동기 유발 불가

③ 능력참조평가와 성장참조평가

㉠ **능력참조평가** : 학습자가 지니고 있는 능력을 최대한 발휘했는가를 평가하는 방법이다. 우수한 능력을 지녔음에도 불구하고 최선을 다하지 않은 유아와 능력이 낮더라도 최선을 다한 유아가 있을 때 후자의 성취수준이 낮더라도 더 좋은 평가 결과를 얻을 수 있다.

㉡ **성장참조평가** : 교육과정을 통해 얼마나 성장하였느냐에 관심을 두는 평가로 최종 성취수준에 대한 관심보다는 초기 능력 수준에 비추어 얼마만큼 능력의 향상을 보였느냐에 초점을 두는 평가이다.

④ 평가 시기와 목적에 따른 평가 유형

㉠ **진단 평가** : 교수 · 학습이 시작되기 전에 유아가 가진 특성을 파악하여 유아들의 배치, 선수학습능력 파악, 학습곤란 예측 등을 진단하여 효율적인 학습지도 방안을 찾기 위한 평가의 유형이다. 예 준비도 검사, 적성 검사, 자기보고서, 관찰법 등

㉡ **형성 평가** : 학습 및 교수가 진행되는 과정에서 정상적으로 수업 목표를 달성하고 있는지 수시로 점검해 보는 평가의 유형이다. 유아의 학습 동기를 유발시킬 수 있고 교수 · 학습 방법의 개선을 위한 정보를 얻을 수 있다. 예 발달 체크리스트, 일화기록, 부모면담 등

㉢ **총합 평가** : 중간고사, 학기말고사, 학년말고사와 같이 교육과정이나 프로그램이 어느 정도 일단락되었을 때 달성도와 교육 효과를 알아보기 위해 행해지는 평가의 유형이다. 다음 학년의 수업이 시작될 때 각 유아 또는 학급집단의 유아들을 어느 정도 수준에서 교수해야 할 것인지를 결정하는 데 도움을 준다.

⑤ 형식적 평가와 비형식적 평가

㉠ **형식적 평가** : 검사에 의한 평가로, 성취도를 통해 개인 간의 능력을 비교하는 표준화 검사와 각종 검사 도구가 이에 해당한다. 예 창의력 검사, 준비도 검사, 신체 검사 등

㉡ **비형식적 평가** : 개인의 성장 및 진보를 살펴보기 위하여 유아의 행동 관찰, 유아의 작업 표본, 부모 · 유아 면담, 비디오나 사진 자료 보기를 통해 자료를 수집하는 것이다.

㉢ 유아 평가 방법의 연속선

비형식적 ◀					▶ **형식적**
• 평가행동에 제한이적음 • 일상적 상황 • 수업–평가의 통합 • 장기적 • 교사의 전문성 요구	관찰	비구조화된 작업표본 (포트폴리오 평가)	구조화된 작업표본	표준화검사	• 평가행동에 제한이 큼 • 인위적 상황 • 수업–평가의 분리 • 일회적 • 유아의 문해능력 요구

2 평가도구의 양호도

(1) 신뢰도

① 정의 : 신뢰도(reliability)란 관찰의 일관성(consistency)을 나타내는 수치이다. 즉, 신뢰도는 유사한 조건 하에서 동일한 대상을 반복하여 관찰(측정)할 때 비슷한 결과가 나타나는 정도를 평가하는 개념이다.

② 신뢰도 측정 방법

ㄱ 재검사 신뢰도 : 한 대상을 동일한 평가 방법으로 서로 다른 두 시기에 실시하여 두 검사 간의 상관계수를 구해 결과의 일관성을 분석하는 것이다.

ㄴ 동형검사 신뢰도 : 수준이나 내용이 유사한 두 가지의 다른 평가 방법으로 평가하여 두 검사 간의 상관계수를 구해 결과의 일관성을 분석하는 것이다.

ㄷ 반분 신뢰도 : 한 개의 평가를 한 피험자 집단에 실시하되, 그것을 적절한 방법에 의해 두 부분으로 나누어 반분된 검사 점수들 간의 상관계수를 구해 일관성을 분석하는 것이다.

(2) 타당도

① 정의 : 타당도(validity)란 관찰하고자 하는 것을 실제 관찰하고 있느냐의 문제로, 실제 행동을 잘 반영하고 대표할 수 있는 행동을 관찰하는가의 정도를 평가하는 개념이다.

② 측정하고자 하는 행동을 가장 잘 관찰할 수 있는 장면, 상황, 시간을 선택하여 관찰하고자 의도했던 대표적인 표본이 잘 관찰될 수 있도록 계획하고 기록해야 한다.

③ 타당도의 종류

ㄱ 내용타당도(content validity) : 검사가 평가하고자 하는 내용을 얼마나 충실하게 측정하고 있는지를 검토하는 것이다. 평가도구가 평가하고자 의도한 목표나 내용을 모두 포괄할 수 있는 대표성을 가지고 있는지, 평가요소들이 적절하게 구성되어 있는지 등을 검토하는 것이다.[2]

ㄴ 준거 관련 타당도

ⓐ 공인타당도(concurrent validity) : 기존의 평가도구와 새로운 평가도구와의 상호관련성을 검토함으로써 새롭게 제작한 평가도구의 타당성을 검토하는 것이다.

예 교육청의 평가 결과와 교사가 새롭게 제작한 평가 결과의 상호 관련성을 검토함으로써 교사가 제작한 평가도구의 타당성을 검토한다.

ⓑ 예언타당도(predictive validity) : 특정 평가도구를 사용한 평가 결과가 피험자의 미래에 발생할 행동이나 발달, 혹은 성취를 얼마나 잘 예언하느냐에 관한 것이다.

ㄷ 안면타당도(face validity) : 관련 분야나 평가 전문가가 전문가의 관점에서 검토하거나 비슷한 수준의 다른 학생에게 평가도구를 보여 주고 타당성 여부를 판단하는 것을 말한다.

2) 관찰하고자 하는 행동 특성이 반영되어 있는 행동을 모두 검사에 포함시킬 수는 없으므로 대표적인 행동 패턴을 표집하여 그것을 관찰 항목으로 선정한다.

5 | 유아평가

ㄹ **구인타당도**(construct validity) : 평가도구가 어떤 특성을 평가할 때, 그것이 정말 특성을 평가하고 있는지 이론적 가설을 세워 경험적·통계적으로 검증하는 과정을 의미한다. 예 '사회성'에 대해 '윗사람과의 관계', '동료들과의 관계', '아랫사람과의 관계' 등으로 조작적으로 정의하고, 이 문항들끼리의 상관계수를 계산하여 조작적으로 정의한 내용이 실제로 측정하고자 하는 '사회성'과 얼마나 관련성이 있는지 판단하는 것이다.

(3) 객관도

① 채점자의 주관적 편견이 얼마나 배제되었는가라는 것이다.

② 관찰자 내 신뢰도와 관찰자 간 신뢰도[3]

ㄱ 관찰자 내 신뢰도 : 한 명의 관찰자가 같은 장면을 두 번 이상 관찰·기록했을 때 같은 결과가 나오는 관찰 기록의 일관성을 말한다.

ㄴ 관찰자 간 신뢰도 : 하나의 관찰 장면에 대해서 두 명 이상의 관찰자가 독립적으로 관찰했을 때의 관찰자 간 일치 정도, 즉 관찰 기록의 일관성을 말한다.

③ 객관도 향상 방법 : 명확한 평가기준을 제시하고 여러 사람이 공동으로 평가하여 그 결과를 종합한다. 또한 수험생의 정보는 채점자가 알지 못해야 한다.

(4) 실용도

① 평가를 위해 소요되는 인적·물적 자원의 양과 질이 주변 여건에 비추어 실용적인지를 나타내는 정도를 의미한다.

② 실용도를 높이기 위해서는 실시 방법과 소요 시간이 적절해야 하고, 채점과 결과의 해석 및 활용이 용이해야 하며, 실시 비용이 경제적이어야 한다.

3) 일반적으로는 채점자 내 신뢰도와 채점자 간 신뢰도라는 용어를 쓴다.

2장 아동 관찰과 행동 연구

1 관찰의 이해

(1) 관찰의 절차

① **관찰 전 활동** : 관찰에 대한 계획을 세우는 것이다.

　㉠ **관찰 목적 설정** : 관찰 목적에 따라 관찰 대상, 장면, 상황, 방법, 기간 등이 달라진다.[4]

　㉡ **관찰 행동 표집** : 관찰 대상의 행동을 범주화하고 관찰 행동 단위를 결정하는 것이다.
　　예 시간적 차원의 연속성(언제, 얼마나 오랫동안)과 공간적 차원의 대표성(어떤 행동, 행동 단위 세분화)[5]을 고려한다.

　㉢ **관찰 장면 선정** : 관찰자가 보고자 하는 행동이 가장 잘 발생하는 장소와 상황을 선택하는 것이다.

　㉣ **관찰 기록 방법 선택** : 직접 관찰 기록, 매체를 이용한 관찰 기록, 일화기록, 사건표집, 기록 양식 등을 선택한다. **예** 서술형, 약호형, 기계에 의한 기록 등

② **관찰 활동** : 관찰 장면을 주의 깊게 살펴보고 기록한다. 관찰 기록은 동시에 실시할 수도 있고 관찰 후 실시할 수도 있지만 가능하면 행동 발생 당시에 기록하는 것이 좋다.

③ **관찰 후 활동**

　㉠ **추론** : 추론은 객관적 서술을 넘어 관찰된 행동의 원인, 그 행동을 할 때의 가정 등을 추측해 보는 것으로 어떤 행동이나 사건의 원인, 개인적 동기, 행동의 목적을 설명하는 것이다. **예** 오늘 애린이는 엄마와 헤어지는 것을 싫어하는 것 같다.

　㉡ **평가** : 평가는 객관적으로 관찰하여 기록한 자료의 내용이 유아의 어떤 특성을 나타내는지 결정하는 것이다. **예** 지현이는 친구를 배려하는 것을 좋아하며 사회성이 잘 발달되어 있다.

　㉢ **결과 활용** : 관찰자료가 교육활동에 반영되는 것을 말한다. 관찰한 것을 바탕으로 유아에게 필요한 교육활동을 준비하거나, 교사의 교수법을 바꾸거나, 부모와의 의사소통에 이용하거나 추후 유아를 다른 기관에 의뢰할 때 기초자료를 제공하는 등의 방식으로 활용될 수 있다.

(2) 관찰의 의의

① 아동은 언어적 제약이 크므로 눈빛, 목소리, 행동 등 비언어적 의사소통을 관찰할 필요가 있다.

② 유아는 주의집중 시간이 짧기 때문에 자신이 선택한 놀이가 아닌 외부에서 제한된 시간에 제시되는 상황에서 주의를 집중하는 것이 어렵다.

③ 실험을 위해 유아에게 인위적인 조작을 하거나, 정보를 얻기 위해 무리한 개입을 한다면 윤리적 관점에서 문제가 될 수 있다.

4) 관찰 목적은 유아 문제 행동의 원인을 파악하기 위해서, 유아의 발달수준을 파악하기 위해서, 유아의 일반적인 행동 특성을 알기 위해서, 유아의 친구 관계를 알기 위해서, 유아가 선호하는 놀잇감을 알기 위해서 등 다양하다.

5) 일정한 시간 내에 관찰한 유아의 모든 행동을 기록할 것인가 또는 특정 영역에 관심을 갖고 그 영역의 행동에만 초점을 맞추어 기록할 것인가 등

5 | 유아평가

④ 유아를 대상으로 한 관찰은 유아가 피관찰자로서 협력해야 할 부담 요소가 적다. 조사 연구, 면접, 질문지의 경우 대상자의 협력과 응답에 절대적으로 의존해야 하지만 관찰의 경우에는 그 비중과 부담이 훨씬 덜하다.

⑤ 유아는 구조화된 장소에서 시험을 치르거나 질문을 받을 경우 성인이 원하는 답이 무엇인지 나름대로 판단하여 대답하는 경우가 많다.

⑥ 검사에 대한 심리적 부적응이나 검사 상황에 대한 스트레스로 인해 자신이 가지고 있는 실제 능력을 발휘하지 못하는 경우도 많다.

⑦ 유아는 관찰자의 존재에 대해 그렇게 민감한 반응을 보이지는 않으므로 관찰법은 유아를 평가하는 방법으로 효과적이며, 관찰 대상과 친밀성을 유지할 경우 심층적인 자료 수집이 가능하다.

⑧ 다른 평가 방법으로 얻은 정보의 이해나 해석에 도움을 주는 보조 자료로 활용할 수 있다.

⑨ 질문지법이나 면접법 등과 같은 방법을 시행하기 전에 예비조사를 할 때, 또는 개인적인 행동을 연구하고자 하거나 특정한 행동에 대해 오랜 기간에 걸쳐 깊이 알고자 할 때 관찰법은 유용한 방법이다.

2 관찰법의 종류와 유의점

(1) 자연적 관찰법과 구조적 관찰법

① 자연적 관찰법(비통제적 관찰)

㉠ 관찰 조건이나 장면의 인위적인 조작이 없는 상황에서 관찰하는 것을 말한다.

㉡ 불필요하거나 지나치게 많은 자료가 수집될 수 있으므로 타당성 있는 관찰이 되기 위해서는 관찰 장면과 관찰 목적을 명확히 하고 참여 관찰일 경우 관찰 대상이 되는 아동이 의식하지 않도록 관찰자의 존재와 개입을 최소화해야 한다.

㉢ 자연적 관찰법은 '관찰 대상 집단 선정 → 관찰 범위 결정 → 관찰 대상 집단 참여(관찰자의 존재 최소화) → 관찰과 기록 → 자료 분석과 보고'의 절차로 진행된다.

㉣ 전후 맥락을 고려해서 관찰하여 유아의 행동을 과소평가하거나 과대평가하지 않도록 유의한다.

㉤ 관찰을 기록할 때는 관찰된 것과 주관적인 생각을 구분하여 기록해야 한다.

② 구조적 관찰법(통제적 관찰) : 정확하게 정의된 특정 행동에 대해 인위적인 상황을 만들어 관찰할 때 사용되는 것이다. 실험처치가 주어지는 장면을 방해하지 말아야 하므로 일방경이나 카메라를 사용하여 관찰한다. 예 낯선 상황에서의 애착 유형 등

(2) 참여 관찰과 비참여 관찰

① 참여 관찰

㉠ 정의 : 관찰 대상이나 그들의 행동에 대해 아무런 통제를 가하지 않고, 관찰 대상과

현장에서 함께 생활하면서 자연스러운 행동을 관찰하는 방법이다. 📖 교실에서 수업을 하거나 보조교사의 역할을 하면서 관찰하는 경우

ⓛ 장단점 : 피관찰자의 부자연스러운 행동을 최소화시킬 수는 있으나 관찰자가 객관성을 잃기 쉽다는 단점이 있다.

② 비참여 관찰

ⓖ 정의 : 관찰자가 관찰 대상 장면에 임하지만 관찰 대상 활동에는 참여하지 않고 관찰하는 것이다. 📖 일방경이나 카메라로 촬영하여 관찰하는 경우

ⓛ 장단점 : 높은 객관성을 확보할 수 있고 조직적이고 체계적인 관찰이 가능하나 관찰 대상에 대한 이해 없이 진행되므로 관찰이 피상적으로 될 수 있고, 행동이나 말이 잘 보이지 않거나 들리지 않을 수 있다.

(3) 관찰법의 단점

① 관찰자의 주관이나 편견 및 선입견이 개입될 수 있고 이를 통제하기 어려워 객관적으로 관찰하기가 쉽지 않다.

② 통제된 관찰이 아니면 관찰 대상의 행동이 나타날 때까지 기다려야 한다.

③ 관찰법은 일반적으로 양적화의 어려움, 주관적 성격, 심층 분석을 특징으로 하고 있기 때문에 일반화를 위한 대표집을 하기 어렵다.

④ 대다수 관찰은 자연적 환경에서 이루어지기 때문에 관찰 대상 집단에 대한 사전 승인의 문제가 따른다.

⑤ 다른 방법에 비해 시간과 경비가 많이 든다.

A Plus⁺ 초두효과와 최신효과

초두효과(primacy effect)란 '첫인상 효과'라고도 하는 것으로 처음 입력된 정보가 나중에 습득하는 정보보다 더 강한 영향력을 발휘하는 것이다. 한편 최신효과(recency effect)란 가장 최근에 제시된 정보, 즉 관찰에서 맨 마지막에 관찰한 정보를 더 잘 기억하는 현상이다. 이러한 초두효과와 최신효과에 의해 중간 부분의 관찰 내용이 관찰 기록에 반영되지 못하는 경우가 있다.

---

(4) 아동 행동 관찰 연구의 윤리적 문제

① 사전 동의 및 승인 : 연구 참여자를 모집할 때에는 연구의 목적, 대상, 기간, 방법 및 연구 대상의 권리 등이 구체적으로 명시된 서면 동의서(연구/관찰 동의서)를 작성하여 연구를 수행하고자 하는 기관장 등에게 제출한 뒤 사전 허가를 받아야 한다.[6]

② 처치의 형평성 : 연구 처치의 결과가 좋은 영향을 미치는 것이라면 처치를 받지 못한 유아에게도 그 처치를 제공하여 불균형을 조율해야 한다.

6) **사생활 보호** : 영유아의 개인 및 관련 가족이나 직원들의 정보가 연구 진행 과정에서 외부로 노출되지 않도록 주의를 기울여야 한다.

관찰 기록의 유형

1 일화기록법

(1) 개념 및 장점

① 일화기록(anecdotal records)은 한 가지 행동이나 상황에 초점을 맞추어 관찰하고 행동이나 사건을 마치 사진을 보는 것처럼 사실적이고 구체적으로 기록하는 관찰 방법이다.

② 부모나 교사가 알아야 할 유아의 발달 상황을 전달할 수 있으며, 유아의 특별한 행동이나 특성을 설명해 주는 단서로 이용할 수 있다.

③ 행동이 일어나는 상황이나 배경을 고려하여 유아의 행동을 이해할 수 있다.

④ 시간과 장소에 제한을 받지 않고 기록할 수 있다. 효과적인 관찰자가 되기 위해서는 이동이 편리한 연구 노트나 녹음기를 항상 몸에 지니고 있는 것이 바람직하다.

⑤ 언제, 어디서든지 손쉽게 활용할 수 있으며, 관찰자를 위한 많은 훈련이 필요하지 않다.

⑥ 사례 연구와의 차이점 : 사례 연구는 일반적으로 하나의 사례에 대한 과거의 기록이나 진행 과정, 발달사, 다른 상황에서 사례의 전개 정도, 가족 관계 등에 대해 광범위하게 자료를 수집하여 그 사례에 대해 구체적으로 이해하려고 한다. 그러나 일화기록은 단순히 한 장면, 한 사건에 대한 일화를 기록하는 것이다.

(2) 기록할 내용

① 관찰 대상에 대한 배경 정보 : 관찰 대상 유아의 이름, 연령, 성별, 관찰 일시와 장소 등을 자세히 기록한다.

② 관찰 상황에 대한 배경 정보 : 어떤 상황에서, 어떤 유아와, 어떤 일로 인해 사건이나 행동이 나타나는지를 상세히 기록한다.

③ 행동과 언어적 반응 : 관찰 대상과 주변인들에 대한 행동과 언어적 반응(직접화법으로 서술)을 구별하여 자세히 기록한다.

④ 관찰 대상의 이차적 행동이나 부가적 행동, 즉 자세, 몸짓, 얼굴 표정, 목소리 등도 기록하여 당시의 분위기나 관련 상황을 이해하는 데 도움이 되도록 한다.

(3) 일화기록법 사용 시 유의사항

① 가능한 한 사건이 발생한 즉시 기록해야 하고, 사건이 일어난 순서대로 기록한다.

② 가능하면 나타나는 행동이나 사건에 대해서만 기록하되, 주관적인 용어를 사용하지 않도록 한다.

③ 언어적 상호작용은 직접화법(" ")을 사용하여 가능하면 그대로 기록해야 하기 때문에 녹음기를 이용하는 것도 좋다.

④ 생략의 오류, 첨가의 오류, 전환의 오류가 나타나지 않도록 유의해야 한다.

⑤ 실제 관찰한 행동이나 사건을 기록한 일화와 일화에 대한 해석은 따로 구분하여 기록한다.

⑥ 한두 번의 기록으로 정확한 정보를 얻기 어려우므로 관련 사건이나 행동에 대한 일화를 여러 번 관찰하여 기록하는 것이 필요하다.

(4) 일화기록의 단점

① 주관적인 판단이나 감정을 완전히 배제하기 어렵기 때문에 객관성 유지를 담보하기 힘들다.

② 특정 행동을 중심으로 유아의 행동 중 일부만 기록하기 때문에 전체적인 맥락을 이해하기 어렵고, 해석 시 오류를 범할 가능성이 있다.

③ 수량화하거나 양적인 분석이 어렵고, 시간이 지난 후 기록하는 경우 기억의 왜곡 등의 문제가 생길 수 있다.

④ 시간이 많이 소요된다.

Ⓐ Plus⁺ 일화기록의 예

관찰 유아 : 박소영	관찰 장면 : 점심시간
생년월일 : 2019. 5.	관찰 시간 : 12 : 30～12 : 40
연 령 : 만 3세	관찰 일자 : 2022. 5. 17.
성 별 : 여	관 찰 자 : ○○○

관찰 장면	소영이는 교사가 나눠 준 연두부와 양념장을 본다. 교사가 "이 연두부가 지금 어떤지 살펴볼까요?"라고 묻자 소영이가 "이거 차갑죠?"라고 되묻는다. 교사가 "차가운지 따뜻한지 어떻게 알 수 있을까?"라고 묻자 소영이는 오른손 손가락으로 연두부를 만져 보면서 "아니네. 따뜻해요."라고 말한다.
평가	소영이는 사물에 대해 호기심을 갖고 여러 가지 감각을 사용하여 사물을 관찰하는 것을 즐긴다. 일상생활에서 기회가 있을 때마다 소영이에게 관찰할 수 있는 기회를 주도록 해야겠다.

2 표본식 기록법

(1) 개념 및 장점

① 표본식 기록법(specimen records)은 미리 정해 둔 특정 행동과 발화 및 일련의 사건을 환경적 배경과 함께 상세하게 서술하는 것이다. 관찰자가 관찰 장면에서 일어나는 유아의 행동과 상황을 집중적으로 기술하므로 행동의 일화를 가장 자세하고 완전하게 표현하는 관찰 방법이다.

② 관찰자는 특정 순간만을 선택하는 것이 아니라 제한된 시간 안에 연속적으로 나타나는 모든 행동을 '지속적'으로 관찰하여 그 상황에서 일어나는 '전체'를 기록해야 한다.

③ 표본식 기록은 관찰 대상의 특정 행동에 대한 평가나 해석을 하려는 것이 아니며, 있는 그대로의 자료를 가능한 한 많이 수집하고자 하는 것이다.

④ 한 유아가 가지고 있는 문제 행동을 해결하거나, 학기초에 교사가 유아를 이해하는 데 도움이 된다.

(2) 표본식 기록법의 작성 요령

① 1회 관찰은 10분 내외로 계획하며, 길어도 30분을 초과하지 않도록 한다.

② 유아의 언어와 행동은 가공하지 않고, 있는 그대로 일상적인 용어를 사용하여 서술하며 주변 인물의 발화 내용도 모두 기록한다.

③ 사건은 일어난 순서대로 서술하고, 발화는 인용부호를 사용하여 직접화법으로 기술한다.

④ 지속 시간이나 관찰 장면이 바뀔 때마다 시간 표시를 해 둔다.

표본식 기록의 예

관찰 유아 : 김예람	관찰 장면 : 자유선택활동
생년월일 : 2017. 11.	관찰 시간 : 10 : 10~10 : 31
연　　　령 : 만 5세	관찰 일자 : 2022. 5. 17.
성　　　별 : 여	관 찰 자 : ○○○

시간	기록	주석
10 : 10	예람이는 언어 영역에서 그림책을 고르고 있다. 책장에 꽂혀진 그림책을 손으로 주르륵 만지면서 탐색한다.	
10 : 11	예람이는 테이블로 가서 CD플레이어를 만진다. 버튼을 이리저리 눌러 본다. 은서가 들어와 "CD로 동화 들을래?"라고 묻는다. 예람이는 "아니."라고 하면서 다시 책장으로 간다.	
10 : 13	예람이는 『피터의 의자』 그림책을 빼서 중간 페이지를 펼쳐 그림을 찾는다. 그림책에서 피터가 의자를 들고 달려가는 그림을 본다.	
10 : 15	은서가 "나도 같이 읽자."라고 하며 예람이 옆에 앉는다. 예람이가 은서에게 "너도 동생이 있어?"라고 묻는다. 은서가 "아니. 난 언니 있어. 초등학생이야."라고 말한다.	

…(하략)…

3 연속기록법

(1) 개념

① 연속기록법(running records)은 연속적 사건을 포함한 유아의 행동을 자세히 기록하는 것이다.

② 연속기록법은 관찰 시간 동안 일어난 모든 것 혹은 모든 대화를 포함하여 기록하며, 몇 분에서 몇 주 혹은 몇 달에 걸쳐 기록할 수 있다.

(2) 문해력 평가

① 연속기록법은 읽기 교수법에서 활용할 수 있다. 교사는 유아가 읽고 있는 책을 복사하여 유아의 실수를 기록할 수 있다.

② 발음, 모르는 단어, 바꿔서 읽기, 대체해서 읽기, 스스로 고쳐 읽기, 생략하기 등의 실수를 부호화해서 표시할 수 있다.

③ 연속기록법에 의한 자료는 유아의 문해력 지도를 돕는 데 사용된다.

4 시간표집법

(1) 개념

① 시간표집법(time sampling)은 특정 행동을 특정 시간 동안에 관찰하는 방법이다. 즉, 일화기록처럼 시간의 흐름에 따라 사건이나 행동의 진행 양상을 기술하는 것이 아니라, 몇 가지 특정 행동들에 초점을 두고 그 행동들이 정해진 시간 내에 나타나는 것을 관찰하여 기록하는 관찰 기록법이다.

② 관찰 시간과 관찰하고자 하는 행동들이 사전에 정해져 있으며, 사전에 관찰하고자 하는 행동에 대한 조작적 정의(operational definition)[7]를 내리고 그 정의에 적합한 관련 하위 행동 목록들을 리스트로 만들어 놓아야 한다.

③ 시간표집법은 행동을 설명하려는 목적에서 볼 때 행동이 일정 시간 안에 자주 나타나는 것이어야 가능하다.

④ 관찰하고자 하는 행동들을 미리 목록화하여 일정한 시간 안에 그 행동들이 나타나면 미리 정해 놓은 부호나 기호 등을 이용하거나 혹은 행동 목록표에 체크하여 행동의 발생 빈도를 알아보고 이를 통해 행동의 경향성을 파악한다.

(2) 기록 방법

① 관찰하고자 하는 행동을 사전에 정하고 조작적 정의를 내린다. 교실 상황에서 유아의 공격적 행동을 관찰하고자 한다면 공격적 행동에 대한 조작적 정의를 내려야 한다.

② 공격적 행동에 대한 조작적 정의의 예 : 공격적 행동을 꼬집기, 물기, 때리기, 밀치기, 장난감으로 던지기, 놀잇감 뺏기, 놀리기, 괴롭히기, 손을 들어 위협하기, 노려보기 등으로 구체적으로 정의하고 리스트를 만든다.

③ 관찰 장면과 관찰의 시간 간격(time interval) 결정
  ㉠ 관찰 장면 : 공격적 행동을 예로 들면, 관찰 장면은 공격적 행동이 어느 장소에서 잘 나타나는지를 고려하여 정해야 한다. 공격적 행동이 잘 나타나지 않는 대집단 이야기 나누기와 같은 장면은 바람직하지 않다.
  ㉡ 관찰 시간 : 1분에 3회를 관찰한다면 20초로 나누면 되는데, 기록할 수 있는 시간적 여유가 있어야 하므로 15초 동안 관찰하고 5초 동안 기록한다면 1분에 3회를 관찰하게 된다. 따라서 전체 시간 간격이 10분이라면 총 관찰 횟수는 30회가 된다.

④ 시간표집법의 고려점
  ㉠ 시간표집법은 자주 나타나는 행동에 대해서만 적합하다.
  ㉡ 시간표집법은 행동에 대해 관찰할 수 있을 때만 사용할 수 있다.
  ㉢ 관찰 행동에 대해 조작적 정의를 내려 다른 사람들이 이해할 수 있도록 해야 한다.
  ㉣ 관찰의 목적을 밝혀 관찰 대상의 수, 관찰의 초점, 필요한 관찰 횟수와 시간 등을 사전에 정한다.

7) **조작적 정의** : 행동 발생에 대한 관찰자 간의 불일치를 최소화시키기 위하여 표적 행동의 구체적인 범위와 한계를 관찰 가능하고 측정 가능한 용어로 기술하는 것이다.

(3) 시간표집법의 장점

① 특정한 행동과 문제에 초점을 맞춰서 관찰할 수 있는 관찰 방법이다.

② 행동이나 사건이 나타나는 빈도를 결정하거나 이에 대한 정보를 수집하는 데 많은 도움이 된다.

③ 행동의 발생 빈도를 통해 얻은 정보를 바탕으로 평정척도와 같은 다른 척도를 개발할 수 있다.

④ 단시간 내에 많은 정보를 얻을 수 있고, 서술적 방법에 비해 시간과 노력이 절약된다.

(4) 시간표집법의 단점

① 제한된 시간 내에서만 관찰이 이루어지므로 자주 나타나는 문제나 행동으로 관찰이 제한된다.

② 관찰 행동이 어떤 상황에서 그리고 어떤 맥락에서 나타났는지에 대한 정보는 얻을 수 없다.

③ 특정 행동에 초점을 두고 관찰하기 때문에 행동들 간의 상호관계를 밝히기 어렵다.

④ 코딩 체계를 충분히 숙지하지 못하면 관찰 환경이나 상황에 대한 정보를 얻지 못한다.

⑤ 미리 정해 놓은 행동의 범주만을 사용하므로 심층적인 관찰을 하지 못한다.

A Plus⁺ 시간표집법의 예

관 찰 자 : 배○○   관찰 일자 : 2018. 6. 23.   관찰 장소 : ○○○ 유치원 교실
관찰 대상 : 홍○○   생년월일 :   년 월 일(남, 여)
관찰 행동 : 공격적 행동

관찰행동＼시간간격	15초	15초	15초	……	15초	전체(10분)
꼬집기						
물기						
때리기						
괴롭히기						
위협하기						
놀리기						
밀치기						
뺏기						
던지기						

5 유아 평가

5 사건표집법

(1) 개념

① 사건표집법(event sampling)은 시간표집법과 달리 관찰의 단위가 시간이 아니라 사건 혹은 행동이다.

② 시간표집법은 특정 시간 안에 나타나는 행동의 빈도를 알아보는 것을 목적으로 하지만 사건표집법은 시간에 크게 구애됨 없이 특정한 사건을 관찰 대상으로 표집하여 자연적인 상황에서 그 사건이 발생하였을 때, 그 사건의 맥락, 전후 관계 등을 자세히 관찰하여 기술하는 방법이다.

③ 시간표집법은 자료 수집 시간을 사전에 정할 수 있지만 사건표집법은 자료 수집 소요 시간을 미리 알기 어렵다.

(2) ABC서술식 사건표집법[8]

① 장점

㉠ 사건이 포함된 전후 관계가 그대로 기록되고 그 행동의 배경을 알 수 있게 해 준다.

㉡ 단순히 행동의 출현 여부만 알려 주는 것이 아니라 어떤 상황에서 그런 행동이 출현하는가(원인)를 알 수 있다.

㉢ 짧은 시간 내에 자주 일어나지 않는 행동도 연구할 수 있다.

㉣ 대부분 여러 종류의 행동이나 사건이 일어나게 된 경위와 결과를 자연스러운 상황에서 관찰할 수 있다.

② 단점

㉠ 시간과 노력이 많이 든다.

㉡ 뚜렷한 관찰의 초점을 가지고 유아의 행동을 보게 되므로 교사의 주관적인 관점이 내포될 수 있다.

㉢ 수량화가 불가능하다.

> **8)** ABC서술식 사건표집법 : 선행 사건(Antecedent Event : A), 행동(Behavior : B), 후속 사건 (Consequence Event : C)를 기록하는 것이다.

A Plus⁺ ABC서술식 사건표집법의 예(2014학년도 기출문제, 밑줄 그은 부분은 기록의 오류)

관찰 대상 : 이민재		관찰 일자 : 2013. 9. 12.	
관찰 장소 : 쌓기놀이 영역		관찰 행동 : 때리는 행동	
관찰 시간	선행 사건	행동	후속 사건
(생략)	(생략)	(생략)	(생략)
9 : 52 ~ 9 : 57	민재가 영수에게 다가가 "이게 뭐야?"라고 묻는다. 영수가 대답하지 않자, 민재는 영수에게 "이게 뭐냐고!"라며 한 번 더 묻는다.	㉡ 공격적인 민재는 영수에게 블록을 집어 던지며, "대답해."라고 말한다.	영수는 "왜 때려?"라며 운다. 민재가 교사에게 "선생님! 영수가 울어요."라고 말한다.
……(후략)……			

(3) 빈도 사건표집법[9]

① 장점

ㄱ 편리하고 단순하다.

ㄴ 자료를 쉽게 수량화하고 분석할 수 있다.

ㄷ 상당히 융통성이 있기 때문에 광범위하게 여러 가지 주제를 가지고 관찰할 수 있다.

② 단점

ㄱ 어떤 행동이나 사건이 얼마나 자주 일어나는가에만 관심이 있기 때문에 출현 행동의 원인을 알아내는 데는 적합하지 못하다.

ㄴ 행동이나 사건의 양적인 자료는 제공해 줄 수는 있으나 유아 개인의 질적인 정보는 제공해 주기 어렵다.

9) **빈도 사건표집법** : 도표를 가지고 미리 정해진 범주의 행동이 일어날 때마다 기록하는 방법이다.

> **A Plus⁺ 빈도 사건표집법의 예**
>
> - **관찰 배경** : 학기초에 비해 규하가 친구들을 때리거나 소리 지르는 경우가 많아졌다. 일시적으로 그런 것인지 규하의 공격적 행동을 관찰하여 행동 양상을 살펴볼 필요가 있다.
> - **관찰 대상** : 손규하   **생년월일** : 2018. 9. 3.   **성 별** : 여아
> - **관찰 기간** : 2022. 4. 11.~4. 14.   **관찰 시간** : 09 : 30~10 : 30
> - **관찰 장면** : 자유놀이시간   **관찰 행동** : 공격적 행동   **관찰자** : 오세미
>
> | 날짜 | 손으로 때린다 | 소리 지른다 | 발로 찬다 | 민다 |
> | --- | --- | --- | --- | --- |
> | 4. 11 | ✓ | ✓✓ | ✓ | |
> | 4. 12 | | ✓✓ | ✓ | |
> | 4. 13 | ✓ | ✓ | | ✓ |
> | 4. 14 | | ✓ | ✓ | |
>
> - **관찰 요약** : 4일 동안 손으로 때린 횟수 2회, 소리 지른 횟수 6회, 발로 찬 횟수 3회, 민 횟수 1회, 그 외에 장난감을 던지거나 책을 찢는 행동을 보임.
> - **교수 전략** : 규하의 공격적 행동은 다양한 양상으로 나타나고 4일 동안 빈도수가 12회 이상으로 높음. 공격적 행동이 높아진 원인을 파악하기 위한 관찰이 추가적으로 필요함. 구체적인 행동 수정을 위해 행동지도를 하고 놀이에서 교사 개입이 필요해 보임.

(4) 기록 방법

① 유아가 교실에서 공격적 행동으로 싸우는 것을 관찰하고자 한다면, 관찰자는 싸움 행동이 나타나기를 기다렸다가 관찰하고 싸움이 끝나면 관찰을 마치고 기록한다.

② 기록할 때 싸움의 참여자, 문제 상황, 전개 양상, 싸움의 종결 등에 대해 기록한다.

③ 사건표집법의 고려점

㉠ 관찰하고자 하는 행동에 대해 사전에 명확한 조작적 정의를 내려 둔다.

㉡ 행동을 관찰할 장소와 시간에 대해 충분히 알고 있어야 한다. 사건표집법은 관찰하고자 하는 행동이 나타나기를 기다렸다가 관찰하므로 관찰 행동이 나타나는 장소에 대해 특히 잘 알고 있어야 한다.

㉢ 기록 용지는 가능한 한 쉽게 작성할 수 있도록 만든다.

(5) 사건표집법의 장점

① 관찰 행동과 상황에 대한 자연적인 정보를 제공한다.

② 시간표집법에 비해 융통성이 많다는 장점이 있으며, 시간표집법과 달리 사건의 전후 맥락에 대한 정보를 제공하는 이점이 있다.

③ 빈번하게 나타나지 않는 행동(예 비도덕적 행동)이라도 관찰할 수 있고, 행동의 특성을 자세히 밝힐 수 있다.

④ 자료 수집에 특별한 시간을 할애할 필요가 없다. 특히 관찰자가 관찰 대상과 함께 생활하는 경우, 사건이 나타나기를 기다렸다가 나타나면 기록하므로 자료 수집에 걸리는 시간이 상대적으로 적을 수밖에 없다.

(6) 사건표집법의 단점

① 사건을 일으킨 이전의 상태나 상황에서 사건 기록의 일화를 분리하는 것이 어렵다.

② 시간표집법처럼 자료를 쉽게 수량화할 수 없다. 그러므로 자료를 통계적으로 분석하는 데 어려움이 있다.

(7) 시간표집법과 사건표집법의 비교

시간표집법	사건표집법
특정한 시간 단위에 초점	특정한 사건에 초점
행동이나 사건의 존재 유무에 관심	사건의 특성 이해에 관심
행동의 빈도나 지속 시간에 관심	행동의 순서나 전후 관계에 관심
세기표나 체크로 기록	세기표, 체크 혹은 서술방식 사용

6 체크리스트

(1) 개념

① 체크리스트(checklist)는 일화기록법이나 사건표집법처럼 행동이나 특성을 서술하는 것이 아니라 사전에 행동 목록으로 정한 행동들의 유무 혹은 발생 유무를 확인하는 것이다.

② 시간표집법처럼 행동의 빈도에 관심을 두기보다는 관찰하고자 하는 행동의 현재 상태를 파악하고자 하거나, 시간의 흐름에 따른 발달의 변화를 알아보고자 할 때 많이 사용한다.

(2) 기록 방법

① 체크리스트를 사용하는 데는 관찰이나 기록하는 것보다는 사전 준비가 더 중요하다.

② 무엇을 관찰할 것인지를 정해야 한다. 관찰하고자 하는 행동이나 특성의 상태 및 변화 정도가 무엇인지를 사전에 규정해야 한다.

③ 체크리스트를 사용하기 위해서는 관찰할 수 있는 구체적인 행동들을 리스트로 작성해 두어야 한다. 예 '비교 개념을 안다'라는 관찰 항목은 하위 개념인 '무게의 비교를 안다, 대·소를 안다' 등과 같이 행동이나 특성을 구체적이고 세부적인 항목으로 작성했을 때 관찰이 훨씬 용이하고 체크하기가 쉽다.

A Plus⁺ 체크리스트의 예

유아 이름 :　　　　　　생년월일 :

관 찰 자 :　　　　　　관 찰 일 :　　년　월　일

관찰 장소 :

관찰 행동 : 양의 비교를 통해 더 많고, 더 적은 개념을 아는지 평가

내용	1회	2회	3회
• 숫자와 양을 바르게 이야기하는가?			
• 비교의 말을 이해하는가?			
• 두 수를 비교하며 더 많은 수를 찾는가?			
• 두 수를 비교하며 더 적은 수를 찾는가?			
• 등호와 부등호의 기호를 이해하는가?			

5 유아 평가

(3) 체크리스트의 장점

① 체크리스트는 단순하여 관찰자에게 관찰 대상 유아의 행동 유무를 빠르고 효율적으로 기록할 수 있게 한다.
② 체크리스트는 유아의 행동을 누가적으로 작성하여 사용함으로써 행동발달 단계 및 유아 개인의 단계적인 발달상을 기록하고 관찰하는 데 도움이 된다.
③ 체크리스트는 특별히 훈련하지 않고도 누구라도 쉽게 이용할 수 있다.

(4) 체크리스트의 단점

① 체크리스트로는 유아의 행동 출현 유무는 알 수 있지만 출현 행동 횟수나 질적 수준에 대한 정보는 알 수 없다.
② 체크리스트는 사용하기는 쉽지만 이를 유용성 있게 체계적으로 작성하는 데는 시간과 노력이 많이 들고, 관찰자의 경험에 따라 그 유용성이 결정된다.

7 평정척도법

(1) 개념

① 평정척도법(rating scale)은 숫자가 부여된 유목이나 연속선상에 있는 대상 행동을 평정하여 표시하는 관찰 기록 방법이다.
② 과거에 관찰 혹은 경험했던 것을 기억하여 평정하기 때문에 관찰법에 포함시키지 않는 경우도 있다.
③ 행동 출현 유무와 빈도, 행동의 질적인 특성을 몇 등급으로 구분해서 기록할 수 있으므로 일반적으로 많이 사용된다.
④ 행동의 등급을 결정하면서 관찰자의 주관적 판단이나 과거 경험의 정도 등이 개입할 수 있기 때문에 관찰자의 훈련과 엄정한 태도가 요구된다.

(2) 평정척도법의 유형 및 관찰 양식

① 숫자평정척도

ㄱ 특징 : 어떤 특성을 나타내려는 정도에 따라 각 척도치에 숫자를 부여하는 것이다. 숫자는 일종의 점수로서 평정된 자료를 수량화하여 통계적 분석을 가능하게 해 준다.

ㄴ 숫자평정척도의 예

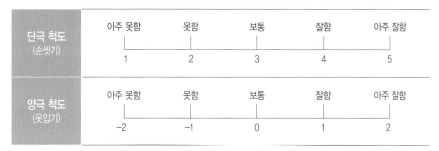

② 기술평정척도

ㄱ 특징 : 행동의 한 차원을 몇 가지 연속성 있는 범주로 나누어 관찰 대상자의 행동에 부합하는 사항을 선택하도록 하는 방법이다.

ㄴ 기술평정척도의 예

```
주변을 깨끗이 하기

(    ) 사용한 물건을 정리하지 않는다.
(    ) 교사가 함께 정리할 때만 물건을 정리한다.
(    ) 교사가 정리하라고 말하면 물건을 정리한다.
(    ) 사용한 물건을 스스로 정리할 때가 있다.
(    ) 물건을 사용하면 스스로 정리해 놓는다.
```

③ 표준평정척도

ㄱ 특징 : 관찰자에게 평정의 대상을 다른 일반 대상과 비교할 수 있도록 구체적인 준거를 제시하는 방법이다. 이 유형은 기술평정에서의 각 범주를 보다 객관적인 유목으로 기술한 형태라고 할 수 있으며, 일반적으로 숫자평정척도나 도식평정척도와 함께 사용된다.

ㄴ 표준평정척도의 예

④ 도식평정척도

　　㉠ 특징 : 관찰자의 판단을 돕기 위해 기술적인 유목에 선을 첨가한 형태이다.

　　㉡ 도식평정척도의 예 : 수평선으로 표시할 수도 있고 명암을 이용하여 나타낼 수도 있다.

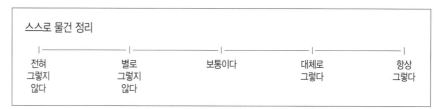

(3) 평정 시 범할 수 있는 오류(길포드 Guildford, 1954)

　① **관용의 오류**(error of leniency) : 일반적으로 아는 사람에 대해서는 실제보다 높게 점수를 주는 경향이 있으며, 반대로 타인을 더욱 관대하게 평정하는 경우도 있다.

　② **엄격성의 오류**(error of leniency) : 지나치게 엄격한 기준을 적용하여 거의 모든 대상에게 엄밀하고 낮게 평정하는 오류를 말한다.

　③ **중심화 경향의 오류**(error of central tendency) : 극단적으로 평정하는 것을 피하고 중간수준 혹은 보통수준으로 편중하여 점수를 부여하는 오류를 말한다.

　④ **후광효과**(halo effect) : 관찰 대상 및 주변의 다른 정보가 평정에 영향을 미치는 경우로, 관찰 대상 유아에 대한 사전 정보나 호감이 평정에 영향을 주어 관찰 유아를 과대 혹은 과소평가하여 평정하는 오류이다.[10]

　⑤ **논리의 오류**(error of logic) : 논리적으로 서로 관련이 있어 보이는 항목을 서로 비슷하게 평정하는 경향을 말한다. **예** '주도성'과 '독립성'을 논리적으로 관계가 있다고 생각하는 평정자는 이 문항들에 대해 유사하게 평정하게 된다.

　⑥ **대비의 오류**(error of contrast) : 평가자가 자신에게 부족한 특성을 평가할 때는 대상자에게 실제보다 높은 평점을 주고, 자신이 잘하는 특성을 평가할 때는 실제보다 낮은 평점을 주게 되는 오류이다.

　⑦ **근접성의 오류**(error of proximity) : 평정자들이 시·공간적으로 가까이 있는 항목들에 대하여 유사하게 평정하는 오류를 말한다.

10) 뛰어난 유아이거나 특정한 문제를 지니고 있는 유아의 경우 이런 현상이 두드러지게 나타날 가능성이 많아 평정자의 객관적인 태도가 요구된다.

(4) 평정척도 평가 시 유의할 점(길포드와 브란트 Guildford & Brant, 1972)

① 평정 시 생각을 요하게 하는 문항은 좋지 않으므로 짧고 간결하고 분명한 용어를 사용하는 것이 좋다.

② 여러 척도에서 그 의미가 서로 중복되는 단어는 사용하지 않도록 한다.

③ 좋은 혹은 나쁜 행동을 의미하는 단어 등 가치 판단적 용어는 사용하지 않는 것이 좋다.

④ 한 가지 특성에 대해 평정한 후에 다음 특성을 평정한다.

⑤ 여러 개의 특성을 한 문항에 넣지 않는다.

⑥ 가능하다면 평정할 대상을 모르는 상태에서 평정하는 것이 좋다.

⑦ 관찰과 평정 상황을 주의 깊게 선택한다. 평정의 타당도는 관찰 시간과 관찰 장면, 상황의 수에 따라 결정되므로 관찰과 평정하는 데 걸리는 시간은 주의해서 결정한다.

(5) 평정척도의 장점

① 제작과 사용이 편리

    ㉠ 평정척도는 작성에 시간과 노력이 비교적 적게 들며, 사용하기에도 용이하다.

    ㉡ 특별한 훈련을 받을 필요가 없이, 누구나 어느 때라도 평정척도를 실시할 수 있다. 또한, 평정척도를 작성해 놓고 사용하면 시간의 제약 없이 다양한 정보를 얻을 수 있다.

② 한 번에 많은 영역을 평가 : 발달 영역을 평가할 경우 많은 영역을 짧은 시간에 평정할 수 있다.

③ 현실과 그 사람의 지각의 차이를 알아볼 수 있다. 유아에게 자신의 어떤 능력에 대해 평정을 하게 한 후 관찰자가 실제로 관찰하여 평정한 후 그 결과를 서로 비교해 볼 수 있다.

④ 평정척도를 반복해서 사용할 경우 시간의 흐름에 따른 발달상의 변화를 알 수 있다. 체크리스트처럼 평정척도도 발달상의 변화를 판단하는 데 좋은 자료를 제공한다.

(6) 평정척도의 단점

① 관찰자는 자신의 기억에 의존하거나 혹은 판단에 근거하기 때문에 평정자 오류나 편파가 생길 수 있다. 평정자는 이를 없애기 위해 객관성을 유지하려는 태도를 훈련할 필요가 있다.

② 의미가 모호한 용어를 사용하면 반응의 혼란과 어려움이 나타난다.

③ 평정척도의 결과를 통해 행동의 원인이나 전후 사정을 알 수는 없다.

④ 대체로 다른 연구자가 개발한 평정척도를 그대로 사용하는 경우가 많기 때문에 자신이 원하는 문항이 없는 경우에는 합당한 문항을 개발해야 한다.

4장

행동 연구의 유형

1 조사연구법

(1) 면접법

   ① 면접법의 장점

      ㉠ 면접은 질문이 자연스럽고 인위적이지 않으며 융통성이 있다. 특히 유아의 복잡한 심리상태나 심리과정을 파악하기가 다른 방법에 비해 용이하다.

      ㉡ 면접 대상자의 분명치 않은 회답이나 언어적 반응을 심도 있게 알아볼 수 있다. 특히 응답에 일관성이 없거나 모호한 것을 재차 질문하여 보완할 수 있기 때문에 유아교육 분야에서 많이 활용되고 있다.

      ㉢ 질문지법보다 회수율이 높고 무응답의 가능성이 낮다.

      ㉣ 면접 도중에 면접 대상자의 행동과 여타 반응들도 관찰할 수 있다.

      ㉤ 글자를 모르는 사람에게도 적용할 수 있다.

   ② 면접법의 단점

      ㉠ 면접자가 응답자의 표정, 몸짓 등에 영향을 받아 왜곡된 해석을 할 가능성이 있다.

      ㉡ 자유로운 응답이 많아질수록 결과를 수량화하여 처리하기가 어렵다.

      ㉢ 실제로 면접이 가지고 있는 융통성으로 인해 다양한 해석이 가능하기도 하다.

      ㉣ 면접 과정에서 응답자가 언급을 회피할 가능성이 있다. 이를 최소화하기 위해서 면접자는 응답자와 가능한 한 친밀감을 형성하는 것이 좋고 또한 신뢰감을 제공할 필요가 있다.

      ㉤ 시간과 비용이 많이 든다. 특히 유아 대상의 연구에서는 한 번에 많은 유아를 대상으로 면접법을 실시하기 어렵다.

(2) 질문지법

   ① 질문지법의 장점

      ㉠ 비용이 적게 들고 경제적이다.

      ㉡ 문항에 따른 응답 형태를 제시함으로써 응답자가 쉽고 정확하게 답할 수 있다.

      ㉢ 빠른 시간에 핵심적인 정보를 비교적 객관적이고 정확하게 획득할 수 있다.

      ㉣ 응답자의 익명성을 보장할 수 있고, 큰 집단을 대상으로 동시에 실시할 수 있다.

   ② 질문지법의 단점

      ㉠ 자료 수집 과정에서 질문 문항 이외의 정보를 얻을 수 없기 때문에 융통성이 부족하다.

      ㉡ 응답 회수율이 낮다. 회수율이 낮을수록 표집으로 인한 문제가 제기될 수 있다.

      ㉢ 모집단을 대표할 수 있는 집단을 추출하는 것이 용이하지 않다.

㉣ 질문 내용과 절차를 이해하기 위해 일정 이상의 교육수준이 요구된다. 따라서 유아에게는 적당하지 않다.

③ 질문지 구성 시 유의점

      ㉠ 한 문항에 한 가지 질문만 한다.

      ㉡ 가능하면 긍정적인 용어로 진술하고, 응답자가 쉽게 이해할 수 있는 어휘를 사용한다.

      ㉢ 응답자가 제공할 수 있는 정보만 요구한다.

2 표준화검사법

(1) 표준화검사법의 개념 및 유형

① 표준화검사법의 개념

      ㉠ 표준화검사란 누가 사용하더라도 검사의 실시와 채점, 그리고 결과의 해석이 동일하도록 모든 절차와 방법을 일정하게 만들어 놓은 검사이다.

      ㉡ 개별 교사가 학생들의 소질과 특성을 파악하는 데 필요한 자료나 정보를 얻을 수 있기 때문에 주로 교사의 전문적 판단을 돕기 위해 제작된다.

② 표준화검사의 유형 : 표준화 학력검사, 표준화 지능검사, 표준화 성격검사, 표준화 흥미검사, 표준화 창의성검사 등이 있다.

(2) 표준화검사 활용상의 유의점

① 학생들의 상대적인 서열을 중시하는 표준화검사는 개별 학생의 검사 불안을 증진시키고 학생들 간의 지나친 경쟁을 유발할 가능성이 있다.

② 표준화검사로 인해 학생들을 잘못 규정하거나 낙인 효과가 나타날 수 있다.

③ 표준화검사는 학생들의 자아개념(self-concepts)을 손상시킬 가능성이 있다.

④ 표준화검사는 자기충족적 예언(self-fulfilling prophecies)[11]을 유발할 가능성이 있다.

11) **자기충족적 예언** : 자기가 예언하고 바라는 것이 실제 현실에서 충족되는 방향으로 이루어지는 현상

3 사례연구

(1) 개념

① 특정 개인이나 집단 혹은 기관을 대상으로 문제나 특성을 심층적으로 조사·분석하는 것으로, 연구 대상이 하나의 사례 혹은 소수의 사례이다.

② 사례연구는 어떤 일반적 원리나 보편적 사실을 발견하기보다 특정한 사례와 관련 있는 구체적 사실을 밝히고, 그 사례의 모든 측면을 철저히 분석하는 것을 목적으로 한다.

③ 유아가 가진 신체적·지적 또는 정서적 문제를 분석하는 데 도움을 주고, 보고서 작성이나 부모가 참여하는 면접에 필요한 정보를 제공한다.

④ 개인의 성장과 발달 혹은 변화를 평가하고 적절한 지도를 할 수 있도록 각 개인의 학습 방식과 대처 양식 등을 알려 준다.

(2) 사례연구의 장점

① 여러 측면에서 다방면으로 그리고 종합적으로 연구하므로 문제 해결에 더욱 의미 있는 자료를 제공한다.

② 문제에 대한 기본적인 상담의 기초를 제공한다.

③ 특정 대상에 대한 문제 해결에 도움을 준다.

④ 사례연구 과정에서 연구자와 그 대상 간에 친밀한 인간관계가 형성될 수 있으므로 문제 해결에 도움을 줄 수 있다.

(3) 사례연구의 단점

① 특수 사례에 관한 결과이므로 일반화하는 데 한계가 있다.

② 많은 사례를 동시에 연구하기는 곤란하다. 시간과 노력이 많이 소요되며, 실제로 비능률적이고 비경제적이다.

③ 연구 대상의 외면적 사실에 치중함으로써 정서나 심리적 특성 등 내면 및 본질적 문제를 간과할 가능성이 있다. 따라서 질적 연구에서는 이것을 보완하면서 사례연구를 실시한다.

4 사회성 측정법

(1) 특징 및 목적

① 특징 : 사회성 측정법(sociometry)은 1934년 모레노(J. Moreno)가 개발한 방법으로, 집단 내에서 개인 간 수용이나 배척관계, 대인관계 유형, 집단의 상호작용 구조와 형태 및 상태, 사회적 관계, 영향력의 방향, 의사소통의 방향, 집단 내 개인의 위치 등을 발견, 설명, 평가할 수 있다.

② 목적
  ㉠ 개별 유아의 사회적 적응이나 부적응을 진단하여 치료하거나 유아의 인간관계 개선에 도움을 주고자 할 때 사용할 수 있다.
  ㉡ 유아교육 현장에서 유아의 교우관계를 조사하여 집단 내의 유아 간 상호작용을 이해하고자 할 때 사용할 수 있다.
  ㉢ 유아들 간의 상호작용 분석을 통해 집단의 응집력과 효율성을 높이고자 할 때 사용할 수 있다.
  ㉣ 유아 집단을 새로 조직하거나 재구성하기 위해 관련 정보가 필요한 경우에 사용할 수 있다.

(2) 사회성 측정법의 유형[12]

① 또래 지명법
  ㉠ 주어진 기준에 의하여 각 유아가 몇 명의 친구를 선택하게 하는 방법으로, 다른 유아로부터 받은 선택 수가 한 유아의 사회성 측정지위 또는 사회적 수용도가 된다.
  ㉡ 측정검사도구 제작 시 유의점
    ⓐ 유아의 생활 속에서 현실적이고 의미 있는 상황을 만들어 선택할 수 있도록 한다. 예 소풍 갈 때 버스에서 옆에 앉고 싶은 친구는?
    ⓑ '싫어하는 친구', '나쁜 친구' 등 부정적인 기준의 사용은 교육적인 면에서 좋지 못하므로 될 수 있는 한 삼가는 것이 바람직하다.

② 또래 평정법 : 각 유아에게 학급 구성원 전체의 이름이 적혀 있는 명단을 나누어 준 후 한 사람도 빠뜨리지 않고 모두를 평정하게 하는 것이다. 모든 유아가 학급 유아 전체에 의해 평정되므로 각 유아가 학급 친구에 의해 수용되고 있는 정도를 알 수 있다.

③ 쌍별 비교법 : 한 반에 같이 놀고 있는 유아의 실물 사진을 한 유아에게 보여 주면서 동시에 그림으로 그려진 웃는 얼굴, 찡그린 얼굴, 중립적인 얼굴의 3종류(3점 척도에 해당) 그림 사진을 보여 주고, 실물 사진으로 나타난 친구의 모습에서 연상되는 감정 및 태도와 가장 유사한 그림 사진을 서로 쌍으로 짝짓기하여 측정하는 방법이다. 이는 측정 문항에 대한 이해력이 부족한 어린 유아들에게 유용하다.

12) 유아가 학급 전체 유아를 파악하고 반응할 수 있도록 학급 전체 유아가 함께 찍은 사진을 제시하는 것이 좋다. 또한 나이 어린 유아를 대상으로 하는 경우에는 개별적인 면접을 통해 측정해야 한다.

(3) 사회성 측정 결과의 분석

① 사회도 : 사회관계도(소시오그램 sociogram)란 집단 구성원들 간의 선택과 배척 관계를 그림으로 나타낸 것이다.

▪ 사회관계도(2023 기출 B.2) ▪

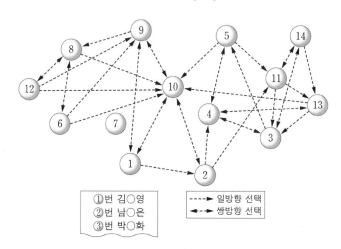

[문제] 김 교사 학급의 사회관계도에 근거하여 7번 유아의 사회관계와 10번 유아의 사회관계를 각각 해석하여 쓰시오. [1점]

①번 김○영   ----▶ 일방향 선택
②번 남○은   ◀---▶ 쌍방향 선택
③번 박○화

정답
7번 유아는 다른 또래를 선택하지도 선택받지도 않은 고립아이다. 한편 10번 유아는 자신이 선택한 유아들로부터도 선택받고 다른 친구들로부터도 가장 많은 선택을 받은 인기아이다.

㉠ 사회관계도 표시 방법

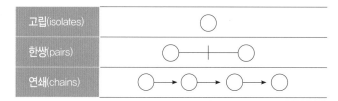

고립(isolates)	○
한쌍(pairs)	○——∣——○
연쇄(chains)	○→○→○→○

㉡ 사회관계도의 기본형

인기형	단짝형	연쇄형	무시된 형	고립형

② **사회성 측정 행렬표** : 대상의 선택과 피선택 반응을 이용한 이원표이다. 피선택 유아의
합계는 집단에서의 사회적 지위, 즉 수용도 또는 인기도를 나타낸다.

▨ 사회성 측정 행렬표(2020 기출 A.2)[13] ▨

13) 1학기와 2학기로 나누어 조사
함으로써 시간의 흐름에 따른
또래 관계의 변화를 알 수 있다.

유아들에게 '생일잔치에 초대하고 싶은 친구 2명'을 선택하도록 한 결과

선택 유아 / 피선택 유아	A	B	C	D	E	F	계
A	–	1	1	0	0	0	2
B	0	–	0	0	0	0	0
C	1	0	–	1	1	1	4
D	1	0	0	–	0	1	2
E	0	0	1	1	–	0	2
F	0	1	0	0	1	–	2
계	2	2	2	2	2	2	

5장 포트폴리오 평가

1 포트폴리오 평가의 이해

(1) 포트폴리오의 개념

① 포트폴리오(portfolio)란 활동에 대한 노력이나 성과, 변화나 진보 등을 보여 주기 위해 모아 놓은 서류철 혹은 서류가방을 의미한다.

② 시간의 변화에 따른 개별 유아의 발달과 성장의 다양한 모습을 알려 주는 항목들의 집합체이다.

③ 학습자의 작품을 모아 놓은 서류함, 서류철 등 학습자의 실제 모습을 살펴볼 수 있는 여러 가지 증거 서류들이다.

(2) 포트폴리오 평가의 특징

① 학습자의 장점을 명확하게 드러내 주기 때문에 학습자가 무엇을 잘하는지의 장점을 격려하는 데 초점을 둘 수 있다.

② 자기평가 과정을 통해 자기 주도적 학습을 할 수 있다. 활동 과정 중의 멋진 점, 힘든 점, 즐거운 점, 개선해야 할 점 등을 살펴봄으로써 유아는 다음 활동의 목표도 세울 수 있다.

③ 장기적으로 수집된 포트폴리오는 개별 유아의 독특한 강점을 드러내기 때문에 개별화 교육 계획을 세우는 데 용이하다.

④ 포트폴리오는 평가 과정에서 교사, 부모, 또래의 조언이 포함되며, 전시된 친구의 작품을 보고 평가의 준거를 깨우치기도 하고 자신의 작품을 소개하면서 장·단점을 파악하는 등 나와 상호작용하는 사람들과 생각을 공유하는 협동적 평가 방법이다.

⑤ 포트폴리오 평가는 교수·학습 활동이 끝난 시점에서 별도로 이루어지는 평가가 아니라 교수·학습 과정 자체가 평가의 과정이며, 그때 산출된 결과물 자체가 평가의 대상이 된다.

⑥ 포트폴리오 평가 자료는 연중 지속적이고 체계적으로 수집된다.

(3) 포트폴리오 평가의 목적

① 유아의 다양한 능력과 수행의 증거들을 기록하고 유아의 진보 및 발전을 확인하기 위해서이다. 포트폴리오 평가를 통해 유아의 능력이 진보되는 과정을 볼 수 있고, 여러 영역에서 다양한 유아의 강점을 알 수 있다.

② 교육과정 및 교수 – 학습방법을 수정 · 보완하기 위해서이다. 교육과정과 평가를 별개의 것으로 보지 않고 교육과정상의 활동이 곧 평가의 자료가 되므로 개별 유아에게 적절한 교수 계획을 수립하고자 하는 목적으로 사용될 수 있다.

③ 가족 및 다른 구성원들과의 효과적인 의사소통을 하기 위해서이다. 포트폴리오는 학습자의 진보에 대한 구체적인 증거를 제시할 수 있기 때문이다.

④ 성취를 경험하게 하여 유아의 학습동기를 증진시키고 자율성 및 자아존중감을 향상시키기 위해서이다.

⑤ 연계성 있는 교육에 도움이 되는 정보를 제공하기 위해서이다. 포트폴리오는 학년이 바뀌거나 담임교사가 바뀔 경우 새로운 교사가 개별 유아에 대해 더 많이 알 수 있도록 해 준다.

(4) 포트폴리오의 종류

① **개인 포트폴리오** : 병력 사항이나 주민등록번호나 전화번호와 같이 비밀 보장에 유의해야 하는 유아 개인의 정보를 수집한 포트폴리오를 의미한다. 📵 교사의 일화기록, 부모 면담 기록, 가정환경조사 등

② **학습 포트폴리오** : 현재 진행 중인 활동에 대한 기록, 초안, 작업 표본, 자기반성기록 등을 포함시키는 가장 빈번하게 사용하는 포트폴리오이다. 학습 포트폴리오는 교사도 선정할 수 있지만 가능하면 주로 유아들이 수집하도록 한다.

③ **인수 포트폴리오** : 학년말에 유아의 1년 동안의 활동을 정리하고, 다음 해의 교사에게 참고할 수 있는 자료를 전하기 위해서 교사, 유아, 부모가 함께 유아의 가장 대표적인 작품을 협의 · 선정하여 구성하는 포트폴리오이다.

Ⓐ Plus⁺   포트폴리오의 구성

헬름, 베네키, 스타인하이머(Helm, Beneke & Steinheimer, 1998)는 포트폴리오에 들어갈 것들을 다음과 같이 정리했다.

• 건강기록	• 영아기 차트	• 작업 표본
• 이전 양육기관에서 넘어온 기록들	• 사건/시간표집	• 유아 글쓰기의 표본들
• 일화기록	• 평정척도	• 유아의 언어, 읽기
• 연속기록	• 표준화된 검사의 평가결과	• 음악에 대한 녹음자료 등
• 발달 체크리스트	• 유아의 사진	• 논평(교사, 유아, 동료, 부모)
• 다양한 양식의 부모 참여자료	• 유아가 만든 물건의 사진	

(5) 포트폴리오 평가의 장단점

① 포트폴리오 평가의 장점

    ㉠ 일상의 환경 속에서 평가가 이루어지며, 발달 과정에 대한 정보를 얻을 수 있다.

    ㉡ 개별 학습자의 장점에 초점을 두어 긍정적인 자아개념 형성에 도움을 준다.

    ㉢ 유아의 자기평가 및 타인평가 기술을 발달시킬 수 있다.

    ㉣ 협동을 장려하며 평가 과정에 가족도 참여할 수 있다.

② 포트폴리오 평가의 단점

    ㉠ 단지 감상적인 기억들을 담은 상자가 될 수도 있다.

    ㉡ 비용과 시간이 많이 들고 대규모 실시가 어려우며 기록물 보관 공간이 필요하다.

    ㉢ 내용의 타당성을 확보하기 어렵고 교사의 편견이 작용할 수 있어 타당도와 신뢰도, 객관도의 확보가 어렵다.

    ㉣ 포트폴리오는 수집의 준거가 불분명할 수 있다.

(6) 포트폴리오 평가의 구성요소

① 작업 표본 : 유아의 글이나 그림 같은 평면적인 작품뿐만 아니라 활동 과정을 촬영한 비디오 자료나 사진 자료, 혹은 유아들의 대화나 노래, 음악 연주 등을 녹음한 자료, 유아의 이야기를 교사가 받아 적은 것, 유아가 읽은 책의 목록 등 다양한 자료가 포함된다.

② 날짜 : 일정 기간 동안 유아의 변화 양상을 살펴보기 위하여 포트폴리오에 넣을 작업 표본에는 날짜를 반드시 기록해야 한다.

③ 유아의 자기 반영 : 유아가 활동하면서 느낀 점, 새로 알게 된 것 등을 작품에 기록해 둔다.

④ 주변인들의 조언 : 유아의 활동에 대한 부모나 교사, 또래가 한 조언을 유아의 작품에 간단히 기록해 둘 수 있다.

⑤ 관찰 기록 : 유아를 관찰한 기록, 즉 일화기록, 체크리스트, 시간표집, 평정척도 등의 결과물도 포트폴리오에 포함시켜 학습활동 포트폴리오가 아닌 개인 포트폴리오에 넣어 두도록 한다.

⑥ 내용 목차 : 포트폴리오의 수집 항목 및 차례를 알 수 있는 목차로 포트폴리오 맨 앞에 둔다.

(7) 포트폴리오 평가의 절차

① 1단계 계획

    ㉠ 포트폴리오 평가 규정 정하기 : 평가 목적, 수집할 내용물, 채점 준거, 실시 방법과 활용 방법 등의 규정을 정하고 이를 유아 및 부모에게 안내한다.

    ㉡ 포트폴리오 평가 항목 및 수집 시기 정하기 : 핵심 항목(모든 유아에게 수집하는 자료)은 연간 계획에 포함시키고, 개별 항목(개별 유아의 특성 관련 자료)은 연간 계획과 상관없이 수집한다.

ⓒ 평가 참여자에 대한 연수 및 안내 : 교사협의회에서는 포트폴리오 평가의 이해, 유아 관찰 및 기록화 능력을 향상시킬 수 있도록 하고, 부모협의회에서는 포트폴리오 평가의 목적 및 학부모의 역할 등에 대해 안내한다.

② 2단계 실행 : 보관함 준비하기, 내용 목차(내용물에 대한 예상 목록) 작성하기, 학기초 기준 작품 수집하기, 다양한 작업 표본 수집하기 등을 한다.[14]

③ 3단계 평가 및 활용

　ⓐ 포트폴리오 요약서 준비하기 : 한 학기 혹은 한 해 동안 포트폴리오에 수집된 정보들을 요약하여 서술문으로 작성하는 것이다. 모은 자료들이 시간의 흐름에 따라 어떤 변화와 향상이 있었는지를 요약하여 서술하도록 한다.

　ⓑ 포트폴리오 협의회 실시하기 : 부모와 유아, 교사의 만남과 면담 시 포트폴리오 평가 자료에 기초하여 의견을 나누며 유아에 대한 정보를 공유하고 최종 포트폴리오에 넣을 항목들을 협의하여 선정하기도 한다.

　ⓒ 포트폴리오 평가 전시회 개최하기 : 모든 유아의 학습 포트폴리오를 전시하고 유아가 여러 사람에게 소개하고 싶은 대표적인 작품을 소개할 수도 있다.

　ⓓ 인수 포트폴리오 준비하기 : 학기 말에 한 해 동안의 작품 중 해당 유아를 가장 잘 나타낸다고 생각되는 작품들을 선별하고 포트폴리오 평가 요약서 및 기타 평가 기록도 함께 넣어 구성하여 다음 해 담임교사에게 전달한다.

14) 기준 작품이란 학기초의 발달 상태나 능력을 나타내는 작품으로, 이후의 수집하는 자료의 비교 준거가 되는 것이다.

A Plus* **유아 평가의 예 (1)**

⊙ 소 주 제 : 물건 이름 말하기

(1) 목　　표 : 의사소통 – 유치원 교실에 있는 물건 이름을 말한다.

　　　　　　자연탐구 – 교실의 물건을 관찰하고 탐색한다.

(2) 평가관점 : 교실 내의 물건에 관심을 갖고 관찰하며, 물건 이름을 바르게 말하는지 평가한다.

(3) 평가유형 : 체크리스트, 포트폴리오로 평가한다.

(4) 평가방법

　　(가) 체크리스트

	예	아니오
• 교실의 여러 물건에 관심을 보이는가?	_____	_____
• 물건의 이름에 관심을 갖고 질문하는가?	_____	_____
• 교실의 물건 이름을 바르게 말하는가?	_____	_____

　　(나) 포트폴리오

　　• 교실의 각 영역에서 볼 수 있는 여러 물건을 유아가 관찰을 통해 기록한다.

　　• 그림을 그리거나 글자로 쓴다.

우리 유치원에 있는 물건			
과학 영역	역할 영역	미술 영역	기타

A Plus* **유아 평가의 예 (2)**

⊙ 소 주 제 : 친구 꾸미기

(1) 목　　표 : 예술경험 – 다양한 의상이나 용품을 창의적으로 활용하여 꾸민다.

　　　　　　사회관계 – 친구의 생각이나 표현이 나와 다른 점을 인정하고 존중한다.

(2) 평가관점 : 친구 꾸미기 활동을 다양하고 창의적으로 표현하는지 평가한다.

(3) 평가유형 : 포트폴리오로 평가한다.

(4) 평가방법

　　• 역할놀이 하는 모습을 비디오로 녹화한다.

　　• 유아들이 꾸며 놓은 모습을 사진에 담는다.

사 진	분 석

Ⓐ Plus⁺ 유아 평가의 예 (3)

⊙ 소 주 제 : 우리 동네 돌아보기

(1) 목   표 : 사회관계 – 동네에 있는 여러 기관을 돌아본다.

　　　　　　　　　일상생활과 관련된 기관과 일에 관심을 갖는다.

(2) **평가관점** : 동네를 돌아보면서 각 기관의 역할과 기능을 알고 관심을 갖는지 평가한다.

(3) **평가유형** : 체크리스트, 포트폴리오로 평가한다.

(4) **평가방법**

(가) 체크리스트

	예	아니요
• 동네 돌아보기의 목적을 아는가?	_____	_____
• 어디에 가서 무엇을 볼 것인지 스스로 말하는가?	_____	_____
• 질서있는 행동을 하는가?	_____	_____
• 적절한 질문을 하는가?	_____	_____
• 다녀와서 본 것을 이야기하는가?	_____	_____
• 감사하는 마음을 갖는가?	_____	_____

(나) 포트폴리오

• 유아들이 동네를 돌아보기 전과 돌아보고 나서 그린 그림 작품

동네를 돌아보기 전	동네를 돌아본 후

• 동네를 돌아보기 전과 후에 대하여 유아들이 말할 수 있도록 한다.

5 | 유아 평가

 **MEMO**

PART 6

교사론

1 다음은 다사랑 유치원의 만 5세 햇님반 사례이다. 물음에 답하시오. `2013기출 일부`

> 햇님반에는 지연이를 포함한 20명의 유아들이 있다. 이 반에는 홍 교사와 함께 한 명의 하모니 선생님이 배치되어 있다. 웃어른을 공경하는 우리나라 문화의 영향으로 지연이를 비롯한 유아들은 하모니 선생님께도 공손하고 잘 따른다.
> 이 반의 담임인 경력 1년차 홍 교사는 지연이 어머니 때문에 마음이 몇 번 불편한 적이 있었다. 며칠 전에는 유치원 홈페이지에 올려놓은 지연이 생일사진이 마음에 들지 않는다고 지연이 어머니로부터 전화를 받았는데, 당황하여 제대로 답변조차 하지 못했다. 홍 교사는 수업과 관련해서도 자신이 ㉠ 누리과정에 대하여 충분한 이해를 하고 있는지 염려스럽다. 또한, 경력 5년차 유 교사로부터 수업개선에 대한 몇 가지 의견을 들었음에도 불구하고 여전히 적용방법에 대해서도 확신이 서지 않아 초조할 때가 종종 있다. 그런데 지연이 어머니 전화까지 받고 나니 앞으로 교사로서 잘해 나갈 수 있을 것인지 더욱 자신이 없어지면서 지연이를 대하는 것도 부자연스러울 때가 있다. 며칠 전부터는 지연이의 하원시간이 어머니의 직장 일 때문에 이전보다 1시간 정도 늦어진 저녁 7시가 되었다.

1) 위 사례에서 홍 교사는 캐츠(L. Katz)가 제시한 4단계의 유아교사 발달 단계 중 어느 단계에 속하는지 그 단계의 명칭을 쓰시오. [1점]

• 단계의 명칭 : _____

2) ㉠과 같은 문제가 발견됨에 따라 다사랑 유치원 원장은 다음과 같은 누리과정의 총론에 제시된 '운영' 지침에 의거하여 홍 교사를 지원하고자 한다. 괄호 안에 들어갈 알맞은 말을 쓰시오. [1점]

> ( )을(를) 통해서 누리과정 활동이 개선되도록 운영한다.

• _____

`정답`
1) • 단계의 명칭 : 생존기
2) • 교사 재교육
`해설` 캐츠가 제시한 교사 발달 단계(p.408 참고)

2 유치원 교사의 역할에 대한 설명으로 적절하지 <u>않은</u> 것은? `2010기출`
① 상담가 및 조언자 : 유아와 상호작용하면서 정서적으로 지지하고 지원해 주는 보호자의 역할을 한다.
② 일과 계획 및 운영자 : 유치원의 연간, 월간, 주간 교육 계획에 따라 하루의 일과를 계획하고 운영하고 평가한다.
③ 현장 연구자 : 유치원 현장에서 부딪히는 실제적인 문제를 해결하기 위해 새로운 이론 및 활동을 현장에 적용하는 연구가의 역할을 한다.
④ 행정 업무 및 관리자 : 유치원의 시설, 교재·교구 구입 및 관리, 원장·동료·학부모·장학사와의 관계 형성, 원아 모집 및 학급 편성, 유아의 영양·건강·안전 지도에 관련된 역할을 한다.
⑤ 교육과정 설계자 : 유치원의 연간 교육 계획을 수립하며, 국가수준의 교육과정을 '주어지는 교육과정'으로 파악하여 5개 생활 영역 수준별 교육과정을 문서 그대로 순서대로 실행하는 역할을 한다.

3 다음은 유치원 교사와 원장 간 대화의 일부이다. 물음에 답하시오. [5점] 2014기출

┌─ 박 교사 : 아이들과 하고 싶은 활동은 많은
│   데, 어떻게 하면 효율적으로 할 수 있을
│   지 고민이 많아요. 어떻게 하면 수업에서
⊙   보다 효과적으로 발문을 할 수 있을지,
│   새로운 교수법을 활동 유형에 따라 어떻
│   게 적절하게 적용할 수 있을지에 대해서
└─   도 관심이 많아요.

┌─ 윤 교사 : 저도 그런 과정을 거쳤어요. 선생
│   님이 자신의 문제를 진단한 후 자기발전
│   계획서를 작성하거나, 자신의 수업을 분
⊙   석·평가하거나, 개선이 필요한 학급문
│   제에 대해 연구하거나, 전문서적을 읽고,
│   대학원에 진학하는 등 스스로 자기발전을
└─   위해 노력하면 좋은 성과가 있을 거예요.

　　최 원장 : 선생님들이 여러 가지로 관심을
　　　　　　　갖고 노력하시니 잘해 나가실 거라 믿어
　　　　　　　요. 필요하다면 ⓒ 연수나 세미나 참석에
　　　　　　　따른 시간과 비용에 대한 지원을 해 드릴
　　　　　　　게요. 그리고 박 선생님은 ⓔ 유치원 정
　　　　　　　교사 1급 자격연수를 받을 수 있는 교육
　　　　　　　경력을 갖추었기 때문에 이번에 연수를
　　　　　　　신청하실 수 있겠네요.

1) ⊙의 박 교사는 풀러(F. Fuller)와 보온(O. Bown)
의 교사 관심사 4단계 중 (①)단계에 해당한다.
①에 들어갈 용어 1가지를 쓰고, ①의 다음 단계에
서 교사가 갖는 관심사 1가지를 쓰시오. [2점]

- ① : _____
- ①의 다음 단계 관심사 : _____

2) ⓒ의 윤 교사가 지칭하는 장학의 유형 1가지를 쓰
시오. [1점]
- 장학유형 : _____

3) 현재 실시되고 있는 유치원 평가는 「유아교육법」
[법률 제11769호7, 2013.5.22., 일부개정]을 근거
로 한다. ⓒ과 관련하여 '유치원 평가'의 평가항목
중 '교직원의 인사·복지 및 전문성'이 포함된 평가
영역 1가지를 쓰시오. [1점]
- 평가영역 : _____

4) 다음은 「유아교육법」[법률 제11769호, 2013.5.22.,
일부개정]에 제시된 교사 자격기준의 일부이다.
ⓔ과 관련하여 A에 들어갈 숫자를 쓰시오. [1점]

자격 급별	자격기준
정교사 (1급)	1. 유치원 정교사(2급)자격증을 가진 자로 서 (A)년 이상의 교육경력을 가지고 소정의 재교육을 받은 자 ……(후략)……

- A : _____

정답
1) • ① : 교수상황에 대한 관심사
　 • ①의 다음 단계 관심사 : 학생에 대한 관심사
2) • 장학유형 : 자기장학
3) • 평가영역 : 운영관리
4) • A : 3

4 다음은 유치원의 원내 자율장학협의회 장면이다. 물음에 답하시오. [5점] 2015기출

> 원감과 김 교사는 동극 수업을 각자 분석한 후, 함께 수업 동영상을 보면서 체계적으로 수업에 대해 협의하고 있다.
>
> 원 감 : 어제 했던 동극 수업에 대해 선생님이 먼저 평가해 보세요.
>
> 김 교사 : 우선, 동화를 들려줄 때, 목소리 변화가 좀 적었고, 전체적으로 말이 빨랐던 거 같아요. 긴장해서 그랬는지…….
>
> 원 감 : 선생님이 잘 알고 계시네요. 제가 보기에도 동화를 들려줄 때 목소리 변화와 내용 숙지에 조금 아쉬움이 있었어요. 동극하기 전에 약속 정하기도 필요하지만 동극을 하고 난 후, 동극을 한 유아들의 목소리 크기나 동작 그리고 관람자의 태도도 함께 평가해 보면 좋겠어요. 그렇게 하면 다음번엔 더 신나고 재미있는 동극을 지도할 수 있을 것 같아요.
>
> 김 교사 : 원감 선생님 말씀을 들어 보니, 작년에 했던 방식 그대로 하려고만 했지, 새롭게 바꾸어서 해 보려는 생각은 미처 못 했어요
>
> 원 감 : 그래도 선생님은 경력에 비하면 아주 잘하는 거예요. 저도 선생님 같은 시기가 있었어요. 그렇지만 지금은 내 나름의 방법으로 변형도 시켜 보고 새로운 시도도 해 보면서 유아들에게 더 효과적인 방법을 찾아가는 재미를 느끼고 있어요. 이론적으로 배웠던 지식을 유아교육 현장의 상황과 맥락에 맞게 적용하고 재구성하면서 (㉠)이(가) 형성되거든요. (㉠)은(는) 교사가 교직생활의 경험을 통해 능동적으로 구성하는 것이에요.
>
> ……(중략)……
>
> 원 감 : 다음번에는 어떤 수업 주제를 가지고 할지 논의해 볼까요?
>
> 김 교사 : 원감 선생님, 이번에 동극을 했으니, 다음에는 미술 감상을 했으면 좋겠어요. 감상이 어렵더라고요.
>
> 원 감 : 그것보다 제가 보기에는 '이야기 나누기'가 잘 이루어지지 않는 것 같아요. 다음번에 '이야기 나누기'를 준비해 주세요.
>
> 김 교사 : 알겠습니다.

1) 캐츠(L. Katz)의 교사 발달 단계에 근거하여 ① 김 교사에게 해당되는 단계의 명칭을 쓰고, ② 위 사례를 근거로 이 단계의 특징을 설명하시오. [2점]
   • ① 단계의 명칭 : _____
   • ② 특징 : _____

2) 엘바즈(F. Elbaz)에 의하면 ㉠은 교사에게 요구되는 지식 중의 하나이다. ㉠에 해당하는 용어를 쓰시오. [1점]
   • _____

3) 위의 사례에서 ① 장학의 절차와 방법으로 바람직하지 않은 내용 1가지와 ② 그 이유를 쓰시오. [2점]
   • ① 바람직하지 않은 내용 : _____
   _____
   • ② 이유 : _____
   _____

정답
1) • ① 단계의 명칭 : 강화기
   • ② 특징 : 전 단계에서 얻은 것을 강화하며 계속적인 현장 훈련이 필요하다.

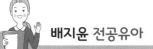

2) • 실천적 지식

3) • ① 바람직하지 않은 내용 : 김 교사는 미술 감상에 대해 장학을 하고 싶어 했으나 원감이 '이야기 나누기'로 결정한 것이다.

• ② 이유 : 장학의 내용은 장학을 돕는 담당자와 장학 대상 교사의 협의하에 이루어져야 하며, 특히 장학 대상 교사의 특정한 필요성이나 요구가 반영되어야 하기 때문이다.

5 채 교사는 자신이 수업을 제대로 하고 있는지, 어떻게 하면 더 잘 할 수 있는지 알고 싶어 한다.

[5점] 2008기출

1) 채 교사가 도움을 받을 수 있는 동료 장학 방법을 3가지 제시하시오. [3점]

• ① : _____

• ② : _____

• ③ : _____

2) 동료 장학이 효과적으로 이루어지기 위해 참여 교사들이 가져야 할 태도를 2가지 쓰시오. [2점]

• ① : _____

• ② : _____

정답

1) • ① : 반성적 저널쓰기

• ② : 유아관찰

• ③ : 수업사례 분석

• ④ : 전문서적 읽기 및 토론하기

• ⑤ : 멘토링

2) • ① : 동료 장학이 효과적으로 이루어지기 위해서는 무엇보다도 교사들 간에 친밀감과 신뢰를 갖고 자신을 드러내야 한다.

• ② : 서로 다르다는 것을 인정하고 서로의 발전을 위해 도움을 주고받아야 한다는 것을 인식하고 있어야 한다.

6 다음은 놀이 지원에 대한 교사의 반성적 저널이다. 물음에 답하시오.
2021기출 일부

> 2주 동안 유아들은 다양한 길을 만드는 놀이를 하였다. 지도를 활용하여 유치원에서 공원까지 갈 수 있는 가장 빠른 길을 찾아보자고 찬희가 요청했다. 나는 유아들의 의견을 반영해 ⊙ '가장 빨리 갈 수 있는 길'을 알아볼 수 있도록 인터넷 지도를 활용할 수 있게 도왔는데, 유용하게 사용되었던 것 같다.
>
> …(중략)…
>
> 놀이가 진행되면서 공동의 공간 사용, 안전의 문제 등이 염려되었다. 그리고 언제, 어디까지 진행할지, 어떻게 마무리 할지를 결정할 필요가 있었다. 이러한 결정을 하기 위해서는 놀이에서 의사결정의 주체는 누가 되어야 하는지, 교사인 내가 유아들과 평등한 관계를 맺고 있는지를 되돌아보아야 했다. ⓛ 놀이의 주체인 유아들과 의논하여 결정하는 것이 중요하며 놀이를 통한 민주적 관계 형성 경험이 유아들을 행복한 미래의 삶으로 이끌어 줄 수 있는 주요한 요인이라고 생각하게 되었다.

1) 반 매넌(V. Manen)의 이론에 근거하여, ① ⊙과 ⓛ에 해당하는 반성적 사고 수준의 명칭을 각각 쓰고, ② ⊙과 ⓛ 중 반성적 사고 수준이 더 높은 것을 찾아 그 개념을 설명하시오. [3점]

• ① : _____

• ② : _____

1) • ① : 기술적 수준, 도덕적 · 윤리적 수준

• ② : ⓛ 도덕적 · 윤리적 수준이다. 이는 어떤 교육적 경험이나 활동이 보다 공평하고 평등하며 유아들을 행복한 삶으로 이끌어 줄 수 있는지를 반성적으로 사고하는 것이다.

영유아 교사의 역할

1 발달 이론에 따른 교사의 역할

(1) 성숙주의의 관점

① 아동의 능력이 개화될 것을 기대하므로 교수(teaching)에 대한 개념이 다른 교육과정보다 단순하다.

② 교사의 역할

　㉠ 관찰자 : 아동의 준비도(readiness) 파악을 위해 유아를 가까이 관찰하거나 검사한다.

　㉡ 평가자 : 다양한 교수를 행하기 위한 아동의 준비도의 정도에 따라 아동을 분류한다.

　㉢ 양육자 : 개화 촉진을 위해 아동과 친밀한 관계를 유지한다.

　㉣ 관리자 : 선정된 자료와 바람직한 배치를 통해 좋은 환경을 준비한다.

　㉤ 정보 제공자 : 미리 계획된 수업이나 즉석에서의 수업을 지도한다.

　㉥ 혼합된 역할 : 놀이 활동을 감독한다.

(2) 행동주의 – 문화훈련 유형의 프로그램

① 교수활동은 행동적 목표를 설정하고 목표에 대한 출발점 행동을 측정하는 활동에서부터 선정된 강화방법을 사용하는 활동을 포함한 다양한 교수계획 방법까지 명백하게 규정하게 된다.

② 칭찬을 통해 아동의 바람직한 행동을 강화한다.

(3) 인지발달 프로그램

① 교사는 활동의 촉진자 역할을 가장 많이 한다.

② 아동이 스스로 발견하도록 안내하고, 문제를 해결하려는 아동의 노력을 관찰한다.

③ 아동의 잘못을 교사가 수정해 주지 않는 대신에 유아들이 그 문제를 계속 시험해 보도록 돕는다.

④ 실험에 의해 불일치하는 정보를 경험하는 등 성숙해 가면서 유아들이 충분히 그 문제를 이해했을 때, 유아가 수정하도록 도와준다.

(4) 기타

① 사회적 구성주의 프로그램 : 동반자 · 양육자 · 안내자 · 성장하는 전문가로서의 일반적인 교사 역할 외에도 교육과 보육정책 결정, 활동에 참여하고 교육과정 계획과 교사 발전을 위해 매일 교실에서 실시되는 활동에 대한 체계적인 연구를 한다.

② 몬테소리 프로그램 : 준비된 환경은 바람직한 행동과 수용 가능한 규칙을 가르치는 교실을 위해 잘 준비된 몬테소리 교구들을 정리해 놓는 것을 의미한다.

2. 영유아 교사의 교육 신념[1]

(1) 성숙주의 교사 신념

① 유아를 가르칠 때 어려운 말을 피하고 유아가 알아들을 수 있는 말을 사용한다.

② 유아가 탐구할 때 도움을 주기는 하지만 유아의 능력 이상의 것을 하도록 강요하지 않는다.

③ 유아의 정서적인 문제 해결 방법으로 극놀이를 적극적으로 권장한다.

④ 그날의 주요 활동이 주로 자유선택활동을 통해서 이루어지도록 한다.

⑤ 유아 상호 간의 협동과 집단 활동을 주로 많이 계획한다.

⑥ 유아가 일과 계획 시 활동을 주도하도록 한다.

⑦ 유아의 능력을 높이 평가하고, 유아 수준에 적절한 활동을 수도하도록 한다.

⑧ 유아의 흥미에 따라 자료를 제공해 주지만 자료는 우선적으로 유아의 발달 수준에 적합해야 한다고 본다.

(2) 행동주의 교사 신념

① 유아의 행동이나 대답이 성인이 알아들을 수 있는 것이 되도록 돕는다.

② 유아의 활동에 있어서 결과나 과제 완성에 관심을 갖는다.

③ 지식이나 정보를 주로 말로 설명함으로써 유아를 가르친다.

④ 유아가 의심하거나 불확실해하거나 애매모호한 느낌을 가지는 상황을 만들지 않는다.

⑤ 특별히 제작된 자료 게임, 직접 지도를 통해 언어와 개념을 가르친다.

⑥ 칭찬, 관심, 상 등으로 보상하여 유아의 긍정적인 행동을 강화한다.

⑦ 교구와 교재를 정해진 방법대로 유아가 사용하도록 한다.

⑧ 유아에게 성인 수준의 말을 사용하고 유아가 쓰는 말을 성인 수준의 말로 끌어올린다.

⑨ 교사가 준비, 계획한 활동에 유아가 따르도록 한다.

⑩ 유아 스스로 실수를 교정할 수 있도록 만들어진 활동이나 매체를 활용하여 행동을 바꾸어 가도록 한다.

1) 『교사의 전문성 신장을 위한 동료 장학 자료』(2005)

(3) 상호작용주의 교사 신념

① 언어교육이 특별한 단원이나 시간에 이루어지기보다는 일상생활 속에서 일어나도록 한다.

② 유아가 무엇을 해냈는가의 결과보다는 어떻게 작업하고 놀이하는지의 과정에 더 관심을 둔다.

③ 유아가 문제를 해결하는 상황에서 꼭 필요할 때만 돕는다.

④ 유아가 활동 그 자체에 흥미를 가짐으로써 보상을 받으므로 칭찬을 따로 하지 않아도 된다고 생각한다.

⑤ 유아가 쓰는 말을 주로 사용하여 유아의 언어 수준에 맞춘다.

⑥ 정해진 방법보다는 유아 자신의 방식대로 자료나 시설을 사용하게 한다.

⑦ 유아의 대답이나 반응이 옳은 것이 아닐지라도 받아들인다.

⑧ 유아가 스스로 정보를 얻기 위해 원하는 자료가 있다면 그것을 제공해 준다.

⑨ 유아가 어떤 활동의 과제를 미완성인 채로 남겨 두어도 이를 허용한다.

⑩ 유아 스스로 실험하고 탐색하고 문제 해결하는 상황을 제공한다.

2) 『2007 개정 유치원 교육과정 지도서 총론』

3 일반적인 교사의 역할[2]

(1) 교육과정 설계자

① 교육과정 설계자로서의 교사의 역할은 유아교육 이론과 실제를 토대로 유아의 능력에 적합하면서 지역사회 및 기관의 가치나 신념 등을 반영하여 '왜, 무엇을, 어떻게, 어느 수준과 범위로 가르치고 평가하느냐'를 계획하는 것을 의미한다.

② 국가에서 일방적으로 만들어서 제공하는 '주어지는 교육과정'으로부터 교육을 직접 실천하는 각 유치원에서 다양하게 편성·운영하는 '만들어 가는 교육과정'으로의 전환이 강조되고 있어 그 역할이 더욱 중요하다고 볼 수 있다.

③ 교육과정 설계자로서의 역할을 수행하기 위해서 유치원 교사는 기관의 철학이나 자신의 철학을 명확히 설정해야 하고, 지역적·문화적 상황이나 특성 및 유아의 발달·욕구·흥미를 정확히 파악하고 반영해야 한다.

(2) 일과 계획 및 운영자

① 일과 계획 및 운영자로서의 교사의 역할은 자신이 수립한 연간·월간·주간 교육 계획에 의거하여 체계적이고 구체적인 일과를 계획하고 융통성 있게 일과를 수행하는 것을 의미한다.

② 학습을 촉진하는 상호작용자의 역할, 놀이에 적합한 환경을 구성하고 필요한 자료를 제공해 주며, 유아의 놀이를 세밀하게 관찰하고 교사의 도움이 필요한 시점에서 적절히 개입하여 유아가 놀이를 심화, 확장시켜 가도록 촉진하는 역할을 해야 한다.

③ 교사는 관찰한 내용을 그때그때 기록으로 남기고, 자신의 선입견이나 주관을 최대한 배제하며, 유아의 행동을 객관적으로 기술하여 이해하기 위한 노력을 기울여야 한다.

(3) 상담자 및 조언자

① 상담자 및 조언자로서의 교사의 역할은 유아와 상호작용하면서 정서적으로 지지하고 지원해 주는 보호자의 역할을 하는 것을 의미한다.

② 가정과의 협력이 필요할 경우에는 부모를 대상으로 상담자 및 조언자의 역할을 수행하는 것도 포함된다.

③ 유아는 정서적으로 안정감을 갖게 되면 미리 예측하지 못한 일이 생겼을 때도 잘 적응하고, 다양한 활동을 즐기며, 문제 상황에 부딪혔을 때 긍정적인 태도로 어려움을 극복할 수 있게 된다.[3]

④ **물리적 환경 조성** : 교사는 가정과 같이 편안하고 안락하며, 예측 가능한 환경을 제공한다. 예측 가능한 환경이란, 하루 일과, 교사, 또래집단, 물리적 환경에 일관성이 있어야 한다는 것을 의미한다.

⑤ **심리적 환경 조성** : 유아를 존중하고 반응적인 태도를 보이며, 유아들의 불안이나 실패에 대한 두려움을 수용하고 칭찬과 격려를 해 주어 성취감을 느낄 수 있도록 해야 한다.

(4) 생활 지도자

① 생활 지도자로서의 교사의 역할은 유아가 지켜야 할 예절이나 질서 또는 규칙에 대해 올바른 습관을 형성하도록 지원하는 것을 의미한다.

② 유아기는 기본생활습관이 형성되는 중요한 시기일 뿐만 아니라 이 시기에 형성된 습관이 평생 동안 영향을 미치게 되므로 유치원 교사는 매일의 생활과 놀이상황을 통해 유아가 올바른 습관을 형성할 수 있도록 도와주어야 한다.

③ 생활 지도자로서의 역할을 수행하기 위해 교사는 예절이나 질서 또는 규칙이 필요한 상황에 대해 생각하고, 토론하고, 결과를 추측해 볼 수 있는 기회를 제공하여 유아 스스로 자신과 타인을 고려한 행동이 무엇인가를 올바르게 판단하고 실천하도록 도와주어야 한다.

(5) 현장 연구자

① 현장 연구자로서의 교사의 역할은 유치원 현장에서 부딪히는 실제적인 문제 상황을 해결하기 위해 노력하거나 새로운 이론 및 활동을 현장에 적용하는 것을 의미한다.

② 유치원 교사는 전문적이고 다양한 시각으로 교육활동을 이해하고 반성적으로 사고함으로써 자신의 전문성을 높여 갈 뿐만 아니라 유아가 전인적인 발달을 이루도록 지원하기 위해 연구자로서의 역할을 수행해야 한다.

③ 교사는 유아와의 상호작용에서 문제 상황에 직면할 때, 이러한 문제를 현장 연구의 적합한 자료로 활용할 수 있어야 한다.

3) 교사는 유아들이 어린 연령일수록, 학기초일수록, 그리고 종일반에 다닐수록 유아가 정서적으로 안정감을 가질 수 있도록 지지해 주는 역할을 수행해야 한다.

④ 현장 연구자로서의 역할을 수행함으로써 교사들은 자신의 전문성 발달에 도움을 받을 수 있으며, 실제적인 차원에서 연구와 관련하여 많은 교수 아이디어를 산출함으로써 문제 상황을 해결할 수 있고, 이론과 실제의 차이를 메우기 위한 노력에도 기여할 수 있다.

(6) 행정 업무 및 관리자

① 행정 업무 및 관리자로서의 역할은 시설·설비, 교재·교구 구입 및 관리, 원장·동료·학부모·장학사와의 관계형성, 원아모집 및 학급편성, 유아의 영양·건강·안전지도 등과 관련된 역할을 수행하는 것을 의미한다.

② 행정 업무 및 관리자로서의 역할을 수행하기 위해 교사는 유치원 교육과정 운영 계획 수립 시 교육 계획과 연계하여 연간 행사, 부모 교육 프로그램, 유아의 영양·건강·안전 프로그램, 교사교육 프로그램 등을 구체적으로 계획하는 것이 필요하다.

③ 전년도 유치원 운영 평가 결과나 학부모 또는 원내 교사의 요구를 반영하여야 하며, 시설·설비 및 교재·교구 구입 계획도 연초에 동료교사들과 미리 협의하여 계획한다.

④ 유아교육의 효과를 높이기 위해서는 무엇보다 가정과 협력하는 것이 매우 중요하므로 매월 또는 매주 가정통신문을 통해 유치원이나 학급의 여러 소식을 전하고 수업의 진행 상황을 알려 주며, 식단을 공개하여 유치원 생활을 이해하도록 돕는다.

⑤ 1년 동안 이루어지는 행사 내용과 일시를 사전에 알려 주어 학부모가 일정을 미리 조정하여 참여할 수 있도록 배려하며, 학부모를 위한 다양한 부모 프로그램을 운영하여 유치원과 가정이 긴밀하게 협력할 수 있도록 한다.

⑥ 학부모가 유치원을 자녀의 보육·교육에 대하여 전문적으로 이해하는 기관으로 신뢰할 수 있도록 전문적인 서비스를 제공해야 한다.

(7) 의사 결정자

① 의사 결정자로서의 교사의 역할은 유치원 현장에서 일어나는 모든 일에 대해 전문적으로 판단하고 결정을 내리는 것을 의미한다.

② 가르친다는 것은 매우 불확실하고 역동적이며 상황의 변화에 적절하게 대처해야 하는 복잡한 과정이다. 그뿐만 아니라 교사들이 현장에서 직면하는 문제 중에는 고정된 정답이 없는 경우가 많기 때문에 그때그때의 상황에 적합한 최선의 방안을 찾아내고 결정을 내리는 의사 결정자로서의 역할이 더욱 강조되고 있다.

③ 의사 결정자로서의 역할을 수행하기 위해 교사는 항상 유아들을 관찰하고 기록해야 하며, 이를 프로그램 수정 시에 반영하고, 기본적인 프로그램이 설정되면 언제, 어디서, 어떻게 상호작용할 것인지를 결정해야 한다.

⑻ 동료와의 협력자

① 동료와의 협력자로서의 교사는 유치원 조직의 일원으로서 동료 구성원들과 협력적인 관계를 형성하여 경험을 공유하며, 공동의 책임감과 목적을 갖고 유치원 교육의 질을 높이는 데 참여하는 것을 의미한다.

② 유아들이 학급 내에서 다른 유아들과 활동하면서 서로 많은 것을 배울 수 있는 것과 마찬가지로 교사 또한 동료 구성원들과 함께 생각을 나누고 서로 배울 수 있는 기회를 가져야 한다.

③ 동료교사들끼리 상호 협력하여 전문성 계발을 도모함으로써 교사들은 동료교사에 대한 존경, 교사의 일에 대한 자신감, 만족감 및 동기유발 등이 향상될 수 있다.

④ 동료와의 협력자로서의 역할을 수행하기 위해 교사는 비교적 형식화된 과정인 수업 관찰 및 피드백 제공뿐 아니라 공동의 관심사나 경험 등에 대해 공유함으로써 상호 협력적으로 전문성 발달을 이루어 가는 것이 바람직하다.

⑤ 지식과 기술, 자기 이해, 생태적 측면의 발달을 도모하는 데 도움이 되는 교육관 · 가치관 · 교육신념 확립, 교수 기술 향상, 자아상 확립, 대인관계 능력 배양, 지원적 환경조성과 연관된 내용을 폭넓게 다루는 것이 필요하다.

A Plus⁺ 학급에서의 교사의 역할

1. **상호작용자로서의 역할** : 언어적 상호작용과 비언어적 상호작용을 하여 유아의 요구에 민감하게 반응하고 지지하는 역할을 해야 한다.

2. **양육자로서의 역할** : 유아의 신체 발달과 심리적 발달에 필요한 도움을 주어야 하며 정서적이고 애정적인 관계를 맺을 수 있는 능력과 자아존중감을 가질 수 있도록 해야 한다.

3. **스트레스를 관리하는 역할** : 교사는 아동의 스트레스를 관리하고 대처하는 기술을 기를 수 있도록 놀이(사회극놀이, 상상놀이, 역할놀이)와 학습환경을 창출한다.

4. **촉진자로서의 역할** : 자기표현, 문제발견, 대안탐색, 창의성을 발달시킬 수 있는 기회를 제공해야 한다.

5. **계획자 · 강화자로서의 역할** : 교사는 교육과정을 계획하고 유아에게 적절한 강화를 해 주어 유아의 전인발달을 도와야 한다. 한편 교사는 날씨가 변하거나 아동의 흥미가 달라진다든가 등의 예외적인 상황에 따라 융통성을 발휘하여 다른 대안적인 활동을 할 수 있도록 준비해야 한다.

6. **문제해결자로서의 역할** : 교사는 교실 안에서의 여러 문제를 파악하고 정보를 수집하고, 대안을 생각해 보며, 결과를 평가하는 등 다양한 문제 해결을 위해 노력해야 한다.

7. **지지자로서의 역할** : 교사는 행동적 · 신체적 · 발달적 문제가 있는 유아의 지지 또는 대변자의 역할을 해야 하며 교수–학습 과정에서 단계적 지지(scaffolding)라고 불리는 상호작용 구조를 제공해야 한다.

■ 여러 가지 교사의 역할 ■

학자	역할유형
캐츠(Katz, 1970)	• **모친 모형** : 양육 · 보호 • **치료 모형** : 정서 · 스트레스 관리 • **교수 모형** : 교육내용 전달
스포덱 (Spodek,1985)	• **양육 역할** : 건강 · 안전 보호 • **교수 역할** : 교육과정 설계 · 진단, 교수 조직 • **관련적 역할** : 관찰, 상호작용 등으로 유아발달 지원, 가정 · 지역사회 연계
엘리스 (Ellis, 1982)	• 계획자 • 학습 조력자 및 감독자 • 안내자 및 상담자 • 문화의 설명자 및 중재자 • 지역사회 연결자 • 교직 일원으로서의 역할 수행자 • 학교사회의 일원으로서의 역할 수행자
쉬케단츠 (Schickedanz, 1990)	• **지식전달자** : 유아의 지식 구성을 위해 언어, 비언어적으로 도움 제공 • **계획자, 조직자, 평가자** : 교육과정을 계획하고 조직하며 평가하고 다시 평가를 반영하여 교육 개선 • **의사 결정자** : 유아와의 상호작용 속에서 상황에 맞게 전문적인 판단을 내리는 역할 • **훈육자** : 문제 행동을 예방하고 규칙을 준수하며 자아존중감을 가질 수 있게 하는 역할

	1984	1988	1997
사라초 (Saracho)	• 진단자	• 진단자	
	• 교육과정 설계자	• 교육과정 설계자	• 교육과정 설계자
	• 교수조직자	• 교수조직자	• 일과계획 및 수행자
	• 상담자 및 조언자	• 상담자 및 조언자	• 상담자 및 조언자
	• 의사 결정자		• 현장 연구자
	• 학습 지도자		• 행정 업무 및 관리자

Ⓐ Plus⁺ 사라초(O. Saracho)의 교사의 역할

1. **진단자** : 유아의 능력과 요구를 평가하는 역할
2. **교육과정 설계자** : 이론과 실제에 기초하여 유아 능력에 맞는 교육과정을 개발하는 역할
3. **교수조직자** : 장단기 계획을 세우고 활동 조직 및 유용한 자원 탐색 등을 통해 교수 목적에 도달할 수 있도록 지원하는 역할
4. **상담자 및 조언자** : 유아의 정서에 관심을 가지고 부모님과 상담하는 역할
5. **의사 결정자** : 교육 현장에서 일어나는 모든 일에 대해 상황에 따라 전문적으로 판단하는 역할
6. **학습 지도자** : 유아의 전인적인 발달과 성장을 위해 도움을 주는 역할
7. **현장 연구자** : 교육 현장의 실제적 문제 상황을 해결하기 위해 노력하고 새로운 이론 및 활동을 현장에 적용하고자 하는 역할
8. **행정 업무 및 관리자** : 기관 구성원들과 관계 형성, 시설, 설비, 교재 · 교구 구입 및 관리, 원아모집 및 학급형성, 급식 및 건강, 안전지도 등을 하는 역할

4 유아교사의 역할 갈등

(1) 역할 갈등의 개념

① 역할 기대는 역할 지각에 영향을 미치며 궁극적으로 역할을 수행하는 데 영향을 미친다. 역할 지각과 역할 기대, 그리고 역할 행동이 불일치하면 역할 갈등이 발생한다.

② 역할 갈등 관여 요소

　㉠ 역할 기대 : 특정한 지위를 가진 사람에게 사회적으로 다른 사람들이 인정하고 기대하는 역할이다.

　㉡ 역할 지각 : 자신이 수행해야 하는 행동 양식을 인식하는 것이다.

　㉢ 역할 행동 : 실제로 역할을 수행하는 것을 말한다.

(2) 역할 갈등의 원인과 상황

갈등 발생 원인	내용	상황	교사가 느끼는 정서
역할 기대≠역할 지각	교사에게 기대하는 역할을 교사가 인식하지 못함.	영아반 보육교사가 양육의 역할을 인식하지 못함.	혼돈
역할 기대≠역할 행동	교사에게 기대하는 역할을 수행하지 못하거나 지위에 맞지 않는 역할을 기대할 경우	한 학급 병설유치원에서 초임교사가 원감 역할까지 해야 함.	부담
역할 기대 〉역할 지각	교사가 인식하는 것보다 훨씬 더 많은 역할을 기대하여 희생을 요구하는 경우	일화기록을 주 2회 제공하고자 하였으나 매일 제공을 요구받았을 경우	불만
역할 지각 〉역할 행동	교사가 자신이 해야 하는 역할을 인식하였으나 행동이 그에 미치지 못하는 경우	유아를 공평하게 대해야 한다고 인식하지만 실제로는 편애하는 경우	자괴감 실망

A Plus⁺ **학급, 기관, 부모, 지역사회 수준에서의 유아교사의 역할**

유아교사의 학급 관련 역할	유아교사의 기관 관련 역할	유아교사의 부모 관련 역할	유아교사의 지역사회 관련 역할
• 양육담당자 • 교육담당자 • 훈육담당자	• 운영에 참여 • 행사 진행 • 유아교육 프로그램 개발	• 교사로서의 부모 역할 지원 • 유아교육에 관련된 의사결정에 참여하도록 지원하기	• 모범적인 사회인으로서의 역할 • 사회변화를 촉진하는 역할

• **모범적인 사회인으로서의 역할** : 유아교사는 전통적인 관점에서 교사에게 기대되는 수준에서 사회의 모범이 되어야 한다.

• **사회변화를 촉진하는 역할** : 유아교사는 지역사회의 문제를 해결하기 위해 노력하고 주민들이 급변하는 사회변화에 대처할 수 있는 능력을 기를 수 있도록 지원해 주어야 한다.

2장 영유아 교사의 전문성

1 영유아 교사의 발달 단계에 따른 관심사

(1) 풀러(F. Fuller)와 브라운(O. Brown)의 교사 관심사 이론

① 교직 이전 관심사 단계 : 경험이 없는 예비교사들이 교사보다는 학생에게 관심을 보인다. 교사에 대한 환상을 갖는다.

② 생존에 대한 초기 관심사 단계 : 학생에 대한 이상적인 관심사가 교사 자신의 생존에 대한 관심사로 옮겨 간다. 학급통제, 교육내용에 대한 숙달, 장학사의 평가 등에 관심을 갖는다.

③ 교수 상황에 대한 관심사 단계 : 많은 학생, 수업 과다, 과중한 업무, 시간의 부족, 교수 자료의 부족, 교사 자신의 교수 행위 등에 관심을 가진다.

④ 학생에 대한 관심사 단계 : 학생들의 학습, 학생들의 사회·정서적 요구, 학생에 대한 개인적 관계 등에 관심을 갖는다.

(2) 캐츠(Katz)가 제시한 교사 발달 단계

① 생존기(1년)

ㄱ 발달 과업 : 자신이 교사로서 살아남을 수 있을까에 관심이 집중된다. 초임교사들은 유치원 업무에 불안을 느끼고 무능감이나 좌절감을 느끼기 쉽다.

ㄴ 훈련적 요구 : 이 시기에는 지원, 이해, 격려, 확신, 위로, 지도 등이 필요하다.

② 강화기(1년 말~3년)

ㄱ 발달 과업 : 교사로서 생존할 수 있다는 확신을 가지게 되면서 생존 단계에서 얻은 것을 강화하고 다음 단계에서 익혀야 할 과업과 기술을 새로이 인식하게 된다. 강화기에서는 문제 영유아와 문제 상황에 관심을 갖기 시작하며, 다음 단계인 갱신기에서는 일반적 유아들과는 다른 개별적 요구를 가진 영유아의 특성들을 인식하게 된다.

ㄴ 훈련적 요구 : 특정 영유아 혹은 문제 영유아에 관한 보다 광범위한 정보를 활용해야 할 필요성이 있으므로 심리학자, 사회보건 관계자, 또 다른 분야의 전문가들이 교사의 기술과 지식을 강화시켜 줄 수 있다.

③ 갱신기(3~4년)

ㄱ 발달 과업 : 반복적인 일에 싫증을 느끼기 시작하며 새로운 발전을 경험하지 못하게 된다. 이 단계의 교사는 자신의 갱신을 심각하게 고려해야 한다.

ㄴ 훈련적 요구 : 형식적·비형식적인 서로 다른 프로그램을 운영하고 있는 동료들을 만나는 것이 특별히 도움이 된다. 새로운 기술과 방법을 배우고 의견을 교환하는 등 새로운 자극을 받는 것이 도움이 된다.

④ 성숙기(4~5년)
　　㉠ 발달 과업 : 자신을 교사로서 인정하게 되며, 교사로서의 신념과 가치, 교육의 역할과 같은 보다 깊고 추상적인 질문을 할 수 있는 시각을 갖게 된다.
　　㉡ 훈련적 요구 : 세미나의 참가 기회나 학위취득 기회를 필요로 하게 된다.

(3) 버크(Burke, 1984)와 그 동료들의 교사 발달 순환 모델[4]

① 교직 이전 단계 : 대학에서 교사에게 필요한 전문적 지식과 기술을 습득하기 위해 교육을 받는 시기이다. 예비교사뿐 아니라 각종 자격증을 준비하는 경력교사들도 해당된다.
② 교직 입문 단계 : 교직 입문 후 몇 년 동안 현장에서의 일상적인 활동에 익숙해져 가며 교사로서 생존하려고 하는 기간이다. 경력교사들이 새로운 역할 수행을 위해 노력하는 시기이기도 하다.
③ 능력 구축 단계 : 자신에게 역할 수행을 위해 요구되는 능력과 기술을 향상시키기 위해 적극적이고 능동적으로 노력하는 단계이다. 새로운 교수자료, 방법, 기술 등을 습득하기 위해 워크숍, 세미나, 학회 등에 자발적으로 참여하거나 상급학교 진학도 추진한다.
④ 열중과 성장 단계 : 교직 수행에 필요한 전문적 지식과 기술을 가지고 있으며, 계속해서 전문성을 향상시키기 위해 노력한다. 자신의 일을 사랑하고 직업에 만족한다.
⑤ 좌절 단계 : 교직에 대해 좌절감과 회의를 느끼는 단계이다. 자신의 일에 만족하지 못하므로 이직률이 높아지기도 한다.
⑥ 안정과 침체 단계 : 더 이상의 성장과 발전을 추구하고 노력하기보다는 현실에 안주하고 현 상태를 유지하려고 하는 단계이다. 안정적이지만 침체되어 있어 주어진 일만 하고 변화를 원하지 않는다.
⑦ 교직 쇠퇴 : 교사들이 교직을 떠나려고 준비하는 단계이다. 퇴직을 하려는 원인에 따라 퇴직을 긍정적으로 또는 부정적으로 받아들일 수 있다.
⑧ 교직 퇴직 : 교직을 그만두거나 출산, 육아 등의 이유로 일시적인 휴직을 하는 시기이다.

(4) 하그리브스와 풀란(Hargreaves & Fullan, 1992)의 교사 발달에 대한 관점

① 교사 발달은 교사의 개인적인 특성이나 조직 환경의 다양한 요인 등에 의해 서로 다르게 나타날 수 있다.
② 3가지 교사 발달 측면
　　㉠ 지식과 기술 발달로서 교사 발달
　　　　ⓐ 교사의 효과적인 교수를 위하여 교사에게 교수 관련 지식과 기술을 학습하고 향상시킬 수 있는 기회를 주어야 한다는 관점이다.

4) 버크의 교직 주기는 한 단계 후 반드시 다음 단계가 오는 것이 아니며, 한쪽 방향으로만 진행되는 것도 아니다. 이후 훼슬러(Fessler)도 같은 단계로 교사의 직업 주기를 구분했다.

ⓑ 이 관점은 교사를 수동적 주체로 간주하여 훈련시키려고 했기 때문에 효과를 거두기 어려웠다.
- ㉡ 자기 이해로서의 교사 발달
  - ⓐ 교사의 연령, 성, 생활방식, 발달 단계, 특정한 관심과 욕구, 교직 경력, 생애사 등의 개인적 측면은 교사 자신과 그의 교수 방식 등 교사의 전문성 발달에 중요한 영향을 미친다는 관점이다.
  - ⓑ 교사 발달을 지나치게 교사 개인적 요소에 두어 변화의 책임을 모두 교사에게 부과시킨다는 지적을 받는다.
- ㉢ 생태학적 변화로서의 교사 발달
  - ⓐ 교사의 근무환경, 교수 상황 등의 생태학적 상황이 교사 발달에 효과적인 영향을 줄 수 있다는 관점이다.
  - ⓑ 이 관점은 원장과 교육행정가의 지원 등 협력적인 학교문화, 의사결정에의 참여 등을 교수문화의 변화와 개선을 위한 중요한 요인으로 강조했다.

■ 교직 사회화 단계 모형 종합 ■

모형 특성		연구자	단계
단순 · 직선적 단계 모형	교직 이전 시기 포함 모형	Fuller(1969)	교직 이전 단계 → 초기 교직 단계 → 후기 경력 단계
		Fuller & Brown (1975)	교수에 대한 관심 이전 단계 → 교직 초기 생존 관심 단계 → 교수 상황 관심 단계 → 학생에 대한 관심 단계
		Unruh & Turner (1970)	교직 이전 시기(대학) → 초기 교직 시기 → 안정 구축기 → 성숙 시기
	교직 첫 해 시작 · 단기 모형	Katz(1972)	생존기 → 강화기(견고화 단계) → 갱신기(쇄신단계) → 성숙기 (1년) (1년 말~3년) (3년 or 4년) (4년 or 5년)
		Gregorc(1973)	형성 단계 → 성장 단계 → 성숙 단계 → 원숙 전문 단계
		Burden(1983)	생존 단계 → 적응 단계 → 성숙 단계
	연령접근 장기 모형	Newman(1978)	0~10년 단계 → 11~20년 단계 → 21~30년 단계
		Peterson(1984)	20~40세 단계 → 40~50세 단계 → 55세~정년퇴직 단계
		Webb & sikes (1989)	입직과 사회화 단계 → 30대 전환기 → 정착 단계 → 50대 전환기 (21~28세) (28~33세) (33~44세) (44~55세)
		신인숙(1991)	교직적응 → 능력계발 → 갈등 및 좌절 → 승진지향 → 보람 · 긍지
복합 · 순환적 단계 모형	순환적 모형	Burke(1984)	교직 이전 단계 → 교직 입문 단계 → 능력 구축 단계 → 열중 · 성장 단계 → 직업적 좌절 단계 → 안정 · 침체 단계 → 쇠퇴 단계 → 퇴직 단계
	복합적 모형	Huberman(1989)	생존 발견 단계 → 안정화 단계 → 실험주의적 단계 → 평정 단계 → 이탈 생존 발견 단계 → 안정화 단계 → 실험주의적 단계 → 평정 단계 → 이탈 재평가 단계 → 보수주의 단계

PART 6. 교사론

2 영유아 교사에게 필요한 지식과 역량

(1) 교사에게 필요한 지식의 형태(슐만 Shulman)

① **명제 지식**(propositional knowledge) : 시간과 공간을 초월하여 모든 상황에 적용될 수 있는 규칙이나 원리이다. 예 흥미 영역의 구성 원리

② **절차 지식**(procedural knowledge) : 명제 지식이 실제 상황에 적용되기 위해 필요한 과정을 의미한다. 예 흥미 영역 구성 원리를 적용하기 위해 의자, 책상, 교구장 등을 움직여 영역을 구성해 가는 과정

③ **사례 지식**(case knowledge) : 하나의 원리를 실제 상황에 적용시킨 경험과 관련된 지식이다. 예 1년에 4회 교실 흥미 영역을 교체한 교사는 흥미 영역에 대한 4가지 사례 지식이 생긴 것이다.

(2) 교사가 알아야 할 지식의 범위(슐만 Shulman)

① 교과 내용에 관한 지식
② 일반 교육학적 지식
③ 교수내용 지식[5]
④ 교육과정에 관한 지식
⑤ 학습자의 특성에 관한 지식
⑥ 교육적 맥락에 대한 지식[6]
⑦ 교육의 목표 및 가치에 관한 지식

(3) 실천적 지식(엘바즈 F. Elbaz)

① 유능한 교사란 교실에서 직면하게 되는 문제 상황을 최선의 방향으로 해결할 수 있는 실천적 지식을 가진 교사이다.

② 실천적 지식이란 제3자에게 배울 수 있는 것이 아니라 교사가 현장에서 문제를 해결하거나 결정을 내려야 하는 경우 그 상황에 맞도록 교사 스스로가 창조한 전문가적인 지혜를 의미한다.

③ 강의나 교과서 등을 통해 얻은 지식만으로는 형성될 수 없으며 반드시 현장의 경험이 필요하다. 가르치는 일은 교사 혼자만의 행동이 아니라 교실이라는 현장에서 교사와 유아가 동시에 존재해야만 가능하기 때문이다.

(4) 암묵적 지식(폴라니 Polanyi)

① **명시적 지식** : 언어로 명확하게 전달할 수 있는 지식이다.
② **암묵적 지식**
  ㉠ 언어로 정교하게 설명하기 어려운 지식으로, 실천 행위 중에 드러나며 명시적 지식보다 훨씬 더 행위를 정교하게 하고 질적으로 우수한 성질이 되도록 만들어 주는 내면적 지식이다.

5) 교과 내용에 대한 전문가적인 이해와 교육학적 이해의 혼합된 지식이다. 슐만은 이것이 교사를 특정 학문의 전문가와 구별하도록 해 주는 지식이라고 했다.

6) 집단, 학급, 학교 환경, 지역사회의 문화와 특성에 대한 지식이다.

ⓛ 교사와 암묵적 지식

ⓐ 두 명 이상의 교사가 같은 교육과정을 가지고 교수설계를 하더라도 실제 수업을 행하는 데 있어 교수방법이나 기술은 다를 수 있다. 이때 유아들은 교사의 암묵적 지식에 의해 매우 다른 질의 학습을 경험하게 된다.

ⓑ 교사가 가진 독특한 암묵적 지식은 실제 말로 형식화가 쉽지 않다는 점에서 정해진 처방전처럼 기술되거나 나누어 줄 수도 없다.

(5) 유치원 교원 핵심 역량(교육과학기술부, 2010)

핵심 역량	요소	내용
교직 인성 및 전문성 개발	교직에 대한 열정	○ 좋은 교육을 위한 헌신 ○ 교육 개선을 위한 지속적 탐구
	창의성	○ 다양한 상황과 조건 수용 ○ 새로운 가치와 아이디어 창출
	반성적 자기개발	○ 반성적 사고 개발 ○ 전문적 발달을 위한 노력
	교직윤리	○ 유치원 교사 윤리강령 실천 ○ 유치원 교사로서 바른 근무 자세 유지
학습자에 대한 이해	유아의 보편적 발달 특성 이해	○ 유아 발달의 개념 및 발달 이론의 이해 ○ 유아의 신체, 언어, 인지, 사회, 정서 영역의 발달 특성 이해
	유아의 개인적, 사회문화적 발달 특성 이해	○ 유아의 발달에 관련된 개인적, 사회문화적 요인 이해 ○ 유아의 개별적 발달 특성 이해
교육과정 운영	유아교육과정에 대한 이해 및 실행	○ 유아교육과정에 대한 이론 이해 ○ 유아 핵심 역량에 대한 이해 ○ 국가수준 유치원 교육과정에 대한 이해
	교과 내용 지식 이해	○ 언어, 수학, 과학, 사회, 예술, 체육 교과 내용 지식 이해 ○ 건강 및 안전 교과 내용 지식 이해 ○ 놀이 교과 내용 지식 이해
	다학문적 지식 이해 및 활용	○ 인문학, 과학 기술, 사회학, 예술 등의 폭넓은 교양지식 이해 및 탐구 ○ 다학문 지식의 교육과정 적용
	교수학습과정에 대한 이해 및 실행	○ 유아 교수 · 학습방법에 대한 지식 ○ 개별화 교수 · 학습방법의 적용 ○ 효율적 교수 · 학습을 위한 환경 구성 ○ 적합한 교수 자료의 발굴, 개발 및 활용
	평가의 이해 및 실행	○ 유아의 개인적 특성에 대한 평가방법 이해 및 실행 ○ 교육과정 평가 이해 및 실행 ○ 평가 결과의 활용

대인관계 및 의사소통	공동체 의식 및 태도 형성	○ 교육 공동체 필요성 이해 ○ 교육공동체 존중
	공동체 형성 및 지원	○ 부모와의 협력 ○ 동료교사와의 협력 ○ 지역사회와의 협력 ○ 유아와 가족의 교육 복지 지원을 위한 정책 이해 및 전달
	의사소통 기술 형성	○ 대상에 따른 의사소통 기술에 대한 관심 ○ 언어적/비언어적 의사소통 기술 형성
정보화 소양	정보화 기술 이해	○ 새로운 정보화 기술에 대한 관심 ○ 교육, 행정, 재정 업무 처리를 위한 정보화 기술 이해
	정보화 기술 활용	○ 폭넓은 정보 교류 ○ 유용한 정보의 조직 및 활용 ○ 교수매체로서 정보화 기술의 비판적 활용
학급운영	교실문화 조성	○ 유아와 긍정적인 관계 형성 ○ 교실 운영과 관리 ○ 유아 행동지도
	문서작성 및 관리	○ 학급운영 관련 문서작성 및 관리 ○ 대외 관련 공문서 작성 및 관리

3 영유아 교사의 효능감

(1) 자아효능감

① 자아효능감(self-efficacy)은 자신이 어느 정도로 일을 잘 실행하고 성취할 수 있는가 하는 자기능력에 대한 믿음으로, 인간의 행동과 성취수준에 영향을 미친다.

② 자아효능감이 높은 교사는 자신이 가르치는 모든 활동에 자신감을 가지며, 지속적인 창의적 교수활동을 지향한다.

③ 자아효능감의 두 가지 요소(반두라 A. Bandura)

　㉠ 효능기대(efficacy expectation) : 주어진 상황과 맥락에서 자신이 특정한 수준의 수행들을 해 낼 수 있을 것이라는 자기 자신의 능력에 대한 개인적인 신념이다.

　㉡ 결과기대(outcome expectation) : 특정한 상황과 맥락에서 구체적 행동의 결과들에 대해 내리는 개인적 예상 또는 판단이다.

④ 교수효능감(깁슨과 뎀보 Gibson & Dembo)[7]

　㉠ 개인적 교수효능감 : 자신의 교사로서의 능력에 대한 자신감이며, 반두라의 효능기대 개념에 기초한다.

　㉡ 일반적 교수효능감 : 아동들의 행동이 교육으로 인하여 얼마나 변화될 수 있는가에 대한 믿음으로 반두라의 결과기대 개념에 기초한다.

7) • 교사효능감 : 교사가 스스로 잘 할 수 있다고 생각하는 능력
　• 교수효능감 : 교사가 가르치는 기술과 교수법에 대하여 스스로 가지는 믿음과 신념

A Plus⁺ **교수효능감 척도**(반두라 A. Bandura)

1. 유아교육기관 내 중요한 의사결정에 의견을 표명하고 참여할 수 있는가?
2. 필요한 교재·교구를 확보하고 활용할 수 있는가?
3. 유아의 발달에 맞게 지도하고 학습에 문제가 있는 유아의 환경을 개선하고 학습동기를 부여할 수 있는가?
4. 유아들이 교실 내의 규칙을 지키고 문제 행동을 통제하도록 훈육할 수 있는가?
5. 부모의 유치원 참여와 가정 지도를 지원하는 등 가정과 연계하고 유아들의 학습에 부모들을 참여하게 할 수 있는가?
6. 지역의 다양한 단체와 교육기관들과 연계하는 등 유아들의 효율적 학습을 위하여 지역사회와 연계할 수 있는가?
7. 유아에게 안전한 환경을 제공하고 동료와 협력할 수 있는 능력이 있는가?

(2) 영유아 교사의 자아개념

① **자기 인식** : 자아개념은 자기를 정확하게 인식하는 것에서부터 시작한다.
② **자아 노출** : 개인의 정체성은 자신이 스스로를 바라보는 모습과 타인에게 비추어진 모습에 따라 결정된다.
③ **자아존중** : 자아존중감은 자신을 중요한 존재로 여기는 것이다. 자아존중감이 높으면 자신이 성취하고자 하는 목표에 대한 인식이 뚜렷해지고 자신을 존중하는 만큼 타인을 배려하기 때문에 학습자를 잘 이해하고 동료들과도 바람직한 대인관계를 형성한다.
④ **자기통제** : 개인의 자기통제 능력은 사건의 원인을 개인 외적인 부분과 개인 내적인 부분 가운데 어디에 두는지를 살펴봄으로써 그 정도를 측정한다. 자기통제능력이 높은 교사는 유아의 일상생활지도 혹은 수업이 잘 이루어지지 않을 때 유아교육기관의 환경이나 유아, 부모, 원장(원감), 동료교사 등 다른 사람을 탓하기보다는 문제의 원인을 자신의 내적인 것에 두고 이를 분석하고 해결하여 자신을 성장시키는 토대로 삼는다.[8]

8) 일반적으로 사건의 원인을 환경적인 것에서 찾는 사람들은 문제가 발생했을 때 상대방을 탓하는 경우가 많다. 이와는 반대로 사건의 원인을 개인 내적인 것에 주로 두는 사람은 문제 해결 시 우선 자신의 잘못을 먼저 분석해 보는 경향이 있다.

4 유아교사의 현직 교육

(1) 직전 교육과 현직 교육

① **직전 교육** : 교사가 되기 전 자격 취득 과정에서 기초적인 내용을 교육받는 것으로 교사 양성 교육과정이 이에 해당한다.

② **현직 교육** : 유치원 교사 및 원장(원감)들이 자격 취득 이후 교직생활을 하는 전 기간 중에 해당 직무에 대한 적응능력을 길러 주기 위한 목적으로 실시되는 교육·훈련 활동으로, 신임교사 오리엔테이션, 원내 연수, 교육청 연수, 각종 세미나, 학술 심포지엄 등이 포함된다.[9]

(2) 현직 교육의 법적 근거

① **유아교육법 [시행 2022. 7. 21.]**

> 제6조(유아교육진흥원) ① 국가 및 지방자치단체는 유아교육에 관한 연구와 정보제공, 프로그램 및 교재 개발, 유치원교원 연수 및 평가, 유아 체험교육 등을 담당하는 유아교육진흥원을 설치하거나 해당 업무를 교육 관련 연구 기관 등에 위탁할 수 있다. 〈개정 2010.3.24., 2012.3.21.〉
>
> ② 제1항에 따른 유아교육진흥원의 설치·운영 및 위탁 등에 필요한 사항은 대통령령으로 정한다. 〈개정 2010.3.24.〉

② **교원 등의 연수에 관한 규정 [시행 2021. 1. 5.]**

> 제1조(목적) 이 영은 「유아교육법」 제22조, 「초·중등교육법」 제21조, 「고등교육법」 제46조 및 「교육공무원법」 제37조부터 제42조까지의 규정에 따른 교원의 자격 취득에 필요한 연수, 교원의 능력 배양을 위한 연수 등을 위한 연수기관의 설치·운영과 연수 대상 등의 사항을 규정함을 목적으로 한다.

(3) 연수제도의 유형 및 이수시간[10]

① **연수 유형**

㉠ 직무연수 : 직무수행과 직장 적응에 필요한 연수이다. 연수내용과 기간 등은 연수원장이 결정한다.

ⓐ 교원능력개발평가 결과 직무수행 능력 향상이 필요하다고 인정되는 교원을 대상으로 실시하는 연수이다.

ⓑ 그 밖에 교육의 이론·방법 연구 및 직무수행에 필요한 능력 배양을 위한 연수이다.

---

9) 유치원 교사의 현직교육제도는 교육부에서 주도하는 교원연수와 관련이 있고, 보육교사의 현직교육제도는 보건복지부가 주도하는 영유아보육법에 근거한 보수교육(과정)과 관련이 있다.

10) 「교원 등의 연수에 관한 규정」 [시행 2021. 1. 5.]

ⓛ 자격연수

ⓐ 상급자격(원장 및 원감, 정교사 1급, 수석교사)을 취득하기 위한 연수이다. 연수할 사람의 선발에 관한 사항 및 연수의 내용은 교육부령으로 정한다.

ⓑ 자격 기준

종별 \ 자격	자격 기준
원장	1. 유치원의 원감 자격증을 가지고 3년 이상의 교육경력과 소정의 재교육을 받은 자 2. 학식 · 덕망이 높은 자로서 대통령령이 정하는 기준에 해당한다고 교육부장관의 인정을 받은 자
원감	1. 유치원 정교사(1급) 자격증을 가지고 3년 이상의 교육경력과 소정의 재교육을 받은 자 2. 유치원 정교사(2급) 자격증을 가지고 6년 이상의 교육경력과 소정의 재교육을 받은 자
수석교사	유치원 정교사 자격증을 가지고 15년 이상의 교육경력(「교육공무원법」 제2조 제1항 제2호 및 제3호에 따른 교육전문직원으로 근무한 경력을 포함한다)과 소정의 재교육을 받은 자
정교사 (1급)	1. 유치원 정교사(2급) 자격증을 가진 자로서 3년 이상의 교육경력을 가지고 소정의 재교육을 받은 자 2. 유치원 정교사(2급) 자격증을 가지고 교육대학원 또는 교육부장관이 지정하는 대학원의 교육과에서 유치원 교육과정을 전공하여 석사학위를 받은 자로서 1년 이상의 교육경력이 있는 자
정교사 (2급)	1. 대학에 설치하는 유아교육과 졸업자 2. 대학(전문대학 및 이와 동등 이상의 각종 학교와 「평생교육법」 제31조 제4항에 따른 전문대학 학력인정 평생교육시설을 포함한다) 졸업자로서 재학 중 소정의 보육과 교직학점을 취득한 자 3. 교육대학원 또는 교육부장관이 지정하는 대학원의 교육과에서 유치원 교육과정을 전공하고 석사학위를 받은 자

ⓒ 이수시간

구분	정교사(1급), 정교사(2급), 보건교사(1급), 영양교사(1급), 수석교사, 교감 및 원감	교장 및 원장
기간	15일 이상	25일 이상
이수시간	90시간 이상	180시간 이상

ⓒ 특별연수 : 교원 스스로 수립한 학습 · 연구계획에 따라 전문성을 계발하기 위한 연수로서 근무실적이 우수하고 필요한 경력을 갖춘 교원 중 교원능력개발평가 결과가 우수한 사람을 대상으로 교육부장관, 혹은 교육감이 선발한다.

5 교원능력개발평가[11]

11) 「교원능력개발평가 실시에 관한 훈령」 [시행 2020. 1. 1.]

(1) 개요 및 주요 내용

구분	주요 내용	
목적	• 교원의 전문 역량 진단 및 전문성 향상 지원 • 유치원 교육의 질 향상 및 학부모 만족도 제고	
평가 대상 교원	매 학년도 기준 2개월 이상 재직하는 교원으로 계약제 교원을 포함한다. 다만, 교육행정기관 및 연수기관 소속 및 파견 교사의 평가 대상 여부는 시·도 교육감이 정하고, 전일제로 근무하지 않는 계약제 교원의 평가 대상 여부는 해당 학교장이 정한다.	
평가 종류/ 평가 참여자	**평가 종류**	**평가 참여자**
	동료교원 평가	교원은 평가 대상자별로 원장·원감 중 1인 이상, 수석교사(수석교사 미배치교는 부장교사) 1인 이상, 동료교사 등 포함 총 3인 이상의 교원이 참여하되, 소규모 유치원은 2인 이상의 교원이 참여하거나, 초·중등학교와 통합하여 구성할 수 있다.
	학부모 만족도 조사	학부모는 교장(원장을 포함한다. 이하 같다), 담임교사 외 1인 이상 총 3인 이상의 교원에 대한 만족도조사에 참여하도록 한다. 다만, 2개월 미만 재학 학생의 학부모는 참여에서 제외한다.
평가 시기	평가는 매 학년도마다 실시하되 11월 말까지 종료하여야 한다.	
평가 시행 주체(주관)	• 부총리 겸 교육부장관(이하 교육감 및 시·도교육감)	
	관할 원장·원감, 수석교사, 교육행정기관 또는 연수기관 파견 교사에 대한 평가 시행은 시·도교육감(위임한 경우 교육지원청 교육장)이 실시	
	소속 유치원 교사에 대한 평가 시행은 단위 유치원장이 실시	
평가문항	• 시·도교육감은 제8조에 따라 교장·교감 평가문항을 정하고, 학교장은 소속 수석교사·교사의 평가문항을 정하며, 개별교원 특색교육활동 문항을 추가할 수 있다. • 시·도교육감과 학교장은 평가문항을 정할 때 사전 의견수렴을 거쳐야 하며, 평가관리위원회의 심의를 거쳐 확정하되, 평가 실시 전에 공개하여야 한다.	
평가 방법	• 평가는 「유아교육법」 제19조의2에 따라 교육정보시스템을 사용하여야 한다. 다만, 학부모의 경우 종이설문지를 활용할 수 있다. • 평가지는 5단척도 체크리스트 응답 방식과 서술형 응답 방식을 병행하여 제공하여야 한다.	
결과 활용	• 시·도교육감과 학교장은 평가 실시 후 평가 결과를 평가 대상 교원에게 제공하여야 한다. • 평가 대상 교원은 전문성 개발을 위한 능력개발계획서를 작성하여 시·도교육감 또는 학교장에게 제출하여야 한다. • 시·도교육감과 학교장은 평가 결과를 분석하여 활용 계획을 수립하고, 평가 대상 교원을 대상으로 맞춤형 연수를 지원하며, 차기 학년도 교원연수계획 등에 반영하여야 한다.	
자료 보관	• 개인별 원자료는 소속 학교에 전자파일로 5년간 보관한다.	
결과 보고/ 정보 공시	• 평가관리자는 운영결과보고서(결과활용지원계획 포함)를 작성하여 시·도교육감 및 학교장에게 제출하여야 한다. • 시·도교육감은 시행결과종합보고서를 다음해 1월 말까지 장관에게 보고하여야 한다. • 학교장은 동료교원평가지, 학생 및 학부모만족도조사지, 교사에 대한 교원능력개발평가 등의 결과(학교 평균값)를 다음해 4월 말까지 유치원정보공시사이트 및 학교정보공시사이트에 공개한다.	

(2) 유치원 교원능력개발평가 영역 · 요소 · 지표

① 원장 · 원감

평가 영역	평가 요소	평가(조사) 지표	
		원장	원감
유치원 경영	유치원교육계획	◦ 유치원 경영 목표 관리 ◦ 교육과정 편성 · 운영 ◦ 창의 · 인성 원아관리	◦ 유치원 경영 목표 관리 지원 ◦ 교육과정 편성 · 운영 지원 ◦ 학사업무 관리
	원내 장학	◦ 교실수업 개선 ◦ 자율 장학 운영	◦ 교실수업 개선 지원 ◦ 자율 장학 지원
	교원인사	◦ 교원 인사 관리	◦ 인사업무 수행
	시설 관리 및 예산 운용	◦ 시설 관리 ◦ 예산 편성 · 집행	해당사항 없음

② 수석교사

평가 영역	평가 요소	평가(조사) 지표
교수 · 연구 활동지원 (2요소, 6개 지표)	수업 지원	◦ 상시 수업 공개 ◦ 교수 · 학습 전략 지원 ◦ 수업 컨설팅(코칭, 멘토링)
	연수 · 연구 지원	◦ 원내연수 지원 ◦ 학습조직화 지원 ◦ 학습자료의 활용 지원
학습지도 (3요소, 8개 지표)	수업준비	◦ 교과내용 분석 ◦ 수업계획 수립
	수업실행	◦ 학습환경 조성 ◦ 교사–유아 상호작용 ◦ 교사 발문 ◦ 학습자료 및 매체 활용
	평가 및 활용	◦ 평가내용 및 방법 ◦ 평가결과의 활용
생활지도 (3요소, 5개 지표)	상담 및 정보 제공	◦ 개별유아 특성 파악
	문제 행동 예방 및 지도	◦ 유치원 생활적응 지도 ◦ 건강 · 안전지도
	생활습관 및 인성지도	◦ 기본생활습관 지도 ◦ 인성지도

③ 일반교사

평가 영역	평가 요소	평가(조사) 지표
학습지도 (3요소, 8개 지표)	수업준비	◦ 교과내용 분석 ◦ 수업계획 수립
	수업실행	◦ 학습환경 조성 ◦ 교사–유아 상호작용 ◦ 교사 발문 ◦ 학습자료 및 매체 활용
	평가 및 활용	◦ 평가내용 및 방법 ◦ 평가결과의 활용
생활지도 (3요소, 5개 지표)	상담 및 정보 제공	◦ 개별유아 특성 파악
	문제 행동 예방 및 지도	◦ 유치원 생활적응 지도 ◦ 건강 · 안전지도
	생활습관 및 인성지도	◦ 기본생활습관 지도 ◦ 인성지도

(3) 교원능력개발평가 결과 활용 맞춤형 연수 유형(제15조 3항 관련)

대상	연수명	연수시간
우수교원	학습연구년 특별연수	1년
일반교원	평가지표별 직무연수	15시간 이상
지원필요교원	단기 능력향상연수	60시간 이상
	장기기본 능력향상연수	150시간 이상
	장기심화 능력향상연수	6개월 이상

3장 영유아 교사를 위한 장학

12) 장학이란 교육대상의 학습을 촉진시키고 교육조직의 목적을 달성하기 위하여, 교사의 행위에 직접적으로 영향을 주는 교육기관조직이 공식적으로 지정한 행위이다.

1 장학의 의미와 장학지도에 관한 법적 규정[12]

(1) 장학의 의미

① '장학(supervision)'은 '우수한 사람이 높은 곳에서 감시한다.'의 의미로 초기 장학활동은 지방교육 행정기관이 중심이 되어 교육법규나 정책의 구현 현황을 점검하고 지시하는 행정 주도적이며 형식적인 장학이었다.

② 오늘날의 장학은 장학사가 아닌 교사가 주체가 되어 교육 현장의 개선과 교사의 성장 발달 및 전문성을 향상시키기 위해 이루어지는 제반 지도 및 학습활동으로 인식이 전환되고 있다.

③ 민주적인 장학 : 유아의 성장과 발달을 지원하고 도움을 주기 위한 교사의 교수활동 개선의 관점에서 바라본다. 교수-학습 개선을 통해 교사, 장학사, 학습자 모두의 성장을 이끌기 위한 활동이다.

(2) 장학지도에 관한 법적 규정

① 유아교육법 [시행 2022. 7. 21.]

> 제18조(지도 · 감독) ① 국립유치원은 교육부장관의 지도 · 감독을 받으며, 공립 · 사립유치원은 교육감의 지도 · 감독을 받는다. 〈개정 2008.2.29., 2010.3.24., 2013.3.23.〉
> ② 교육감은 유아교육을 충실히 하기 위하여 유치원 교육과정 운영에 대한 장학지도를 할 수 있다. 〈개정 2008.2.29., 2010.3.24., 2012.1.26.〉

② 유아교육법 시행령 [시행 2022. 11. 22.]

> 제19조(장학지도) 교육감은 법 제18조 제2항에 따른 장학지도를 할 때에는 매 학년도 장학지도의 대상 · 절차 · 항목 · 방법 및 결과처리 등에 관한 세부 계획을 수립하여 장학지도 대상 유치원에 미리 통보하여야 한다. 〈개정 2012.4.20.〉 [전문개정 2010.5.31.]

13) 행정 장학이란 주로 교육 현장에서 교육활동이 잘 이루어질 수 있도록 장학 담당자들이 교육기관단위 또는 교사들에게 전문적 지도와 조언을 하는 장학이다. 장학지도는 주로 지역 교육청 유아교육담당 장학사가 담당한다.

2 실시 주체에 따른 장학의 유형

(1) 행정 장학[13]

① 일반 장학 : 지방교육청의 교육활동 전반에 걸친 전문적 · 지속적인 지원으로 유치원의 자율장학 능력을 배양하고, 교육시책을 효율적으로 구현하고 있는지를 확인하며, 교원의 책무성 제고 등을 목적으로 연 1~2회 실시하는 장학지도를 말한다.

② **특별 장학** : 자율장학 수행력이 미흡한 유치원 또는 특별한 사안이 발생한 기관의 원내 장학력 제고를 위한 집중적 지원으로 유치원 교육의 균형 발전을 도모하는 것을 목적으로 실시된다.

③ **요청 장학** : 유치원장의 요청에 의한 장학을 통하여 교수-학습 개선과 교육활동을 도모하고 자율적·능동적인 장학지도 풍토 조성을 목적으로 실시된다.

(2) 지구별 영유아 교육기관 간 협동 장학

① **정의** : 인접한 영유아 교육기관 또는 교사들 간의 협력관계를 통한 자율 장학의 성격을 띠는 상호협력 장학이다.

② **목적** : 교원의 전문성 신장, 교육기관의 교육력 강화, 교육기관 간 교육격차의 해소 및 균형발전, 지구 내 교직원의 친목도모, 교육에 대한 정보교환 등을 목적으로 한다.

③ **활동** : 기관 상호 방문과 정보교환, 기관 간 수업연구 공개, 과제별 우수사례 공개, 교수-학습 과정안의 교환 활용, 학습자료 공동개발, 합동 연수회 및 전시회 개최 등이다.

(3) 원내 자율 장학

① **정의** : 단위 영유아 교육기관에서 교육활동의 개선을 위해 원장, 원감, 주임교사를 중심으로 전체 교직원들이 공동으로 노력하는 자율적인 과정이다.

② **방법** : 수업 장학, 동료 장학, 자기 장학, 약식 장학, 자체 연수 등이 있다.

③ **원내 장학위원회** : 연간, 월간, 주간, 일일 자율장학계획을 세우고 다양한 형태의 장학활동이 이루어질 수 있도록 추진한다.

(4) 컨설팅 장학

① 개념

　㉠ 2010년 지역 교육청의 조직 및 기능이 개편됨에 따라 컨설팅의 원리와 방법이 교육 영역에 적용되었다.

　㉡ 컨설팅 유형

　　ⓐ **학교 컨설팅** : 학부모 영역이나 교육청, 나아가서 교육부 영역의 문제에 대해 전문성을 갖춘 교육체제 내외 전문가들이 문제와 과제의 해결을 도와주는 것이다.

　　ⓑ **컨설팅 장학** : 학교 컨설팅의 방법과 절차가 장학에 적용된 것이다. 교원의 자발적인 의뢰를 바탕으로 교과지도, 생활지도, 학급운영 등에 관한 교사의 전문성을 계발하기 위해 교내외의 전문성을 갖춘 사람들이 문제와 과제의 해결을 도와주는 활동이다.

ⓒ 수업 컨설팅 : 교원의 전문성 중 수업과 관련된 문제, 즉 교과지도를 해결하기 위해 도움을 주는 활동이다.

② 유치원 컨설팅 장학

㉠ 목표 : 유치원 경영, 학급 경영, 교수·학습 지도 방법 등 유치원에서 요구하는 영역에 대한 지원으로 단위 유치원 교육력 제고를 목표로 한다.

㉡ 대상 : 유치원 평가 결과 미흡한 평가를 받은 유치원 및 교육 현안 발생 유치원이 대상이 되지만, 의뢰 유치원 및 의뢰 교사의 자발적 참여에 기초하는 경우도 있다.

㉢ 의뢰인과 컨설턴트 : 의뢰인은 단위 학교나 교사가 되며, 컨설턴트는 의뢰인의 문제를 해결해 줄 수 있는 전문성을 가진 담당자가 된다. 특히 수석교사는 우수한 수업 컨설턴트의 자원이 될 수 있다.

㉣ 컨설팅 장학의 유형

ⓐ 수업 컨설팅 : 교수-학습 과정안 작성 및 효과적인 교수학습법 등에 관한 내용

ⓑ 교육과정 컨설팅 : 학교 교육과정 계획 및 운영, 학교 평가 등에 관한 내용[14]

ⓒ 생활지도 컨설팅 : 기본생활습관, 인성교육, 진로교육 등에 관한 내용

ⓓ 학교경영 컨설팅 : 인사, 복무관리, 시설관리, 환경개선, 학교보건, 학부모 교육 등의 학교경영에 관련된 내용

㉤ 컨설팅 장학의 원리

ⓐ 자발성의 원리 : 의뢰한 교사가 컨설팅에 관한 의사결정의 주체가 되어야 한다는 원리로서 컨설팅 장학에서 가장 핵심적인 원리이다.

ⓑ 전문성의 원리 : 컨설팅 활동은 해당 분야의 전문성을 가진 컨설턴트에 의해 이루어져야 한다는 원리이다.

ⓒ 학습성의 원리 : 컨설팅 장학은 컨설턴트나 의뢰인 모두에게 학습의 과정이 되어야 하며, 서로 성장할 수 있는 기회가 되어야 한다는 원리이다.[15]

ⓓ 독립성의 원리 : 컨설턴트와 의뢰인의 협의는 상호 신뢰와 존중을 기반으로 서로 독립적이고 수평적인 관계에서 의견교류가 이루어져야 한다는 원리이다.

ⓔ 자문성의 원리 : 과제를 해결하기 위한 과정에서 학교 컨설턴트는 자문적 역할만을 하며 결정권과 책임은 의뢰인에게 있다.

ⓕ 한시성의 원리 : 컨설팅은 의뢰한 과제가 해결되면 종료가 되는 것이 원칙이며, 경우에 따라 협의를 통해 기간을 조정할 수 있다.

③ 수업 컨설팅

㉠ 교사가 자신의 수업에 문제를 느끼고 믿고 신뢰할 만한 컨설턴트의 도움을 받아서 자발적 의지로 자신의 수업에서의 문제를 발견하고 해결하여 수업을 개선해 가는 과정이다.

㉡ 수업 컨설팅 과정

ⓐ 준비 : 컨설팅 의뢰 및 접수, 컨설턴트와 컨설팅 주제 협의 및 선정

ⓑ 진단 : 유치원 상황 및 환경 분석, 문제 요소 분석, 컨설팅 세부주제 확인 및 확정, 유치원의 개선 요구 분석

14) **누리과정 컨설팅 장학의 영역** : 누리과정 이해와 계획, 실내외 환경, 실행, 평가, 관계

15) 의뢰 교사는 과제 해결 과정에서 다양하고 전문적인 교수 지식과 기술을 습득하며, 컨설턴트는 반성적 사고를 통해 보다 효과적이고 효율적인 컨설팅을 할 수 있는 기회가 되어야 한다.

ⓒ 해결 및 실천 방안 제안 : 개선 방안(해결 및 실천, 전략) 모색, 구성원에 대한 제안

ⓓ 실행 : 해결 및 실천 방안에 따른 실제 실행 지원, 각종 정보 및 자료 제공 지원

ⓔ 종료 : 컨설팅 결과 정리 및 개선 방안 제안, 교육청 요청 사항 등 추후 필요 조치 제시, 결과 보고서 작성 및 제출, 컨설팅 만족도 조사

Ⓐ Plus⁺ 2019 개정 누리과정 컨설팅(「누리과정 컨설팅 매뉴얼」, 2020)

1. 누리과정 컨설팅 주제

누리과정 이해와 계획	누리과정에 대한 교육과정으로서의 성격, 추구하는 인간상, 목적 및 목표, 편성·운영, 교수·학습, 평가, 영역별 목표 및 내용에 대한 이해를 진단한다. 그리고 실행된 교육과정, 만들어 가는 교육과정으로서 하루 일과의 계획과 계획안 형식, 유아의 특성을 고려한 지원 계획 등을 점검하고, 자신과 유치원에 맞는 방식을 찾아나가도록 한다.
실내외 환경	유아가 놀이와 활동을 경험하는 공간이므로 자유롭고 다양한 경험의 가능성, 풍부한 놀이자료의 마련, 안전, 그리고 유아와 상호작용이 이루어지는지를 다룬다. 안전과 놀이의 문제, 휴식과 쉼이 보장되면서도 교육과정이 실현되기 위한 공간인지 살펴보고 변화를 계획하도록 한다.
실행	유아의 놀이 주도성의 의미, 혼자놀이, 반복놀이의 의미와 교사의 지원 방안에 대해 모색한다. 유아의 놀이 해석과 그에 맞는 지원, 놀이를 교육과정과 연계하는 것, 상호작용, 통합학급에 대한 놀이지원, 동료 교원과의 협력 등을 다룰 수 있다.
평가	평가의 목적과 방법, 결과 활용에 대해 이해하고 있는지를 진단한다. 또한 교사와 유치원의 필요나 특색에 맞게 유아를 관찰하고 기록하며, 유아의 놀이를 지원하고, 이를 평가로 연계할 수 있는지 모색해 본다.
관계	누리과정이 원활하게 이루어지기 위해서는 교사, 원장(원감), 학부모와의 민주적이고 지지적인 관계 형성이 중요하다. 개정 누리과정을 위해 민주적인 조직문화 조성과 부모들과 놀이의 가치에 대한 공유 방법을 다룬다.

2. 누리과정 컨설팅 단계

공감과 문제 정의	유아 중심, 놀이 중심 개정 누리과정에 대한 막연한 불안감과 애로점에 대해 컨설턴트와 컨설팅 참여 교사가 공감하는 단계이다. 교사들이 대화를 통해 문제를 발견하고, 공감하며, 통찰하며 도출된 문제와 이슈를 명확히 하고 구체화하는 단계이다.
아이디어 산출을 통한 변화 계획	문제 해결을 위해 브레인스토밍 등을 활용하여 가능한 많은 아이디어를 도출하며, 최선의 해결 방안을 찾는 단계이다.
자원 연계	다양한 자료를 문제 해결과 연계하고, 다른 교원들과의 협력, 지역사회와의 연계를 통해 문제 해결에 접근해 가고 구체화하는 단계이다. • 타 유치원 사례 공유 • 개정 누리과정 현장지원자료의 사례 읽고 토의 • 특수교사, 전문적 학습공동체와의 협의

| 실행 | 생각해 낸 아이디어나 계획을 실제 현장에 적용하는 단계이다. 이 과정을 통해 적절한 방법을 도출하게 된다. |
| 평가 | 실행 단계에 대한 평가를 통해 다시 이전 단계로 가서 새로운 계획을 수립하거나 문제 해결을 완료하는 단계이다. |

3. 개정 누리과정 컨설턴트의 역할

① 컨설턴트는 교원과 유치원이 스스로 문제를 깨닫도록 새로운 눈으로 바라보는 환경을 조성한다.

② 컨설턴트는 교원과 유치원이 스스로 해결 방안을 찾도록 촉진(facilitating)한다.

③ 컨설턴트는 교원과 유치원이 개정 누리과정을 위한 변화를 실천하는 데 두려움을 가지지 않도록 정서적으로 지지한다.

④ 컨설턴트는 교원과 유치원이 문제 해결을 위한 다양한 대안을 찾아보도록 정보를 제공한다.

⑤ 컨설턴트는 교원과 유치원이 유아교육 공동체를 형성할 수 있도록 타 유치원 및 지역사회와의 연계를 지원한다.

⑥ 컨설턴트는 연수 및 동료 컨설턴트들과의 협의와 소통에 참여하여, 컨설턴트로서의 전문성을 개발한다.

4. 개정 누리과정 컨설턴트의 자세(태도)

① 컨설턴트는 문제 해결자가 아니라, 경청자라는 것을 명심한다. 교사와 유치원의 이야기를 듣고, 문제를 곧바로 해결해 주려고 정답을 알려 주기보다는 이야기하는 가운데 스스로 깨달을 수 있는 기회를 제공해 주는 것이 중요하다. 이를 위해서는 정서적 인정과 상호존중을 통한 관계의 신뢰 구축이 기본이 되어야 한다.

② 컨설턴트는 의사 결정자가 아니라, 정서적 지지자라는 것을 명심한다. 교사의 이야기 속에 포함된 감정을 읽어 주며, 교사와 유치원이 스스로 변화할 수 있도록 정서적으로 지원해 주는 역할을 한다.

③ 컨설턴트는 지도점검자나 평가자가 아니라, 안내자라는 것을 명심한다. 교사와 유치원의 여건과 상황에 대해 존중하고 그 안에서 문제를 해결할 수 있도록 함께 길을 찾아간다는 생각으로 임해야 한다. 그런 점에서 본인이 알고 있는 사례와 정보를 공유하는 것이며, 각 유치원의 상황에 따라 적용해 볼 수 있게 함께 걸어가는 존재라는 태도를 가진다.

④ 컨설턴트는 리더가 아니라, 협력자라는 것을 명심한다. 컨설팅을 받는 유치원의 교사들이 주체가 되어 놀이와 누리과정 운영을 위한 교사공동체를 구성하고, 서로 협력해 나갈 수 있는 분위기를 조성해 준다는 태도를 갖는다.

⑤ 컨설턴트는 컨설팅 과정에서 참여 교사의 요구에 따라 자세와 역할에 유연성을 가지며, 참여자와 함께 성장해 나가는 존재이다.

3 장학 방법과 내용에 따른 장학 유형

(1) 수업 장학

① 수업 장학은 교사의 수업능력을 기르고 개선하기 위하여 체계적으로 원장이나 원감에 의해 이루어지는 개별적인 과정이다.

② 주로 초임교사나 수업기술을 향상시키고자 하는 교사를 대상으로 이루어지며 교사의 전문적 발달에 초점을 맞추어 수업기술을 향상시키기 위해 개별적으로 이루어지는 장학이다.

③ 임상 장학 : 수업 장학의 대표적인 방법으로, 장학 담당자와 교사가 대면관계에서 이루어진다는 의미에서 임상이며, 교사의 교수행동에 대한 실질적 장학으로 장학 담당자가 수업과정에 세심하게 개입하는 것이다.

(2) 상호협력적 장학 : 동료 장학[16]

① 반성적 저널 쓰기 : 반성적 사고는 과거나 현재에 일어나고 있는 실천적 행위에 대한 사려 깊고 분석적인 사고에서부터 미래 행위에 대한 방향을 결정하는 과정이다. 저널 쓰기는 자신이 무엇을 알고 있는지, 무엇을 느끼는지, 무엇을 하고 있는지, 자신이 왜 해야 하는지를 고려함으로써 반성적 사고를 기르는 데 도움이 된다.

② 교사의 이야기 쓰기 : 교사가 역할을 수행하고 교사가 되는 데 영향을 준 개인의 발달과 개인의 이전 경험을 조명할 수 있게 해 주는 역할을 한다. 교사 이야기의 구성요소는 배경, 등장인물, 주제, 전환점, 줄거리 등이다. 예 교사로서 지니는 갈등, 수업의 실패나 성공담, 사회에 대해 비판적인 시각으로 바라본 문제점 등

③ 유아 관찰 : 유아 관찰하기는 일반적으로 유능한 교사에게 요구되는 것으로, 세밀하게 유아를 관찰하고 이에 대해 피드백하고 분석하는 일련의 반성적 과정은 교사의 전문성 발달을 위해 중요하다.

④ 수업사례 분석 : 자신이나 동료교사의 수업 또는 관련 사례를 분석해 보는 방법이다.

⑤ 전문서적 읽기와 토론 : 전문서적 읽기를 활용할 때는 무엇보다 동료교사들 간의 읽기 능력의 차이를 인정해야 하며, 특히 책을 읽는 능력이 부족한 교사의 경우에는 어렵지 않은 적절한 자료를 선정하여 편안함을 느끼게 하는 것이 중요하다.

⑥ 멘토링

　ㄱ 개념 : 경력교사가 멘토가 되어 동료교사의 전문성 발달을 돕기 위해 전문적 · 정서적 지원을 해 주는 것이다. 유치원 차원의 형식적 멘토링과 자발적 · 개인적으로 이루어지는 비형식적 멘토링이 있다.

　ㄴ 멘토링 참여자의 태도 : 멘토의 피드백은 즉각적이고 구체적이어야 하며, 멘토링을 제공받는 입장에서는 멘토로부터의 피드백을 경청하며 바로 방어하는 태도를 취하지 않고 지적된 내용을 반영하는 반응적 태도를 취하여야 한다.

16) 동료 장학은 자유로운 의사교환과 피드백, 협동심과 동료의식, 이용의 편리성, 학습공동체 마련 등의 특징이 있다.

ⓒ 멘토링의 효과

구분	멘토	멘티
전문적 측면	교수실제에 대한 방법 및 기술을 재확인하거나 새롭게 개발하는 등 스스로를 개발할 수 있는 기회를 가진다.	반성적 사고를 통해 교과내용지식, 교수법, 교수 행동 등 교수 전문가로서의 정체감을 형성하게 된다.
정서적 측면	멘티를 지원해 주는 과정에서 멘티로부터 신뢰를 얻으며 보람을 느끼게 된다. 아울러 긍정적인 자존감이 강화되며 다른 사람의 성장을 돕는다는 긍지를 갖게 된다.	교실에서의 불안과 딜레마, 갈등, 어려움 등 도덕적이고 정서적인 지지 등 지원을 받는다.
반성적 사고	멘토는 궁극적으로 자아반성을 통해 자신을 새롭게 인식하고 긍정적 삶을 추구하는 자세와 가치관을 확립하여 리더로서의 역할을 수행하도록 고취시킨다.	반성적 사고를 하게 되며 자신의 교육학적 사고를 공유하고 나눌 수 있는 멘토와 협력적인 공동체를 구성하게 된다.

⑦ 동료 장학의 실행 방법

㉠ **동료 간 협의** : 사전 협의회 등 교수 실제에서 수업계획안, 구체적인 문제 상황, 행사계획 등 다양한 문제를 중심으로 동료교사 간 수평적 관계에서 서로 조언을 구하며 해결 방안을 모색하는 것이다.

㉡ **동료 코칭** : 보다 나은 교수기술에 대한 조언, 정보 제공, 실제 시범 보이기 등의 다양한 방법으로 지원해 주는 것이다.

ⓐ **있는 그대로 반영하기** : 지적할 것을 기록하지만 교수 행동에 간섭하지 않는다.

ⓑ **협력적 코칭** : 원하는 도움을 주지만 교수 행동에는 간섭하지 않는다.

ⓒ **전문가적 코칭** : 관찰자가 교사의 학습 또는 특정 기술이 향상되도록 피드백을 제공하는 전문가적인 코칭이다.

A Plus⁺ 수업연구와 연구수업 구분

1. **수업연구** : 수업에 관한 연구과제의 해결 또는 수업방법의 개선을 위해 장학사와 교사 혹은 동료교사들이 함께 수업계획을 세우고 관찰방법을 협의하여 수업관찰을 하고 결과분석을 하는 일련의 체계적인 탐구활동으로 연구에 초점이 있다.

2. **연구수업** : 수업방법의 개선 및 보급을 위해 수업연구의 결과를 장학 담당자와 동료교사들 앞에서 보여 주는 시범수업 및 협의 활동으로 수업에 초점이 있다.

(3) 자기 장학

① 교사 자신의 전문적 발달을 위해 능동적이고 자발적으로 연구하고 노력하는 것이다.

② 자기 장학의 방법

    ㉠ 자기수업의 녹음, 녹화 등을 통한 자기분석과 자기반성

    ㉡ 자신의 지도활동에 대한 영유아 또는 부모들의 반응을 통한 자기반성

    ㉢ 교직 전반에 관련된 전문서적, 자료를 활용한 자기발전 노력

    ㉣ 상급학교 과정(대학원, 방송대학 등) 수강을 통한 자기발전 노력

    ㉤ 전문기관이나 전문단체 방문, 전문가 면담을 통한 자기발전 노력

    ㉥ 각종 연수회, 연구회, 발표회, 강연회, 시범수업 참관, 영유아 교육 · 보육기관 상호 방문 프로그램 참석을 통한 자기발전 노력

    ㉦ 라디오, TV, 비디오 등 대중매체가 제공하는 교원연수 프로그램 시청으로 자기발전 노력

    ㉧ 반성적 저널 쓰기, 교사 이야기 쓰기 등의 방법으로 반성적 사고하기

(4) 자체 연수와 약식 장학

① 자체 연수 : 교사들의 필요와 요구에 의해 원내나 원외에서 인적 · 물적 자원을 활용하여 유치원 자체가 실시하는 연수활동으로 토론회, 강습회, 현장견학이나 탐방연수와 같은 다양한 형태로 진행될 수 있다.

② 약식 장학 : 원장이나 원감이 학급을 순시하거나 수업을 참관하는 과정에서 비공식적으로 교사들의 교수활동과 학급경영활동 등을 관찰하고, 이에 대해 지도하고 조언하는 일상의 활동들로 다른 형태의 장학활동을 보완하는 성격이 강하다.

(5) 사이버 장학

① 그동안 교육청에서 유치원으로 일방적으로 제공되던 장학내용을 양방향으로 또는 유치원 간의 상호 장학자료로 활용할 수 있도록 제공하고, 장학내용을 교육청 홈페이지에 공개함으로써 장학정보를 공유하는 장학 형태이다.

② 교사나 원장 등의 상담자가 공개 또는 비공개로 상담을 요청하며 유아교육전문가로 구성된 장학지원단에서 상담내용을 일정 기간 안에 처리하는 시스템으로 운영된다.

(6) 선택적 장학

① 캐츠(Katz)는 교사의 경력주기에 따라 장학의 방법을 달리할 것을 제안하였다.

    ㉠ 생존기의 교사 : 임상 장학

    ㉡ 강화기의 교사 : 동료 장학

    ㉢ 갱신기의 교사 : 전문학회 참가, 교사센터 이용, 비디오에 의한 자기분석 등으로 수업 개선을 자극

    ㉣ 성숙기의 교사 : 대학원 수강, 자기 장학의 방법을 사용하는 선택적 장학

■ 대상교사에 따른 선택적 장학 ■

대상교사(교사의 희망에 따르지만 적절한 대상 선정 기준)	선택적 장학
초임교사(생존기) : 첫 3년 계속, 그 후 3년마다 경력교사(갱신기) : 3년마다	임상 장학
높은 동료의식을 가지고 있는 경험 있고 능력 있는 교사(강화기)	동료 장학
혼자 일하기를 좋아하는 경험 있고 유능한 교사(성숙기)	자기 장학
모든 교사(모든 단계의 교사)	행정 장학

(7) 발달적 장학

① 글리크맨(Glickman)이 개발한 것으로 교사의 '발달 정도에 따라' 알맞은 장학방법을 결정한다는 것인데, 근본정신은 선택적 장학과 같다.

② 발달적 장학이 실시되어야 하는 기본적 전제

　㉠ 개별 교사의 경험과 배경이 각각 다르다.

　㉡ 교사의 전문성 발달 수준이 각각 다르다.

　㉢ 수업주제나 인생주기 발달 등에 따라 요구와 능력이 다르다.

　㉣ 교사의 사고와 능력 수준이 다르다.

　㉤ 장학에 대한 요구가 다르다.

③ 지시적 · 협동적 · 비지시적 장학방법을 교사의 발달 정도에 맞게 적용하여 교사를 최상의 발달 상태로 끌어올리고자 한다.

■ 장학행위 연속선 ■

	1 경청	2 명료화	3 격려	4 제시	5 문제 해결	6 협상	7 시범	8 지시	9 표준화	10 강제	
장학자 s 교사 T											장학자 S 교사 t
장학의 지향	비지시적					협동적				지시적	

T = 최대의 교사 책임　　　　　　t = 최소의 교사 책임

S = 최대의 장학자 책임　　　　　s = 최소의 장학자 책임

출처 : 주삼환(2003), 135쪽

④ 장학의 단계
　　㉠ **진단적 단계** : 장학요원은 교사의 수업을 관찰하거나 질문함으로써 교사의 추상수준을 파악한다.
　　㉡ **기술적 단계** : 교사의 추상수준에 맞게 지시적 장학유형, 협동적 장학유형, 비지시적 장학유형을 선택하여 적용한다.
　　㉢ **전략적 단계** : 교사의 추상수준을 높이는 데 초점을 둔다. 예 새로운 것 제시, 협의 시 의존성 줄이기, 추상성 수준이 높은 교사와 함께 협의회 갖기 등

Ⓐ Plus⁺　**교사연구**

1. **실행연구**(action research) : 현장에 있는 교사가 스스로 주체가 되어 계속적으로 현장을 개선하려는 과정 지향적 연구이다. 즉, 교사가 자발적 의지로 자신이 속한 교실에서 발생하는 수업 상황에서의 문제 혹은 학생의 생활지도 등 교실 운영에서의 문제를 발견하고 이를 주체적으로 개선하려는 노력이다.

2. **학습공동체** : 특정 관심 영역 특히 좋은 수업에 대한 열정을 가진 교사들이 자발적으로 형성한 관계망이다. 즉 동료교사들과 상호 협력함으로써 학교 혹은 교실 내에서 발생하는 불확실하고 복잡한 문제들을 효과적으로 해결할 수 있으며, 경력교사나 전문가와의 상호작용을 통해 보다 높은 수준의 교사 전문성을 도모할 수 있다.

유아교사의 반성적 사고

4장

1 반성적 사고의 개념

(1) 반성적 사고의 정의

① 듀이(J. Dewey)에 따르면 반성적 사고란 자신의 신념이나 실천 행위에 대해 그것의 원인이나 궁극적인 결과를 적극적이면서도 끈기 있고 주의 깊게 고려하는 것을 의미한다.

② 듀이는 인간의 행위는 주어진 상황적 조건을 수단의 원천으로 하여 어떤 목적 혹은 목표를 세워 놓고 그것을 추구하는 과정이라고 보았다. 그리고 이 과정이 방해를 받는 상황을 문제상황이라고 하고, 문제의 해결을 위하여 가설적인 생각들을 검토하여 목적의 실현을 기하려는 통제된 사고의 전개를 반성적 사고라고 정의했다.

③ 듀이는 반성적 사고를 위한 태도는 열린 마음, 책임감, 성심성의를 다하는 태도라고 했다.

④ 반성적 사고는 자신의 교수 실천, 즉 가르치는 일에서의 자신의 사고, 행동, 의문점들, 정서적 측면, 교수방법, 교육철학 등을 비판적이고 사려 깊게 검토하는 적극적인 과정이다.

(2) 반성적 사고의 유형

① 3가지 형태의 반성적 사고(킬리온과 토드넴 Killion & Todnem)

ㄱ 실천 행위 중의 반성적 사고(reflection-in-practice) : 교사가 가르치는 과정에서 일어나는 것으로 교사가 수업을 하다가 유아의 반응을 보고 판단하여 교수내용이나 방법을 변경할 때 바로 실천 행위 중의 반성적 사고가 일어났다고 할 수 있다.

ㄴ 실천 행위에 대한 반성적 사고(reflection-on-practice) : 이미 일어난 상황에 대하여 나중에 반성적 사고를 하게 되는 경우이다.

ㄷ 실천 행위를 위한 반성적 사고(reflection-for-practice) : 다른 두 가지 반성적 사고의 결과가 바람직하게 나타나도록 하는 좀 더 적극적인 개념이다.

(3) 반성적 사고 수준(반 매넌 Ven Manen)

① 기술적 수준(기계적 수준) : 주어진 목적을 달성하기 위해서 교육적 지식을 기계적으로 사용하는 것이다. 교육목표는 그대로 둔 채 경제성이나 효율성 같은 기능적·기술적 측면에서 실천행위에 대해 반성적 사고를 하는 것이다. 예 주말 발표를 주저하는 유아에게 교사가 먼저 주말 발표를 시범 보임.

② 전문가적 수준(실천적 수준) : 여러 가지 교육목표들 가운데 어떤 것이 더 교육적으로 추구할 만한 가치가 있는지에 대해 고려하는 수준이다. 이때 교사는 자신의 교육적 행위나 의사결정의 장기적인 영향까지 고려하게 된다.[17] 예 주말 발표의 의미를 유아 경험의 파악과 듣기·말하기 능력에 두고 다른 활동으로의 대체를 고려함.

17) 교사 자신의 축적된 지식, 의미, 가치, 신념을 반영하여 교수 행위의 적합성과 실용성을 고려하는 반성적 사고가 포함되지만, 이 수준의 사고는 여전히 '교육적 효율성'에 머무르는 경향이 있다.

③ 비판적 수준(도덕적·윤리적 수준) : 어떤 교육적인 경험이나 활동이 편견이 없으며 공평하고, 평등하며, 행복한 삶으로 이끌어 줄 것인가에 초점이 맞추어진다. 교사들은 유아들의 장기적인 발달뿐만 아니라 교육정책에도 공헌을 하게 된다.

② 반성적 사고의 발달

(1) 유아교육에서 반성적 사고의 필요성

① 교사의 사고 과정 및 신념 체계와 실천 행위의 관계

　　㉠ 교사가 교수-학습의 본질, 아동관, 유아교육의 목적, 교사가 유아에게 미치는 잠재적 영향력, 놀이의 기능 등에 대해서 어떻게 생각하는가에 따라 환경 구성, 교수 자료, 교수 내용, 교수방법, 그리고 유아와 교사의 상호작용의 본질 등이 달라질 수 있다.

　　㉡ 학습자가 교육내용을 이해하는 데 학습자의 가정환경, 지능 등 교사가 통제할 수 없는 조건들이 영향을 미친다고 믿는 교사는 학습자를 위해 교수방법을 바꾸지 않는다.

　　㉢ 학습에서 가장 중요한 요소가 교사 자신이라고 믿는 교사들은 학습자의 이해를 돕기 위해 자신의 교수방법을 변형하려는 노력을 기울인다.[18]

　　㉣ 교사들이 가지고 있는 교육적 신념들 중에는 교육에 적합하지 않은 것이 있을 수 있다.

② 교수 활동의 불확실성과 현장 교육의 강화

　　㉠ 현장 교육은 사회·문화적 맥락 속에서 교육을 이해하기보다는 지엽적인 교수방법이나 기술을 강조한다.

　　㉡ 예비교사들은 현장에서 바람직하지 못한 교수 활동을 보아도 비판하지 않고 그대로 수용하려는 경향이 강하기 때문에 현장 중심의 교육을 늘리는 것보다 현장의 경험을 어떻게 재구성할 수 있도록 해 주느냐 하는 것이 더 중요하다.

　　㉢ 반성적 사고 능력이 있는 예비교사는 현장 중심 교육의 부정적인 측면을 극복할 수 있으므로, 대학에서 예비교사들의 반성적 사고 능력을 길러 주는 것은 매우 중요하다.

18) 애쉬톤과 웹은 어떤 행위의 변화를 초래하는 조건이 행위자 내부에 있다고 믿는 것과 행위자가 통제할 수 없는 외부에 있다고 믿는 것이 교수활동에 다른 영향을 미친다고 주장했다.

③ 실천적 지식과 자율적인 의사 결정자로서의 교사
  ㉠ 실천적 지식의 형성 : 문제 발생 시 해당 유아와 상황을 바르게 이해하고, 이론과 지식, 교수 기술, 교사 자신과 사회의 가치관, 교사 자신의 직·간접적인 현장 경험 등을 참고로 하여 문제 해결에 가장 적합한 방안을 새로이 만들어 내는 것이다.
  ㉡ 자율적 의사 결정자로서의 교사 : 교사들의 자율적 판단은 바람직하지 않을 수 있으므로 교사들은 자신의 판단에 대해 끊임없이 재평가할 기회를 가져야 한다.
④ 교사 교육 프로그램의 체제 순응적 교육과정
  ㉠ 최근 대부분의 교사 교육 프로그램은 교수 활동과 그것이 기초하고 있는 교육적, 사회적, 윤리적 영역과 분리하여 무엇을 왜 가르쳐야 하느냐에 대한 논의보다는 어떻게 가르칠 것인가에 초점을 맞추는 교수 활동의 기술적인 측면 자체에 중점을 두고 있다.
  ㉡ 변형 지향적 지성인으로서의 교사(teacher as transformative intellectual) : 학교와 지역사회에 현존하는 권력 관계에 대한 문제를 사회의 질적 변화의 시각에서 제기하고 지도할 수 있는 능력과 의지를 갖고 있는 교사이다.
⑤ 반성적 사고를 위한 태도(듀이 Dewey)
  ㉠ 열린 마음 : 상황과 문제를 여러 각도에서 살펴보고 가능한 모든 대안에 대하여 충분한 검토를 하며 자신이 가장 확실하게 믿었던 신념들조차도 틀린 것일 수 있다는 가능성을 인정하는 것이다.
  ㉡ 책임감 : 가르친다는 행위 그 자체보다 그것과 연결된 가치 혹은 교육의 목표와 관련되어 왜 하는지에 대해 질문을 하고, 결과에 대해 충분한 검토를 하는 것을 의미한다.
  ㉢ 성심성의를 다하는 태도 : 열린 마음과 책임감이 반성적 사고를 하는 교사의 삶에 있어서 중심이 되어야 한다고 믿고 개방성과 민감성을 가지고 유아들을 대하며 자신이 하는 일을 끊임없이 되돌아보고 의미를 찾는다.

(2) 반성적 사고를 통해 실천적 지식을 발달시키기 위한 방법들

① 반성적 저널 쓰기 : 반성적 저널 쓰기는 유아교사들이 자신의 교수–학습 활동을 분석하고 미래에 발생할 수 있는 문제들에 대한 해결책을 고안하며 자신의 교수행위에 대한 폭넓은 사고를 글로 남기는 것이다. 교사는 자신의 반성적 저널 쓰기를 타인과 공유하고 적절한 피드백을 받음으로써 사고를 질적으로 발전시킬 수 있다.
② 자서전 쓰기 : 교사는 자신의 생애사적 글쓰기를 통해 자신의 교수 실천에 대한 신념, 모순, 불확실성 등을 과거 경험과 연결시켜 반성적으로 생각해 보고 개인적 신념을 형성시키고 그것이 가지는 영향에 대해 사고할 수 있다.

③ 실행연구(현장연구)

　　㉠ 자신의 교수 실천을 개선하기 위해 자신이 가르치는 학교나 학급에서 체계적이고 의도적으로 수행하는 연구이다.

　　㉡ 실행 연구의 절차 : 교수 실천의 문제점 발견 → 문제 해결 및 개선을 위한 대안적 교수법 고안 → 적용 → 결과 검토

④ 포트폴리오 : 교사 폴트폴리오란 교사가 능력과 전문성을 성장시키면서 가지게 되는 광범위한 교사의 능력을 나타내 보일 수 있는 기록이다. 예 교사로서의 생애사, 자신의 교육철학, 아동관, 독서 감상문 등 자신의 전문성 발달에 영향을 미친 다양한 것들

⑤ 영상기록을 통한 자기 관찰기법 : 동료수업장학을 실시하기 전이나 자신의 수업을 분석하고 개선책을 찾고자 하는 교사에게 효과가 있다.

⑥ 전문가 및 동료와 협의하기 : 동료 장학, 상호 수업관찰, 상호 수업일지 기록, 토의, 반성적 저널 바꿔 읽기, 협동적 대화 나누기 등을 통해 반성적 사고를 발달시킬 수 있다.

5장 영유아 교육기관의 조직문화

1 조직문화

(1) 조직문화의 정의와 기능

① 조직문화는 조직체가 지닌 속성, 성격, 특성 등과 관련된 조직구성원의 인식 또는 사회 문화적 분위기를 의미한다.

② 건강한 조직문화 형성

ㄱ 조직 내의 인간관계와 의사소통을 촉진하는 개방적 분위기가 조성되어야 한다.

ㄴ 정확한 정보와 구성원의 참여에 의한 정책결정과 문제 해결이 이루어져야 한다.

ㄷ 구성원 간의 신뢰와 지지를 바탕으로 협력해야 한다.

ㄹ 조직이나 구성원 개인의 자기갱신과 성장을 위한 지원과 노력도 계속되어야 한다.

(2) 유아교육기관의 조직문화

① 원장의 지도성, 물리적 환경, 인간관계, 교사 간 협력 등과 같은 요인이 포함되어 있으 며, 이러한 요인들은 교사들의 태도와 행동에 영향을 미쳐서 유아와의 상호작용, 학부 모와의 상호작용에도 영향을 준다.

② 동료교사나 원장과의 인간관계는 유아교사의 직무수행의 성패를 좌우하고, 이후의 교 사의 전문성 발달에까지 오래도록 영향을 미치는 중요한 교사 외적 요인이 된다.

③ 동료교사 간의 결속력이 강하고 협력적이며 긴밀한 유대감을 형성하고 있을 때 유아 교사의 직무만족도가 높다.

④ 원장과의 원만한 인간관계나 원장으로부터의 지지, 격려는 교사의 사기와 자신의 교수 능력에 대한 긍정적인 인식과 관련이 된다.

19) 유아교육기관 구성원의 융통성 과 적극성을 기준으로 4가지 유 형의 조직문화를 제시했다.

(3) 경쟁가치 모형(퀸과 킴벌리 Quinn & Kimberly)[19]

① 개발문화(혁신문화) : 외부 환경의 변화에 적극적으로 반응하고 문제 해결 과정에 유연성 을 보인다. 교육의 효과를 높이기 위해 경로가 다소 불확실하더라도 새로운 교수방법 을 적용하며, 환경 변화에 적극적으로 대응한다.

② 합리문화 : 교사 간의 인간관계보다 과제 달성을 위해 실리적인 관계가 유지되고, 일관 된 관리체제를 바탕으로 교육목표 달성이 강조되는 문화이다. 과업성취가 주요 관심사 이며 교육정보 교환 위주의 의사소통 등을 특징으로 하나, 새로운 문제 해결 방식에는 경직성을 보인다.

③ **집단문화** : 조직 구성원의 결속력을 강조함으로써 교사 상호 간의 팀워크나 협동이 강조되는 문화이다. 가족 같은 분위기, 교사들 상호 간의 존중 등을 특징으로 하나, 새로운 교육정책에 대해서는 소극적인 대응 태도를 보이기도 한다.

④ **위계문화** : 조직 구성원 간의 서열 의식이 강조되며, 기존의 방법, 규칙을 따르는 것을 강조한다. 형식적이고 구조적인 분위기, 정해진 규정에 대한 수정 불가 원칙 고수, 원장의 지시에 의한 일과 운영, 모든 서류의 문서화 등이 특징이다.

▨ 경쟁가치 모형 ▨

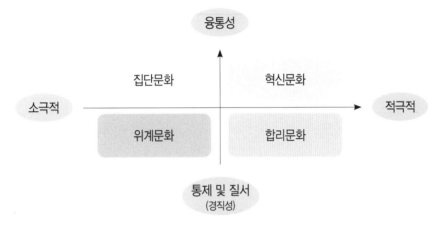

2 리더십

(1) 리더십의 유형

① **거래적 리더십**(번스 Burns) : 기대하는 바를 구체화하고, 책임을 명확히 하며, 기대했던 일을 수행한 것에 대해 인정하고 보상을 제공함으로써 리더와 조직 구성원 체계의 기초를 마련하는 것이다.

② **변혁적 리더십**(번스 Burns) : 카리스마(능력 및 권위)가 있는 리더에 대해 신뢰감, 존경심, 충성심을 갖게 하는 것으로, 리더가 부하의 개인적 욕구나 목표에 관심을 기울이고 부하의 성장을 자극한다.

③ **서번트 리더십**(롭 Laub) : 인간관계를 중시하면서 조직 구성원 간의 배려, 사랑, 봉사, 가족과 같은 분위기 등 인간관계의 향상을 강조하는 리더십이다.

④ **분산적 리더십**(그럽 Grubb) : 조직 구성원의 능동적 참여와 공조행위를 통한 다수의 지도자들의 집단지도성을 강조하는 리더십이다.

■ 서번트 리더십의 구성요소 ■

구성요소	설명
인간존중	• 사람을 신뢰함. • 자신보다 구성원의 욕구에 먼저 반응 • 수용과 비심판적 경청
성장지원	• 학습과 성장의 기회 제공 • 적절한 행동모델이 됨. • 격려와 인정으로 다른 사람을 세워 줌.
공동체 형성	• 끈끈한 인간관계를 형성함. • 다른 사람들과 협력하여 일함.
도덕성	• 다른 사람에게 개방과 책임감을 가짐. • 다른 사람에게 기꺼이 배우려 함. • 정직과 신뢰를 유지함.
리더십 발휘	• 비전 제시(미래에 대한 계획) • 솔선수범 • 목표가 분명함.
리더십 공유	• 공유된 비전을 촉진함. • 권한공유와 통제해제 • 직위를 공유하고 구성원을 증진시킴.

(2) 영유아 교육기관에서의 리더십

① 영유아 교육기관 시설장의 거래적 리더십과 변혁적 리더십은 교사의 주관적 삶의 질과 조직헌신에 긍정적 영향을 주므로 거래적 리더십과 변혁적 리더십을 적절하게 조화시킨 리더십을 발휘하는 것이 바람직하다.

② 서번트 리더십이 높은 집단에서는 동료교사들의 관계와 영유아 교사와 시설장의 관계 및 직무 자체에 대한 만족도가 더 높았다.

③ 분산적 리더십이 성공하기 위한 조건

  ㉠ 단선적이고 수직적인 관점의 리더십 유형에서 다양하고 상호작용적이며 협력적인 형태의 리더십으로의 변화가 필요하다.

  ㉡ 원장은 교사와 함께 리더십과 권위를 공유할 수 있는 준비가 되어 있어야만 한다.

  ㉢ 영유아 교육기관의 교사 문화가 보다 협력적인 풍토로 전환되어야 한다.

  ㉣ 리더로서의 교사들은 도덕성과 책임감을 가져야 하며 이를 위해 적절한 교육훈련 프로그램을 제공받아야 한다.

3 의사소통

(1) 유아교육기관에서의 효율적인 의사소통의 기초 방법[20]

① 관심 기울이기(attending behavior) : 상대방이 자기에게 관심을 가져 줄 때 말을 계속할 기분을 느끼고 의미심장한 내용도 토로할 수 있게 된다.

② 의사 확인하기(paraphrasing) : 상대방의 생각, 정보 또는 의견의 의도를 확인하고 자신의 말이나 개념으로 바꾸어서 구체적이고 명료하게 진술한다.

③ 지각 확인하기(perception checking) : 상대방의 감정이나 경험을 정확히 지각했는지를 확인해 보는 기법이다. 효과적인 지각 확인은 주관적인 가치판단이나 해석 없이 지각된 그대로의 행동만을 확인해야 한다.

④ 자신의 느낌 보고하기(reporting one's own feeling) : 자신의 감정을 건전하게 처리하여 전달하는 기법이다.

⑤ 피드백 주고받기(giving and receiving feedback) : 상대방에게 그의 행동의 결과가 어떠했다는 사실을 알려 주는 정보 제공의 기법이다.

20) 『유치원 특성화 교육과정 운영지원을 위한 사전교육자료』 (2008)

(2) 비언어적 의사소통

① 얼굴표정

② 시선 맞추기

③ 몸 움직임과 자세

④ 신체적 접촉

⑤ 거리(공간)의 활용

⑥ 어조, 억양, 이야기하는 속도

(3) 영유아 교육기관에서의 의사소통

① 학부모와의 의사소통

   ㉠ 일방적 의사소통 : 가정통신문, 활동계획안, 편지 등이다.

   ㉡ 쌍방적 의사소통 : 부모면담, 등·하원 시의 대화, 일일연락장과 같은 면대면, 전화, 서면, 이메일 등이다.

   ㉢ 삼차원적 의사소통 : 영유아나 가족 구성원의 문제로 인해 부모와 교사, 상담기관이나 의료기관, 사회복지사가 함께 정보나 의견을 교환하는 형태를 말한다. 전통적인 교사–부모의 의사 교환은 쌍방의 정보교환 위주였으나 현대에는 가정과 기관, 지역사회 모두 협동적으로 삼차원적 의사소통의 필요성이 증가하고 있다.

② 영유아와의 의사소통

   ㉠ 영유아와의 의사소통에서는 언어적 소통뿐만 아니라 비언어적 의사소통 수단이 매우 중요하며, 영유아의 연령이 어릴수록 비언어적 의사소통 수단에 대한 의존도는 더욱 높아진다.

ⓛ 교사의 민감성 : 영유아의 언어적 · 비언어적 신호를 잘 읽고 이해하는 것으로, 민감성 수준이 높은 교사는 영유아에게 정서적으로 안정된 환경을 제공한다.

ⓒ 교사의 온정성 : 언어적 · 비언어적으로 영유아에게 친밀감과 애정을 표현하는 교사의 특성으로 미소, 애정 있는 신체접촉, 눈맞춤, 다정한 말과 같은 온정적인 행동이 포함된다.

ⓔ 교사의 수용적 · 긍정적 태도 : 비권위적이고 수용적인 양육 태도로 학급을 자유롭고 행복한 분위기로 조성하도록 노력해야 한다.

ⓜ 사고력 증진 : 영유아들이 사고하고 행동하는 것을 도와주는 도구로서의 질문을 '발문'이라고 하는데, 효율적인 발문은 영유아로 하여금 적극적으로 응답하게 하고 학습과정에 적극 참여하도록 만들어 준다.

③ 교직원 간의 의사소통 : 원장과 교사들 사이의 의사소통이나 교사들 사이의 수평적 의사소통이 원활히 이루어지는 영유아 교육기관의 조직풍토 내에서는 구성원들 간의 오해에서 비롯된 직무스트레스가 적고 직무만족도가 높아 교육 대상자인 영유아들에게 긍정적인 영향을 미칠 수 있다.

4 갈등관리

(1) 갈등관리의 정의 및 유형

① 갈등은 조직 운영과 목표달성에 장애요인이 될 수 있으나 구성원의 다양한 의견이 개진되고 능력이 발휘되며, 새로운 변화를 가져오는 등 순기능적인 면도 가지고 있다.

② 갈등발생은 조직의 보편적인 현상이므로 갈등발생 그 자체보다는 갈등을 어떻게 관리하는가에 따라 교사의 직무 수행 결과나 영유아 교육기관의 교육목표 달성의 성패가 달라질 수 있다.

③ 갈등관리 유형(라임 Rahim)

갈등관리 유형	특징	비고
통합형 (협동형)	자신과 상대방의 관심과 이해를 정확히 알고자 하기 때문에 문제의 본질을 집중적이고 정확하게 파악하고 문제 해결을 위한 통합적 대안을 도출해 내는 유형이다.	문제의 취지가 불명확하거나 복잡한 경우에 매우 적절하다.
배려형 (순응형)	원만한 인간관계를 유지하기 위해서 자신의 관심사보다는 상대방의 관심사를 충족시켜 주기 위해 상대방의 주장에 따름으로써 갈등을 해결하는 유형이다.	배려를 해 준 후에 무엇인가를 보답받을 수 있을 때 매우 적절하나, 복잡하거나 악화된 문제에서는 부적합하다.

지배형 (경쟁형)	경쟁적 관계에서 자신의 관심사를 충족시키기 위해 상대방을 압도해 버림으로써 갈등을 해결하는 유형이다.	자신에 대한 관심이 높고 타인에 대해서 무관심한 사람으로 상대방의 입장에 대한 고려가 부족하다. 받아들이기 싫은 해결책이 제시될 때 주로 사용된다.
회피형	갈등문제로부터 물러나거나 이를 피함으로써 자신뿐만 아니라 상대방의 관심사마저 무시하는 유형이다.	문제가 사소한 것이거나 피하는 것이 오히려 이익이 될 경우에 적합한 대안이다.
타협형	다수의 이익을 우선하기 위해 양측이 상호교환과 희생을 통해 부분적 만족을 취함으로써 갈등을 관리하는 유형으로 자신과 타인의 공통된 관심분야를 서로 주고받기 위한 대안이다.	타협이란 쌍방이 다른 목표를 갖고 있거나 비슷한 힘을 갖고 있을 때 가능하나 잦은 타협은 오히려 우유부단한 결과를 낳기도 한다.

(2) 영유아 교육기관에서의 갈등관리

① 회피형 갈등관리 유형을 많이 사용할수록 직무스트레스를 느끼며, 통합형의 갈등관리 유형을 많이 사용할수록 직무스트레스를 덜 느끼는 것으로 나타났다.

② 일방적 의사전달이나 일부 구성원들의 의견만을 수용하는 방식에서 탈피하여 직원회의, 학부모 회의, 각종 위원회 활동 등 다양한 통로를 통해서 수렴함으로써 조직에의 참여의식을 높이고 구성원 간의 갈등을 해소할 수 있는 방안을 모색해야 할 것이다.

③ 원장은 권위에 의존하기보다는 갈등을 해결하기 위해서 변혁적 리더십을 발휘하여 구성원들을 지도하고 격려하여야 한다.

④ 교직원 공동 연수의 기회를 통해 원장의 경영방침, 교사의 자율권 행사의 범위와 한계, 학부모 요구와 협조사항, 행정지원의 범위와 한계 등에 대한 토론의 장을 마련함으로써 상호 간에 이해와 공감대를 형성하고 갈등을 해소할 수 있다.

5 직무스트레스와 완충요인

(1) 직무스트레스

① 적당한 수준의 스트레스는 업무에 긴장감을 주고 성취에 대한 동기를 제공해 주지만 지나친 스트레스는 심신을 소진시킨다.

② 직무스트레스란 직무수행 과정에서 경험하고 느끼게 되는 긴장, 좌절, 불안, 분노와 의기소침과 같은 불쾌한 정서를 말한다.

③ 스트레스는 정서나 심리적 측면에만 영향을 주는 것이 아니라 신체 증상으로도 나타나며, 결과적으로 직무수행에도 영향을 미친다.

(2) 영유아 교사의 직무스트레스 발생요인

직무스트레스 발생요인	내용
업무 관련 요인	교육활동에 관련된 업무수행, 일반 잡무수행, 학급통솔 문제, 과다한 근무시간과 이로 인한 피로, 활동 준비시간의 부족, 돌봐야 할 많은 영유아의 수, 영유아 요구의 긴급성, 학부모와의 긴장, 많은 행사 준비 등
조직 문화적 요인	원장과의 관계, 동료교사와의 관계, 학부모와의 관계, 학부모와의 긴장, 의사결정과정, 업무분장, 역할갈등, 행정적 지원 등
물리적 환경 요인	교사의 신체 크기에 맞지 않는 설비, 교수와 교재 준비 공간 부족, 교수자료의 부족과 이용 가능성, 휴식공간의 부족 등
사회적 보상 요인	보수와 근무 여건, 경력체계, 휴가, 연수기회 부족, 사회적 인식 등

(3) 직무스트레스 완충요인

① 직무스트레스 대처 전략

스트레스 대처방식		정의
적극적 대처	문제 중심적 대처	스트레스가 유발된다고 생각되는 문제에 직면하여 이를 제거하거나 변화시키려고 적극적인 문제 해결에 초점을 두는 대처방식
	사회적 지지 대처	스트레스 사건이나 상황을 해결하기 위하여 누군가의 도움을 청하는 대처방식
소극적 대처	정서 완화적 대처	스트레스에서 비롯되는 감정 상태를 통제하고 노력하는 대처방식
	소망적 사고 대처	스트레스나 그것을 유발하는 상황·사건에 거리를 두고 바람직한 상황을 생각하거나 상상함으로써 대처하는 소극적인 대처방식

② 사회적 지지의 유형

사회적 지지 유형	정의
정서적 지지(인간관계)	존경, 애정, 신뢰, 관심 등 행동에 관련된 요인
도구적 지지(물질적 지지)	시간, 돈, 물건, 노동 등과 관련된 요인
정보적 지지(정보 제공)	개인의 문제에 이용할 수 있는 정보 등과 관련된 요인
평가적 지지(승인)	인정, 칭찬, 존중 등의 지지와 관련된 요인

(4) 심리적 소진

① **정서노동** : 고객과 직접 접촉하는 직종에서 노동자의 감정상태나 감정적인 표현을 조절하는 능력이 활용되는 노동이다.

　ㄱ **표면행동** : 부정적 경험정서를 긍정적 표현정서로 수정하는 과정으로 특히 표면행동이 필요한 작업은 구성원의 건강과 심리적 복지에 부정적 영향을 미치며, 그 결과 정서적 고갈, 직무스트레스 등의 부정적 결과와 관련되는 경향이 있다.

　ㄴ **내면행동** : 표현하고자 하는 정서를 실제로 경험하기 위하여 적극적으로 자신의 경험정서를 바꾸고자 노력하는 것이다.

② **소진** : 직무수행 과정에서 경험하게 되는 심한 좌절감, 무력감, 상실감 등을 가리킨다. 소진 상태가 되면 정서적 고갈, 비인간화, 성취감 결여 등의 부정적 정서를 경험하게 된다.

A Plus⁺ **갈등의 원인**

범주	내용
모호한 권한	책임과 권한이 분명하게 정해지지 않으면 갈등이 발생할 가능성이 높다.
이해관계의 갈등	부족한 자원이나 보수에 대한 경쟁은 갈등을 일으킬 가능성이 높다.
의사소통 장애	부족한 의사소통, 오해한 용어, 마지못해 다른 사람의 말을 듣는 것 등은 갈등을 일으킬 가능성이 높다.
상대방에 대한 지나친 의존	만약 누군가가 지나치게 다른 사람의 정보나 도움을 의지한다면, 갈등이 발생할 가능성이 높다.
조직 내에서의 분화	집단 내의 분화의 정도(예) 권위의 수준, 특정 작업의 유형과 숫자)가 클수록, 갈등이 일어날 가능성이 높다.
접촉의 기회	의사결정 과정에서 비공식적으로 개인들이 상호작용을 많이 할수록, 갈등이 일어날 가능성이 높다.
협의에 대한 요구	모든 사람들이 결과에 대해 합의해야만 할 때 갈등이 일어날 가능성이 높다.
행동 규제	규칙, 규정, 공식적 정책과 같은 통제가 있을 때 갈등이 일어날 가능성이 높다.
해결되지 않은 과거의 갈등들	과거에 해결되지 않은 갈등이 많을수록 새로운 갈등이 발생할 가능성이 높다.

6장 영유아 교사의 교직윤리

1 교직윤리의 중요성과 필요성

(1) 윤리강령

① 윤리 : 개인생활이나 사회생활에서 꼭 지켜야 할 실천 도덕으로 생활을 바르게 이끌어 줄 규범을 말한다. 법은 외적 · 공식적 통제체제인 반면 윤리는 내적 · 자율적 통제체제로 개인의 자율적 판단에 근거한다.

② 캐츠(Katz)는 윤리란 직업의 특성상 발생할 수 있는 여러 가지 종류의 유혹들을 잘 다룰 수 있는 기준을 세울 수 있도록 도와주는 것이라고 정의하였다.

(2) 교직관

① 성직관 : 가장 오래된 교직관으로 성직자가 신을 대신하여 종교예식을 거행하는 것처럼 교육에서도 교사가 사명감을 갖고 수행해야 한다는 것이다.

② 노동직관 : 교사도 노동을 제공하고 그 대가로 보수를 받는 직업임을 강조하는 시각이다.

③ 전문직관 : 교사는 전문적 지식과 지도 기술을 가져야 한다고 보는 견해로 교직의 자율성을 대단히 중시하며 교사의 보수는 다른 직업인의 보수보다 높게 책정되어야 한다고 본다.

④ 공직관 : 교직이 가지고 있는 사회적 공헌을 특별히 강조한 관점이다. 교직은 헌법에 보장된 국민의 권리를 보장하려는 목적을 가진 공공성이 있는 직업이다.

(3) 교직윤리의 중요성

① 교직에 종사하는 사람은 높은 윤리와 도덕적 규범을 지키고 실천해야 한다.

② 학생지도의 효과를 높이기 위해 윤리가 강조된다.

③ 물질지향적인 사회에서 인간으로서의 삶과 정신, 도리를 찾는 교육이 시급하다.

(4) 영유아 교사의 교직윤리(윤리강령)의 필요성

① 적절한 의사결정을 내리기 위해 필요하다.

② 영유아 교사의 힘과 지위에 따른 영향력을 올바르게 행사하기 위해 필요하다.

③ 다양한 영유아와 학부모의 요구를 조화롭게 수용하기 위해서이다.

④ 영유아 교육과 보육과정을 바람직하고 일관성 있게 운영하기 위해 필요하다.

⑤ 적절한 교사의 역할 범위를 설정하기 위해 필요하다.

A Plus⁺ **유치원 교사의 자질**(『제6차 지도 자료, 1. 총론』)

1. **개인적 자질** : 신체적 및 정신적 건강, 성실하고 열정적인 태도, 인간과 생명에 대한 존엄성, 온정적인 성품

2. **전문적 자질** : 유아의 성장 발달 및 유아교육에 대한 전문적 지식, 교수 기술, 올바른 교육관과 직업 윤리

② 교직윤리의 내용

(1) NAEYC의 영유아 교사 교직윤리와 선서문

제1장 아동에 대한 윤리적 책임

　유아기는 인생에서 독특하고도 중요한 단계이다. 우리의 중요한 책임은 유아들에게 안전하고 건전하며 반응적인 환경을 제공하는 것이다.

첫째, 유아들의 발달을 지원하고

둘째, 개인 간의 차이를 존중하며

셋째, 협동적으로 생활하고 일하는 방법을 배울 수 있도록 도와주고

넷째, 건강, 자기인식, 능력, 자아존중감, 쾌활성을 증진시키는 데 전념한다.

제2장 가정에 대한 윤리적 책임

　가정은 유아들의 발달에 있어 커다란 의미를 가진다. 가정은 부모뿐만 아니라 유아에 관해 책임을 담당하는 모든 사람들을 포함하는데, 가정과 유아들을 담당하는 전문가들은 유아의 복지에 관해 공통적인 이해관계를 가지고 있기 때문에 우리는 가정과 기관이 유아의 발달을 강화하는 방향으로 서로 협조해야 할 책임이 있음을 인정해야 한다.

제3장 동료에 대한 윤리적 책임

　유아교육기관이라는 직무 환경에서 인간의 존엄성은 존중되고, 직업에 관한 만족도는 향상되어야 하며, 긍정적 관계가 형성되어야 한다. 우리의 책임은 생산적인 직무 수행을 지원하고 직업적 요구 사항들을 충족시킬 수 있는 환경과 관계를 형성, 유지하는 것이다.

제4장 지역사회와 공동체에 대한 윤리적 책임

유아교육은 가정과 유아 복지를 담당하는 기타 기관들로 구성된 지역사회 내에서 운영된다. 따라서 우리의 책임은 지역사회의 요구 조건을 만족시키는 프로그램을 제공하고, 유아에 대한 책임을 나누는 기관 및 전문가들과 협력하며, 현재 실시되고 있지는 않지만 필요한 프로그램들을 개발하는 것이다. 유아의 발달에 관한 전문화된 지식이 있으므로 우리는 어떠한 경우에든지 유아들을 위한 대변인으로서의 역할을 수행할 의무를 받아들여야 한다.

선서문

유아들을 담당하는 교사로서 나는 NAEYC의 윤리강령에 반영되어 있는 대로 유아들의 교육을 향상시키는 데 전념하겠습니다.

내 능력을 최대한 발휘해서 나는
- 유아교육 프로그램이 유아 발달과 유아교육의 최신 이론에 기초하도록 한다.
- 유아를 양육하는 가정의 임무를 존중하고 지원한다.
- 유아를 교육하는 동료들을 존중하고 그들이 NAEYC의 윤리강령을 준수할 수 있도록 지원한다.
- 지역사회와 공동체 내에서 유아, 가정, 교사의 대변자로서 역할을 다한다.
- 직업적 행동의 높은 기준을 유지한다.
- 개인의 가치, 의견, 편견이 전문적 판단에 많은 영향을 미칠 수 있음을 인식한다.
- 새로운 사상에 개방적 자세를 취하고 다른 사람들의 주장으로부터 배울 것은 기꺼이 배운다.
- 전문가로서 끊임없이 배우고 성장하며 기여한다.
- NAEYC 윤리강령의 이상과 원칙을 존중한다.

(2) 우리나라의 유치원 교사헌장과 강령

유치원 교사헌장

유아교육은 유아의 삶에 초석이 되며, 우리 사회와 국가의 미래를 결정한다. 우리는 국민의 생애초기 교육을 책임지며 사회로부터 존경받는 교사로서 자신을 연마하고 소명의식을 가지고 유아교육전문가로서 가야 할 길을 밝힌다.
1. 우리는 유아를 사랑하고 개성을 존중하며 전인발달을 지원하고 평화로운 교실문화를 조성한다.

2. 우리는 미래지향적이며 질 높은 교육을 계획하고 실천하여 교육자로서 책임을 다한다.

3. 우리는 가정에 대한 이해와 연대를 강화하여 교육복지 사회 구축에 공헌한다.

4. 우리는 사회의 변화와 요구에 적극 부응하여 유아교육의 혁신과 발전을 위해 노력한다.

5. 우리는 교육자로서의 품위를 유지하고 부단한 자기개발을 통해 유아교육전문가로서의 위상을 갖춘다.

유치원 교사강령

01 유치원 교사와 유아

○ **핵심개념** : 사랑, 평등, 개성 존중, 전인교육, 안전과 보호

1. 우리는 유아를 사랑하며 유아의 인격을 존중한다.

2. 우리는 유아의 개인적, 가정적 배경에 관계없이 모든 유아를 평등하게 대한다.

3. 우리는 유아의 개성을 존중하며 개인의 흥미와 잠재력에 적합한 교육을 제공한다.

4. 우리는 유아의 전인발달을 지원하는 교육과 환경을 제공한다.

5. 우리는 유아의 안녕을 위협하는 가정적, 사회문화적, 경제적 상황을 적극적으로 파악하고 유아를 보호하기 위해 노력한다.

02 유치원 교사와 가정

○ **핵심개념** : 가족에 대한 이해, 권리 보호, 협력, 지원

1. 우리는 유아를 교육하고 지원하기 위해 가정과 연계하고 협력관계를 구축한다.

2. 우리는 교육적 목적으로 수집한 가족 정보에 대해 기밀을 유지하고 가족의 사생활을 보장한다.

3. 우리는 유치원에서 일어난 안전사고나 위험 상황에 대해 가족에게 충분히 설명한다.

4. 우리는 가족에게 유치원을 개방하며 필요한 정보를 제공한다.

5. 우리는 유치원 운영에 관련된 중요한 의사결정 과정에 부모를 참여시킨다.

6. 우리는 가족에게 필요한 지역사회 자원에 대한 정보를 구축하고 이를 가족에게 적극 제공한다.

03 유치원 교사와 사회

○ **핵심개념** : 사회에 대한 이해, 교원의 지위 향상, 유아교육 위상 강화, 교직문화, 지역사회와의 협력

1. 우리는 사회의 흐름을 파악하고 이를 교육에 반영하고자 노력한다.

2. 우리는 유아에 관련된 법률과 정책을 이해하고, 이를 개선하기 위한 활동에 적극 참여한다.

3. 우리는 교직 관련 단체와 전문가 협회를 통해 교권 확립을 위한 활동에 참여한다.

4. 우리는 유치원 교육을 사회에 널리 알려 유아교육의 위상을 높인다.

5. 우리는 교직원 간의 상호존중과 협력을 통해 건전한 교직문화를 형성한다.
6. 우리는 유치원과 연계하여 지역사회의 생활과 문화 향상에 기여한다.

04 유치원 교사의 책무
○ 핵심개념 : 직업의식과 긍지, 인성(열정, 개방성, 창의성, 자율성), 교사로서의 품위, 연구와 자기개발

1. 우리는 교육전문가로서의 직업의식을 갖는다.
2. 우리는 건전한 국가관과 확고한 교육관을 가지고 교직에 종사한다.
3. 우리는 유아에게 최적의 교육을 제공하기 위해 열과 성을 다한다.
4. 우리는 건전한 언행과 생활태도로 유아에게 모범이 되도록 한다.
5. 우리는 열린 사고와 개방적 태도를 가지고 전문성 향상에 매진한다.
6. 우리는 다양한 분야의 전문가와 교류하고 새로운 지식과 정책을 비판적으로 수용한다.

(3) 우리나라의 교직윤리

사도강령

전문

　민주국가의 주인은 국민이므로 나라의 주인을 주인답게 길러내는 교육은 가장 중대한 국가적 과업이다. 우리 겨레가 오랜 역사와 찬란한 문화를 계승, 발전시키며, 선진제국과 어깨를 나란히 하여 인류 복지 증진에 주도적으로 기여하려면 무엇보다도 문화 국민으로서의 의식 개혁과 미래 사회에 대비한 창의적이고 자주적인 인간 육성에 온 힘을 기울여야 한다.

　그러기 위하여 우리 교육자는 국가 발전과 민족중흥의 선도자로서의 사명과 긍지를 지니고 교육을 통하여 국민 각자의 능력을 최대한으로 계발하여 개인의 자아실현과 국력의 신장, 그리고 민족의 번영에 열과 성을 다하여야 한다.

　또한 교육자의 품성과 언행이 학생의 성장 발달을 좌우할 뿐만 아니라 국민 윤리 재건의 관건이 된다는 사실을 명심하고 사랑과 봉사, 정직과 성실, 청렴과 품위, 준법과 질서에 바탕을 둔 사도 확립에 우리 스스로 헌신하여야 한다.

　이러한 우리의 뜻은 교직에 종사하는 모든 교육자가 공동체 의식을 가지고 노력하여야만 이루어질 수 있다는 것을 인식하고, 사도헌장 제정에 때맞추어 우리의 행동 지표인 현행 교원 윤리강령으로 개정하여 이를 실천함으로써 국민의 사표가 될 것을 다짐한다.

제 1 장 스승과 제자

　스승의 주된 임무는 제자로 하여금 고매한 인격과 자주 정신을 가지고 국가 사회에 봉사할 수 있는 유능한 국민을 육성하는 데 있다. 그러므로,
1. 우리는 제자를 사랑하고 그 인격을 존중한다.
2. 우리는 제자의 심신 발달이나 가정의 환경에 따라 차별을 두지 아니하고 공정하게 지도한다.
3. 우리는 제자의 개성을 존중하며, 그들의 개인차와 욕구에 맞도록 지도한다.

4. 우리는 제자에게 직업의 존귀함을 깨닫게 하고, 그들의 능력에 알맞은 직업을 선택하도록 지도한다.
5. 우리는 제자 스스로가 원대한 이상을 세우고, 그 실현을 위하여 정진하도록 사제동행(師弟同行)한다.

제 2 장 스승의 자질

스승은 스승다워야 하며 제자의 거울이 되고 국민의 사표가 되어야 한다. 그러므로,
1. 우리는 확고한 교육관과 긍지를 가지고 교직에 종사한다.
2. 우리는 언행이 건전하고 생활이 청렴하여 제자와 사회의 존경을 받도록 한다.
3. 우리는 단란한 가정을 이룩하고 국법을 준수하여 사회의 모범이 된다.
4. 우리는 학부모의 경제적 · 사회적 지위를 이용하지 아니하며 이에 좌우되지 아니한다.
5. 우리는 자기 향상을 위하여 전문적인 지식과 전문화된 기술을 계속 연마하는 데 주력한다.

제 3 장 스승의 책임

스승은 제자 교육에 열과 성을 다하여 맡은 바 책임을 다하여야 한다. 그러므로,
1. 우리는 사회의 일원으로서 모든 책임과 임무를 다한다.
2. 우리는 교재 연구와 교육 자료 개발에 만전을 기하여 수업에 최선을 다한다.
3. 우리는 생활 지도의 중요성을 인식하여 제자들이 올바른 사람이 될 수 있도록 지도의 철저를 기한다.
4. 우리는 교육의 성과를 공정하게 평가하고 이를 교육에 충분히 활용한다.
5. 우리는 제자와 성인들을 위한 정규 교과 외의 활동에 적극 참여한다.

제 4 장 교육자와 단체

교육자는 그 지위의 향상과 복지의 증진을 위하여 교직단체를 조직하고 적극 참여함으로써 단결된 힘을 발휘할 수 있다. 그러므로,
1. 우리는 교직단체의 활동을 통하여 교육자의 처우와 근무 조건의 개선을 꾸준히 추진한다.
2. 우리는 교직단체의 활동을 통하여 교육자의 자질 향상과 교권의 확립에 박차를 가한다.
3. 우리는 편당적, 편파적 활동에 참가하지 아니하고 교육을 그 방편으로 삼지 아니한다.
4. 교직단체는 국가의 주요 교육 결정에 참여하고 교육자의 여망과 주장을 충분히 반영시킨다.
5. 교직단체는 교육의 혁신과 국가의 발전을 위하여 다른 직능단체나 사회단체와 연대 협동한다.

제 5 장 스승과 사회

스승은 제자의 성장 발달을 돕기 위하여 학부모와 협력하며, 학교와 사회와의 상호작용의 원동력이 되고 국가 발전의 선도자가 된다. 그러므로,
1. 우리는 학교의 방침과 제자의 발달 상황을 가정에 알리고, 학부모의 정당한 의견을 학교 교육에 반영시킨다.
2. 우리는 사회의 실정을 정확하게 파악하고 지역사회의 생활과 문화 향상을 위하여 봉사한다.
3. 우리는 사회의 요구를 교육 계획에 반영하며 학교의 교육활동을 사회에 널리 알린다.
4. 우리는 국민의 평생교육을 위하여 광범위하게 협조하고 그 핵심이 된다.
5. 우리는 확고한 국가관과 건전한 가치관을 가지고 국민 의식 개혁에 솔선수범하며, 국가 발전의 선도자가 된다.

사도헌장

오늘의 교육은 개인의 성장과 사회의 발전과 내일의 국운을 좌우한다.

우리는 국민 교육의 수임자로서 존경받는 스승이요, 신뢰받는 선도자임을 자각한다. 이에 긍지와 사명을 새로이 명심하고 스승의 길을 밝힌다.

1. 우리는 제자를 사랑하고 개성을 존중하며 한 마음 한 뜻으로 명랑한 학풍을 조성한다.
1. 우리는 폭넓은 교양과 부단한 연찬(研鑽)으로 교직의 전문성을 높여 국민의 사표(師表)가 된다.
1. 우리는 원대하고 치밀한 교육 계획의 수립과 성실한 실천으로 맡은 바 책임을 완수한다.
1. 우리는 서로 협동하여 교육의 자주 혁신과 교육자의 지위 향상에 적극 노력한다.
1. 우리는 가정 교육, 사회 교육과의 유대를 강화하여 복지 국가 건설에 공헌한다.

(4) 교직윤리헌장

'교직윤리헌장'은 헌장 전문과 우리의 다짐 10개항으로 구성되어 있으며 교사로서 지켜야 할 교직윤리의 기본방향을 제시한 것이다. 1982년 제정된 '사도헌장'과 '사도강령'의 정신을 계승하면서 변화된 교직 정서와 시대적인 요구에 따른 교직윤리를 담았다. .

교직윤리헌장

우리는 교육이 인간의 가치와 존엄성을 높이며, 개인의 성장과 자아실현은 물론 국가와 민족의 미래에 중대한 영향을 준다는 사실을 명심하고, 국민으로부터 부여받은 교육자의 책무를 다하기 위해 최선을 다한다.

우리는 균형 있는 지·덕·체 교육을 통하여 미래 사회를 열어갈 창조정신과 세계를 향한 진취적 기상을 길러 줌으로써, 학생을 학부모의 자랑스런 자녀요, 더불어 사는 민주사회의 주인으로 성장하게 한다.

우리는 교육자의 품성과 언행이 학생의 인격형성을 좌우할 뿐만 아니라 사회전반의 윤리적 지표가 된다는 사실을 깊이 인식하고, 윤리성과 전문성을 높이기 위해 노력한다.

이에 우리 모두의 의지를 모아 교직의 윤리를 밝히고, 사랑과 정직과 성실에 바탕을 둔 교육자의 길을 걷는다.

우리의 다짐

1. 나는 학생을 사랑하고 학생의 인권과 인격을 존중하며, 합리적인 절차와 방법에 따라 지도한다.
2. 나는 학생의 개성과 가치관을 존중하며 나의 사상, 종교, 신념을 강요하지 않는다.
3. 나는 학생을 학업성적, 성별, 가정환경의 차이에 따라 차별하지 않으며, 부적응아와 약자를 세심하게 배려한다.
4. 나는 수업이 교사의 최우선 본분임을 명심하고, 질 높은 수업을 위해 부단히 연구하고 노력한다.
5. 나는 학생의 성적평가를 투명하고 엄정하게 처리하며, 각종 기록물을 정확하게 작성, 관리한다.
6. 나는 교육전문가로서 확고한 교육관과 교직에 대한 긍지를 갖고, 자기개발을 위해 노력한다.
7. 나는 교직 수행과정에서 습득한 학생과 동료, 그리고 직무에 관한 정보를 악용하지 않는다.
8. 나는 학생이나 학부모로부터 사적이익을 취하지 않으며, 사교육기관이나 외부업체와 부당하게 타협하지 않는다.
9. 나는 잘못된 제도와 관행을 개선하는 데 앞장서며, 교육적 가치를 우선하는 건전한 교직문화 형성에 적극 참여한다.
10. 나는 학부모와 지역사회를 교육의 동반자로 삼아 바람직한 교육공동체 형성을 위해 함께 노력한다.

7장

영유아 교사의 전문단체와 활동

1 영유아 교사의 권리

(1) 영유아 교사의 법적 권리

① 유치원 교사는 교육기본법 제14조, 교원의 지위향상 및 교육활동 보호를 위한 특별법(이하 약칭 교원 지위법) 제3조 등의 규정에 의해 공립유치원 교사는 물론 사립유치원 교사도 교원으로서 법적 권리가 부여되고 있다.

② 영유아 교사의 권리로는 자율권, 경제적·사회적 신분보장을 받을 권리, 근로권, 교권침해방지권, 교원단체활동권 등이 있다.

③ 교육기본법 14조[21]

> 제14조(교원) ① 학교교육에서 교원(教員)의 전문성은 존중되며, 교원의 경제적·사회적 지위는 우대되고 그 신분은 보장된다.
> ② 교원은 교육자로서 갖추어야 할 품성과 자질을 향상시키기 위하여 노력하여야 한다.
> ③ 교원은 교육자로서 지녀야 할 윤리의식을 확립하고, 이를 바탕으로 학생에게 학습윤리를 지도하고 지식을 습득하게 하며, 학생 개개인의 적성을 계발할 수 있도록 노력하여야 한다. 〈개정 2021.3.23.〉
> ④ 교원은 특정한 정당이나 정파를 지지하거나 반대하기 위하여 학생을 지도하거나 선동하여서는 아니 된다.
> ⑤ 교원은 법률로 정하는 바에 따라 다른 공직에 취임할 수 있다.
> ⑥ 교원의 임용·복무·보수 및 연금 등에 관하여 필요한 사항은 따로 법률로 정한다.
> [전문개정 2007.12.21.]

④ 교원의 지위향상 및 교육활동 보호를 위한 특별법 제3조

> 제3조(교원 보수의 우대) ① 국가와 지방자치단체는 교원의 보수를 특별히 우대하여야 한다.
> ②「사립학교법」제2조에 따른 학교법인과 사립학교 경영자는 그가 설치·경영하는 학교 교원의 보수를 국공립학교 교원의 보수 수준으로 유지하여야 한다.
> [전문개정 2008.3.14.]

[21] **교육기본법 9조** [전문개정 2007. 12. 21.]
제9조(학교교육) ① 유아교육·초등교육·중등교육 및 고등교육을 하기 위하여 학교를 둔다.
② 학교는 공공성을 가지며, 학생의 교육 외에 학술 및 문화적 전통의 유지·발전과 주민의 평생교육을 위하여 노력하여야 한다.
③ 학교교육은 학생의 창의력 계발 및 인성(人性) 함양을 포함한 전인적(全人的) 교육을 중시하여 이루어져야 한다.
④ 학교의 종류와 학교의 설립·경영 등 학교교육에 관한 기본적인 사항은 따로 법률로 정한다.

(2) 영유아 교사의 권리

① 자율권
- ㉠ 교육과정 결정과 편성권, 교재의 선택 결정권, 교육내용과 방법 결정권, 교육평가권, 영유아 지도권이 있다.
- ㉡ 영유아 교사의 전문성 실현을 위한 가장 기본적이고 본질적인 권리이다.

② 경제적 지위와 사회적 신분보장권
- ㉠ 교원은 부당한 해고로부터 보호되어야 하고 교원의 권리는 존중되어야 한다.
- ㉡ 사회적 신분보장이란 교직이라는 신분이 보장되어 교사가 해임이나 불이익을 당하지 않는다는 것을 의미한다.
- ㉢ 「교육기본법」 제14조에서도 "학교교육에서 교원의 전문성은 존중되며, 교원의 경제적·사회적 지위는 우대되고 그 신분은 보장되어야 한다."라고 명시되어 있다.
- ㉣ 유치원은 「초·중등교육법」 제2조에 규정된 '학교'로, 유치원 교사는 원아를 교육하는 의무를 가지며 교원으로서 신분이 보장되어야 한다.
- ㉤ 「교원 지위법」 제3조(교원보수의 우대)에서는 "국가와 지방자치단체는 교원의 보수를 특별히 우대하여야 한다.", "「사립학교법」 제2조의 규정에 의한 학교법인 및 사립학교 경영자는 그가 설치, 경영하는 학교 교원의 보수를 공무원인 교원의 보수 수준으로 유지하여야 한다"고 규정되어 있다.
- ㉥ 사회적 신분보장과 경제적 생활보장은 영유아 교사가 안정된 생활기반 위에서 가르치는 일에 몰두할 수 있는 여건을 마련해 주어야 함을 말한다.

③ 근로권
- ㉠ 근무조건 개선 : 영유아 교사가 전문직으로서 교육의 효과와 능률을 높이기 위해서는 정량의 근무부담이 주어져야 한다.
- ㉡ 복지후생제도의 확충 : 연금, 퇴직금, 산업재해보험, 고용보험, 안전공제 등이 해당된다.

④ 교원단체활동권
: 1990년대 말 교원들의 노동조합이 인정되었고 교원의 교육회 조직권은 단체행동을 법으로 인정하고 있으나 정치적 활동을 목적으로 하는 정치단체 또는 정당과는 구별되며, 파업과 같이 극단적인 쟁의수단이 허용되지 않는다는 점에서 일반 노동조합과 구별된다.

⑤ 교권침해방지권
- ㉠ 쟁송제기권
  - ⓐ 징계처분에 대하여 불복이 있을 때 「교원 지위법」 제7조에 의거 교육부에 설치된 교원징계재심위원회에 재심을 청구할 수 있다.
  - ⓑ 「교육공무원법」에서는 징계의결을 요구할 수 있는 경우를 '국가공무원법·지방공무원법의 징계사유에 해당한다고 인정하는 때'로 정하고 있다.

ⓛ 불체포특권
    ⓐ 교원은 현행범인 경우를 제외하고는 소속 학교장의 동의없이 학원 안에서 체포
      되지 아니한다. 이것은 교원의 자율성과 학원의 불가침성을 지키려는 의지를 보
      여 주고 있다.
    ⓑ 학원의 자유를 보장하고, 교원으로 하여금 교육과 연구 활동을 수행함에 있어 권
      력기관의 부당한 압력을 받지 않도록 하려는 데 그 목적이 있다.

② 영유아 교사의 의무

(1) 영유아 교사의 의무

① 교육과 연구 활동의 의무 : 가장 핵심적인 의무이다.
② 선서 · 성실 · 복종의 의무 : 「국가공무원법」에 규정된 공무원의 모든 의무를 이행해야 한다.
③ 전문직으로서 품위 유지의 의무 : 방탕, 주벽, 낭비, 과도한 부채 등을 멀리해야 한다.
④ 비밀 엄수의 의무 : 교사는 재직 중은 물론 퇴직 후라도 직무상 알게 된 비밀을 엄수하여
   야 한다.
⑤ 정치활동의 금지 : 공무원의 신분과 정치적 중립성은 헌법으로 보장하고 있고(헌법 제6조)
   교원의 정치활동 금지 및 정치적 행위의 범위를 교육법으로 따로 규정하고 있다.
⑥ 집단행위의 제한 : 단체행동권의 경우 어떠한 경우일지라도 파업, 즉 수업거부 등의 일체
   쟁의행위를 금지한다.
⑦ 영리와 겸직의 금지 : 공무원은 공무 이외의 영리를 목적으로 하는 사업에 종사하지 못하
   며 소속기관의 장의 허가 없이 다른 직무를 겸할 수 없다(국가공무원법 제64조).

(2) 영유아 교사의 권리와 의무(임승렬, 2007)

	권리	의무
전문성	• 교육과정 편성과 운영권 • 교육내용과 방법 결정권 • 유아지도권 • 유아평가권	• 엄격한 표준유지의 의무 • 연수의 의무 • 윤리강령 제정과 자율적 규제의 의무
공공성	• 신분보유권 • 교권단체 결성, 교섭권 • 사회적 우대권 • 쟁송제기권, 재산상의 권리 • 보수청구권 • 실비변상청구권 • 공무상재해보상권	• 성실 의무 • 명령복종 의무 • 품위유지, 청렴 의무 • 정치활동 금지 의무 • 집단행위 금지 의무 • 법령준수 의무
근로성	• 노동에 대한 권리	• 근로할 의무

 **MEMO**

MEMO

 **MEMO**

개정2판

배지윤의
아테나 유아교육과정 (유아교육 총론편)

편저자 배지윤
펴낸이 김장일
펴낸곳 우리교과서

개정2판 1쇄 발행 2023년 1월 15일

편　집 이효정, 김누리
디자인 스노우페퍼

우리교과서 서울시 금천구 가산디지털2로 165, 1405호
문의 02-866-7535
팩스 02-6305-7036
신고번호 제396-2014-000186호

정가 44,000원
ISBN 979-11-87642-39-8